중국 고대사

中國 古代史

중국 고대사

발행일   2017년 6월 28일

편 저   장 철 환
펴낸이   손 형 국
펴낸곳   (주)북랩
편집인   선일영   편집   이종무, 권혁신, 송재병, 최예은, 이소현, 김한결
디자인   이현수, 김민하, 이정아, 한수희   제작   박기성, 황동현, 구성우
마케팅   김회란, 박진관
출판등록   2004. 12. 1(제2012-000051호)
주소   서울시 금천구 가산디지털 1로 168, 우림라이온스밸리 B동 B113, 114호
홈페이지   www.book.co.kr
전화번호   (02)2026-5777   팩스   (02)2026-5747

ISBN   979-11-5987-629-5 03910 (종이책)   979-11-5987-630-1 05910 (전자책)

이 도서의 국립중앙도서관 출판예정도서목록(CIP)은 서지정보유통지원시스템 홈페이지(http://seoji.nl.go.kr)와
국가자료공동목록시스템(http://www.nl.go.kr/kolisnet)에서 이용하실 수 있습니다.
(CIP제어번호 : CIP2017014801)

중국 고대사

中國 古代史

장철환 편저

대륙의 문명을 급진전시킨
춘추전국시대와 영웅호걸들의 이야기

북랩 book Lab

얼마 전 어깨를 누르고 있던 묵직한 짐 덩어리를 한꺼번에 던져버리듯이 내려놓았다. 그리고 오랫동안 관심을 두고 정리해오던 중국의 고대사를 다시 손보기 시작하였다. 나는 자료를 정리하면서 주역(周易)의 향취(香臭)를 맡았으며, 위기에서 당황하지 않았던 영웅들의 기개를 보았고, 공자와 노자 등 현인들을 만나보았다. 그리고 그들의 삶을 돌아보면서 사람의 운명이 역사의 흐름을 다스린다는 것을 알았다. 영웅과 현인들은 그들의 운명 전부를 하늘에 맡기지 않고 자신들이 만들어 나가면서 때를 기다린다는 것 역시 알 수가 있었다. 봄이 되어야 꽃이 피는 것이다. 사람의 운명은 자신의 노력과 철저한 준비, 그리고 타고난 자질과 성격, 주변의 여건에 의해서 결정되겠지만, 하늘의 뜻에 따라 찾아오는 운(運), 즉 때를 간과(看過)할 수는 없는 것 같다. 어떤 사람에게는 여러 번의 때가 오고 또한 그때가 아주 쉽게 오지만, 누구에게는 단 한 번의 때도 오지 않으며, 오더라도 너무나 힘들고, 늦게, 그리고 스쳐 지나가듯 온다는 것이다.

나에게는 때란 놈이 왜 이리 어렵고 힘들고 늦게야 찾아왔는지? 뒤돌아본 나의 젊은 인생에는 참 슬픈 일이 많았던 것 같다.

상처들을 어루만져 주어야겠다는 마음으로 기억을 더듬으며 한발

한발 뒤돌아 가본 나의 인생이란 길은, 누구나의 인생길처럼 여기저기 얼룩이 지고 곳곳이 막다른 골목이었고 자갈과 진흙투성이의 험한 길이었다. 그러나 그 길 틈새마다 제법 많이 깔린 파란 잔디를 발견하고는, 그래도 나의 인생이 썩 나쁘지만은 않았다는 생각이 들었다. 욕심이란 끝이 없는 것임을 이제야 조금 알기에 이만하면 괜찮은 인생이라고 생각하며 앞으로 다가올 시간에 대해서만 생각하기로 하고 새로운 나의 인생길을 꾸미며 나아가볼까 한다.

시몽지연(始夢之宴)

이 책은 중국 고대사 즉 삼황오제의 시대부터 최초로 중국을 통일한 진시황제 시대까지의 이야기를 인물 중심으로 엮어본 것이다. 그리고 다른 책과는 달리 사회생활을 함에 필요하다고 생각되는 상식과 지식을 중간마다 적어 놓았다. 이 책을 엮어 쓰면서 이 책을 읽는 독자들에게 나는 오직 하나, 주변의 사람들을 포용하고 잊지 말고 더불어 함께하라는 말을 해주고 싶다. 수많은 전쟁으로 점철(點綴)된 춘추전국시대의 영웅호걸 중에 극히 몇 사람만을 제외하고는 그들 대부분의 최후는 비참하였다. 오나라를 천하의 패자(霸者)국으로 만든 오자서, 단 한 번도 전쟁에서 패한 적이 없는 76전 무패의 전적으로 전쟁의 신(神)이 된 장군 오기, 진나라의 천하통일 기반을 닦은 변법(變法)의 공손앙, 군주보다도 더 많은 권력을 휘두른 권세가 위염, 천하의 인물로 한 시대를 풍미한 맹상군과 신릉군, 천하 강대국인 제나라를 초토화한 연나라 장군 악의, 그리고 진나라 최고의 명장 백기, 춘추시대 첫 번째 패자인 제나라 환공, 진시황을 도와 천하통일을 한 재상 이사와 간신 조고 등등 수많은 영웅호걸들은 자신이 최고의 전성기를 누리고 있을 때 권력과 재물 그리고 출세라는 길 위에서 독주(獨走)하였다. 그들은 자신의 능력을 과신하거나 자신을 바르게 하지 않거나 등등 여러 잘못이 있었겠지만, 공통적으로 주변 사람들을 살펴주면서 같이 가는 포용력이 부족하였다.

그들에 비해 월나라 왕 구천을 도와 월나라를 춘추 마지막 패자국으로 만든 뒤 모든 것을 내려놓고 홀연히 사라진 월나라 재상 범려, 그리고 원교근공(遠交近攻)을 외치며 진나라를 천하의 최강국으로 만든 후 공수신퇴, 즉 공을 이룬 후에는 물러나는 바람직한 처신을 한 진나라 재상 범저 등과 같이, 물러난 후 또 다른 인생과 또 다른 영광을 누린 현명한 사람들도 있었다.

이 책을 읽으시는 분들에게!

삶의 치열함은 앞으로 더욱 심해질 것이니, 현재 내가 여유 있는 상황에 있을지라도 겸손한 마음으로 옆 사람의 손을 잡아주며 같이 뛰어가도록 합시다. 인생이란 굉장히 웃기는 것이며, 사람의 앞일은 진짜 모르는 것이기 때문입니다. 지금 내가 안아주고 돌보아준 사람이 훗날 거꾸로 나를 포근히 안아줄 수도 있는 것입니다. 물론 배신과 배은망덕은 살아가면서 항상 옆에 존재하는 것들이지만……

이 책은 이런 분들이 읽었으면 합니다.

먼저, 이제 학교를 마치고 사회에 진출하려고 하는 젊은이들이 읽었으면 하고 바랍니다. 이 책의 내용 정도만이라도 알고 있다면 사회생활을 하는 데 반드시 큰 도움이 되리라 확신하기 때문입니다.

두 번째, 전업주부 그리고 사회생활을 하고 있는 여성분들이 꼭 읽었으면 합니다. 소설 읽는 기분으로 이 책을 한번 읽어보시고, 그리하여 기본적인 역사와 인문학적 소양을 갖춘다면 사회와 가정에서 유식하고 현명한 엄마와 아내, 그리고 사회인으로 인정받을 수 있다고 생각하기 때문입니다.

세 번째, 이제 필자처럼 새로운 인생을 준비하는 분들께서도 한번 읽어보시길 권합니다. 이 책은 우리가 새로운 인생을 설계하는 데 많은 도움을 줄 수 있으리라 생각하기 때문입니다. 앞으로 우리가 가장 조심하고 유의해야 하는 것은 바로 성급함과 조급함인데, 만약 우리가 오랜 세월 동안 겪어온 화려한 성공과 가슴 아픈 실패의 경험들을 기억하면서 이 책을 읽는다면, 이 책에 나오는 영웅호걸들의 경험을 함께할 수 있기에 우리는 돌다리를 두드려가면서도 힘껏 달려갈 수 있는 놀라운 능력을 함께 가질 수 있을지도 모릅니다.

그리고 손주들에게 많은 이야기를 해줄 수가 있답니다.

마지막으로, 현재 상황이 매우 좋지 않아서 용기를 잃고 자신감이 없는 분들께서도 그냥 한번 읽어보세요.

이 책 속의 영웅호걸들이 어떻게 위기와 역경을 헤쳐 나왔는지, 그리고 위대한 현인들은 어떤 관점에서 인생을 이야기하였는지를 알아볼 수가 있습니다.

그런 후 과감히 그리고 벌떡 일어서시기를 바랍니다.

삶의 행로에서 흥망성쇠(興亡盛衰)는 모두가 때가 있는 법인지라 쉽게 포기하지 말도록 합시다. 끊임없는 노력과 집중이 있으면 우리 모두에게 언젠가는 때가 찾아올 것이며, 그때는 두 팔을 높이 들고 때를 맞이하며 크게 웃을 수가 있도록 준비를 해야 하지 않겠습니까!

시골의 조그마한 동네에서 깡패처럼 막돼먹게 살던 유방(劉邦)이 한(漢)나라의 황제가 될 줄 누가 짐작이나 하였으며, 길에서 동냥하면서 구차하게 탁발승으로 살아가던 주원장(朱元璋)이 명(明)나라를 건국하고 황제가 될 줄 어찌 짐작이나 할 수 있었겠습니까! 또한, 사생아로 태어나 무명의 배우 생활을 하면서 창녀처럼 살았던 에바 페론이 아르헨티나의 영부인(令夫人)이 될 줄 누가 짐작이나 했겠습니까! 이 책을 쓴 저 역시 서른의 젊은 나이에 큰 병이 들어 죽음을 염두에 두고 처와 어린 두 자식의 미래를 걱정하면서, 매일 저녁 두 손 모아 50살까지만 살게 해 달라고 하늘에 기도한 시절이 있었습니다.

세상의 일이란 앞으로 어떻게 될지 아무도 모르는 것 아니겠습니까! 우리가 할 수 있는 것은 그냥 최선을 다하면서 때를 기다리고 또한 기회를 놓치지 않는 것으로 생각합니다. 이 책을 읽으시는 모든 분들께서는 지금부터 자신의 꿈을 시작하는 잔치를 벌여보시길 바랍니다!

졸품(拙品)이지만 이 책을 내가 사랑하는 김채경과 허서진, 허서윤 그리고 한지우, 한지인에게 바치고자 합니다.

始夢 장철환

꿈을 시작하는 잔치

始夢之宴

차 례

|제3장| 전국시대, 전국칠웅(全國七雄)과 진시황

|제4장| 제자백가(諸子百家)

제1장

전설과 실존의 시대

1. 전설의 시대

반고(盤古)가 하늘과 땅을 만들다

중국 최초의 역사는 반고(盤古)와 복희(伏羲) 여
와(女媧) 신농(神農)의 신화로 시작된다. 환인(桓因)
의 아들인 환웅(桓雄)이 풍백과 운사, 우사 그리
고 3,000명의 무리를 데리고 태백산 신단수(神檀
樹)에 내려와서 나라를 다스리던 중 100일 동안
동굴에서 쑥과 마늘만 먹고 사람이 된 곰 웅녀
(熊女)와 혼인하여 아들을 낳으니 그가 한민족의
조상인 단군왕검(檀君王儉)이라는 단군 신화처럼
중국에도 건국 신화가 있다.

반고는 도낏자루 하나로 우주의 혼돈(混沌)상태를 정리하여 하늘과
땅을 만들었으며 복희와 여와는 황토를 빚어 인간을 만들었다고 신
화로 전해져 내려온다. 천지를 개벽하고 자기 스스로의 몸으로 천지
를 만들었다는 반고의 전설은 삼국 시대 사람인 서정(徐整)이 지은
『삼오역기(三五歷紀)』에 처음으로 거론된다. 또한 『현중기(玄中記)』와 술
이기『(述異記)』에도 대동소이한 내용으로 기록되어 있다. 이러한 기록
들에 의해 전해지는 반고는 반인반수의 모습과 신의 능력을 갖춘 것
으로 묘사되고 있다.

당시 하늘과 땅은 서로 구분이 되지 않은 채 알처럼 서로 합하여
진 상태 즉 혼돈 상태였다. 반고는 혼돈 속에서 태어나 그 스스로

혼돈 상태를 정리하고 천지를 창조하였다고 전해진다. 즉 세상의 모든 것들이 죽은 듯 고요하고 끝없는 암흑만이 존재하였는데 암흑 속에 감추어진 커다란 별 속에는 거인이 있었으니 바로 반고이었다.

반고는 별을 깨뜨리고 세상으로 나오기 위해서 일만 팔천 년 동안 끊임없이 자신의 도끼로 별을 내리쳤다. 마침내 커다란 별은 둘로 갈라지고 그 속에 있던 반고는 바깥으로 나왔다. 둘로 갈라진 별은 각각 하늘과 땅이 되었다. 양청(陽淸), 즉 가볍고 맑은 부분은 위로 올라가 푸른색 하늘이 되고, 음탁(陰濁), 즉 탁하고 무거운 부분은 아래로 내려와 두꺼운 땅이 되었다. 그리고 반고의 머리는 동악인 태산(泰山)이 되었고 배 부분은 중악인 숭산(嵩山)이 되었다. 그리고 두 다리는 서악인 화산(華山), 오른쪽 팔은 북악인 항산(恒山), 왼쪽 팔은 남악인 형산(衡山)이 되었다. 반고의 오른쪽 눈은 해가 되었고 왼쪽 눈은 달이 되어 천지를 비추었으며 그의 피와 눈물은 강과 바다가 되어 생명의 근원을 이루었다. 그리고 그의 수염과 머리카락은 풀과 나무가 되었으며 목소리는 천둥이 되었고 입김은 바람이 되었다. 또한 반고가 눈을 뜨면 천지는 낮이 되고 눈을 감으면 밤이 되었다.

반고가 기분이 좋으면 날씨가 맑고 좋았으며 기분이 나쁘거나 화를 내면 날씨는 흐리고 음산하였다. 또한 반고는 일만 팔천 년 동안 땅을 딛고 하늘을 떠받치고 있었는데, 반고는 하루에 한 장(丈)씩 키가 자랐으므로 하늘을 떠받친 상태에서 자란 반고의 키는 약 19,700 km에 달하였다. 지금의 하늘과 땅이 서로 멀리 벌어져 있는 이유이다. 반고에 대한 신화는 사실 중국 남방 지역에 거주한 이민족의 설화인데 중국이 역사 정립의 시작 부분에 필요해서 이민족 설화 내용을 빌려 온 것이라 할 수 있다. 이 역시 중국이 정부 차원에서 주도하는 역사 왜곡의 3대 공정 작업 중 하나인 탐원공정(探源工程)의 일환이라 볼 수 있다.

도교(道教)에서는 원시천존(元始天尊)의 아버지를 반고(盤古)라 하는데 반고가 천지를 만든 뒤 유유자적 하늘을 날아다니다가 천상에서 태원성녀(太元聖女)를 보았다. 반고는 태원성녀의 정결한 아름다움에 반해 그녀가 숨을 들이쉴 때 한 줄기 빛으로 변해 태원성녀의 입속으로 들어갔다가 그녀의 등뼈 사이로 나왔는데 그가 바로 원시천존이라는 얘기다. 그리고 반고가 혼돈 상태를 정리할 때 사용한 도끼의 자루가 훗날 서유기의 손오공(孫悟空)이 사용한 여의봉(如意棒)이란 얘기도 있다.

도교(道教)에서는 많은 신 중에서도 특히 고귀한 신을 천존(天尊)이라 하는데, 천존 중에서도 삼청(三淸)을 제일 고귀한 신으로 추앙하였다. 삼청은 옥청(玉淸), 상청(上淸), 태청(太淸)을 말한다. 삼청 중 제1의 신은 옥청인 원시천존(元始天尊)이며 제2의 신은 상청인 영보천존(靈寶天尊) 제3의 신은 태청인 태상노군(太上老君)이다.

영보천존은 태상도군(太上道君)이라고도 하며, 일설에는 은나라 마지막 왕인 폭군 주(紂)왕을 제거하고 주(周)나라를 건국한 무왕(武王)이라는 얘기도 있다. 그리고 태상노군은 도덕천존(道德天尊)이라고도 하며 도가의 개조인 노자(老子)를 말한다.

삼황(三皇)은 여와씨(女媧氏), 복희씨(伏羲氏), 신농씨(神農氏)를 말한다. 혹 여와씨 대신에 수인씨(燧人氏)를 말하기도 한다.

여와(女媧)가 황토가루로 사람을 만들다

여와씨(女媧氏)와 복희씨(伏羲氏)는 남매 사이면서 부부의 인연을 맺었다고 전해 진다. 여와는 복희와 함께 황토를 빚어 사람을 만들었으며 또한 여와는 황토를 줄에다 묻혀 걸어 다니면서 공중에 줄을 휘둘렀는데 줄에서 떨어진 황토가루가 모두 사람으로 변했다고 한다.

복희와 여와

인류 탄생에 관한 중국 신화이다. 여와는 모계사회의 원류이자 인류의 어머니이다. 성은 풍(風) 씨이고, 여명(黎明)이라고도 불렸는데 머리는 사람이나 몸은 뱀의 모습을 한 반인반수의 형상이었다. 여와는 혼인 제도를 만들어 백성들이 후손을 보게 하였으며 더불어 인류가 번식(繁殖)할 수 있게 하였다. 또한 홍수를 다스리는 치수에도 능했으며 생황(笙簧)이라는 악기를 만들고 많은 노래도 만들어서 백성들이 즐거운 생활을 할 수 있도록 하였는데, 이를 두고 백성들은 여와를 음악의 신이라고도 하였다. 중국인들은 여와를 인간을 창조한 중국의 시조 어머니이자 우주 만물의 근원과 본질로 생각하여 삼황 중에서도 여와를 가장 숭배(崇拜)하였다.

복희(伏羲)가 복희팔괘(伏羲八卦)를 만들다

복희씨는 '큰 하늘'의 뜻인 태호(太昊)라는 또 다른 호칭으로도 불린다. 복희씨의 형상은 여와처럼 머리는 사람의 모습이나 몸은 뱀의 모습을 하였다고 한다. 또 다른 기록에는 뱀의 모습이 아니라 용의 모습이라고도 하였다. 복희씨는 동이족의 최고 지도자로 성은 풍 씨이며 약 150년간 천하를 다스렸다.

복희씨는 거미줄을 보고 물고기를 잡을 수 있는 그물을 만들어 백성들이 쉽게 그리고 많은 물고기를 잡을 수 있게 하였으며, 음악에도 조예가 깊어서 슬(瑟)이라는 악기를 만들었을 뿐만 아니라 가변(駕辯)이라는 노래도 만들었다. 특히 복희씨에게는 나무의 신인 구망(句芒)이 항상 곁에 있으면서 복희씨를 돌보며 조언을 해주었다 한다. 복희씨는 오행(五行:목, 화, 토, 금, 수) 중에 목의 기운을 받았는데, 그는 봄과 만물의 활기찬 생명력을 관장하였으며 동방의 천제로 불리었다. 복희씨가 창안한 것 중에 우주 만물의 이치를 설명한 '복희팔괘(伏羲八卦)'라는 것이 있었는데 이는 동양철학의 완성이라 할 수 있는 주역(周易)의 기본이 되었다. 복희씨는 탄생 신화 자체가 주역과 관계가 있었다. 그의 어머니는 화서씨인데 뇌택(雷澤)이라는 연못에 남겨진 뇌신(雷神)의 발자국을 밟고는 임신이 되어 출산하니 그때 태어난 아이가 바로 복희씨였다는 이야기다.

뇌택은 지금의 허난 성에 있는 못의 이름이기도 한데, 우레(雨雷)를 관장하는 뇌신이 살았다고 전해진다. 뇌택이란 말은 주역 64괘(卦) 중의 54번째 괘인 뇌택귀매(雷澤歸妹)에서 나온다. 귀매(歸妹)란 말의 뜻은 '여자가 시집을 간다'라는 것이다. 복희팔괘에 대해 간단하게 알아보자면, 복희가 네모진 돌계단에 앉아서 여덟 방향에서 들려오는 음악 소리를 듣고서 여덟 종류의 부호(符號)를 만들고 부호마다 의미를 부여한 것이 복희팔괘라는 말이 전해져 오기도 한다.

또 다른 주장에 따르면 복희씨는 천하를 다스릴 때 하도(河圖)를 보고 점을 보았으며 또한 국정 운영에 참고로 하였는데, 그 하도의 내용과 그 유래는 이러하다. 어느 날 머리 부분이 용이고 몸통 부분은 말의 형상을 한 신비스러운 용마(龍馬)가 황하의 지류인 하수(河水)에 나타났다. 그 용마의 등에는 흰색의 점(點)이 25개, 검은색 점이 30개 총 55개의 점이 새겨져 있었는데 이것을 그린 그림이 하도(河圖)이다. 그리고 이 하도를 기본으로 하여 창안한 것이 복희팔괘라는 말도 있다. 하도의 흰색과 검은색으로 된 55개의 점들은 일정한 배치로 모양을 갖추었는데, 하도의 그러한 모양은 음양오행(陰陽五行)의 원리를 기본으로 하여 우주 만물의 원리를 설명하고 있다.

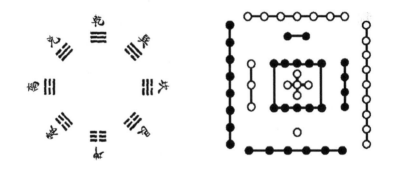

복희팔괘도 & 하도

신농(神農)이 불을 피워 고기를 구워 먹다

신농(神農)씨는 기원전 5000년 전에 강수(姜水)라는 곳에서 태어났으며, 강수의 지명을 따라 성을 강(姜)씨로 하였다. 머리는 소의 모습을 한 반인반수의 형상이며 곡부에 나라를 정하고 140년간 다스렸다. 아마도 신농씨가 다스렸던 부족은 소를 토템으로 하였던 것 같다.

그의 별명은 염제(炎帝)이다. 신농씨는 쟁기를 만들어 농사짓는 방법을 백성들에게 알려주어서 백성들이 농사를 통해 배불리 먹게 하였으며 또한 세상의 나무와 풀들을 약초(藥草)와 독초(毒草)로 구분하여서 의약제를 만들어 병든 백성들을 돌보았다. 그러나 무엇보다도 불을 발명하여 백성들이 고기 등 음식들을 구워 먹도록 하였다.

별명이 염제(炎帝)인 것도 불을 발명하였기 때문이라 추측된다.

그리고 그는 약초와 독초를 구분하기 위해 눈에 보이는 모든 풀과 나무들을 모두 직접 먹어 보고 판단하였는데 하루에 수십 번 이상 독초에 중독되었다고 한다. 그러던 중에 신농씨가 독초를 먹었는데 그 정도가 심하여 목숨이 위태롭게 되었다. 급해진 신농씨는 다급한 김에 곁에 있는 처음 보는 풀을 그냥 뜯어 먹었는데, 그 풀이 해독 작용을 하여 목숨을 건졌다고 한다. 그 풀은 찻잎이었는데 현재 우리가 마시고 있는 차(茶)를 신농씨가 찾아낸 것이다.

백성들의 질병을 고쳐주고자 했던 신농씨는 중국에서뿐만 아니라 일본에서도 신으로 모신다. 현재도 일본 오사카에 있는 도쇼마찌는 유명한 약재 거리인데 이곳의 약재상들은 신농을 신으로 섬기며 동지(冬至)를 신농제라 하면서 주변 사람들과 음식을 나누어 먹으면서 신농을 기리고 있다.

또한 신농씨는 오곡(五穀)의 파종법을 교육해 백성들이 먹을 것에 대해 걱정을 하지 않도록 하였으니, 백성들이 그를 농사의 신, 즉 신농이라고 불렀다. 그리고 신농씨의 몸은 투명하여 어떤 풀과 나무 등이 몸에서 어떻게 작용을 하는지? 스스로 볼 수 있었다고 한다.

그런데도 그는 결국 맹독성을 지닌 '단장초'라는 독초를 먹고 중독되어 죽었다. 그는 의약과 농업 부분 이외에도 도기(陶器)와 활을 발명하고, 물물교환을 할 수 있도록 시장을 조성하는 등 백성들의 편안한 생활을 위해 많은 노력을 하였다.

2. 전설과 실존의 시대

황제(黃帝)가 과연 치우천황을 이겼는가?

반인반수의 신에 가까운 인물로 묘사된 삼황의 시대를 지나, 좀 더 역사적으로 검증되고 기록되어 전해져 오는 오제(五帝)의 시대는 황제(黃帝)로부터 시작되어 전욱, 제곡, 제요, 제순으로 이어진다.

이 시기는 기원전 5500~4500년에 해당하며, 고고학에서 말하는 앙소(仰韶) 문화, 용산(龍山) 문화, 홍산(紅山) 문화, 대문구(大汶口) 문화의 시기(時期)이다.

황제는 역사적으로 중화 민족의 시조라고 볼 수도 있는데 황제의 성은 본래는 공손(公孫) 씨였지만 나중에 희(姬) 씨로 바꾸었다. 사람들은 그를 헌원(軒轅)이라고도 불렀는데 그 이유는 황제가 살았던 지역의 강 이름이 희수(姬水)이고 언덕 이름이 헌원이었기 때문이다.

황제는 지금의 하남성 신정현 일대에 위치한 유웅국(有熊國)의 임금인 소전(少典)의 아들로 태어났다. 소전은 이름이 부보(附寶)인 여자와 혼인하였다. 어느 날 두 사람이 희수(姬水)에서 즐거운 시간을 보내고 있었는데 그때 하늘에서 천둥소리가 나더니 부보가 임신을 했다.

황제는 태어날 때부터 남다르게 총명하여 태어난 지 두 달 만에 말을 하였다고 한다. 백성들은 어린아이의 총명함에 놀라며 천신이 태어났다고 생각하였다. 세월이 흘러 아이가 20세 어른이 되자 백성들은 그 아이를 왕으로 모셨는데 그가 바로 황제이다. 황제는 왕이 된 후 백성들을 데리고 탁록(涿鹿)으로 이주해 정착하였다. 황제는 백성들을 위해 여러 가지를 발명하고 창안하였는데 배와 수레, 그리고 신발, 우물 이외에도 문자, 역법, 달력 등이 그것이다.

황제는 중국의 여러 부족을 통합하여 다스리게 되었는데 그 무렵 중국의 패자로 활동하였던 신농씨의 세력은 급격히 쇠퇴하여, 강력한 지도력을 상실한 상태였다. 그로 인해 각 지역 부족국가들의 횡포는 말로 표현하지 못할 정도로 심하였으나 이미 세력이 약해진 신농씨는 그들을 제압하거나 영향력 있는 관리를 하지 못하였다.

당시의 천하 세력 판도는 기존의 염제 신농씨와 새로운 강자로 대두한 헌원 황제, 그리고 환웅이 건국한 배달국(倍達國) 제14대 천황인 치우천황(蚩尤天皇)이 세력을 형성하고 있었다.

치우천황에 대한 기록은 『환단고기(桓檀古記)』에 나오는 내용을 참고로 한다. 치우는 자오지(慈烏支) 환웅이라고도 불리었으며, 머리는 구리처럼 단단하였으며 뿔이 있는 이마는 쇠처럼 강하였고, 팔과 다리가 여덟 개 있는 용맹한 군주였다. 그리고 치우천황은 도깨비 부대를 인솔하고 철로 만든 뛰어난 병기들로 무장하여 주변에 대적할 상대가 없을 정도로 강력한 세력을 구축하였다.

치우천황을 사람의 모습이 아닌 괴물에 가까운 모습으로 중국인들이 묘사한 것은 그만큼 치우천황의 강력한 힘을 두려워했다는 것을 방증한다고 볼 수 있다. 치우는 특히 철광석에서 철을 주조(鑄造)하는 기술이 뛰어났다. 그리고 도깨비 부대를 인솔한 치우천황을 두고 사람들은 도깨비라고도 하였다.

황제는 먼저 세력이 약해진 신농과 세 번에 걸쳐 전투하였는데, 결국 지금의 하북성에 있는 판천(阪泉) 전투에서 신농의 군대를 격퇴했다. 당시 황제는 새로운 무기들을 만들어 전투에 사용하였는데, 신농과의 전투에서는 조련시킨 맹수들을 투입하여 전쟁을 승리로 이끌었다. 황제가 신농과의 전쟁을 승리로 이끌어 갈 즈음에 동이족이 건국한 나라인 배달국의 임금인 치우천황이 전쟁을 일으켜 황제와 천하를 두고 자웅(雌雄)을 겨루게 되었다. 황제와 치우는 74번에 걸쳐 전투하였는데 73번을 치우가 승리하였다. 그러나 마지막 전투가 되어버린 74번째 전투인 탁록(涿鹿) 전투에서 황제가 치우의 부대를 격퇴하고, 치우는 탁록 전투에서 사망하게 된다.

치우천황

전쟁에서 이긴 황제는 치우천황의 시신을 다섯 개로 토막 내어 사방과 중앙, 즉 오방위(五方位)로 각각 분산하여 묻었다. 이는 치우의 신통력과 힘을 두려워하여, 치우가 다시 살아날 수 없도록 시신을 흩어버린 것이다. 황제를 포함하여 중국인들이 얼마나 치우천황을 두려워하였는지 알 수 있는 대목이다. 요즘도 무속인들이 굿을 할 때 다섯 방위를 관장하는 다섯 명의 방위 신(神)인 5제(청제, 적제, 황제, 백제, 흑제), 즉 오방신장(五方神將)을 청하는 이유는 바로 다섯 방위에 흩어져 묻혀 있는 치우천황의 신명(神冥)을 불러오기 위해서이다.

도깨비라는 별칭을 가지고 있으며 우리 한민족의 선조라고 알려진 치우의 형상은 2002년 한일 월드컵 축구 때 우리나라 응원단인 붉은 악마가 응원 도구로 사용하기도 하였다.

당시 치우천황의 세력과 강대한 힘은 중국인들에게, 경외(敬畏)와 숭배(崇拜)의 대상이었다. 지금도 탁록에 있는 삼조당(三祖堂)에서는 중국인들이 자신들의 조상이라고 생각하는 황제 헌원과 그리고 염제 신농, 그리고 동이족으로 한민족의 조상인 치우천황을 함께 모시고 있다. 이러한 것은 치우천황이 이루어낸 거대한 역사를 중국의 역사로 왜곡하려 하는 현 중국 정부의 역사공정 중 한 부분이라고 판단한다. 황제가 신농(神農)과 치우(蚩尤)를 격퇴하자 주변의 다른 부족장들은 황제에게 머리를 숙이고 백성들도 신농씨 대신에 황제를 천하의 군주로 섬기게 되었다.

그러나 우리나라 역사학자 중에는 치우천황에 대한 역사적 평가를 달리하는 사람도 많이 있다. 즉 황제와 치우천황이 벌인 탁록의 전투에서 치우천황이 승리하였으며, 더불어 한반도를 포함한 중국 대륙의 동쪽 지역 전부를 치우천황이 다스렸다는 것을 고고학적, 역사적 기록 등을 근거로 주장하고 있다.

한편 또 다른 역사의 기록들에 의하면 황제가 벌인 신농과의 판천 전투 그리고 치우와의 탁록 전투는 별개의 전투가 아니고 동일한 전투라고 하기도 한다. 그리고 치우의 또 다른 이름이 판천(阪泉)이라는 설도 있는데 이도 판천과 탁록의 전투가 동일한 전투라는 주장의 근거가 된다.

황제 헌원

황제와 관련된 유적은 현재에도 중국 각지에 남아 있는데, 섬서성 황릉현에 있는 황제릉(黃帝陵)에서는 청명절(淸明節)에 황제를 모시는 중국 최대 규모의 제사가 현재에도 거행되고 있다, 공자(孔子) 그리고 사마천(司馬遷)을 모시는 제사와 함께 중국 3대 제사의 하나이다.

기원전 2697년 황제는 천자의 자리에 올랐다. 그리고 수도를 탁록으로 정하였다. 황제는 천자가 된 이후에도 백성들이 풍요롭고 평화로운 생활을 할 수 있도록 덕으로 나라를 다스리고 강력한 군대를 양성하여 주변 나라들을 다스려 안정된 국가를 이루어 나갔다. 그리고 관직을 정하여 국가의 기틀을 잡았다. 또한 약을 만들어 백성들의 병을 치료하여 주었으며 오곡을 파종하게 하고, 창힐(蒼頡)에게 문자를 만들도록 지시하고 영윤(伶倫)에게는 악기를 만들도록 하였다. 대요(大撓)로 하여금 천간(天干)과 지지(地支)를 연구토록 하였다.

그리고 아내인 유조(嫘祖)에게 부탁하여 누에를 치는 법과 천을 짜는 직조(織造) 기술을 백성들에게 가르쳐 주게 하여 백성들이 배부르고 따뜻한 생활을 할 수 있도록 하였다.

염제족과 황제족, 즉 염황족은 훗날 하나라, 은나라, 주나라의 근간을 이루었으며 근본적으로 중화 민족, 즉 화하족(華夏族)의 시조가 되었다고 중국의 역사가들은 주장하고 있다.

황제는 슬하에 25명의 자식을 두었는데 황제가 죽자 그 뒤를 이어 그의 아들 소호금천(少昊金天)이 왕위를 이어받았다. 소호금천이 정사를 돌볼 때는 하늘에서 봉황(鳳凰)이 날아들어 그를 도와주었는데, 봉황의 도움을 받아 소호금천은 훌륭하게 나라를 다스릴 수 있었다. 백성들은 임금인 소호금천을 따르고 존경하였다.

소호금천의 뒤를 이어 그의 조카가 왕위를 계승하였는데, 그의 이름이 전욱고양(顓頊高陽)이었다. 그는 법과 제도를 만들어 백성들을 다스렸는데, 노비에 관한 법, 남녀 간에 지켜야 할 법과 도덕 등 사람들이 살아가면서 겪는 모든 인간사에 대해 기준이 되는 법을 제정하였다. 전욱고양이 죽고 뒤를 이어 왕이 된 사람은 소호금천의 아들인 제곡고신(帝嚳高辛)이었는데, 그는 음악의 신이라 불리울 정도로 음악에 관심이 많았다. 여러 가지의 악기를 만들고 또한 노래도 만들어 백성들이 즐겁게 생활할 수 있도록 하였다.

요(堯)임금은 과연 선양을 하였는가?

제곡고신이 죽자 그의 막내아들인 제요도당(帝堯陶唐)이 왕위를 계승하였는데 그가 바로 태평성대를 뜻하는 요순시대의 요(堯)임금이다. 그는 왕위에 오르자 나라 이름을 당(唐)이라고 정하고 다음 임금인 순(舜)임금과 함께 중국 역사상 가장 평화롭고 풍요한 태평성대의 시대를 만들어 내었다. 요 임금은 백성들의 살아가는 모습을 보고자 가끔 궁궐 밖으로 암행(暗行)하곤 하였는데 한 노인이 음식을 먹으면서 배를 두드리며 노래를 부르는 모습을 보았다.
노래의 내용은 이러하였다.

해가 뜨면 들에 나가 일을 하고 해가 지면 집에 와서 쉰다.
우물을 파서 물을 마시고, 밭을 가꾸어 먹을 것을 구하니 임금인들 부러울까!

요임금은 백성들이 여유 있게 살아가는 모습을 보고 크게 기뻐하였다 한다. 이 내용은 『십팔사략(十八史略)』에 나오는 것으로, 배를 두드리고 발을 구르며 흥겨워한다라는 의미의 고복격양(鼓腹擊壤)이란 성어가 생긴 연유이다. 즉 풍요로운 태평성대를 뜻하는 말이다.

요임금

사마천은 사기에서 요임금은 하늘처럼 넓고 어진 마음과 신과 같은 지혜를 가졌다고 하였다. 그리고 백성들은 요임금을 하늘처럼 추앙하였다고 말하였다.

요임금에게는 아들 단주(丹朱)가 있었으나 성격이 포악하고 명석하지 못하여서 임금이 될 만한 자질이 없었다. 그래서 요임금은 어리석은 아들 단주를 깨우치기 위해 바둑을 처음으로 만들었지만 요임금은 아들에게 왕위를 물려주기보다는 명석하고 어진 사람에게 왕위를 물려주어야겠다고 생각하고 천하에 어진 사람을 물색하였다. 처음 요임금의 눈에 들어온 사람은 허유(許由)라는 어진 사람이었다.

요임금이 허유에게 왕위를 물려주려고 한다는 소문을 들은 허유는 당치도 않는 말이라고 하면서 영수(潁水) 옆에 있는 기산(箕山)으로 숨어버렸다. 그 후 요임금이 또다시 자신에게 구주(九州)를 맡기려고 한다는 말을 들은 허유는 놀라 펄쩍 뛰면서 영수에 가서 자신의 귀를 씻었다. 마침 소에게 물을 먹이려고 영수에 온 허유의 친구 소부(巢父)가 귀를 씻는 이유를 물었다. 허유가 대답하기를 "듣지 말아야 할 소리를 들어서 귀를 씻고 있는 것이네. 요임금이 저번에는 나보고 천하를 다스리라고 하더니 요번에는 구주를 다스리라고 하지 않는가."라고 하였다.

허유의 말을 들은 소부는 갑자기 소를 몰아 영수의 상류로 가려고 하였다. 허유가 이유를 묻자 소부가 대답하였다. "더럽힌 귀를 씻은 더러운 물을 내 소에게 먹일 수는 없지 않는가! 그래서 상류 쪽으로 가려고 하네." 당시 왕을 결정할 때에는 각 부족의 부족장들이 추천한 사람 중에서 선택하였다. 그리고 왕으로 선임된 사람은 대부분이 다른 지역이나 산으로 몸을 피하면서 왕의 자리를 사양하였다. 그때에는 그것이 하나의 겸양이었고, 당연히 그렇게 해야 하는 것으로 인식되어 있었다. 나중에는 왕의 자리를 사양하는 정도가 심할수록 겸손하고 욕심이 없는 사람으로 인정되었다. 허유의 거부로 왕위 계승 문제는 차후로 미루어졌고 요임금의 고민은 계속되었다. 그러다가 우순(虞舜)이란 사람이 현명하고 어질며, 또한 효심이 깊다는 얘기를 듣고 요임금은 순을 자신의 뒤를 이을 임금으로 정하고자 마음먹었다.

그리고 그전에 순을 시험해보았다. 요임금은 딸 아황(娥皇)과 여영(女英)을 순에게 시집보냈는데, 순의 나이 30세일 때다. 두 여자와 함께 살면서도 순은 가정을 잘 이끌어나가면서 불협화음을 내지 않았다. 그리고 요임금은 순을 전국 곳곳에 파견하여 순찰하도록 하였다.

순이 역산(歷山)을 순찰할 때 그 지역의 농부들이 서로 많은 땅을 차지하기 위해 싸우고 있었다. 순은 그곳에 머물면서 같이 일하고 생활하였다. 어느 날부터 농부들은 서로 다투지 않고 양보하면서 협력하였다. 순이 뇌택(雷澤)이란 곳을 순찰할 때도 그곳에서 고기잡이하면서 잠시 머물렀는데, 서로 가옥의 부지 문제로 오랫동안 다툼이 잦았던 지역의 어민들이 더 이상 싸우지 않고 화목하게 잘 지냈다.

순이 하빈(河濱) 땅을 순찰하였다. 그곳은 도자기를 굽는 곳인데 도공(陶工)들이 성급하게 일을 하여 그곳에서 생산되는 도자기는 표면이 거칠고 품질이 좋지 않았다. 그러나 순이 그곳에서 머물자 도공들은 그때부터 예쁘고 정교한 도자기를 생산하였다.

이렇듯 순이 어진 품성과 자애로 백성들을 대하니, 순이 머무는 곳마다 백성들은 모여들었고 백성들 역시 바람직한 방향으로 변했다.

요임금은 순의 이러한 모습들을 보고 기뻐하면서 순에게 많은 소와 양을 하사하고, 양식 창고까지 지어 주었다. 그리고 거문고도 선물로 하사하였다.

이러한 일들을 두고 후세의 공자와 한비는 서로 다른 평가를 하였다.

공자는 이러한 사실들에 감격하면서 말하였다. "농사를 짓거나 고기를 잡는 일 그리고 도자기를 굽는 일은 순의 본업이 아니다. 그런데도 순이 가서 같이 일한 것은 백성들의 잘못을 바로 잡기 위한 것이었다. 순은 실로 어진 사람이다.

스스로 경작을 하는 수고를 마다치 않고 하니 당연히 백성들이 그를 따르지 않을 수가 없었다. 성인의 덕에 의한 교화(敎化)란 바로 이를 두고 말한다."

그러나 한비는 같은 사안을 두고 이렇게 평가하였다.

"나라에서 정한 법률을 통해서 백성들을 교화하면 되지 순 스스로 다니면서 교화를 할 필요가 없다. 순과 같은 비범한 사람도 하나의 문제를 해결하는 데 일 년이라는 세월이 걸렸는데 그러면 나라 전체의 문제를 해결하는 데 얼마의 세월이 필요하단 말인가?

반면 평범한 군주라도 법으로 나라를 다스린다면 수많은 문제를 동시에 그리고 훨씬 짧은 시간 안에 처리할 수가 있으니 공자의 평은 잘못되었다고 할 수 있다. 순이 성인(聖人)이라는 사실과 순이 이러한 방법으로 백성들을 교화하였다는 사실은 서로가 맞지 않는 모순(矛盾)이라고 할 수 있다. 즉 보통 사람들도 효율적으로 해결할 방법을 두고 비범한 사람들조차 해결하기에 오랜 시간이 걸리는 방법을 추천하는 사람들과는 나라의 큰일을 같이 도모하면 안 된다."

모든 것을 지켜본 요임금은 제순유우(帝舜有虞), 즉 순에게 왕위를 계승하였다. 나중에 순임금도 자신의 핏줄보다는 능력 위주로 왕위를 이어가게 하였는데 이를 두고 선양(禪讓)이라 하였다.

요임금이 순임금에게 선양하는 과정에 대해 여러 가지 기록들이 있는데 중국의 대표적인 전설집이자, 지리서인 『산해경(山海經)』에 기록된 내용을 보면, 요임금이 나이가 들자 다음 임금이 될 만한 사람을 찾기 위해 천하에 사람을 물색하고 신하들에게도 훌륭한 사람을 추천하라 명을 내리기도 하였다.

신하들은 어질고 효심이 깊은 순을 천거하였는데 그는 전욱고양의 6대손으로 왕손이었다. 그러나 오랜 세월이 지남에 따라 그의 지위는 일개 평민에 불과하여져 있었다. 앞을 보지 못하는 시각 장애인인 순의 아버지 고수(瞽叟)는 본처인 순의 어머니가 죽자 후처를 보았는데, 후처는 이름이 상(象)이라는 자식을 낳았다.

그 후 아버지 고수는 순을 멀리하고, 후처가 낳은 상만을 아끼고 사랑하였다. 심지어는 순을 죽이려고도 하였다.

『십팔사략』의 기록에 따르면, 요임금이 순에게 많은 가축과 양식 창고를 하사한 것을 질투(嫉妬)하여 계모와 이복동생 상은 아버지 고수를 꼬드겨 순을 죽일 계획을 세웠다.

순에게 양식 창고의 지붕을 수리하라고 한 다음 순이 지붕에 올라가자 사다리를 치워버리고 불을 질렀다. 순은 이러한 위험한 상황을 미리 감지하였기에 미리 준비해간 삿갓 두 개를 펼치고 새처럼 날라 무사히 땅 위에 내려올 수 있었다. 계모의 계획은 실패로 돌아갔다. 얼마 후 고수는 순에게 우물을 청소하라고 하였다. 이미 자신을 죽일 것이라고 눈치를 챈 순은 우물 안에 들어가자 즉시 미리 파놓은 굴을 통해서 몸을 피신하였다. 잠시 후 계모 일당은 진흙과 돌들을 우물 속으로 퍼부었다. 순을 우물 속에 생매장하려고 한 것이다. 순은 미리 파놓은 굴을 통해 무사히 밖으로 나올 수 있었다.

이복동생 상은 순이 죽은 줄 알고 순의 처와 요임금이 하사한 거문고를 차지하려고까지 하였다. 그런데도 순은 이복동생을 아끼며 또한 부모의 말을 거역하지 않았다.

순은 효자로 천하에 소문이 났다.

사람들이 순에게 물었다.

"당신처럼 똑똑한 사람이 어찌하여 악독한 계모 밑에서 살고 있습니까?"

그러자 순이 대답하였다.

"아버지께는 어머니가 필요하기 때문입니다."

그러나 한비가 『한비자』 51편 「충효편」에서 언급한 순의 모습은 전혀 달랐다.

고수는 순의 아버지임에도 불구하고 추방당했으며 이복동생 상은 처형되었다. 아버지를 추방하고 동생을 죽였으니 순을 두고 어질다고 평을 할 수가 없다.

또한 요임금의 두 딸을 아내로 삼았음에도 요임금의 천하를 탈취하였으니 순을 두고 의롭다고 할 수가 없다.

어질지도 않고 의롭지도 않으니 밝다고 말할 수가 없다.

순임금

요임금은 나중에 순을 등용하여 여러 가지 행정업무를 경험하게 하였으며, 순이 등용된 지 20년 만에 요임금은 순을 섭정(攝政)으로 삼고 정치 일선에서 물러났다. 그로부터 8년 후 요임금이 죽자, 순은 요임금의 아들 단주(丹朱)를 왕위에 올리고, 그는 3년 동안 변방으로 나가 있었다. 그러나 백성들과 신하들이 찾아와서 조정의 여러 사안에 대해 결정해달라고 하고, 조회를 주관하게 하고, 재판해달라 하였다. 그리고 칭송(稱頌)의 노래를 부를 때도 백성들은 단주를 칭송하지 않고 순을 칭송하는 노래를 불렀다.

이에 '이 모든 것은 하늘의 뜻'이라고 하면서 순은 마음을 바꾸어 변방에서 돌아와 조정의 일을 보면서 임금이 되었는데, 그때 그의 나이가 61세였다. 순임금은 즉위 후에도 백성들과 같이 생활하면서 나라를 다스렸고, 백성들은 순임금을 따르며 찬양하였다. 이때가 태평성대의 시대이었다. 순은 왕이 되자 나라 이름을 우(虞)라고 하였다.

그리고 『산해경』의 내용과는 다른 기록들이 있는데, 『환단고기(桓檀古記)』에 수록된 내용을 보면, 기원전 2333년경 동이족에서 갈라져 나온 단군왕검이 백두산을 중심으로 만주와 요서(遼西) 지역 및 한반도에 이르는 광대한 지역에 고조선이라는 강력한 나라를 세운 후, 이를 삼한, 즉 마한(馬韓), 진한(辰韓), 변한(弁韓)으로 나누어 다스렸다.

그중 요서 지방의 관할과 통치는 변한이 하였는데, 변한과 요임금의 당(唐)나라가 국경을 맞대고 있어서 당연히 다툼이 잦고 심했다.

이에 단군왕검이 순에게 병력 일부를 주어 함께 요임금의 나라인 당나라를 공격하고자 하였는데, 힘이 약해 열세임을 느낀 요임금이 두 딸을 순에게 바치고 후에는 왕위와 나라까지 바쳤다고 되어 있다.

그리고 발해의 시조 대조영(大祚榮)의 동생인 대야발이 저술하였다고 전해지는 『단기고사』의 기록들을 보면, 순은 고조선에서 벼슬을 하는 고시의 조카이며, 고시의 형인 고수가 그의 아버지였다. 아버지 고수와 삼촌인 고시가 순에게 고조선에 와서 벼슬을 하면서 충성을 하라고 하였으나, 순은 고조선의 벼슬을 마다하고 요임금의 나라인 당나라에 충성을 다하였다. 그로 인해 순은 아버지 고수로부터 미움을 받았다고 되어 있다.

그리고 『죽서기년』의 기록에는 다음과 같이 언급되고 있다.

요임금의 덕이 쇠하여지자 순에 의해 감금이 되었다. 순은 요를 가두고 난 후 요의 아들 단주까지 제약하니 그들 부자는 서로 만날 수가 없었다.

또한 『상서』의 기록에는 순이 요임금의 중신들을 죽이거나 추방하였다고 적혀 있다.

공공을 유주에 유배시키고 환도를 숭산으로 귀양 보내고 삼묘는 삼위로 추방하였다. 그리고 곤을 우산에서 처형하였다. 순이 이들 네 명의 죄를 묻자 천하가 복종하였다.

우가 황하의 범람을 막다

당시 중국에서는 나라를 다스리는 데 있어, 그 무엇보다도 강의 범람(汎濫), 즉 홍수를 막는 치수가 중요하였다. 특히 요임금과 순임금 시절에는 황하의 범람이 심하였다. 요임금 시절에는 7년을 연속하여 황하가 범람하여 백성들의 생활이 피폐해졌는데 요임금은 곤(鯀)이라는 치수 전문가가 있음을 알고 곤에게 치수를 맡겼다.

곤은 오제 중 한 명인 전욱고양의 아들이었는데 불행하게도 황하의 범람을 막지 못하고 처벌을 받았다. 곤은 우산(羽山)이라는 곳에 귀양을 갔다가 그곳에서 죽었다.

순임금 역시 계속되는 황하의 범람으로 고민하던 차에, 곤의 아들 우(禹)가 치수 관련하여 뛰어난 기술과 해박한 지식을 가졌다는 소식을 듣고 그를 발탁(拔擢)하여 치수를 맡겼다. 우(禹)는 품성이 선량하며 또한 현명한 사람이었다. 순임금이 자신의 아버지 곤을 처벌한 사실을 알고 있었으나 임금을 원망하지 않았다. 오직 황하의 범람으로 생기는 백성들의 고통을 덜어주어야겠다는 생각뿐이었다.

먼저 우는 부하들을 데리고 황하의 곳곳을 사전 탐사를 하였다. 그리고 황하의 흐름과 주변 지형들이 범람에 미치는 영향을 연구하였다. 우는 가래를 들고 대나무 삿갓을 쓴 채, 일 년 동안 인부들과 똑같이 진흙을 파면서 일하였다. 그의 온몸은 진흙으로 떡칠해놓은 것 같았다. 사람들은 그런 우를 보고 '우가 곰이 되었다.'라고 하였다. 우화위웅(禹化爲熊)의 성어가 생긴 연유이다. 즉 모습이 변할 정도로 일을 너무 열심히 하는 것을 말한다. 혹은 일을 너무 열심히 하여 행색이 남루한 것을 말한다. 치수를 맡은 우는 13년간의 노력과 고생으로 마침내 황하의 범람을 막을 수 있었다.

순임금은 우의 현명함과 노력하는 자세를 보고는 왕위를 자기 아들인 상균(商均)에게 주지 않고 뛰어난 치수 능력을 갖춘 우를 다음 왕으로 계승케 하였다. 요임금에서 순임금 그리고 우임금에 이르는 선양은 계속되었다. 그가 바로 중국 최초의 왕조 국가인 하(夏)나라를 세운 우(禹)임금이다.

치수를 할 때 아버지 곤(鯀)은 홍수 때 쌓이는 흙으로 제방을 쌓는 방법으로 공사하였고, 아들인 우(禹)는 강의 바닥에 쌓인 토사들을 제거하는 방법으로 공사하였으며 또한 하천들이 서로 통하게 하여 고인 물이 빠져나갈 수 있게 하였다. 곤은 치수에 실패하였고 우는 성공하였다. 그리고 우는 13년간의 치수 공사 기간에 3번이나 자신의 집 앞을 지나갔는데, 공사에 전념하고 집중한 나머지 단 한 번도 집으로 들어가 보지 않았다고 한다.

첫 번째 지나갈 때는 아내가 출산할 때인데, 아내의 출산에 따른 고통스러운 소리와 뒤이어 아기의 울음소리가 들렸지만, 혹여 시간을 지체(遲滯)하면 치수 공사에 지장을 줄까 봐 그냥 지나쳤으며, 두 번째는 엄마 품에 안겨서 방긋 웃으면서 자신을 보고 집으로 들어오라고 손짓하는 아들을 보고 손만 흔들어주고 또 그냥 지나쳤으며, 세 번째는 걸음마를 하는 그의 아들이 지나치려는 자신을 붙잡으면서 집으로 가자고 하였지만, 우는 아들을 한번 안아주고는 바로 공사장으로 몸을 돌렸다.

우는 이렇게 치수 사업에 전심전력을 다하였다. 공사 기간이 길어질수록 고생이 심해진 우는 허리가 낙타(駱駝)처럼 굽고 다리의 털도 빠졌다. 그리고 허벅지의 살이 빠져 절룩거리며 걸었다. 사람들은 이러한 우의 걸음걸이를 보고 우보(禹步)라고 하였다.

중국 최후의 왕조인 청(淸)나라 말기 강유의 등 의고학파(疑古學派)는, 삼황오제에 관한 역사서의 기록들이 역사학적으로는 의미가 없으며 다만 종교적인 차원에서 의미를 두는 전설, 신화로 간주하였다. 그리고 삼황오제에 관한 우리 역사서를 보면, 김부식(金富軾)이 저술한 『삼국사기(三國史記)』에는 신라인과 가야인의 조상은 오제 중 한 명인 소호금천이며 고구려인의 조상은 역시 오제 중 한 명인 전욱고양이라고 되어 있다. 여기서 우리는 『삼국사기』의 내용상 큰 흐름이 중국의 역사서를 대부분 참고하였으며, 사대주의 관점에서 역사를 기록하였다는 사실을 간과(看過)하면 안 된다.

3. 하(夏)나라, 중국 최초의 왕조 국가

우(禹)가 하나라를 건국하다

오제(五帝)중 마지막 왕인 순임금으로부터 인정을 받아 왕위를 계승하게 된 우임금이 등극하자 나라 이름을 하(夏)라고 정하니 이때가 기원전 2070년경이었다. 참고로 단군왕검이 고조선을 건국하였을 때가 기원전 2333년이었다.

중국 최초의 왕조 국가가 건국되었으니 실제적인 중국의 역사는 하(夏)나라부터 시작된다고 볼 수 있다. 하나라의 시조인 우(禹)임금은 전욱(顓頊)의 손자이다. 그리고 성씨가 사(姒)이며 이름은 문명이었다. 임금의 자리에 오르자 먼저 한 것은 백성들의 생활을 스스로 체험해 보는 것이었다. 백성들의 어려움과 고초를 직접 겪어야만 올바른 정치를 할 수 있다는 것이 그의 생각이었다.

그리고 우임금은 신하 백익(伯益)에게 우물을 만들게 하였고, 또한 해중(奚仲)을 시켜 수레를 만들게 하였다. 그리고 의적(義狄)에게는 술을 만들게 하여 백성들이 좀 더 편안하고 즐거운 생활을 할 수 있도록 하였다. 의적은 우연히 술을 만들었다. 어느 날 의적은 오랫동안 물에 담겨 있던 쌀에서 향긋한 냄새를 맡았다. 더군다나 그 맛은 지금까지 맛보지 못한 천하의 진미로 의적은 여기서 술을 빚는 방법을 고안해내었다. 의적은 이렇게 맛있는 술을 혼자서 먹을 수 없다고 하면서 우임금에게 진상하였다. 우임금이 술맛을 보니 과연 천하에 둘도 없는 맛이었다. 그러나 자꾸 마실수록 정신이 몽롱하였다.

"정말 맛있구나. 그러나 마실수록 정신이 몽롱해지고, 자꾸 마시고 싶으니, 경계하지 않으면 나중에는 집안과 나라를 망치는 사람이 많이 생기겠구나."

우임금은 그 후 다시는 의적을 만나지 않았으며 술도 전혀 마시지 않았다고 한다.

우임금은 재위 기간 8년 만에 회계(會稽)라는 곳에서 병사 혹은 과로로 사망하였다고 전해진다. 그때 그의 나이가 100살이었다.

우임금은 죽기 전에 우물을 생각해낸 백익(伯益)에게 선양하였다. 그러나 백익은 우임금이 죽은 지 3년 만에 우임금의 아들인 계(啓)에게 왕위를 넘겨주고 기산(箕山)으로 들어가 버렸다. 계는 어진 성품과 나라를 다스릴 만한 능력을 갖추고 있었으며, 백성들도 계를 존경하며 따랐다. 계가 왕위를 계승함에 따라 그때부터 중국 왕조에서 선양은 없어지고 전자제도(傳子制度)가 확립되었다.

계의 어머니는 회하(淮河) 지방의 제후인 도산씨(塗山氏)의 딸이었다.

당시 우는 치수 공사로 인해 정신없이 바빴는데 결혼한 지 4일 만에 공사장으로 나가야만 하였다. 그는 신혼생활 대부분을 공사장 인근의 대상(臺桑)이란 곳에서 보냈다.

어느 날 우가 공사장의 진흙 길을 달려가는데 그 모습이 사나운 곰의 모습과도 같았다. 우연히 그 모습을 본 우의 아내가 너무나 놀라서 도망가다가 그만 돌로 변하고 말았다. 그때 우의 아내는 임신 중이었다. 우는 돌로 변한 그의 아내를 껴안으며 배 속의 아이만은 살려달라고 애원하였다. 그때 돌덩이가 깨어지면서 아이가 나왔는데 그 아이가 계(啓)이었다. 계의 뜻은 열리다이다.

훗날 초나라의 굴원(屈原)은 「천문(天間)」이라는 글에서 계의 출생을 안타까워하였다.

우임금과 도산씨의 아들인 계는 예악(禮樂)을 정비한 사람이었다.
구변(九辯)과 구가(九歌)를 지어 음률을 정비하여 백성들을 즐겁게 해 주었다.
이런 근면한 사람이 어찌하여 자신의 어머니를 죽이고 태어났단 말인가!
성인으로 추앙받는 우(禹)와 예악을 창시한 계(啓).
두 사람 모두 만족스러운 인생을 살았다고 할 수가 없으니 안타까울 뿐이다.

계는 즉위한 지 39년인 78세에 죽었다. 계의 아들 태강(太康)은 우둔(愚鈍)하였으며 정사에는 관심이 없었다. 매일 사냥만 하면서 국정을 돌보지 않으니 백성들뿐만 아니고 주변의 제후들로부터도 신망을 얻지 못하였다.

어느 날 사냥에 정신이 팔린 태강은 국경인 낙수(洛水)를 넘어갔다.

당시 하나라와 인접한 곳에 유궁(有窮)이란 나라가 있었는데, 유궁을 다스리던 제후인 후예(后羿)가 하나라의 우둔한 왕인 태강을 얕보고 호시탐탐 기회를 엿보고 있었다. 마침 소수의 병력만 데리고 사냥을 나온 태강이 국경을 넘자 그는 바로 공격해 들어갔다. 중과부적으로 도망친 태강을 주변의 어느 제후도 도와주지 않았다.

후예는 여세를 몰아 하나라의 도성인 안읍(安邑)까지 침공해 들어

가서 태강을 축출(逐出)하고 태강의 동생 중강(仲康)을 왕으로 세웠다.

하나라의 정권을 실질적으로 손에 넣은 후예는, 중강이 죽자 중강의 아들인 상(相)을 제거해버리고 자신이 하나라의 임금이 되었다.

한낱 활 잘 쏘는 무인에 불과했던 후예는 왕이 되자 국정을 돌보는 것에는 관심이 없었고 사냥과 음주 가무를 즐기기에 바빴다. 그리고 심복인 한착(寒浞)에게 모든 정사를 맡겨버렸다. 한착은 교활(狡猾)한 자였다. 겉으로는 후예에게 충성을 다하는 것처럼 하여 신임을 얻은 후, 은밀히 후예의 부하들을 포섭(包攝)하여 자신의 수하로 만들었다.

어느 날 후예가 주최한 주연에서 후예가 만취하자 한착은 후예를 살해하였다. 그리고 후예가 가졌던 모든 권력과 함께 후예의 처와 재산까지 가로채버렸다. 하나라의 대권을 거머쥔 한착은 하족(夏族)의 봉기(蜂起)를 염려하여 전에 후예에게 쫓겨난 태강의 아들 상을 암살하였다. 긴급한 상황에서 상의 아내는 도망쳐서 친정으로 갔다.

무사히 몸을 피한 그녀는 친정에서 출산하였는데 그 아이가 바로 소강(少康)이었다. 한참의 세월이 흐른 후 소강의 존재를 알게 된 한착은, 또다시 자객을 보내 소강을 암살하려고 하였다.

위기에 처한 소강은 몸을 피해 유우 씨(有虞氏) 부락으로 숨어 들어갔다. 유우 씨 족장은 소강이 하나라의 왕손임을 알고 자신의 딸을 소강에게 시집보냈다. 그리고 사방 10리에 해당하는 영토를 소강에게 주었는데 소강은 그곳에서 군사를 조련하며 힘을 키웠다.

얼마 후 소강은 과거 하나라 충신들의 지원을 받아 하나라를 공격하여 한착을 죽이고 하나라를 되찾았다. 하나라는 다시 우임금의 적통(嫡統)으로 이어졌다.

소강은 현명하고 어진 성품으로 국정을 돌보았는데 나라는 평온하였고 경제, 군사, 문화 등 모든 면에서 큰 발전을 이루었다.

역사가들은 이 시기를 소강중흥(少康中興)이라 하면서 칭송하였다. 소강이 21년 동안 중원을 다스린 뒤 그의 아들 여(予)가 왕위를 이어받았다. 여는 임금이 된 후 영토를 더욱 확장하여 하나라 최고의 번성기를 이루었다. 그러나 공갑(孔甲)왕 때부터 쇠락의 모습을 보였던 하나라는 걸(桀)왕 때 망하게 되었다. 당시 공갑왕은 방술과 미신에 빠져 정사를 바르게 보지 못하였다. 이에 주변의 제후들은 공갑왕을 우습게 보며 그의 명을 듣지 않고 조공도 바치지 않았다. 이후 하나라는 공갑의 중손자인 걸왕 때에 와서 멸망하게 되는데 걸왕은 포악하고 음탕하여 주위 모든 사람을 공포에 떨게 하였다. 당연히 그의 주변에는 간신배들만 맴돌았다.

걸왕은 스물다섯 젊은 나이에 보위에 올랐는데 그는 힘이 천하장사였다. 삼백 근이 넘는 쇠갈고리를 힘들이지 않고 휘둘렀으며 코끼리와 물소 등과 겨루어 힘을 과시하기도 하였다.

세계사적으로 보았을 때, 중국의 하나라와 동시대의 중동은 바빌론의 제1대 왕인 함무라비 대왕이 즉위하여 함무라비 대법전을 공표한 시기였다.

기원전 2070년 우임금이 세운 하나라는 기원전 1598년 제17대 걸왕까지, 472년 동안 황하 유역에서 중국을 지배하였는데 오랫동안 하나라는 전설의 왕조로 인식되어왔다. 그러다가 최근 고고학계에서 발견한 이리두(二里頭) 문화유적지에서 하 왕조의 실존을 확인할 수 있게 되었다. 이리두 문화는 지금의 하남성 낙양 평원의 이수(伊

水)와 낙수(洛水)가 만나는 지점을 중심으로 하여 분수(汾水), 여수(汝水) 그리고 정주(鄭州) 일대의 지역에서 발굴된 기원전 1900에서 기원전 1100년 사이에 번성한 왕조의 역사 흔적을 말한다.

중국의 고고학자와 역사학자들은 이곳 이리두 문화를 하 왕조의 유물로 보고 있다.

이리두 문화는 앞선 용산 문화를 바탕으로 하여 발전한 것으로 보이며 중국 청동기 문화의 산실이자 보고로 판단되고 있다.

이는 중국의 3대 공정인 단대공정의 결과이며 용산 문화에 대해서는 중국과 한국의 역사학자들이 그것의 개념을 달리 하고 있는 바, 앞으로 많은 연구가 필요하다. 이러한 고고학적 유물과 발굴된 문화의 기록들을 보면 하 왕조의 번성 시기에 다음 왕조인 은(殷)나라가 세력을 키워가고 있었으며 하나라의 국력이 쇠퇴하고 있을 때 은나라는 강국의 면모를 갖추어가고 있었다.

하나라와 은나라는 동시대에 공존하며 존재하였다고 추측된다.

그리고 은나라와 그다음 왕조인 주(周)나라도 공존의 시대를 함께 한 것으로 보인다.

하나라는 낙양 평원에 도읍지를 정하고 황하 유역의 비옥한 토지와 청동기로 만든 농기구 그리고 무기 등을 통해 강력한 경제력과 군사력으로 주변국들을 통치하였다. 또한 하나라는 주변의 규모가 큰 열두 개 부족 국가들을 통치하기 위해 이들을 통합하여 아홉 개의 주(州)로 나누어 관리하고 통치하였다. 그중에는 상족(商族)이 있었는데 당시 상족은 동북 지방에서 세력을 키워나가고 있었다.

상족의 조상은 제곡고신(帝嚳高辛)의 후손인 설(契)이라는 사람이었다.

점차 세력이 강해진 상족은 하남성의 박(亳)이라는 곳에 도읍지를 정하고, 그동안 해온 하나라에 대한 조공도 하지 않고 하나라에 맞대응하였다. 당시 하나라는 마지막 왕인 걸(桀)왕의 폭정으로 백성들이 힘들어하고 곳곳에서 내란이 일어나고 있었는데, 이에 상족의 14대 왕인 탕(湯)왕이 폭정을 일삼는 걸왕을 제거하고 백성들을 구한다는 명분으로 하나라를 침공하였다.

탕왕은 하나라를 공격하기 전에 백성들 앞에서 선언하였다.

"백성들에게 고하노라! 나는 반란을 일으키는 것이 아니다. 걸의 죄가 너무나 중하여 천명을 받들어 걸을 징벌하는 것이다."

탕왕은 명조(鳴條)의 전투에서 걸왕의 부대를 격파하고 하나라를 멸망시켰다.

하나라를 멸망시킨 탕왕은 도읍지를 언사(堰師)로 옮기고 은(殷)나라를 건국하였다. 역사가들은 상족이 세운 나라라 하여 나라 이름을 상(商)나라 혹은 상왕조라 하기도 하였는데, 훗날 은(殷)이란 곳에 도읍지를 정하고 난 후부터 나라 이름을 은이라 하였다.

어느 날 탕왕이 순시(巡視)하다가 밭에 그물을 쳐 놓고 새를 잡는 사람을 보았다.

"하늘의 것이든, 땅의 것이든 천하의 모든 것들이 나의 그물로 들어와서 나가지 못하게 해주소서."

탕왕이 이 말을 듣고 나무라면서 그물을 걷어라라고 하였다. "어찌하여 단 한 번에 모든 것을 잡으려고 하는가?"

이 일이 알려지자 천하 사람들은 한낱 날짐승까지도 귀하게 여기는 탕왕의 덕을 칭송하였다. 그러나 탕왕은 자신의 덕이 부족하다고 여기면서 괴로워하자 신하 중훼(仲虺)가 탕왕을 위로하는 글을 지어 올렸다.

천자가 없으면 세상이 혼란해질까 걱정이 되어 하늘은 덕이 많으신 대왕을 이 땅에 내려주시어 백성을 다스리게 하였습니다. 하나라의 걸왕은 부족함이 많아 천자의 자격이 없었습니다. 그리하여 결국 백성들은 도탄에 빠지게 되었습니다.

도탄지고(塗炭之苦)란 성어의 유래이다. 즉 생활이 몹시 어렵거나 곤궁하여 고통이 극에 달함을 뜻한다. 여기서 도탄은 진흙탕과 숯불을 가리킨다.

걸왕(桀王)과 매희의 주지육림(酒池肉林)

하나라의 17대, 즉 마지막 왕인 걸왕의 이름은 이계(履癸)인데 하나라를 멸망시킨 상족이 그에게 걸이라는 시호를 부여하였다. 걸이라는 뜻은 성격이 악독하고 많은 사람을 죽인 자이다. 하나라의 패망에는 포악하고 방탕한 걸왕과 그를 방탕과 음란의 늪으로 빠지게 하고 악행을 저지르게 한 요녀(妖女) 매희(妹喜)가 있었다. 매희는 흔히 말희라고 불리기도 했다.

걸왕은 53년이라는 오랜 기간 동안 왕위에 있으면서 주변 부족 국가들을 침공하여 재물과 여자들을 약탈하는 등 만행을 저질러왔다.

당시 주변 속국 중 유시씨(有施氏)라는 부족이 있었는데, 그들 역시 걸왕으로부터 침공을 당하여 많은 백성들이 죽고 재물을 빼앗기는 등 곤욕을 겪었다. 이에 유시씨 부족은 걸왕의 하나라에 항복하고 재물과 여자들을 바쳤다. 공물로 바쳐진 여자 중 매희가 있었는데 매희의 미모는 천하일색이었다.

걸왕은 이렇게 말하였다. "매희만 내 곁에 있으면 더 이상 무엇을 바라겠는가?"

매희는 침대를 옥으로 만들어 사용하였으며 경궁(瓊宮)이라는 화려한 궁궐을 짓고 궁궐 속에 상아와 보석으로 만든 요대(瑤臺)라는 누각에서 걸왕 그리고 미소녀 3,000명과 함께 가무를 즐기면서 방탕한 생활을 하였다. 『제왕세기』의 기록에 따르면 매희는 비단을 찢는 소리를 듣길 좋아했는데 걸왕은 그녀를 위해 백성들로부터 수탈(收奪)한 수많은 비단을 궁녀들이 계속 찢게 하였다. 또한 『하걸매희전』에 따르면 걸왕은 매희를 무릎 위에 앉혀놓고 종일 궁녀들과 놀면서 매희가 요구하는 것은 무엇이나 들어주었다고 한다.

한번은 걸왕이 매희와 함께 배를 타고 술을 마시는데 연못가에서 흥을 돋우며 노래를 부르고 춤을 추고 있는 궁녀들이 보이자 매희가 말하였다.

"궁녀들이 일일이 술과 음식을 나르니까 귀찮고 신경이 쓰이니 연못을 술로 가득 채우고 연못 주위를 비단으로 둘러쳐서 거기에다가 고기와 안주를 걸어놓고 마시고 먹으면 좋겠습니다."

이 말을 들은 걸왕은 즉시 매희의 말처럼 하였는데 이것을 보고 사람들은 '주지육림(酒池肉林)'이라고 하였다.

이러하듯 걸왕이 매일 주지육림에 빠져 정사를 돌보지 않으니, 조정의 곳간은 비워지고, 백성들의 생활은 더욱더 어려워져만 갔다. 걸왕의 신하 중에 이윤(伊尹)이라는 사람이 걸왕의 폭정과 방탕한 생활에 대하여 문제점을 자주 말하곤 하였지만, 걸왕으로부터 미움만 받았다. 이윤은 걸왕이 자신의 충언을 받아주지 않자 하나라를 도망쳐 나와 당시 강대국으로 부상한 상족의 왕인 탕(湯)왕을 찾아가서 하나라를 공격하여 걸왕을 제거하자고 하였다. 훗날 하나라를 멸망시킨 후 이윤은 탕왕을 도와 은나라를 풍요한 나라로 만들었다.

또 다른 기록에 따르면, 유시씨의 딸인 매희가 자신의 부족을 공격하여, 부족 사람들을 죽이고 재물을 약탈한 걸왕에게 복수하고자 스스로 걸왕을 찾아갔다고 한다. 그리고 걸왕을 방탕하게 하여 하나라의 재정을 어렵게 만들고 하나라의 기밀을 빼내서 이윤에게 전달하여 상족이 걸왕을 죽이고 하나라를 멸망시키도록 하였다고 한다.

매희에게는 보고 즐기는 것이 세 가지가 있었다고 전해진다.
첫째, 비단을 찢는 소리를 듣기 좋아하였고, 둘째, 술로 가득 채운 연못에서 사람들이 배를 타고 술 마시는 모습을 보기 좋아하였으며, 세 번째, 남자들이 관모(官帽) 쓴 모습을 보기 좋아하였다고 한다. 이러한 매희는 하얀 피부와 도톰하면서도 가는 입술에, 윤기 나는 검은색의 긴 머리칼이 달걀 모양으로 얼굴을 감싸고 있으며, 걸음걸이는 나비처럼 사뿐사뿐 걸었다 한다.

탕왕은 하나라를 멸망시킨 후, 남소, 즉 지금의 안휘성의 소호에서 걸왕과 매희를 처형하였다고 전해진다. 또 다른 기록을 보면 걸왕과 매희는 함께 남소로 유배되었다가 그곳에서 생을 마감한 것으로도 전해진다.

4. 은(殷)나라, 은허(殷墟)로 존재를 남기다

탕왕(湯王)이 은나라를 건국하다

하나라를 멸망시키고 은나라를 세운 탕(湯)왕은 요임금과 순임금 그리고 문왕이나 주공처럼 학식과 덕을 겸비한 성현이자 도통(道統) 중 한 사람으로 후세에서는 평가하고 있다. 도통(道統)은 즉 유교의 참된 정신과 사상이 전해져 내려오는 정통적인 계보(系譜)를 말하는 것으로 요(堯), 순(舜), 우(禹), 탕(湯), 문왕(文王), 무왕(武王), 주공(周公), 공자(孔子)의 순으로 이어지며 공자 이후에는 증자(曾子), 자사(子思), 맹자(孟子), 주자(周子), 정호(程顥), 정이(程頤)로 이어진다.

일설에 의하면 탕왕은 몸의 한쪽 부분이 다른 한쪽보다 훨씬 큰 모습을 하고 있으며, 머리의 모양이 뾰족하며 여섯 마디로 된 팔을 갖고, 키가 구 척이나 되는 장신이었다. 백성들을 사랑하는 마음이 깊어서, 가뭄이 들자 기우제를 올리는데 백성들 대신 자신을 제물로 하여 기우제를 지내게 하였다. 그의 목숨이 경각(頃刻)에 달했으나 마침 그때 비가 와서 목숨을 건졌다고 한다.

본래 상족은 한곳에 정착하여 농사를 지으며 사는 농경족이 아니라 물과 풀이 있는 곳으로 찾아다니는 유목민족이었다. 상족이 세력을 넓히며 강대국으로 커가는 과정에서도 그들은 다섯 번이나 도읍지를 옮겨 다녔다.

한편 세계사적으로 보았을 때 은나라 시기의 유럽은 그리스 미케네 문명의 전성기였다. 그리고 이집트의 경우 19대 파라오인 람세스가 위세를 떨치고 있었으며 또한 전설로 전해지던 트로이 전쟁이 일어났다.

초기의 상족이 주로 거주하면서 활동한 지역의 동쪽에는 동이족이 살고 있었는데 상족, 역시 동이족의 한 일파로 분류된다. 그리고 남쪽과 서쪽에는 강대국인 하나라가 있었다. 상족이 동이족의 한 부류로 인정되는 증거의 하나로, 그들 부족의 탄생 신화를 보면 알 수 있다. 그들은 시조, 즉 설(契)이 현조(玄鳥)라는 새의 알에서 태어났다고 믿었으며 새를 우상화하였다. 현조는 제비를 말한다.

설의 어머니인 간적(簡狄)은 유융(有娀) 부족의 여자인데 어느 날 그녀가 친구들과 목욕을 하고 있는데 현조가 부근에 알을 낳았다.

간적은 그 알을 먹고 임신하였고 낳은 아들이 설이었다는 이야기다. 이는 동이족 특유의 신화와 이야기 전개 과정이 비슷하다.

이후 은나라의 세력은 더욱 강대해져서 황하(黃河)와 양자강(揚子江) 전역을 통치하였다. 그 무엇보다도 놀라운 것은 현재 사용되고 있는 한자(漢字)의 기본이 되는 갑골문자(甲骨文字)를 사용하였다는 것이다.

또한 청동기 주조(鑄造) 기술이 뛰어났고 전차를 만들어 사용하였으며 그리고 점(占)을 쳐서 중요한 일을 결정하는 제정일체(祭政一體)의 나라였다.

탕 왕이 도읍지인 언사(偃師)에 도성을 구축하였는데 성의 크기가 20㎢에 달하였다. 도성의 중심에는 궁궐이 있고 그 주변에는 묘지와 토기를 만드는 곳과 청동기를 주조하는 곳 등이 있었다. 훗날 역사가들은 이곳을 서박(西亳)이라 불렀다. 탕왕은 언사, 즉 서박에 도성을 지은 후 오래 있지 않고 본래의 도성인 박으로 돌아왔다.

은나라의 쇠락은 빈번한 천도(遷都)가 큰 원인이 되었다고 볼 수 있다. 설이 상족을 규합하여 부족국가를 설립했을 때부터 14대 탕왕이 하나라를 멸망시킨 후에까지도 유목민족인 상족은 여러 차례 도읍지를 옮겨 다녔다. 기원전 1400년경 20대 임금인 반경(盤庚)은 도읍지 엄(奄)에서 은(殷)으로 천도하였는데, 이때부터 나라 이름을 은이라 하였으며 또한 안정된 국가의 모습을 갖추기 시작하였다.

당시 은나라 주변에는 또 다른 수십 개의 부족 국가가 혼재하였는데 이들 부족 국가는 끊임없이 서로 공격하고, 망하고 흥하는 부침을 거듭하였다. 은나라 역시 이들 부족 국가와 전쟁도 하고 협력 관계도 맺으면서 중원을 다스려 왔다. 주변 부족 국가 중에도 촉방(蜀方), 강방(羌方), 귀방(鬼方) 등이 용맹한 군대와 발달한 문명으로, 은나라에 위협을 줄 수 있는 강국들이었다.

촉방은 사천성의 성도를 중심으로 청동기 문화가 발달한 부족 국가였는데, 강력한 힘을 가졌을 때에는 운남 성까지 세력을 넓혀 나갔다. 촉방은 후일의 주(周)나라 그리고 춘추시대를 거쳐서 전국시대까지 존재하였으나 진(秦)나라 효혜왕의 공격을 받고 멸망하였다. 그리고 유민들은 안남(安南) 지역, 즉 지금의 베트남 지역으로 이주하였다.

강방은 강족들이 집단 거주한 곳으로, 그들은 민족의 특색인 머리를 길게 땋아 뒤로 늘어뜨린 변발(辮髮)을 하고 지냈으며 농사와 목축을 같이하며 생활하였다. 그런 이유로 부족들이 흩어져 살아서 세력을 합쳐 키울 수가 없었다. 강방은 은나라에 조공을 바치면서 살아왔는데 은나라는 강족을 노예(奴隸)로 생각하며 멸시하였다.

은나라 사람들에게 핍박(逼迫)을 받고 살아온 강족들의 원한은 깊어져만 갔는데 후일 강방은 주나라의 무왕을 도와 은나라를 멸망시키는 데 일조를 한다.

귀방은 흉노(匈奴)의 선조로 처음에는 몽골 고원 및 오르도스 고원 주변에서 거주하다가 점차 남하하여 황하 연안까지 세력을 확장하였다. 이들은 은나라를 위협할 정도로 강력한 군사력을 가졌으며 천성이 용맹한 부족이었다. 은나라 주변 부족 국가 중 가장 오랫동안 그리고 많이 은나라와 전쟁을 치른 나라였다.

은허와 갑골문자가 발견되다

은나라와 관련하여서는 은허(殷墟)의 발견과 발굴을 얘기하지 않을 수 없다. 은나라 건국 후 많은 세월이 흘러서 주나라 무왕은 은나라를 멸망시킨 후 은나라 마지막 왕인 주(紂)왕을 죽이고 주왕의 아들인 무경(武庚)을 은 지역의 제후로 봉하였다.

그리고 그 주변의 지역에는 무왕 자신의 아들과 공신들을 제후로 봉하여 무경과 은나라 유민들을 감시하도록 하였다. 철저한 감시에도 불구하고 무경은, 주나라 무왕의 동생들인 관숙선(管叔鮮) 및 채숙도(蔡叔度)와 공모하여 반란을 일으켰다. 3년간의 전쟁 끝에 무경 일당은 주공에게 패퇴하여 반란은 실패하였고 무경은 사형을 당했다. 무경이 반란을 일으켰을 때는 주 무왕이 죽고 무왕의 동생인 주공이 조카 성왕(成王)을 보필하여 섭정(攝政)하고 있을 때였다.

주공은 은 지역에 있던 은의 유민들을 사방 각지로 분산하면서 은 나라의 유민 등 잔존 세력들을 제거하였다. 은나라의 수도였던 은 지역은 그 이후 폐허(廢墟)가 되었는데 훗날 사람들은 이곳을 은허(殷墟)라고 불렀다.

전설로만 여겨졌던 은나라가 역사 속의 실존 나라로 인정된 계기는 은허가 발굴되었고 또한 은허에서 현재 한자의 기원이 되는 갑골문자가 발견되었기 때문이다. 은허의 발견과 관련하여 1899년 국자감의 총장이었던 왕의영이라는 사람이 학질에 걸렸는데 학질에는 용골(龍骨)—큰 동물의 뼈 화석—이라는 것을 갈아 먹으면 낫는다는 말을 들었다.

황의영이 용골을 구해 빻으려는 순간 용골에 새겨진 문자 같은 이상한 문양을 보았다. 그는 당시 고대문자에 조예가 깊은 유악(劉顎)을 찾아가서 의논한 후, 같이 4년 동안 연구하여 갑골문자의 존재를 세상에 알렸다. 그 후 유악이 갑골문자를 연구한 내용과 수집한 다량의 갑골문을 정리하여, 1903년 『철운장귀(鐵雲藏龜)』라는 책을 출간하였다.

갑골문

유악의 이러한 업적은 그 후 갑골문자의 대가인 나진옥(羅振玉)의 학문적 발전과 업적에 크게 이바지하였다. 그리고 하남성 안양현 소둔에 있는 하천이 범람하였을 때 다량의 갑골문자가 새겨진 거북이 등껍질(龜甲)과 우골(牛骨) 그리고 용골(龍骨) 등이 발견되었다.

그 후 1928년부터 본격적인 발굴을 시작하여 10여 년 동안 진행되었는데 유적지에서는 80채 이상 궁궐의 주춧돌과 제단, 청동기 주조 공장, 순장묘, 귀족들의 묘, 청동주물제품 등이 발굴되었다.

이 유적지가 나중에 은허(殷墟)라 불린 곳으로 기원전 1300년부터 기원전 1046년까지 은나라 후기 도읍지인 은(殷) 지역이였다.

은허의 유적을 보면 강대국인 은나라의 규모를 짐작(斟酌)할 수 있다. 원하(洹河)를 기준으로 하여 남쪽에는 궁궐을 지었으며 북쪽으로는 귀족들과 평민들의 묘가 구분되어 있었는데 13구에 달하는 거대한 능묘(陵墓)와 3,000여 개의 평민들 묘가 발굴되었다.

또한 100kg 이상의 청동기 제품을 만들 수 있는 작업장의 규모가 10,000㎡에 달하였다. 당시 상족이 세운 은나라에는 순장(殉葬)의 풍습과 함께 제사의 제물로 사람을 바치는 무속 신앙과 신권 신앙이 있었다. 또한 천제, 즉 신은 절대적 진리와 무한한 능력을 갖췄으며 왕은 신의 절대적 진리를 현실에서 집행하는 막강한 존재이었다.

정교합일(政敎合一)의 사상이 은나라 통치의 수단이었던 것이다.

또한 최근에 미국의 존 러스캠프(john A. Ruskamp Jr.) 박사의 주장에 따르면 당시 중국의 상족들이 미 대륙으로 건너가서 생활하였다고 하였다. 즉 주나라에 의해 멸망한 은나라 유민들이 미 대륙으로 피신한 것으로 파악된다는 이야기다. 러스캠프 박사는 2007년 8월 유타 주에 있는 나인마일 협곡과 캐나다 온타리오의 암면조각 공원에서 주(舟)라는 글자가 새겨진 암석을 발견하였으며, 2013년 5월에는 뉴멕시코 주 앨버커키의 암벽에서 대갑(大甲)이란 문자가 새겨진 것을 발견하였다. 대갑은 중국 상족이 세운 은나라의 3대 왕 이름이다.

그리고 2015년 10월에는 유타 주 솔트레이크 시티 주변 암벽에서 화(禾)라는 글자를 발견하였으며, 또한 다른 곳에서 국왕(國王)이라는 글자도 발견하였다. 러스캠프 박사는 상형문자가 주나라 때 발달하였으므로 발견된 갑골문자는 상족이 세운 은나라 유민들이 새긴 것이라고 확신하였다. 그 시기는 기자(箕子)가 고조선으로 피신해서 들어간 때로, 이들 은나라 유민들은 계속 남하하여 멕시코의 올멕(Olmec) 문명도 세운 것으로 추측하였다.

은허의 유적 중 가장 완벽하면서도 유일하게 보존이 잘된 묘는, 당시 은나라의 장군이자 역사상 최초의 여성 장군인 부호(婦好)의 묘이다. 은나라 22대 임금인 무정은 3명의 왕비를 두었는데 그중 한 명이 부호이었다. 무정은 부호를 특별히 총애하였으며, 더불어 높은 직위를 부여하였다. 부호는 또한 왕비로서뿐만 아니라 장수로서 전투에 출정하여 많은 승리를 끌어냈다.

부호

일만 명이 넘는 대군을 통솔하여 당시 강한 세력을 지니고 있던 강족을 정벌하였으며 또한 주변의 파방(巴方), 이방(夷方), 토방(土方) 등을 정벌하였다.

부호는 당시 은나라의 군권을 장악하고 있었으므로 막강한 권력을 가졌다. 그리고 그녀의 아들 조경(祖庚)은 아버지 무정의 뒤를 이어 은나라 23대 임금이 되었다. 또한 부호의 묘에서 당시 화폐인 바닷조개 6,800여 개가 출토되었는데 바닷조개는 멀리 인도양이나 남중국해에서 나오는 조개로 당시 주변 상황을 감안해볼 때 그녀의 위상이 얼마나 대단하였는지 짐작할 수 있다.

또한 은허의 유물을 통해 은나라의 사회 모습을 엿볼 수 있는데, 은나라 당시 인구는 약 500만 명에서 800만 명 정도로 추산해볼 수 있다. 그리고 출토된 농기구들을 보았을 때 정착된 농경 사회로 보인다. 농사를 짓기 위해서는 기후와 날씨를 측정할 수 있어야 하는데 은나라의 역법(曆法)은 태양과 달의 주기가 합쳐진 음양합력(陰陽合曆)과 매년 마지막 달에 윤달을 책정하는 연종치윤법(年終置閏法)으로 구성되어 있었다. 그리고 특이하게 간지(干支)를 활용하였는데 이들 역법은 나중에 인류 최고의 철학서라 불리는『주역(周易)』의 기초가 되었다.

주왕(紂王)과 달기(妲己)의 환락이 은나라를 망치다

은나라의 멸망과 관련하여, 은나라 마지막 왕인 주왕(紂王)의 이름이 자신(子辛)인데 중국 역사상 손꼽히는 폭군으로 유명하다.

주(紂)라는 시호는 후세 주나라에서 붙인 것으로 의를 해치고 선을 훼손한다는 뜻이다. 은나라 주왕의 폭정이 얼마나 심했던지 주무왕은 그의 죄상을 여섯 개로 지적하였다.

첫째, 술을 지나치게 탐닉하여 나라를 돌보지 않았으며, 둘째, 귀척

(貴戚) 출신의 연륜이 있는 신하를 중용하지 않았으며. 셋째, 간신배 같은 소인을 중용하였으며, 넷째, 여인의 말을 듣고 따랐으며, 다섯째, 운명은 하늘에 의해 결정된다고 믿었으며, 여섯째, 제사를 귀중하게 생각하지 않고 등한시하였다.

그러나 주왕도 재위 초기에는 용맹스럽고 언변이 뛰어나며 능력 있는 지도자이었다. 그는 아홉 마리의 소를 한 번에 끌어당길 수 있을 만큼 강한 힘을 가졌으며 호랑이를 단숨에 죽일 수 있을 정도로 용맹함이 대단하였다. 그러나 자신의 재주를 과신하며 천하에서 자신의 능력과 재능이 최고라고 생각하였다. 또한 지나치게 술을 좋아하고 여자를 탐하였다.

자신의 말을 듣지 않거나, 반항하는 사람들에게는 잔인한 형벌로 처리하였는데 그 대표적인 것이 포락(炮烙)이라는 형벌이었다.

주(紂)왕 시절에 왕의 정치를 보좌하는 삼공(三公)이 있었는데, 그 세 사람은 구후(九侯), 악후(鄂侯), 서백(西伯)이었다. 구후는 자신의 딸을 주왕에게 시집보냈는데 딸이 남편인 주왕의 음탕한 짓에 따르지 않고 도리어 주왕의 지나친 음행을 지적하며 멈추어 줄 것을 청하였다. 화가 난 주왕은 구후의 딸을 죽이고 또한 장인인 구후도 죽여 버렸다. 그리고는 구후의 시체로 젓갈을 만들었다. 이러한 악독한 짓을 보고 삼공 중의 한 명인 악후가 잘못된 처사라면서 불만을 제기하자 그 소리를 들은 주왕은 악후마저도 죽여 버렸다. 그리고는 악후의 시체를 포(脯)로 만들었다. 마지막 남은 서백이 이를 듣고 탄식을 하자 곁에서 그 모습을 본 숭후(崇侯) 호(虎)가 주왕에게 고자질하였다. 주왕은 서백을 유리(羑里) 땅에 있는 감옥에 가두어버렸다.

서백은 나중에 주(周)나라의 문왕(文王)이 된다.

이러하듯 포악한 성격의 주왕의 뒤에는 폭정을 부추기는, 음탕하고 악독한 여자가 있었는데, 그가 바로 달기(妲己)라는 여자였다.

달기는 소씨(蘇氏)의 딸로 주왕에게 바쳐진 전리품이었다. 주왕은 달기의 미모에 빠져 정사를 돌보지 않고 달기와 함께 음탕하고 포악한 짓들만 하였다. 달기는 하나라의 매희 못지않게 음란한 여자이었으며 임금이 폭정을 일삼게 하여 나라를 망하게 하는 요녀(妖女)이었다. 달기는 은행(銀杏)과 같이 큰 눈을 가졌으며 얼굴은 홍도(紅桃)와 같은 색을 하였고 피부는 백옥같이 하얗고 부드러웠다.

특히 달기는 도화장(桃花妝)이란 화장을 하였는데, 이는 연지(燕脂)처럼 색깔별로 꽃잎의 즙(汁)을 짜서 얼굴에 바르는 화장법이었다.

달기는 하나라 매희가 한 것처럼 주지육림을 만들어 주왕과 음탕하게 즐겼으며 백성들의 세금과 노동으로 호사스러운 궁궐과 각종 보석으로 치장된 녹대(鹿臺)라는 누각을 짓도록 하였다. 7년에 걸친 공사로 백성들의 생활은 피폐(疲弊)해졌고 조정의 재정은 어렵게 되었다.

어느 날 달기가 주왕에게 하늘의 별을 따서 갖고 싶다고 하였다. 달기의 말을 들은 주왕은 녹대 위에 적성루(摘星樓)를 만들어 주었다. 별을 따는 누각이다.

그 후 주왕과 달기의 환락은 점차 도를 넘어 가학적으로 변해갔는데 그들은 포락의 형벌로 죽어가는 사람들의 고통스러운 모습을 보고는 웃고 즐겼다. 포락이란 뜨거운 불에 통째로 지지거나 태우는 것을 말한다. 구리로 만든 큰 기둥에 기름을 칠한 후 가로로 걸어 놓은 다음 그 위로 사람을 걸어가게 하였다. 구리 기둥 아래는 장작(長斫)불을 지펴 놓았다. 떨어지면 그대로 불에 타서 죽게 되는 형태이었다. 주왕과 달기는 죄인들을 구리 기둥 위로 걷게 하였다. 만약 구리 기둥을 끝까지 걷는다면 죄인을 용서해준다고 하였다. 그러나 불 위에 걸쳐놓은 미끄러운 구리 기둥을 떨어지지 않고 걷는다는 것은 불가능하였다. 죄인들이 떨어지면 당연히 죄가 있거나 반역을 도모하였기에 떨어지는 것이라고 하였다. 주왕과 달기는 겁에 잘려 벌벌 떨면서 구리 기둥 위를 걷다가 불 속으로 떨어지는 사람들을 보고는 쾌감을 느끼며 즐거워하였다. 그리고 채분(蠆盆)이라는 형벌이 있었는데 그것은 사람들을 깊은 구덩이에 밀어 넣어놓고 그 속에 독사와 전갈을 함께 넣어 처형하는 것이었다.

어느 날 주왕과 달기는 녹대에서 주왕의 비빈들을 모아놓고 함께 연회를 즐기고 있었다. 그때 주왕이 갑자기 모든 비빈에게 옷을 벗고 나체로 춤을 추어라 하고 명하였다. 비빈들은 부끄러움에 주저하였지만, 왕의 명령이라 어쩔 수 없이 하나둘 옷을 벗기 시작하였다. 주왕과 달기는 그런 모습만 보고도 크게 웃으며 즐거워하였다.

그러나 비빈 중 72명은 옷을 벗지 않고 얼굴을 가린 채 울면서 명에 따를 수 없다 하면서 버텼다. 달기가 크게 화를 내면서 주왕에게 고하였다. "감히 대왕의 명을 거절하는 저들에게 가르침을 주셔야 할 듯합니다." 주왕이 달기에게 물었다. "어떠한 가르침을 주어야 하겠는가?"

달기가 대답하였다. "적성루 앞에 다섯 장 깊이로 웅덩이를 판 후 그 웅덩이에 독사와 전갈 등을 집어넣은 다음 저들을 같이 밀어 넣는 것입니다. 독사와 전갈에 물리면 꽤나 아플 것입니다. 이것이 바로 채분지형(蠆盆之刑)이라고 하는 것입니다." 달기는 자기 말대로 사람들이 구덩이에서 괴로워하며 죽어가는 모습을 보고 박수를 치면서 즐거워했다고 한다.

한번은 달기가 배가 부른 임신부를 보고는 주왕에게 말하였다.

"소첩은 배 속에 있는 아이가 남아인지, 여아인지 알 수가 있습니다. 남녀가 교접할 때에 남자의 정액이 먼저 여혈(女血)에 닿은 후 내려가면 음이 양을 안는 형태가 되어 반드시 남자아이를 낳으며 반대로 여혈이 남자의 정액에 먼저 이른 다음 내려가면 양이 음을 안는 형국이 되어 여아를 낳습니다."

달기의 말을 들은 주왕은 도성의 임산부 십여 명을 잡아오게 하였다. 그리고 임산부들을 일렬로 세운 다음 달기로 하여금 태아의 성별을 맞추어 보라고 하였다. 달기는 일렬로 선 임산부들을 차례로 살펴본 후 태아의 성별을 말하고 주왕은 그때마다 임산부의 배를 갈라 달기의 말을 확인하였다. 임산부들은 고통과 자식을 잃은 슬픔에 목 놓아 울었다. 주왕과 달기는 피투성이가 된 채 비명을 지르는 임산부들을 보면서 깔깔거리며 즐거워하였다.

주왕과 달기의 만행과 변태적 행위는 끝이 없었다. 그러나 조정에는 그들의 잘못을 지적하는 신하들은 한 사람도 없었다. 다만 한 사람만이 주왕의 잘못을 두고 충언을 하였는데 그는 주왕의 숙부(叔父)인 비간(比干)이었다. 비간은 주왕에게 달기를 멀리하고 국정에 전념해야 한다는 직언을 자주 하였다.

"선왕께서 베푸신 인정(仁政) 즉 어진 정치를 하셔야 할 것입니다. 더 이상 잔혹한 행위를 하지 마시고 또한 아녀자의 말에 현혹되지 마시길 바랍니다. 그렇지 않으면 머지않아 큰 재앙이 닥칠 것입니다." 달기는 자신을 음해하는 비간을 죽이고자 마음먹고는 주왕에게 자신이 심장이 좋지 않는데 심장병을 낫게 하려면 비간의 심장을 먹어야 한다고 말하였다. "비간은 항상 자신이 충신이라고 말해왔습니다. 그런데 어찌하여 조정의 여러 대신 앞에서 대왕의 체면을 손상하는 말을 할 수가 있단 말입니까! 비간이 진정한 충신이라면 중거를 보여주어야 합니다. 옛날 말에 성인은 심장에 구멍이 일곱 개가 있다고 합니다. 과연 그러한지 비간의 심장을 한번 보아야겠습니다." 주왕은 가뜩이나 사사건건 간섭하는 비간을 귀찮게 생각하고 있던 차, 달기의 말을 듣고는 숙부인 비간을 잡아들였다.

그리고는 달기의 말과 똑같이 하였다. "평소 당신이 하는 말들은 성인들이나 하는 말들인데 성인의 심장에는 일곱 개의 구멍이 있다 하니 당신의 심장을 한번 보고 싶소." 그때야 비간은 주왕을 바로 잡을 수가 없다고 판단하였다. 비간은 스스로 자신의 심장을 도려내 주왕에게 던져버리고 죽었다.

은나라 왕족인 기자(箕子)가 이 상황을 지켜보고는 주왕에게는 희망이 없다고 판단하여 일부러 미친 사람처럼 행동하며 다른 사람의 노예로 들어가 은둔(隱遁)하였다. 그러나 이 사실을 전해 들은 주왕은 기자를 잡아서 옥에 가두었다. 여기서 말하는 기자가 바로 오늘날 중국이 주장하는 기자조선(箕子朝鮮)의 기자이다. 기자는 후일 주나라 무왕에 의해 구해졌다.

한편 또 다른 기록을 보면 주나라 문왕의 아들이자 무왕의 동생인 주공 단(旦)이 은나라를 멸망시키기 위해 사전에 달기를 훈련해서 은나라 주왕에게 보냈다고 되어 있다. 달기와 관련하여 인정할 만한 역사적 기록이나 고고학적 유물이 없으니 과연 실존 인물일까? 라는 의심이 든다. 실존 여부를 떠나 음탕하고 나라를 망친 여자의 대명사로 달기는 훗날까지 거론되고 있다.

중국말 중에 달기정(妲己精)이라는 말이 있는데 그것은 여우같이 요사한 년, 달기 같은 년을 뜻한다. 즉 음탕하고 요망한 여자를 총칭하여 말할 때 쓴다. 한편 유리(羑里) 지역의 감옥에 갇혀 있던 서백은 여상 강태공의 조언에 따라 재물과 땅을 주왕에게 바치고 풀려났다. 서백의 둘째 아들이 복수를 다짐하였다. 나중에 서백이 죽자 둘째 아들이 왕위를 잇는데 그가 바로 은(殷)나라를 멸망시키고 주(周)나라를 건국한 무왕(武王)이다.

은나라의 마지막 임금이자 폭군인 주(紂)왕은 수많은 보석으로 장식된 옷을 입고 자신이 만든 녹대에 올라가 불을 지르고 불에 휩싸인 녹대와 함께 운명을 다하였다.

5. 주(周)나라. 무왕이 건국하고 주공 단이 번성시키다

문왕이 위수(渭水)에서 강태공을 만나다

은나라를 멸망시키고 주나라를 세운 주족(周族)은 지금의 섬서성의 서쪽에 있는 칠수(漆水) 유역에서 농사를 지으면서 살아왔다.

주족의 시조는 요순(堯舜)시대 농사를 관장하는 직(稷)이라는 관직에 봉해진 후직(后稷)이다. 초기에 주족의 세력은 미약하였고 또한 부족민들의 수도 적었다.

당시 유럽에서는 지중해에서 카르타고가 건국되어 세력을 확장하고 있었으며, 호메로스가 『일리아드』와 『오디세이』 같은 대작을 세상에 내었다.

기원전 776년 그리스에서는 제1회 올림피아 경기가 열렸다.

은나라가 건국 초기에 동이족과 힘을 합쳐 중원에 진출하자 주족은 북쪽으로 도망쳤다. 그러나 그곳의 기후와 땅이 농사에 적합하지 않아서, 당시 주족의 부족장인 공유(公劉)가 부족들을 이끌고 농사를 지을 수 있는 땅을 찾아 남하하였다. 그러나 당시 세력을 확장 중이던 강력하고 용맹한 귀방(鬼方)의 남진 정책에 의해, 주족은 또다시 밀려서 기산(岐山) 남쪽에 있는 주원 평야에서 거주했다.

그 이후 공유의 9대 후손인 고공단보(古公亶父)가 기산을 중심으로 나라를 세우고, 나라 이름을 주(周)라 하였다. 고공단보는 후일 증손자인 무왕에 의해 태왕(太王)으로 추존(推尊)되었다.

고공단보에게는 3명의 아들이 있었는데 태백, 중옹, 계력이 그들이다. 아들 중에도 고공단보는 현명하고 용맹한 3남인 계력(季歷)을 특히 총애하여 왕위를 계력에게 물려주었다. 입지가 불편해진 이복형들인 태백과 중옹은 남방으로 도망가서 숨어 살면서 왕이 되기를 포기하였다. 그 후 태백은 남방 오(吳)나라의 시조가 되었다고 전해진다. 계력이 이름이 태임인 여자를 왕비로 맞아들여 아들을 낳으니 그가 바로 문왕 창(昌)이다.

계력이 죽고 창이 주나라 임금이 되었는데 후일 문왕으로 불린 그는 어진 정치를 하였다. 그리고 천하의 인재들을 찾아 등용하고 또한 주변 국가들과의 관계도 잘 유지하여 백성들과 주변 국가들로부터 존경과 신망을 얻었다.

당시는 천하를 은나라 마지막 왕인 주(紂)왕이 다스리던 시기였다. 은나라 주왕은 문왕이 주나라 부족장의 자리에 오르자, 중국 서쪽 지방의 부족 국가들을 총괄 관리하는 서백(西伯)으로 임명하였다. 이후 사람들은 문왕을 서백 희창(姬昌)이라고 불렀다.

문왕은 즉위 후 얼마 되지 않아서 도읍지를 기산에서 풍읍(豐邑)으로 옮겼다. 풍읍으로 천도(遷都)한 문왕은 어느 날 사냥을 나갔다가 위수(渭水)에서 낚시를 하고 있는 여상(呂尙) 강태공을 운명적으로 만난다. 문왕은 여상이 범상치 않은 사람임을 알아보고는 그에게 자신의 스승이 되어 백성들을 평안하게 살 수 있게 하고, 부강한 나라를 만드는 데 힘이 되어 달라고 부탁하였다.

이 말을 들은 여상은 "저의 조부가 훗날 성인이 주나라에 나타날 것이라고 말씀하셨습니다. 그런데 그 성인이 바로 앞에 계신 왕이십니다." 하면서 오히려 가르침을 청하였다.

이에 두 사람은 의기투합하였고 문왕은 정사를 여상에게 맡겼다.

후일 여상은 문왕의 아들인 무왕과 함께 은나라를 멸망시키고 주나라를 천하의 패자(霸者)로 만드는 데 일등공신이 되었다.

여상 강태공의 이름은 강상(姜尚)이며, 호(號)는 태공망(太公望)이다.

태공망이란 호는 태공이 뜻을 이루기 위해 오랜 세월을 기다렸다 하여 문왕이 하사하였다고 한다. 낚시를 하는 사람들을 흔히 강태공이라 하는데 낚시를 하면서 오랫동안 때를

여상 강태공

기다린 여상을 두고 하는 말이다. 강태공은 기원전 1156년에 태어나서 기원전 1017년에 사망한 것으로 전해지고 있다.

일반적으로 여상이라고 불리는데 그 이유는 그의 선조가 우임금 시절에 치수 사업에 큰 업적을 세워 그 공로로 여(呂)라는 지역을 관할토록 책봉되었기 때문이다. 여상은 다양한 방법을 생각하고 행동에 옮기는 전략가이자, 정치가였다.

춘추 전국시대의 유가, 법가 등 많은 학파들이 여상을 그들 학문의 이론적 근거이자 학파의 조사(祖師)로 삼았다. 그런 이유로 여상은 백가종사(百家宗師)라고도 불렸다. 훗날 여상은 무왕을 도와 은(殷)나라를 멸망시키고 주(周)나라를 건국하였다.

무왕은 최고의 공을 세운 여상에게, 지금의 산동성에 있던 제(齊)라는 지역의 제후로 책봉하였는데 여상은 제나라의 시조가 되었다.

여상은 동이족 출신으로 동해의 바닷가 가난한 집안에서 태어났다. 은나라 때 집안이 몰락하여 거지와 다름없는 젊은 시절을 보내다 가 마(馬) 씨 집안에 데릴사위로 들어가서 살게 되었다. 여상이 농사 일 등 집안일을 거의 하지 않고 책만 보자 결국 지쳐버린 처는 집을 나가고 그는 처가에서 쫓겨나 이혼당했다. 그 후 그는 도축업, 밥장 사, 술장사 등등 여러 직업을 전전하면서 인생의 수많은 경험을 쌓 았다. 그러면서 그는 굉요(閎天), 산의생(散宜生) 등의 영웅호걸들과 교 분을 쌓았으며 이들은 훗날 주나라 건국에 함께하여 큰 공을 세우 게 된다.

문왕, 즉 서백 창이 은나라 주(紂)왕에 의해 유리(羑里)에 있는 성에 갇혔을 때, 사람들이 여상을 찾아와서 묘책을 묻자, 그는 투기소호 (投其所好)의 방법을 말하였다. 투기소호란 어떤 사람을 공략하기 위 해서는 그가 좋아하는 것에 맞추어 주면 된다는 뜻이다. 시대를 막 론하고 목표를 달성하기 위해서 많이 사용되는 방법일 것이다.

그리하여 여상의 말을 들은 문왕의 신하들은 주(紂)왕에게 그가 좋 아하는 재물과 미녀들을 바치고 문왕을 유리의 성에서 구해내었다.

그 후 여상은 은나라를 멸망시키기 위해 경상책과 멸상책을 주장 하였다. 결국 문왕을 거쳐 무왕의 시절에 멸상책(滅商策)을 건의하고 시행하여 무왕과 함께 은나라를 멸망시켰다.

여상의 현명한 두뇌와 폭넓은 경험은 누구도 대적할 수 없었지만, 그 무엇보다도 그가 가진 최고의 장점은 끈질긴 기다림과 최적의 때 를 안다는 것이다. 그리고 최적의 때라고 생각하면 바로 행동으로 옮기는 결단성이라 할 수 있다.

무왕을 도와 은나라를 멸망시킨 후 여상은 제나라 제후로 봉해져

임지로 가던 중에 자기를 버리고 간 전 부인을 만났다.

초라한 행색의 전 부인이 여상에게 다시 받아주면 안 되겠냐고 말하자 여상은 물 한 바가지를 땅에 쏟은 후 전 부인에게 저 물을 바가지에 다시 담아보라고 하면서 거절하였다. 복수난수(覆水難收)라는 성어가 이때 생겼다. 즉 한번 저지른 실수는 만회하기 어렵다는 뜻이다.

여상이 남긴 말 중에는 현재에도 귀담아들을 말이 있다.

공평하고 결백한 마음가짐으로 백성들을 돌보지 않으면 그는 참된 관리가 아니다.

문왕이 문왕팔괘(文王八卦)를 창안하다

은나라 주(紂)왕의 폭정과 견제로 유리에 있는 성에 갇힌 문왕은 그곳에서 복희씨로부터 시작된 선천팔괘, 즉 복희팔괘(伏羲八卦)를 기본으로 하여 우주 만물의 생성과 변화를 뜻하고 표시한 후천팔괘, 즉 문왕팔괘(文王八卦)를 만들었고, 또한 주역 64괘의 의미를 풀이한 괘사(卦辭)를 작성하였다. 그 후 문왕팔괘는 복희팔괘와 함께 연구 발전되어 동양사상의 근간이 되는 주역의 뿌리가 되었다.

주역은 동양의 사상, 동양의학, 풍수지리 명리학, 관상학 등의 기본 이론이 되었으며, 음양(陰陽)과 오행(五行)을 기본으로 한 동양 철학과 동양인의 생활 전반에 깊숙이 스며들었다.

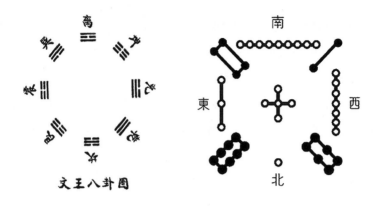

문왕팔괘(文王八卦) & 낙서(洛書)

문왕팔괘는 음양이 서로 조화를 이루어, 낙서의 구궁수에 따라 방향과 숫자 그리고 의미가 배열되어 있다. 구궁수는 1감(坎), 2곤(坤), 3진(震), 4손(巽), 5중(中), 6건(乾), 7태(兌), 8간(艮), 9리(離)이다.

문왕팔괘를 기본으로 하여 문왕의 넷째 아들 주공은 각 괘를 이루는 384개의 효(爻)에 의미를 부여한 효사(孝嗣)를 만들어 주역을 발전시킨다. 흔히 주역과 관련하여 삼사성(三四聖)이라 불리는 사람은 복희(伏羲), 문왕(文王)과 주공(周公) 그리고 공자(孔子)를 말한다.

그리고 이 네 사람의 성인이 주역을 하나로 꿰었다고 해서, 이를 두고 사성일규(四聖一揆)라 한다. 낙서(洛書)는 황하의 지류인 낙수(洛水)에 나타난 신비로운 거북의 등에 새겨진 45개의 점을 말하는데, 하(夏)나라 우임금은 45개의 점들이 서로 상극하며, 조절하는 원리를 깨우쳐서 홍수를 막았다고 한다. 하도(河圖)와 낙서(洛書)의 뒷 글자를 합하면 도서(圖書)가 되는데 이것이 오늘날의 책을 말하는 도서(圖書)이다.

문왕에게는 10명의 아들이 있었다.

장남 백읍고(伯邑考)는 성품이 어질지 못하고, 총명하지도 못한 사람이었다. 어떤 연유인지 아버지 문왕보다 먼저 사망하였는데, 은나라 주(紂)왕이 문왕을 협박하기 위해 백읍고를 죽인 뒤 그 시체로 요리를 만들어 아버지인 문왕에게 강제로 먹도록 했다는 기록도 있다.

차남 희발(姬發)은 아버지 문왕의 대업을 이어받아 은(殷)나라를 멸망시키고, 주나라를 건국한 무왕(武王)이다.

3남의 이름은 관숙선(管叔鮮)으로 은나라 주왕(紂王)의 아들인 무경을 감시하도록 하였으나, 동생인 채숙도, 무경과 함께 반란을 주도하였다가 4남 주공단에게 패하여 무경과 같이 사형을 당하였다.

4남 주공 단은 어린 조카인 성왕(成王)을 보필하면서, 건국 초기의 주나라를 안정시킨 훌륭한 지도자이었다. 그는 또한 주례를 제정하여 나라의 법도를 세우고, 주역 384개의 효의 의미를 분석하고 설명한 효사를 지었다. 그리고 훗날 공자로 하여금 64개의 괘사와 384개의 효사에 10가지 방법으로 주석(註釋)을 붙인 십익(十翼)을 완성하게 하는 이론적 근거를 제공하였다. 훗날 중국의 학자들은 주공을 성인으로 추앙하였다.

5남 채숙도(蔡叔度)는 형인 관숙선과 함께 주공과 조카인 성왕을 상대로 하여 반란을 일으키나, 반란에 주도적인 역할을 하지 않아서 사형은 면하고 유배형을 받았다.

6남 조숙진탁(曹叔振鐸)은 조(曹)나라 제후로 봉해졌다.

7남 성숙무(成叔武)는 성나라 제후로 봉해졌는데, 일설에는 우리나라 창녕 성(成) 씨의 시조라고도 한다,

8남은 곽숙처(霍叔處)이다.

9남 강숙봉(康叔封)은 은나라 유민들을 다스리면서 위나라 제후에 봉해졌으며, 10남 염계재(冉季載)와 함께 훌륭한 정치를 하여 후대의 귀감이 되었다.

고대 중국에서 이름을 지을 때, 장남에게는 백(伯), 차남에게는 중(仲), 3남에게는 숙(叔), 막내에게는 계(季)를 주로 쓰곤 하였다.

만약 적자(嫡子)가 아닌데 제일 먼저 태어나면 맹(孟)을 쓰기도 한다.

문왕의 아들 10명의 이름을 볼 때 장남 백읍고에는 백(伯), 3남부터 전부 숙(叔)이 들어갔다. 그리고 마지막 10남은 계(季)를 사용하였다.

주나라가 은나라를 멸하자, 주 무왕을 역적이라고 하면서 주나라 곡식을 먹길 거부하며 수양산(首陽山)에서 굶어 죽은 형제 충신인 백이(伯夷), 숙제(叔齊)의 이름도 그러하다.

그리고 문왕의 할아버지인 고공단보의 아들 세 명의 이름을 보면, 큰아들 이름은 태백(太伯), 둘째의 이름은 중옹(仲雍), 셋째 아들의 이름은 계력(季歷)인데 그 역시 그러하다.

무왕이 은나라를 멸하다

기원전 1046년 무왕은 약 4만 5천 명의 군사와 300대의 전차, 그리고 강족, 촉족, 복족, 팽족, 용족 등 주변 부족국가들과의 연합을 통해 대대적으로 은나라를 공격하였다. 무왕은 황금으로 만든 큰 도끼를 왼손에 쥐고, 오른손으로 흰 깃발을 휘날리면서 연합군을 진두지휘(陣頭指揮)하였다. 그리고 주왕(紂王)의 죄상을 낱낱이 외치면서 주왕과 달기의 만행으로부터 백성들을 구하자면서 제후들을 독려하였다. 하남성에 있는 목야(牧野)의 전투에서 은나라 70만 대군에게 대승을 거두고 은나라 수도인 조가(朝歌)를 함락하였다. 그리고 천하의 맹주가 되었다.

여러 부족에서 끌려온 노예들로 구성된 은나라 70만 군대의 자멸과 내부 반란 등이 승리에 큰 도움이 되었다.

은나라 주왕에 의해 끌려와서 오랜 세월 동안 멸시를 받으며 혹독한 노역을 하다가 임시방편으로 석방되어 전장으로 끌려 나온 노예들은 주 무왕의 군대가 공격해오자 돌연 창끝을 돌려 은나라를 공격하였다. 은나라 군대는 숫자는 많았지만 서로 마음이 다르고 구심점이 없는 모래알 같았다.

반면 주 무왕의 연합군은 비록 숫자는 적었지만 한마음으로 전투를 벌였다. 이를 두고 동심동덕(同心同德)이라는 성어가 생겼다. 즉 한마음 한뜻을 말한다. 전쟁에서 승리한 무왕은 지금의 서안(西安) 부근인 호경(鎬京)으로 도읍지를 옮기고 선왕인 서백에게 문왕(文王)이라는 칭호를 부여하였다. 모든 전투가 끝이 난후 천하의 어지러운 형세를 정비한 무왕은 다음과 같이 천명하였다.

"전쟁을 하면서 사용한 말들은 화산의 남쪽 기슭으로 돌려보내고 소들은 들에 풀어주어 마음껏 풀을 뜯어 먹도록 하여라. 다시는 이들을 전쟁에 사용하지 않을 것이다."

귀마방우(歸馬放牛)의 성어가 생긴 연유이다. 즉 더 이상 전쟁을 하지 않고 평화의 시대를 열겠다는 의지를 뜻하는 것이다.

그리고 공신들에게 각 지역의 제후로 봉하여 지역을 자체적으로 맡아서 통치, 관리 하도록 하였다. 여상 강태공에는 제(齊)나라를 맡아서 통치하도록 하였으며 주공에게는 노(魯)나라를, 소공석(召公奭)에게는 연(燕)나라를 맡아 다스리도록 하였다.

그리고 멸망한 은나라 주왕의 아들인 무경은 은 지역의 제후로,

주왕의 이복동생인 미자계(微子啓)는 송(宋)나라의 제후로 책봉함과 동시에 은나라 역대 왕들의 제사를 맡아 지내게 하였다.

이는 멸망한 은나라의 유민들과 관료들의 마음을 달래기 위해서이다. 연 지역을 맡아 다스리게 된 소공석은 주로 팥배나무 아래에서 백성들의 송사를 처리하였는데 소공석의 판결은 항상 바르고 백성들의 입장에서 이루어졌다. 백성들은 평화로운 삶을 살 수 있었으며 단 한 사람도 그냥 노는 사람이 없었다.

소공석이 세상을 떠나자 백성들은 그를 잊지 못하고 존경하였다.

백성들은 소공석이 송사를 보았던 팥배나무를 보존하면서 감히 베려고 하지 않았다.

감당유애(甘棠遺愛) 성어의 연유이다. 즉 선정을 베풀고 청렴결백한 사람을 잊지 못하고 그리워하는 것을 말한다. 또한 소공석은 무왕의 국정 운영에 대한 아쉬움도 표하였다. 당시 천하를 제패한 주 무왕은 주변의 이민족 국가에 대해서도 영향력을 미치고 있었다.

여(旅)라는 오랑캐 민족이 무왕에게 선물을 바쳤는데, 그것은 오(獒)라고 하는 덩치가 매우 큰 개였다. 키가 넉 자나 되는 개는 사람의 말을 잘 알아듣고 용맹하였다.

무왕은 그 개를 무척 아끼며 소중하게 다루었는데 무왕의 그런 모습을 보고 소공석이 걱정되어 한마디 하였다.

"임금은 단 한시라도 게으름을 피워서는 안 된다.

그리고 아무리 사소한 일이라도 신중하게 처리하지 않으면 덕을 해칠 수가 있다. 예를 들어 흙을 옮겨 산을 만든다고 하자. 이제 조금만 더 옮기면 아홉 길 높이의 산이 만들어지는 그때 게으름을 피워 마지막 한 삼태기의 흙을 옮기지 않는다면 지금까지 쌓은 모든 것이 물거품이 되어버리는 것이다."

공휴일궤(功虧一簣) 성어의 연유이다.

즉 힘들게 벌인 일을 마무리를 잘하지 못하여 실패함을 이른다.

공신들이나 형제, 친척들을 제후로 책봉하여 각 지역을 통치하게 하는 봉건제도(封建制度)가 주나라에서 처음으로 시행되었다.

백이와 숙제는 주나라를 인정하지 않았다

무왕이 은나라 주(紂)왕을 제거하고 새로운 나라 주(周)나라를 건국하자, 당시 은나라의 제후국인 고죽국(孤竹國)의 왕자들이었던 백이(伯夷)와 숙제(叔齊) 형제는, 무왕이 세운 주나라는 하늘의 뜻에 어긋난 나라로 인정할 수 없다고 하였다. 그리고 주나라의 곡식으로 살아가는 것은 은나라를 배신하는 것이며 또한 수치스러운 짓이라면서 수양산(首陽山)에 들어가 오직 고사리만 뜯어 먹고 살다가 굶어 죽었다는 고사가 있다. 수양산은 견리호미(犬狸狐尾), 즉 개와 살쾡이 그리고 여우가 신(神)으로 살고 있었던 곳이다. 이는 전국시대 위(魏)나라 왕의 무덤에서 발굴된 『급총쇄어(汲冢瑣語)』에 기록되어 있다. 백이와 숙제가 굶어 죽어가는 시점에 부른 노래가 있다.

저기 보이는 서산에 올라 고사리를 캐네.

무력(武力)으로 무력(武力)을 대신하고도 그것의 잘못을 모르네.

신농(神農)과 우(虞), 그리고 하(夏)가 홀연히 사라졌구나.

이제 나는 어디로 돌아가야 하는가.

아! 가야지 이제 목숨이 쇠(衰)해졌구나.

당시 고죽국 왕은 셋째 아들인 숙제를 능력 있는 왕의 재목으로 생각하고 태자로 삼았으나, 숙제는 아버지가 죽자 형인 백이가 당연히 왕이 되어야 한다고 하면서 양위를 하였다. 백이는 부친의 뜻을 거역하면 안 된다고 하면서, 끝까지 왕의 자리를 사양하였다. 결국 숙제가 왕이 되었는데 이들 두 형제는 충신과 형제 간의 우애의 표상(表象)으로 현재까지 전해진다.

한편 당시 은나라 주(紂)왕에 의해 유배지에 감금되어 있다가 무왕에 의해 풀려난 은나라 왕족인 기자(箕子)는 무왕에 의해 구출되었다는 사실에 자존심이 상하였다. 기자는 흩어진 은나라 유민들을 규합하여 동쪽의 고조선(古朝鮮)으로 망명하였다.

이러한 기자를 당시 주나라 무왕은 한반도 북쪽 지역을 포함한 중국 동쪽 지역의 제후로 봉하였는데, 그 나라 이름이 기자조선(箕子朝鮮)이었다. 그 후 기자의 후손이 천 년 동안 고조선을 다스렸다.

중국 최초의 역사서인 『상서(尙書)』에 주석을 붙인 『상서대전(尙書大傳)』에 나오는 기록이다.

이러한 기자조선 설은 우리나라 역사학자들은 인정하지 않는다. 이는 중국학자들의 역사관이며, 중국의 동북공정 계략의 하나로 볼 수 있다. 역사의 기록들이 서로 다르고 과장되거나 거짓 기록들도 있는 바 정사와 야사 그리고 고고학의 검증을 기준으로 하여 진실로 역사를 논하여야 한다고 생각한다.

중국의 역사 왜곡(탐원공정, 단대공정, 동북공정)

역사를 스스로 유리하게 그리고 왜곡(歪曲)된 논리로 구성하는 중국의 3대 공정 즉 탐원공정(探源工程), 단대공정(斷代工程), 그리고 동북공정(東北工程)에 대해서 검토해보자.

탐원공정(探源工程): 전설로만 전해지고 신석기 시대에 해당하는 삼황오제(三皇五帝)의 시대를 역사적으로 인정받기 위해, 고고학적 노력과 연구를 하는 것을 말함. 정식 명칭은 중화문명 탐원공정(中華文明探源工程)이다.

단대공정(斷代工程) : 청동기 시대에서 철기 시대까지 연결된 하(夏)나라, 은(殷)나라, 주(周)나라 시대의 역사를 고고학적 연구와 발굴을 통해 중국의 기원을 밝히자는 노력이며, 또한 하(夏), 은(殷), 주(周) 3개 나라에 대한 역사적 사실들에 대한 구체적이고 정확한 연대를 확정하고자 하는 노력이다.

동북공정(東北工程): 고조선과 고구려를 중국의 일개 제후국으로 다루어, 고조선과 고구려의 역사를 중국 역사에 편입시키고자 하는 작업을 말한다. 중국의 구성을 한족(漢族)과 55개 소수민족으로 확정해놓고, 55개 소수민족의 역사는 바로 중국의 역사라는 것이 동북공정의 핵심이다. 즉 중국의 역사가들뿐만 아니라 중국 정부까지도 고구려는 중국의 지방 민족 정권으로 생각하고 있다는 것이다.

탐원공정의 경우, 신화와 전설로만 전해져 오던 삼황오제의 역사를, 고고학적 노력으로 실존의 역사로 인정받도록 하여, 중국의 역사를 일만 년 정도 더 끌어 올리자는 것이다. 그러면 이집트 문명을 앞서는 명실공히 세계 최고의 역사를 가진 나라가 중국이 되는 것이다.

단대공정이 있기 전에는, 기원전 841년 주(周)나라의 공화(共和)원년이 문헌상이나 고고학적으로 중국 최고(最古)의 역사였다. 그러나 단대공정의 연구와 노력의 결과로 하(夏), 은(殷), 주(周) 세 나라의 연대를 확정할 수 있었으며, 기록과 고고학, 그리고 문헌상 중국의 역사는 기원전 2070년 하(夏)나라 건국 시점까지 올라가게 되었다.

단대공정 후 확정된 중국의 역사를 보면 다음과 같다.
- 기원전 2070년 경 하나라 건국.
- 기원전 1600년 경 은나라 건국
- 기원전 1046년 경 주나라 건국
- 은나라의 개략적인 연대를 확정
- 주나라 왕들의 재위 연대를 개략적으로 확정

주공이 주나라의 기틀을 잡다

천하를 평정한 무왕은 즉위 3년 만에 병사(病死)하는데 죽기 전에 당시 태자였던 그의 아들 송(誦)에게 왕위를 물려주었다. 그가 바로 주나라 2대왕 성왕(成王)이었다. 그러나 성왕은 나이가 어려 나라를 다스리기에는 역부족이었다.

그리하여 삼촌인 주공 단(旦)이 성왕이 나이가 들어 스스로 나라를 다스릴 수 있다고 판단될 때까지 7년 동안 섭정(攝政)을 하였다.

주공은 7년 동안의 섭정기간 중에 분봉 제후제와 각종 법을 제정, 정비하여 주나라 초기의 기틀을 바로 잡고 번성할 수 있도록 기반을 조성하였다. 그로 인해 2대 성왕(成王), 그리고 3대 강왕(康王) 시대까지 주나라는 번성과 함께 태평성대를 이루게 되었다.

역사가들은 이 시기를 성강지치(成康之治)라고 하면서 칭송하였다.

그 후 조카인 성왕이 나라를 다스릴 만한 나이와 역량이 되었다고 판단한 주공은 미련 없이 섭정을 마치고 성왕의 곁을 떠나 봉지인 노(魯)나라로 돌아갔다. 이러한 주공의 결정을 보고 감동한 훗날의 노자(老子)는 자신의 저서 『도덕경(道德經)』 9장에서 공수신퇴(功遂身退) 천지도(天地道), 즉 공을 이루면 몸은 물러나는 것이 하늘의 도(道)라고 표현하면서 주공을 칭송하였다. 주공의 인품과 덕망은 당시 백성들이나 관료들로부터 존경과 신망을 받을 정도였다. 오랜 세월 후의 성현인 공자(孔子)도 주공을 존경하고 흠모해 마지 않았다고 한다.

참고로 형인 무왕이 주공에게 분봉해준 나라가 노(魯)나라인데, 공자가 태어난 나라도 노나라였다. 어린 조카의 왕위를 탐내지 않고 어린 왕을 진심으로 도와 왕권을 지켜주고 태평성대를 이루게 한 주공에게도 그의 섭정을 반대하는 무리가 있었다. 주공의 형제들인 관숙선, 채숙도, 그리고 은나라 마지막 왕인 주(紂)왕의 아들인 무경(武庚)이 바로 그들로, 연합하여 반란을 일으켰다.

반란은 3년 동안의 전투 끝에 주공과 소공석에 의해 진압되었다.

주공의 많은 업적 중 가장 훌륭한 것은 넓은 영토를 효과적으로 통치하는 방법으로 도입된 봉건제(封建制)와 나라의 기강을 바로 세우고 백성들이 안정되고 편안한 생활을 할 수 있도록 제정한 예악(禮樂)이다. 예악은 흔히 주례(周禮)라고 하는데, 이는 주(周)나라의 예(禮) 혹은 주공(周公)의 예(禮)라는 뜻이다. 봉건제와 예악은 주공이 처음 창안한 것으로 이후 중국 왕조의 전통적 통치 방법이 되며 하나의 문화가 되었다. 봉건제는 훗날 진시황이 군현제(郡縣制)를 도입할 때까지, 중국 왕조의 일반적인 영토 관리와 통치 방법이었다.

공자와 노자도 주공을 존경하였다고 하지만 훗날 여불위(呂不韋)가 편찬한 『여씨춘추(呂氏春秋)』의 기록을 보면, 주공의 덕과 인품 그리고 학식이 워낙 뛰어나서 형이자 임금인 무왕도 주공을 사부로 대하였다고 되어 있다.

이러하듯 건국 초기에 주공의 노력으로 주나라는 번성의 길을 걸었다. 성왕, 강왕 시대의 태평성대와 함께 왕성한 세력을 펼쳐가던 주나라는, 10대 왕인 여왕(厲王)의 시기에 왕조 쇠락의 모습을 보이기 시작하였다. 여왕은 덕치를 하지 못하고 자신을 비방하거나 자기 뜻에 따르지 않는 신하나 백성들을 불문곡직(不問曲直) 처형하였다.

그리하여 언로는 막히고 올바른 말을 하는 신하들은 점점 사라지며 간신들만 왕의 주위를 맴돌았다. 여왕은 신하 중에도 영이공(榮夷公)이라는 신하를 특히 총애하여서 나라의 재정을 맡겼다. 그러나 탐욕스러운 영이공은 수많은 재물을 백성들로부터 착취하여 치부하였다. 여왕의 폭정과 탐욕 그리고 설상가상(雪上加霜) 영이공의 수탈은 백성들의 생활을 더욱 피폐하게 했다. 그러자 주변 제후들도 더 이상 조공을 바치지 않았다.

이미 여왕의 시대부터 주나라는 멸망과 분열의 조짐을 보이기 시작하였다. 사실상 춘추시대는 여왕(厲王)의 시대부터 시작되었다고 볼 수 있다. 폭정에 못 이긴 백성들과 제후들은 반란을 일으켜 여왕을 체(彘)라는 곳으로 쫓아내 버리고, 제후 중에 덕망이 있고 강력한 힘을 가진 자가 왕을 대신하여, 여왕이 죽을 때까지 14년 동안 주나라를 다스렸다. 즉 공화행정(共和行政)을 하였다. 공화행정이란 말은 나라와 백성들의 안위와 평화를 위하여 임금을 대신하여 신하들이 나라를 다스린다는 뜻이다.

여왕이 죽고 다음 왕위에 오른 선왕(宣王) 정(靜)은 나라를 잘 다스려 주나라를 다시 한 번 번성케 하였으나 여왕 시절에 이미 뿌리가 흔들거린 나라의 경제력과 군사력은 번성의 걸림돌이 되었다.

무엇보다도 백성들과 제후들의 마음은 이미 주나라에 대한 충성심과는 멀어져 있었다.

유왕(幽王)과 포사(褒姒)의 봉화(烽火) 장난이 서주를 망하게 하다

선왕의 짧은 재위 기간을 거쳐 다음 왕위에 오른 유왕(幽王)은 주왕조의 멸망을 앞당긴 폭군이었다. 유왕은 재위 기간(기원전 782년~기원전 771년) 동안 폭정으로 일관하였으며, 하걸은주(夏桀殷紂)에 뒤지지 않을 정도로 술과 여자를 가까이하며 정사를 돌보지 않고 주지육림 속에서 음탕한 생활을 하였다.

유왕을 타락시키고 주나라를 멸망으로 이끈 여자는 유왕의 후궁으로 나중에 왕비가 된 포사(褒姒)이었다.

기원전 779년 유왕은 섬서성(陝西省) 남동쪽에 있는 포국(褒國)을 정벌하였는데 항복한 포국의 왕은 유왕의 환심을 얻기 위해 미녀를 바쳤다. 바로 그 미녀가 포사로 포국에서 바쳤다 하여 이름을 포사(褒姒)라 하였다. 포사는 후궁으로 있다가 나중에 왕비를 몰아내고 유왕의 왕비가 되었다. 용녀의 기운을 타고났다고 전해지는 포사의 출생에 대한 얘기는 전설처럼 허황하다. 즉 유왕의 아버지인 선왕 말년에 일어난 일들로 한 궁녀가 궁궐에서 도마뱀이 지나간 흔적(痕迹)을 밟았는데 임신을 하였다. 그녀는 임신한 지 40년 만에 딸을 낳았는데 불길하고 또한 겁(怯)이 나서 막 태어난 딸을 강가에 버렸다.

근데 길을 가던 한 남자가 그 광경을 보고 버려진 여자아이를 구해서 포국으로 데리고 갔다. 그러고는 사대(姒大)라는 이름을 가진 홀아비에게 양육을 부탁하며 맡겼다. 홀아비 사대가 포사를 열네 살까지 키웠는데 키가 크고 몸매가 성숙하여 열일곱 살 처녀처럼 보였다. 붉은 입술과 새하얀 치아 그리고 유혹적인 눈매를 가진 포사는 그 아름다움이 꽃이나 달 같았다. 과히 경국지색(傾國之色)이었다.

당시 포국의 대부인 포향은 유왕에게 어진 신하를 내쫓으면 사직을 보존할 수가 없다며 충언을 하였다. 그러나 유왕은 포향을 감옥에 가두고 말았다. 포향의 아들인 홍덕(洪德)이 세금을 거두기 위해 사대가 사는 마을에 갔다가 우물에서 물을 긷고 있는 포사를 보았다. 포사의 차림새는 남루하였지만 타고난 미색은 감출 수가 없었다. "이런 시골에 저리도 아름다운 여인이 무슨 연유로 살고 있단 말인가?"

문득 홍덕은 삼 년 동안 감옥에 갇혀 있는 아버지 포향이 생각났다. 만약에 저 미인을 유왕에게 바치면 아버지를 구할 수 있을지도 모르는 일이었다. 홍덕은 비단 삼백 필을 주고 포사를 사서 자신의 집으로 데리고 갔다. 홍덕은 포사를 목욕시키고 아름다운 비단옷을 입혔다. 그리고 궁중의 기본적인 예절을 가르친 뒤 포사를 데리고 호경으로 갔다. 홍덕은 먼저 당시 유왕의 최측근이자 권세가인 괵공(虢公)을 만나서 뇌물을 바친 뒤 유왕을 배알할 수 있도록 부탁하였다.

괵공의 주선으로 홍덕은 포사와 함께 입궐하여 유왕을 배알할 수 있었다. 포사를 본 유왕은 포사의 아름다운 얼굴과 자태에 정신을 잃어버렸다. 수많은 미인을 봐왔지만, 포사 같은 여자는 처음 보았기 때문이었다. 유왕은 당장 포향을 풀어주고 복직까지 시켜주었다.

포사의 품에서 헤어나지 못한 유왕은 조회에도 나오지 않고 나랏

일은 아예 뒷전이었다. 포사가 궁에 들어온 지 삼 개월이 지났지만, 왕비 신후(申后)는 소문만 들었지 그때까지 포사의 인사도 받지 못하였고 얼굴조차 보지 못하였다. 참다 못한 신후는 유왕과 포사가 놀고 있는 곳으로 찾아갔다. 왕후를 본 포사는 인사도 하지 않은 채 그냥 빤히 쳐다보기만 하였다.

화가 난 신후가 포사를 큰소리로 꾸짖었다. "천한 계집이 어찌 황궁의 엄한 규율을 어지럽히고 있는가?"

유왕이 급히 포사의 앞을 막으며 말하였다. "왕후는 너무 화내지 마시오. 궁에 들어온 지 얼마 되지 않았으며 아직 직첩도 내리지 않았기에 왕후에게 인사를 올리지 못한 것이오."

포사의 편을 드는 유왕의 처사에 더욱 화가 난 왕후는 자신의 아들인 태자 의구(宜臼)에게 하소연을 하였다. 태자는 모후의 말을 듣고 매우 화를 내었다. 사건은 다음날 일어났는데 신후의 궁녀들이 경궁의 화단에 피어 있는 꽃들을 따고 있었다. 그 모습을 본 포사의 궁녀들이 꽃을 못 따게 하면서 그 꽃은 대왕께서 포랑(포사)과 함께 감상하는 것이라 하였다. 이에 신후의 궁녀들은 왕후마마의 명이라고 하였다. 양쪽 궁녀들이 목소리를 높여가며 소란스럽게 싸우자 포사가 놀라 뛰쳐나왔다.

그때 나타난 태자가 포사의 머리채를 휘어잡고 욕을 하면서 때리기 시작하였다. "천한 계집이 자기 분수도 모르고 함부로 날뛰는구나."

태자에게 봉변을 당한 포사는 치욕과 고통을 참으며 자신의 방으로 들어갔다. 나중 사건의 전말을 들은 유왕은 포사를 달래며 자신이 알아서 처리할 것이라 하였다. 그 후 태자 의구는 왕의 후궁을 때린 죄목으로 외가인 신(申)나라로 쫓겨났다.

포사는 곧 회임하였으며 회임한 지 열 달 만에 사내아이를 낳았다. 유왕은 태어난 아이를 애지중지하며 보물처럼 대하였고 아이의 이름을 백복(伯服)이라 지어주었다. 백복이란 천하의 방백들이 스스로 달려와서 복종한다는 의미이다. 포사는 자기 아들인 백복을 태자로 정하였으면 하였다. 그것은 유왕의 마음과도 같았다.

그러나 현재의 태자를 폐할 수 있는 명분과 방법이 없었다. 상황을 눈치챈 간신 괵공이 대신 윤구와 뜻을 같이하기로 한 뒤에 둘은 은밀히 포사를 찾아왔다. 그리고 말하였다.

"반드시 백복 왕자님을 태자로 세워야 합니다. 포낭께서는 대왕께 자주 이 문제를 말씀드려주시기 바랍니다. 조정의 일은 저희 둘이서 알아서 처리하겠습니다."

감동한 포사가 기뻐하면서 괵공과 윤구에게 말하였다.

"만약 아들인 백복이 태자가 된다면 두 분을 모시고 함께 천하를 다스리겠습니다."

그 후 신후가 신나라에 가 있던 태자에게 보낸 편지가 발각되는 사건이 발생하였다. 신후가 아들인 태자가 걱정이 되어 몰래 보낸 편지의 내용은 이러하였다.

대왕께서 잠시 무도하여 요사한 계집에게 은총을 베풀어 사내아이를 낳았는데 그 이후 대왕께서는 그들을 더욱 더 총애하고 있구나. 태자는 일단 죄를 인정하는 것처럼 하고 용서를 구하도록 하여라. 그리하여 일단 귀국한 다음 다른 일을 모색해보자.

편지를 본 유왕은 대노하여 편지를 전달하려고 한 온저(溫姐)를 단칼에 죽여 버렸다. 그리고 조정의 신료들에게 신후와 태자의 문제를 의논하도록 명하였다. 당시 조정의 신료들은 괵공과 윤구의 계략에 의해 모두가 포사의 편이 되어 있었다. 그날 밤 자신의 처소를 찾아온 유왕에게 포사는 울면서 말하였다.

"만약에 대왕께서 천추만세(千秋萬歲)를 다하신 후 태자가 왕위를 잇게 된다면 소첩과 백복은 태자에 의해 억울하게 죽임을 당하여도 묻힐 땅 한 평도 없는 처지입니다."

유왕이 대답하였다. "내가 왕후와 태자를 폐하고 백복을 태자로 삼고자 하니 너무 걱정하지 말도록 하여라. 다만 조정 신료들의 반대를 어떻게 처리해야 할지 모르겠구나."

다음 날 아침 조회에서 유왕은 신후의 문제에 대하여 의견들이 어떠한지 물었다. 괵공과 윤구는 미리 짜놓은 각본대로 조정 신료들을 움직여 신후와 태자를 폐하고 그 자리에 포사를 왕비로 책봉하고 백복을 태자로 정해줄 것을 청하였다. 유왕은 기다렸다는 듯이 윤허하였다.

포사는 잘 웃지 않는 미인으로 유명하였는데 웃지 않는 포사를 웃게 하기 위해 유왕은 온갖 노력을 다하였다. 왕비 신후를 폐하고 포사를 왕비에 책봉하여도 웃지를 않았고 포사가 아들 백복(白服)을 낳았을 때도 역시 웃지를 않았다. 그리고 백복을 태자로 삼았을 때도 전혀 웃지를 않았다. 술과 춤 그리고 노래와 산해진미 등 모두를 좋아하지 않았다. 다만 비단을 찢을 때 나는 소리를 들으면 기분이 좋아진다고 하는 포사의 말을 듣고 유왕은 매일 비단 수십 필(疋)을 궁녀들이 찢게 하였다. 비단을 찢는 소리를 들은 포사는 웃지를 않고 입만 살짝 벙긋하였는데 그러한 포사의 모습을 보고도 유왕은 즐거워하였다. 그러나 매일 수십 필의 비단이 징발되어 찢겨 나가니 백성들의 살림살이와 원성은 힘들고 커져만 갔다. 그래도 유왕은 포사의 치맛자락에 쌓여서 국사를 돌보지 않았다.

포사

그러던 중 간신 괵공이 유왕에게 포사를 웃게 할 수 있는 좋은 방법이 있다고 말하였다. 그것은 유사시에 주변 제후국들에게 긴급 연락을 하는 여산에 있는 봉화대(烽火臺)에 가짜로 봉화를 올리면 주변 제후국 병사들이 황급히 출동하여 몰려올 것인 바 그러한 모습을 보고 혹시 포사가 웃을지도 모른다는 얘기였다. 유왕은 괵공의 말을 듣고는 즉시 가짜로 봉화를 올리게 하였다.

주나라 주변에 있던 제후국들은 여산의 봉화대에서 봉화가 피어오르자 긴급사태가 발생하였다고 생각하였다. 각 제후가 군사들을 이끌고 급히 모여들었으나 아무런 일도 없음을 알고 우왕좌왕하였다. 그리고는 누각에서 풍악을 울리고 가무를 즐기고 있는 유왕과 포사를 보고는 그제야 속은 것을 알고 화를 내며 각국으로 돌아갔다. 이러한 모습을 보고는 포사는 살짝 웃음을 지었다. 포사가 웃는 모습을 본 유왕은 시도 때도 없이 봉화를 올리게 하였고 각 제후는 병사들을 이끌고 황급히 왔다가 또다시 속은 것을 알고 돌아가곤 하였다. 포사는 그때마다 살포시 웃기만 하였다.

한편 포사에 의해 쫓겨난 전 왕비 신후의 일족들은 신후가 왕비 자리에서 쫓겨난 것도 억울한데 신후의 아들까지 태자의 자리에서 폐해진 것에 대해 원한을 품어왔다. 그러다가 유왕 재위 11년에 신후 일족은 당시 서쪽 지방에서 유목 생활을 하던 견융(犬戎)과 연합하여 주나라를 공격하였다. 유왕은 주변 제후들에게 위급함을 알리기 위해 여산의 봉화대에서 봉화를 올렸으나, 제후들은 또다시 유왕이 거짓으로 봉화를 올렸다고 생각하고 군사를 보내지 않았다.

공격 당한 지 10여 일 만에 주나라 궁궐은 함락되고 유왕은 포사와 아들 백복을 데리고 도망쳤으나 잡히고 말았다. 천금의 돈을 주고 산 웃음이라는 의미의 고사성어인 천금매소(千金買笑)가 생긴 연유이다. 이는 쓸데없는 일에 돈을 낭비할 때, 혹은 여자의 환심을 사기 위해 수단 방법을 가리지 않을 때, 이런 상황을 두고 천금매소라고 하였다. 견융의 족장은 유왕과 백복을 처형하고 포사는 융으로 데리고 가서 자신의 첩으로 삼았다.

훗날 신후 일족이 한때 연합하였던 견융을 공격하여 멸망시키는데 그때도 포사는 사로잡혔다. 포사는 스스로 목을 매어 자결하였다고 전해진다. 유왕을 제거한 신후 왕비 일족은 신후의 아들인 의구(宜臼)를 왕으로 세웠는데, 이가 바로 평왕(平王)이다.

기원전 770년 주(周) 평왕은 도성을 호경에서 낙양으로 옮기는데 이때까지를 서주 혹은 서주 왕조라 하며, 낙양으로 옮긴 후부터 기원전 256년 진(秦)나라에 의해 망할 때까지를 동주 혹은 동주 왕조라 하며 구분한다.

동주(東周)의 시대는 춘추와 전국시대로 나누어진다.

전설의 삼황오제 시대와 청동기와 철기 시대인 하(夏)나라, 은(殷)나라, 주(周)나라의 시대를 거쳐서 생존을 위한 각국 제후들 간의 수많고 치열한 전쟁이 계속되어온 그리고 제자백가(諸子百家)라 불리는 많은 학파와 학자가 활동한 중국의 본격적인 역사의 시대와 학문의 시대 그리고 전쟁의 시대인 춘추전국 시대가 시작되었다.

동주의 시작과 멸망 그리고 수많은 학자와 학문의 전성기였던 춘주전국시대를 논하기 전에, 당시의 활짝 꽃 피운 심오(深奧)한 사상과 학문의 공통분모이자 기본적인 사항들에 대해 먼저 검토가 있어야 향후 이해에 도움이 될 것 같다.

여기서 중국의 철학과 의학, 민중의 삶 등 중국인들의 사상과 생활의 기본이고 중심이 되는 음양(陰陽)과 오행(五行)에 대해서 간략한 검토를 먼저 해본다.

음양(陰陽)과 오행(五行)이란 무엇인가?

- 음양(陰陽)

음(陰)과 양(陽)이 구분되기 전인 혼돈의 상태에서 음과 양의 기운이 서로 극(極)을 향해 치닫는 모습인 태극(太極)으로 변했다가, 음과 양으로 분화된 양의(兩儀)의 모습으로 되어 음과 양, 두 기운이 나타나게 되었다. 양의에서 음과 양의 두 기운은 사상(四象), 즉 태양(太陽) 소음(少陰) 소양(少陽) 태음(太陰)의 네 기운으로 분화되었다. 사상은 팔괘(八卦), 즉 건(乾), 태(兌), 리(離), 진(震), 손(巽), 감(坎), 간(艮), 곤(坤) 등으로, 다시 팔괘는 주역 64괘로 세부적이고 발전적으로 분화된다.

주역에서 음양이란 양을 뜻하는 효 ― 와 음을 뜻하는 효 - 로 표시한다. 음양의 이치를 제일 먼저 얘기한 사람은 복희씨라고 전해진다. 복희씨가 양을 ― 로, 음을 - 로 표기한 이유에 대해서는 훗날의 학자들이 여러 가지로 추측하여 설명하였는데 그 진위는 확실하지 않다.

즉 양이 뜻하는 숫자가 홀수이고 음이 뜻하는 숫자가 짝수이기 때문에 양을 ─ 로 하고 음을 - 로 표기하였다는 설이 있다. 또한 양이 남자를 뜻하고 음이 여자를 뜻하는데 남녀의 생식기를 상징하여 ─ 와 - 로 표기하였다는 설도 있다. 음양은 우주의 모든 것을 뜻하는 것이며 대변하는 것이다. 우주 만물의 모든 것은 둘로 나누어 상대적으로 구분할 수 있는데 예를 들면 태양과 달, 귀하고 천함, 남자와 여자, 높음과 낮음, 차가움과 뜨거움, 밝음과 어둠, 길함과 흉함, 선하고 악함, 전과 후, 홀수와 짝수, 수컷과 암컷 등등이다.

이와 같이 구체적인 것뿐만 아니라 추상적인 개념에도 상대적 구분을 하여 음양의 의미를 표시할 수 있다. 음양은 동양의 사상적 근본이며 주역의 기본 이론이다. 주역에서 말하는바 세상 만물은 음양의 상호작용으로 지속적으로 성장하고 끊임없이 변화하고 있다고 하였다. 공자는 자신이 저술한 『계사전(繫辭傳)』을 통해 음과 양이 번갈아 오는 것을 도(道)라고 하였다. 또한 일음일양지위도(一陰一陽之謂道)라 하였는데 즉 음이 하나가 있으면 양이 하나가 있는 것인데 이와 같이 서로 균형을 이루는 것이 자연의 순리이며 바로 도라고 하였다. 우리 속담에 음지가 양지 된다는 말과, 달도 차면 기운다는 말이 있는데 이는 음양의 변화와 전환을 말하는 것이다. 물극필반(物極必反), 즉 모든 사물은 극에 달하면 반드시 반전(反轉)을 한다는 것이다. 그리고 양극즉음생(陽極卽蔭生), 즉 양이 극에 달하면 양의 기운은 줄어들고 음의 기운이 발생한다는 뜻이다.

이처럼 음양은 항상 변화하고, 상대적이며, 끊임없이 순환하고 반전하는 것이라고 이해하면 된다.

- 오행(五行)

오행이란 세상만물의 구성요소이자 기본 기운인 목(木), 화(火), 토(土), 금(金), 수(水)가 서로 생(生)하고 극(剋)하면서 막힘없이 운행하는 것을 말한다. 오행의 개념은 『서경(書經)』의 「홍범(洪範)」 편에서 처음 기록되었다. 상대적인 음양과 달리 오행은 절대적이라 할 수 있다.

먼저 목, 화, 토, 금, 수의 기본 성질을 여러 측면에서 검토해보자.

목(木)은 양의 기운으로 미래지향적이며 앞과 위로 뻗어 나가는 진취적인 성분을 갖고 있다.

방향은 동쪽, 신체로는 간, 색으로는 푸른색, 계절로는 봄, 숫자로는 3과 8, 천간(天干)으로는 갑(甲)과 을(乙), 지지(地支)로는 인(寅)과 묘(卯), 사상으로는 소양(少陽)이다.

화(火)는 양의 기운으로 만물이 성장하고 변화하는 성질이며 위로 치솟는 기운이다.

또한 분산되고 확장과 팽창을 하고 심지어 폭발하는 성급한 성향을 가졌다.

방향은 남쪽이며, 신체는 심장, 색으로는 붉은색, 계절은 여름, 숫자로는 2와 7, 천간으로는 병(丙)과 정(丁), 지지로는 사(巳)와 오(午), 사상으로는 태양(太陽)이다.

토(土)는 조화와 중용의 성질로 다른 오행들을 중재하고 포용하는 역할을 한다.

방향은 중앙이며, 신체로는 위, 색으로는 황색, 계절로는 늦은 봄(季春), 늦은 여름(季夏), 늦은 가을(季秋), 늦은 겨울(季冬), 숫자로는 5와 10, 천간으로는 무(戊) 기(己), 지지로는 진(辰), 술(戌), 축(丑), 미(未)

이다.

금(金)은 음의 기운으로 안으로 수렴하고 응결시켜서 마무리하는 성질을 가지고 있다.

또한 세상만물의 결실을 뜻한다.

방향은 서쪽이며, 신체 부위는 폐, 색으로는 흰색, 계절은 가을, 숫자는 4와 9, 천간으로는 경(庚)과 신(辛), 지지는 신(申)과 유(酉), 사상으로는 소음(少陰)이다.

수(水) 역시 음의 기운이며, 만물을 평준화하며 화(火)와 대치되는 성질이며 냉기를 품은 채 만물을 감추고 응고시킨다고 볼 수 있다.

방향은 북쪽이며, 신체는 신, 색은 검은색, 계절은 겨울, 숫자는 1과 6, 천간은 임(壬)과 계(癸), 지지로는 해(亥)와 자(子), 사상은 태음(太陰)이다.

오행의 움직임은 상생(相生)과 상극(相剋)으로 말할 수 있다.

상생은 목생화(木生火), 화생토(火生土), 토생금(土生金), 금생수(金生水), 수생목(水生木)이다. 목생화의 경우 목은 화를 이롭게 하고, 강하게 하고, 득이 되게 한다.

이렇게 생하는 과정에서 화의 의지와는 상관없이 생하게 된다.

다른 상생의 과정도 마찬가지이다.

상극은 목극토(木剋土), 토극수(土剋水), 수극화(水剋火), 화극금(火剋金), 금극목(金剋木)이다.

토극수의 경우 토는 수의 지나친 확장과 강해짐을 막고 수의 기운을 멸하거나 약하게 한다. 이 역시 극함에 있어서 수의 의지와는 상관없이 진행된다. 다른 상극의 과정도 마찬가지이다.

- 천간(天干): 갑(甲), 을(乙), 병(丙), 정(丁), 무(戊), 기(己), 경(庚), 신(辛), 임(壬), 계(癸).

- 지지(地支): 자(子, 11월, 쥐), 축(丑, 12월, 소), 인(寅, 1월, 호랑이), 묘(卯, 2월, 토끼), 진(辰, 3월, 용), 사(巳, 4월, 뱀), 오(午, 5월, 말), 미(未, 6월, 양), 신(申, 7월, 원숭이), 유(酉, 8월, 닭), 술(戌, 9월, 개), 해(亥, 10월, 돼지).

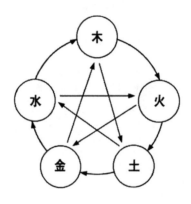

오행의 상생과 상극 진행 그림

제2장

춘추시대 춘추오패 春秋五霸

평왕이 낙양으로 천도한 기원전 770년, 동주라 불린 주나라는 이미 국력이 쇠잔하여 주변 제후국들을 다스리고 통제하기에는 역부족이었다. 당시 주변 주요 제후국들은 성왕 시대, 즉 주공 단이 섭정하면서 분봉한 나라들이었다.

주공은 무경과 그리고 동생들인 관숙선과 채숙도의 난을 진압한 후 동이(東夷), 회이(淮夷) 등 주변의 이민족들을 정벌하였다.

그 후 주공은 넓어진 영토를 효과적으로 관리하기 위해 각 지역을 제후국으로 나누었다. 당시 최종적으로 각 지역을 제후들에게 분봉한 내용은 다음과 같다.

- 동이(東夷)를 통치하기 위해 주나라 건국의 일등공신인 여상 강태공을 산동의 영구(營邱) 지역에 제후로 보냈는데 훗날의 제(齊)나라이다.
- 은나라의 왕손인 미자계를 상구(商邱) 지역의 제후로 보냈는데 이는 은나라 조상의 제사를 이어가게 한 배려의 차원이었다. 훗날 송(宋)나라이다.
- 산동 지방의 제수(濟水) 지역에는 주공의 아들 백금(伯禽)을 제후로 보냈는데 이것이 노(魯) 나라이다.
- 은(殷)의 옛 도성 지역에는 막내아우인 강숙을 제후로 파견하였다. 원래 이곳의 제후는 은나라 마지막 임금인 주(紂)왕의 아들이었다가 반란을 일으킨 무경이었다. 위(衛)나라의 시작이다.
- 그리고 주공과 함께 반란을 진압하고 주나라의 기틀을 함께 조

성한 소공석을 하북 지방의 제후로 파견하였는데 이것이 연(燕)나라이다.

- 성왕의 아우이자 주공의 조카인 당숙우를 지금의 산서성에 있는 분수(汾水) 지역의 제후로 파견하였는데 이것이 진(晉)나라의 시작이다.

춘추시대 지도

춘추전국시대는 중국의 역사에 있어서 가장 혼란스럽고 전쟁이 잦았던 시기였다.

또한 난세를 평정하고자 하는 수많은 영웅호걸들이 지략과 힘을 뽐낸 시절이기도 하였으며 더불어 수많은 학파와 학자들이 나타나서 토론과 논쟁 그리고 현실참여를 통해 중국의 어떠한 시대보다도 학문과 사상의 발전이 꽃피운 시대라고 할 수 있다.

『춘추(春秋)』는 공자가 노(魯)나라의 연대를 기록한 역사책으로, 기원전 722년 노나라 은공(隱公) 원년(동주 평왕 49년)부터 기원전 481년 노나라 애공(哀公) 14년까지 242년간의 기록을 편년체(編年體)로 적은 역사책이자 경전으로 오경(五經)의 하나이다. 이 시기를 춘추시대(春秋時代)라 하며, 춘추시대의 춘추(春秋)는 여기서 비롯된다.

전국(戰國)이라는 말은 전한(前漢) 때의 유향(劉向)이라는 학자가 지었다고 전해지는『전국책(戰國策)』이라는 책의 제목에서 비롯되었다.『전국책』은 전국시대의 영웅호걸들이 정치, 외교, 군사 등의 방면에서 보여준 지략과 정략 그리고 전술 등을 집대성한 책이다. 전국시대는 기원전 453년 진(晉)나라가 위(魏)나라, 한(韓)나라, 조(趙)나라의 세 개 나라로 나누어질 때부터 기원전 221년 진시황에 의해 중국 천하가 하나로 통일될 때까지이다.

춘추와 전국시대를 비교해볼 때 전쟁과 제후들 간의 관계, 주왕실에 대한 개념 등 차이점이 있다.

일단 춘추시대에는 존왕양이(尊王攘夷), 즉 주왕실을 보호하고 받들면서 오랑캐를 물리친다라는 의식을 가지고 있었다. 제후 중에 최고의 강자가 회맹(會盟)을 통해 패자가 되어 전체를 끌고 가면서 서로 연합하고 또한 공존(共存)과 상생(相生) 방법을 찾았으며, 그리고 서로 간의 전쟁에서 패하더라도 완전히 멸망하는 경우가 없었다.

반면에 전국시대는 약육강식의 시대였으며, 주왕실을 보호한다는 대의명분도 없고, 그 무엇보다도 제후들은 제후국의 군주가 아니라 스스로 왕이라 칭(稱)하였다.

춘추시대의 수많은 전쟁을 거치면서, 동주(東周) 초기의 천여 개가 넘는 나라들이 백여 개의 나라들로 줄어들었다. 그 중에도 국가의 기틀을 유지하면서 강력한 세력을 구축하고 있던 나라들은, 노(魯)나라, 위(魏)나라, 진(晉)나라, 송(宋)나라, 조(趙)나라, 진(秦)나라, 제(齊)나라, 초(楚)나라, 연(燕)나라, 조(曹)나라, 진(陳)나라, 오(吳)나라, 월(越)나라, 채(蔡)나라 등이었다. 이들 나라들은 이미 쇠진(衰盡)하여 주변 제후국들에게 아무런 영향력도 발휘할 수 없고 명색뿐인 동주(東周)의 왕실을 보호한다는 명분 아래 천하를 다스리고자 하였다.

주(周)나라가 낙양으로 도읍지를 옮긴 후, 평왕이 죽고 그의 손자 임(林)이 천자의 자리에 오르는데, 그가 환왕(桓王)이다. 주나라가 얼마나 힘이 없었는지 환왕이 즉위한 그해 여름에 제후국인 정(鄭)나라의 장공(莊公)이 신하인 채주로 하여금 주나라 영토에 들어가서 주나라 밭에 자란 보리를 훔쳐오게 하였다. 그리고 그해 가을에는 주나라 영토 깊숙이 들어가 다 익은 벼를 베어오게 하였다. 이 사건으로 당시 제후국들이 얼마나 주(周)왕실을 하찮게 보았는지 알 수 있다.

화가 난 환왕(桓王)이 기원전 708년 정나라를 공격하였으나 오히려 부상을 입고 전쟁에서 지고 말았다. 이 전쟁의 패퇴로 인하여 주(周) 왕실의 권위는 더욱 땅에 떨어지고 제후국들에 대한 영향력은 완전히 없어졌다. 주(周)왕실, 즉 천자는 이름뿐인 명색만 천자였다.

반면 주왕실 환왕과의 전투에서 승리한 정(鄭)나라는 춘추 초기의 세력 판도에서 선두로 나갔으나, 장공(莊公)이 죽고 난 후 자식들 간의 제후 자리다툼과 내분으로 세력이 급격히 약화되었다. 당시 주나라가 천자의 나라로서 강력한 지도력을 보여주지 못하자 주변의 오랑캐, 즉 이민족들의 침략이 빈번하였다.

제후국들은 이러한 이민족의 침략으로부터 주(周)왕실을 보호한다는 명분 아래 수시로 동맹 혹은 연합을 하였는데 이러한 동맹을 주도한 제후국은 대체로 당시 세력 판도에서 가장 강력한 힘을 보유하였고 다른 제후들을 선도(先導)하였다. 이러한 동맹의 우두머리를 패자(霸者), 혹은 패주(霸主), 패왕(霸王)이라고 불렀다.

당시 춘추시대에는 이러한 패자가 모두 다섯 명이 있었는데 이들을 두고 춘추오패(春秋五霸)라 하였다. 그들을 순서대로 말하면 제(齊)나라의 환공(桓公), 진(晉)나라의 문공(文公), 초(楚)나라의 장공(莊公), 오(吳)나라의 부차(夫差), 월(越)나라의 구천(句踐) 등이다.

구천과 부차 대신에 송(宋)의 양공(襄公)과 진(秦)의 목공(穆公)을 말하는 사람이 있는데, 송나라의 양공은 패자의 그릇이 안 되면서도 패자의 흉내만 내다가 초나라 성왕과의 전쟁에서 패하고 그 전쟁에서 입은 부상으로 인해 사망한다. 그리고 진(秦)나라 목공은 나라의 위치가 중원으로부터 너무 멀리 떨어져 있어서 중원의 패자가 되기에는 어려운 점이 있었다.

1. 제(齊)나라 환공(桓公)이 춘추 첫 번째 패자가 되다

제 환공이 제후의 자리에 오르다

춘추시대 최초의 패자(霸者)는 지금의 산동성 일대를 통치하고 있던 제(齊)나라 환공(桓公)이었다. 환공의 성(姓)은 강(姜)이며, 이름은 소백(小白), 씨(氏)는 여(呂)이다. 강태공 여상(呂尙)의 12대 후손(後孫)이며, 제(齊)나라 희공(僖公)의 셋째 아들이고, 어머니는 위국(衛國)이다.

제나라의 시조는 주(周)나라 문왕에 의해 발탁되고, 무왕과 함께 은나라를 멸망시키고 주나라 건국의 일등공신이 된 여상(呂尙) 태공망이다. 주나라를 건국한 후 무왕은 군사(軍師)인 여상에게 후작(侯爵)의 지위와 함께 영구(營邱)지역을 분봉해주었는데, 이것이 제나라의 시작이었다. 여상 이후 15대 제후의 자리에 오른 환공(桓公) 시절, 제나라는 군사력과 경제력에서 주변 제후국 중 최강의 세력을 구축하였다.

제나라 환공의 아버지인 희공에게는 세 명의 아들이 있었는데, 큰아들 제아(諸兒), 둘째 아들 규(糾), 그리고 셋째 아들 소백(小白)이었다.

당연히 큰 아들 제아가 군주의 자리를 이어받으니 그가 바로 제나라 13대 제후인 양공(襄公)이다. 양공은 태자 시절부터 여동생과 사랑에 빠져, 천륜을 어기고 오누이 간에 정을 통하고 있었는데, 그 여동생 이름이 문강(文姜)이었다.

세월이 흘러 문강(文姜)은 노(魯)나라의 제후인 환공(桓公)과 결혼을 하였다.

  기원전 694년 양공이 제나라 제후의 자리에 오른 지 4년이 되던 해, 노나라 환공이 아내 문강을 데리고 제나라를 방문하였는데, 오랜만에 만난 오누이 양공과 문강은 지난날의 사랑을 잊지 못하고 또 다시 부정을 저지르고 말았다. 이러한 사실이 노나라 환공에게 발각되었고 입장이 곤란해진 제나라 양공은 매제인 노나라 환공을 달래기 위해 연회를 준비하였는데 화가 난 노나라 환공은 술에 만취하였다.

  이에 제나라 양공의 아들인 팽생(彭生)이 만취한 노나라 환공을 정중하게 수레로 모시는 척하면서, 아버지 양공의 지시대로 노 환공의 허리를 분질러 절명시켜버렸다. 제나라 양공의 아들 팽생은 힘이 천하장사로 소문이 나 있었다. 수레에서 죽은 채로 발견된 노나라 환공을 보고 노나라 신하들은 이것이 팽생의 짓임을 눈치채고는, 제나라 양공에게 아들인 팽생의 처벌을 원하였고 어쩔 수 없이 양공은 아들 팽생을 사형했다.

  노나라에서는 졸지(猝地)에 군주가 죽자 급히 세자를 제후의 자리에 올리니, 그가 바로 노나라 장공(莊公)이다. 노나라 장공은 자기 어머니 문강이 근친상간이라는 불륜을 저지른 것을 알고 있었는데, 제후가 된 자기 아들로부터 처벌받을 것을 두려워한 문강은 친정인 제나라로 도망가버렸다. 그 이후 제나라 양공과 여동생 문강과의 불륜은 계속되었다고 한다.

  『시경(詩經)』에는 이들의 불륜을 빗대어 조롱한 글이 있다.

  땔 나무를 쪼개려면 어떻게 하면 되지

그거야 도끼를 사용해야 하지
아내를 얻으려면 어떻게 하면 되지
그거야 중매쟁이가 있어야 하지
분명히 그렇게 하게 되어 있는데
어찌하여 마음대로 놀아나는가

제나라 양공은 재위 기간 중 불륜 행각뿐만 아니라 포악한 정치를
하여 백성들과 신하들의 원성이 자자하였다. 당시 제나라 양공의 아
버지인 희공에게는 이중년(夷仲年)이라는 친동생이 있었는데, 즉 양공
의 삼촌이었다. 제나라 희공은 친동생인 이중년을 무척이나 사랑하
였으며 이중년의 아들인 공손무지(公孫無知)까지도 자기 아들보다도
더 총애하였다. 그리하여 희공은 공손무지를 모든 면에서 태자와 같
은 대우를 하도록 명령하였다.

하지만 훗날 제나라 양공(襄公)이 제후의 자리에 오르자 공손무지
를 괄시하고 무시하였다. 그리고 공손무지가 지금껏 누려왔던 태자
와 같은 대우를 모두 폐지해버렸다. 화가 난 공손무지는 측근인 연
칭, 관지보와 함께 양공을 죽이고자 역모를 꾸몄다.

결국 기원전 686년 겨울에 제나라 양공은 사냥을 나갔다가 공손
무지의 일당에게 죽는다. 양공을 죽인 공손무지는 스스로 군주의
자리에 오른다.

공손무지의 반란으로 제나라 양공이 죽자 양공의 동생 규(糾)는
측근인 관중 그리고 소홀(召忽)과 함께 노(魯)나라로 도망가고, 막냇동
생인 소백(小白)은 자신의 측근 신하인 포숙아의 말을 듣고 함께 거
(莒)나라로 도망갔다. 한편 아무런 준비 없이 군주의 자리에 오른 공
손무지가 올바른 정치를 하지 못함은 당연하고 신하들을 무시하고

함부로 대하였다.

특히 나라의 큰 어른인 옹름(雍廩)을 괄시하고, 또한 무시하였다.

기원전 685년 화가 머리끝까지 난 옹름은 주왕실에서 파견 나온 고혜(高傒)와 힘을 합쳐 군사들을 이끌고 난을 일으켜 공손무지를 죽여 버렸다. 공손무지가 죽자 군주의 자리가 공석이 된 제나라는 혼란에 빠졌다.

관중과 포숙아의 전쟁과 우정

이에 무주공산(無主空山)이 된 제나라 군주의 자리를 놓고 규(糾)와 소백(小白) 두 형제 간의 전쟁이 시작되었다. 그리고 그들 형제를 각각 보필하고 있던 관중과 포숙아의 지략 대결 또한 시작되었다.

두 명의 공자 중에 규가 여러모로 보위에 오르는 데 유리한 조건들을 갖추고 있었다. 나이도 규가 소백보다 조금 많았다. 그리고 그무엇보다도 공손무지를 제거하는 거사의 일등공신인 옹름이 규를 지지하고, 노나라 장공도 규를 지지하며 지원을 약속하였다. 반면에 대신 고혜는 소백을 지지하였다. 그러나 소백을 지지하는 세력은 공자 규를 지지하는 세력에 비해 많이 미약하였다.

우리가 흔히 말하는 친구 간의 우정과 의리를 말할 때 관포지교(管鮑之交)라 하는데, 여기의 관포(管鮑)는 관중과 포숙아를 말한다.

관중과 포숙아는 아주 친한 친구 사이였는데 관중의 집은 매우 가난하였다. 두 사람이 한때 장사를 같이한 적이 있는데 수입 대부분을 관중이 가져갔다. 그런데도 포숙아는 관중의 집이 가난하니까! 하면서 단 한 번도 불만을 표시하지 않았다 한다. 한번은 포숙아가 밑천을 대고 관중이 이 돈으로 장사하였는데 결과가 좋지 않았다. 그러나 포숙아는 장사라는 것이 매번 잘될 수는 없지 하면서 관중을 위로하였다.

그리고 두 사람의 의견이 서로 맞지 않을 때 관중은 포숙아의 잘못이라고 말을 하였다. 그 말을 들은 사람들이 포숙아를 찾아와서 관중을 욕하고 험담을 하자 포숙아는 그들에게 말하였다.

"사람이란 누구나 할 것 없이 때를 잘 만날 수가 있고 또한 운이 없을 수도 있다. 만약에 관중이 때만 잘 만나면 백번에 한 번의 실수도 없이 일을 처리할 것이다."

관중이 포숙아가 한 말을 듣고 난 후 탄식을 하면서 말하였다.

"나를 낳아준 사람은 나의 부모님이고, 나를 알아준 사람은 포숙아이다." 또한 제나라 희공의 둘째아들 규(糾)의 스승이 은퇴를 하자, 포숙아는 희공에게 관중을 천거(薦擧)하기까지 하였다.

훗날 당나라의 시인 두보(杜甫)는, 당시 사람들이 친구 사이에 우정과 신의가 없음을 안타까워하며, 그대들은 관중과 포숙아의 우정을 모르는가? 하면서 사람들을 질타(叱咤)하였다 한다. 이러하듯 두 사람의 우정은 특별하여 훗날까지도 관포지교(管鮑之交)라는 말로 사람들의 모범이 되었다.

관포지교와는 반대의 의미를 지닌 성어로 오집지교(烏集之交)가 있다. 즉 까마귀들의 사귐이라는 말이다. 관중은 자신이 지은 책 『관자』를 통해 오집지교에 대해서 이렇게 말하였다.

사람을 사귀면서 항상 거짓으로 일관하며 은밀하게 자신만 모든 이익을 취하려 사람들이 있다. 이런 사람들을 일컬어 '오집지교'라고 한다. 이런 사람들은 비록 처음에는 서로 웃으면서 좋아하지만, 훗날에는 필히 큰 소리로 싸우게 된다.

당시 규(糾)가 망명한 노나라는 제나라와 위치적으로 먼 거리에 있었고 소백(小白)이 망명한 거(莒)나라의 위치는 제나라와 가까웠다.

당연히 제나라와 가까운 거나라에 망명한 동생 소백이 제나라에 먼저 입성하여 군주의 자리에 오르기 유리한 처지에 있었다.

이에 대신 고혜는 소백에게 연락하여 긴급히 귀국하라고 하였다.

역시 이러한 상황을 간파한 관중은 거나라에서 제나라로 들어오는 길목에 군대를 잠복시켰다가 귀국하는 소백과 포숙아를 기습 공격하였다. 그리고 화살에 맞아 말 위에서 떨어지는 소백을 보고는 소백이 죽었다고 판단하고는, 급히 노나라로 돌아가 규에게 상황을 설명하고 규와 함께 제나라로 귀국할 준비를 하였다.

사실 소백은 기습 공격을 받을 때 화살에 맞긴 하였으나 허리에 찬 단단한 장신구에 맞았다. 화살을 맞는 순간 소백은 기지(機智)를 발휘하였다. 관중을 속이기 위해 속임수로 말에서 떨어져, 죽은 것처럼 가장하였다. 제나라로 먼저 입성한 소백은, 형인 규와 관중이 입성하기만을 기다리며 잠복하였다.

한편 소백이 죽은 줄로만 알고 마음 놓고 귀국하던 규와 관중 그리고 노나라 군사들은, 소백과 포숙아가 이끄는 제나라 군사의 기습 공격에 속수무책(束手無策)으로 당할 수밖에 없었다. 형인 규와의 군주 자리를 놓고 벌인 전투에서 이긴 소백이 제후의 자리에 오르니 그가 바로 환공(桓公)으로 훗날 춘추시대 제1대 패자(霸者)의 자리에 오른다. 전쟁에서 패한 규와 관중, 그리고 소홀은 포로가 되는데, 포숙아는 규와 소홀을 죽였지만, 관중은 풀어주었다. 이후 관중은 노나라로 돌아갔다.

친구인 관중의 재능을 익히 알고 또한 그 재능을 버리기에는 너무 아깝다고 생각했다. 전쟁이 끝나고 논공행상이 있을 때 제나라 환공은 승리의 일등공신인 포숙아에게 일인지하 만인지상인 재상의 자리를 주었다. 그러나 포숙아는 자신이 갖고 있는 능력에 비해 재상의 자리는 감당하기 어려운 자리라고 하면서 사양(辭讓)하였다.

그러면서 포숙아는 재상의 자리에 어울리는 능력을 갖춘 사람으로, 얼마 전까지 적장이었던 관중을 추천하였다. 이해를 못하고 난감해하는 환공에게 포숙아는 관중의 훌륭한 장점을 하나하나 설명하면서 환공을 설득하였다.

포숙아가 얘기한 관중의 다섯 가지 훌륭한 점들은 다음과 같았다.

"첫 번째, 관중은 백성들을 대함에 있어 너그럽고 은혜를 베푸는 마음을 가졌으며, 두 번째, 나라를 다스림에 있어 근본을 잊지 않고, 세 번째, 백성들을 한마음으로 뭉치게 하는 재주가 있으며, 네 번째, 또한 예법을 알아서 말과 행동에 부끄러움이 없고, 다섯 번째, 백성들이 용기와 희망을 잃지 않도록 하는 능력이 뛰어납니다. 그리고 그 무엇보다도 환공께서 제나라만을 통치하시겠다면 소신 한 사람으로 충분하지만, 만약 천하를 다스리겠다고 생각하시면 관중 없이는 불가능합니다."

환공은 포숙아의 말을 듣고는 고개를 끄덕이며 동감하면서 관중을 재상으로 삼을 터이니, 노나라에 가서 관중을 데리고 오라 하였다.

관중을 데려오기 위해 노나라에 간 사신이 제나라 신하인 관중을 제나라에 데려가서 반역죄로 처벌하겠다고 하자, 노나라 장공은 신하 시백(施伯)에게 의견을 물었다. 시백은 관중의 능력을 잘 알고, 또한 제나라 사신이 온 이유도 아는 바, 노 장공에게 다음과 같이 말하였다. "관중은 재능이 뛰어난 사람인지라 제나라에 가면 죽이지 않고 요직에 등용될 것입니다.

그러면 훗날 노나라에 위협이 될 수 있으므로 후환을 없애기 위해 관중을 죽이는 것이 상책입니다." 그러나 제나라 사신이 제 환공께서 자신을 죽이려고 했던 관중을 직접 처벌하시길 희망한다고 주장하자 노나라 장공도 어쩔 수 없이 관중을 제나라로 보내주었다.

제나라로 돌아온 관중을 환공은 공손히 그리고 극진히 대하면서 재상의 직위를 주어 나라를 다스리게 하였다.

관중은 바다에서 나오는 풍부한 해산물을 이용하며, 염전을 개발하고, 또한 주나라 시절부터 시행해오던 정전법(井田法)을 개편하여 경제를 부흥시켰으며 그렇게 생긴 풍부한 경제력으로 군대를 양성했다. 즉 부국강병의 정책을 폈다. 또한 관중은 제나라의 통치 체제를 안정화하기 위해 제나라 전체를 21향(鄕)으로 개편하였으며, 인재를 등용하면서 능력을 최우선시하였다.

이렇게 하자 주변 제후국들의 백성들은 제나라 백성들을 부러워하였다. 관중은 나라를 다스림에 있어 가장 중요한 것은 경제력이라하면서, 또한 경제가 좋아질수록 지도층이 법과 예의를 지켜야만 나라의 질서를 바로잡을 수 있는 것이라고 하였다.

그리고 저서인 『관자(管子)』를 통해서 경제학 측면에서 자신의 의견을 피력(披瀝)하였다. 즉 백성들은 창고에 물건이 가득하여야만 예절을 알고, 먹는 것과 입는 것에 어려움이 없어야 영화(榮華)와 치욕(恥辱)을 안다고 하면서 경제의 중요성을 주장하였다.

당시 환공은 특이하게 보라색 옷을 즐겨 입었다. 이에 조정 신료들은 물론이고 백성들까지 보라색 옷을 주로 입게 되었다. 제나라 도성에는 보라색 옷 천지가 되어 버렸다. 졸지에 보라색 비단이 품

귀가 되어 버렸는데 당연히 가격도 폭등하여 보라색 비단 한 필의 가격이 흰색 비단 다섯 필 가격에 육박하였다.

보고를 받은 환공이 급히 관중을 들라 하여 의논하였다.

"보라색 비단의 가격이 천정부지로 뛰어 그냥 두고 볼 수가 없소. 좋은 방법이 없겠소?"

관중이 빙긋이 웃으면서 대답하였다.

"대왕께서는 심려치 마시옵소서. 내일부터 대왕께서는 보라색 옷을 입지 마시고 또한 보라색 옷을 입은 신하들을 멀리하옵소서."

다음날 조회 때 환공은 흰색 옷을 입고 참석하였는데 모든 신료는 여느 때와 마찬가지로 보라색 옷을 입고 참석하였다. 갑자기 환공이 코를 감싸 쥐면서 말하였다.

"보라색 옷에서 이상한 냄새가 나는 것 같구나. 나에게 가까이 오지 말라."

조정 신료들은 어리둥절하면서 서로 냄새를 맡아 보았다. 그날부터 조정 신료들은 보라색 옷을 입지 않았다. 소문을 들은 백성들도 보라색 옷을 기피하였다. 보라색 옷의 유행은 끝이 나버렸다. 한 달도 채 되지 않아서 보라색 옷감과 물감 가격은 제자리로 돌아왔다.

상행하효(上行下效)란 성어가 생긴 연유이다. 즉 윗물이 맑아야 아랫물이 맑다는 뜻이다. 이러하듯 관중은 포숙아의 예견대로 제나라를 강국으로 만들어나가자 제나라 환공의 위상은 다른 제후국들과 비교하여 점차 높아져만 갔다.

한편 포숙아는 친구인 관중의 아랫사람으로서 소임을 다하면서 관중의 정책 실현에 밑거름이 되었다. 그리고 주변 제후국들이 눈치채지 못하게 진행해온 부국강병의 정책들이 완성 단계에 들어서자, 환공은 관중과 더불어 주변 제후국들을 정벌하기 시작하였다.

당시 환공이 정벌한 나라가 한비(韓非)에 따르면 약 30개 나라, 그리고 순자에 따르면 35개 나라였다. 그 정도로 당시 환공의 세력 확장은 대단하였다고 볼 수 있다.

환공이 제일 먼저 정벌한 나라는 담(譚)나라였는데, 과거 환공이 거(莒)나라로 망명갈 때 담나라를 지나갔는데, 담나라로부터 많은 푸대접을 받았다. 환공은 그때의 괄시를 잊지 않고 담나라에 복수를 하였다. 그리고 다음 정벌의 대상은 노(魯)나라였다.

환공의 형인 규가 망명한 나라로서, 당시 환공이 형인 규와 군주의 자리를 놓고 전쟁을 할 때 규의 편에 서서 군대를 보내준 나라가 노나라였기 때문이다.

당시 춘추시대에는 존왕양이(尊王攘夷)라는 대의명분이 있었다.

전쟁을 하여도, 정치를 하여도, 외교를 하여도, 명분 없이 이루어지는 모든 것들을 부끄러워하였다. 관중이 주변국들을 정벌할 때에는 주왕실에 조공을 바치지 않거나 혹은 주왕실을 위협하는 주변오랑캐의 나라이거나, 또한 정의에 어긋나는 행동을 하는 나라만을 공격하였다. 관중은 모든 전쟁에 있어서 먼저 명분을 중요시하였다.

그리고 빼앗은 땅을 돌려주고 대신에 다른 나라를 공격할 군량미 등 물자를 공급받는 정책을 활용하였다.

예를 들면 초나라를 정벌하기 위한 전쟁 물자를, 전에 공격하여 땅을 빼앗은 노나라로부터 공급받는 것이다. 대신 노나라에게는 빼앗은 땅을 도로 돌려주었다. 관중은 이러한 정책을 운용하면서 '주는 것이 받는 길이다'라고 하였다.

이러하듯 전쟁을 하여도 명분 없는 전쟁을 하지 않고, 전쟁 물자를 도움받으면 빼앗은 땅을 돌려주는 등 합리적으로 대외 정책을 운용하자 주변국들도 제나라를 멀리하지 않고 정벌을 당해도 나중에 좋은 관계를 유지했다.

그러던 중 융족(戎族)과 적족(狄族)이 형(邢)나라를 공격하고, 뒤이어 위(衛)나라를 공격하였다. 위나라의 경우 융족과 적족의 공격 때 군주인 의공이 죽었다. 위나라는 환공의 외가 나라였다. 격분한 제나라 환공은 존왕양이의 기치(旗幟)를 높이 들고 다른 제후국들과 연합군을 형성하여 융족과 적족을 물리치고, 침략당한 제후국들을 안정시켜주었다.

또한 산융족이 연(燕)나라를 침공하였는데, 다급해진 연나라는 사신을 제나라에 보냈다. 기원전 633년 연나라 군주 장공으로부터 지원 요청을 받은 제 환공은 출병하여 산융을 물리치고 연나라를 구해주었다. 산융의 족장인 밀로(密盧)는 인근 고죽국으로 피신하였다.

상황을 보고받은 환공은 이번 기회에 북방의 위협적 존재인 산융을 멸망시키고자 결심을 하고 밀로가 숨어 들어간 고죽국을 향해 진군하였다.

고죽국에 환공의 대군이 다다르자 산융 밀로의 대군과 고죽국의 대장인 황화가 공격해 들어왔으나 제나라 대군에게 패퇴하였다. 날이 저물고 전투가 잠시 휴전이 되었다.

그날 저녁 고죽국의 황화가 은밀히 환공을 찾아왔다.

"고죽국 왕 답리가는 소신의 말을 듣지 않고 산융을 지원할 구원병을 청하러 백성들과 함께 사막으로 나갔습니다. 고죽국의 군세로는 도저히 제나라와 연나라의 연합군을 막을 수가 없습니다. 그래서 소신은 산융의 족장인 밀로의 수급(首級)을 베어 가지고 왔습니다.

청하오니 소신을 대왕의 병졸로 있게 해주시면 답리가를 공격하는 데 길잡이가 되겠습니다."

다음날 황화를 앞세우고 고죽국 성 안으로 들어갔는데 과연 황화의 말대로 성 안은 텅텅 비어 있었다.

환공은 연 장공에게 고죽국 성을 지키라고 하고 자신은 고죽국 왕 답리가를 추격하였다. 관중(管仲)과 습붕(隰朋)이 지휘하는 제나라 대군은 사막으로 들어섰는데 바다 같은 사막은 동서남북이 구분되지 않을 정도로 크고 황량하였다. 사람들은 그곳을 미곡(迷谷)이라고 불렀다. 밤이 되자 바람은 더욱 세차게 불고 기온은 내려가 추위는 더욱 심해졌는데 황화는 이미 어디론가 사라지고 없었다. 황화에게 속은 것이다.

관중이 더 이상 진군하는 것은 무리라고 하면서 퇴군을 청하였다. 환공은 퇴군을 명하였으나 사막의 한가운데서 길을 찾을 수가 없었다. 극심한 추위는 맹위를 떨치고 식수도 떨어진 상황에서 빨리 이곳을 빠져나가는 방법 이외에는 뾰족한 수단이 없었다.

그때 관중이 말하였다.

"늙은 말이 길을 찾을 수 있을 것 같습니다. 이 지방의 말 몇 필을 골라 앞장세우고 우리는 그 뒤를 그냥 따라만 가면 사막을 벗어날 수 있다고 생각됩니다."

과연 늙은 말들의 뒤를 따라간 제나라 대군은 무사히 사지를 벗어날 수 있었다. 노마지지(老馬之智)라는 말이 생긴 연유이다. 이는 나이와 경험이 많으면 그만큼 세상일에 대한 이치를 잘 안다는 뜻이다.

위험한 고비를 넘기고 일단 산융족을 멀리 북방으로 쫓아 버린 후 연나라를 구한 제 환공은 연나라에 잠시 머물다가 제나라로 환국하였다. 연나라 장공은 귀국하는 환공을 배웅하면서 정신이 없어 자칫 제나라 국경을 넘어가고 말았다.

이에 제 환공은 같은 제후 간에 있어서 아무리 고마운 일이 있다 하여도 국경을 넘어서까지 배웅하는 것은 법도에 어긋나는 일이다 라면서, 연나라 제후가 발을 디딘 제나라 영토까지를 연나라 땅으로 해 주었다. 제후국들은 이러한 환공의 배포 있는 결정력과 통솔력, 그리고 제나라의 강성함에 스스로 머리를 조아리면서 제나라 환공을 패자(霸者)로 인정하기에 이르렀다.

당시 제후국 중 양자강 이남에 위치하면서, 중원 국가들로부터 야만족(野蠻族) 취급을 받으면서도 강성한 세력을 구축하고 있던 초(楚)나라가 채(蔡)나라를 공격하여 애공(哀公)을 포로로 잡아갔다.

그리고 그 전에는 신(申)나라와 수(隨)나라를 정벌하는 등 세력을 넓혀가자, 중원의 제후국들은 세력 확장을 하는 초나라가 혹여나 북진할까 두려워, 제후국 전체를 이끌어갈 수 있는 덕망과 힘을 갖춘 맹주가 나타나기를 기다리던 시기였다.

그러던 중 초나라가 정(鄭)나라를 공격하자, 제나라 환공은 즉시 연합군을 조성하여 초나라를 공격하였다. 공격의 명분은 초나라가 주왕실에서 제사용 술을 빚을 때 사용하는 포아(包茅)를 바치지 않아 천자가 제사를 지내는 데 어려움이 있게 하였으며 전반적으로 조공을 바치는 것도 소홀(疏忽)하여 제후국으로서 당연히 해야 할 도리와 법도에 어긋나게 처신을 하였다는 것이다.

덧붙여 삼백 년 전 주나라 소왕(昭王)이 남쪽 초나라 부근으로 사냥을 나갔다가 돌아오지 못한데에 대한 책임을 묻겠다고도 했다.

환공의 위세와 권위에 놀린 초나라는 군대를 물리고 또한 주왕실에 대한 조공의 의무를 충실히 이행하기로 약조하는 강화 조약을 소릉(召陵)에서 맺었다.

강화 조약을 맺는 자리에서 초나라 성왕은 주나라에 조공을 성실히 하지 못한 점을 인정하고 사과하였으나, 300년 전 주나라 소왕이 사냥 후 돌아가지 못한 점에 대해서는 결코 모르는 일이라 하면서 그 일과 관련된 사항은 한수(漢水)에 물어 보라 하였다.

이렇게 환공이 주왕실의 체면을 세워주고, 주변 제후국들이 제 환공을 따르자 천자의 입장에서 가만히 있을 수 없는 상황인 바 주왕실의 천자는 제나라 환공을 공식적인 패자(霸者)로 선언하였다.

기원전 651년 제나라 환공은 각 제후들을 규구(葵丘)로 모아 회맹을 하였는데 이때 천자인 주 양왕(襄王)은 신하 재공(宰孔)을 보내 회맹에 쓰일 제사 고기와 붉은색을 칠한 활과 화살, 그리고 수레를 하사하면서 함께 조서를 보냈다. 조서의 내용을 보면, 제나라 환공은 자신의 호칭을 백구(伯舅)라 부르도록 하여 다른 제후들의 호칭인 숙구(叔舅)와 급을 달리하였다. 그리고 환공은 천자를 배알할 때 머리를 조아리지 않아도 되며 천자의 명을 받거나 하사품을 받을 때 하는 예를 당 아래에서 하지 않아도 된다고 하였다.

회맹(會盟)이란 제후국들 사이에 문제가 발생하였을 때 이 문제를 회의에 상정시켜, 결론을 내린 후 그대로 시행함을 약속하는 자리를 회맹이라 하였다. 『주례(周禮)』의 기록에 따르면 '회맹 때 약속의 이행을 위해 소를 잡아 그 피를 함께 마신다.'라고 되어 있다.

먼저 제단(祭壇)을 만들고 제물인 소를 잡아 그 귀를 잘라 옥으로 만든 쟁반 위에 담고, 피는 돈(敦)이라 부르는 그릇에 담은 후 제사를 진행하는 사람이 그릇을 손에 들고 맹약의 내용을 신에게 고하였다. 그리고는 제후들은 서열에 따라 소의 피를 차례로 마셨다.

서열을 정함에서 확실한 기준이 없어서 제후들 간에 회맹 때마다 갈등이 있었다 한다.

이로써 제나라 환공은 정식으로 초대 패자의 자리에 오르게 되었는데, 이때가 환공 즉위 35년이며, 춘추(春秋)의 기록으로는 노나라 희공 9년 때이다. 이때가 환공의 인생에서 최고의 전성기였다.

공식적으로 패자의 자리에 오른 환공은 초심을 잊고, 마치 자신이 천자라도 되는 것처럼 거만하게 행동하였다. 제후국들이 조금이라도 자신의 기분을 상하게 하면 별다른 이유 없이 군대를 이끌고 가서 정벌하곤 하였다. 각 제후국의 입장에서는 천자도 아니면서 자신들을 함부로 대하고 걸핏하면 공격하는 제나라 환공에게 많은 불만을 품게 되었다. 하지만 환공은 또다시 패자의 기분을 만끽하고 싶어졌다. 그래서 회맹을 한 지 삼 개월 만에 또다시 제후들을 규구(葵丘)에 소집하였다.

그러나 환공의 평소 처신과 말에 불만을 품은 제후들은 규구의 회맹에 무려 아홉 명이나 불참하였다. 심지어 주왕실의 양왕조차도 참석지 않고 대리인으로 태재공이 참석했고 그 태재공마저도 아프다는 핑계를 대고 회맹 중간에 일찍 빠져나와 버렸다.

한편 진(晉)나라의 헌공은 실제 몸이 아팠으나 후환이 두려워, 늦게라도 회맹에 참석하기 위해 규구로 가던 중, 일찍 귀국하는 태재공을 중간에서 만났다. 이때 태재공은 회맹의 분위기를 진나라의 헌공에게 전해주면서, 최근에 제나라 환공이 북쪽에 있는 융(戎)과 남쪽의 초(楚)나라를 공격한 것을 얘기하며, 서쪽에 있는 진나라도 조심해야 할 것이라고 하였다. 진나라 헌공은 태재공의 얘기를 듣고는 바로 진나라로 돌아가버렸다.

진나라로 돌아간 헌공은 해를 넘기지 못하고 병사하였다.

헌공이 병사하자 진나라는 군주의 자리를 놓고 내분이 격렬하였는데, 이때 제나라 환공은 진나라의 혼란을 정리해준다는 핑계로 공격하여 들어갔다. 그러고는 또다시 융(戎)을 정벌하였다. 이렇게 환공이 전쟁에만 매달리자, 제후들은 더 이상 환공을 따르지 않고 패자로서의 권위도 인정하지 않았다.

상황이 이렇게 되자 숨죽이고 있던 양자강 이남의 강국인 초(楚)나라가 제나라 환공의 눈치도 보지 않고 황(黃)나라를 공격하는 등 먼저 반기를 들었다. 어수선한 분위기 속에 북쪽의 융(戎)이 주나라 도읍지인 낙양까지 내려와서 동쪽 성문(城門)을 불태우며, 주나라를 공격하였다. 이럴 때 주왕실을 구한 제후는 패자인 제나라 환공이 아니라, 진(晉)나라와 진(秦)나라의 연합군이었다.

이미 제나라 환공은 패자의 역할을 충분히 할 만큼 강하지도 못하고 제후들도 따르지 않았다. 이때의 제나라는 군주인 환공이 잦은 전쟁과 교만하고 건방진 언동으로 다른 제후국들과 관계도 좋지 않았고, 내부적으로도 향락과 사치에 빠져서 올바른 정치도 못 하고 있는 데다가, 환관(宦官)인 수조(豎刁)로 인해 환공은 더욱 몰락(沒落)의 길을 걷게 되었다.

환관 수조(豎刁)의 국정농단

수조는 본래 어린아이 시절부터 환공 곁에 있으면서 환공의 잔심부름을 하던 시종으로 처음부터 환관의 신분은 아니었다.

당시 궁중의 법도는 남자아이 14살이 넘으면 궁 밖으로 내보내게 되어 있었는데, 수조는 환공의 곁에 있고 싶어서 스스로 환관의 길을 선택하였다. 환공은 자신의 곁에 있고 싶어 환관이 된 수조가 기특하여 더욱더 총애(寵愛)하게 되었다. 수조가 항상 환공의 곁에 있으면서 환공의 모든 지시는 그의 입을 통해 신하들에게 전달되었다.

이에 따라 점차 수조에게는 권력이 생겨나고 사람들도 모여들었다.

또한 수조는 입맛이 까다로운 환공을 위해 음식을 잘 만드는 사람을 수소문해서 궁궐로 들였는데 그는 역아(易牙)라는 요리사였다.

역아 역시 수조처럼 환공의 환심을 얻기 위해 무슨 짓이든 하였는데, 특히 환공의 입맛을 만족시키기 위해 자기 아들을 요리의 재료로 사용하였다고 한다. 환공은 역아가 만든 요리를 먹으면서 무슨 고기인데 이렇게 맛이 좋으냐?며 물었다. 역아는 주저함 없이 사람고기라 하였다. 그리고 환관인 수조와는 달리 역아는 환공이 자신이 만든 음식을 맛있게 먹고 있을 때, 환공의 애첩인 공희와 정사(情事)를 나누곤 하였다.

마지막으로 환공의 또 다른 애첩인 갈영의 오빠인 개방(開方)이란 자도 환공의 총애를 받았는데, 환공 말년에는 제나라의 모든 정치를 수조, 역아, 개방 이들 세 사람이 결정하였다.

당시 제나라 사람들은 이들 세 사람을 삼귀(三鬼)라고 불렀다.

환공이 이들 세 사람에 의해 올바른 군주의 모습을 잃어가자, 관중과 포숙아는 거듭 이들 세 사람을 물리치라 충언하였으나 환공은 이들 세 사람을 물리치지 않았다.

나중에 관중과 포숙아가 죽고 난 후 환공은 그때야 정신을 차린 듯 역아와 개방을 궁궐 밖으로 내쫓아버렸다. 그러나 이미 오랜 세월 동안 수조의 시중에 익숙해진 환공은 수조 없이는 아무것도 할수가 없었다. 수조만은 쫓아낼 수 없었다.

얼마의 시간이 지나자 환공은 역아가 만든 음식의 맛을 잊을 수 없어 쫓아낸 역아마저 궁으로 다시 불러들였다.

다시 만난 수조와 역아는 확실하게 권력을 쥐기 위하여 장위희(長衛姬)의 아들인 무궤(無詭)를 환공의 후계자로 만들 음모를 꾸몄다.

당시 환공에게는 세 명의 정부인, 즉 왕희(王姬), 채희(蔡姬), 서희(徐姬)가 있었는데 그들 모두 아들을 낳지 못하였다. 그중 채희는 채나라 여자로, 환공과 뱃놀이를 하다가 장난을 친다고 배를 심하게 흔들어 환공을 놀라게 하였는데, 환공은 수차례 그만하라고 하였지만 채희는 장난을 멈추지 않았다.

이에 화가 난 환공은 채희를 친정인 채나라로 보내버렸다.

채나라에서는 채희가 장난을 친 것뿐인데 그까짓 일로 친정으로 쫓아낸 문공의 처사가 지나치다 하면서, 채희를 딴 곳으로 시집보내버렸다. 이 소식을 들은 환공은 분노하여 즉시 채나라를 공격하였고, 이 전쟁으로 채나라는 멸망하고 말았다.

많은 후궁들과 아들들 때문에 태자를 결정하는 데 어려움이 있을 것으로 예상한 환공은 일찌감치 관중과 의논하여 후궁인 정희(鄭姬)의 아들인 소(昭)를 태자로 정해 놓았다.

후궁 중 부인으로 대접받은 여섯 명의 여자들은 모두 아들을 낳았는데, 장위희(長衛姬)는 무궤(無詭)를 낳았고, 장위희의 여동생인 소위희(少衛姬)는 훗날의 혜공이 되는 원(元)을 낳았다. 여기서 장위희는 큰 위희, 소위희는 작은 위희라는 뜻이다. 그리고 밀희(密姬)는 훗날의 의공이 되는 상인(商人)을, 정희는 효공이 되는 소(昭)를, 그리고 갈영은 소공이 되는 반(潘)을 낳았다. 한번은 장위희가 중병에 걸려 생사를 넘나들 때, 역아는 맛있는 음식을 만들어 장위희로 하여금 건강을 되찾게 하였다. 그 일로 인하여 역아는 장위희의 신임을 얻고, 더불어 간신 수조와도 서로 협력하고 공생하는 관계가 된다.

환공이 제나라를 통치한 지 43년이 되던 해인 기원전 643년 겨울, 죽음을 예감한 환공은 송나라에 가 있는 소(昭)를 불러오라 명하고는 사망하였다. 그의 나이 73세였다.

환공의 말로는 비참하였다.

병이 깊어져 거동이 불편한 환공을, 수조와 역아는 방에 가두어놓고 다른 사람들이 일체 접근 못 하게 하였다. 환공은 음식과 물도 마음대로 먹지 못한 채 비참하게 죽었다. 환공이 서거한 후 제나라에서는 다음 군주의 자리를 놓고 치열한 세력 다툼이 벌어졌는데, 이 때문에 환공의 시체는 장례도 치르지 못한 채, 67일 동안 방치되어 있었다.

천하의 명의 편작(扁鵲)이 환공의 치료를 포기하다

환공이 죽기 얼마 전 당시 천하 최고의 명의(名醫)로 소문이 난 편작(扁鵲)이 환공을 알현하였다. 환공의 안색을 살펴본 편작은 걱정스럽게 말하였다. "대왕께서는 지금 많이 위중하십니다. 다행히 현재는 병이 피부를 침범한 상태이니 빨리 치료를 하면 낳을 수가 있습니다."

편작의 말을 들은 환공은 웃통을 벗어젖히며 팔과 가슴의 근육을 자랑하였다. "과인은 병 따위를 겁내지 않소."

그리고 편작이 물러나자 그는 주위 신하들에게 빈정거리며 말하였다. "의원이란 작자들은 그저 돈만 벌려고 아프지 않은 사람에게도 병이 있다고 거짓말을 하지."

닷새가 지난 후 다시 환공을 뵌 편작은 말하였다.

"대왕의 병세가 이미 혈맥(血脈)을 범하고 있습니다. 지금 당장 치료하지 않으면 위험합니다."

환공은 매우 불쾌하였다. 환공은 편작을 쳐다보지도 않았다.

편작은 닷새 후 또다시 환공을 문안하였다. 그리고 말하였다.

"병세가 이미 위와 장을 침범하였습니다. 치료가 시급합니다. 더 이상 치료 시기를 놓치면 매우 위험한 상태에 이를 수가 있습니다."

환공은 저번처럼 귀찮다는 듯이 편작을 홀대(忽待)하면서 눈길도 주지 않았다.

편작

다시 닷새가 지난 후 편작은 환공을 배알(拜謁)하였다.

그러나 이번에는 아무런 말도 하지 않고 그냥 문안만 드리고 물러났다. 불안해진 환공은 그때야 급히 사람을 보내 편작을 들라 하면서 치료를 받기를 원하였다. 편작이 말하기를 "병세가 피부를 범한 상태에서는 조금만 따뜻하게 해주면 병이 나을 수가 있으며, 혈맥을 범한 상태에서는 침구(鍼灸)로 치료할 수가 있습니다.

혹여 병세가 위와 장을 침범하였어도 약용 술로 어느 정도 치료를 할 수가 있습니다. 그러나 현재 대왕의 병세는 골수(骨髓) 깊이 침범한 상태인지라 소신의 능력으로는 치료가 힘들겠습니다."라고 했다.

며칠 후 정말 환공은 병석에 눕고 말았다. 당황한 환공은 편작을 급히 찾았으나 이미 편작은 자취를 감추어버렸다.

명의 편작은 발해의 막읍(鄚邑) 출신으로 성은 진(秦)이며 이름은 완(緩), 자는 월인(越人)이다. 젊은 시절에는 객사(客舍)의 관리인으로 있었는데, 객사를 자주 찾아온 손님 중에 장상군(長桑君)이란 사람과 친하게 지냈다. 편작은 장상군이 비범한 사람인 것을 알고 그가 객사에 올 때마다 후대하며 반갑게 맞이하였다.

장상군 역시 편작이 보통 사람이 아님을 알고 예의를 지키면서 편작을 대하였다. 서로 만난 지 10여 년의 세월이 지났을 무렵, 장상군이 편작을 조용히 불러내어 말하였다.

"나는 나이가 많이 되어 어떠한 일도 할 수가 없답니다. 나에게 천하에 둘도 없는 비방이 있는데 그 비방을 당신에게 주려고 합니다. 비방은 절대 비밀입니다."

편작이 대답하였다.

"천지신명 앞에 맹세합니다. 절대 누설하지 않고 비밀을 지키겠습니다."

장상군은 조심스럽게 품속에서 약을 꺼내어 편작에게 주면서 말하였다. "이 약을 꼭 상지(上池)의 물, 즉 이슬이나 대나무 잎에 맺혀 있는 물과 함께 먹어야 합니다. 30일 동안 복용하면 사물의 속까지도 볼 수가 있을 것입니다." 그리고 장상군은 자신이 갖고 있던 의서를 모두 편작에게 주고 홀연(忽然)히 사라졌다.

과연 장상군의 말대로 30일 동안 약을 복용한 편작의 몸에는 기이한 현상이 발생하였다. 담 너머 있는 사람의 모습이 보일 뿐만 아니라 그 사람의 오장육부(五臟六腑)까지도 보였다.

편작은 특히 진맥(診脈)을 잘하였다. 천하의 명의로 소문이 나면서 중원의 각 나라를 다녔는데 조나라에서 의원을 할 때 편작(扁鵲)이라는 이름을 얻게 되었다.

어느 날 편작이 괵(虢)나라에 들렀는데, 괵나라 태자가 죽었다면서 백성들이 슬퍼하고 있었다. 주변 사람들을 통해 태자의 상태를 확인한 후, 편작은 자신이 태자를 살리겠다고 나섰다. 괵나라 왕과 신료들은 놀라면서도 의아해하였다. 죽은 사람을 살리겠다니 믿을 수가 없었다.

편작이 말하였다.

"태자께서는 아직 살아있을 겁니다. 태자의 귀는 아직 들리고 있을 것이며, 코도 역시 움직이고 있을 것입니다. 그리고 허벅지 안쪽에는 아직 따뜻한 체온이 남아 있을 것입니다."

왕이 확인해보니 편작의 말이 사실이었다. 왕은 즉시 편작이 치료를 하게 하였다. 편작이 제자 자양(子陽)에게 침(鍼)을 숫돌에 갈게 한 후, 그 침으로 태자의 삼양(三陽)과 오회(五會)에 수차례 놓으니 태자는 거짓말처럼 살아났다. 그리고 양쪽 갈비뼈 밑에 뜸(炙)을 들이자 태자는 벌떡 일어나 앉았다. 그 후 이십일 동안 탕약을 수 첩 복용하자 태자는 완전히 건강을 되찾았다. 사람들은 편작의 이러한 의술을 보고 기사회생(起死回生)의 의술이라 하였다. 이러한 사람들의 평을 들은 편작이 말하였다.

"사람이 진짜로 죽었다면 나로서도 살릴 방도는 없습니다.

태자의 병세에 대해서 사전에 자세하게 알아본 결과, 일시적인 기(氣)의 흐름에 문제가 생겨 발병한 것으로 판단되었습니다.

즉 양기가 음기 속으로 들어가 생긴 병으로 병명이 시궐(尸蹶)이라고 합니다. 나는 다만 스스로 살아날 수 있는 사람에게 약간의 힘을 보태 일어나게 해준 것뿐입니다."

편작은 당시의 시대 상황에 어울리지 않는 대담하고 놀라운 생각을 하고 있었다. "의술을 믿지 않고 점쟁이 혹은 쓸데없는 주술(呪術)을 믿다가는 병을 더욱 키울 수가 있다."

편작의 명성이 천하에 알려지자 그를 시샘하는 사람들이 많이 생겨났다. 진(秦)나라 의술의 최고 책임자인 태의령(太醫令) 이혜(李醯)는 자기보다 의술이 뛰어난 편작을 시기(猜忌)하여 자객을 보내 편작을 죽이고 말았다. 동양의학에서 전해지는 모든 맥법(脈法)은 편작의 의술에서 시작되며, 그의 의술은 후세 사람들에 의해 정리되어 난경(難經)이란 책에 수록되어 전해지고 있다.

환공이 사망하자 수조와 역아는 환공의 유언장을 조작하여 장위희의 아들 무궤를 제후의 자리에 오르도록 하였다.

태자 소(昭)는 상황이 어렵게 돌아가자 목숨의 위협을 느끼고는 급히 송(宋)나라로 몸을 피하였다. 제후의 자리에 오른 무궤는 군권(軍權)은 역아에게 주고, 수조에게는 정사(政事)를 맡겼다. 그리고는 자신을 따르지 않는 신하들은 무참히 죽여 버렸다.

한편 송(宋)나라로 피신한 소(昭)는 송나라 양공에게 도움을 청하였고 양공은 주변 제후국들과 연합하여 제나라를 공격하였다.

송나라를 필두로 하여 연합군들이 공격해 들어오자 군대를 총괄하던 역아는 국의중과 고호에게 명하여 수도인 임치(臨淄)를 방어하도록 하였다. 수조와 역아 일당을 물리칠 기회만 엿보던 국의중과 고호는 칼과 창을 돌려 잡고는 무궤와 수조, 역아를 거꾸로 공격하여 이들을 죽여 버렸다.

무궤는 제후의 자리에 등극하였지만 30일 만에 사망하여 시호(諡號)가 없다. 송나라 양공과 연합군은 손쉽게 제나라에 입성하였으며 소(昭)는 제나라의 군주 자리에 오르게 되었다. 그가 바로 제나라 효공이다. 효공이 제후의 자리에 오르자 효공의 동생들이 반란을 일으켰다. 이때에도 효공은 송나라 양공의 도움을 받아 반란을 진압할 수 있었다. 계속 되어온 내분으로 제나라의 국력과 위상은 형편없이 되었고 패자의 자리도 더 이상 유지할 수 없었다.

대신에 위급 상황이 발생할 때마다 문제 해결을 해준 송나라 양공이 패자(霸者)인 것처럼 행세하였다.

2. 송(宋)나라 양공(襄公), 허세만 부리다 전쟁에 패하다. 송양지인(宋襄之仁)

송(宋)나라는 은(殷)나라 주(紂)왕의 이복동생인 미자계를 시조로 하며, 양공은 그 이후 19대 군주이다. 성은 자(子)씨, 이름은 자보(玆父)이며, 최고의 직위인 공작(公爵)을 주왕실로부터 받았다.

송나라의 건국 배경을 보면, 주나라 무왕이 은(殷)나라를 멸망시킨 후 주(紂)왕의 아들 무경을 제후로 명하여, 은나라 왕조의 제사를 모시도록 배려하였는데, 무경은 무왕의 동생들인 관숙선, 채숙도와 함께 반란을 일으켰다.

이들은 당시 나이 어린 조카인 성왕을 대신하여 섭정(攝政)을 하고 있던 주공(周公)에 의하여 반란 3년 만에 진압되고 말았다.

반란을 진압한 주공은 무경 대신에 미자계를 제후로 삼아 지역을 통치토록 하고, 동시에 은나라 왕조의 제사를 이어 모시도록 하였다. 이때 미자계가 다스리던 지역이 훗날 송(宋)나라가 된다.

당시 송나라의 국력은 그다지 강하지를 못하였다. 그리고 양공 역시 제후의 자리에 오른 지 얼마 되지 않은 시점이었다. 그러나 패자가 되고 싶은 양공의 열망은 대단하였다. 기원전 640년 송나라 신하들이 모인 자리에서 패자가 되고자 하는 자기 생각을 얘기하면서 신하들의 의중을 물어보았다. 그때 장문중이라는 신하가 답하였다.

"자기가 하고자 하는 생각을 가진 채 남을 따르면 그 일이 성사될 것이고, 자기가 하고 싶은 대로 남을 따르게 하면 일이 성사되기 어렵습니다." 라고 하였다.

이는 곧 양공이 패자의 자리에 오를 만큼 주변의 여건이 성숙하지 않았다는 말이었다.

그러나 양공은 장문중의 말을 듣지 않고, 그해 봄에 제나라 지역에 있는 녹상(鹿上)으로 제나라와 초나라의 제후를 불러 일차 회맹을 한 뒤에, 바로 가을에 다시 송나라 지역인 우(盂)에서 초나라, 채나라, 정나라, 허나라, 진(陳)나라, 조나라의 제후들을 모이게 하였는데, 패자가 될 만한 덕도 없고 강한 세력도 갖추지 못한 송나라 양공이 패자인 것처럼 행세하자, 평소 양공을 얕보았던 초나라 성왕이 그 자리에서 양공을 포로로 잡아버렸다.

비록 송나라 양공을 포로로 잡았으나 당시 초나라의 국력이 송나라와 전면전을 할 만큼 강력하지는 못하였다. 몇 달 후 그해 겨울 초나라 성왕은 박(薄)에서 제후들과 회합을 마친 후 양공을 풀어주었다. 풀려난 양공은 분(忿)을 참지 못하고 당시 초나라와 유대관계를 맺고 있던 정나라를 공격하였다. 송나라 양공이 정나라를 공격한 것은 실제적으로 초나라를 공격한 것이나 다름없었다.

반대로 포로로 잡았다가 풀어준 지 얼마 되지 않아서 정나라를 공격한 양공을, 초나라 성왕은 용서할 수 없었다. 그해 11월 초나라 성왕은 대군을 이끌고 송나라를 공격하였는데 양쪽 군대는 홍수(泓水)에서 대치하였다. 초나라 군대는 공격을 하기 위해 강을 건너게 되었고 당연히 대오가 무너진 상태였다. 송나라의 신하들이 지금이 공격의 적기이니 당장 공격하자고 하였으나 송(宋)의 양공은 어려운 처지에 빠진 상대는 공격하는 것이 아니다 하면서 공격 명령을 내리지 않았다.

이후 전군이 강을 건너와서 대열을 정비한 초나라의 대군은 물밀듯이 송나라 군대를 무너뜨리고 대승을 거두었다. 군주로서 자질과 능력이 부족한 양공의 잘못으로 패한 것이다.

송나라 양공처럼 군주가 될 만한 자질과 능력이 부족하거나 세력도 여건도 안 되는 사람이, 분수에 맞지 않게 욕심을 내고 행동할 때 흔히 송양지인(宋襄之人)이라고 한다.

홍수(泓水)의 전투에서 승리한 초나라 성왕은 은근히 패자의 자리를 노렸으나, 중원의 제후국들은 기본적으로 초나라를 오랑캐라고 생각하고 있었고, 더군다나 성왕의 인품이 주변으로부터 존경받을 만큼 훌륭하지가 못하였다.

3. 진(晋)나라 문공이 춘추 두 번째 패자가 되다

진나라의 혼란과 공자 중이의 방랑

제 환공에 이어서 패자의 자리에 오른 사람은 진(晋)나라의 문공(文公)이었다. 진나라는 지금의 산서성 남쪽인 분수 지역에 위치하였는데, 진나라의 시조는 서주(西周) 왕조의 당숙 우이다. 당숙 우는 주공(周公)의 조카이며 성왕의 동생이다.

이곳은 비옥한 땅으로 백성들이 농사 지으며 살기에 좋은 지역이었다. 그러나 이 지역은 융족과 적족이 함께 사는 지역으로 동주 시대부터 주왕실의 영향력이 미치지 못하여 많이 혼란스러운 지역이었다. 분열되어 관리가 되지 않았던 이 지역을 진나라 무공(武公)이 기원전 678년 일차적으로 통합하였다. 그 후 진나라는 헌공(獻公) 때 세력을 확장하여 강대국의 기반을 조성하였다.

헌공은 위나라, 곽나라, 곽나라, 우나라를 정벌하여 진나라의 영토를 한때 황하까지 넓혔다. 기원전 655년 헌공은 괵(虢)나라를 정벌하기 위하여, 인근의 우(虞)나라에게 길을 빌려 달라고 하였다. 우나라를 거쳐야만 괵나라에 갈 수 있었기 때문이었다.

헌공의 명을 받은 진나라 대부 순식(荀息)은 명마와 귀한 구슬을 우나라 군주에게 뇌물로 바치며 길을 빌려줄 것을 부탁하였다. 그리고 양국이 형제의 나라가 되기를 또한 청하였다. 우나라 군주는 뇌물이 마음에 들고 탐이 났다.

그래서 주저 없이 순식의 말에 따라 길을 빌려주기로 하였다. 그때 우나라 신하인 궁지기(宮之奇)란 사람이 반대하면서 말하였다.

"괵나라는 우리 우나라의 울타리 격입니다. 괵나라가 망하면 우리 우나라도 망합니다.

절대로 진나라에 길을 빌려주시면 안 됩니다. 과거에도 똑같은 실수를 한 적이 있는데 더 이상 침략자들과 행동을 같이하시면 안 됩니다. 입술이 없어지면 이가 시린 법입니다."

순망치한(脣亡齒寒)의 성어가 생긴 연유이다. 즉 입술이 없으면 이가 시리다는 뜻이다. 같은 뜻으로 가도멸괵(假道滅虢)이란 성어가 있다. 즉 길을 빌려서 괵을 멸한다는 뜻이다.

결국 우나라 임금은 달콤한 제의를 한 진나라 순식의 말을 거부하지 못하고 길을 빌려주게 되었다. 궁지기는 곧 우나라가 망할 것을 예상하고 후환이 두려워 가족들을 데리고 다른 나라로 도망가버렸다.

진나라 헌공은 그해 9월에 괵나라를 정벌하였고 석 달 후 돌아오는 길에 우나라마저 멸망시켜버렸다. 중원의 강자가 된 진나라 헌공에게는 정부인 외에도 수 명의 후궁이 있었는데, 정부인은 아들을 낳지 못하였고 제나라 환공의 딸인 제강(齊姜)이 아들을 낳았는데 이름이 신생(申生)이었다. 헌공은 신생을 태자로 정하였다.

태자로 책봉된 신생은 자질도 뛰어났으며, 무엇보다 당시 춘추시대의 패자인 제나라 환공의 외손자였다. 그러나 자신의 어머니인 제강이 일찍 사망하여 버림에 따라, 좋은 여건을 지속하기가 어려웠다.

진나라 헌공의 또 다른 후궁으로는 적족 출신의 호희 자매와 융족 출신의 여희(驪姬), 소희(小姬) 자매가 있었다.

후궁 호희는 아들 중이를 낳았는데, 훗날 중이는 진(晉) 문공이 되어 중원의 2대 패자가 된다. 호희의 여동생은 훗날 혜공이 되는 이오(夷吾)를 낳았다. 그리고 이오에게는 백희(伯姬)라는 여동생이 있었는데, 그녀는 나중에 진(秦)나라 목공에게 시집을 간다. 훗날 백희는 오빠인 이오의 목숨을 구한다.

헌공은 또한 여희 자매로부터도 아들을 얻었다.

여희는 아들 해제(奚齊)를, 여희의 동생은 아들 탁자(卓子)를 낳았다.

후궁 중 특별히 총애를 받은 여희는, 정부인이 아들을 낳지 못하자 자신이 정부인이 되고자 하였으며, 또한 자기 아들 해제를 태자로 삼고자 음모를 꾸몄다. 그의 음모에는 궁중의 어릿광대, 즉 배우(俳優)인 시(施)도 함께하였는데, 당시 시는 여희와 불륜의 관계를 맺고 있었다. 그러면서도 헌공의 신임을 받고 있었다.

두 사람은 일단 태자 신생을 죽이거나 아니면 태자의 자리에서 끌어내려야 하였다. 두 사람의 계략 중 하나는 태자 신생을 일단 전쟁터로 내모는 것인데, 여희의 계략에 넘어간 진 헌공은 태자 신생에게 명하여, 장군 호돌과 함께 적족인 동산고락 씨(東山皋落氏) 부족을 정벌하고 오라 하였다. 이극(里克)과 비정(丕鄭) 등 신하들은 제후의 자리를 이어갈 태자를 전쟁터에 보내는 것이 아니라고 고언하였으나 헌공은 듣지 않았다.

그러나 여희 일당의 예상과는 달리 태자 신생은 전쟁에서 승리하고 오히려 태자의 자리를 공고히 하였다. 여희와 시(施)는 태자뿐만 아니라 모든 공자들을 변방으로 내보낼 계획을 수립하였다. 계획을 성공시키기 위해서 여희는 자신의 사람을 더 확보해야겠다고 생각하였다. 여희가 눈여겨본 사람은 당시 헌공의 신임을 한몸에 받고 있던 대신 양오와 동관오였다.

여희에게 매수되어 여희의 편에 서게 된 양오와 동관오는 헌공에게 주청(奏請)하였다.

"북쪽 지방에 위치한 이굴(二屈)과 포성(蒲城) 지역은 군사적 요충지

이면서도 융족과 적족의 횡포로 진나라의 통치가 제대로 미치지 않는 지역입니다. 그리고 조상님들을 모신 사당이 있는 곡옥(曲沃) 지방은 명망 있고 유력한 사람이 다스려야만 백성들이 종읍(宗邑)의 중요성과 의미를 두려운 마음으로 인식하게 됩니다.

이에 태자 신생이 곡옥 땅을 다스리게 하고 중이 공자는 포성 땅을 지키게 하며 이오 공자는 이굴 땅을 지키게 명하시면 이들 지역의 백성들이 두려움에 복종할 것이며 융족과 적족 또한 진나라의 통제하에 확실하게 복속을 시킬 수가 있습니다."

양오와 동관오의 말을 들은 진 헌공은 타당한 의견이라고 하면서, 태자 신생을 곡옥 지방으로 보내어 그곳을 통치하도록 하였으며, 또한 중이는 포성 지역으로, 이오는 이굴 지역으로 보내어 각각의 지역을 관리 통치하도록 하였다. 그리고 다른 지방에도 공자들을 보내어 해당 지역을 관리토록 하였다. 진 헌공(獻公) 옆에는 여희의 자식들인 해제와 탁자만이 있었다.

기원전 656년 태자 신생을 비롯하여 각 지역으로 파견 나가 있던 공자들이 10년 만에 진(晉)나라로 잠시 들어왔다.

오랜 세월 동안 여희는 자기 아들 해제를 태자로 삼아 달라고 헌공에게 간청해왔다. 10년 만에 모든 공자들이 들어와 있는 이 시점에 무언가를 시도하여야 하였다.

여희는 배우 시를 들라 하여 말하였다.

"태자 신생을 죽이고 해제를 태자로 삼기로 군주께서 이미 나에게 말씀을 하시었소. 다만 조정의 대부인 이극(里克)이 반대할까 걱정이오."

배우 시가 대답하였다.

"소신이 이극의 마음을 돌려놓겠습니다."

이극을 만난 시가 말하였다.

"군주께서는 여희 마마에게 태자 신생을 죽이고 공자 해제를 태자로 세우도록 하라고 말씀하셨습니다. 이미 계책은 마련되어 있습니다. 대부께서도 군주의 명에 따라 주시기 바랍니다."

이극이 대답하였다.

"태자를 살해한다는 것에 대해서 난 찬성할 수가 없소. 난 중립을 지킬 뿐이오."

다음 날부터 이극은 병을 핑계 대면서 조정에 나오지 않았다.

그로부터 얼마 후 여희는 신생에게 사람을 보내 전갈(傳喝)하였다.

"군주께서 지난밤 꿈속에서 태자의 생모인 제강을 보았다고 하니 제사를 지내도록 하시오."

전갈을 받은 신생은 급히 조상들의 사당이 있는 곡옥으로 가서 제사를 올린 뒤, 제사용 고기와 술을 가져와 헌공에게 바쳤다. 헌공은 사냥을 나가서 자리를 비운 상황이었다.

여희는 신생이 가져온 술과 고기에 독을 넣었다.

술에는 짐새의 깃털에 있는 짐독(鴆毒)을 타고, 고기에는 독초인 오두독(烏頭毒)을 넣었다. 그리고 사냥을 마치고 들어온 헌공에게 신생이 직접 고기와 술을 올리도록 하였다.

헌공이 먹으려고 하자 여희가 제지하면서 말하였다.

"제사용 고기와 술이 먼 곳인 곡옥에서 온 것이라 먼저 검사를 해 보아야겠습니다."

고기를 개에게 주자 고기를 먹은 개가 이내 죽고 말았다. 그리고 술을 땅에 버리니 금방 덩어리가 지면서 부풀어 올랐다. 깜짝 놀라는 척하면서 여희는 풀썩 주저앉으며 탄식하였다.

"태자가 이토록 잔인한 사람인 줄 몰랐습니다. 모든 것이 소첩과 해제 때문입니다."

신생이 올린 음식에 독이든 것을 안 헌공은 분노하였고, 이러한 행위가 발생한 것은 아들 신생을 잘못 가르친 신생의 스승 탓이라고 하면서 신생의 스승인 두원관(杜原款)을 처형하고, 태자인 신생마저 죽이려고 하였다. 목숨이 경각(頃刻)에 달린 것을 안, 신생은 급히 곡옥으로 도망갔다. 신생의 측근들이 곡옥 땅은 안전한 곳이 아니니 빨리 다른 나라로 망명하기를 청하였다.

신생이 측근들에게 말하였다.

"부모의 핍박(逼迫)을 받은 사람이 밖으로 도망을 가본들 제후들로부터 비웃음을 당할 것이 뻔하다. 그러면 결국 두 번이나 곤경에 처하는 것인데, 그냥 여기 곡옥에서 군주의 명을 기다리고 있겠다."

결국 신생은 아버지를 죽이려고 했다는 누명에 괴로워하다가 스스로 목숨을 끊고 말았다.

한편 진(晉) 궁궐에 영문도 모른 체 남아 있던 중이와 이오는, 여희가 자신들을 신생의 공범으로 몰아가고 있다는 얘기를 듣고는 재빠르게 각자의 임지인 포성과 이굴로 피신하였다.

당연히 헌공에게는 임지로 간다는 보고도 하지 못하고 각자 출발하였다.

아무 말 없이 임지로 가버린 중이와 이오를 헌공은 신생과 공모하였다고 의심을 하였다.

기원전 655년 헌공은 자신의 시중을 들고 있던 발제에게 명하여 포성에 도망가 있는 중이를 잡아오라고 하였다.

그 소식을 들은 대부 호돌(狐突)이 아들 호언(狐偃)에게 지시하였다.

"중이 공자가 위험하다. 태자가 죽었으니 당연히 중이 공자가 태자가 되어야 하는데 지금은 때가 좋지 않구나. 너는 지금 당장 형 호모(狐毛)와 함께 포성으로 가서 중이 공자가 피신할 수 있도록 도와주어라."

대부 호돌의 도움으로 간신히 포성 땅을 도망쳐 나온 중이 일행은 처음에는 제나라 혹은 초나라로 도망가려고 하였으나 가는 길이 너무나 험난하여 포기하였다.

그 후 중이는 호모 형제와 함께 외가인 적(狄)으로 다시 피신하였다. 그때 중이의 나이는 43살로 당시로서는 노인이었다.

이오는 신하 극예의 말을 듣고는 중이가 도망간 적으로 가지 않고 양(梁)나라로 망명하였다. 이오는 아버지 헌공이 보낸 군사들에 항전하면서 버텼으나, 중과부적(衆寡不敵)으로 더 이상 견디지 못하고 양나라로 망명하였던 것이었다. 당시 어디로 피신할 것인지를 결정하지 못하고 있을 때 극예가 말하였다.

"외가인 적으로 피신하는 것은 매우 위험합니다. 그곳은 형인 중이 공자가 피신해 있는 곳입니다. 형제 두 명 모두가 적(狄) 지역에 있으면 진나라에서는 분명히 적을 공격할 것입니다.

그러니 양나라로 피신하는 것이 상책입니다."

중이와 이오가 망명해 있는 동안 중원의 상황은 많이 변해 있었다.

제나라 환공의 세력이 많이 약해져서 패자로서의 권위를 인정받기 힘들 정도가 되었으며, 그 무엇보다도 중이와 이오의 아버지인 진 헌공이 기원전 651년 규구의 회맹에 참석 후 그해 9월 병사하였다.

헌공이 사망하자 진나라는 내분에 빠지게 되었다. 헌공의 사망 한 달 후인 그해 10월 이극(里克)과 비정(邳鄭)은 정적인 여희의 아들 해제를 살해하였다. 여희의 측근인 순식(荀息)은 해제가 살해당하자 크게 낙담하였다가 주변의 얘기를 듣고 해제의 이복동생인 탁자를 군주의 자리에 모시려고 하였다. 그러나 탁자 역시 형이 살해당한 지한 달 만에 또 다시 이극에게 살해당하고 말았다. 낙담한 순식은 이제는 더 이상 아무런 방법이 없다고 하면서 자결하였다.

진(晉)나라의 정권을 장악한 이극은 중이를 진나라의 군주로 모시려고 하였으나, 중이는 측근인 호언(狐偃)의 말을 믿고 따르며 군주의 자리를 사양하였다.

중이는 이극이 보낸 사신에게 말하였다.

"나는 부친의 명을 거역하고 적족의 땅으로 도망쳐 온 사람이며, 부친의 장례식에도 불참한 불효자인데 어찌 부친의 후계자가 될 수 있겠습니까!"

이극은 중이가 진나라의 군주 자리를 사양하자 양나라에 망명 가 있던 이오를 추대하였다. 이오는 처음에는 망설이었으나 마침내 수락하였다. 그러나 이극이 정권을 잡고 있는 진(晉)나라에 들어가 군주의 자리에 오르기가 쉽지 않다는 것을 알고, 매제인 진(秦)나라 목공에게 자신의 안전을 부탁하였다.

그리고 진 목공이 보호해준다면 군주의 자리에 오른 후 하남에 있는 성(城) 다섯 개와 동쪽으로는 괵의 경계까지 남쪽으로는 화산 지역까지 하북 지역은 해량성까지의 광활한 영토를 모두 진(秦)나라에게 주겠다고 약속하였다. 그리고 이극에게는 자신이 군주의 자리에 오르는 데 힘을 보태준다면, 분양(汾陽) 지역을 분봉해주고 그곳의 영주로 삼겠다고 약속을 하였다.

기원전 650년 11월 공자 이오가 군주가 되니 그가 바로 진 혜공(惠公)이다. 헌공이 서거한 지 두 달 만이다.

정권을 장악한 이오, 즉 진(晉)나라 혜공은 진(秦)나라에게 영토를 주겠다는 약속과 이극을 분양 땅의 영주로 삼겠다던 약속 등 모두를 저버리고 자신을 진(晉)나라로 불러준 이극과 그리고 그의 측근들을 모두 죽여버리고 말았다.

그러니까 이극 일파를 처형한 내막은 이러하다. 당시 혜공의 최측근인 여생과 극예는, 공자 중이와 이극이 내통하고 있다고 의심하였다. 정권을 잡은 지 얼마 되지 않은 그들로서는 심히 걱정되는 부분이었다. 여생과 극예는 혜공에게 고하였다.

"향후 이극과 그를 따르는 무리가 공자 중이와 내통하여 반란을 일으키면 어찌할 방도가 없습니다. 후환을 생각하여 미리 제거해버리는 것이 상책이라고 생각합니다."

혜공이 그들에게 물었다. "그들을 어떤 명분으로 제거하면 좋겠소?"

여생과 극예가 대답하였다.

"이극은 공자 해제와 탁자를 죽였으며 선군의 충신이었던 대부 순식을 죽였습니다. 이것은 대역죄에 버금가는 것입니다."

극예가 이극을 찾아가서 이극의 범한 죄를 조목조목 말하며, 이극을 형벌로 다스리겠다는 혜공의 뜻을 전하였다.

극예의 말을 들은 이극은 칼을 빼 들고 하늘을 보며 탄식하였다.

"나에게 죄를 씌우고자 한다면 무슨 죄명인들 붙이지 못하겠는가? 충성을 다한 것이 벌로 돌아오다니 저승에서 어찌 순식을 만날 수 있단 말인가?"

이극은 그대로 자신의 칼에 엎어져 자결하였다.

진(秦)나라 목공은 약속을 지키지 않는 처남인 진(晉)나라 혜공을 어쩌지도 못하고 그냥 기다리기만 하였다.

기원전 647년 진(晉)나라에는 가뭄이 심하게 들었다. 백성들이 가뭄으로 고통을 받자 진 혜공은 진 목공에게 식량 원조를 부탁하였다.

괘씸하지만 진 목공은 진(晉)나라에 식량을 원조해주었다. 그 이듬해 요번에는 진(秦)나라에 기근(饑饉)이 발생하여 백성들의 삶이 어려움에 처하자, 진 목공은 진 혜공에게 원조를 부탁하였으나 보기 좋게 거절당하고 말았다. 진 혜공이 진(秦)나라에서 온 사신에게 이렇게 말하였다.

"우리는 5년이란 긴 세월 동안 흉년이 들어 고생을 하였소. 금년에 조금 형편이 나아졌으나 겨우 백성들 입에 풀칠할 정도밖에 되지 않소. 진(秦)나라에 식량을 원조해 줄 만한 형편이 되지 않소."

사신으로부터 보고를 받고, 분노한 진 목공은 대군을 이끌고 진(晉)나라를 공격하여, 진 혜공을 포로로 잡았다. 목공은 진 혜공을 사로잡은 후 진(秦)나라 전체에 선포하였는데, 그 내용은 이러하였다.

진(秦)나라 전체 백성들은 몸을 깨끗이 하고 과인을 기다려라, 과인이 진나라 혜공을 제물로 하여 상제께 제사를 올릴 것이다.

당시 두 나라의 전쟁은 접전이었고, 한때 진 목공이 위급한 상황에 빠진 적도 있었다. 그때 기산(箕山) 지역의 불량배들이 목공을 구해주었는데, 그 불량배들은 과거에 우리에서 달아난 목공의 애마를 잡아먹은 적이 있었다.

목공은 잡혀 온 불량배들을 풀어주면서, '군자는 짐승을 죽였다고 해서 사람을 해치지 않는다. 그리고 말고기를 먹고 난 후 술을 마시지 않으면 몸에 해롭다.'고 하면서 불량배들에게 술까지 하사하며 풀어주었다. 목공에게 감복한 불량배들은 목공이 위험에 빠지자 목숨을 내놓고 목공을 구한 것이다.

한편 목공은 혜공을 진(秦)나라로 압송할 수 없었다.

앞에서 얘기한 바와 같이 진(秦) 목공의 부인이 바로 진(晉) 혜공의 누이 백화였기 때문이다. 예상대로 진 목공의 부인 백화는 상복 차림으로 진(秦)의 태자인 아들 앵종과 둘째 아들 홍, 그리고 딸들까지 자녀 모두를 성벽 위로 데리고 나와서 이오, 즉 진 혜공을 풀어주지 않으면 모두 같이 뛰어내려 죽겠다고 하며 위협하였다.

그리고 주 천자도 진(晉)나라와 주(周)나라는 같은 핏줄임을 강조하면서, 이오 즉 혜공을 풀어주길 희망하였다.

어쩔 수 없이 진 목공은 진 혜공을 도성인 옹으로 압송하지 못하고 풀어주었다. 대신에 신하 자상(子桑)의 의견에 따라 혜공의 아들이자 진(晉)나라의 태자인 어(圉)를 볼모로 잡아 왔다. 그리고 풀려난 진 혜공은 하서 땅을 진 목공에게 바쳤다. 이후 진 목공은 진(晉)의 태자인 어를 자신의 딸인 회영과 결혼시켰다.

목공의 딸 회영과 결혼한 어는 약 7년 동안 진(秦)나라에서 볼모 생활을 하다가, 아버지인 진 혜공이 위독하다는 소식을 듣고는 진나라로 도망갔다.

어는 생각하였다.

"진(晉)의 대부들이 다른 공자 중 한 명을 군주의 자리에 앉힐지도 모를 일이다. 진(秦)에 볼모로 잡혀 있는 나를 잊어버리고 있을지 모른다. 도중에 잡히더라도 일단 고국으로 도망가자."

기원전 637년 9월 진 혜공 이오가 사망하였다.

뒤를 이어 태자 어가 군주의 자리에 오르니 그가 바로 회공(懷公)이다. 태자 어가 진(晉)나라로 도망갈 때 부인인 회영에게 같이 도망가자고 하였으나, 회영은 아버지인 진 목공을 배신할 수 없다고 하며 따라가지 않았다. 회영이 말하였다.

"공자께서는 진(晉)의 태자임에도 불구하고 타국인 진(秦)나라에서 많은 고생을 하셨습니다.

부친인 혜공께서 위독하신 상황에 지금 귀국하시겠다는 공자님의 생각은 도리입니다. 소첩의 부친이 저를 공자님께 보낸 것은 공자님의 마음을 붙잡아 두기 위한 것이었는데, 소첩이 공자님을 따라가면 부친의 명을 버리게 되는 것입니다. 공자님께서는 혼자 귀국하시고 소첩은 이 사실을 비밀에 부치고 있겠습니다."

진(晉) 회공은 즉위하자마자 조칙을 내렸다. 그는 백부인 공자 중이가 두려웠다. "진(晉)나라 땅에서 살고 있는 모든 백성들과 조정 신료들은, 자신들의 친인척 중에서 공자 중이를 따라다니는 사람이 있으면 석 달 안에 모두 돌아오도록 조치하기를 바란다.

석 달 안에 돌아오는 사람들에게는 어떠한 죄도 묻지 않도록 하겠다. 만약 기일 내에 돌아오지 않는 사람에게는 그의 부모·형제와 친인척 모두에게 엄중하게 죄를 물을 것이다."

이 조칙으로 인해 과거 중이를 탈출시켰던 대부 호돌은 참형을 당하였다. 호돌의 아들인 호모와 호언이 중이와 생사고락을 같이하고 있었기 때문이었다.

한편 외가인 적(狄)족의 땅에서 12년간의 망명 생활을 하던 중이는 적족 땅에서 계외라는 여자와 결혼하여 백숙과 숙류, 두 명의 아들을 보았다.

기원전 644년 드디어 큰 뜻을 품고서 중이는 적족 땅을 떠나 제

(齊)나라로 향하였다. 7년간의 기나긴 망명과 방랑 생활이 시작된 것이다. 그때 중이의 나이는 55세이었다.

제나라로 향해 가던 중이 일행은 중간에 위(衛)나라 오록 지역을 거쳐 가야만 했는데, 당시 위나라 제후인 문공은 중이 일행을 하찮게 보고 쳐다보지도 않았다. 당시 중이 일행은 오록 지방을 거치면서, 너무나 배가 고파 밭에서 일하던 농부에게 허기(虛飢)나 면하게 조금의 밥을 부탁하였는데, 그 농부까지도 그릇에다 흙을 담아주면서 중이 일행을 업신여겼다.

위나라의 괄시(恝視)를 뒤로하고 제나라에 도착하니, 당시 중원의 패자인 제나라 환공은 젊은 시절 힘들었던 자신의 망명 생활을 떠올리며, 공족의 딸인 제강(齊姜)이라는 여자를 중이의 아내로 맞이하도록 하면서 마차 20승과 말 80필을 내 주었다.

제나라의 환대와 물질적인 풍요함에 젖은 중이는 제나라를 떠날 생각을 하지 않았다. 중이는 하루 세 끼 먹을 것이 넘쳐나고 편안한 잠자리와 아름다운 처가 있는데, 나중에 군주가 되는 것이 무엇이 중요하단 말인가! 하면서 제나라에 주저앉을 생각을 하였다.

당시 제나라의 환공이 패자의 자리에 있었음은 확실하나, 간신 수조와 역아에 의해 제나라는 무너져 가고 있었다. 환공 역시 병이 깊어져 시름시름 하고 있는 형편이었다. 이러한 상황을 정확하게 파악한 부인 제강이 중이에게 말하였다.

"당신은 진(晉)나라의 공자로서 이곳에서 너무 오랜 세월 동안 의미 없이 생활하고 계십니다.

당신의 가신들은 목숨을 바쳐 따르고 있습니다. 더 이상 가신들을 실망하게 해서는 안 됩니다. 빠른 시간 내에 현재의 부끄러운 상황을 떨쳐 버리시고 큰일을 도모하시기 바랍니다. 하고자 하면 안 되는 일이 없습니다."

중이는 고개를 가로저으며 말하였다.

"나는 현재의 생활에 만족하오, 제발 나를 더 이상 귀찮게 하지 마시오."

더 이상 설득을 할 수 없다고 생각한 신하 호언과 부인 제강은 제나라를 떠나지 않으려는 중이에게 술상을 차려놓고 권주가를 부르면서 분위기를 조성하였다. 부인 제강이 말하였다.

"오늘 저녁의 술상은 공자가 제나라를 떠나기 전 마지막 술상이옵니다. 만약 공자께서 제나라를 결코 떠날 수가 없다면 오늘 밤새도록 소첩과 함께 만취해봅시다."

그날 저녁 만취하여 정신을 잃은 중이를 가신들이 수레에 싣고 제나라를 떠났다. 모두가 갑자기 떠나버리면 제나라 환공이 화를 낼까 두려워 제강은 후일을 도모하며 제나라에 남았다.

제나라를 떠난 지 한참 후에 술에서 깬 중이는 자신이 돌아갈 수 없을 정도로 제나라로부터 멀리 온 것을 알고는 분노하여 호언을 죽이려고 하였다.

그러나 제나라의 운이 이제 다하였으니 더 이상 제나라에 머물러 있을 필요가 없으며 이 자리에서 자신이 죽더라도 중이가 성공만 할 수 있다면 만족한다는 호언의 말을 듣고는 수긍(首肯)하였다. 그리고 마음을 다잡고 다음 행선지인 조(曹)나라로 향하였다.

각 나라를 떠돌면서 망명 생활을 한다는 중이에 관해 얘기를 들은 조(曹)나라 제후인 공공(共公)은 중이 일행을 업신여기며 홀대(忽待)를 하였다. 중이 일행을 보러 조 공공이 직접 나왔는데 그것은 중이 일행을 맞이하러 나온 것이 아니라 변협(騈脇)이라 하는, 중이의 특이하게 생긴 가슴뼈를 구경하러 나온 것이었다.

중이의 가슴뼈를 보고는 "참 희한하게 생긴 가슴뼈이구나!" 하고는, 조 공공은 그냥 돌아가버렸다. 중이 일행을 완전히 무시한 것이었다. 당시 조나라 조정의 대부인 희부기(僖負羈)의 아내가 중이의 됨됨이와 중이를 따르는 가신들의 면모가 보통이 아니라는 것을 알고는 남편 희부기에게 중이를 가볍게 대하면 안 된다고 하면서 중이 공자의 가신들 한 명 한 명 모두가 일국의 재상감이라고 하였다.

아내의 말이 일리가 있다고 생각한 희부기는 음식을 장만하여 중이 일행을 맞이하였다. 그리고 희부기는 음식과 함께 그릇 속에 상당한 액수의 보석을 넣어 보냈다. 그러나 중이는 음식만 받고 보석은 희부기에게 돌려주었다. 희부기는 군주인 공공에게 중이의 성품을 얘기하면서 다시 한 번 중이를 만나보도록 권하였으나, 조 공공은 더 이상 중이 일행을 쳐다보지 않았다. 훗날 중이가 진(晉)나라 문공이 되어 조나라를 정벌하였을 때, 조나라의 조정의 신하들 대부분이 죄의 경중에 따라 처벌받았으나 희부기에게는 큰 상을 내리고 그때의 은혜를 갚았다.

조나라의 괄시와 업신여김을 가슴에 안고 중이 일행은 송(宋)나라로 향하였다. 송나라 양공은 중이 일행을 반갑게 맞이하면서 마차 20승을 선물하였다. 그러나 당시 양공은 초 성왕과의 홍수 전투에서 대패하고 부상까지 당한 어려운 상태였다.

송나라의 대신 사마고(司馬固)는 친한 사이인 호언에게 송나라는 현재 중이 일행을 도울 여력이 없으니 다른 나라로 가보는 것이 좋겠다면서 조언을 하였다.

중이 일행은 힘든 상황에 처한 송나라 양공에게 더 이상 신세를 질 수 없어 송나라를 떠나 정(鄭)나라로 향하였다. 중이 일행이 온다는 얘기를 들은 정나라의 대신 숙첨(叔瞻)은 정 문공에게 중이 일행을 환대하여야 한다고 말하였다. 그러나 문공은 숙첨의 말을 무시하였다.

"우리나라를 지나가는 떠돌이 망명 공자들이 한두 명이 아닐 것인데, 어찌 지나가는 떠돌이들을 일일이 반기며 대접하라는 것이요."

숙첨이 다시 말하였다.

"중이는 만만한 사람이 아니옵니다. 환대를 하지 않을 바에야 후환을 없애는 차원에서, 중이 일행을 모두 죽여 없애버리시지요."

문공은 코웃음을 치면서 말하였다.

"떠돌이 공자 주제에 무슨 큰일을 하겠다고! 걱정이 심하오."

정나라에서 멸시를 받은 중이 일행은 초나라로 향하였다.

중이 일행이 초(楚)나라에 도착하자 초나라 성왕은 중이를 환영하면서 연회를 베풀었다.

그리고 많은 선물도 중이에게 주었다.

연회가 마칠 즈음에 초나라 성왕은 중이에게 말하였다.

"만약에 훗날 당신이 진(晉)나라의 군주가 되었을 때, 오늘의 연회와 나의 정을 잊어버리면 안 될 것이며 나중에 무엇으로 오늘의 환대를 갚을 것인가?"

초나라 성왕의 질문에 중이가 대답하였다.

"초나라 성왕께서는 온갖 보물과 미인, 그리고 수많은 짐승의 가죽 등 세상의 모든 것을 갖고 계시니 제가 드릴 것이 없습니다. 그러나 만약에 진(晉)나라와 초(楚)나라가 전쟁하게 된다면 대왕께서 베풀어주신 오늘의 환대를 기억하면서 제가 3사(舍) 뒤로 물러나겠습니다(여기서 '사(舍)'라 함은 당시 군사들이 하루에 행군할 수 있는 거리인 12㎞를 말한다). 다만 대왕께서 계속 전쟁을 하자고 하시면 저 역시 할 수 없이 활과 채찍을 들고 싸우겠습니다."

중이의 대범하고 당돌한 말에 초나라 성왕은 감탄하였다.

그러나 대부 자옥(子玉)이 화를 내면서 중이를 죽이자고 하였다.

"들판을 돌아다니는 들개 같은 떠돌이 공자 주제에 대왕 앞에서 건방진 말을 함부로 하다니, 죽어 마땅합니다."

초 성왕이 만류하며 말하였다.

"중이 공자는 어진 사람이오. 천하를 유랑하면서 숱한 고초(苦楚)를 겪었으며, 그를 따르는 사람들은 모두가 비범한 사람들인데 이는 하늘이 중이 공자를 돕기 때문이요. 내가 그를 죽인다는 것은 천명을 어기는 것인데, 그 죄를 내가 어떻게 감당할 수가 있겠소."

중이 일행은 초 성왕의 환대를 받으며 수개월 동안 초나라에 머물렀다.

그 무렵은 진(秦)나라에 볼모로 있던 진(晋)나라 태자 어가, 부친 혜공이 위독하다는 소문을 듣고 자기 나라로 도망친 사건이 발생하였다. 이 사건을 보고받은 초나라 성왕은 중이를 불러 앞날을 위해 진(秦)나라로 가길 권하였다.

성왕의 충고를 듣고 중이 일행은 짐을 꾸려 급히 진나라로 향하였다. 다시 돌아온 중이 일행을 보고는 진 목공은 저번보다 더 반갑게 대하면서 환대를 하였는데, 이번에는 목공의 다섯 명 딸들이 중이의 시중을 들도록 하였다. 그 다섯 명의 딸 중에는 중이의 조카인 진(晋)나라의 태자 어의 부인 회영도 있었다. 진나라 목공은 자신의 딸 중 회영이 가장 똑똑하고 현명하다고 하며, 은근히 중이와 회영과의 결혼을 희망하였다. 조카인 어와 결혼한 사이라는 것이 조금 찜찜하고 불편하였으나 중이로서는 고민하지 않을 수 없었다.

중이는 믿을 만한 가신들인 호언과 사공계자 그리고 조쇠에게 물어보았는데, 세 사람 모두가 회영과의 혼인에 찬성하였다.

당시 강대국이었던 진(秦)나라 목공의 사위가 된다는 것은 진(晉)나라 제후의 자리를 예약하는 것이나 마찬가지라는 이유였다.

그리고 한 번도 서로 만나지 못한 조카, 즉 어와의 관계와 법도, 그리고 현재 진 회공 즉 어를 공격하여야 하는 상황에서 어의 부인을 취하는 것은 아무런 문제가 되지 않는다라는 논리였다. 세 명의 충신들로부터 얘기를 들은 중이는 문영(회영)과 혼인을 하였다.

앞에서 회영이라 함은 진(晉)나라 회공의 부인이라는 뜻이다.

중이를 사위로 맞이한 진나라 목공은 친히 대군을 이끌고 진(晉)나라를 공격하였으니, 이때가 기원전 636년이다. 진(秦)나라의 공격 소식을 보고받은 진 회공은 지금의 산서성 임의현의 노유(盧柳)에서 일전을 다짐하면서 방어진을 구축하였다. 그러나 진 목공과 함께 오는 사람이 중이라는 얘기를 들은 진(晉)나라의 군대와 조정에서는 생각을 달리하였다. 그러고는 진(晉)나라 대부와 진(秦)의 목공은 은밀히 만나 밀약을 맺었다.

즉 진(晉)나라의 군대가 중이를 지지하는 대신, 자신들의 안전을 보장해달라는 것이었다. 신하들의 배반에 도망치던 진(晉) 회공은 고량(考量)에서 잡혀서 죽었다. 회공, 즉 어가 죽자, 드디어 중이는 진(晉)나라 제후의 자리에 오르니 그가 바로 훗날 천하의 2대 패자가 되는 진 문공(文公)이다.

진 문공이 군주의 자리에 오르다

문공의 성은 희(姬)이며 이름은 중이(重耳) 그리고 진나라의 22대 제후이자 진 헌공의 셋째 아들이다. 어머니는 호희(狐姬)이다. 그때가 기원전 636년 중이의 나이 62세이었다. 어릴 때 진나라를 떠나 고통스러운 19년의 망명 생활을 마감하는 시점이었다. 드디어 진나라로 돌아가기 위해 배를 타려고 하는데 배 한쪽 구석에 헌옷과 그릇, 깨진 항아리 등 많은 물건이 쌓여 있었다.

지난 19년 동안 각국을 떠돌면서 중이 일행이 사용한 물건들이었는데 사실 그 물건들에는 지난 세월의 어려움과 서러움이 잔뜩 묻어 있었다. 중이는 신하들에게 저 구석에 쌓여 있는 헌 물건들을 모두 버리라고 하였다. 그때 신하 호언이 쌓여 있는 잡동사니들을 슬픈 눈으로 보면서 한마디 하였다.

"우리들의 신세가 마치 저기 구석에 쌓여 있는 오래되고 쓸모없는 물건들과 다를 바가 없도다. 헤진 헌 옷과 깨진 항아리 등 세월이 지나니 이제는 아무런 소용이 없구나."

중이는 호언의 말을 듣고는 정신이 번쩍 들었다. 저 오래되고 헌것이 된 물건들에는 지난 세월의 흔적들이 고스란히 남아 있는데 저 물건들을 버린다는 것은 지난 19년 동안 중이 나만을 믿고 따른 충신들을 헌신짝처럼 버리는 것과 무엇이 다른가! 중이는 그 자리에서 무릎을 꿇고, 자신의 잘못된 생각을 부끄러워하며 신하들과 일행들에게 용서를 구하였다. 당시 19년이란 오랜 세월 동안 중이와 함께 고생을 한 다섯 명의 충신이 있었는데 호언과 조쇠 그리고 위무자, 사공계자, 전힐(顚頡)을 말한다. 그들 중 문공의 성공의 일등공신은 호언이었다. 호언의 아버지인 호돌 그리고 호언의 형인 호모는 호언과 함께 오직 중이, 즉 문공의 성공만을 위해 목숨을 걸었다.

훗날 한비(韓非)는 천하의 명신 15명을 얘기하며 칭송하였는데 후직(后稷), 이윤(伊尹), 주공(周公), 고도(皐陶), 태공망(太公望) 여상, 관중(管

仲), 백리해(百里奚), 건숙(蹇叔), 습붕(隰朋), 조쇠(趙衰), 자범(子犯), 범려(范蠡), 봉동(逢同), 대부종(大夫種), 화등(華登)이 그들이다. 이들 중에 자범이 바로 호언이다. 혹은 호언을 두고 구범이라 하는데 그 이유는 호언의 딸이 중이에게 시집을 갔기 때문에 장인을 뜻하는 구(舅)를 써서 구범이라 하였다.

한식(寒食)의 유래. 자신의 허벅지 살로 문공을 살린 개자추(介子推)

한식(寒食)의 유래 : 우리나라 4대 명절(설, 추석, 단오, 한식)중에 한식이 있다. 한식은 동지(冬至)를 지나 105일째 되는 날인데, 24절기 중하나이다. 한식의 풍습 중에 가장 특이한 것은 이날만큼은 음식을 데워 먹지 않고 찬 음식을 먹는다는 것이다.

이러한 풍습의 유래를 춘추오패 중 한 사람인 진(晉)나라 문공과 그의 신하 개자추(介子推)와 관련된 얘기에서 찾을 수 있다.

진 문공인 중이는 19년이란 오랜 세월을 고국을 떠나 각 나라를 떠돌아다니며 망명 생활을 하였는데 어느 날 중이는 배고픔과 허기에 지쳐 사경을 헤맸다. 그때 중이를 모셨던 신하 개자추가 자신의 허벅지 살을 도려내어 중이에게 먹게 하여 중이를 살려내었다.

이렇게 개자추는 자신의 몸을 바쳐 중이에게 충성을 다하였는데, 나중에 진나라의 군주가 된 중이 즉 문공은 논공행상(論功行賞)하면서 개자추에게는 아무런 벼슬도 주지 않았다. 개자추는 너무나 섭섭하고 억울하였다. 분노한 개자추는 모든 것을 버리고 산속으로 들어가 버렸다.

개자추와 그의 어머니

　사실은 문공이 논공행상을 시행하던 중에 주(周)나라에서 변란이 발생하여 지원군을 보내야 하는 상황이 벌어진 것이다. 문공은 급히 논공행상을 마무리하려다가 오랜 세월 동안 생사고락을 같이 한 개자추를 빠뜨리고 말았다. 뒤늦게야 개자추에게 아무런 벼슬이 내려지지 않았다는 것을 안 문공은, 개자추를 등용하기 위해 급히 개자추를 찾았다. 하지만 산속에서 나오라는 문공의 부탁도 개자추는 거절하였다. 문공과 신하들은 혹시나 산에 불을 지르면 개자추가 살기 위해 뛰쳐나올 것으로 생각하여, 산에 불을 질렀다. 그러나 개자추는 산에서 나오지 않고 산속에서 불에 타 죽었다.

　진 문공은 충신을 인정해주지 못한 자신의 실수를 스스로 나무라고 또한 산에 불을 질러 아까운 충신을 죽게 한 것을 크게 뉘우쳤다.

　그러고는 개자추가 산에서 불에 타 죽은 그날만큼은 진 문공은 불을 사용하지 않고 찬밥을 먹었다는 얘기에서 한식의 풍습이 유래했다.

　중이가 진(晉)의 제후 자리에 오른 기원전 636년 시점의 중원은 그야말로 무주공산이었다. 기원전 643년 제나라 환공이 쓸쓸히 죽고,

뒤이어 나타난 송(宋)나라 양공(襄公)은 패자의 흉내만 내다가 초나라 성왕의 공격을 받고 결국 죽었으며, 초나라 성왕은 덕이 부족하여 주변 제후들로부터 신망을 얻지 못하였고, 무엇보다도 중원의 제후들은 초나라를 오랑캐의 나라로 인식하여 초나라를 패자의 나라로 인정하지를 않았다.

또한 진(秦)의 목공도 지리적으로 중원에서 너무 멀리 떨어져 있었다. 한마디로 중원은, 중심이 될 수 있는 강력한 지도력을 가진 패자가 나타나길 기다리던 시점이었다. 한편 진(晉)의 제후가 된 중이는 기존 세력들의 저항에 직면했다.

진나라 조정에서는 과거 중이의 이복형제이자 진 혜공인 이오의 측근 신하였던 극예(郤芮)와 여생(呂甥)이 권력을 잡고 있었다.

중이가 군주가 되자 앞으로의 일이 걱정된 여생과 극예는 결국 반란을 일으켜 궁궐을 공격하였다. 아직 자기 세력을 구축하지 못한 중이는 위험에 처했고 결국 장인인 진 목공에게 긴급하게 도움을 부탁하였다. 진 목공은 즉시 3,000명의 군사를 파병하여 중이를 구하고 극예와 여생의 반란군을 처단하였다. 반란을 진압한 중이, 즉 문공은 국내 정치를 안정시킨 후, 진 목공의 딸인 문영을 불러오고, 또한 적족에 남아 있던 부인 계외와 제나라에 남아 있던 제강도 진(晉)으로 모셔왔다. 진 목공의 딸인 문영은 배경이 가장 좋았으나 정부인의 자리를 양보하였다. 그리하여 진 문공의 부인 서열은 제강, 계외, 문영(회영) 순으로 정해졌다.

진 문공이 국내 정치의 안정에 주력하고 있을 때, 천자국인 주왕실에는 내분이 일어났다.

당시 제후국인 정(鄭)나라가 활(滑)나라를 공격하였는데, 천자인 주 양왕이 백복과 유손백을 정나라에 보내어 전쟁을 멈추라고 하면서 정나라의 도발(挑發)을 꾸짖었다. 이에 평소 주왕실을 만만하게 여겨온 정나라는 천자의 사신 두 명을 감옥에 가두어버렸다. 자존심이 상한 주 양왕은 적족에게 정나라를 정벌할 수 있도록 파병을 부탁하였다. 그리하여 주나라 장군인 퇴석과 도자는 파병된 적족의 군대를 이끌고, 정나라를 공격하여 정나라의 영토인 역(櫟) 지역을 정벌하였다. 주 양왕은 적족에게 감사의 표시를 하기 위해 적족의 공주인 외(隗)를 왕비로 맞이하였다.

그런데 외(隗)는 양왕의 동생인 감(甘)나라 소공(昭公), 즉 대(帶)와 서로 정을 나누고 있는 사이였다. 이 사실을 안 양왕은 화를 내며 외를 적족으로 다시 돌려보내버렸다. 그런데 적족의 군대를 이용하여 정나라와의 전쟁에서 이긴 퇴숙과 도자는, 적족의 분위기를 생각할 때 걱정이 되지 않을 수 없었다. 고민하던 퇴숙과 도자는 양왕을 배신하고 대와 함께하기로 결정하였다. 그리고는 적족의 군대와 대를 앞세우고 주 양왕을 공격하였다. 양왕은 동생과의 전쟁은 부끄러운 일이라고 하면서 낙양을 버리고 범(氾) 지역으로 피신한 후 주변 제후국들에게 도움을 요청하였다. 진 문공도 양왕으로부터 구원의 요청을 받고 고민하다가 신하 조쇠의 말을 듣고 양왕을 구원하기로 하였다. 조쇠가 문공에게 말하였다.

"이번에 주 양왕을 구하는 전쟁에 참여하시는 것이 군주께서 천하의 패자가 되는 절호의 기회가 될 것입니다."

그때 이미 진(秦) 목공은 출정의 준비를 마친 상태였다.

진(晉) 문공은 장인인 진(秦) 목공에게, 양왕을 구하는 것은 자신이 하겠다고 하면서 진(秦)나라 군대의 출정을 중지 요청하면서 양왕을 구하기 위한 공격을 개시하였다. 낙양의 온(溫)이란 지역에서 벌어진 전투에서 진군이 대승을 거두면서 대(帶)를 죽였다. 이 전쟁의 승리로 주 양왕은 진 문공에게 양번, 온, 원, 찬모 지역을 하사하였으며 진 문공의 위상은 더욱 높아져만 갔다.

청초파(靑草坡)에서의 결초보은(結草報恩)

당시 문공의 휘하 장군 중에 위주라고 하는 용장이 있었다.

그는 전쟁에 나갈 때마다 아들인 위과(魏顆)와 위기(魏錡)를 불러놓고, 혹여 이번 전쟁에서 자신이 사망하면 자신의 첩인 조희(祖姬)를 좋은 가문의 훌륭한 사람에게 재가를 시켜주라고 부탁하였다. 그러나 막상 나이가 들어 병들어 죽게 되었을 때 유언을 하였는데 조희를 자기와 함께 묻어달라고 하였다. 즉 순장(殉葬)을 해달라는 말이었다. 동생 위기가 유언에 따라 조희를 순장하고자 하였으나 형 위과가 반대하였다.

"아버지께서 임종 때 하신 말씀은 정신이 혼미한 상태에서 한 말씀이다. 평소에 하신 말씀대로 조희를 좋은 곳에 시집보내주자. 효자는 부모가 정신이 맑을 때 하신 말씀을 따르고 정신이 혼미한 상태에서 한 말씀은 따르지 않는다."

장례를 마친 후, 두 형제는 아버지의 첩인 조희를 좋은 곳으로 시집 보내주었다. 얼마 후 두 형제는 진(秦)나라와의 전투에서 두회라는 적장을 맞아 싸움을 벌이게 되었다.

두회는 120근이 되는 도끼를 휘두르며 싸우는 천하장사였다. 위과와 위기 두 형제는 첫 번째 전투에서 참패를 하였다.

다음날의 전투를 준비하기 위해 잠을 못 이루고 있을 때, 위과의 귓전에 '청초파(靑草坡)'라는 소리가 얼핏 들렸다. 이상하다고 생각한 위과가 알아보니 근방에 청초파라는 지역이 있었다.

위과는 진영을 청초파로 이동하였다. 날이 밝아오고 다시 전투가 시작되었다. 힘이 장사인 두회는 피곤한 기색도 없이 전장을 누비고 다녔다. 그런데 위과가 보니 멀리 한 노인이 풀을 잡아매어 두회가 탄 말의 발을 걸리게 하였다. 말이 달리지 못하자 두회는 말에서 내려 싸웠다. 그러나 그 역시 발이 매어놓은 풀에 걸려 넘어지곤 하였다. 결국 두회는 사로잡혔고 전쟁은 진(晉)나라의 승리로 끝났다.

그날 저녁 위과의 꿈에 낮에 보았던 노인이 나타났다. 그리고 자신은 조희의 아버지인데 자신의 딸을 좋은 데 시집을 보내준 은혜에 조금이라도 보답하기 위해 위과를 도와드렸다고 하였다. 그리고 위과의 음덕으로 훗날 자손 중에서 왕이 나타날 것이라고 하였다.

결초보은(結草報恩)이라는 성어의 연유이다. 즉 죽어 혼령이 되어서도 은혜를 갚음. 풀을 묶어 은혜에 보답했다는 뜻이다.

약속을 지키기 위해 90리를 스스로 후퇴하다

당시 강력하게 세력을 확장하던 초나라의 위세에 눌려 꼼짝없이 지배를 받던 송(宋)나라가 진 문공의 힘을 빌리고자 도움을 요청해 왔다.

이 사실을 안 초나라 성왕은 장군 자옥과 자서를 대장으로 하여 송나라를 공격하도록 하였다. 이때가 기원전 634년이었다.

초나라가 공격해오자 당황한 송나라는 재상 공손오를 진(晉)나라로 급파하여 도움을 요청하였다. 공손오는 과거 진문공이 망명 생활을 할 때 송나라에 들렀는데 그때 진문공, 즉 중이를 환대해준 사람이 공손오였다. 이에 진문공은 공손오의 부탁을 거절할 수가 없었다. 또한 공손오뿐만 아니라 송나라 조정에도 진문공은 고마운 마음을 가지고 있었다. 문공이 망명길에 송나라를 방문하였을 때, 당시 송나라는 양공의 패자인 것처럼 행동하는, 즉 송양지인으로 초나라와의 전쟁에서 패하여 어려운 처지임에도 불구하고 문공을 따뜻이 맞이하여 주었다. 문공으로서는 절대 모른 체할 수 없는 입장이었다. 그것은 신의였다.

이때 문공의 측근인 호언이 진 문공에게 계책을 말하였다.

"초나라의 지배를 받고 있는 조(曹)나라와, 초나라와 혼인 관계에 있는 위(衛)나라를 공격하면 초나라는 송나라 공격을 멈추고 조, 위나라 쪽의 전선으로 군대를 뺄 것입니다."

호언이 말한 계책을 들은 진 문공은 손뼉을 치면서 호언의 계책을 칭찬하였다.

조(曹)나라와 위(衛)나라가 어떤 나라인가? 문공의 입장에서는 진짜 본때를 보여주고 싶은 나라였다. 19년 동안의 망명 생활 중 모진 고난과 업신여김을 받았지만 특히 조(曹)나라와 위(衛)나라로부터 받은 괄시는 잊어버릴 수 없었다. 특히 조 공공(共公)이 문공의 갈비뼈를 보고 조롱한 것과 위나라 오록(五鹿)에서의 농부가 던져준 흙덩이 식사 건은 더욱 잊을 수가 없었다. 문공은 복수를 하고 싶었다.

당시 조(曹)나라는 실질적으로 초나라의 지배를 받는 나라였으며, 위(衛)나라는 초나라와 혼인 관계를 맺은 나라였다.

결과적으로 이들 두 나라를 공격하는 것은 초나라를 공격하는 셈이며 동시에 과거의 괄시와 푸대접을 받은 데 대한 복수의 의미도 있는 것이었다. 진 문공은 조나라를 공격하여 순식간에 정벌을 한 후, 돌아서서 위나라를 공격하였다.

그런데 예상과 달리 초 성왕은 송나라에 대한 공격을 계속하면서, 초나라 장군 자옥에게 지휘권을 일임하여 일부의 군대만을 빼내어 위나라를 공격하는 진 문공과 전투를 하게 하였다.

초나라의 강수에 놀란 문공은 제나라와 진(秦)나라에 사신을 보내 연합을 제의하였다. 송나라의 경우 제후인 성공(成公)이 직접 군대를 지휘하였으며, 진(秦)나라와 제(齊)나라는 장군들이 군사를 이끌고 전투에 임하였다. 초나라는 비록 군대는 강력하였지만 초나라 본국과 전장까지의 거리가 너무 멀어 병참(兵站) 문제가 심각하였다. 여러 사유들로 도저히 승산이 없다고 생각한 초 성왕은 퇴각을 하려고 하였으나, 당시 초나라 장군이었던 자옥의 절대 퇴각 반대와 주전론(主戰論)에, 할 수 없이 진(晉)나라의 연합군을 상대로 하남성 북쪽에 위치한 성복(城濮)에서 일전을 벌이게 되었다.

전투가 시작되자 진나라 군사들은 90리를 후퇴하였다. 아무 이유 없이 후퇴하라는 명령을 받은 진나라 장수들은 불평을 하였다.

"초나라 군사들은 출병한 지가 오래되어 사기가 땅에 떨어져 있고 또한 먼 길을 행군하여 지쳐 있는 상태입니다. 우리 진나라의 사기가 하늘을 찌를 듯 높은데 무슨 이유로 후퇴를 해야 합니까?"

장군 호언이 장수들에게 설명해주었다.

"우리 주군께서 과거 망명 시절에 초나라 군주로부터 후대를 받은 적이 있다. 그때 초나라 군주와 약속을 하였다. 만약 두 나라가 전쟁을 하게 된다면 초나라의 후대에 감사하는 마음으로 무조건 3사(舍) 뒤로 후퇴하겠다고!

그런데도 초나라가 전쟁을 계속하겠다고 하면 그때에 전면적으로 공격을 개시할 것이다. 일단 초나라의 결정을 기다려보기로 하자.

만약에 초나라가 물러서지 않는다면 그때 응징을 해도 늦지 않을 것이다."

초나라 군사들은 물러서지 않고 오히려 싸움을 걸어왔다. 춘추전국시대의 대규모 전투 중 하나인 성복 대전이 시작되었다.

진나라 장군 서신이 호랑이 가죽을 덮어씌운 말을 탄 기병들을 지휘하여 정면 돌파를 하였다. 초나라 좌, 우군이 혼비백산하면서 진영이 무너지고 말았다. 전투 개시 6일 만에 초나라는 완전히 궤멸하였다. 결국 초나라가 곡 지역에서 물러나는 조건으로 전쟁은 종료되었다. 진나라의 대승이었다.

진(晉)나라가 천하의 강국으로 오랜 세월 동안 군림할 수 있었던 연원은 바로 성복 대전의 승리에 기초하였다고 볼 수 있다.

춘추전국시대 걸쳐 초나라는 국력이 강성해지면 항상 중원의 진출을 목표로 북진하여 왔고, 중원의 나라들은 이러한 초나라를 두려워하여 같이 힘을 합쳐 초나라의 세력 확장을 막아내곤 하였다.

성복(城濮)의 전투는 초나라를 상대로 중원의 연합군이 맞서는, 춘추시대의 전형적인 전쟁 유형이었다.

전쟁에서 패한 초 성왕은 강경책을 주장한 장군 자옥에게 패전의 책임을 물었고, 자옥은 자결했다. 기원전 632년 성복의 전투에서 패한 초 성왕은 6년 후, 즉 성왕 재위 46년에 세자 책봉 문제로 내분이 일어났을 때, 세자 자리에서 폐위된 아들 상신(商臣)의 반란으로 감금되었다가 자결하였다.

아버지인 초 성왕을 제거하고 왕의 자리에 올라선 상신이 바로 초 목왕(穆王)이다. 한편 전쟁에서 승리한 문공을 맞이하기 위해 주(周) 양왕은 친히 천토(踐土)까지 나왔으며, 천자가 몸소 마중까지 나온 데 대해 감사한 마음과 또한 자신의 위세를 천하에 보여주고 싶어서, 진 문공은 천자 양왕에게 천토에 궁궐을 지어주고 전리품인 전차 일백 대와 포로 일천삼백 명을 바쳤다.

이에 주 양왕은 진 문공을 후백(侯伯)으로 임명하는 칙서(勅書)를 내렸다. 후백이란 제후들의 영수임을 뜻한다.

공식적인 패자로 인정받은 진 문공은 첫 번째 회맹을 천토에서 거행하였는데 이 자리에는 천자인 주 양왕과 제나라, 송나라, 정나라 등 거의 모든 제후국들의 군주가 참석하여 진 문공의 패자 등극을 축하해주었다.

훗날 공자는 제 환공과 진 문공을 비교하면서, 제 환공을 더 높이 평하였는데 가장 큰 이유는 문공이 천토회맹에 천자를 참석토록 한, 버릇없고 예의에 어긋난 처사를 행하였기 때문이었다.

또한 공자는 『논어』를 통해서 진 문공을 깎아내렸다.

제 환공은 바른 사람으로 술수를 쓰지 않았다. 그러나 진 문공은 술수를 쓰면서 바르게 행하지 않았다.

이 회맹에서 제후들은 서로 침범하지 않으며 무엇보다도 주왕실을 튼튼하게 보호하자고 약속하였다. 그리고 이 맹세를 어기는 자는 멸족을 시키고 나라를 멸망시킨다는 것을 약속하였다. 이 내용은 『춘추좌전』에 기록되어 있다.

천토의 회맹 후, 그 해 겨울에 진 문공은 다시 한 번 제후들을 온(溫) 지역에서 소집하여 회맹을 주관하며 위세를 떨쳤다. 그러나 아쉽게도 진 문공은 노쇠하였다.

자신의 인생에서 제일 화려했던 천토의 회맹 때도 늙은 나이였으며, 점차 나이가 더욱 들어감에 따라 강력한 패자의 모습을 보여주기가 어려웠다.

반면에 시간이 흘러감에 따라 다시 힘을 정비한 초나라는 세력을 점차 넓혀 나오기 시작하였다.

기원전 628년 힘이 빠진 진 문공은 굴욕적이지만 대등한 관계로 초나라와 국교를 정상화하여야 하였다. 그 후 진 문공은 파란만장한 생을 뒤로하고 70세의 나이로 운명하였다.

문공은 죽기 전 조정의 원로대신들을 불러 모았다.

"여기 오신 대신들께서는 태자인 환(驩)을 잘 보필하여, 과인이 이룩해 놓은 천하 패자의 자리를 다른 나라에 빼앗기지 않도록 하여 주시기 바랍니다."

태자 환이 보위에 오르니 그가 바로 진(晉) 양공(襄公)이다.

문공 중이는 19년 동안의 망명 생활 끝에 진(晉)나라에 복귀하여 나라를 다스린 지 고작 9년 만에 유명을 달리한 것이다.

1대 패자인 환공 사후에 세력이 약해진 제나라와는 달리 진(晉)나라는 문공 사망 후에도 나름 강대국의 면모를 계속 유지하였다.

4. 진(秦)나라 목공. 강력한 세력을 펼친 그는 패자(霸者)인가?

2대 패자인 진(晉) 문공이 서거한 후 진(晉)의 제후에 문공의 아들인 양공이 즉위하였다.

당시 패자의 자리를 엿보던 진(秦) 목공과 진(晉) 양공은 세력 확장의 과정에서 끊임없는 마찰을 일으켰다. 진(秦)나라는 전통적인 강대국으로 대륙의 서쪽 지방 대부분을 관장하고 있었다. 진(秦)나라의 시조는 백예(柏翳)이다. 백예는 순(舜)임금 시절에 짐승과 새를 잘 다루는 사람으로 유명하였다.

제 환공 그리고 진(晉) 문공과 동시대에 활동하였던 진(秦) 목공은 춘추오패의 한 사람으로 꼽히기도 한다. 진 목공이 천하에 끼친 영향력은 나름 대단하기 때문이다. 그리고 목공의 업적 뒤에는 신하 백리해(百里奚)의 보필이 있었기에 가능하였다. 백리해는 본래 중원에 위치한 조그마한 나라인 우(虞)나라에서 대부로 근무하고 있었다. 그후 우나라가 멸망하자 그는 진(晉)나라에 끌려가서 노비가 되었다.

그는 진나라를 탈출하여 초나라로 도망갔으나 결국은 바닷가에서 말을 키우는 노비가 되었다. 비록 노비로 생활하고 있었으나 천하에서는 그의 명성을 잊지 않고 기억하고 있었다. 백리해가 과거 우나라 대부로 있을 때 진 헌공이 곽(虢)나라를 정벌하기 위해 길을 빌려달라고 한 적이 있었다. 그때 백리해와 궁지기는 진나라의 가도멸괵(假道滅虢) 계략을 우나라 군주에게 얘기하면서 절대 길을 빌려주면 안 된다고 하였다. 결국 진나라는 곽나라를 멸망시킨 후 돌아오는 길에 우나라까지 정복하였다. 가도멸괵(假道滅虢)의 성어가 생긴 연유이다. 그 후 우나라가 진(晉)에 의해 멸망한 후에도 백리해는 군주를 끝까지 따르며 충신의 모습을 보여주었다. 진 목공은 이러한 사실들을 기억하고 있어서 백리해를 백방으로 찾았다.

그리고 백리해를 객경으로 모시면서 국정의 자문을 해주도록 부탁하였다. 그때 백리해는 칠십이 넘은 노인이었다.

진 목공 임호(任好)는 세력 확장의 첫 번째 대상으로 정(鄭)나라를 정벌하고자 하였다. 그러나 정나라는 지리적으로 진나라로부터 천리나 떨어진 곳에 있는 나라였다.

그러한 이유로 노신들인 백리해와 건숙이 정벌의 부당함을 주장하였으나, 진 목공은 신하들의 만류를 뿌리치고 출병을 강행하였다.

그리고 맹명시와 백을병, 서기술 등 세 명을 대장으로 하여 군대를 지휘하도록 하였다.

이들 세 명은 백리해와 건숙의 자식들로 진(秦)나라 군대를 통솔하여, 진(晉)나라를 거쳐 동쪽으로 정나라를 향해 가던 중에 활(滑)나라에서 소 열두 마리를 몰고 가는 정나라 상인을 만났다.

이름이 현고라는 상인은 정나라가 이미 전쟁 준비를 완벽하게 해놓고 진(秦)나라 군대가 오기만을 기다리고 있다고 하였다.

가뜩이나 먼 길을 행군하여야 하기 때문에 군사들이 지치고, 또한 병참(兵站)의 문제도 있어, 이번 전쟁에서 이기기 힘들다고 생각했던 세 명의 지휘관은 정나라 대신에 활(滑)나라를 공격하여 정복하였다.

사실 활나라는 조그만 나라였지만 진(晉)의 속국이었다.

그때의 진(晉)나라는 문공이 서거하고 아들 환(驩)이 제후의 자리에 올랐는데, 그가 진(晉) 양공이다. 그리고 그때는 문공이 서거한 지 얼마 되지 않아, 양공은 상중(喪中)이었다.

활나라가 진(秦)에 의해 정복되었다는 사실을 보고받은 진 양공은, 패자인 아버지 문공이 안 계시니 진(秦)나라가 자신을 무시한다고 하며 분개하였다. 검은색 상복(喪服)을 입은 진(晉) 양공은 효산에서 벌어진 전투에서 진(秦)의 군대를 대파하고 세 명의 지휘관인 맹명시, 서기술, 백을병을 포로로 잡았다.

그때가 기원전 627년 4월이었다.

한편 서거한 진 문공의 부인이자 진 목공의 딸인 문영(희영)은 양공에게 포로로 잡힌 진(秦) 장수들을 풀어주길 부탁하였다.

진(晉) 양공은 계모인 문영의 말을 듣고 진(秦) 장수들을 풀어주었다. 세 명의 장군들이 풀려나와 귀국한다는 소식을 들은 진(秦) 목공은 성 밖까지 나가서 세 명의 장군들을 맞이하였다.

장군들은 패전의 책임을 지면서 땅에 꿇어앉아 처벌해줄 것을 청하였다. 그러나 목공은 세 명의 장군들을 부축해 일으키면서 눈물을 흘리며 오히려 용서를 구하였다.

"모든 것이 과인의 잘못이오. 그대들의 부친이 한 충언을 과인이 듣지 않아 생긴 일이며 역시 과인의 잘못으로 그대들이 죽을 뻔했소. 그러니 과인이 어찌 그대들을 벌할 수 있겠소. 그대들 역시 전사한 부하들을 잊지 못할 것인데."

세 장군들은 목공의 말을 듣고는 뜨거운 눈물을 흘리면서 충성을 다할 것을 맹세하였다.

그리고 패전의 치욕을 잊지 않고 원한을 갚을 것을 다짐하였다.

원입골수(怨入骨髓) 즉 원한이 뼛속에 사무칠 정도로 깊다는 뜻이다.

전쟁에서 패한 진 목공은 2년 후, 기원전 625년 2월 맹명시에게 다시 군사를 주어, 진(晉)나라를 공격하도록 하였다. 두 나라는 팽아에서 결전을 벌렸는데 이번에도 진(晉) 양공의 승리로 끝났으며, 진(秦)

의 재침을 걱정한 진(晉) 양공은 정나라, 송나라, 진(陳)나라와 동맹을 맺었다.

한편 효산 전투와 팽아 전투에서 연이어 패배하고, 진(晉)의 동맹군에 의해서도 왕(汪) 지역을 빼앗기는 치욕을 당한 진 목공은 다시 한 번 맹명시를 대장으로 삼아 진(晉)나라를 정벌하도록 하였다.

황하를 건너간 진(秦)의 군사들은 타고 온 배를 불태워 버리고 배수진을 치고서는 결사항쟁을 하였다. 그 결과 진(秦)의 군대는 왕관과 교(郊) 지역을 점령한 후, 진(晉)의 도읍지까지 공격하여 들어갔다. 드디어 진 목공의 승리였다. 세 번의 패배 후 승리한 진 목공은 직접 황하를 건너가서 효산 전투에서 몰살(沒殺)된 진(秦) 병사들의 묘지를 만들어 주고 혼을 달래어주면서 효산 전투의 치욕을 되새겼다.

사실 진(秦)나라는 동쪽으로 강대국인 진(晉)나라와 접해 있고, 서쪽으로는 융과 대적을 해야 하는 지리적인 어려움이 있었다. 진(晉)나라와는 서로 협력하고 상생하는 시절도 있었지만, 패자의 자리를 두고 항상 경쟁을 하는 관계였다.

진(秦)나라 입장에서는 양쪽에 있는 진(晉), 융(戎) 두 강국과의 불안한 관계를 해소할 필요성이 있었다.

그러던 중 세력을 확장해가는 진(秦)나라에 불안함을 느낀 융(戎)에서, 기원전 626년 진나라의 내부 동향을 파악하고자 유여(由余)를 사신으로 보냈다.

융을 정벌하고자 내심 작정하고 있었던 목공은 사신으로 온 유여의 기를 죽이기 위해, 진나라의 화려한 궁궐과 창고에 가득한 금은보화를 보여주면서 진나라의 강성함과 풍요로움을 과시하였다.

오색찬란한 재물들과 궁궐을 본 유여는 혼자 중얼거렸다.

"이렇게 화려한 궁궐을 짓고, 귀한 보물들을 모으려면 귀신도 하기가 힘들었을 텐데, 그동안 진나라 백성들이 얼마나 많은 고생을 했는지 짐작이 되는군."

유여의 뼈있는 말에 당황한 목공은 빈정거리듯 한마디 하였다.

"중원의 경우 법도가 바로 서 있고 예의와 문장 그리고 음악 등으로 나라를 다스림에도 불구하고 전쟁이 빈번하게 일어나는데, 하물며 이러한 예의와 법도가 없는 융에서는 나라를 다스리기가 얼마나 힘들지 걱정이 되는군."

유여가 대답하였다.

"예의와 법도로 정치하는 것도 중요하지만, 그 무엇보다도 군주와 조정의 높은 신하들이 솔선수범하여 예의와 법도에 맞게 생각하고 행동하여야 한다고 생각합니다.

그리고 예의와 법도를 백성들에게만 요구하고 적용하여 잘 잘못을 따져서는 안 된다는 것이 더욱 중요합니다.

덧붙여 저희 융족은 군주가 덕으로 나라를 다스리면서 백성들을 아끼고 사랑하고, 백성들은 이러한 군주를 존경하며 받들어 모시니 나라의 안정과 번영은 저절로 이루어지고 있습니다. 그러니 군주와 백성들은 안정과 번영의 이유도 모른 체 당연한 것으로 알고 있습니다. 이것이 바로 성인의 다스림이라 할 수 있겠지요."

유여의 화려한 언변과 정확한 지적에 감탄한 진 목공은, 뛰어난 인물인 유여도 탐이 나고 또한 융족도 정벌할 수 있는 방안을 수립하도록 신하 왕료에게 지시하였다.

왕료는 융왕이 사신을 보내 인사한 것에 보답하는 차원으로, 가무에 능한 열여섯 명의 미녀들을 융왕에게 보내고, 더불어 유여를 좀 더 진나라에 머물 수 있도록 해달라고 융왕에게 청하도록 하였다.

열여섯 명의 미녀가 부르는 노래와 악기연주 그리고 춤에 푹 빠진 융왕은 정사는 뒷전으로 한 채 미녀들과 즐기기에 정신이 없었다.

융왕의 상황을 보고받은 진 목공은 그때야 유여를 융으로 보냈다.

융에 도착한 유여는 융왕의 일상을 보고는, 미녀들을 멀리하고 나라를 돌보라고 수차례 얘기하였지만 이미 정신이 빠진 융왕은 유여의 말을 듣지 않았다. 융왕에게 크게 실망한 유여에게 진 목공은 은밀하게 사람을 보내, 진나라에서 천하를 위해 같이 일해 볼 의향이 없는지 물어보았다.

고민하든 유여는 드디어 융을 떠나기로 결심하고 진 목공의 휘하(麾下)에 들어왔다.

진 목공 재위 37년 즉 기원전 623년, 진 목공은 유여의 작전에 따라 융을 공격하였다. 전쟁은 진나라의 대승으로 끝났으며 진 목공은 융족 12개 나라 전체를 정벌하고 대륙의 서쪽 천 리에 해당하는 땅을 진나라의 영토로 만들었다.

진(秦) 목공과 진(晉) 양공은 천하의 패자가 되기 위해 끊임없이 싸우고 견제하였지만, 승부가 결정되지 않은 상황에서 기원전 621년 봄에 진 목공이 서거하고, 같은 해 8월에 진 양공도 서거하였다.

두 강대국의 세력 다툼 속에서 초(楚)나라는 조용히 힘을 키우면서 세력을 넓혀가고 있었다.

진 목공과 진 양공의 싸움은, 그들의 자식들인 진(秦) 강공과 진(晉) 영공과의 치열한 싸움으로 이어져 갔으며, 그들의 세력 다툼으로 중원은 전쟁에 시달리며 피폐해져 갔다.

5. 초(楚)나라 장왕(莊王)이 춘추 세 번째 패자가 되다

태자의 반란

초(楚)나라 시조의 이름은 계련(季連)이며, 성(姓)은 미(羋) 씨이다.

주(周) 문왕의 스승이라고 전해지는 죽웅을 증조할아버지로 둔 웅역이, 호북성 단양(丹陽)지역을 주(周) 성왕(成王)으로부터 하사받아서 나라를 세웠다.

그 후 초나라는 영토를 확장해가면서 강국의 면모를 구축해 나갔는데, 당시 초나라는 한수 이남의 양자강 유역 일대를 장악하고 있었다. 동주 시대에 접어들면서 초나라의 왕은 주(周)나라의 세력이 약해진 기원전 740년 도읍지를 단양에서 영으로 천도하면서 제후가 아닌 스스로 왕이라 칭하였는데 그가 바로 웅통(熊通), 즉 초(楚) 무왕(武王)이었다. 무왕은 초나라가 강대국이 될 수 있도록 나라의 기반을 확실히 다졌으며 그의 아들 문왕(文王) 대에 와서 초나라는 중원을 넘볼 수 있을 정도로 강한 나라가 되었다.

그 후 초나라는 성왕(成王) 대에 이르러 세력을 더욱 넓혀가면서 패자의 자리를 넘보기 시작하였다. 그러나 중원의 제후국들은 초나라를 남방의 오랑캐로 생각하면서 업신여겼다. 그리고 진(秦) 목공, 진(晉) 문공과 양공 등 강력한 힘을 가진 제후들의 견제로 초(楚) 성왕의 패자 등극은 어려워지기만 하였다.

한 시대를 풍미하였던 초 성왕은 자신의 후계자를 결정하는 과정에서 합리적인 결정을 하지 못하여, 반란을 일으킨 아들 상신에게 감금되어 있다가 스스로 목을 매어 자결하고 말았다.

애초에 태자를 결정할 때 성왕은 상신을 태자로 세우고자 하였는데, 그래도 자상(子上) 등 조정 신료들에게 의례적으로 의견을 물어보았다. 그러자 자상을 포함한 많은 신료들은 상신을 태자로 책봉하는 데 반대를 하면서, 아직 성왕이 젊으니 태자 결정은 좀 더 시간을 두고 천천히 하자고 하였다.

그러고는 상신의 자질 문제를 함께 거론하였다.

자상이 상신을 두고 평하면서 "상신의 눈은 벌의 눈처럼 날카롭고, 목소리는 늑대의 소리처럼 음산하고 또한 평소의 성품이 잔인하니 군주의 재목이 아닙니다."라고 하였다.

그러나 성왕은 신하들의 말을 듣지 않고 상신을 태자로 책봉하였다. 막상 상신을 태자로 정한 뒤 성왕은 후회하였다. 다시 꼼꼼히 살펴본 상신은 덕을 갖추지도 못했고 현명하지도 못하였다. 또한 자상의 말처럼 잔인한 성품을 가진 상신은 군주의 그릇이 아니었다.

상신을 태자로 결정한 것이 성급하였다고 생각한 성왕은 더 늦기 전에 바로 잡아야겠다고 생각하였다.

기원전 626년 태자 상신을 태자 자리에서 폐하고 직(職)을 새로운 태자로 결정하였다. 이 소식을 들은 상신은 자신의 스승인 반숭(潘崇)을 찾아가서 앞으로 어떻게 해야 하는지를 물었다.

반숭은 상신에게 직(職)을 모시면서 그의 밑에서 살 수 있겠습니까?라고 물었다. 상신은 결코 직의 밑에서 비루하게 살 수는 없다고 하였다.

반숭은 다시 다른 나라로 망명을 갈 수 있겠습니까?라고 물었다.

상신은 절대로 초나라를 떠날 수 없다고 대답하였다. 반숭은 또다시 물었다. "이것도 못하고 저것도 못한다고 하였는데, 그럼 위험하지만, 큰일을 한번 해보겠습니까?"

그러자 상신은 조금의 망설임도 없이 한번 해보겠다고 하였다.

기원전 626년 10월 상신은 자기 휘하의 친위대를 이끌고 궁궐을 급습하여 아버지 성왕을 감금하였다.

감금당한 성왕은 아들 상신에게 소원 하나를 말하며 들어 주기를 부탁하였다. 성왕은 죽기 전에 곰 발바닥 요리를 먹고 싶다고 하였다. 하지만 성왕의 의도를 눈치챈 상신은 단번에 거절하였다.

성왕이 곰 발바닥 요리를 원한 것은 먹고 싶어 원한 것이 아니고 지원군이 올 때까지 시간을 벌자는 생각이었던 것이다. 곰발바닥 요리를 하자면 최소한 며칠을 두고 곰발바닥을 푹 삶아야 요리를 할 수 있기 때문이었다. 아들 상신의 반역에 성왕은 삶을 포기하고 목을 매어 자살하였다. 아들 상신은 아버지가 죽은 후 시호를 내렸는데 그 시호가 성왕이다.

전해오는 얘기로는 상신이 처음에는 시호를 영왕이라고 하였는데 아버지가 눈을 감지 않기에 다시 시호를 성왕이라 하자 눈을 감았다고 한다. 성왕이 죽은 후 반역한 아들 상신이 다음 왕위를 물려받았는데, 그가 바로 초(楚) 목왕(穆王)이다.

아버지 성왕을 자결하게 한 후 왕위에 오른 목왕이었지만, 그는 재위 기간 12년 동안 정치를 잘하여 초나라를 성왕 때보다 더욱 강성한 나라로 만들었다.

초 목왕은 기원전 623년에 강(江)나라를 정벌하고 연이어 다음 해에는 육(六)나라를, 그리고 기원전 618년에는 진(陳)나라를 정벌하였다. 이로써 초나라는 중원의 세력 다툼에 한발 깊숙이 끼어들 수 있게 되었다. 그런데 당시 진(陳)나라는 강대국이자 제후국인 진(晉)나라의 지배를 받아왔던 나라이었다. 진(陳)나라를 공격한 것은 바로 진(晉)나라를 공격한 것이나 다름없었다. 진(陳)에 대한 정벌은 뒷일이 걱정되는 사안이었다. 그런 와중에도 계속 세력을 확장해나가던 초목왕은 기원전 614년 노환으로 서거하였다.

3년 동안 울지도 않고 날지도 않는 새

그의 아들 여(旅)가 왕위를 이어받으니 그가 바로 훗날 3대 패자(霸者)가 되는 초 장왕(莊王)이다. 장왕(莊王)의 성(姓)은 미(羋)이며, 씨(氏)는 웅(熊), 이름은 여(侶.旅)이다.

장왕은 즉위 3년 동안 정사를 전혀 돌보지 않았다. 그야말로 주지육림에 빠져 지냈다. 많은 신하들이 걱정하였다. 장왕이 즉위할 당시 초나라의 실권은 왕이 아니라, 영윤(令尹)인 투월초(鬪越椒)가 갖고 있으며 전횡을 일삼고 있었다.

장왕은 자신의 힘을 축적하면서, 투월초에게 일부러 허점을 보였다. 그리고 거짓으로 방탕한 생활을 하면서 신하 중 충신과 간신을 가려내고 있었다. 이러한 장왕의 속내를 모르고 있던, 초나라 대신 신무외(申无畏)는 장왕을 찾아가서 죽음을 무릅쓰고 직언을 하고자 하였다.

술을 마시고 있던 장왕은 찾아온 신무외를 보고 물었다.

"당신은 술을 마시러 왔소? 아니면 나하고 같이 가무를 즐기러 왔소? 그도 저도 아니면 나를 간섭하러 왔소?"

신무외는 대답하였다. "저는 간섭하러 온 것도 아니고, 술을 마시거나 가무를 즐기러 온 것도 아닙니다. 폐하에게 수수께끼 하나를 내려고 왔습니다."

신무외는 수수께끼를 말하였다.

"아주 큰 새가 언덕 위에 있습니다. 근데 그 새는 3년 동안 울지도 않고 날지도 않습니다.

이 새는 무슨 새일까요?" 그러면서 신무외는 시 한 수를 읊었다.

초나라 상 위에 큰 새 한 마리 앉았는데
몸에 난 알록달록 털 너무나 아름답구나.
한번 앉아 3년 동안 날지도 울지도 않으니
어느 누구도 무슨 새인지 알 수가 없구나.

초나라 장왕

신무외의 말을 들은 장왕은 한참을 있다가 말하였다.

"그 새가 3년 동안 울지 않은 것은 그 새가 품고 있는 큰 포부를 달성하기 위해서이고, 3년 동안 날지 않은 것은 날개를 키우기 위함이다.

훗날 큰 날개를 가지게 된 그 새가 한번 울면 천하가 두려워할 것이고, 한번 날게 되면 날갯짓 한 번에 하늘 끝까지 날아오를 것이다."

장왕의 말을 들은 신무외는 그제야 장왕의 심경을 알고서는, 기쁨의 눈물을 흘렸다. 장왕은 집권 초반부에는 대부 신무외와 또 한 명의 충신이자 대부인 소종(蘇從)과 함께 국사를 돌보았다.

일명경인(一鳴驚人)이란 성어가 생긴 유래이다. 즉 평소에는 특별한 것이 없다가 한번 시작하면 사람들이 놀랄 정도로 큰일을 이루는 것을 말한다.

장왕은 내부 안정을 꾀한 다음 자공(子孔)과 반숭(潘崇)을 대장으로 하여 주변의 작은 나라들을 정벌하기 시작하였다. 당시 초나라는 강국인 진(秦)나라와 상호 평화협정을 맺은 상황이라 초나라 주변의 작은 나라들을 정벌할 때 다른 제후국들과의 마찰은 심하지 않았다.

장왕이 정사를 돌본 지 얼마 되지 않은 시점에, 자공과 반숭이 요나라와 섭나라를 정벌하러 간 틈을 이용해 초나라의 도성을 지키고 있던 섭(燮)과 자의(子儀)가 반란을 일으켰다. 반란이 순조롭게 진행되지 않자 섭과 자의는 강제로 장왕을 데리고 상밀로 향하였다.

상밀에 가려면 중간에 있는 여(廬)지역을 지나가야 하는데 여 지역을 지키고 있던 숙군과 즙려가 섭과 자의를 죽이고 장왕을 구해 내었다. 이로써 반란은 진압되었다.

숙군과 즙려는 공로를 인정받아 장왕을 가까이 모시는데 훗날 장왕을 도와 많은 공을 세운다. 반란을 제압한 장왕은 이번에는 몸소 군사를 이끌고 주변국들을 정벌하러 출정하였다. 하지만 장왕이 자리를 비운 틈을 노리고 당시 초나라의 실세이었던 투월초가 반란을 일으켰다. 반란의 소식을 들은 장왕은 급히 군사를 돌려 회군하였다.

기원전 605년 장왕의 군대와 초나라 조정을 장악한 투월초의 군대가 고호 지역에 있는 강을 사이에 두고 대치하였다. 투월초는 힘도 장사였지만 특히 활 솜씨가 신궁에 가까웠다.

투월초가 활을 높이 들고 시위를 당기면서 말하였다. "나를 대항할 사람이 누구냐!"

그때 장왕의 진영에서 한 사람이 앞으로 나섰다. 그는 양유기(養由基)라는 하급 장군이었다.

앞으로 나선 양유기가 투월초를 향하여 큰 소리로 말하였다.

"같은 나라 군사끼리 굳이 피를 흘리며 싸움을 할 필요가 있겠습니까! 우리 두 사람이 활로 승부를 결정짓는 것이 어떻습니까?"

투월초는 조금 겁이 났으나 자신이 먼저 활 솜씨 얘기를 한지라 거부하지 못하고 수락하였다. 각자 활을 세 번씩 쏘기로 하였다. 투월초는 자신이 먼저 활을 당기겠다고 하였다.

먼저 활을 쏘아 양유기를 죽여버리면 승부는 끝이 나기 때문이었다.

양유기는 투월초의 첫 번째 화살은 자신의 활로 쳐내어 버렸다. 그리고 두 번째 화살은 살짝 몸을 피해 막았다. 투월초는 비겁하게 몸을 피한다고 빈정거렸다.

양유기는 그럼 이번에는 몸을 피하지 않고 화살을 막겠다고 하였다. 그리고 세 번째 화살은 자신의 입으로 물어서 막아버렸다. 세 번의 공격을 모두 막아낸 양유기는 자신은 단 한 번의 화살로 승부를 결정짓겠다고 하였다.

양유기는 화살 없이 빈 활의 시위를 당겼다. 투월초는 윙하는 소리를 듣고는 화살이 날아오는 것으로 알고 몸을 옆으로 피하였다.

몸을 피하는 투월초를 향해 양유기는 전광석화같이 화살을 당졌다. 날아간 화살은 정확하게 투월초의 머리를 관통하였다. 이로써 투월초는 죽고 반란은 제압되었다.

이와 같이 양유기는 단 한방의 화살로 승부를 결정지었다.

백발백중(百發百中)이란 성어가 생긴 연유이다.

하지만 세월이 지난 후 활 솜씨를 자랑하던 양유기는 결국 화살에 맞아 죽었다.

장왕이 손숙오를 등용하여 부국강병을 도모하다

내부의 반란을 겨우 진압한 장왕은 위애렵(蔿艾獵)를 영윤으로 삼아 부국강병을 도모하였다.

위애렵의 자는 손숙(孫叔)으로 사람들은 그를 손숙오라고 불렀는데 그는 초나라 왕실 계보의 한 축을 이루는 위 씨 집안의 출신이었다.

영윤 손숙오는 제도를 개혁하고 군대를 재정비하고 수로를 개설하고 황무지를 개간하는 등 부국강병에 박차를 가하였다.

그는 직접 공사장에 나가서 백성들과 함께 힘든 일을 마다치 않고 하였다. 백성들을 사랑하는 손숙오의 마음은 일찍이 그의 어린 시절 일화에서도 알 수 있다. 손숙오는 어린 시절 머리가 둘 달린 뱀을 보면 죽는다는 얘기를 어른들에게서 들어왔다.

어느 날 손숙오가 울면서 집에 들어오자 그의 어머니가 연유를 물었다. 그러자 손숙오가 대답하였다. "집으로 오는 길에서 머리가 둘 달린 뱀을 보았는데, 저는 이제 죽게 되었습니다. 하물며 저는 다른 사람들이 그 뱀을 보고 죽을까 봐 호미로 뱀을 죽이고 말았습니다. 이제 저는 꼼짝없이 죽게 되었습니다."

어머니가 말하였다.

"애야 울지 말거라. 뱀에게 물리지도 않았는데 죽긴 왜 죽어! 더군다나 너는 다른 사람들을 위해 뱀을 죽였으니 칭찬 들을 일이지 죽을 일이 아니란다."

음덕양보(陰德陽報)라는 고사성어의 연유이다.

즉 남들 모르게 좋은 일을 하면 반드시 보답을 받는다는 뜻이다.

손숙오에 관한 또 하나의 얘기가 전해지는데, 진(晋)나라와 벌어진 황하 유역의 필(邲) 전투에서 대승을 거둔 후, 초 장왕은 영윤인 손숙오에게 큰 상을 내리고자 하였다.

"영윤이 가지고 싶은 곳의 땅을 줄 터이니 말씀해보시오."

손숙오가 대답하였다.

"한수 유역에 있는 한간(漢間)의 땅 중에 사석(沙石)인 곳을 주십시오."

그곳은 모래와 돌이 많은 지역이라 사람이 살기 힘든 곳이며 별쓸모가 없는 땅이었다. 초나라 국법에 왕으로부터 하사받은 땅은 2대가 지나면 다시 국가에 반환해야 하는데 손숙오가 받은 땅은 황폐하고 사람들이 관심을 두지 않은 땅이라 9대에 걸쳐 땅을 가질 수 있었다. 손숙오의 현명함이 돋보이는 결정이었다.

영윤 손숙오를 통해 많은 개혁을 단행하였지만, 이번에는 흉년과 질병으로 백성들이 어려움을 겪게 되었다. 설상가상 초나라가 어려움에 봉착한 사실을 간파한 융족이 초나라를 침범하였다. 융족은 질풍노도처럼 초나라 영토 대부분을 휩쓸었으며 초나라 도성까지 위협하였다. 이런 와중에 과거 초 목왕으로부터 처절하게 정벌을 당해 초나라에 대한 원한이 깊었던 용(庸)나라가 만족(蠻族)과 연합하여 쳐들어왔고, 작은 나라인 군(麇)나라까지 초나라를 공격해 들어왔다.

내우외환(內憂外患)! 최대의 위기에 봉착한 초나라는 긴급히 조정 신료들을 모이게 하여 회의를 하였는데, 많은 신료들은 도읍지를 옮겨서 지금의 위급함을 피하고 다시 한 번 기회를 엿보자는 의견이 많았다.

그러나 초 장왕은 신하 위가(蔿價)의 의견에 따라 도망가는 것보다는 오히려 먼저 공격을 하는 것이 상책이라고 하면서 용(庸)나라를 공격하였다. 그러자 놀란 군(麇)나라는 군대를 철수해버리고 말았다.

초 장왕은 저번에 여(廬) 지역에서 자신을 구해준 즙려를 대장으로 하여 용(庸)나라를 공격하도록 하였으나, 용나라는 쉽게 함락되지 않았고 오히려 즙려의 아들인 양창이 포로가 되고 말았다.

사흘 만에 간신히 용나라를 탈출한 양창은, 사흘 동안 본 용나라 군대의 실상을 그대로 보고하면서 장왕이 직접 군대를 이끌고 공격하면 쉽게 용나라를 무너뜨릴 수 있다고 하였다.

그 말을 들은 초나라의 군사(軍師)인 사숙(師叔)은 용나라가 강대국인 초나라를 상대로 대등한 전투를 벌이게 되니 매우 교만해져 있으므로 이러한 용나라의 교만함을 이용해서 전쟁을 승리로 이끌어야겠다고 하였다. 그 후 벌어진 일곱 번의 전투에서 사숙은 일부러 패한 척하면서 후퇴를 거듭하였다. 도망만 가는 초나라의 군대를 깔보고, 건방져진 용나라의 군사들은 방비도 허술하게 하면서 더불어 군기도 무너져내렸다. 초나라 사숙은 그 틈을 노려 일시에 용나라 군대를 공격하여 전투를 승리로 이끌었다.

이 전투로 용나라는 망하였다.

장왕 즉위 후 숨 쉴 틈 없이 벌어진 내란과 외환을 무사히 수습하고 처리한 장왕은 천하에 그 위용을 과시하였다. 당시 진(晉)나라를 섬기던 정나라도 초 장왕의 위세가 강력해지자 진(晉)나라를 버리고 초나라를 섬길 정도였다.

호시탐탐 중원으로 진출할 기회를 엿보던 초 장왕은 기원전 608년 오랜 세월 동안 서로 관계가 좋지 않아 감정이 쌓여 있던 중원의 강자 진(晉)나라를 공격해 들어갔다.

약소국인 정나라는 이러지도 저러지도 못하고 고민하다가 어쩔 수 없이 군사를 차출(差出)하여 초나라를 지원하였다. 또 다른 한편에서는 당시 초나라의 지배를 받고 있던 진(陳)나라 군주인 공공이 사망하였는데, 초나라에서는 진나라의 국상(國喪)에 걸맞는 조문을 하지 않았다.

섭섭함을 넘어 깔보고 업신여긴다고 생각한 진(陳)나라의 새로운 군주는 분노하여 초나라를 버리고 진(晉)나라의 보호를 받기로 공표하였다. 이러한 보고를 받은 초 장왕은 불같이 화를 내며 진(陳)나라를 정벌하였다. 그리고 이어서 송(宋)나라로 쳐들어갔다. 사태가 여기까지 벌어지자 진(晉)나라 입장에서 가만히 있을 수가 없었다.

진(陳)과 송(宋) 두 나라를 구하기 위한 방편으로 조순(趙盾)을 대장으로 삼아 초나라와 같은 편인 정나라를 공격해 들어갔다. 이리하여 벌어진 초(楚)나라와 진(晉)나라, 두 강대국의 전쟁은 주변국들의 이해득실과 함께 치열해지고 복잡해졌다.

진(晉)나라 대장 조순과 초(楚)나라 대장 위가는 북림에서 치열한 전투를 벌이는데, 결과는 초나라 위가의 승리였다.

초나라와 전쟁을 할 당시 진(晉)나라의 군주는 영공이었다. 진 영공은 덕이 부족할 뿐만 아니라 사치와 방탕한 생활 때문에 백성들과 많은 신하들이 불만을 갖고 있었다.

초나라에서도 진 영공의 부덕함과 신하들과의 불협화음을 잘 알고 있었고, 이러한 진나라의 약점을 이용하여 거듭 진나라 주변국들을 공격하며 진나라의 심기를 건드렸다.

초 장왕은 정나라를 시켜 진(晉)나라의 지배를 받고 있는 송(宋)나라를 공격하게 하였다. 정나라는 대승을 거두며 송나라를 정벌하였다.

이에 진(晉)나라는 맹장 조순이 대군을 이끌고 정나라를 공격하러 왔으나 이미 초나라에서 정나라를 보호하기 위해 들어와 전쟁 준비를 하고 있었다. 승산이 없다고 판단한 조순은 군대를 돌려 귀국하였다.

쉼 없이 전쟁이 일어나고 있는 상황에서도 진(晉) 영공의 무리한 정치와 사치스러운 일상은 계속되고 있었다. 당시 영공의 총애를 받고 있던 간신 도안고(屠岸賈)는 넓은 땅에 복숭아나무를 심어 그곳을 화원으로 만들었다. 도원(桃園)이라고 불린 화원에서 영공은 도안고를 데리고 매일 주연을 베풀며 놀았다. 그리고 도안고와 함께 화원의 새를 잡으면서 솜씨를 겨루기도 하였는데, 백성들은 영공과 도안고의 노는 모습을 담 너머로 구경하였다.

어느 날 영공은 화원의 새보다 구경하는 백성들의 수가 더 많다는 것을 알고 도안고와 사람들에게 활을 쏘아맞추는 내기를 하자고하였다. 이 소문을 들은 조순이 영공을 만나기 위해 도원으로 가던 중 광주리를 들고 가는 궁녀 두 명을 만났는데 광주리 안에 사람의 손이 들어 있는 것을 보았다. 조순이 놀라면서 누구의 시체냐고 궁녀에게 물었다. 궁녀들의 대답을 들은 조순은 탄식하였다.

광주리 안에 들어 있는 것은 곰 발바닥을 제대로 삶지 못하였다고 처형당한 요리사의 시체였다. 조순은 이러한 영공에게 수차례 충언을 하였지만 진 영공은 듣지를 않았다.

오히려 충언을 하는 충신 조순을 귀찮게 생각하여 자객을 보내 조순을 죽이고자 하였으나 조순의 검소하고 청렴한 생활을 본 자객은 스스로를 부끄러워하며 자결하였다.

그 후 영공은 또다시 조순을 죽일 계획을 세웠는데 그것은 조순에게 술을 먹여 취하게 한 다음 죽이는 것이었다.

술을 마시는 자리에서 이상한 낌새를 눈치챈 조순의 부하 시미명에 의해, 조순은 가까스로 도망쳤다. 추격해오는 병사들과 맞서 싸운 시미명은 결국 조순만 살리고 자신은 죽고 말았다. 이 사건을 전해들은 조순의 친척인 조천(趙穿)은 영공 같은 폭군은 처단해야 한다고 하면서 도원에서 영공을 살해해버렸다. 이때가 기원전 607년 9월이었다.

영공이 살해당할 시점에 조순은 도망가기 위해 국경 근처에 도착해 있었는데 영공이 죽었다는 소식을 듣고는 다시 도성으로 돌아왔다.

당시 사관(史官)이었던 동호(董狐)가 공식 기록문서에 다음과 같이 적었다.

칠월 을축일에 조순이 도원에서 임금을 살해하였다.

조순이 이 내용을 듣고는 동호에게 항의하였다.

동호가 대답하였다.

"대감께서 직접 임금을 살해하지 않은 것을 알고 있습니다. 그러나 대감께서는 국경을 넘지 않고 있었으니 나라 안에 있었던 것이고 돌아와서도 재상의 자리에 있었음에도 범인을 잡아 처벌하지 않았습니다. 그러므로 대감께서 그 책임을 면할 수 없는 것입니다."

동호의 말을 들은 조순은 직무에 충실하지 못한 점을 인정하면서 동호의 기록을 받아들였다. 동호지필(董狐之筆)이란 고사성어의 연유이다. 즉 권세에 굴하거나 두려워하지 않고 원칙에 따라 사실 그대로 기록하는 것을 말한다.

진(晉) 영공이 살해되고 진나라의 다음 군주가 된 사람은 흑둔(黑臀) 성공(成公)이었다.

하희(夏姬)의 소녀채전술(素女采戰術)

초나라 장왕이 천하에 위세를 떨칠 때, 중원에 달기나 포사 못지않은 미인이 있었으니 그녀의 이름은 하희(夏姬)였다. 하희는 무척이나 음탕하여 당시 중원의 많은 왕족들 그리고 관료들과 통정을 하여 그녀를 모르는 사람이 없었다.

하희는 춘추시대 정(鄭)나라 목공의 딸로 태어났다. 나이가 들어가면서 하희의 미모는 주변에 소문이 날 정도였다.

정 목공은 하희를 진(陳)나라의 공자인 하어숙과 결혼을 시켰다. 그리고 하희는 하어숙과의 사이에서 아들 하징서(夏徵舒)를 낳았다.

근데 하희는 하어숙과 결혼하기 전에 친오빠인 정(鄭)나라 영공과 통정을 한 사이였다. 그리고 정나라 재상 자공과도 통정을 하였다. 결국 이들의 불륜 관계로 인해 자공은 영공을 죽인다. 그리고 남편 하어숙도 아들 하징서가 12살이 되던 해 죽었다.

결국 하희는 과부가 되었다. 사실 하희는 15살 때 꿈속에서 천상에서 내려온 남자와 관계를 맺었다. 그는 건장한 체격에 성관(星冠)을 쓰고 우복(羽服)을 입고 있었다.

그는 자신을 천선(天仙)이라고 하였다. 그리고 나서 그는 하희에게 남녀 간의 관계 시, 남자의 양기를 빼앗아 여자의 음기를 보충하는 비법을 하희에게 가르쳐 주었다. 그러니까 하희와 관계를 한 남자들은 쾌락은 크지만, 양기를 빼앗겨 오래 살지를 못하고, 하희는 많은 남자와 관계를 할수록 점점 젊어져만 갔다.

실제로 하희는 나이 40살이 넘었을 때도, 15살 전후의 젊음과 아름다움을 간직하고 있었다고 한다. 후세 사람들은 이것을 소녀채전술이라 하였다. 소녀채전술은 도가의 방중술로 현재는 그 실체가 전해지지 않는다.

당연히 하희는 계속 남자를 밝혔다. 남편 하어숙이 죽자 하희는 남편의 친구이자 진(陳)나라의 대부인 공녕(孔寧)과 의행부(儀行父)와 관계를 가졌다.

어느 날 공녕은 하징서와 함께 사냥을 하기로 약속하였다. 공녕의 속셈은 사냥을 마친 후 자연스럽게 하징서의 집으로 가서 하희를 한 번이라도 보고 싶어서였다.

계획대로 하징서의 집에 간 공녕은 하희의 시녀에게 금으로 된 장식을 선물하고 하희의 속옷을 훔쳐오도록 부탁하였다.

다음날 공녕은 의행부를 만나 하희의 속옷을 보여주면서 자랑하였다. 의행부는 몹시 부러워하며 공녕에게 방법을 물었다. 의행부는 즉시 하희의 시녀에게 돈을 주면서 하희와 만남을 주선해 주도록 부탁하였다. 시녀로부터 전갈을 받은 하희는 의행부가 준수한 용모에 체격도 당당한 대장부라는 것을 이미 알고 있었고 그와 은밀히 만나 통정을 하였다. 의행부가 말하였다. "대부 공녕이 당신의 속옷을 가져와서 나에게 자랑하였소. 오늘 당신과 인연을 맺었는데 나에게도 간직할만한 선물을 주지 않겠소?"

하희가 웃으면서 의행부의 귀에 대고 속삭였다.

"그가 가져간 속옷은 소첩이 준 것이 아니고 그가 훔쳐간 것입니다. 오늘 이렇게 침상에 같이 누워 있는데 어찌 기념될 만한 물건이 없겠습니까?" 하희는 자신의 비단 저고리를 의행부에게 전해주었다. 그 후 두 사람의 밀회는 계속되었다.

공녕은 진(陳) 영공에게 하희의 얘기를 하였다.

"하희라는 여자가 있습니다. 그녀는 나이가 마흔 살이 다되어 가지만 열일곱 처녀와 다름없는 모습입니다. 더군다나 하희는 보통 여자와는 다르다고 소문이 났습니다. 현재 주림에 살고 있는데 한번 만나보시는 것도 좋을 듯합니다."

공녕의 얘기를 들은 영공은 호기심이 발동하였다. 다음날 영공은 하희를 만나기 위해 주림으로 은밀하게 행차를 하였다.

공녕을 통해 미리 연락을 받은 하희는 영공을 맞이할 준비를 하였다.

하희를 처음 본 영공은 하희의 빼어난 용모는 물론이고 그녀의 말한마디 행동 하나하나에도 정신을 빼앗기고 말았다. 영공은 그날 저녁 하희와 관계를 맺었다. 하희는 영공에게 남편이 죽고 난 후 정조를 지키지 못하고 다른 남자와 통정을 하였다고 솔직히 말하며 앞으로는 군주 이외에는 어떤 사람과도 침상을 같이 쓰지 않겠다고 하였다. 그러나 하희는 사실 겨드랑이에서 암내가 많이 나는 영공을 좋아하지 않았다. 하희의 말을 들은 영공은 상관없다고 말하면서 오히려 하희를 소개해준 공녕이 고맙다고 하였다.

하희는 자신의 속옷을 영공에게 주면서 말하였다.

"군주께서는 이 속옷을 보시며 소첩을 생각해주시기 바랍니다."

이후 이들 세 사람은 교대로 하희를 만나러 가곤 하였다. 그리고 세 사람은 하희가 준 하희의 속옷을 입고서는 서로 자랑하곤 하였다.

한번은 진 영공이 공녕과 의행부를 주림으로 불러 연회를 열었다. 하희의 아들 하징서는 영공이 자신에게 관직을 하사한 것에 대해 감사의 인사를 하기 위해 일부러 참석하였다.

아들 하징서가 참석하자 하희는 나오지 않았다. 연회가 무르익어 가자 영공을 비롯한 세 사람의 작태는 말로 표현할 수 없을 정도로 추잡하였다. 도저히 참지 못한 하징서는 자리를 떠나기 위해 병풍 뒤로 조용히 몸을 움직였다.

그때 영공이 의행부에게 말하였다.

"하징서가 기골이 장대한 것을 보았을 때 혹시 그대의 씨가 아니오?"

영공의 말을 들은 의행부가 대답하였다.

"하징서의 눈이 부리부리한 것이 군주님을 많이 닮았습니다."

듣고 있던 공녕이 한마디 하였다.

"군주님과 의행부 대부께서는 아직 젊으신데 어찌 저런 장성한 자식을 둘 수 있겠습니까? 아비가 워낙 많아서 잡종이나 다를 바가 없으니 아마도 어미인 하부인조차 누구의 아들인지 기억하지 못할 겁니다."

세 사람은 박수를 치고 크게 웃으며 하징서를 조롱하였다.

이미 소문으로 어머니 하희의 문란함을 알고 있었던 하징서는 그들의 말을 듣고는 수치감에 얼굴을 못 들었다. 그리고 분노하면서 밖으로 뛰쳐나가 자신의 군사들에게 철통같이 집 주변을 지키라고 명한 후 일단의 군사들을 데리고 연회장으로 쳐들어갔다.

칼을 들고 군사를 몰고 온 하징서의 모습을 보고 영공은 급히 몸을 피하였다. 그리고 하희에게 도움을 요청하기 위해 내실로 가던 영공은 그쪽 문이 닫혀 있는 것을 보고 후원 담장 쪽으로 도망가다가 마구간 쪽의 담장이 낮은 것을 보고 그쪽을 향해 달려갔다.

그러나 영공을 따라온 하징서의 화살이 정통으로 가슴을 맞췄다. 15년 동안 진(陳)나라의 군주로서 온갖 부귀영화를 누린 그는 마구간에서 비참하게 최후를 맞이하였다.

영공을 죽인 하징서는 조정 신료들을 모인 자리에서 영공이 술병으로 급사하였다고 하였다.

그리고 영공의 아들 세자 오(午)를 진(陳)나라의 군주로 내세우니 그가 바로 성공(成公)이다. 당시 하징서가 진나라의 병권을 쥐고 있었기 때문에, 성공은 자신의 부친 영공이 하징서에 의해 살해되었음을 알고 있었지만 하징서의 보복이 두려워 아무런 말도 하지 못하였다. 결국 하징서는 진(陳)나라의 실권을 장악하였다.

한편 구사일생으로 개구멍을 통해 피신한 공녕과 의행부는 하징서의 보복이 두려워 초나라로 도망갔다. 그리고 초 장왕에게 하희에 관한 얘기와 함께 하징서가 반란을 일으켰다고 거짓 보고를 하였다.

평소 하희의 얘기를 듣고 하희에게 관심이 있었던 초나라 대부인 굴무(屈巫)는 군사를 보내 하희와 하징서를 잡아오자 하였다.

굴무는 주술과 제사를 지내는 행사에 능하며 영력(靈力)이 있어 사람들은 그를 두고 무신(巫臣)이라고 불렀다. 결국 초나라로 잡혀온 하징서는 사형당하고 하희는 초 성왕의 후궁이 될 뻔하였다. 그러나 하희를 탐내는 굴무의 계책으로 일단 혼자 사는 양로(襄老)에게 넘겨졌다.

굴무는 하희가 장왕의 후궁이 돼버리면 영원히 하희를 차지할 수 없다고 생각하여 나름 차선책을 선택한 것이었다. 초나라 장왕 역시 하회에 관한 얘기를 듣고 알고 있었기에 하회를 후궁으로 삼으려고 하였으나 굴무가 적극적으로 반대하며 말하였다.

"하회를 후궁으로 둔다 하심은 절대로 불가하옵니다. 군주께서 군대를 출정시켜 진(陳)나라를 공략하신 이유는 그들의 죄를 벌하기 위함이었습니다. 그런데 하회를 후궁으로 두시면 천하 사람들이 군주께서 여색을 탐하여 군사를 일으켰다고 말할 것입니다. 여색을 밝히는 것은 한낱 음탕한 일에 불과합니다. 군주께서는 올바른 의를 행하시기 위하여 출병한 것이니 절대로 그리하시면 안 됩니다." 도덕군자처럼 말하는 굴무의 속셈은 뻔하고 따로 있었다.

장왕이 대답하였다.

"경의 말이 맞소. 백성들의 보는 눈도 있는데 과인이 하회를 취할수는 없겠지요. 다만 워낙 뛰어난 미인이라 과인이 다시 그 여자를 본다면 그때 나의 마음이 어찌 될지 나도 모르겠소."

장왕의 말이 끝나기 무섭게 대신 자반(子反)이 나서 자신은 나이가 많이 들었지만, 아직 처가 없으니 하회를 자신에게 달라고 하였다.

그때 역시 굴무가 나서서 하회는 요사한 여자로 같이 있었던 모든 사람이 단명하였다고 하면서 반대하였다. 장왕이 중재를 하였다. 연륜 있는 양로가 부인과 사별하고 혼자 살고 있으니 그에게 하회를 후처로 주라고 하였다. 그 후 양로는 진(晉)나라와 벌인 필(邲) 전투에서 전사하였고 하회는 또 다시 과부가 되었다. 그러나 양로가 전쟁에 나간 틈에도 음탕한 하회는 양로의 전처 아들인 흑요하고도 통정을 하였다. 남편 양로가 죽은 후 굴무는 하회를 찾아가서 자신의 마음을 전달하였다.

자신과 가까이 지냈던 모든 남자들이 불행해진다는 사실에 낙심해 있던 하회는 굴무의 진심을 알고 감동의 눈물을 흘리면서 굴무의 마음을 받아들였다.

굴무는 하희에게 일단 정나라로 떠날 준비를 하도록 하였다.

그런 후 굴무는 친분이 있는 정나라 대신들에게 부탁하여 초나라에 공문을 보내도록 하였다. '현재 진나라에 있는 양로의 유해가 정나라로 옮겨올 것 같으니 양로의 가족은 정나라로 와서 유해를 맞이하기 바란다.'라는 내용이었다.

양로의 처인 하희는 정나라로 출발하였다. 하희는 정나라로 떠나기 전에 하희를 배웅하기 위해 나온 사람들에게 작별인사를 하면서 말하였다. "정나라에 가서 남편의 유해를 맞이하지 못한다면 나는 초나라로 돌아오지 않을 것이오."

하희가 정나라로 떠난 후 초나라에 남아 있던 굴무는 초나라를 떠날 기회만 엿보고 있었다. 굴무는 평소 초 장왕을 존경하며 장왕을 위한 일이라면 목숨도 아까워하지 않을 정도였다. 장왕이 있는 한 굴무는 초나라를 떠날 수가 없었다.

기원전 591년 초나라와 제나라는 연합하여 진(晉)나라와 노(魯)나라를 공격하기로 하였다. 공격의 세부 일정을 의논하기 위해 굴무가 사신의 자격으로 제나라로 가게 되었다. 굴무의 입장에서는 초나라를 벗어나서 하희를 만날 수 있는 절호의 기회였다. 더군다나 굴무의 마음에 큰 부담이 되었던 장왕이 그해 서거하였다. 이에 굴무는 자신의 가족과 가신들 그리고 모든 재산을 정리한 뒤 초나라를 떠났다.

정나라에 도착한 굴무는 제나라로 가지 않고 부사(副使)만 제나라로 가도록 하였다. 그리고 제나라 관련 업무를 부사에게 맡겨버리고 자신은 정나라 군주인 양공(襄公)을 배알한 후 하희와 자신과의 관계를 설명하고 적극적으로 도움을 준 정나라 조정에 감사의 인사를 하였다.

그리고 하희를 만나 그곳에서 결혼을 하였다. 굴무와 하희는 정나라를 떠나 제나라에 가서 생활할 계획을 하였으나 그 후 벌어진 전투에서 제나라는 진나라에 패하고 말았다. 굴무는 계획을 바꾸어 진나라로 향하였으며 진(晉) 경공의 배려로 형(邢) 지역에 살게 되었다. 굴무와 하희는 딸 한 명을 두었는데 딸 역시 하희를 닮아서 미인이었다. 딸은 나중에 진(晉)나라의 현자(賢者)인 숙향(叔向)과 결혼하였다.

굴무는 이로 인해 조국인 초나라까지 배신하게 되었다. 초나라 대신 자반은 굴무 때문에 하희를 차지하지 못한 것에 원한을 품고 있었다. 자반은 초 공왕에게 굴무의 처벌을 청하였다. 즉 진(晉)나라에 경고하여 굴무를 진나라가 쫓아내도록 하자는 것이었다.

그러나 공왕은 자반을 격려하면서 또한 깨우치는 말을 하였다.

"굴무가 자신의 이익을 위해 행동한 것은 잘못이지만 그가 선군인 장왕을 위해 여러 일들을 도모한 것은 충의이다. 그는 충성스러운 마음으로 선군을 보필하여 사직(社稷)을 건실하게 하였다. 그것은 그가 저지른 과오보다 훨씬 큰 공적이다.

만일 굴무가 진나라에 많은 이익을 가져다준다면 그대가 아무리 돈을 쓰면서 노력하여도 진나라는 굴무를 추방하지 않을 것이다. 그만 내버려두자. 진나라가 알아서 할 터인데 우리가 구태여 그의 벼슬길을 막을 필요는 없다."

그 대신 공왕은 초나라에 남아 있던 굴무의 일족을 몰살시켜 버렸고 굴무의 집안은 완전히 망하였다. 또한 양로의 아들인 흑요도 처형되었다.

훗날 굴무와 그의 후손들은 진(晉)나라를 위하여 조국인 초나라를 상대로 싸우게 된다. 그리고 굴무는 자신의 아들 호용과 함께 오나라에 들어가서 오나라의 군대를 훈련해서 훗날 오나라가 천하의 패자가 되는 기반을 조성해주었다. 호용은 계속 오나라에 남아 있으면서 재상의 지위에까지 올랐다. 당시 오나라의 군주는 수몽(壽夢)이었다.

오나라는 수몽 때부터 왕이란 칭호를 사용하였으며 또한 국가체제를 정비하면서 강대국의 반열에 오를 수 있는 여건을 조성하였다.

이러한 하희의 파란만장(波瀾萬丈)한 남성 편력과 음탕한 얘기를 후세 사람들은 소설로 전하였는데, 중국 소설 『주림야사』 그리고 미야기카니 마사비쓰가 쓴 일본 소설 『하희』가 바로 그것이다.

한편 초 장왕은 눈엣가시처럼 여겨지는 융족을 정벌하기 위해 대대적인 전쟁 준비를 하였다. 드디어 초나라와 융은 육혼(陸渾)에서 대접전을 벌이는데, 초장왕은 육혼 전투에서 대승을 거두며, 장왕 재위 초기에 융으로부터 받은 수모에 복수하였다. 승리한 초 장왕은 중원의 주나라 땅인 낙수(洛水) 유역에서 관병식(觀兵式)을 하면서 천하에 위세를 자랑하였다.

장왕이 구정(九鼎)의 크기를 묻다

천자인 주(周)왕은 신하 만(滿)을 보내 장왕의 승리를 축하해주었다.

초 장왕은 기고만장(氣高萬丈)하여 천자가 보낸 축하 사절인 만을 맞이하면서 구정(九鼎)의 무게와 크기는 얼마나 되느냐고 만에게 물었다. 구정이라는 것은 천자의 권위를 상징하는 매우 큰 솥으로 하나라 우왕 시절에 만들어졌다.

당시 우왕이 전국을 아홉 개 지역으로 나누어 통치하였는데, 우왕은 9주의 군주들에게 황동을 바치게 하여 모인 황동으로 솥을 만들었고, 그 솥에는 9주의 절경을 새겨 넣었다. 거대한 솥에 천하의 산과 들판에서 생산되는 모든 곡물을 함께 넣고, 밥을 하여 모든 백성의 배를 부르게 하겠다는 뜻을 담은 큰 솥이었다.

구정은 은(殷) 왕조 시대에도 은의 도읍지로 옮겨져 천자의 위엄을 상징하였으며, 주나라에서도 도읍지로 옮겨와서 왕실의 권위를 상징하는 보물로 취급하였다. 장왕은 천자의 권위를 상징하는 구정을 함부로 언급하면서 기고만장하였던 것이다. 주(周)나라 왕손인 만은 초장왕의 건방진 말과 행동에 빗대어 한마디 하였다.

"천자의 덕이 밝고 아름다우면 비록 솥이 작더라도 무게가 많이 나가 옮기기가 힘이 들고, 천자의 덕이 부족하여 백성들의 마음을 읽지 못하면 솥이 거대하게 크더라도 쉽게 옮길 수가 있습니다. 즉 구정의 무게는 그것을 가진 사람의 덕망에 따라 다르지요. 그리고 하늘에서 복을 줄 때 무한정 주는 것이 아닙니다.

주 성왕께서 구정을 옮겨올 때 점을 보았는데 주 왕조는 천자 30대이며 700년간 보존될 것이라고 점괘에 나왔습니다. 현재 주 왕조의 쇠락은 천하의 모든 사람들이 아는 바이지만 아직 하늘이 정해준 기간이 남아 있으므로 그 누구도 구정의 크기와 무게를 논할 필요가 없다고 생각합니다."

이 말로 왕손 만은 장왕을 은근하면서도 엄하게 꾸짖었다.

후세 사람들은 초 장왕이 구정에 대해서 묻고 왕손인 만이 대답한 것을 두고 문정(問鼎)이라 하였다.

주나라 땅에서 관병식을 마친 초 장왕은 기원전 606년, 초나라를 배신하고 다시 진(晉)나라와 손을 잡은 정나라를 공격하였다. 중원으로 진출을 하고자 하는 초나라 입장에서는 중원의 중앙에 있는 정나라가 꼭 필요하였다. 그러나 예상대로 정나라를 돌보아주는 진(晉)나라가 위(衛)나라와 연합하여 정나라를 구원하러 온다는 소식을 듣고는 초나라는 군대를 철수하였다.

당시 초나라의 영토 확장은 무서운 기세로 진행되고 있었는데, 동남쪽 방면의 요(蓼)나라와 서(舒)나라를 정벌하여 속국으로 만들고 당시 강대국으로 부상하는 오(吳)나라, 월(越)나라와 국경을 마주하게 되었다.

패기만만한 장왕은 자신의 막강한 힘을 천하에 과시하기 위해 월나라를 정벌하고자 하였다. 그때 신하 두자(杜子)가 월나라 정벌이 불가함을 얘기하며 앞으로 나섰다.

"대왕께서는 월나라와 전쟁에서 승산이 있다고 보십니까? 그러면 대왕께서 생각하는 정벌의 계책을 말씀해 주시기 바랍니다."

장왕이 두자의 요청에 대답하였다.

"지금 월나라는 조정의 내분으로 민심이 혼란하고 이반(離反)되어 있소. 당연히 군사들의 사기도 땅에 떨어져 있다 하오. 아마도 초나라 군사가 월나라 땅에 들어가서 공격도 하기 전에 월나라 군사들은 항복할 것인 바 이는 하늘이 내린 좋은 기회일 것이오."

장왕의 이야기를 조용히 듣고 있던 두자가 웃으면서 말하였다.

"그럼 대왕께서는 자신의 눈썹을 볼 수가 있습니까?"

장왕이 두자의 말을 이해하지 못하고 물끄러미 쳐다보면서 말하였다.

"세상 누구도 자신의 눈썹을 볼 수는 없을 것이오. 근데 그것이 월나라를 정벌하는 것과 무슨 상관이 있다는 말이오?"

두자가 머리를 숙이며 공손하게 대답하였다.

"자신의 눈썹을 직접 볼 수 있는 사람은 없을 것입니다. 허물을 눈썹에 비유하여 말한다면 자신의 눈썹을 자신이 볼 수 없듯이 자신의 허물을 잘 알지 못하는 경우가 많습니다.

바로 얼마 전 우리 초나라는 진(晉)나라와 진(秦)나라의 전쟁에서 연이어 대패하고 수백 리에 해당하는 영토를 버리고 도망하였습니다. 이러한 군대를 두고 위세가 막강하다고 할 수 있겠습니까?

또한 간신배 장희(庄喜)가 나라의 재물을 횡령하는 사건으로 백성들이 곤욕을 치를 때 과연 국록을 받는 관리들은 어디서 무엇을 하고 있었는지요? 이런 모든 점을 월나라와 비교해볼 때 군사적인 측면이나 정치적인 면에서 우리 초나라가 월나라보다 뛰어나다고 할 수가 없습니다. 이는 자신의 눈썹을 자신이 볼 수 없듯이 우리가 우리의 허물을 보지 못하는 것입니다. 현 상황에서 월나라 정벌은 불가합니다."

두자의 말을 들은 장왕은 정신이 번쩍 들었다. 그리고 월나라 정벌을 포기하였다.

후세 사람들은 이를 두고 목불견첩(目不見睫)이라 하였다. 즉 자신의 허물은 잘 알지 못하고 남의 허물은 잘 안다는 뜻이다.

장왕이 필(邲) 전투에서 진(晉)나라를 대파하다

초 장왕의 왕성한 세력 확장에 따라, 기존 패자국의 지위를 지키려는 진(晉)나라와, 오랑캐의 나라로 인식되며 중원에서 인정을 받지 못한 초나라는 서로 충돌하기 마련이었다.

그러나 당시 중원의 판도는 진(晉)나라와 진(秦)나라의 세력 다툼으로 초(楚)나라의 성장을 견제할 틈이 없었다. 진(晉)나라와 진(秦)나라의 전쟁은 서로 이기고 지는 것을 반복하면서 치열한 전투를 쉴 틈 없이 하였다. 두 나라의 전쟁은 대를 이어 진행되었다.

이들 두 나라의 반복되는 전쟁의 결과는 두 나라의 국력 소진과 중원의 질서가 무너지는 것뿐이었다. 어부지리! 초나라로서는 국력을 배양하고 세력을 확장할 수 있는 절호의 기회였다.

장왕은 진(晉)나라와 진(秦)나라가 전쟁을 하는 틈을 타서 정나라를 공격하였다. 오랜 세월 동안 탐을 내고 공격하였으나 정벌하지 못한 정나라였다. 기원전 597년 초 장왕은 정나라 도읍지를 포위하고 공격한 지 4개월 만에 마침내 정나라를 함락하였다.

전쟁에서 패한 정나라 양공은 항복을 뜻하는 표시로 윗옷을 벗고 그리고 앞으로 신하로서 본분을 다하겠다는 의사를 표시하는 뜻으로 양(羊)을 몰고 와서 장왕 앞에 무릎을 꿇었다.

양(羊)을 몰고 온 것은 음식을 만들어 바치면서 진심으로 충성을 다하겠다는 뜻이다.

비록 정나라와의 전쟁에서 승리하였지만, 초 장왕은 정나라를 합병하거나 정 양공을 해칠 수가 없었다. 진(晉), 제(齊), 진(秦)나라 등 중원의 강자들이 연합군을 조성하여 공격해 올 것이 확실하였기 때문이었다. 정나라가 함락되었다는 소식을 접한 진(晉)나라는 즉시 대군을 출병시켰다. 진(晉)나라와 초(楚)나라는 황하 유역의 필(邲)에서 사생 결단의 전투를 하게 되었다.

접전을 예상하였지만, 전투는 초반부터 초(楚)나라의 우세로 시작되어 싱겁게 초 장왕의 승리로 끝이 나버렸다. 그것도 대승이었다.

원인은 진(晉)나라 군대의 내부 분란으로 인한 지휘 체계가 무너졌기 때문이다. 진(晉)나라 군대의 상군(上軍) 중군(中軍) 하군(下軍)은 서로 정보를 교환하지 않고 독자적으로 결정하면서 전투에 임하였다. 대원수 순임보 역시 이들 3군의 대장들을 완벽하게 통솔하지 못하였다.

급기야 대원수 순임보는 퇴각을 명했고 심지어 황하를 먼저 건너 도망가는 군사에게는 상을 내리겠다고 하였다. 군사들은 우왕좌왕하며 도망가기에 급급했다. 진(晉)의 군사들은 황하를 건너기 위해 대기한 배에 서로 올라타려고 아웅다웅하였고, 배들이 출발하자 미처 배를 타지 못한 진(晉)군사들이 배에 매달려가려고 한꺼번에 몰려들었다. 일부의 배들이 몰려드는 진(晉)나라 군사들에 의해 중심이 무너져 전복되면서, 진(晉)나라 군사들은 초나라 군사들이 쏜 화살에 맞아 죽거나 아니면 대부분 수장되었다.

이에 이미 배에 승선해 있던 진(晉)나라 군사들은 동료들이 배를 잡으러 오자, 배가 전복될 것이 두려워 동료 군사들의 손을 칼로 내리쳐 배를 잡지 못하게 하였다. 나중에 배 안에는 잘린 손가락의 수를 헤아릴 수 없었다 한다. 그야말로 아비규환(阿鼻叫喚)이었다. 초나라 장왕은 전투가 끝난 후 초나라 군사들의 시체뿐만 아니라 진(晉)나라 군사들의 시체까지 잘 수습(收拾)한 뒤 그들의 혼을 위로하면서 황하의 신에게 제사를 지냈다. 진(晉)나라와의 필(邲) 전투에서 대승을 거둔 초 장왕은 여세를 몰아 소(蕭)나라를 정벌하고, 연이어 송(宋)나라까지 진격하여 송나라와 일방적인 평화 협정을 맺었다.

그 누구도 초 장왕을 함부로 대하지 못하는 명실상부한 중원의 최강자가 되었다. 그러나 주왕실의 천자로부터 패자의 인정을 받지 못하였다. 그리고 장왕의 이름으로 제후국들을 소집하여 회맹도 개최하지 못하였다. 따지고 보면 중원의 강자로서 패권은 차지하였지만, 그 누구도 초나라를 두고 패자국(霸者國)이라 하지 않았으며 또한 장왕을 두고 패자라 하지 않았다.

초 장왕은 중원을 장악한 지 6년이 지난 기원전 591년 서거하였다.

장왕이 죽은 후에도 초나라와 진(晉)나라의 세력 다툼은 계속되었으며 과거 천자로부터 패자로 공인을 받은 진(晉)나라 문공의 나라인 진나라가 패자국으로 자리를 매김하고 있었다.

초나라 장왕이 서거하기 일 년 전, 패자국인 진(晉)나라 경공(景公)은 회맹을 개최하기 위해 사전 준비 차원에서 각 나라 제후들에게 사신을 보냈는데 제나라를 방문하는 사신으로 극극(郤克)이 가게 되었다. 극극은 다리를 저는 장애인이었다.

제나라 경공(頃公)을 만나 예를 갖추기 위해 절뚝거리며 단(壇)을 오르는 모습을 몰래 본 경공의 어머니가 그만 깔깔거리며 웃어버렸다.

그 웃음소리를 들은 극극은 치욕을 느끼며 분노하였다.

진(晉)나라로 귀국한 극극은 진 경공에게 제나라를 정벌하자고 하였다. 그러나 진 경공은 다른 복안을 가지고 있었기에, 극극의 말을 따르지 않았다. 진(晉) 경공은 제후국들과 연합군을 만들어 초나라를 정벌할 생각이었다. 연합군에는 당연히 강국인 제나라가 합류해야 하는 상황인데, 그런데도 지금 제나라를 공격하는 것은 앞뒤가 맞지 않는 얘기였다. 진 경공은 권초(巻楚)에서 회합을 개최하였다.

이 회합에 제나라 경공은 참석지 않고 네 명의 신하들만 참석을 시켰다. 제나라의 군주가 빠진 상태에서 열린 회합에서, 참석한 제후들은 서로 동맹을 맺고 그동안 일관성 없이 이쪽저쪽 편에 선 기회주의자들인 송나라, 제나라, 정나라 들을 정벌하기로 결정하였다.

기원전 591년 진(晉)나라의 새로운 재상으로 올라선 극극은 재상이 되자마자 다리를 절면서 예를 다하는 자기를 보고 깔깔거리던 제나라 경공의 어머니를 생각하며 치욕과 분노의 칼을 빼 들고 제나라를 정벌하고자 출병하였다. 공격해 들어오는 진(晉)나라 군대의 위세에 놀란 제(齊)나라 경공은 자신의 아들 강(彊)을 볼모로 진(晉)나라에 보내며 화평을 청하였다.

이러한 제나라의 약한 모습을 본 노나라의 선공은, 과거에 제나라에 빼앗긴 문양(汶陽) 지역을 돌려달라고 요구하며 제나라를 공격하면서 초나라에게 연합을 제의하였다.

그러나 노나라 입장에서는 불행하게도 그해 초나라 장왕이 서거하는 바람에 연합은 취소되고 말았다. 노나라는 초나라 대신 진(晉)나라와 연합을 모색하였으나 이번에는 노나라의 선공이 서거하는 바람에 진(晉)과의 연합도 물거품이 되었다. 노나라 선공으로부터 두 번이나 위협을 받은 제나라 경공은 기원전 589년 도리어 노나라를 공격하였다. 그러나 전쟁에서 경공이 총애하는 제나라 장수 노포취괴가 노나라에 포로로 잡혀버렸다.

제나라 경공은 노포취괴를 살려달라고 노나라에 애원하였지만 노나라에서는 노포취괴를 죽여, 성문에 매달아 놓았다. 분기탱천한 제나라 경공은 노나라 깊숙이 공격해 들어갔고, 당황한 노나라에서는 긴급히 진(晉)나라 극극에게 지원을 요청하였다. 극극은 전차 8백 대를 이끌고 출병하였으며, 위나라까지 제나라를 정벌하는 데 힘을 보탰다. 제나라 대장 고고는 큰 돌을 들고 진(晉)의 군사들을 쓰러뜨리며 제나라 군사들의 사기를 북돋웠다.

그리고 제나라 경공 역시 군사들을 독려하면서, "나는 진(晉)나라 군대를 빨리 물리치고 난 후 아침을 먹겠다." 하며 승리를 자신하였다.

그러나 제나라 군사가 쏜 화살에 맞아 피를 철철 흘리면서도 북을 치며 군사들을 독려하는 절름발이 극극의 모습에 진(晉)나라 군사들의 사기는 하늘을 찌를 듯하였다.

결국 제나라는 전쟁에서 패했고 제(齊) 경공은 멀리 도망갔다가, 노나라가 원하는 문양 지역을 노나라에 돌려주고, 머리를 조아린 채로 진(晉)나라와 화평 조약을 맺었다.

이렇게 제나라는 형편없이 무너지는 와중에도 초나라 공왕에게 구원을 요청하였고 이에 초나라 공왕은 대군을 출병시켜서 진(晉)을 물리치고 제나라를 구원하였다.

초나라는 연달아 위나라를 정벌하고, 또한 노나라까지 공격해 들어갔다. 노나라와 위나라는 진(晉)의 구원병을 기대하였으나 초나라의 강력한 군세를 본 진(晉)나라 군대는 출병하지 않고 그냥 관망하였다. 이에 당황한 노나라는 맹손을 사신으로 하여 공자 형(衡)을 볼모로 보내고, 또한 직조 기술을 가진 여자 등 수백 명을 초나라에 바치고 난 후에야 초나라의 공격을 피할 수 있었다.

진(晉)나라를 출병도 못 하도록 꼼짝 못 하게 하고, 노나라와 위나라를 정복한 초나라 공왕은 아들 영제를 촉(蜀)으로 보내서 자신을 대신하여 회맹을 주관하도록 하였다. 이때가 기원전 589년 11월이었다. 이때의 회합에 진(晉)나라를 제외한 중원 대부분의 제후가 참석하였는데 진(秦)나라, 제나라, 채나라, 위나라, 송나라, 정나라, 진(陳)나라, 허나라 등이었다. 이 회합을 통해 초나라는 명실상부한 패자(霸者)의 자리에 오르게 되었다.

초나라의 이러한 강력함은 장왕(莊王) 시절에 구축된 것이라 후세 사람들은 공왕보다는 아버지 장왕을 패자로 인정하였다.

장왕의 포용력과 조직 관리력을 보여주는 절영지연(絕纓之宴)

절영지연(絕纓之宴)이란 고사성어를 통해 초 장왕의 포용력과 조직의 장악력을 엿볼 수 있다. 춘추시대 3대 패자인 초나라 장왕의 문무를 겸비한 멋진 모습을 보인 일화인데 이 기록은 전한 말기 때 유향(劉向)이 지은 『설원(說苑)』의 20편 중 「복은(復恩)」 편에 나온다.

초 장왕은 투월초(鬪越椒)의 난을 평정한 후 공로가 큰 신하들을 위해 연회를 베풀었다. 연회의 즐거움을 더하기 위해 장왕은 애첩인 허희(許姬)더러 참석한 신하들에게 돌아가면서 술을 따르도록 하였다. 연회는 시종일관 성대하고 즐겁게 진행되었으며 참석자들은 밤이 새도록 술을 마시며 놀았다. 그때 갑자기 바람이 세게 불어와 연회장의 촛불이 모두 꺼져버리고 주변은 암흑천지가 되었다.

이때 갑자기 허희의 비명이 들렸다. 그리고 다급히 허희가 소리쳤다. "대왕! 누군가가 어둠을 틈타 저의 가슴을 만졌습니다. 제가 그의 갓끈을 잡아챘으니, 대왕께서는 촛불을 켜서 갓끈이 없는 사람을 잡아주시길 바랍니다."

애첩 허희의 말을 들은 장왕이 명령하였다.

"오늘은 고생한 경(卿)들과 함께 과인이 술을 마시며 즐겁게 지내는 자리이다. 모두 갓끈을 끊어버리고 편안한 마음으로 즐겁게 술을 마시길 바란다. 만약 갓끈을 끊지 않는 사람은 이 연회를 마음에 들지 않아 한다고 생각하겠다."

참석자들은 모두 갓끈을 끊어버리고 연회를 즐겼다.

그로부터 3년이 지난 후 초나라는 진(晉)나라와 전쟁을 하였는데, 한 장수가 최선봉에서 죽기를 각오하고 싸웠다. 전쟁은 그 장수의 분투로 승리하였다. 장왕은 그 장수를 불러 물어보았다.

"내가 그대에게 특별히 해준 것도 없는데 어찌하여 죽기를 각오하고 전투에 임할 수가 있는가?" 그때 그 장수가 대답하였다.

"소신은 이미 3년 전에 죽은 목숨이었습니다. 3년 전 대왕께서 베푸신 연회에서 대왕이 총애하신 허희에게 갓끈이 뜯긴 사람이 바로 저입니다. 그 이후 저의 목숨은 저의 것이 아니고 대왕 것입니다."

이는 임금이나 상관이 부하 즉 사람을 다루는 방법과 인재의 중요함 그리고 효율적 조직 관리의 방법을 후대 사람들이 강조하며 기록한 일화로서 절영지연(絶纓之宴)이란 성어의 연유이다. 갓끈을 잘라 버리고 연회를 한다는 뜻이다.

기존 패자국(霸者國)으로 권위와 세력을 유지하려는 진(晉)나라와, 남방의 신흥 강국으로 세력을 넓혀 나가면서 중원을 향해 북진하려고 하는 초(楚)나라의 다툼은 끝이 없어 보였다. 기원전 546년 송나라의 대부인 향술(向戌)이 앞장서서, 지속되는 전쟁으로 인한 각국 백성들의 어려움과 피폐해진 천하를 더 이상 두고 볼 수 없다 하면서, 미병(弭兵), 즉 전쟁을 더 이상 하지 말자라는 의미로 14국의 대부들을 송(宋)나라 수도로 초대하여 초(楚)와 진(晉)의 정전협정에 관한 회의를 개최하였다. 이 회의를 통해 진(晉)나라와 초나라는 똑같이 패자의 권한을 나누어 행사하고, 주변의 중소 제후국들은 조공을 하되 초나라와 진(晉)나라에 구분 없이 똑같이 한다라고 합의하였다.

6. 오(吳)나라 왕 합려(闔閭)가
   네 번째 패자가 되다

공자 광이 왕위를 되찾다

중원에서 해마다 큰 전쟁을 벌일 때, 남방의 동쪽 끝에서는 조용히
힘을 키워가는 두 나라가 있었다. 바로 오(吳)나라와 월(越)나라였다.

태호(太湖) 유역의 소주(蘇州)를 도읍지로 한 오(吳)나라와, 전당강(錢
塘江) 유역의 항주(杭州)를 도읍지로 한 월(越)나라는 중원 진입을 하고
자 서로 각축전을 벌이며 세력을 키우고 있었는데, 춘추시대 마지막
패권 다툼인 오(吳)나라와 월(越)나라의 한 맺힌 전쟁이 막 시작할 참
이었다.

당시 중원은 진(晉)나라를 패자국으로 하여 서로 견제하고 상생하
면서 세력의 균형을 이루어 나가고 있었는데 남방의 작은 나라인 서
구(舒鳩)가 그동안 의지해왔던 초(楚)나라를 등지고 나날이 번성해가
는 오(吳)나라에 기대고자 결정하면서 초나라와의 관계를 정리하고
자 하였다. 화가 난 초나라는 굴건(屈建)을 대장으로 삼아 서구를 공
격하였다. 당황한 서구에서는 긴급히 오나라에 지원 요청을 하였다.

이에 오나라 왕 제번(諸樊)은 굴호용(屈狐庸)과 자신의 동생인 여말
(餘昧)로 하여금 군대를 통솔하게 하여 서구를 침공하는 초나라 군대
를 막게 하였다.

굴호용은 진(晉)나라 장군으로 오(吳)나라의 군사 및 외교 분야를
지도하기 위해, 오나라에 파견된 장수이었다. 그리고 굴호용은 사실

초나라 사람이며 그의 아버지 굴무는 초나라의 대부였다.

당시 굴무는 천하의 요부(妖婦) 하희를 자신의 여자로 만들기 위해 초나라를 떠나 타국으로 망명을 기도(企圖)하고 있던 차, 마침 초나라 공왕이 주관하는 회맹에 관련된 사항과 제나라와의 연합군 조성과 그 일정에 관한 협의를 하기 위해, 제(齊)나라에 사신으로 가게 되었는데 이때가 망명할 수 있는 절호의 기회라 생각한 굴무는, 이왕 망명을 할 바에야 제나라가 아닌 강대국인 진(晉)나라로 망명을 하는 것이 안전하다고 판단하였다. 초나라 공왕이 진(晉)나라를 상대로는 함부로 할 수 없다고 생각한 것이었다. 당시 진(晉) 경공은 필(邲) 전투에서 초나라에 굴욕적인 대패를 하여 천하에 얼굴을 들 수 없는 상황이었다. 그래서 경공은 복수의 칼을 갈고 있었다.

그런데 초나라의 대부인 굴무가 망명을 하고자 하니 반가운 일이었다. 진(晉) 경공은 망명해 온 굴무를 환대하면서 하남성에 있는 형(邢) 지역을 다스리게 하였다.

굴무는 데리고 간 가족들과 애첩인 하희와 함께 그곳에서 살았다. 하희의 경우, 수많은 남자들과의 파란만장하고 음란한 관계를 끝내고, 한 남자의 여자로 살게 되었다. 한편 초나라에서는 굴무가 직계 가족들만 데리고 적(敵)국이자 경쟁국인 진(晉)나라로 망명하였다는 얘기를 듣고는 초나라에 남아 있던 굴무의 일가친척들을 몰살해버렸다.

필(邲) 전투에서의 대패로 복수를 다짐하는 진 경공 못지않게 굴무 역시 자신의 일족을 몰살한 초나라에 대한 원망은 대단하였으며 복수심에 불탔다.

진나라에 망명한 굴무는 남방의 형세에 대해 말하였다.

"초나라의 동쪽에 오(吳)라는 나라가 있는데, 그 나라의 강성함이 초나라에 비교할 만합니다.

초나라로서는 눈 위에 있는 혹같이 불편할 것입니다. 만약 진(晉)나라에서 오나라를 지원해준다면 초나라는 감히 북쪽을 쳐다보지 못할 것입니다." 굴무의 말을 들은 진 경공은 강성해져 가는 오나라를 이용해서 강대국인 초나라를 견제하고자 하였다. 그러고는 진 경공은 굴무로 하여금 오나라 군사들을 조련케 하였다.

굴무는 전차를 다루는 방법, 병법, 군사 훈련 등을 통해 오나라 군사들에게 전쟁의 기법을 가르쳐주었다. 그때가 오나라 왕 수몽(壽夢) 2년, 즉 기원전 585년경이었다.

굴무는 더 나아가 아들 굴호용을 오나라에 파견, 근무시키면서 오나라의 군사, 외교 분야에서 자문해주도록 하였다.

훗날 오나라가 중원의 세력 다툼에서 힘을 발휘할 수 있었던 것은, 굴무와 그의 아들 굴호용의 가르침 덕분이었다.

한편 서구를 지원하기 위해 출병한 여말과 굴호용의 오나라 군대는 강력한 초나라 군대를 이기지 못하고 패하고 말았다.

초나라와의 전쟁에서 패했다는 보고를 받은 오나라 왕 제번은 친히 군대를 이끌고 초나라 영토인 소(巢)지역을 공격해 들어갔는데, 소(巢) 지역을 관장하고 있던 초나라 장수 우신(牛臣)의 계략에 속아서 비어 있는 성(城)을 공격하다가 매복해 있던 우신의 기습 공격에 화살에 맞아 사망하였다. 제번 재위 13년, 즉 기원전 448년의 일이며, 서구는 결국 초나라에 복속되어 망해버렸다.

제번이 전쟁으로 사망하자, 오나라의 다음 왕위는, 제번의 아버지이자 전(前)왕인 수몽(壽夢)의 유언에 따라 제번의 아들이 아닌 제번의 동생인 여채(餘蔡)가 이어받았다. 당시 오나라는 나라의 힘이 미미

하여 천하에 그 존재를 드러내지 못하였는데, 기원전 586년 수몽이 왕의 자리에 있을 때 오나라는 세력이 점차 강성해져서 중원에 오(吳)라는 나라 이름을 알릴 수 있었다. 수몽이 오나라를 강성대국으로 만들어 가던 초기는, 초나라 공왕이 천하의 패자로 이름을 날릴 때였다. 수몽은 주 왕조의 시조인 고공단보(古公亶父)의 큰아들인 태백(太伯)의 19대 후손으로 사기(史記)에 기록되어 전해진다.

태백은 당시 아버지 고공단보에 의해 후계자로 지목된 막냇동생 계력과의 관계가 순탄치 못할 것을 간파하고, 둘째 중옹과 함께 남방 지역으로 피신하였다.

그리고 그곳에서 오(吳)나라를 건국하였다고 한다. 사실 오나라는 만족(蠻族)이 주류를 이루는 나라로 만족 특유의 입묵단발(入墨斷髮) 풍습을 가지고 있다. 입묵단발이란 먹물로 피부에 그림이나 글씨를 새기고 머리를 짧게 깎는 풍습을 말한다.

수몽은 제번(諸樊), 여채(餘蔡), 여말(餘眛), 계찰(季札) 등 4명의 아들을 두었는데, 수몽은 네 번째 아들인 계찰의 능력이 아들 중 최고라고 생각하였으며, 왕의 재목감으로도 계찰이 가장 적당하다고 생각하였다.

그러나 계찰의 위로 세 명의 형들이 있으므로 무조건 계찰을 후계자로 지목할 수도 없었다. 또한 계찰도 형들이 있는데 자신이 왕이 될 수 없다고 하였다. 그래서 수몽은 죽기 전에 네 명의 아들을 불러 놓고 유언을 하였다.

"너희들 형제는 차례대로 왕이 되어라.

장남인 제번이 먼저 왕이 되고 혹여 제번에게 큰일이 생기면, 둘째인 여채가 왕위를 이어받아라. 다음은 여말이 왕위를 이어받고, 그

다음은 계찰이 이어받아 왕이 되도록 하며, 그리고 절대로 너희 형제들은 각자의 아들에게 왕위를 물려주지 말도록 하여라."

이러한 수몽의 유언에 따라 제번이 죽고 난 후 다음 왕위는 동생 여채가 이어받았다. 제번의 아들 광(光)은 삼촌 여채에게 왕위가 돌아가자 울분을 토하였다. 당시 광은 백성들과 조정 신료들로부터 많은 신망을 얻고 있었으며, 또한 초나라, 월나라 등과의 많은 전투에서 연전연승하고 있었다.

넷째 아들 계찰의 인품과 자질은 너무나 뛰어나서 백성들도 그를 존경하고 따랐을뿐더러 맏형인 제번도 왕위에 오르자마자 동생인 계찰에게 양위(讓位)를 하려고 마음먹을 정도로 계찰의 능력은 뛰어났다. 그러나 계찰은 형 제번의 양위 제의를 한마디로 거절하였다.

수몽이 죽고 그의 아들인 제번이 왕위에 오르고 하는 세월 동안, 오나라의 국력은 점점 더 신장(伸張)되어갔다. 그리고 중원의 전통적인 강호인 진(晉)나라와 동맹 관계를 맺을 정도로, 외교적 역량이나 군사적 역량도 중원의 제후국들과 어깨를 나란히 할 만큼 되었다.

또한 남방의 강국이자 당시의 패자국 역할을 하고 있던 초나라도 오나라를 함부로 대하지 못하였다.

당시 오나라와 국경을 접하고 있으면서, 오나라에 비해 국력이 미미(微微)하였던 월(越)나라는 제후국으로서 이제 겨우 중원에 이름을 알릴 때였다. 그러던 월나라에서 윤상(允常)이 왕위에 올랐다.

윤상은 왕위에 오르자마자 부국강병의 기치를 높이 내걸고, 월나라의 발전을 위한 방안을 기획하고 집행하였다.

월나라의 왕 윤상은 월나라를 군사적 경제적으로 강성하게 만들어가고도 있었지만, 중원의 각 제후국과의 동맹도 소홀히 하지 않았다. 이러한 월나라의 비약적 발전에 국경을 접한 오나라로서는 불안을 느끼고 위협을 받았다.

월나라가 좀 더 강성해지기 전에 위협이 될 수 있는 싹은 미리 잘라버려야 한다고, 오나라 왕 여채는 생각하였다. 오나라 왕 여채는 직접 군사를 이끌고 월나라를 침공하였다. 아직까지 오나라의 상대가 되지 못한 월나라는 단숨에 정벌되었고 오나라는 수많은 월나라 신료들과 백성들을 포로로 잡아왔다. 포로 중에는 월나라의 역사를 기록 정리하는 종인(宗人)들도 있었는데, 오(吳)왕은 월형, 즉 그들의 발뒤꿈치를 잘라버리는 형벌을 가하였다.

그러고는 잘 걷지 못하는 그들을, 오왕이 타고 다니던 여황(餘艎)이란 배를 지키게 하였다.

어느 날 여채는 배를 타고 가무(歌舞)를 즐기면서 술을 마셨는데 너무 많은 술을 마셔 만취하여 배 안에서 잠이 들어버렸다.

이때 배를 지키고 있던 월나라 종인이 잠이 든 여채의 곁으로 조용히 다가왔다. 그리고 그가 허리에 차고 있던 칼을 빼내어 그의 목을 쳐버렸다. 여채의 비명소리에 몰려온 군사들에게 종인은 단칼에 죽었지만, 여채 역시 이미 숨을 거둔 상태였다. 여채가 죽자 오나라의 왕위는 동생인 여말이 이어받았다.

막내 동생인 계찰은 형인 여말을 도와 중원의 여타 제후국들을 돌아다니면서, 외교적 부문에서 역할을 충실히 하였다. 오나라 왕 여말은 즉위 후 4년 만에 죽고 말았다. 이제는 계찰이 왕이 될 차례였지만 계찰은 왕의 자리를 극구 사양하였다.

조정의 신료들과 백성들이 계찰을 찾아가서 적극 권하였으나 계찰의 마음은 변하지 않았다. 할 수 없이 선왕(先王)인 여말의 아들 요(僚)를 왕으로 추대하였다.

계찰은 조카를 왕으로 모시면서 변함없이 외교적 측면에서 지원하였다. 계찰이 사신의 자격으로 진(晉)나라를 방문하였는데 그때 진나라의 대신인 조문자(趙文子), 한선자(韓宣子), 위헌자(魏獻子)를 만나보고는 앞으로 진나라의 모든 권력은 이들 세 명의 대신들이 가질 것이라고 말하였다.

계찰의 예상은 적중하였다. 진(晉)나라의 분열은 그때 이미 시작되고 있었다.

그리고 계찰은 당대의 석학(碩學)인 정나라 자산(子産)과 교류를 하였는데 정나라에서 자산을 만난 자리에서 계찰이 말하였다.

"천하 제후국들 중에서 아마도 정나라가 제일 먼저 망할 것 같습니다. 현재의 정나라 위정자들이 하는 사치와 허세를 보니 곧 재난이 닥칠 듯합니다. 그러면 정나라의 정권을 이어받을 사람은 자산 당신일 것입니다. 예법에 따라 국가를 신중히 다스리기 바랍니다. 만약 그렇지 않다면 정나라는 쉽게 몰락할 것입니다." 자산은 계찰을 극진히 대접하였다.

또한 진(晉)나라의 숙향 그리고 제나라의 안평중과 학문을 논하면서 천하를 두고 얘기하였다. 숙향을 만난 자리에서 계찰이 말하였다.

"선생께서 많은 노력을 하여야만 될 것 같습니다. 왕이 사치하고 신하들이 부유하니 장차 진나라의 정권은 세 가문에서 쥐락펴락할 것입니다. 숙향 선생께서는 현명하신 분이니 닥쳐올 재앙을 스스로 피할 방법을 강구하셔야 될 듯합니다."

숙향은 머리를 숙여 계찰에게 절을 하였다. 숙향의 아내는 굴무와 하희가 진나라에 망명한 후 결혼하여 낳은 딸이다.

계찰이 천하에 나가 처음으로 주나라를 방문하였을 때이다.

계찰은 주나라에서 주나라 학자들과 예(禮)와 시(詩)에 관하여 의견을 나누었는데 어떠한 주제에도 막힘없이 자기 생각을 피력하는 계찰을 보고 주나라 모든 학자가 존경하였다는 얘기가 전해지고 있다. 당시 주나라에는 도가의 시조인 노자가 주왕실의 서고에서 일하고 있을 때이었다. 그리고 계찰이 오나라 사신의 자격으로 천하 각국을 주유(周遊)할 때 오나라 북쪽의 국경 지역에 있는 서(徐)나라를 방문했는데 서나라 군주는 계찰을 극진히 대접하면서 환대를 하였다. 그러면서 계찰이 차고 있던 보검을 너무 마음에 들어 하였다.

계찰이 서나라 군주의 마음을 눈치채고는 나중 임무를 마친 후 돌아올 때 자신의 보검을 서나라 군주에게 선물해야지 하고 결심하였다.

수개월 후 계찰이 중원 각 나라를 방문한 뒤 돌아오는 길에 서나라에 들렀는데 그사이 서나라 군주는 사망하고 없었다. 계찰은 죽은 서나라 군주의 죽음을 애도하면서 자신이 차고 있던 보검을 나무에 걸어놓고 길을 떠났다. 수행하고 있던 시종이 계찰에게 물었다.

"서나라 군주는 이미 죽고 없는데 그 보검을 누구에게 주시려는 것인지요?"

계찰이 그 시종을 보며 대답하였다.

"이미 내가 보검을 서나라 군주에게 주기로 하였으니 보검은 나의 것이 아니다. 서나라 군주가 없다고 해서 나의 결심을 바꿀 수가 없지 않겠느냐."

계찰괘검(季札掛劍)이란 성어의 유래이다. 즉 한번 마음에 정한 것은 주변 여건에 상관하지 않고 변함없이 이행한다는 뜻이다.

이렇듯이 계찰의 학문과 인격은 백성들과 주변 제후들로부터 존경을 받을 정도로 훌륭하였다.

오나라가 월나라를 침공하여 수많은 월나라 사람들을 포로로 잡아오면서, 월나라를 복속할 즈음에, 중원의 세력 판도는 변함없이 초(楚)나라와 진(晉)나라의 다툼이 계속되는 상황이었다.

그러나 필(邲) 전투에서 진(晉)나라를 대파하고 승리한 초나라로 세력의 중심축이 기울어 있는 판세이었다.

조카를 제거한 후 초나라 왕위에 오른 초(楚) 영왕은 당시 초나라 대부였던 오거를 진(晉)나라에 사신으로 보냈다. 사신으로 간 오거는 제후국들을 소집하여 회맹을 하고자 하는 초(楚) 영왕의 뜻을, 진(晉) 평왕에게 위협적으로 전달하였다. 그리고 오거는 진 평왕의 딸을 초 영왕에게 시집보낼 것을 추가로 요구하였다.

진(晉)의 조정에서는 굴욕적인 조건에 반대하는 목소리도 있었지만, 진 평왕은 강력한 세력을 구축한 초나라를 무시할 수 없었기에 초나라의 모든 요구를 들어주었다. 초 영왕은 모든 제후국들에 사신을 보내 초나라 신(申) 지역에서 회맹을 한다고 통보하였다.

이때부터 초나라는 명실 공히 패자국의 위치를 확고히 하였으며, 초(楚) 장왕부터 시작된 중원의 패권 다툼에서 완전히 승리한 것이다.

오랜 기간 동안 패자국의 위치에 있었던 진(晉)나라는, 이때부터 세력이 급격하게 위축되었고 내부의 혼란으로 나라의 분열이 시작되었다. 초 영왕의 소집 요구에 응한 제후들이 신(申) 지역에서 회맹을 하였는데, 그때가 기원전 538년이었다.

회맹의 주요 안건은 제나라와 오나라에 관한 사항이었다.

당시 제나라의 대부인 경봉이 제나라 군주를 살해하고 오나라로 망명하였는데, 오나라에서는 경봉을 물리치지 않고 오히려 극진히 대접해주었다.

이러한 사실을 잘 아는 초(楚)의 대부인 오거는 회맹의 자리에서 경봉과 관련하여 상세히 보고하였다.

오거의 말을 모두 들은 초 영왕은 패자국으로서 이러한 불경한 사실을 모른 체할 수 없다고 하면서 제나라의 복수를 회맹에 참석한 모든 제후국에서 해주어야 한다고 주장하였다.

그리고 오나라를 공격하여 경봉을 사로잡아 제나라에 넘겨주는 것이 바로 패자가 해야 할 일이라 말하였다.

영왕은 참석한 모든 제후들의 동의 아래 오나라를 정벌한 후, 사로잡은 경봉을 제나라에 넘겨주지 않고 그와 일족 모두를 몰살해 버렸다. 초 영왕의 기세등등함은 하늘을 찌를 듯하였고, 오랜 세월 동안 중원의 패자 노릇을 한 진(晉)나라조차도 초나라의 기세 앞에 숨조차 쉴 수 없었다.

그 후 진(晉) 평왕은 약속대로 자신의 딸을 초 영왕에게 시집보내면서, 사절로 진나라의 대부 한기를 정사(正使), 부사(副使)로 숙향을 같이 보냈는데, 거만해진 초 영왕은 사절로 온 한기와 숙향을 노비로 삼아 버리겠다 하면서 호기를 부렸다.

한번은 오나라 왕 여말이 직접 군사들을 데리고 초나라 변방 지역에서 약탈하였는데, 이를 문제 삼아서 초 영왕은 오나라를 공격하였다. 중원의 제후국들과 월나라도 군사를 보내서 초나라를 지원하였다. 초나라 군대를 필두로 한 연합군은 질풍처럼 오나라를 공격해 들어갔으나, 오나라의 철통 같은 수비에 막혀 별 소득 없이 물러나고 말았는데, 이 전쟁은 초나라로서는 패한 것이나 다름없는 부끄러운 전쟁이었다.

거만한 행동과 말로 인해 주변 제후들로부터 핀잔을 받기 시작한 초 영왕은 점차 사치와 향락에도 빠져들기 시작하였다.

영왕은 장화대(章華臺)라는 큰 궁궐을 지은 후 전국에서 선발되어

온 미인들과 가무를 즐기며 향락에 빠져들었다.

미인들을 선발할 때 가장 첫 번째 요건은 허리가 가늘어야 한다는 것이었다.

이러한 이유로 장화대를 세요궁(細腰宮)이라고도 하면서 백성들은 빈정거렸다. 당시 초나라의 백성들은 남녀노소를 불문하고 잘록한 허리를 자랑으로 여겼으며, 또한 유행이 되었다. 초 영왕은 이러한 방탕한 생활을 하면서, 신하들의 재산을 빼앗고 심지어 큰 잘못도 없는데 죽이기까지 하였다.

초의 대부인 투위구와 그의 아들 투성연의 재산을 빼앗고, 위엄의 일가족 재산을 빼앗은 뒤 위엄을 죽였다.

이러한 행동을 하는 초 영왕에게는 당연히 많은 적이 생겼는데, 영왕의 동생 기질(棄疾)은 채(蔡)나라를 다스리고 있다가 형인 영왕의 횡포를 보다 못해 반란을 일으켰다.

기질의 반란 소식을 들은 위엄의 후손들과, 투위구 일족들도 반란군에 합류하여 기질을 지원하였고, 월나라도 군사를 보내어 기질을 도와주었다. 반란은 성공하였고 초 영왕은 도망치다가 객사하였다.

채공(蔡公) 기질이 초나라의 왕위에 오르니 그가 바로 초 평왕이었다. 초 평왕은 즉위 후 자신을 도와준 망국 진(陳)나라와 채(蔡)나라를 복원시켜 왕통을 이어 가게 하였으며, 영왕에 의해 잡혀 와서 포로 생활을 하고 있던 호나라, 허나라, 심나라 백성들을 각자의 나라로 돌려보내 주었다. 사실 그 당시 반란이 성공할 수 있었던 것은 반란의 시기가 초나라 대군이 서나라를 정벌하기 위해 출병한 시점이었기 때문이다.

출병한 초의 대군은 초 영왕이 서거하였다는 소식을 듣고 급히 귀국하다가, 오나라의 광(光)이 이끄는 군대의 기습 공격을 받고 전멸하다시피 대패를 하였다.

　당시 오나라의 광은 치고 빠지는 게릴라전의 고수(高手)였다.

　초 평왕은 재위 기간 내내 끊임없이 공격해 들어오는 광의 공격에 혼(魂)이 나갈 정도였다. 초나라의 상대국은 중원의 어떠한 나라도 아니고 바로 오(吳)나라였다.

　공자 광은 초나라의 간담을 서늘하게 하고, 오나라가 초나라와 대등하게 전투를 할 수 있는 강국으로 만들었는데, 공자 광은 훗날 오왕 요(僚)를 살해하고 왕위에 오른 유명한 오왕 합려(闔廬)이다.

　한편 오나라와의 잦은 싸움에 지쳐가던 초 평왕은 서북의 강호인 진(秦)나라와 유대 관계를 맺기 위해, 초나라 태자인 건(建)과 진(秦)나라 공주의 혼인을 추진하였다. 그때 태자 건의 나이는 15세였다.

　초나라의 청혼을 받은 진(秦)나라에게도 남방의 강호이자 패자국인 초나라와의 관계는 무엇보다도 중요하였다. 그래서 조정 신료들의 의견을 물어본 바 모두가 초나라와의 혼사는 국익에 도움이 된다는 의견이었다.

　기원전 523년 진(秦) 애공은 자신의 여동생 맹영을 초나라 태자 건의 배필로 출가시키기로 결정하고 초나라에 통보하였다.

　청혼 수락을 통보받은 초 평왕은 대부 비무극(費無極)을 진(秦)나라에 보내 예의를 갖추었다. 비무극은 초나라 태자 건의 소사부(少師父)이었고, 사부(師父)는 오사(伍奢)이었다.

　오사는 오자서(伍子胥)의 아버지이다.

　태자 건은 사부인 오사는 존경하며 따랐으나, 아버지인 초 평왕 옆에서 가무를 권하는 간신 비무극을 얕보며 따르지 않았다. 두 사람은 사이가 좋지 않았기 때문에 비무극은 후일 태자 건이 왕위에 올랐을 때를 생각하면 걱정이 태산이었다. 비무극은 초 평왕과 아들 건의 관계를 이간질하기 위해 계략을 꾸몄다.

비무극이 폐백(幣帛)을 가득 가지고 진(秦)나라를 갔을 때 얼핏 본 맹영은 대단한 미인이었다. 비무극은 맹영이 미인임을 알고 초 평왕에게 맹영을 취하도록 하고, 태자 건의 아내 즉 태자비로는 맹영을 따라온 잉첩(媵妾) 중 미모가 뛰어난 여자를 한 명 선정하였다.

초 평왕은 비무극의 얘기를 듣고는 고개를 끄덕였다.

본래 여자를 좋아하는 평왕은 며느리가 될 여자가 미인이라는 말을 듣고는 자신의 부인으로 취한 것이다.

초 평왕은 맹영을 정부인으로 맞이하고 태자 건의 어머니인 채희를 친정인 채나라로 돌려 보내버렸다.

세상에 비밀은 없는 법, 태자 건은 나중에 이 사실을 알았지만 어찌할 도리가 없었다. 그런데 문제는 엉뚱한 곳에서 불거져 나왔다.

시아버지가 될 뻔한 초 평왕과 결혼한 맹영이 아들 웅임(熊壬)을 낳았는데, 맹영은 웅임을 후계자로 삼기 위해 모든 수단을 동원하였다. 맹영과 입장이 같은 비무극은, 성보(城父) 지역을 다스리면서 중원의 제후국들과 대적하고 있는 태자 건이 사부인 오사(伍奢)와 함께 반란을 획책하고 있다면서 모함하였다.

태자 건의 성품을 익히 알고 있던 초 평왕은 비무극의 말을 믿지 않고, 성보에 있는 오사를 급히 오라고 하여 진상을 물었다.

반란을 도모하였다는 평왕의 말을 들은 오사는 답답한 마음에, '어찌하여 간신의 말을 믿으십니까?' 하며 평왕에게 따지듯 물었다.

거듭되어온 비무극의 반란 관련 얘기에 극도로 긴장하고 있던 초 평왕은, 오사의 발끈한 대답에 화가 나서 오사를 옥에 가두고 태자 건을 폐위했다. 그 후 신하 분양(奮揚)을 보내어 태자 건을 죽이라고 명하였다. 분양은 출발하기 전에 먼저 태자에게 사람을 보내 급박한 상황을 알린 뒤 빨리 몸을 피하라고 전하였다. 태자 건은 송나라로 급히 피신하였다.

비무극의 간계는 여기서 그치지 않고 그의 눈은 오사의 일족들에게 향하였다.

비무극은 오사의 자식들이 매우 똑똑하니 후환을 없애기 위해 오사와 그의 자식들을 처형해야 한다고 평왕에게 청하였다.

평왕은 오사에게 명하여 오사의 두 아들을 불러오게 하면서, 만약 말을 듣지 않으면 죽이겠다고 협박하였다.

오사가 말하였다.

"큰아들 상(尚)은 성품이 어질고 효심이 깊어 내가 부르면 당장 뛰어올 것이나, 둘째 아들 원(員)은 모질고 사나운 성품에다가 모두가 잡혀 죽으리라는 것을 알고 있기에 오지 않을 것입니다." 원(員)은 오자서의 자이다.

오사의 말을 들은 평왕은 일방적으로 명을 내렸다.

"오사의 두 아들은 들어라. 나의 명령대로 궁으로 들어오면 오사를 살려줄 것이며, 명에 따르지 않으면 너희 아버지를 죽일 것이다."

형 오상은 평왕의 명에 따라가려고 하였으나 동생 오자서가 만류하였다.

"평왕이 우리를 부르는 것은 우리 아버지를 살려주기 위해서가 아니고 우리 모두를 죽여, 후환을 없애자는 흉계(凶計)입니다. 우리가 가게 되면 삼부자 모두가 처형당할 것입니다.

그러면 누가 원수를 갚을 수 있겠습니까?

각자 초나라를 떠나 힘을 키운 후 아버지의 원수를 갚는 것이 도리라고 생각합니다."

오상이 대답하였다.

"만약 우리가 가더라도 아버지의 목숨에 대해서는 자신할 수 없다는 것을 나도 안다.

그러나 자식 된 도리로서 어찌 아버지 목숨이 달려 있는데 모른 체한다는 말이냐. 도망가서 훗날 원수도 갚지 못하면 천하에 웃음거리가 될 것을 생각하니 한숨이 나오는구나.

나는 아버지 곁으로 갈 것이다. 그리고 아마도 죽을 것이다.

너는 원수를 갚을 충분한 능력이 있으니 여기서 몸을 피신하도록 하여라."

오사의 큰아들인 오상(伍尙)은 입궁하자마자 바로 감옥에 갇혔고, 오사의 둘째 아들 오원(伍員)은 재빠르게 몸을 피해, 태자 건이 망명한 송나라로 도망갔다. 오원은 바로 오자서(伍子胥)이다.

오자서가 무사히 피신하였다는 얘기를 들은 아버지 오사는 죽기 전에 한마디 하였다.

"앞으로 초나라 임금과 신하들은 전쟁으로 많은 고통을 받을 것이다."

오사와 그의 큰아들 오상은 억울하게 참수(斬首)되었다.

송나라에 가서 태자 건(建)을 만난 오자서는 다시 정나라로 거처를 옮겼다. 당시 송나라의 상황이 안정되지 못하고, 망명 생활을 하기에는 입장이 편치 않았다.

정나라 정공은 건의 얘기를 듣고는 정나라의 군세가 약해 도와줄 수 없으니, 진(晉)나라에 가서 도움을 청해 보라고 권하였다.

홀로 진(晉)나라로 간 건은 앞뒤 사정을 얘기하면서 복수를 할 수 있도록 지원을 요청하였다. 이 얘기를 들은 진 경공과 신료들은, 오히려 건(建)을 이용하여 정나라를 침공할 계획을 세웠다.

진(晉)나라의 계략에 넘어간 건은 정나라로 돌아가서, 정나라의 내분을 유도하면서, 또한 정나라 신료들을 매수하여 자기편으로 만들었다. 그리고 진(晉)나라가 정나라를 공격해 올 때 내부에서 응(應)할 준비를 하였다. 이러한 사실을 눈치챈 정나라 정공(定公)은 분노하였다.

건(建)을 불러 같이 술을 마시는 척하면서, 잠복해 있던 병사들로 하여금 건을 살해하였다. 건이 살해되었다는 소식을 들은 오자서는 건의 아들 승(勝)을 데리고 오(吳)나라로 도망갔다.

오나라와 접경(接境) 지역인 소관(昭關)에 도착하였을 때 소관을 지키고 있던 병사들이 오자서를 잡으려고 하였다.

어린 승과 함께 급히 도망쳐 강에 도착하였는데 그때 어부 한 사람이 배를 저어 오자서 곁으로 다가왔다. 멀리 추격해오는 병사들이 보였다. 위급한 상황이었다.

어부 덕분에 무사히 강을 건너 구사일생으로 살아난 오자서는 어부에게 자신이 차고 있던 칼을 주면서 감사의 표시를 하였다.

오자서

"이 칼은 값이 백금이 넘을 것입니다. 생명을 구해주신 은혜에 보답하는 뜻으로 드리니 받아주시기 바랍니다."

어부는 고개를 저으면서 칼을 받지 않고 말하였다.

"초나라에서는 당신의 목에 곡식 오만 석을 현상금으로 걸었습니다. 그리고 집규(執珪)의 벼슬까지 준다고 합니다. 내가 재물을 탐하였다면 어찌 백금의 칼 한 자루 정도이겠습니까?"

기원전 522년 우여곡절 끝에 오나라에 도착한 오자서는 오나라 왕 요(僚)를 만나서 천하의 세력 구도와 그에 따른 대응책을 설파하였다. 오왕 요는 오자서의 정세 판단과 논리에 감탄하였다.

그러나 오나라의 공자 광(光)은, 오자서의 계책에 속지 말라 하면서 오왕 요에게 말하였다.

즉 오자서가 초나라를 공격하자는 이유는 자신의 복수를 하자는 것이지, 결코 오나라를 위한 것이 아니라는 것이다.

이러한 설전과 의심 속에서 오자서와 공자 광은 서로를 알아보고 인정하였다. 먼저 오자서는 공자 광이 포부를 펼치는 데 도움이 될 만한 장수를 추천하였는데, 그가 바로 자객(刺客) 전제(專諸)였다.

오자서와 전제는 오추 지역에서 만난 사이로 의기투합하여 의형제가 되었다. 전제가 광을 만난 자리에서 오왕 요의 부덕함을 얘기하자, 광이 대답하였다.

"오왕 요는 품성이 탐욕스럽고, 덕이 부족하여서 한 나라를 다스리기에는 역부족이니, 이것이 현재 오나라가 안고 있는 가장 큰 문제점이다.

이 문제점을 해결하기 위해 나는 목숨도 내걸었고, 또한 같이 힘을 합쳐 문제를 풀어나갈 사람을 찾고 있다."

전제는 오왕을 제거하기 위해서 오왕이 즐겨 먹는 적어(炙魚), 즉 생선구이 요리를 배웠다. 태호(太湖)에서 석 달 만에 생선구이 요리를 모두 배운 후, 광(光)에게로 돌아갈 때를 기다리고 있었고, 오자서 역시 광이 마련해준 한적한 시골에서 때를 기다리고 있었다.

지금까지 중원에서 벌어진 힘의 다툼에서 그 이름을 들을 수 없었던 오(吳)나라가, 광 그리고 오자서, 전제에 의해 천하제패를 이루어내는 연극의 막이 서서히 오르고 있었다.

한편 초나라의 평왕은 오나라와 한참 전쟁 중인 기원전 516년 갑자기 병세가 악화하여 위독한 상태가 되자 나이 어린 태자 웅임이 걱정되어, 영윤(令尹) 자상과 서자(庶子)이지만 공자 중 나이가 제일 많은 공자 신(申)을 불러 태자를 잘 보필하여 달라고 당부한 후 얼마 지나지 않아 서거하였다. 오나라에 망명해 있던 오자서는 초 평왕이 죽었다는 소식을 듣고는 대성통곡을 하면서 자신의 손으로 평왕을 죽이지 못한 것을 원통해하였다. 초 평왕의 유언을 직접 들은 영윤 자상은 초나라의 후계자 문제로 고민하다가 초의 대부인 극완(郤宛)과 상의하였다.

그리고는 조정의 안정을 위해 나이가 어린 태자 웅임보다는 나이도 적당하고 인품이 뛰어난 공자 신(申)을 후계자로 정하고자 하였다. 이러한 소식을 들은 공자 신(申)은, 선왕의 유언을 무시한 처사로 결코 자신은 왕이 되지 않겠다고 하면서, 오히려 자신을 왕으로 추대하고자 했던 영윤 자상을 사형해야 한다고 주장하였다. 이에 자상을 비롯한 조정 신료들은 태자 웅임을 왕으로 추대하였다.

이가 바로 초나라 소왕(昭王)이다.

초 평왕이 죽고 태자 웅임이 즉위하는 등 초나라 조정은 안정되지 못하고 우왕좌왕하였다.

오자서는 이러한 기회를 놓칠 수 없다 하면서, 오나라 공자 광(光)에게 계책을 말하였다.

"초나라를 공격하기에는 지금이 최적기입니다. 그런데 초나라를 공격하자고 하면, 오왕 요는 항상 그리하였듯이 공자(光)를 대장으로 하여 군대를 통솔하도록 할 것입니다.

공자께서는 실수로 수레에서 떨어져 다리를 다친 것으로 가장하십시오.

그리고 오왕 요를 만나 다리를 다쳐 출정할 수 없으니, 동생 엄여(掩餘)와 촉용(燭庸)을 대장으로 하여 초나라를 공격하도록 하며 오왕 요의 아들인 경기(慶忌)를 정나라와 위나라에 사신으로 보내 전쟁 지원을 받을 수 있도록 하자고 건의하십시오.

그러면 천하의 패자가 되고 싶어하는 오왕 요는 거절하지 못할 것입니다."

오왕은 공자 광(光)이 말하는 대로 신료들에게 지시하였고, 오왕을 보필하며 지켜주던 근신(近臣), 즉 엄여, 촉용, 경기 세 명이 오나라에서 출병한 후, 공자 광(光)은 전쟁의 승리를 축원한다면서 오왕을 자기 집으로 초대하였다. 오왕은 수많은 군사를 데리고 광의 집으로 행차하였으며 드디어 연회가 시작되었다. 적당한 때를 기다리고 있던 전제가 생선구이 요리를 들고 오왕의 곁으로 접근했다.

오왕 요의 곁에는 수많은 무사들이 철통 같은 경호를 하고 있었지만, 전제는 생선 요리를 식탁에 놓으면서 생선 밑에 숨겨둔 비수로 오왕 요의 목을 찔러 죽였다. 그리고 전제는 그 자리에서 잡혀 죽었다.

요(僚)를 죽이고 기원전 515년 왕위에 오른 광은 문무백관이 모인 자리에서 자신은 반란을 일으킨 것이 아니고 왕위를 형제 순으로 승계하라고 한 선왕 수몽의 유언을 거역한 요의 죄를 물어 처단한 것이고 삼촌 계찰이 돌아오면 선왕의 유지대로 삼촌 계찰에게 왕위를 돌려줄 것이라 하였다.

얼마 후 진(晉)나라에 있던 계찰이 오나라로 돌아오자, 오왕(吳王) 광은 삼촌 계찰에게 왕위를 물려주려고 하였으나 과거 선대 왕 수몽이 왕의 재목으로 인정하고 조정 신료들과 백성들이 인품을 칭송(稱頌)하였던 계찰은 역시 현명하고 생각이 깊은 사람이었다. 계찰은 왕의 자리를 극구 사양하면서 말하였다.

"조상들에게 제사를 잘 지내고 백성들이 군주를 우러러보며 잘 따르고 있으며, 토지와 곡식의 신(神)이 돌보는 군주가 진정한 군주이니, 나는 조카 요의 죽음을 슬퍼하며 새로운 왕을 받들며 하늘의 뜻을 따를 뿐 그 누구도 원망하지 않는다. 그리고 더 이상 할 말이 없다."

그러고는 요의 무덤을 찾아가 통곡을 하면서 요의 영혼을 달래어 준 후, 돌아와서 조카인 오왕 합려, 즉 광을 모시면서 그의 명을 받들었다. 계찰의 현명한 판단으로 왕위를 두고 생길 수 있는 조정 신료들 간의 알력은 없어지고 정리가 되었으며, 광은 이제 누구도 탓할 수 없는 명실상부한 왕이 되었다.

합려가 오자서, 손무와 함께 초나라를 정벌하다

왕이 된 광(光)은 이름을 합려(闔廬)로 바꾸었다.

그는 즉위 즉시 오자서를 조정의 고문으로 임명하여, 국정 전반을 오자서와 함께 논의하고 결정하였으며, 또한 초나라에서 망명해온 백비를 나라의 대부로 임명하여 정치, 외교, 국방 전반에 걸친 양대 축을 구축하였다. 당시 오자서와 같은 목적으로 정치를 하였던 백비는 훗날 오자서의 앞길을 막는 사람으로 역사에 기록된다.

그리고 오왕 요(僚)를 제거하기 위해서 자신의 목숨을 버린 전제의 아들에게 경(卿)의 벼슬과 함께 식읍을 내렸으며, 전제의 장례식을 엄숙하면서도 성대히 지내도록 명하였다.

논공행상이 끝나고 조정이 안정되자 오자서는 오나라의 군사력을 증대시키기 위해, 오랜 세월 이름을 드러내지 않고 초야(草野)에 묻혀 지내던 병법가 손무(孫武)를 오왕 합려에게 추천하였다.

손무는 자신이 저술한 병서인 손자병법(孫子兵法) 13편을 오왕 합려에게 바치면서 오나라의 천하제패에 동참하였다.

손무(孫武)의 삼령오신(三令五申)

손무

손무는 제(齊)나라 사람으로 산동성의 낙안(樂安) 출신이다. 장경(長卿)이 자(字)이다

본래 진(陳)나라 공자인 진완(陳完)의 후손인데, 진완이 정변으로 제나라에 망명하면서, 성을 전(田)으로 바꾸었다.

그 후 손무의 할아버지 전서(田書)가, 제나라와 거(莒)나라의 전쟁 때 큰 공을 세우자 제 경공이 낙안을 식읍으로 하사하면서 손(孫)씨 성도 함께 부여하였다. 손무는 병법의 신으로 천하제일의 병법서인『손자병법』13편을 저술하였으며, 병성(兵聖) 혹은 무성(武聖)으로 불리기도 한다. 그는 춘추시대 오왕 합려의 부름을 받고 합려를 도와 천하의 패권을 잡는 데 일조를 한다.

오왕 합려는 손무를 시험하고자 궁중의 미녀 180명을 집합시켜 놓고 손무의 병법을 적용토록 하였다. 손무는 이들 180명을 2개의 부대로 구분 편성한 뒤 각 부대의 통솔자로 오왕이 제일 아끼는 궁녀 두 명을 선정하였다.

2개의 부대로 편성된 궁녀들을 향해 손무가 세 번에 걸쳐 명령을 하고 다섯 번에 걸쳐 명령의 내용을 설명하는 것, 즉 삼령오신(三令五申)을 하자, 180명의 궁녀들은 손무의 지시에 그냥 깔깔거리며 웃기만 하고 장난을 쳤다. 이에 손무는 이들을 군법으로 다스려 통솔자로 선정된 두 명의 궁녀를 참수(斬首)하였다. 이후 궁녀들은 오와 열을 맞추며 절도 있게 움직이며 손무의 호령에 따랐다고 한다.

손무의『손자병법』은 동서고금을 막론하고 최고의 병법서로 인정받고 있다.

오자서의 복수. 일모도원(日暮途遠)과 굴묘편시(掘墓鞭屍)

한편 오자서의 계책에 의해 초나라를 공격하기 위해 출병하였던 공자 엄여와 촉용은, 내란으로 오왕 요(僚)가 죽었다는 말을 듣고는 도망가 버렸다. 그리고 대장이 도망가 버린 오나라 군사들은 우왕좌왕하다가 초나라 대장 극완(郤宛)에게 대부분 포로로 잡히고 말았다.

엄여와 촉용은 도망 다니다가 초나라에 투항하였으며 초나라에서는 엄여와 촉용을 받아들여 서 지역을 다스리도록 하였다.

당시 즉위한 지 얼마 되지 않고 나이도 어린 초나라 소왕(昭王)은 안절부절못하다가, 극완이 전쟁에서 대승을 하였다는 소식에 크게 기뻐하며 이후 조정의 대소사 일체를 극완과 상의하여 결정하였다.

극완은 성품이 원만하면서도 정직하여 많은 사람들이 그를 좋아하고 따랐다. 그러나 항상 시샘을 하는 사람들도 있는 법이라, 조정의 실세가 되어가는 극완에게 질투와 두려움을 느낀 언장사(鄢將師)가 간신 비무극을 충동질하여 극완을 제거하기로 하였다.

두 사람은 재물을 좋아하는 영윤 자상에게 뇌물을 바치고 극완을 모함하여 마침내 극완은 반란 혐의로 사형당하고, 반란에 가담하였다는 누명을 쓴 대신 백주리 역시 사형을 당하였다.

극완의 절친한 친구이자 백주리의 손자인 백비는 급히 오나라로 피신하였다. 그 후 극완을 모함한 언장사와 비무극은 궐기한 초나라 백성들에 의해 저자 거리에서 효수(梟首)되었지만, 탐욕스러운 자상은 이번에도 무사히 영윤의 자리를 지킬 수 있었다.

한편 오왕 합려는 즉위 3년이 되는 해에 오자서와 백비를 앞장 세워 초나라를 공격하였다. 먼저 서 지역을 침공하여 그곳을 다스리고 있던 촉용과 엄여를 죽인 후, 초나라 도성인 영(郢)까지 공격하려 하였으나, 손무의 만류에 공격을 멈추었다.

손무는 '지금 계속되는 전쟁으로 백성들이 많이 힘들어하고 있으니, 지금은 때가 아니다.'라고 하였다.

그러나 그 후 전쟁은 계속되어, 오나라는 육나라와 첨나라를 정벌하였으며, 초(楚) 자상과 공자 낭와가 이끌고 온 초나라 대군과 예장

(豫章)에서 격돌하여 대승을 거두고 거소(居巢) 지역을 함락시켰다.

그로부터 3년이 지난 후 오왕 합려는 오자서와 손무, 그리고 백비를 불러 초나라 정벌에 관한 의논을 하였다.

합려는 이들과의 회의를 마치고, 지금이 초나라 정벌의 적기라고 결론지었다. 그리고 먼저 회의에서 거론된 채(蔡)나라, 당(唐)나라와 연합 전선을 구성하기로 하였다.

당시 초나라는 욕심 많은 영윤 자상의 오랜 횡포와 장기 집권에 따른 조정의 내분, 주변 나라들과의 관계 불안으로 정치가 안정되지 못한 상태였다. 자상의 탐욕은 끝이 없어서 초나라 정치의 모든 것은 자상에게 바치는 뇌물에 의해 결정될 정도였다.

결국 이러한 자상의 탐욕은 후일 초나라 패망의 도화선이 되었는데, 그 전말은 이러하였다.

기원전 507년 초나라의 속국인, 채나라 군주인 소공(昭公)이 패옥 두 개와 갖옷 두 벌을 직접 가지고 와서 초나라 소왕에게 바쳤는데, 패옥과 갖옷을 본 초나라 영윤 자상이 탐이 나서 채 소공에게 사람을 보내 남은 패옥 한 개와 갖옷 한 벌을 자기에게 달라고 부탁하였다. 이에 채 소공은 자상의 부탁을 거절하였다.

비슷한 시기에 당나라 성공(成公)이 숙상마(鼎爽馬) 두 필을 가지고 와서 초 소왕에게 인사를 하였는데 자상이 털이 비단같이 부드럽고 날쌔고 힘이 좋은 숙상마가 탐이 나서 당 성공에게 한 마리를 달라고 부탁을 하자 성공도 자상의 부탁을 거절하여 버렸다.

화가 난 자상은 초 소왕에게, 채나라와 당나라는 오나라와 내통하고 있으니 후환이 걱정된다고 하면서 마침 두 나라 군주가 거짓 충성으로 선물을 가지고 들어와 있으니, 이번 기회에 이들 군주들을 포로로 잡아 억류하는 것이 좋을 듯하다라고 하였다.

결국 채 소공과 당 성공은 포로로 잡혀서 2년 동안 억류되어 있다가 자상에게 패옥, 숙상마 등을 바친 후에야 귀국할 수 있었다.

억류 2년 동안 복수심에 치를 떨었던 채나라 소공은, 귀국 즉시 강국인 진(晉)나라를 찾아가서 억울함을 호소하고 초나라를 응징(膺懲)해달라고 부탁하였다.

진 정공(定公)은 이러한 상황을 주나라 천자에게 보고하고 초나라를 정벌하고자 하였다.

천자인 주나라 경왕(敬王)은 전체 제후국들에게 초나라 정벌을 명하였고 기원전 506년 봄에 춘추시대 최대의 연합군이 조성되었는데, 초나라 정벌을 위한 소릉(昭陵)의 회맹에 참석한 제후국의 수가 무려 18개국이었다. 그러나 연합군의 실상은 모래알 같은 조직이었다. 외견으로는 최대의 연합군이었지만 진(晉)나라를 제외하고는 모두 세력이 약한 소국이었고 그나마 전체 연합군을 이끌어 나갈 진나라의 대부 순인도 탐욕스러운 사람이라, 채나라 소공에게 몰래 사람을 보내 패옥과 갖옷을 요구하였는데 순인이 요구하는 내용은 이러하였다.

"이번 전쟁은 채나라의 요구로 야기(惹起)된 전쟁이고 우리는 채나라를 위한 회맹에 참석하기 위해 천 리 길도 마다치 않고 달려왔습니다. 그리고 앞으로 목숨도 내놓을 판인데 채나라 입장에서 아무런 보상도 하지 않고 모른 체하면 안 되지 않습니까?"

결국 뇌물을 달라는 내용이었다. 채 소공은 일언지하에 거절하였고 화가 난 진나라 대부 순인은 장마를 핑계 삼아 움직이지 않았다.

결국 연합군은 태동도 못하고 용두사미(龍頭蛇尾) 꼴이 되고 말았다.

당시 소릉(昭陵) 회맹에 참석하라는 진나라의 지시를 거역하고 참석하지 않은 침(沈)나라를 진나라의 입장에서 그냥 두고만 볼 수 없어, 채나라에 명하여 침나라를 정벌하라고 하였다.

다급해진 침나라는 초나라에 구원 요청을 하였고 침나라로 부터 구원 요청을 받은 초나라는 채나라를 공격하여 들어갔다.

한편 이러한 정황을 상세히 파악하고 있던 오자서는 백비와 함께 초나라를 공격할 방안을 모색하였는데, 그때 초나라로부터 공격을 받아 궁지에 몰린 채나라에서 지원 요청이 왔고, 또한 당나라에서도 합세의 뜻을 전해왔다. 오자서와 백비는 복수의 칼날을 세우며, 오왕 합려에게 지금이 초나라 정벌을 할 수 있는 절호의 기회임을 주청하였다. 드디어 초나라 정벌의 기치(旗幟)를 높이 세우고, 기원전 506년 겨울 오왕 합려는 오자서와 백비, 그리고 천하제일의 병법가 손무를 앞세워 채나라와 당나라 연합군과 함께 초나라를 공격해 들어갔다.

전쟁은 막상막하로 치열하였으며, 세 번의 전투에서 모두 승부가 나지 않았다.

초나라와 오나라는 지금의 호북성 백거(栢擧)에서 서로 대치하였는데, 오왕 합려의 동생 부개(夫槩)가 오왕 합려의 허락 없이 돌격대 5천명을 이끌고 기습 공격을 무단으로 감행하였고 이것이 대성공을 거두었다.

대승의 기세로 오나라 군사는 물밀 듯이 초나라를 정벌하였다.

뒤이어 벌어진 다섯 번의 전투에서 모두 승리한 오나라 군대는 드디어 초나라의 도읍지인 영(郢)을 공격하였다.

그해 11월 초나라 소왕은 도읍지를 버리고 운몽(雲夢)으로 피신하였는데, 이는 소왕 10년에 일어난 일이었다. 소왕이 운몽 지역으로 들어설 때 도적들의 공격을 받았고 이에 놀라고 기가 죽은 소왕은 급히 행선지를 바꾸어 운(鄖)으로 도망하였다.

운의 영주인 운공(鄖公)은 초 소왕을 받아주었으나 운공의 동생 회(懷)는 초 소왕을 죽이려고 하였다. 과거 초 평왕이 운공과 회의 아버지를 처형하였기 때문이었다. 분노에 찬 회가 형 운공에게 말하였다. "초나라 평왕이 우리의 아버지를 죽였으니 나도 그의 아들을 죽이는 것이 당연한 일이 아니겠습니까?"

운공은 동생 회가 초 소왕을 죽일 것이 두려워 소왕을 데리고 수(隨) 지역으로 피신하였다.

이로써 수백 년 동안 남방을 다스리면서 중원의 강국들과 패자의 자리를 놓고 다툼을 벌이던 초나라가 신흥 강국 오나라에 의해 함락되는 놀라운 일이 일어났다.

오나라 왕으로 즉위한 지 9년 만에 초나라를 정벌한 합려는 장화대에서 연회를 베풀고 전투에서 공이 큰 장수들을 치하하였다.

이때 오자서가 눈물을 흘리면서 합려에게 청을 하였는데, 이미 죽은 초나라 평왕의 시체에 매질을 하여 쌓인 원한을 풀고 싶다고 하였다. 합려는 그까짓 일이 별것이야 하면서 허락하였다.

오자서와 백비는 그 길로 초 평왕의 무덤을 파헤쳐 시신을 끄집어낸 다음 시신에다 매질을 하고 발길질을 하였다.

오자서와 백비는 평왕의 시신을 함부로 땅바닥에 던져놓고는 구리로 만든 구절편으로 각자 삼백 번의 채찍질을 하였으며, 분(忿)이 풀리지 않은 오자서는 평왕의 배를 밟고 시신의 눈 쪽을 후벼 파면서 큰 소리로 평왕을 꾸짖었다고 전해진다. 갈가리 찢어진 평왕의 시체는 벌판에 버려졌다.

이것이 굴묘편시(掘墓鞭屍)란 성어의 유래이다. 즉 묘를 파헤쳐 시체에 채찍질을 한다. 가혹하고 처절한 복수를 뜻한다.

아버지와 형이 초 평왕에 의해 죽었고, 혼자 간신히 도망쳐 오나라로 망명한 후 오직 복수만을 생각하며 살아온 오자서의 일대기는 중국의 유명한 경극(京劇)인 《어장검(魚藏劍)》을 통해 잘 전해지고 있다.

과거 오자서가 초나라에 거주할 때 친한 친구가 있었는데, 그 친구는 신포서(申包胥)이다. 신포서는 과거 오자서가 초나라에 복수할 뜻을 친구인 자신에게 말하자 안타까워하면서 말하였다.

"초나라에 복수한다는 친구의 뜻에 동감을 하면 나는 조국에 불충한 사람이 될 것이고 반대를 하면 친구 간의 의리를 저버리는 사람이 되니, 나는 나의 길을 가고 오자서 자네는 자네 갈 길을 가길 바라네. 그리고 오자서 자네가 초나라를 정벌하고자 하면 나는 초나라를 지킬 것이고 자네가 초나라를 위험에 빠뜨리고자 한다면 나는 초나라를 안정되고 평안한 나라로 만들고자 할 것이다."

당시 오나라의 공격에 신포서는 산속으로 숨어 피신하였는데, 오자서가 죽은 평왕의 시신에다 매질을 한다는 소식을 듣고서 사람을 보내 오자서의 행동이 과(過)하다며 꾸짖었다.

평왕의 신하로서 한때 평왕을 모신 사람이 이미 고인이 된 평왕의 시신에다 매질하며 욕보이는 것은 아무리 생각해도 정도가 지나치니, 이렇듯 하늘의 도리에 어긋난 악행을 하면 반드시 하늘의 응징이 있을 것이라 하였다. 이 말을 들은 오자서는 편지를 갖고 온 사람에게 자신의 말을 신포서에게 전해달라 하였다.

"해는 지고 갈 길이 멀어서, 하늘의 도리를 따르지 못하고 여타 방법을 선택할 여유가 없다."

일모도원(日暮途遠), 즉 해는 저물어가는데 갈 길은 멀다. 할 일은 많은데 시간이 없어 편법을 쓸 수밖에 없음을 뜻하는 성어가 생긴 연유이다. 또한 도행역시(倒行逆施)도 잘못된 길을 가거나 도리에 어긋난 일을 함을 뜻하는 성어의 연유이다.

초나라 소왕이 피신한 상태에서 초의 도읍지 영(郢)을 점령한 오나라 군사들은 온갖 만행을 저질렀다. 합려는 초나라 소왕의 부인들을 겁간하고, 오자서 등 장수들은 초나라 신료들의 부인들을 겁간하였다고 일부의 기록에서 전해진다.

당시 초 소왕과 호위병들만 도성을 벗어나 피신하였지만, 대부분의 중신들과 가족들은 미처 피신하지 못한 채 도성이 함락되었다.

오자서의 평왕 시신에 행한 매질과 오나라 장수들의 부녀자 겁간 등의 만행을 지켜보다가 도저히 참지 못한 신포서는 진(秦)나라를 찾아가서 애공(哀公)에게 구원을 요청하였으나, 애공은 작금의 상황을 고려할 때 도저히 지원할 수 없는 처지라 받아들일 수가 없다고 하였다.

애공이 거절하자 신포서는 애공의 궁궐 앞에서 밤낮으로 이레 동안 울었다. 그치지 않는 신포서의 울음소리에 진 애공의 마음이 흔들렸다. 그는 병거 오백 승(乘)를 지원함과 동시에 진나라 군대를 직접 보내, 초나라 군대와 연합군을 조성하여 직 지역에서 오나라 군대를 격파하였다. 오나라 군대가 초나라의 도읍지를 함락하였을 때, 약탈과 방화, 강간 등 수많은 악행을 저질렀음은 각종 역사 기록을 보더라도 사실인 것 같다.

만약 그때 오나라가 초의 도성인 영(郢)을 점령하였을 때, 치안을 유지하면서 초나라의 백성들의 안전과 생명을 보호하여주었다면 오나라의 패권은 좀 더 오랫동안 유지될 수도 있었을 것이다.

한편 오왕 합려는 초나라를 정벌한 뒤, 오나라로 돌아가지 않고 초의 도성인 영에 오랫동안 거주하면서 가무를 즐기며 승리의 기쁨을 만끽하고 있었다. 그때 합려의 동생인 부개(夫槩)가 절수에서의 전투에서 패한 문책이 두려워, 휘하의 군사들을 이끌고 무주공산(無主空山)인 오나라로 돌아가서 오왕(吳王)을 자처하였다.

오왕 합려는 분개(憤慨)하여 군대를 자신의 나라인 오나라로 보내 부개를 격파하였다. 이러한 오나라의 내분을 틈타 피신해 있던 초소왕은 군사들을 정비한 후 오나라 군대를 공격하여 도읍지인 영을 수복하였다.

합려의 동생 부개는 초나라로 피신하였고 초 소왕은 부개를 환대하였다.

도성인 영으로 돌아온 초 소왕은 전열을 재정비하여 오나라와 다시 한 번 전투를 벌였는데, 이 역시 초 소왕의 승리였다.

오왕 합려는 어쩔 수 없이 초나라에서 철수하였다.

오왕 합려에게 크게 혼이 난 초 소왕은 또다시 오나라가 공격해올지 모른다는 두려움에 도성을 영에서 약(鄀) 지역으로 천도하였다.

오왕 합려 역시 동생 부개의 반란 이후부터는 오의 도성을 비우지 않고, 태자 부차(夫差)를 대장으로 임명하여 초나라를 공격하도록 하였다. 부차는 초나라를 공격하여 초나라의 영토인 번(番) 지역을 탈취하였다. 당시 오나라의 위세는 대단하여서 전통적인 강호인 초(楚)나라와 진(晉)나라도 오왕 합려의 눈치를 보았으며 월(越)나라와 제(齊)나라 그리고 진(秦)나라의 경우에도 오나라의 위세에 힘을 펴지 못하였다.

오왕 합려는 명실공히 춘추오패 중 네 번째 패자(霸者)로서 위엄을 가지게 되었다.

7. 월(越)나라 왕 구천(句踐)이
   다섯 번째 패자가 되다

구천이 회계산(會稽山)에서 굴욕을 당하다

오왕 합려가 누린 패자의 지위는 그리 오래 가지 못하였다.

오나라가 초나라와 계속 전쟁하고 있는 사이 동쪽에 있는 월(越)나라가 소리 없이 힘을 키워가고 있었는데, 그 중심에는 월왕(越王) 윤상(允常)이 있었다.

본래 월나라는 수십 개의 부족이 흩어져 각자 존재하여 왔기에 세력을 확장할 구심점이 없었다. 그 시점에 윤상이 왕이 되어 각각 떨어져 있던 부족들을 규합하여 조금씩 세력을 키워가기 시작하였다.

월왕 윤상은 비록 오나라를 이기지는 못하였지만 계속적으로 오나라와 대등한 전쟁을 하여왔는데 오나라로서는 월왕 윤상이 눈에 박힌 가시 같았다. 그러한 월왕 윤상이 죽고 아들 구천(句踐)이 왕이되자, 오왕 합려는 월나라 정벌의 호기라 판단하고 월나라를 공격하여 들어갔다.

그러나 월왕 구천은 죄수들로 구성된 자살부대를 선봉으로 내세워 오나라 진영을 혼란스럽게 한 뒤, 돌격대를 투입하여 기습 공격을 하는 신출귀몰한 월왕 구천의 용병술에 오나라 군사들은 혼비백산하였고 월나라는 대승을 하였다. 월나라의 대승 뒤에는 전쟁 전체를 진두지휘한 지략가 범려(范蠡)가 있었다.

범려는 별명으로 소백(少伯)이라고도 불리었다. 태어난 곳에 대해서는 남양(南陽)이라는 말도 있고, 완(宛) 혹은 삼호(三戶), 서(徐) 등으로 여러 설이 있다. 어찌 되었든 범려가 월나라 사람이 아닌 것만은 확실한 것 같다.

전투 중에 오왕 합려는 월나라 군사가 쏜 독화살에 발을 맞아 부상을 당하였고 그 후 독이 퍼져 상처가 악화되어 결국 사망하였다.

합려는 죽기 전에 아들 부차를 불러놓고 너의 아버지를 죽인 사람이 월나라 구천임을 잊지 말라 하였다. 부차는 원수 구천을 결코 잊을 수 없다 하면서 아버지의 복수를 다짐하였다.

오왕 합려가 죽고 그의 아들 부차가 뒤를 이어 오나라 왕이 되었다. 드디어 오왕 부차(夫差)와 오자서(伍子胥), 그리고 월왕 구천(句踐)과 범려(范蠡)의 길고 긴 싸움이 시작되었다.

오왕 부차는 복수를 하기 위해 나라의 힘을 키워야 하는 것은 당연하지만, 그보다 먼저 자신의 결의를 다지고 아버지 합려의 유언을 잊지 않기 위해 매일 저녁 신(薪), 즉 울퉁불퉁한 땔나무 더미에서 불편하게 잠을 청하면서 고통이 올 때마다 월왕 구천을 향한 복수를 생각하였다.

그리고 평소 자신이 출입하는 궁전 곳곳에 시종들을 대기해놓고, 자신이 나가고 들어올 때마다 시종들에게 "부차야! 너는 월왕 구천이 너의 아버지를 죽인 사실을 잊었는가?"라고 외치게 하였다.

그리고 부차는 시종들이 외치는 소리를 들을 때마다 눈물을 흘리면서 다시 한 번 복수를 다짐하곤 하였다. 합려가 죽은 지 어느덧 3년이 다되어가는 기원전 494년, 오왕 부차는 오자서를 대장으로, 그리고 백비를 부장으로 삼아 그동안 전력을 구축한 대군을 이끌고 월나라를 공격하였다.

오나라가 공격해온다는 소식을 접한 월왕 구천은 즉시 응전(應戰)할 태세를 갖추었다. 이때 월나라 대부인 범려와 문종이 구천에게 간(諫)하였다.

"오왕 부차는 지난 2년이 넘는 세월 동안 복수를 하기 위해 힘을 키워 왔고, 지금 오나라의 세력이 최고조에 달해 있는 만큼 저들의 기세가 조금 누그러질 때를 기다려야 합니다.

그러기 위해서는 오왕 부차의 아버지인 합려의 죽음에 대해 지금이라도 안타까운 마음을 전하면서 화친을 청하여야 합니다."

그러나 과거의 전투에서 대승한 월왕 구천은 자신만만하여, 대부들의 청을 듣지 않고 오나라와의 정면 승부를 택하였다.

오나라와 월나라는 강소성(江蘇省)에 있는 부초산(夫椒山) 일대에서 전투를 벌였는데, 결과는 오나라의 대승이었다. 오나라 왕 부차는 도망가는 구천과 월나라 군사들을 끝까지 추격하였다. 도망가면서 치른 전투에서도 월나라 군사들은 계속하여 패하였고 월나라 왕 구천은 절강성(浙江省)에 있는 회계산(會稽山)으로 도망갔다.

구천이 출병 시 월나라 군사는 삼만의 대군이었는데, 살아남은 군사는 오천 명이 되지 않았다. 완전한 대패배였다. 회계산에 갇혀 포위된 구천에겐 살아날 방도가 전혀 없었다.

월왕 구천은 하늘을 우러러보면서 탄식하였다. 그리고 처음부터 전쟁을 만류하였던 범려에게 어떻게 해야 할지 의견을 물었다. 범려가 냉정한 판단이 필요한 시점이라고 하면서 말하였다.

"이미 가득 찬 것을 유지하려면 하늘의 이치에 따르며, 기울여지는 것을 안정시키려면 사람의 도리를 따라야 합니다. 그리고 일어난 일을 절제시키려면 땅의 이치를 따라야 한다고 했습니다. 말을 낮추고 예를 다하면서 예물을 오나라 왕에게 바치십시오.

그래도 오나라 왕의 용서를 구할 수 없다면 대왕의 몸을 스스로 바쳐 부차의 인질이 되는 수밖에 없습니다."

월왕 구천과 대부 범려는 더 이상 버틸 수가 없다고 판단하고 항복하기로 하였다. 월왕 구천은 항복의 표시로 자신은 오나라로 가서 오왕 부차를 모시는 신하로서 살아갈 것이며 자신의 아내 즉 월나라 왕비는 오왕 부차의 첩이 될 것을 약속한다는 내용의 항복문을 대부 문종을 사신으로 보내 오왕 부차에게 전하도록 하였다.

그리고 사신으로 간 문종은 탐욕스러운 오나라 백비에게 많은 재물을 몰래 바치면서 화친을 할 수 있도록 도움을 요청하였다.

월나라 사신 문종의 말을 들은 오자서는 결코 화친의 제의를 들어주면 안 된다고 하면서, 이번 기회에 월나라를 완전히 멸망시키지 않으면 훗날 언젠가는 큰 곤욕을 치를 것이라고 말하였다.

"화친을 허락하시면 안 됩니다. 덕을 세우는 것은 많을수록 좋으며 병폐를 제거할 때에는 한 톨도 남겨서는 안 된다고 알고 있습니다. 드디어 월나라를 정벌하는 시점에 완전히 나라를 빼앗지 않으면 훗날 아무리 후회해도 돌이킬 수가 없는 것입니다."

반면 월나라로부터 뇌물을 받은 백비는 다른 제후국들에게 관용을 베푸는 패자(霸者)의 모습을 보여줘야 한다고 하면서, 월왕 구천 부부를 오나라로 압송하는 대신 월나라와 화친을 하여야 한다고 주장하였다. 부차는 백비의 말을 듣고는 구천 부부를 오나라로 압송하였으며 월나라와는 화친하였다.

오자서의 말을 듣지 않은 오왕 부차의 잘못된 결정은 훗날 오나라의 멸망과 오왕 부차의 죽음으로 되돌아왔다.

월왕 구천은 회계산의 치욕을 잊지 않고 오왕 부차에게 복수를 하기 위해 음식을 먹을 때마다 쓴 쓸개의 맛을 보면서 되뇌었다.

"구천아! 너는 회계의 치욕을 잊었느냐."

오왕 부차는 매일 밤 섶 위에서 자면서 고통을 느낄 때마다 복수를 다짐하였고, 월왕 구천은 매 끼니 쓸개의 쓴맛을 느끼면서 그때마다 치욕을 잊지 않고 복수를 다짐하였는데, 이를 두고 와신상담(臥薪嘗膽)이라 하였다.

오나라로 잡혀간 구천은 오나라 도성에 도착하자 항복과 복종의 표시로 웃옷을 벗은 채 엉금엉금 기어 오왕 부차에게 신하의 예를 하였다. 구천의 아내인 월 왕비도 구천을 따라 예를 올렸다. 그녀는 이제 오왕 부차의 첩이 되는 것이다. 구천은 울분을 속으로 참으며 눈물을 보이지 않았다.

오왕 부차는 구천을 합려의 무덤 옆에 있는 석실에 살게 하였으며, 부차가 말을 타고 다닐 때 구천에게 말고삐를 잡게 하였다.

온갖 굴욕을 참아가며 구천과 범려는 오나라에서 3년을 넘게 버티어 왔다.

그러던 어느 날 오왕 부차가 건강에 이상이 생겨 병석에 드러누웠다.

범려가 구천에게 말하기를 "지금 당장 부차에게 병문안을 가십시오. 그리고 부차의 대변을 직접 맛보시고 곧 병세가 좋아질 것이라고 말하십시오."라고 했다.

범려의 어처구니없는 제안에 구천은 죽으면 죽었지 그 짓은 못 하겠다고 하였다.

그러나 조국 월나라로 돌아가기 위해서, 지난 세월의 치욕을 갚아주기 위해서는 꼭 그렇게 해야 한다는 범려의 말을 듣고는 고개를 끄덕이며 범려의 말대로 하였다.

병문안을 와서 자신의 대변을 맛보면서 자신의 건강을 걱정해주는 구천의 행동에 감동한 부차는 드디어 구천과 볼모로 잡혀 온 범려를 월나라로 돌려보내 주기로 하였다. 부차는 구천을 손수 수레에 태워주며 배웅까지 하였다.

오랜 세월 동안 멸시(蔑視)와 굴욕(屈辱)을 당하면서 적의 땅에서 버티어온 구천은 조국 월나라에 돌아온 뒤에도 초심을 잃지 않고, 쓸개의 쓴맛을 수시로 맛보면서 조용히 복수의 칼을 갈았다. 그리고 밭에 나가서 농사일도 하고 궁에서도 검소한 생활로 일관하며 오나라의 지시에는 철저하게 복종하면서 오왕의 비위(脾胃)를 맞추었다.

오나라에서 고소대라고 하는 화려한 궁궐을 새로이 짓는다고 하자 구천은 월나라의 재질이 좋은 아름드리나무를 오왕에게 바쳤다.

그러고는 오왕에게 비굴하고 불쌍한 모습을 보이며 월나라가 어려운 형편이라고 거짓으로 말하며 매년 식량을 빌려왔다.

오나라의 식량 창고는 점점 비어가고, 대신에 월나라의 식량 창고는 점점 가득하게 채워져갔다. 바로 군량미의 비축이었다.

구천은 오왕 부차의 기분을 맞추어주고 환심을 사기 위해서 월나라 전국에서 미인을 뽑아 오왕에게 바쳤다. 대부 문종의 계책에 따라서 미인계 작전이 진행되었다.

오왕 부차는 여색을 탐하고 가무를 즐겼다. 오왕 부차의 이러한 행각에는 간신 백비의 아첨(阿諂)도 한몫을 하였다.

문종은 절세의 미인을 찾아 백비를 통해 부차에게 바치면 어려움이 없을 것으로 판단하였다.

월나라의 미인계. 서시(西施)

미인 선발에 전국에서 2천 명이 넘는 미인들이 지원하였는데, 그들 중에서 뽑힌 절세의 미인은 바로 서시(西施)와 정단(鄭旦)이었다.

서시와 정단은 저라산(苧羅山)에서 나무를 베어 땔감으로 시장에 내다 팔아 생계를 이어가는 가난한 나무꾼의 딸이었다. 범려는 이들 두 명의 미인들에게 3년

서시

에 걸쳐 노래와 춤, 그리고 문장과 예절을 가르쳤다. 특히 서시의 아름다움은 글로 표현할 수가 없을 정도였는데, 서시를 궁궐로 데리고 올 때, 서시를 한 번이라도 보고자 몰려든 사람들로 서시를 태운 마차가 나아가지를 못해 사흘 만에 궁궐에 도착하였다고 한다. 범려는 서시를 보기 위해 몰려든 사람들에게 서시를 먼발치에서만이라도 한번 보는데, 일 전씩 받았는데 그 돈이 쌓여 작은 산이 되었다고 하며, 범려는 그 돈으로 무기를 제조하고 군사들의 훈련 비용으로 사용하였다. 그리고 장자의 「천운(天運)」 편에 따르면, 서시는 평소 가슴에 통증이 있어 항상 눈썹을 조금 찡그린 모습으로 다녔는데, 찡그린 모습이 더 예뻤다고 한다. 이러한 소문이 나라 전체에 퍼졌는데, 어느 마을의 아주 못생긴 여자가 이러한 소문을 듣고 본인도 찡그리면 예쁘게 보일 것이라 착각하여 눈썹을 찡그리며 가슴에 손을 얹고 다녔는데 이러한 것을 효빈(效顰)이라 하였다.

마을 사람들은 빈정거리며 그 추녀를 보고 서시에 빗대어 동시(東

施)라고 놀렸는데, 더 이상 추녀의 모습을 보기가 역겨워 모두 마을을 떠나 이사를 갔다고 한다.

빈축(嚬蹙)이란 말이 이때부터 사용되었다. 후세 사람들이 서시를 중국의 역대 4대 미인 중의 한 명으로 거론할 정도의 미인이었다.

부차는 서시가 하고 싶은 것, 갖고 싶은 것 모두를 해결해주었으며, 특히 서시가 뱃놀이를 좋아한다고 하자 그때부터 거대한 운하 공사를 시작하였다. 대운하 공사는 오나라의 국력을 쇠잔(衰殘)하게 하여 패망을 앞당기는 도화선이 되었다. 그리고 월나라는 서시를 이용하여 곡식 만 석을 오나라에서 빌려왔다가 다음 해 싹이 나지 않도록 한 종자로 곡식을 갚았는데 그로 인해 오나라는 대흉년이 들어 백성들의 생활은 피폐해지고 민심마저 흉흉해졌다.

서시와 정단에게 흠뻑 빠져서 정사를 돌보지 않는 부차에게, 오자서가 매희와 달기 그리고 포사의 예를 들어가면서 국사를 돌보기를 진언하였으나 부차는 눈도 깜짝하지 않았다.

중국의 4대 미인과 4대 악녀

중국의 4대 미인은 서시(西施), 초선(貂蟬), 왕소군(王昭君), 양귀비(楊貴妃)를 말한다.

서시는 월나라의 왕 구천과 재상 범려가 오나라를 정벌하기 위해 오나라 왕 부차에게 의도적으로 보낸 여자이다. 초선은 삼국시대 초기 동탁과 여포를 무너뜨리기 위해 왕윤이 보낸 여자이다.

양귀비는 당나라 현종의 애첩으로 결국은 안록산의 난이 일어나게 되는 원인을 제공하였으며 그로 인해 당 현종은 비참하게 죽었다.

그리고 전한(前漢)시대 원제(元帝)의 후궁인 왕소군은 자신의 미모에 자신이 있어, 궁중 화가인 모연수에게 자신의 얼굴을 잘 그려 달라는 뇌물을 주지 않았다. 이에 모연수는 뇌물을 바치지 않는 왕소군을 추녀로 그렸고 결국 왕소군은 원제의 부름을 단 한 번도 받지 못하였다. 당시 후궁의 숫자가 너무 많아서 원제는 모연수가 그린 후궁들의 그림을 보고 선택하였기 때문이다. 마침내 왕소군은 원제를 보지도 못한 채 흉노족의 족장인 선우(單于)에게 바쳐졌다.

후에 왕소군이 흉노로 떠날 때 처음으로 왕소군을 본 원제는 그녀가 절세미인임을 알고, 크게 노여워하며 궁중화가 모연수를 참형에 처했다.

서시의 아름다움은 침어(浸魚)라 하였는데, 즉 물고기가 서시의 아름다움에 빠져 헤엄을 못 치고 물속에 가라앉았다고 한다.

초선의 미모는 폐월(閉月)이라 하였는데, 즉 달이 스스로 얼굴을 감출 정도의 미모라는 뜻이다. 양귀비의 경우 수화(羞花)라고 그 아름다움을 표현하였는데, 즉 꽃도 부끄러워한다는 뜻이다. 왕소군의 미모를 두고 낙안(落雁)이라 표현하였는데, 즉 날아가든 기러기가 왕소군을 보고는 정신이 빠져 땅에 떨어졌다는 얘기이다.

이에 반해 중국 4대 악녀(惡女)는 하(夏)나라의 매희(妹喜), 은(殷)나라의 달기(妲己), 주(周)나라의 포사(褒姒), 진(晉)나라의 여희(驪姬)를 말한다.

오자서의 죽음과 오나라의 패망

　이렇게 구천은 오나라 왕의 심기를 건드리지 않고 충성을 다하는 모습을 보이면서, 뒤로는 월나라의 부국강병을 위한 조치들을 차근 차근 해가면서 때를 기다렸다. 그 모든 준비는 재상 범려의 몫이었 고 구상이었다.

　오왕 부차는 구천을 월나라로 돌려보낸 뒤 구천의 충성스러운 태 도에 만족하며 월나라에 대해서는 신경도 쓰지 않았다. 다만 오자 서(伍子胥)만이 조용히 세력을 키워 가며 복수의 칼날을 세우고 있는 월나라를 경계하고 있었다.

　오나라와 월나라가 화친하고 구천이 월나라로 돌아간 지 수년이 지난 후 오왕 부차는 제나라를 정벌하고자 하였다.

　오자서는 극구 반대하였다. 지금은 제나라를 공격하는 것이 문제 가 아니라 바로 옆에서 세력을 키워 가고 있는 월나라가 더 큰 걱정 거리이었다. 부차는 오자서의 반대에도 불구하고 제나라를 침공하 였다. 전쟁의 결과는 오나라의 대승이었다.

　오왕 부차는 제나라뿐만 아니라 노(魯)나라, 추(鄒)나라까지 정벌하 고 돌아왔다. 오왕 부차의 입지는 중원을 뒤흔들 정도였으며, 이제 오자서의 의견은 귀담아듣지도 않고 중요하게 여기지도 않았다.

　하물며 두 군신 간의 사이에는 간신 백비의 이간질과 농간이 있 어, 오왕 부차와 재상 오자서와의 관계는 악화일로(惡化一路)에 처해 있었다. 그로부터 4년의 세월이 지난 후 오왕 부차는 또다시 제나라 를 정벌하고자 하였다.

　오자서는 역시 이번에도 제나라를 치는 것은 국력 낭비일 뿐 득 이 없는 전쟁이니 제나라 공격을 중지하고 당장 월나라를 정벌하는 것이 훗날의 위험을 사전에 방지하는 것이므로 월나라가 더 강력해지기 전에 지금 가능성을 제거해야 한다고 주장하였다.

이런 와중(渦中)에 월왕 구천은 오왕 부차를 찾아와서 신하의 예를 다하면서 알현하였고, 이 자리에서 구천은 오나라가 제나라를 공격하는 데 일조하겠다며 군대를 지원하였다.

그리고 몰래 간신 백비를 만나 많은 재물을 주면서 회유(懷柔)하였다. 지금껏 수차례 월나라로부터 뇌물을 받아온 백비는 이제 오나라 신하가 아니고 월나라 신하라고 하여도 과언이 아닐 정도로 월나라 편을 들었다. 제나라 공격이 불가하다는 오자서의 거듭되는 주장에 화가 난 부차는 백비의 의견에 따라, 제나라를 공격하겠다는 선전 포고문과 함께 오자서를 제나라에 사신으로 보내 제나라의 항복을 권유토록 하였다.

제나라 도착한 오자서는 제 도공(悼公)을 배알(拜謁)하면서 선전 포고문을 전하였다.

선전 포고문을 본 도공은 크게 화를 내면서 오자서를 죽이려고 하였다.

그때 제나라 대부 포식(鮑息)이 만류하면서 말하였다.

"오왕 부차가 오자서를 제나라에 사신으로 보낸 것은 제나라가 오자서를 죽여주길 바라면서 보낸 것인데, 구태여 우리가 오자서를 죽일 필요가 없습니다.

군주께서는 오자서를 오나라로 그냥 돌려보내시면 오왕 부차가 그를 죽일 것입니다. 그러면 주변의 제후들로부터 대왕께서 욕을 듣지 않아도 됩니다."

오자서는 오왕 부차와의 인연이 다되었다고 생각하면서 오나라의 멸망을 예상하였다. 그리고 오자서는 자신의 아들이 오나라 때문에 죽는 것이 아무런 의미가 없다고 생각하여, 제나라에 갈 때 자신의 아들 오봉(伍封)을 데리고 갔다가 귀국길에 아들을 지인인 제나라 대부인 포식에게 맡겼다.

백비는 이 사실을 간과(看過)하지 않고 부차에게 말하였다.

"오자서가 평소 제나라 정벌을 극구 반대하고 또한 자기 아들을 제나라에 맡기고 온 것을 보면 후일 반란을 도모하기 위한 사전 포석입니다."

백비의 말을 들은 오왕 부차는 자신도 오자서를 의심하고 있었다고 하면서, 오자서에게 촉루지검(屬鏤之劍)을 보내 자결하도록 하였다.

오자서는 부차가 보낸 칼을 받아들고는 하늘을 보면서 큰소리로 오왕 부차를 꾸짖었다.

"부차야! 잊었는가? 너의 아버지가 패자가 될 수 있었고, 네가 왕이 될 수 있었던 것 모두가 내가 있었기 때문이다. 이제 내가 죽으니, 나 없이 네가 할 수 있는 일이 무엇이더냐?"

그리고 오자서는 죽기 전에 주변 사람들에게 부탁을 하였다.

자신의 무덤 위에 가래나무를 심어 그 나무가 관(棺)을 만들 수 있을 정도로 자랄 때쯤이면 오나라가 망하고 부차도 죽을 것이다. 그러면 그 나무로 나중에 부차의 관을 만들 수 있게 해주며 자신의 눈알을 빼내어 오나라 동쪽 성문에 높이 매달아 달라고 하였다.

이는 자신의 썩은 시체로 가래나무를 키워 부차의 관을 만들고 동쪽 성문에 달아놓은 눈으로 월나라의 공격에 멸망하는 오나라를 보고자 하였던 것이었다.

오자서의 유언을 들은 오왕 부차는 격노하여 오자서의 시체를 말가죽 포대에 넣어서 강물에 버렸다. 오나라 백성들이 오자서를 불쌍히 여겨 오자서의 시체를 건져내어 장례를 지내주고 시체가 버려진 강가에 사당을 지어 오자서의 넋을 기렸다.

사당의 이름은 오자서의 이름을 따서 서산(胥山)이라 하였다.

이때가 기원전 485년, 부차가 오나라 왕으로 즉위한 지 11년째 되는 해였다.

오왕 부차는 빈번한 북벌과 함께 도성인 소주(蘇州)에서 제나라까지 운하 공사를 하여 백성들의 생활은 궁핍해지고 국력은 날로 소진되어 가고 있었다.

당연히 백성들의 원망은 커져만 갔다.

하지만 오왕 부차는 오자서가 죽은 다음 해 또다시 제나라를 침공하였다.

이때의 제나라는 신하 포목이 제나라의 군주 도공을 살해하고 나이 어린 간공(簡公)을 군주로 세웠을 시점으로 국상 중이었다. 오왕 부차는 비열하게도 국상 중인 나라를 침공하였던 것이다.

그러나 오나라는 그 전쟁에서 제나라를 이기지 못하였다.

그로부터 3년 후 오왕 부차는 송나라 땅인 황지(黃池)에서 진(晉) 정공(定公)과 함께 제후들을 소집하여 회맹을 주관하였다. 남쪽의 오랑캐 나라가 이제 중원의 제후국들을 제압하는 순간이었다.

회맹의 자리에서 오왕 부차는 큰소리로 주장하였다.

"우리 오나라의 시조는 태백(太伯)인데 태백은 주 문왕의 큰형이다. 반면에 동생인 문왕을 시작으로 하는 주왕실 비해서, 형인 태백의 가계를 따르는 오나라도 결코 부족하지가 않다.

그러므로 당연히 회맹의 패자국은 오나라가 되어야 한다."

반면에 진 정공은 "진나라와 오나라는 같은 희(姬) 씨 성을 가진 조상이 같은 나라이지만 오나라는 네 번째에 해당하는 자작(子爵)의 나라이고, 진나라는 세 번째에 해당하는 백작(伯爵)의 나라이니, 당연히 진나라가 패자국이 되어야 한다."라고 주장하면서 이 문제가 해결되지 않으면 전쟁도 마다하지 않겠다고 하였다.

이에 오왕 부차가 양보하여 진나라가 패자국이 되었다.

다른 기록에는 오왕 부차가 결국에는 강경하게 요구하여, 부차의 위세에 이기지 못한 진나라가 양보하여 오나라가 패자국이 되었다고 적혀 있다. 당시의 진(晉)나라는 군주가 강력한 힘으로 나라를 다스리지 못하고 여섯 명의 귀족이 실제로 권력을 쥐고 나라를 나누어 다스리고 있었기에 제후의 힘은 미약하였다.

오왕 부차가 황지에서 회맹을 하면서 패자의 자리를 놓고 진 정공과 논란을 벌일 때, 급전이 왔는데, 월나라의 구천이 오나라를 침공하였다는 내용이었다. 월나라의 구천으로선 피맺힌 한을 풀기 위해 오랜 세월 동안 온갖 굴욕과 멸시를 참아 오면서 준비한 전쟁이었다. 아내까지도 부차에게 바쳐야만 했던 잊을 수 없는 치욕(恥辱)을 갚아주어야 하였다.

구천은 전쟁의 때를 놓고도 범려와 수많은 논의를 하였고 결국 오왕 부차가 회맹 참석으로 자리를 비웠을 때가 가장 적기라고 판단하였다. 그리고 오랜 기간 준비한 모든 가용 인력과 장비를 총동원하였다. 반드시 이겨야 하는 전쟁이었기 때문이다.

월나라의 전체 동원 인력은 해군의 역할을 하는 습류(習流) 병사가 약 2천 명, 육지에서 실전을 벌일 교사(敎士)가 4만 명, 근위군인 군자(君子)가 6천 명, 그리고 지원군인 제어(諸御)가 천 명으로 전체 5만 명의 대군이었다. 오나라 군사는 모두 북벌과 회맹으로 빠져나가고, 오나라 도성에는 그야말로 노약자와 여자들뿐인 무주공산이었다. 월나라 군대는 쉽게 오나라 도성을 함락하고 오나라 태자를 죽였다.

회맹 중간에 이러한 소식을 들은 부차는 이러한 사실이 회맹에 참석한 제후들에게 알려지면 패자로서 위엄에 손상이 있을까 두려워, 모든 사실을 비밀에 부치고 급히 사신을 보내 화친을 요청하였다.

월나라 입장에서도 오나라의 정예 대군이 돌아왔을 때 전쟁의 승패는 모르기 때문에 일단 강화 요청을 받아들였다. 당분간 오나라와 월나라는 서로 견제(牽制)하면서 대치하고 있었다.

4년 후 월나라는 다시 오나라를 침공하여 들어갔다.

월나라 군사들은 그동안 준비해온 월등한 전투력으로 곳곳의 전투에서 오나라 군사들을 무너뜨리고, 오나라 도성을 3년 동안 포위하였다. 결국 전쟁은 월나라 구천의 승리로 끝이 나고 오나라 부차는 항복하였다. 구천은 항복한 부차를 불쌍히 여겨 항복을 받아주려 하였으나 범려가 이를 막았다.

범려는 강력하게 주장하였다.

"과거 회계에서는 하늘이 월나라를 오나라에게 주려고 하였는데 오나라가 받지를 않았고, 지금은 오나라를 월나라에게 주려고 하는 것이니 하늘의 뜻에 따르시길 바랍니다."

범려의 간곡한 주장에도 구천은 부차의 목숨만은 살려주려 하였으나 부차는 자결하고 말았다.

부차는 죽으면서 자기의 얼굴을 세 겹의 비단으로 가려 달라고 하면서, 저승에 가서 오자서를 볼 면목이 없구나 하며 탄식하였다고 한다. 월왕 구천은 오나라를 평정한 후 계속 북진하여 중원 전체에 구천의 이름을 알렸다.

기원전 472년 월왕 구천은 제(齊)나라, 진(晉)나라와 함께 지금의 산동성에 있는 서주(徐州)에서 제후들을 소집하여 회맹을 하였는데, 주(周) 원왕(元王)은 구천에게 주왕실에서 제사를 지낸 고기를 내리고 패자(霸者)로 인정하였다.

이때의 회맹을 시작으로 월왕 구천은 춘추시대 마지막 패자가 되었다.

오나라와 월나라 간의 오랜 세월 동안에 걸친 복수극은 오월동주 (吳越同舟)라는 성어로 전해지는데 즉 서로 사이가 나쁜 오나라 사람과 월나라 사람이 같은 배를 타고 강을 건너간다는 뜻으로 서로 반목하면서도 같은 곤란한 처지나 어려움이 닥쳤을 때 힘을 합쳐 문제를 해결해나가는 것을 말하며 또한 서로 원수지간의 사람들이 한 공간에 같이 있음을 말하기도 한다.

범려가 떠나가고 문종이 죽다. 토사구팽(兎死狗烹)

월왕 구천이 복수를 할 수 있었고 또한 천하를 아우르는 패자가 될 수 있었던 것은 재상 범려와 문종이 있었기 때문이다.

회맹을 주관하고 돌아온 월왕 구천은 최고의 공로자인 범려와 문종을 찾았으나, 이미 범려는 떠나가버린 후였다.

범려는 떠나기 전 생사고락을 같이한 대부 문종을 찾았다.

그리고 문종에게 곧바로 구천 곁을 떠나야 한다며 "월왕 구천은 반드시 문종 당신을 죽일 것이다."라고 하였다.

범려

그러나 문종이 말을 듣지 않자 범려는 나중에 편지를 보냈다.
편지의 내용은 이러하였다.

하늘을 나는 새를 모두 잡아버리면 좋은 활은 거두어져 창고로 들
어가고, 토끼를 모두 잡은 후에는 사냥개는 삶아 먹어버리고, 적국
이 멸망하면 유능한 신하는 버려져 죽게 된다.
구천은 목이 길고 입이 튀어나온 장경오훼(長頸烏喙)와 날카로운 매
의 눈초리와 이리처럼 걸음을 걷는 응시낭보(鷹視狼步)의 관상을 한
사람으로 이러한 관상을 가진 사람은 어려움과 환난은 같이할 수
는 있어도 즐거움을 같이 나눌 수는 없다. 또한 모험은 함께할 수
있으나 안락함을 같이 누릴 수는 없다.

바로 토사구팽(兎死拘烹)이다. 즉 토끼를 사냥한 후 사냥개를 삶아
먹는다. 토사구팽이란 말은 이때부터 사용되었다.

과연 범려의 예상은 틀림이 없었다. 범려가 떠난 후, 구천 재위 25
년 즉 기원전 472년 1월7일 아침에 구천은 문종을 찾았다.

구천이 문종에게 말하였다.

"오나라를 정벌할 때 가르쳐준 칠술(七術) 중, 세 가지 술책만으로 오나라를 정벌할 수 있었는데, 나머지 네 가지 술책은 아직 사용하지 않았는 바, 문종 그대는 선왕들을 위해 지하에서 나머지 술책을 사용해주길 바란다."

이는 문종으로 하여금 죽어라 하는 말이었다.

문종은 돌아 나오면서 탄식하였다.

"많은 사람들이 말하기를 대은불보(大恩不報), 즉 큰 은혜를 베풀면 보답 받기가 힘들고 또한 대공불환(大功不還), 즉 큰 공을 세우면 포상 받기가 힘들다고 하는데 바로 이러한 경우를 말하는 것이구나."

결국 문종은 범려의 말을 듣지 않은 것을 후회하며 자결하였다.

한편 월왕 구천의 곁을 떠나 제나라로 간 범려는 이름도 치이자피(鴟夷子皮)로 바꾼 채, 바다가 보이는 곳에서 자식들과 함께 열심히 농사를 지으며 큰 재산을 모았다.

'치이(鴟夷)'는 오나라 왕 부차가 오자서를 죽인 후 그의 시신을 담은 가죽으로 만든 부대(負袋)를 뜻한다. 범려는 월왕 구천을 피해 도망쳐온 자신의 처지를 오자서와 다름이 없다고 생각하여 지은 이름이라고 한다.

범려가 제나라에 있다는 소문을 들은 제나라 조정에서는 그를 재상으로 모시고자 하였다. 그러나 범려는 이미 재상의 벼슬은 해보았고, 농사를 지어 천금을 모아 부자도 되어보았는데 더 이상의 욕심은 화를 부르기 마련이라고 하면서 정중히 사양하였다.

더 이상 제나라에 머물 수 없다고 판단한 범려는 전 재산을 동네 사람들에게 나누어주고, 값비싼 보석만을 가지고 당시 송나라의 속국인 도(陶)나라로 향하였다. 범려는 도나라에 도착하자 다시 이름을 도주공(陶朱公)으로 바꾸었다.

그는 도나라에서 처음에는 농사와 목축에 전력을 다하였다. 그러다가 1할의 수익을 목표로 하여 유통업을 하였다. 도나라의 위치는 유통을 하기에 매우 적합하고 유리한 곳이어서 범려는 유통을 통해 엄청난 거부가 되었다.

하지만 호사다마(好事多魔)라고 둘째 아들이 초나라에 들렀다가 그곳에서 사람을 죽이고 말았다.

둘째 아들의 범죄 얘기를 들은 범려는 살인을 하였으니 사형을 당하는 것은 당연하다. 그러나 수천 금의 재산을 가진 사람의 아들은 길거리에서 그렇게 쉽게 죽지 않는다고 하면서, 황금을 가득 실은 수레와 함께 20살 된 막내아들을 초나라로 보내려고 하였다.

그때 장남이 나서서 집안을 책임지고 있는 자기가 갔다 오겠다고 하였다. 범려는 고개를 가로저으며 허락하지 않았지만 장남은 자신의 능력을 인정해주지 않는다고 불만을 표시하며 말하였다.

"어떤 집안이나 장남이 앞으로 나서서 그 집안의 대소사를 챙깁니다. 그러므로 장남을 가독(家督)이라고 부릅니다. 지금 동생이 죄를 지어 어려운 상황에 놓여 있는데, 장남인 저를 보내지 않고 막냇동생을 보내신다는 것은 소자가 현명하지 못하기 때문이겠지요."

그러고는 자기를 초나라에 보내주지 않으면 죽어버리겠다고 하였다. 죽어버리겠다는 장남의 말에 깜짝 놀란 범려의 아내가 간청하였다.

범려는 할 수 없이 장남을 초나라에 보내면서 신신당부를 하였다.

"초나라에 가서는 장생을 찾아가서 가지고 간 황금 1천 일(鎰)을 모두 그에게 주고 모든 일을 맡겨라. 그리고 너는 그가 시키는 대로 하여라."

　장남은 초나라에 가서 장생을 만나 범려의 편지와 황금 모두를 장생에게 주었다. 장생은 여기 일은 내가 알아서 할 터이니 너는 곧장 도나라로 돌아가라 하였다. 범려의 장남은 장생의 초라한 살림을 보고는 장생을 믿지 못하고, 따로 갖고 간 수백 근의 황금을 초나라 중신들에게 뇌물로 쓰고 다녔다.

　장생은 범려의 장남이 도나라로 돌아간 줄 알고 범려의 둘째 아들을 구하기 위한 계책을 구상하였다.

　장생은 궁에 들어가서 초나라 왕에게 별의 움직임이 좋지 않아서 나라에 나쁜 일이 발생할 것 같으니 왕께서 백성들에게 덕을 베푸시는 것이 좋을 듯합니다. 하면서 사면(赦免)을 청하였다.

　이에 초왕은 조만간 사면 조치를 하겠다고 하였다.

　사면의 소문을 들은 범려의 장남은 사면이 되면 자동적으로 동생은 풀려나오는데, 장생에게 준 수많은 황금이 아깝다는 생각이 들었다. 장남은 곧장 장생을 찾아가서 사면 얘기를 하였다.

　도나라로 돌아가지 않은 범려의 장남을 보고 깜짝 놀란 장생은, 범려의 장남이 황금을 되돌려 달라고 왔구나 생각을 하고 받은 황금을 전부 돌려주었다.

　화가 난 장생은 다음날 초왕을 뵌 자리에서 살인한 범려의 아들 얘기를 하면서 지금의 사면이 범려의 아들을 살리기 위해 시행되는 것이지 초나라 백성들을 위한 사면은 아니라고 백성들은 알고 있다고 하였다. 대노한 초왕은 범려의 아들을 먼저 사형한 뒤에야 사면을 시행하였다.

　범려의 장남은 동생의 시체와 황금을 싣고 도나라로 돌아왔다.

　범려는 장남의 어깨를 두드려 주면서 차근히 말하였다.

"장남인 너는 어릴 적부터 나와 함께 고생하며 돈을 모았기에 돈의 귀함을 알고 큰돈을 쓸 줄을 모르지만, 막내는 태어날 때부터 집이 부자였고, 당연히 돈의 귀함을 모르기에 초나라에 가서도 큰돈을 마음먹은 대로 크게 쓸 수 있었을 것이다. 그래서 내가 막내를 초나라로 보내려고 한 것이었다. 그러나 이제 어쩔 수 없고 장남인 너도 노력은 하였기에 너무 슬퍼만 하지 말아라."

범려는 월왕 구천의 곁을 떠나온 지 19년 동안, 세 번에 걸쳐 수천금을 모았는데 그중 두 번은 가난한 친지와 친구 그리고 마을 사람들에게 나누어 주었다.

부(富)의 재분배였고, 요즘의 노블레스 오블리주였다.

돈은 쓸 줄 알아야 하고, 쓸 곳을 알아야 한다는 게 범려의 생각이었다.

그리고 다른 기록에서는 범려가 월왕 구천의 곁을 떠난 이유가, 오왕 부차에게 바쳤다가 다시 월왕 구천의 후비로 온 미인 서시(西施)와의 사랑의 도피라고 전하기도 하는데, 후세의 많은 중국인들은 이것을 사실이라고 믿고 있다. 또 중국인들은 범려를 장사의 신으로 추앙해왔으며, 부자의 대명사로 흔히 도주공이라고 말해왔다.

그리고 중국인들은 범려를 제갈량에 못지않은 뛰어난 재상으로 생각하고 있는데 현명하고 배포가 크지만 그 무엇보다도 물러날 때를 알아서 마지막 처신을 지혜롭게 했기 때문이다.

- 참고로 문종이 월왕 구천을 보필하면서 말하고 시행한 구술(九術)에 대해서 검토해 보자,

문종의 술책은 일곱 가지 술책이 아니고 아홉 개의 술책이었다.

첫째 존천사귀(尊天事鬼), 하늘의 뜻을 귀하게 여기며, 조상을 잘 섬김.

둘째 중재유군(重財遺君), 뇌물을 사용하여 적국의 군신 사이를 이간질함.

셋째 적속공방(糴粟空邦), 곡식을 많이 수입해서, 적의 곡식 창고를 비움.

넷째 유미형지(遺美熒志), 미인계로 적 군주의 정신을 혼란스럽게 함.

다섯 기궁진재(起宮盡財), 궁궐을 호화롭게 장식하도록 하여 적국의 재산을 낭비하게 함.

여섯 귀기유신(貴其諛臣), 적국의 간신을 이용해 정벌을 쉽게 함.

일곱 강기간신(彊其諫臣), 적국의 충신을 궁지(窮地)로 몰아넣어 자결토록 함.

여덟 방부비기(邦富備器), 나라의 경제력과 국방력을 배양함.

아홉 갑병승폐(甲兵乘弊), 조용히 힘을 키웠다가, 적의 허점이 크게 드러날 때 일거에 공격함.

오나라를 정벌하고 서주에서의 회맹을 통해 패자로 인정받은 구천은, 전쟁을 통해 빼앗은 땅을 원래의 주인에게 돌려주었는데 이는 다음과 같다. 과거 오나라가 빼앗은 송나라 땅을 다시 돌려주고 회하 주변의 땅을 초나라에 주었다. 그리고 노나라에게는 사수(泗水)를 중심으로 사방 백 리에 해당하는 땅을 주었다.

제후국들은 월왕 구천의 덕을 칭송하면서 구천을 패왕으로 불렀다.

그러나 구천은 패자가 되기까지 자신의 곁에서 목숨을 걸고 싸워준 범려, 문종 등등 수많은 공신들 그 누구에게도 땅을 배분하여 주지 않았다.

다만 범려에게 천하를 얻고 난 뒤에 나라의 반을 주겠다고 말한

적은 있었지만, 범려는 구천의 말을 믿지 않았다.

중국의 명검(名劍). 간장막야(干將莫耶)의 검

간장 막야의 검

춘추오패 중 4대 패자와 5대 패자가, 춘추 초기에는 이름도 없던 나라, 그리고 남방의 오랑캐로 멸시받고, 인정받지 못하던 오(吳)와 월(越)나라에서 나온 것은, 여러 가지 역사적 근거가 있겠지만, 무엇보다도 두 나라가 당시 일반 철을 단련시켜 더욱 강한 강철(鋼鐵)로 만들 수 있는 제련 기술이 뛰어났다는 데서, 그 이유를 찾을 수 있을 것 같다.

당시 강철 검을 만들 수 있는 유명한 제련 기술자가 모두 오나라와 월나라 백성들이었다.

즉 오나라의 간장(干將)과 막야(莫耶), 그리고 월나라의 구야자(歐冶子) 등의 명장(名匠)이 그들이다. 이 중 간장과 막야는 부부이었다.

오나라 왕 합려의 지시로 간장은 천하 명검 두 자루를 만들게 되었다. 간장은 정선된 청동만으로 검을 주조하기 시작했는데 3년이 지나도록 청동이 녹지를 않았다. 오왕 합려의 독촉은 하루가 멀다 하고 계속되었다. 청동을 녹이는 방법을 찾기 위해 간장은 노심초사(勞心焦思)하였는데 그때 막야가 방법을 찾아내었다.

막야는 부부의 머리카락과 손톱을 잘라 용광로에 넣은 후, 소녀

삼백 명으로 풀무질을 하게 하였다. 그러자 청동은 거짓말처럼 녹았고 간장은 두 자루의 명검을 만들 수 있게 되었다. 간장은 한 자루의 검에는 간장, 그리고 또 한 자루의 검에는 막야를 새겨 넣었다.

천하의 명검을 이르는 간장막야(干將莫耶) 성어가 생긴 연유이다.

- 중국의 명검

제 환공의 총(蔥), 여상 강태공의 궐(闕), 주 문왕의 녹(錄), 초 장왕의 홀(忽), 오왕 합려의 간장막야(干將莫耶). 거궐(鉅闕) 벽려(辟閭)를 말한다.

호북성에 있는 강릉 망산(望山)의 고분에서 1965년에 발굴된 월왕 구천의 명검을 보면 칼날 하단부에 월왕구천(越王鳩淺) 자작용검(自作用劍)이라는 글자가 새겨져 있는데, 발굴 당시 검의 전체가 녹이 슬지 않았고 칼날은 예리한 상태를 유지하면서 부식(腐蝕)되지 않았다.

칼의 양면에는 공작석(孔雀石)과 초록색의 유리가 상감(象嵌)되어 있는데 전체적으로 상감, 합금, 제련의 기술이 높은 수준이었다. 구천(鳩淺)은 구천(句踐)으로 보면 된다. 그리고 1976년 호북성 양양의 채파(蔡坡) 고분에서 오왕 부차의 명검이 발굴되었는데 전체적으로 완성도에서는 월왕 구천의 검보다는 부족하였다. 오왕 합려의 무덤에서도 삼천 개의 검이 출토되었는데, 모두가 중원의 검과 달리 강철 검이었다.

이러한 사실들을 보았을 때 오나라, 월나라의 강성함에는 강철 검을 만들 수 있는 제련의 기술도 중요한 원인이 되었을 것으로 추측된다.

월나라는 구천이 죽고 난 후 급격히 세력이 약화하였다.

그리고 구천 이후의 월나라의 역사와 멸망에 대해서는 역사의 기록이 확실하지 않다.

월왕 구천이 재위 32년째, 즉 기원전 465년 11월, 병이 깊어져 죽었는데, 죽기 전에 태자 흥이(興夷)를 불러놓고 월나라의 번성과 강대국으로 오기까지의 과정을 설명하고, 또한 선왕 윤상과 자신의 업적을 얘기하였다. 그리고 과거의 역사를 뒤돌아보면, 패자의 자식이 그 위세를 계속 이어가는 경우가 거의 없으니 근면하고 겸손한 마음으로 나라를 잘 다스리기를 부탁하였다.

구천이 죽은 후 태자 흥이가 월왕으로 즉위하였으나, 1년 만에 사망하였으며 뒤이어 흥이의 아들 옹(翁)이 왕으로 즉위하였다.

그러나 옹마저도 기원전 449년에 암살되었다.

이러하듯 월나라 왕의 자리가 안정되지 못한 것은 수십 개의 부족 국가로 구성된 월나라가 중앙 정부의 힘이 약화하자 통제가 되지 않았기 때문이라고 본다. 옹(翁)이 암살된 후 주구(朱勾)가 왕의 자리에 올랐다. 이후 월나라의 위세는 형편없이 줄어들어 약소 국가로 전락하고 말았는데, 그래도 월나라의 존재는 전국시대까지 이어졌다.

그 후 구천의 6대 후손인 무강(無彊)이 초나라를 정벌하려다가 오히려 전쟁에서 패하였다. 그리고 한동안 초나라의 속국으로 있다가 결국 초나라에 합병되었다. 그때가 기원전 306년, 전국시대 칠웅이 천하를 차지하기 위해 각축을 벌이던 때였다.

본래 수십 개의 부족국가로 이루어졌던 월나라는, 초나라에 의해 패망한 후 다시는 일어서지 못하고 영원히 역사에서 사라지고 말았다.

제3장

전국시대 전국칠웅과 진시황

全國七雄

1. 진(晉)나라의 분열과 전국칠웅

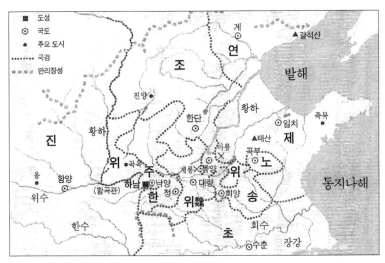

전국시대 지도

예양이 자기를 알아주던 지백을 위해 죽다

월나라 왕 구천의 사망 이후 춘추시대에는 더 이상 패자가 나타나
지 않았다.

중원을 중심으로 한 천하는 접경 지역의 사소한 전쟁 이외에는 정
벌 차원의 큰 전쟁은 당분간 없었다.

남방 지역의 경우 초나라에 의해 속국이 된 월나라는 거의 존재의
의미가 없을 정도로 세력이 약화되었으며, 오나라는 이미 월나라 왕
구천에 의해 멸망한 상태로 초나라가 다시 남방의 맹주가 되어 있었
다. 당시 중원의 상황 중에서 가장 특이한 것은 전통적 강대국인 진

(晉)나라의 세력 다툼으로 인한 내분이었다.

춘추시대의 각 제후들은 큰 공을 세운 신하들에게 경(卿)이라는 벼슬을 내려, 공을 치하함과 동시에 나라의 중요한 결정 과정에 참여토록 하였다. 경의 칭호를 하사받는 것은 가문의 영광이었다.

진나라에는 경의 벼슬을 하사받은 여섯 집안이 있었는데, 지 씨(智氏), 범 씨(范氏), 중행 씨(中行氏), 한 씨(韓氏), 조 씨(趙氏), 위 씨(魏氏) 집안이었다. 이들 집안을 통칭하여 육경(六卿)이라 하였다. 이들 육경의 세력은 점차 강력해져 군주의 힘을 능가했다.

권력은 나누어 가질 수 없는 것, 육경 중 범 씨 가문과 중행 씨 가문이 결탁하여 나머지 네 개 집안을 축출(逐出)하고 권력을 장악하려고 하였다. 범 씨 가문과 중행 씨 가문이 욕심을 내게 된 데에는 그들 가문과 인척 관계에 있던 제나라와 위(衛)나라의 힘을 믿었던 것이 컸다. 당시 진나라의 육경 중 가장 강한 세력을 가진 집안은 지 씨 집안이었는데, 지 씨 집안의 수장은 지백(智伯)이었다. 지백은 범 씨와 중행 씨 집안에 맞대응하기 위해 지 씨 집안을 중심으로 진나라 군대와 한 씨, 조 씨, 위 씨 집안의 가병들을 뭉치게 하였다. 제(齊)나라와 위(衛)나라의 지원을 받는 범 씨, 중행 씨 집안과, 지 씨 집안을 중심으로 한 세력과의 싸움은 장기간에 걸쳐서 치루어졌는데 결국 지 씨 집안을 중심으로 한 네 개 집안의 승리로 끝이 났다.

원래 육경 중 가장 강한 세력을 가졌던 지 씨 집안의 지백은 전쟁에서 승리 후, 더욱 강한 권력을 얻어서 진나라에서 지백의 권한은 군주를 능가하였다. 또한 비록 전쟁에서 승리하였지만 조 씨, 위 씨, 한 씨 집안들도 지백의 눈치를 보게 되었다.

전쟁에서 승리 후 승리의 축배를 같이 들고 권력의 달콤함을 같이 맛본 지 씨, 한 씨, 조 씨, 위 씨 네 집안은 점차 시간이 흐를수록 지

씨 집안의 독주로 관계가 불안정해지고 멀어져갔다. 이미 이때에는 네 집안이 진나라의 경에 만족하지 않고 스스로를 군주라 칭하면서 각자의 나라를 세웠다. 지 씨 집안은 지(智)나라, 한 씨 집안은 한(韓)나라, 위 씨 집안은 위(魏)나라, 조 씨 집안은 조(趙)나라라고 하였다.

그리고 한층 세력이 강화된 지(智)나라의 지백은 안하무인으로 행동하였다. 지백은 세 나라를 압박하기 시작하였는데 먼저 한(韓)나라에게 땅을 달라고 협박하였다. 한나라의 강자(康子)는 어처구니없는 지백의 요구에 처음에는 불같이 화를 내었으나 신하 단규(段規)의 말을 듣고 분하지만 지백에게 땅을 내주었다.

단규는 이렇게 말하였다.

"지백의 평소 성품이 포악하며 급하고 이해득실을 잘 따지는 편이라 땅을 달라고 할 때 주지 않으면 반드시 무력을 사용할 것인 바 우리 한나라로서는 어찌할 방도가 없습니다.

또한 우리가 땅을 줘버리면 반드시 지백은 다른 나라에도 요구할 것이며 그리고 지백의 말을 듣지 않은 나라와 분명히 전쟁을 할 것인 바 우리는 그때 형세를 보아가며 움직이는 것이 제일 합당한 방법이라 생각합니다."

한나라의 강자(康子)는 억울하지만 만여 명이 사는 고을 한 곳을 지백에게 바쳤다. 한의 신하 단규의 예상대로 지백은 위(魏)나라에도 땅을 요구하였다. 위나라 환자(桓子) 역시 한나라 강자처럼 화를 내며 절대 땅을 주지 않겠다고 하였으나, 신하 조가(趙葭)의 말을 듣고는 일만 명 규모의 백성이 사는 땅을 지백에게 바쳤다.

한나라와 위나라의 땅을 말 한마디에 얻은 지백은 기고만장(氣高萬丈)하였다. 내친김에 조(趙)나라에도 사신을 보내서 이번에는 갖고 싶은 지역을 콕 집어, 채(蔡) 지역과 고랑(皐狼) 지역을 요구하였다. 그러나 조나라 양자(襄子)는 만만한 사람이 아니었다. 그는 지백의 건방진 행동에 불같이 화를 내면서, 신하 장맹담(張孟談)과 숙의 끝에 즉각 대응키로 하고 일단 진양성(晉陽城)에 병력을 총집결시켜 수비 전략을 펼쳤다.

진양성은 조양자의 아버지인 조간자가 선정을 베풀었던 곳이라 그곳 백성들의 충성도는 이루 말로 다할 수 없을 정도였다.

당시 조간자는 신하 윤탁(尹鐸)에게 진양성의 관리를 맡기면서 세금을 적게 부여하고 법과 질서를 확립해 백성들이 어려움 없이 살아갈 수 있도록 지시하였다. 그리고 아들인 양자에게 훗날 전쟁이 날 경우 반드시 진양성에 거점을 두고 전략을 펼치라고 말하였다. 조(趙) 씨 가문의 배려와 선정에 항상 고마움을 느끼고 있던 진양성의 백성들은 목숨을 내어놓고 전쟁에 임했으며, 그들의 사기는 하늘을 찌를 듯 높았다. 한편 지백은 조나라에 대한 공격에 앞서서 한나라와 위나라에게 연합군을 같이 파병해서 조나라를 공격하여 승리한 후 조나라 땅을 균등하게 3등분하자라고 제의하였다.

한, 위나라는 제의를 거절하지 못하고 연합군 제의를 수락하였다.

지나라의 지백을 중심으로 한 연합군은 진양성을 3개월 동안 포위, 공격하였으나 진양성은 꼼짝도 하지 않았다.

진양성의 백성들은 그야말로 죽기 살기로 전투에 임하였고, 사기 충천한 진양성은 철옹성(鐵甕城)이었다.

이에 지백은 묘책을 내었다. 진양성 뒤편에 있는 진수(晉水)의 물길을 진양성 쪽으로 돌리는 것이었다. 진양성에는 물이 차올랐고, 물에 잠긴 열악한 상황에서 포위가 된 채 3년의 세월이 흐르자 진양성 안의 물자와 식량은 바닥이 나고 개구리가 득실거렸다. 무엇보다도 군사와 백성들이 지쳤다. 조양자는 더 이상 버틸 수가 없어 항복을 하고자 하였다. 그때 신하 장맹담이 항복을 하기 전에 최후의 방법으로 한나라와 위나라의 군주를 만나서 설득을 해보겠다고 하였다.

장맹담은 한나라와 위나라의 군주들을 만나 이렇게 설득을 하였다.

"현재 조나라가 위급한 상태이고 조금만 더 지나면 조나라는 더 이상 버틸 수가 없어 항복할 것이며 멸망할 것이다. 하지만 조나라가 망한 후 한나라와 위나라는 과연 무사하리라 생각하는가?"

장맹담의 말에 한나라와 위나라의 두 군주가 우리도 그 문제를 잘 알고, 걱정하고 있으나 현재로서는 뾰족한 방법이 없다고 하자 장맹담이 다시 말하였다.

"조(趙), 위(魏), 한(韓) 우리 세 나라가 힘을 합쳐 지백을 공격하면 모든 일이 해결되는데 무엇이 걱정이란 말인가?"

마침내 장맹담의 제의에 한나라와 위나라의 군주는 동의하였고 힘을 합쳐 지백을 무너뜨리기로 하였다. 한나라와 위나라 군주를 만나 동맹을 맺기로 약속한 장맹담은 지백의 의심을 사지 않기 위해 지백을 찾아가서 조나라 양자가 항복 등 여러 가지 방향으로 고민을 하고 있다고 말하였다. 지백을 만나고 나오는 길에 그는 지백의 신하인 지과(智果)를 만났는데, 장맹담의 표정을 본 눈치 빠른 지과는 모략(謀略)이 있음을 알아냈다.

지과는 지백에게 가서 한나라와 위나라가 조만간 배신하고 조나라와 연합할 것 같다고 말하였다. 그러나 지백은 곧 조나라가 항복할 것이고 그러면 조나라 땅을 3등분하여 나누어 가질 한나라와 위나라가 배신할 이유가 없다고 생각해서, 지과의 말을 믿지 않았다.

지백이 자신의 말을 듣지 않고, 또한 믿지 않자 지과는 성을 보(輔)씨로 바꾸고 지나라를 떠나버렸다.

지과가 지나라를 떠난 그날 장맹담은 지백의 군대를 공격하였다.

우선 강의 물길을 지백의 군대가 주둔한 쪽으로 돌려 지백 군대의 진영을 혼란스럽게 한 뒤에 한, 위의 군대가 양쪽 측면을 공격하고 조나라 군대는 정면을 공격하였다. 지백의 입장에서는 아닌 밤중에 홍두깨여서 창졸(倉卒)간에 당한 공격에 속수무책으로 당할 수밖에 없었다. 지백은 대패를 하였고 지백 역시 포로로 잡혔다.

지 씨 가문의 사람들은 급히 서쪽의 진(秦)나라로 망명하였고, 지백의 편을 들고 의지하였던 진(晉) 출공(出公)은 초나라로 망명하였다.

그리고 조 양자는 포로가 된 지백을 죽이고도 분함이 풀리지 않아서 지백의 두개골로 술잔을 만들어 술을 부어 마셨다.

당시 지백의 신하 중에 예양(豫讓)이라는 사람이 있었는데, 그는 지백이 믿고 의지하는 국사(國師)였다. 조양자에 의해 주군인 지백이 죽자 그는 복수를 결심하고 조양자를 죽일 기회를 노렸다.

사위지기자사(士爲知己者死) 여위열기자용(女爲悅己者容), 즉 '선비는 자신을 알아주는 사람을 위해 목숨을 바치고, 여자는 자신을 즐겁게 해주는 남자를 위해 화장을 한다'라는 말을 하면서 예양은 지백의 은혜를 잊지 못하고 항상 복수의 칼을 갈고 있었다. 전쟁이 끝나고 조용해지자 산속으로 피신해 있던 예양은 이름을 바꾸고, 조나라 궁궐로 들어갔다. 그곳에서 그는 미장이 일을 하면서 조양자를 죽일 기회를 엿보고 있었다. 한번은 조양자가 사용하는 화장실의 벽을 미장하고 있는데 양자가 화장실에 들어왔다.

예양은 절호의 기회라고 생각하고 양자를 죽이려고 하였으나 이상한 낌새를 눈치챈 양자에게 오히려 잡히고 말았다. 사로잡힌 예양은 당당하게 자신의 신분을 밝히면서 지백의 복수를 하지 못해 가슴이 아프다고 하였다. 얘기를 들은 조 양자는 예양을 의롭고 충성스러운 사람이라고 칭찬하면서 풀어주었다. 풀려난 예양은 복수를 포기하지 않고 다시 기회를 찾았다.

예양은 변장(變裝)하기 위해 눈썹과 수염을 뽑고 온 몸에 옻칠을 하고 얼굴에 흉터를 일부러 만들어 문둥이처럼 보이게 하였다. 그의 아내가 예양을 보고는 생긴 모습은 우리 남편이 아닌데 목소리는 우리 남편과 똑같네 하였다. 예양은 그 말을 듣고는 뜨거운 숯덩어리를 삼켜 목소리까지 변하게 하였다.

친구가 모습이 변한 예양을 보고 울먹이며 말하였다. "자네의 재능을 볼 때 양자의 신하가 된다면 충분히 능력을 발휘하고 신임을 받을 수 있을 것이며, 그러면 자네가 하고자 하는 일을 쉽게 할 수 있을 것인데 어찌하여 이렇게 고생을 한단 말인가?"

예양이 친구의 말을 듣고 고개를 가로저으며 말하였다. "내가 양자의 신하가 되어 그를 죽이고자 한다면 이는 두 마음을 가지고 남의 주인을 섬기는 것이네. 지금 내가 하고자 하는 일이 매우 힘들고 어렵다는 것을 알고 있다네. 그러나 내가 이렇게 함으로써 훗날 천하의 사람들이 두 마음을 가진 채 남의 신하가 되는 것이 매우 부끄러운 일이라는 것을 일깨워 주고자 함이네." 그러나 온갖 노력에도 불구하고 예양은 양자에게 다시 잡히고 말았다.

다시 잡힌 예양을 보고 양자가 말하였다.

"그대는 본래 범 씨와 중행 씨 가문을 위해 일한 사람이었는데, 범 씨와 중행 씨 가문을 멸족시킨 지백을 죽이지 않고 오히려 지백의 밑에서 일을 하였으며, 지금은 왜 반대로 죽은 지백을 위해 복수를 한다고 하느냐? 이것은 앞뒤가 맞지 않는 행동인 것 같구나."

예양이 대답하였다.

"범 씨와 중행 씨 가문에서는 나를 귀중하게 여기지도, 인정해주지도 않았으나 지백은 나를 국사로 대접하면서 인정해주었다, 그러니 나는 지백을 위해 목숨을 바쳐야 하며 그것은 당연한 것이다."

예양의 말을 들은 조 양자는 예양의 충성에 감동하면서도 예양의 충성심은 천하에 입증되었지만 어쩔 수 없이 죽일 수밖에 없다고 하였다. 이에 예양은 양자 당신을 죽이기 위해 온갖 노력을 다했으나 손끝 하나 건드리지 못하였다. 죽기 전에 소원이 있는데 당신의 옷을 벗어 나에게 주면 그 옷에라도 복수의 칼로 찌르고 싶다고 하자 양자는 예양의 마음을 헤아려 자기의 옷을 벗어 예양에 던져주었다. 예양은 자신이 들고 있던 칼로 양자의 옷을 깊이 세 번 찌른 뒤에 말하였다. "이것으로 나는 지백 님의 은혜에 보답하였다." 그리고 예양은 자신의 칼에 엎어져 자결하였다.

이 얘기를 들은 천하의 선비들은 슬퍼하면서 예양의 충성심을 우러러보았다.

지백을 무너뜨리고 권력을 장악한 조(趙), 한(韓), 위(魏) 세 나라는 새로운 진(晉)의 군주로 경공을 내세웠는데, 그는 허수아비 군주로 18년을 보냈다. 경공 이후 등극한 유공 역시 유명무실한 군주로 자리만 지켰다. 이후 조, 위, 한 나라에서는 주왕실에 뇌물을 바치고 막후 교섭을 하였다.

그 결과 기원전 403년 주(周) 위열왕은 조칙(詔勅)을 내려 이들 조(趙), 위(魏), 한(韓)나라를 정식 제후국으로 봉하였다.

이로써 오랜 세월 동안 중원의 강자로 존재하였던 진(晉)나라는 역사 속으로 사라지고 말았다.

그리고 전국시대의 시작을, 주왕실에서 조, 위, 한나라를 제후국으로 인정한 기원전 403년으로 보는 것이 맞는지, 아니면 조, 위, 한나라가 지백을 무너뜨리고 지백의 영토를 삼등분한 기원전 453년으로 보는 것이 맞는지에 대해서는 서로 다른 의견이 있는데 일반적으로 기원전 453년을 전국시대의 시발(始發)로 본다.

전국시대에서는 춘추시대와는 다르게 각 나라가 주왕실을 따르지 않았으며 군주 스스로가 왕이라 칭하고 제후국이 하나의 국가임을 선포하였다. 공(公)이라고 하지 않고 왕으로 칭한 첫 군주는 위(魏)나라 왕이었다. 그때부터 다른 제후들도 스스로 왕이라 하였다.

진(晉)나라가 멸망하고 대신 새로운 제후국으로 등장한 조(趙)나라, 위(魏)나라, 한(韓)나라, 그리고 변함없는 남방의 강호 초(楚)나라, 북방의 연(燕)나라, 서쪽의 떠오르는 강호인 진(秦)나라, 동쪽의 제(齊)나라, 즉 이들 일곱 나라를 전국시대 칠웅(七雄)이라 하였다.

당시 칠웅 이외에도 노(魯)나라, 위(衛)나라, 송(宋)나라, 정(鄭)나라, 진(陳)나라 등등 많은 나라들이 존재하였다.

전국시대의 역사적 사실들은 대부분 『전국책』과 『사기』의 기록에 의존하는데 이들 책에 기록된 내용들이 상이하고 인물이나 연대의 기록도 많이 틀리다는 점을 먼저 얘기한다.

위(魏)나라의 오기(吳起). 출세를 위해 아내를 죽이다

전국시대 초반에는 위(魏)나라가 최강의 전력으로 천하를 주름잡았다. 위나라는 주 왕조와 같은 성인 희(姬) 씨이며 시조는 주나라 문공의 아들인 필공(畢公)이다. 그의 후손 필만(畢萬)이 진(晉)나라에 복속되어 진나라를 섬기었는데, 이때부터 위(魏) 지역을 진나라로부터 하사받고 위 씨 성을 얻었다.

그 후 세월이 흘러 필만의 7대 후손인 환자(桓子)가 조, 한나라와 연합하여 지백을 무너뜨리고 지백의 땅 일부를 가져오니 그때부터 위나라 전성기의 기반이 조성되었다. 특히 환자의 손자 문후(文侯)가 군주의 자리에 즉위하였을 때, 주왕실로부터 제후로 봉해지니 그때부터 명실공히 하나의 국가로 인정받았다.

문후는 40년 동안 위나라를 통치하면서 위나라를 전국칠웅 가운데 최강의 나라로 만들었다. 그는 학문을 숭상하고 인재를 귀중하게 여기며 아무리 하찮은 약속이라도 한번 한 약속은 반드시 지키고 형세 판단이 빠름과 동시에 덕망까지 갖춘 훌륭한 군주였다.

그의 명성에 당대의 인재들이 구름같이 모여들었는데 공자의 제자인 자하(子夏)와 또 한 명의 스승인 전자방(田子方) 그리고 천하제일의 전략가 오기(吳起), 악양(樂羊), 이극(里克), 적황(翟璜), 서문표(西門豹) 등이 대표적인 인물들이었다.

어느 날 문후가 조정 신료들을 모아놓고 자신이 어떠한 왕인지 물었다. 신료들은 이구동성으로 대답하였다. "폐하께서는 만고의 어진 임금이십니다." 그때 신하 적황이 말하였다. "폐하께서는 어진 임금이 아니십니다."

당황한 문후가 그 이유를 물었다.

적황이 대답하였다.

"과거 중산 지역을 정벌하신 후 그 지역을 폐하의 동생들에게 영지로 하사하지 않으시고, 아들들에게 봉하였습니다. 이것이 매우 어질지 못한 처사이었기 때문입니다."

적황의 말이 끝나기 무섭게 문후는 당장 여기서 나가라고 소리쳤다.

화가 잔뜩 난 문후에게 신하 임좌가 아뢰었다. "폐하께서는 어진 임금이 틀림없습니다. 옛날 말에 어진 임금 밑에는 바른말을 하는 신하가 있다고 하였는데 좀 전 적황처럼 간언을 하는 신하가 있는 것을 보면 폐하께서는 어진 임금임이 확실합니다."

임좌의 말을 들은 문후는 자신의 잘못과 옹졸함을 깨닫고 즉시 명을 내려 적황을 들어오라 한 뒤에 자신의 잘못을 얘기하면서 상경의 벼슬을 내렸다. 또한 문후는 이극에게 물었다.

"한나라의 재상이 되기 위해서는 어떠한 덕목을 가져야 한다고 생각하는가?" 이극은 재상으로서 지녀야 할 덕목 다섯 가지를 말하였다.

"첫 번째, 자신이 어려운 환경에 처했을 때 어떤 사람과 사귀었는가?

두 번째, 부유하고 여건이 좋았을 때 누구에게 베풀어주었는가?

세 번째, 높은 벼슬에 있을 때 어떤 사람을 등용하였는가?

네 번째, 궁지에 몰렸을 때 어떠한 행동과 생각을 하였는가?

다섯 번째, 가난한 시절에 욕심을 내어 지나치게 재물을 탐하지 않았는가?"

이렇듯 문후는 조정 신료들과 소통을 하면서 개혁을 주도하였으며 문후의 성품과 소통 그리고 개혁 정신에 대한 소문을 듣고 천하의 인재들이 모여들었다. 문후는 이들과 함께 위나라의 전성기를 구축(構築)하였다. 그중에도 문후와 함께 위나라를 강성대국으로 만든 사람은 대장군 오기(吳起)라 할 수 있다.

오기는 본래 위(衛)나라 사람이었으나, 노(魯)나라에서 관직 생활을 하였다. 그의 아내는 제나라 사람이었는데 당시 오랜 세월 동안 제나라와 노나라는 앙숙(怏宿) 관계이었기에 노나라에서는 제나라 여자를 아내로 둔 오기를 마땅치 않게 생각하고 오기를 제나라 편 사람으로 생각하였다. 그때 노나라와 제나라는 전쟁을 하게 되었다.

노나라 조정에서는 오기를 장군으로 임명하여 제나라와의 전투에 출정시키려고 하였지만, 일부 대신들이 오기의 아내가 제나라 사람이기 때문에 오기가 배신할지도 모른다고 하면서 오기의 장군 임명을 반대하였다. 얘기를 들은 오기는 아내 때문에 장군에 임명되지 않을 수도 있다고 생각하였다.

오기는 이러한 오해를 불식(拂拭)시키고 더불어 출세를 하기 위해 주저 없이 아내를 죽였다. 그리고 아내의 수급을 비단으로 싼 후에 그것을 들고 노나라 목공을 알현하였다.

"소신의 일념은 오직 하나 나라를 위해 적들과 싸우는 것입니다. 여기 아내의 목을 가져왔습니다." 그때야 노나라 조정에서는 그를 믿고 장군으로 임명하였다.

오기는 노나라의 믿음에 부응(符應)하기 위하여 제나라와의 전쟁에서도 연전연승하였다.

당시 제나라 재상 전화(田和)는 장군 장추(張丒)를 오기의 진영으로 보내 화친을 청하는 척하면서 군세를 염탐하고 오라 하였다.

오기는 늙고 병든 군사들을 전면에 배치하고 진영을 허술하게 꾸며놓고 장추를 맞이하였다. 장추가 물었다. "오기 장군께서는 노나라 대장군이 되기 위해 아내를 죽였다는 소문이 파다하던데 그것이 사실입니까?" 오기가 장추의 느닷없는 질문에 차분히 대답하였다.

"내가 비록 불초하지만 중자를 스승으로 모시고 성현의 바른 도리를 배웠습니다.

사람으로서 어찌 그런 짓을 할 수가 있겠습니까?

내가 노나라 대장군이 될 시점에 공교롭게도 아내가 병으로 죽었습니다. 시점이 비슷하여 그런 오해가 세상에 퍼진 듯합니다."

장추는 오기의 말이 끝나기 무섭게 두 나라 간의 동맹과 우의를 얘기하면서 화친을 청하였다.

오기와 장추는 사흘 동안 전쟁 얘기는 하지 않고 술만 마셨다.

장추가 제나라 진영으로 떠나는 날 오기는 장추에게 자신을 잘 부탁한다고 하면서, 화친만 할 수 있다면 그 은혜는 잊지 않겠다고 하였다. 그리고 오기는 약한 모습을 보이면서 장추를 전송하였다.

장추가 노나라 진영을 벗어나자, 오기는 전군을 삼로(三路)로 나눠 장추를 몰래 뒤따라갔다.

제나라 진영에 도착한 장추가 전화에게 보고하였다.

"노나라 군세는 허약하기가 이를 데 없습니다. 그리고 오기는 전투를 할 의욕이 없고 그냥 화친을 맺기를 간절히 바라고 있습니다."

그때 진영 밖에서 큰 북소리와 함께 노나라 군사들이 공격해 들어왔다. 기습 공격을 당한 제나라 군사들은 혼비백산하여 사방으로 도망가기에 바빴다.

노나라 장군 오기의 대승이었다. 그러나 오기가 잘하면 잘할수록 그를 시기하는 무리의 험담(險談)은 끝이 없었다.

즉 오기는 젊은 시절 출세에 눈이 멀어 부모가 남겨준 천금의 재산을 뇌물로 모두 탕진(蕩盡)하였는데 그 사실을 두고 마을 사람들이 비웃자, 오기는 그를 비웃은 마을 사람들 30여 명을 모두 죽이고 노나라로 도망쳤다. 그때 오기는 출세하지 못하면 절대 고향을 찾지 않겠다고 맹세하였다고 한다.

얼마 후 그의 어머니가 죽었는데도 오기는 고향을 찾지 않았으며,

그 사실을 안 그의 스승인 증자(曾子)는 그를 파문하면서 말하였다.

"나는 너 같은 사람을 제자로 둔 적이 없다. 다시는 내 앞에 나타나지 말기를 바란다."

그 후 노나라 장군이 되기 위해서 출세의 걸림돌이 되는 아내를 죽인 사실과 위나라 사람인 오기를 노나라에서 중용한다는 것은 혈맹의 관계인 노, 위나라 간의 우애를 해치는 것이니 이것 또한 오기 때문이 아닌가?라는 것들이 소문의 주된 내용이었다.

그리고 결정적으로 제나라 계책에 의해 오기가 뇌물을 받았다는 소문이 떠돌았다. 전쟁에서 패한 장추가 장사꾼으로 변장하고 노나라로 들어와서는 몰래 오기를 만나 황금과 미녀 두 사람을 바치고자 하였다. 그러나 오기는 사양하며 받지를 않았다. 그리고 향후 제나라가 먼저 노나라를 공격하지 않으면 노나라가 제나라를 공격하는 일이 없을 것이라 말하였다.

장추는 노나라를 떠나면서 소문을 퍼뜨렸다.

"오기는 제나라로부터 뇌물을 받았다. 그리고 앞으로는 절대 제나라를 공격하지 않겠다고 약속하였다."

노나라 조정에서도 이 소문을 들었다. 모든 신료들이 오기를 탄핵하였다. 결국 오기는 노나라에서 더 이상 버티지 못하고 쫓겨났다.

마침 그때 그는 위(魏)나라의 문후(文侯)가 널리 인재를 구한다는 소문을 듣고 위나라로 향하였다. 오기는 위 문후를 찾아가서 신하가 되고자 하였다. 문후는 신하 적황에게 오기에 관해서 물어보았다.

적황은 오기가 비록 여자를 좋아하고 재물을 탐하지만, 병법에 관하여서는 사마양저(司馬穰苴)를 능가한다고 하였다. 사마양저는 제나라 경공 시절 『사마병법』을 저술한 당대의 유명한 병법가였다.

사마양저보다 훌륭한 병법가라는 적황의 말을 듣고 문후는 오기를 장군으로 명하였다. 오기는 장군이라 하여 특별하게 행동하지 않았다. 그는 말단 병사들과 같이 밥을 먹고 잠도 같이 자고 이동 시 수레를 타지 않았다. 심지어 등창이 난 병사의 환부를 입으로 빨아 고름을 빼내 치료해줄 정도였다.

병사들이 볼 때 자신들과 같이 고생하면서 솔선수범(率先垂範)하는 오기를 존경하며 따르지 않을 수 없었다.

오기의 군대는 사기가 넘쳐났으며, 오기의 명령에는 죽음을 두려워하지 않고 따랐다. 오기의 강력한 병사들이 진(秦)나라를 공격하여 다섯 개의 성을 함락시켜 서쪽 지방을 평정하자 문후는 오기를 서하(西河) 지역을 관리하는 태수로 임명하였다.

이에 오기는 서쪽의 진(秦)나라를 압박하고 한(韓)나라를 견제하였다.

오기는 태수가 된 후에도 병사들과 함께 숙식을 같이하면서 생사고락을 함께 나누었다. 어느 날 한 병사가 종기가 심해져서 고생을 하였다. 그러자 오기는 주저하지 않고 병사의 종기를 입으로 빨아서 고름을 제거하였는데 그 얘기를 전해들은 병사의 노모가 통곡을 하였다. 주위 사람들이 이해를 하지 못하고 노모에게 통곡하는 연유를 물었다. 병사의 노모가 울음을 그치고 대답하였다.

"내 아들은 얼마 후 죽을 것이오. 과거 나의 남편이 종기로 고생을 하였는데 오기 장군이 그때도 입으로 환부를 빨아 고름을 제거해주어서 종기가 나았습니다. 이에 남편은 큰 감동을 받았다고 했습니다.

그 후 전쟁에 나간 나의 남편은 오기 장군을 위해 뒤로 물러서지 않고 분전하였는데 결국 적군의 칼에 죽고 말았습니다. 이제 나의 아들마저 어느 전쟁터에서 죽을지 모르는데 눈물이 나오지 않겠습니까?"

오기의 명성은 중원 천하에 알려졌다. 더불어 위나라의 위세는 날이 갈수록 높아져만 가고 주변의 나라들은 너 나 없이 위나라 앞에 머리를 조아렸다.

위나라의 기반을 확실하게 조성한 문후가 죽고 그의 아들 무후(武侯)가 군주의 자리에 올랐다. 무후는 즉위 후 서하를 방문하여 곳곳을 오기와 함께 배를 타고 시찰(視察)하던 중 주변의 험준한 산세를 보고 감탄하면서 이렇게 아름답고 험준한 산하야말로 위나라의 자랑이고 또한 위나라가 강성해질 수 있는 여건이라고 말하였다.

무후의 이 말을 들은 오기는 산천의 아름다움과 험준함보다는 산천을 다스리는 군주의 덕이 더욱 중요하며 필요하다고 하였다.

오기의 말을 들은 무후는 오늘에야 성인의 말씀을 들었구나 하면서 오기의 현명함을 칭찬하고 향후에도 서하의 관리를 오기에게 모두 맡기겠다고 하였다. 문후에 이어 무후에게까지도 인정을 받은 오기는 점차 기고만장해졌다. 그러던 중 전문(田文)이 위나라의 재상이 되자 오기는 자신보다 능력과 공이 부족한 사람이 자신의 윗사람이 되었다는 사실에 기분이 나빴다. 여기의 전문은 전국 사공자 맹상군과 동명이인이다. 그는 재상인 전문을 만난 자리에서 지금의 위나라가 있기까지 누구의 공이 더 큰지 물었다. 그리고 전쟁을 승리로 이끌면서 주변국들이 함부로 위나라를 넘보지 못하게 하고 조정의 신료들과 함께 백성들을 돌보면서 위나라를 부강하게 만든 것에 누구의 공이 더 큰지 물었다. 오기의 이러한 모습은 건방지기 짝이 없는 것이었다.

오기의 건방진 질문에 전문은 차분하게 오기의 공과 능력이 훨씬 크다고 대답하였다.

"무후께서 아직 어린 나이인지라 조정과 백성들이 안정되지 못하고 대신들마저도 명에 잘 따르지 않는 상황에서, 오기 장군같이 힘이 있는 사람에게 재상의 자리를 맡기는 것은 어려운 일입니다. 그것은 오해를 받을 수 있으며 그로 인해 장군에게 해가 될 수도 있습니다. 이러한 이유로 장군보다 공과 능력이 부족한 내가 재상이 된 것입니다."

오기는 전문의 현명한 대답과 자신을 낮출 수 있는 겸양에 속으로 놀라움을 금치 못하였다. 오기가 대답하였다. "재상은 당신이 맡는 것이 낫소."

얼마 후 전문이 병사하고 후임으로 공숙(公叔)이 재상이 되었다.

공숙은 부마(駙馬)로 건방지고 안하무인(眼下無人)으로 행동하는 오기를 평소에도 싫어하였는데 재상이 됐으니 지금 바로 오기를 축출해버리고 싶었다. 공숙의 심정을 눈치챈 대부 왕조가 공숙에게 오기를 쫓아낼 수 있는 묘책을 귀띔해 주었다. 묘책을 들은 공숙은 이런 방법이 있었구나! 하면서 고개를 크게 끄떡이었다.

그리고 공숙은 바로 무후를 찾아가서 오기의 용맹함과 현명함을 칭찬하면서 혹여 오기가 위나라를 버리고 다른 나라로 가버릴까 걱정이 되니 오기를 부마로 삼아 한 가족이 되면 오기는 위나라에 정착할 것으로 생각한다고 하였다 그리고 무후께서 오기에게 공주와 결혼할 의사가 있는지 물어보면 오기가 우리 위나라를 어떻게 생각하는지 알 수 있을 것 같다고 하였다.

즉 공주와 결혼할 의사가 없다면 오기는 언젠가는 위를 떠날 사람이라고 생각하면 될 것이라고 하였다.

무후를 만나고 나온 공숙은 즉시 오기를 만나서 집으로 식사 초대를 하였다.

공숙은 오기가 자신의 집으로 오기 전에, 아내에게 오늘 오기가 우리 집에서 같이 식사를 하는데 당신은 나를 심하게 구박(驅迫)하고 멸시(蔑視)하며 또한 함부로 대하도록 하시오!'라고 미리 말해놓았다.

오기가 공숙의 집에 와서 같이 식사를 하는데, 공주인 공숙의 아내가 공숙을 사람 취급도 하지 않고 멸시하며 구박하였다.

그 모습을 본 오기는 공주를 아내로 두고 산다는 것이 정말 힘이 드는 것이구나! 생각하였다. 그로부터 며칠 후 오기는 무후의 부름을 받고 궁궐에 들어갔는데 무후는 그 자리에서 오기와 공주와의 결혼을 얘기하였다.

오기는 며칠 전 공숙의 집에서 공주가 남편인 공숙에게 한 행동과 말을 떠올리며 무후의 제안을 정중히 거절하였다.

오기의 거절에 무후는 오기가 위나라에 오래 있을 생각이 없구나 하고 그 후부터 오기를 가까이하지 않았다. 갑자기 소원(疏遠)해진 무후가 이상하다고 생각한 오기는 위나라에서 더 이상 자신의 능력을 펼칠 수 없다고 생각하고 위나라를 떠나기로 마음먹었다.

오기가 위 무후 곁을 떠난 후 위나라는 한동안은 막강한 세력을 유지하였다.

그 후 위나라의 전성기를 이끌면서 중원의 세력 판도를 좌우지 한 무후가 사망하고 혜왕(惠王)이 군주의 자리에 올랐는데 혜왕은 주왕실의 눈치도 보지 않고 스스로 왕이라 칭하였다.

그때부터 전국시대 모든 제후국들은 스스로를 왕이라 하였다.

주 왕조의 권위가 자연스럽게 무너지는 순간이었다.

위 혜왕 시대에는 공숙좌(公叔座)라는 인품이 뛰어난 장수가 있었는데, 그는 회북(澮北) 전투에서 조나라와 한나라를 상대로 대승을 거두었다. 승전보를 들은 혜왕이 그를 불러 공을 치하하자, 공숙좌가 겸손하게 대답하였다.

"소신은 군사들을 독려하고 사기를 북돋워 주기 위해 오른손으로 북을 열심히 쳤을 뿐입니다. 군사들이 흩어지지 않고 또한 적을 두려워하지 않은 채 죽기를 각오하고 싸워서 이길 수가 있었던 것은 위나라를 떠난 오기 장군의 가르침 덕분이니 소신이 상을 받을 이유가 없습니다. 그리고 사전에 지형의 험한 곳을 파악하여 이롭고 해가 되는 상황에 미리 대비하여 우리 삼군의 병사들에게 유리하도록 작전을 펼친 파녕(巴寧)과 찬양(爨襄)의 공로입니다.

북을 열심히 친 저의 오른손에 주시는 상이라면 상관이 없습니다만 만일 공이 있어 주시는 상이라면 저에게는 어울리지 않는 상입니다."

혜왕은 공을 자신의 부하들과 이미 떠난 전 상관인 오기에게 돌리는 공숙좌의 마음을 진심으로 칭찬하였다.

그리고 오기의 후손을 찾아 그들에게 전지(田地) 20만을 하사하였고 파녕과 찬양에게 전지 10만을 하사하였다. 또한 공숙좌에게는 전지 100만에 40만을 더하여 하사하며 승전의 공로뿐만 아니라 그의 훌륭한 인품에까지 상을 내렸다.

그 후 공숙좌가 중병에 들어 고생을 하고 있을 때 혜왕은 걱정이 되어 문병을 갔다. 문병을 간 자리에서 혜왕이 공숙좌에게 물었다.

"불행하게도 장군의 병이 깊어지면 위나라의 앞날을 누구와 의논하면 좋겠소?"

공숙좌는 주저함 없이 자신의 가신인 공손앙(公孫鞅)을 추천하였다.

그러면서 공손앙에게 나라 일을 맡기지 못할 경우 그가 다른 나라로 가는 것을 막아야 한다고 덧붙여 말하였다.

그러나 혜왕은 공손앙을 얕보면서 그를 추천한 공숙좌의 안목을 비웃었다. 공손앙은 혜왕이 자신을 인정하지 않음을 알고 공숙좌가 죽자 그의 장례식을 마친 후 급히 진(秦)나라로 피신하였다.

당시 진나라 효공(孝公)은 공손앙을 극진히 반기면서 중책을 맡겼다.

공손앙은 진나라가 강성대국이 되는 데 크게 기여를 하였으며 훗날 진나라가 천하통일의 대업을 이루는 기반을 조성하였다.

공손앙은 완벽한 나라의 통치는 엄격한 법의 적용으로만 가능하다고 믿는 법가(法家)의 사상을 따랐으며, 사람들은 그를 상앙(商鞅)이라고 불렀다. 위 혜왕은 절대 놓쳐서는 안 되는 인재를 쫓아버린 격이 되었다. 후세 사람들은 이러한 혜왕의 어리석은 결정을 두고 비웃으며 말하였다.

"어리석은 사람의 병폐는 어리석지 않은 사람을 어리석다고 잘못 판단하는 데 있다."

한편 오기는 위(魏)나라를 도망치듯이 떠나 초(楚)나라로 향하였다.

중원 천하에서 이름을 날린 오기가 초나라에 몸을 의탁하자 당시 초나라의 군주인 도왕(悼王)은 한순간의 주저함 없이 반기면서 그에게 재상의 자리를 제의하였다. 신하로서 최고의 자리인 재상의 자리에 오른 오기는 도왕에게 충성을 다짐하면서, 초나라의 발전을 위해서 전심전력을 다하였다.

오기는 구조조정을 통해 초나라의 국고를 튼튼히 하는 것이 최우선의 정책이라 생각하였다. 오기는 먼저 왕족들의 녹봉을 줄이고, 꼭 필요하지 않은 직급을 과감하게 없애버렸다. 그리고 각종 법령을 정비하여 나라의 기강을 바로 세우고 사회를 안정시켰다.

대외적으로는 강력한 군사력을 앞세워 진(陳)나라, 채(蔡)나라, 백월

(百越)을 정벌하여 초나라에 병합시켜버렸다.

이러한 오기의 과감한 개혁은 초나라의 국력 신장에 큰 기여를 하였으나, 개혁으로 인해 손해를 본 많은 사람들은 오기를 원수로 생각하고 기회만 있으면 처단하고자 하였다. 오기는 내부에 너무 많은 적을 두었다. 그러던 어느 날 도왕이 갑작스럽게 사망하였다.

기회를 엿보던 종친들과 조정의 일부 신료들은 오기를 공격하였고, 급해진 오기는 도왕의 시신이 있는 쪽으로 도망가서 도왕의 시신 위에 엎드렸다. 오기를 쫓아온 종친들은 오기를 무차별로 난도질하였는데 그 와중에 도왕의 시신도 많이 훼손되어버렸다.

처참한 모습으로 죽음을 목전에 둔 오기가 마지막으로 외쳤다.

"내가 여기서 죽는 것은 그다지 아까울 것이 없다. 그러나 너희는 이렇게 대왕의 시신을 훼손하였으니 대역죄와 다름이 없다. 이런 대역죄를 범하고도 살아남을 수 있다고 생각하는가!"

도왕의 뒤를 이어 그의 아들이 초나라 왕이 되었는데, 그는 왕위에 오르자마자 오기를 살해하고, 아버지 도왕의 시신을 훼손한 사람들을 색출하여 처단하였다.

당시 처단당한 집안이 칠십여 집안이 넘었다고 전해진다.

이를 통해 얼마나 많은 사람들이 오기의 개혁에 불만과 원한을 가졌는지 짐작할 수 있다.

오기는 조국 위(衛)나라에서도, 처음으로 자신을 인정해준 노나라와 위(魏)나라에서도, 그리고 평생의 꿈인 재상의 자리에 오른 초나라에서도 주변을 돌아보고 함께 가는 상생의 정치를 하지 못하였다.

그는 용맹하고 통솔력 있는 장수임과 동시에 뛰어난 병법가이자 개혁에 앞장 선 행정가였지만 결정적으로 자신의 경쟁자들을 어루만져 줄 수 있는 덕이 부족하였다.

즉 그의 정치에는 정(情)과 여유(餘裕)가 없었다.

사마천(司馬遷)은 『사기』를 통해 오기를 다음과 같이 평하였다.

오기는 각박(刻薄)하고 잔혹(殘酷)하며 또한 인정이 없어 자신을 망쳤다. 슬프도다.

또한 『오자(吳子)』의 기록을 보면 그의 전적은 이러하다.

오기는 제후들과 76회를 싸웠는데 그중 64회를 완승하였으며 나머지 12회는 동등한 상태로 전투하였다.

제(齊)나라 손빈(孫臏). 친구의 배신으로 앉은뱅이가 되고
마릉 전투에서 복수를 하다

천하에 둘도 없는 인재들인 오기와 상앙이 떠나버린 위(魏)나라는 급격히 세력이 위축(萎縮)되어갔고, 상앙이 정치의 기술을 발휘한 진(秦)나라는 하루가 다르게 성장해나갔다.

위나라에서 잃어버린 인재는 오기와 상앙뿐이 아니었다.

오나라 합려의 군사인 손무 이후 최고의 병법가이자 손무의 후손인 손빈(孫臏)도 잃었다. 손빈은 제나라 사람으로 위(魏)나라 장군인 방연(龐涓)과 함께 귀곡(鬼谷) 선생에게 학문을 배운 동문이었다.

방연은 자신보다 뛰어난 자질을 갖춘 손빈을 항상 시기(猜忌)하고 질투(嫉妬)하였다. 탐욕스러운 성품에도 불구하고 방연은 위 혜왕의 눈에 들어 장군의 자리에까지 올랐다. 그는 능력이 뛰어난 동문인 손빈을 천거(薦擧)할 수도 있었으나 오히려 손빈의 출사를 방해하였다. 그러나 손빈이 묵자(墨子)의 추천으로 위나라에 출사하자, 능력이 뛰어난 손빈 때문에 자신의 자리가 위태해질 수 있다고 판단한 방연은 계략을 꾸며 손빈을 제나라 첩자로 몰아 세웠다.

첩자로 몰린 손빈은 발목을 자르는 월형(刖刑)과 먹물로 얼굴에 글자를 새겨 넣는 묵형(墨刑)을 당하였다.

나중에 이 모든 것이 동문수학한 방연의 간계임을 알아챈 손빈은 복수를 다짐하면서 무슨 수를 써서라도 제나라로 탈출하고자 하였다. 그가 정신병자처럼 행동하면서 때를 기다리던 중, 마침 제나라의 사신이 대량(大梁)으로 온다는 정보를 듣고는 몰래 제나라 사신을 만났다. 그리고 전후 사정을 얘기하고는 자신을 제나라로 데려가 주기를 부탁하였다.

손빈의 얘기를 들은 제나라 사신은 그의 몰골이 형편없지만, 그의 말은 논리가 정연하고 목소리에 힘이 있는 것이 보통사람이 아니라는 것을 알아차렸다. 제나라 사신은 귀국길에 손빈을 자신의 수레에 몰래 태워 돌아갔다. 제나라에 도착한 손빈은 제나라 장군인 전기(田忌)의 집에서 잠시 머물렀다. 전기 역시 식객으로 와있는 손빈이 예사로운 사람이 아니라고 생각하고 각별하게 대우하였다.

전기는 자주 자신의 집에서 공자들과 함께 돈을 걸고 마차 경기를 하곤 하였다. 어느 날 마차 경기에 동석한 손빈이 말과 마차를 살펴보니 마차는 상, 중, 하 세 등급으로 구분되어 있고 말들의 실력에는 별 차이가 없었다. 이에 손빈은 전기에게 내기에 이길 수 있는 방법을 알게 해주겠다고 하였다. 그는 '장군의 상급 마차와 상대의 중급 마차와 경주하게 하고 장군의 중급 마차를 상대의 하급 마차와 경주하게 하고 장군의 하급 마차와 상대의 상급 마차와 경주하게끔 하면 장군이 세 판 중 두 판은 이기게 됩니다.'라고 하였다.

이런 방법을 손빈의 삼사법(三駟法)이라고 하였는데, 최종적인 승리를 하기 위해서는 작은 것과 사소한 것은 버릴 줄 알아야 한다는 것이다. 과연 전기는 마차 경기에서 이겨 돈을 땄고, 손빈의 능력이 뛰어남을 알아차린 전기는 손빈을 제 위왕(威王)에게 천거하였다.

손빈을 만나 그의 병법에 대한 해박한 식견을 들은 위왕은 그를 군사(軍師)로 명하였다. 그때 위나라가 조나라를 정벌하기 위해 조 도성인 한단(邯鄲)을 공격해 들어왔다.

당시 위나라의 세력이 만만치 않아 급해진 조나라에서는 제나라에 지원을 요청하였다. 제 위왕(威王)은 조정의 신료들을 모아놓고 군사 지원의 가부를 논하였는데, 신하 단간륜(段干綸)이 조나라에 지원할 것을 주장하면서 위나라가 조나라를 합병하면 제나라에 득이 될 것이 없다고 하였다. 이에 제 위왕은 전기를 대장군으로, 손빈을 군사로 삼아 출정을 명하였다. 대장군 전기가 한단으로 출정하고자 할 때 군사 손빈이 한단으로의 출정을 말리면서 바로 위나라의 도성인 대량(大梁)을 공격하자고 하였다.

즉 지금 위나라의 정예 부대는 전부 조나라 도성인 한단에 집결되어 있고 대량은 텅텅 비어 있을 것이니 우리는 손쉽게 공격할 수 있을 것이고 그러면 위나라는 어쩔 수 없이 한단의 포위를 풀고 도성인 대량으로 돌아올 수밖에 없을 것이다라는 것이 손빈의 생각이었다. 그의 계략대로 전기와 손빈은 귀환하는 위나라 군대를 계릉(桂陵)에서 대파하였다.

그로부터 13년의 세월이 지난 기원전 341년 위(魏)나라는 다시 전쟁을 일으켜 한(韓)나라를 공격하였다.

당시 한나라는 뛰어난 재상인 신불해(申不害)가 부국강병의 기치(旗幟) 아래 세력 확장을 시도하던 때였다. 그러나 위나라에 비하면 아직 미약한 상태였다. 신불해는 군주 소후(昭侯)에게 보고하고 즉시 제나라에 구원 요청을 하였다.

구원 요청을 받은 제 위왕은 조정 신료들과 협의를 하였다.

제나라 조정은 지금 당장 군대를 출정시켜 한나라를 구해주는 것과 좀 더 기다렸다가 위나라와 한나라의 군대가 기진맥진하였을 때 구해주는 것 중에 어느 것이 타당한지를 의논하였다. 회의 결과 신하 전신사(田臣思)가 주장한 대로 한나라가 거의 멸망당할 때쯤에 군사를 출정시키기로 하였다. 이후 한나라와 위나라는 다섯 번의 전투를 하였는데 모두 위나라가 승리했다.

다급해진 한나라는 다시 한 번 제나라에 구원 요청을 하였고 그때야 제 위왕은 전기를 대장군으로 하고 손빈을 군사로 하여 저번처럼 위나라 도성인 대량을 공격하여 들어갔다. 제나라 군대가 대량으로 출병하였다는 정보를 접한 방연은 한나라를 뒤로하고 대량으로 군대를 돌렸다. 그때 이미 제나라 군대는 국경을 넘어 대량으로 진군하고 있었는데 방연의 위나라 군대가 뒤쫓아 오는 형세가 되었다.

평소 거칠고 용감한 위나라 군사들은 제나라 군사들을 겁쟁이라고 깔보고 있었다. 손빈은 이러한 점을 이용하여 숙영(宿營) 시마다 군사들이 밥을 해먹는 아궁이의 숫자를 계속 줄여나가도록 하였다. 첫날에는 10만 개의 아궁이, 다음날에는 5만 개의 아궁이, 그 다음날에는 3만 개의 아궁이를 만들도록 하였다.

이것이 바로 솥을 줄여 적군을 속이고 유인하는 손빈의 감조유적(減灶誘敵)의 전법이다. 누가 보아도 병사들이 도망가버려서 아궁이의 숫자가 줄어들고 있다고 볼 수밖에 없었다. 뒤쫓아오던 위나라 방연은 제나라 군사들이 겁이 많은 줄 익히 알고 있었지만, 위나라 영토 안에 들어온 지 사흘 만에 벌써 반 이상의 군사가 도망가버렸구나 하면서 마음이 급해져 발 빠른 기병들만 데리고 신속하게 움직였다.

제나라 손빈은 계곡이 깊고 좁은 마릉(馬陵)에 진을 치고 계곡 곳 곳에 일만 명의 궁사들을 매복(埋伏)시켜놓은 채 방연을 기다렸다.

그리고 계곡의 중앙에 있는 큰 나무의 껍질을 벗겨 '방연이 이 나 무 아래에서 죽는다.'라고 적어 나무 아래 놓아두었다.

이를 까맣게 모르는 방연은 숨 가쁘게 추격하였다. 나름 병법을 공부하였지만 방연의 머릿속에는 오합지졸(烏合之卒)의 제나라 군사들 만 있었다. 계곡 깊숙이 들어오면서도 적군이 매복하였을 거라고는 생각도 못 하였다. 어두운 밤 마릉 계곡 깊숙이 들어온 방연은 땅 위에 놓인 허연 물체를 발견하고 횃불을 만들어 확인하였다.

나무껍질에는 자신의 죽음을 예고한 문구가 적혀 있었고, 그것을 확인하는 순간 사방에서 화살이 비 오듯 쏟아졌다.

그때서야 손빈의 계략에 속은 것을 안 방연은 '이놈의 더벅머리가 세상에 이름을 떨치도록 내가 만들어주었구나' 하면서 자결하였다.

방연은 죽을 때까지도 손빈을 시기하고 질투하였다.

마릉 전투에서의 대승으로 손빈의 이름은 천하에 알려졌고, 제나 라의 위상은 춘추시대 패자 때와 같이 높아졌다.

제나라는 본래 여상 강태공을 시조로 하는 강(姜) 씨가 다스리던 나라였다. 그런데 제나라 군주의 성이 바뀌는 사건이 발생하였는데 그 내막은 다음과 같다. 춘추시대 1대 패자인 환공 시대에 진(陳)의 군주 여공의 아들인 완(完)이 망명하여 제나라로 들어왔는데 그때 완은 성을 전(田) 씨로 바꾸고 환공을 보필하면서 살았다.

세월이 흘러 기원전 386년 전완(田完)의 후손인 전화(田和)가 반란을 일으켜 제나라 강공(康公)을 축출하고 자신이 군주가 되었다.

이때부터 제나라는 강 씨의 나라가 아닌 전 씨의 나라가 되었으며, 후세 사람들은 이를 두고 전 씨 제(田 氏 齊)라고 하였다.

손빈이 능력을 발휘하며 부흥시킨 제나라는 바로 전 씨 제나라였다. 사실 전화가 반란을 일으키기 훨씬 전부터 제나라 조정은 혼란의 연속이었다.

혼란의 시작은 기원전 548년 제나라 신하 경봉과 최저가 제 장공을 살해하고 경공을 군주의 자리에 앉힌 때부터였다.

그때부터 제나라는 경(卿)의 지위를 하사받은 집안들의 싸움으로 일관하였으며, 군주는 유명무실한 허수아비였다.

경공이 사망한 뒤에는 국(國) 씨와 고(高) 씨 가문에서 마음대로 안유자를 군주로 만들어 나라의 대소사를 결정하였으며, 그 후 경쟁 가문인 포 씨 일족이 진(陳)나라의 힘을 빌려 안유자를 살해하였다.

안유자를 살해한 포 씨 일족은 도공을 군주의 자리에 올렸으나 그 역시 즉위 4년 만에 피살되었다. 도공의 아들이 그 뒤를 이어 군주가 되었으나 그 또한 진(陳) 성자(成子)에게 피살되었다. 이렇게 당시의 제나라 조정은 안정되지 못하고 주인이 없었다.

그러다가 전(田) 씨가 정권을 잡은 후부터 제나라는 조금씩 안정되고 성장하기 시작하였다. 제나라 성장의 시작은 위왕(威王) 때부터였다. 그러나 재임 초기의 제 위왕은 무력하고 의지가 없는 왕이었다.

등극한 지 9년 동안 조나라, 위나라, 한나라로부터 끊임없이 침공을 당하였으나 제 위왕은 이렇다 할 방비책도 수립하지 않고 그냥 무덤덤한 상태로 자리에만 앉아 있었다.

어느 날 양금(洋琴)을 잘 탄다는 사람이 위왕을 찾아왔다. 그는 자신의 이름이 추기인데 왕께서 양금 소리를 좋아하신다는 말을 듣고 찾아왔다 하였다. 위왕은 추기를 들어오라고 하였다. 위왕 앞에 앉은 추기는 양금의 줄만 만지작거릴 뿐 양금을 켜지 않고 그냥 가만히 있었다. 위왕이 이상하게 여기며 왜 양금을 켜지 않는지 물었다.

추기가 대답하였다.

"소신은 양금을 켤 줄 알지만 양금을 켜는 원리도 잘 알고 있습니다."

위왕이 그 원리에 대해서 묻자 추기는 양금을 켜는 원리에 대해서 장황하게 설명하였다. 추기의 말을 한참 동안 듣고 있던 위왕은 약간 짜증을 내면서 말하였다.

"양금을 켜는 원리에 대해서는 이제 그만 되었다. 근데 어찌하여 양금 소리는 들려주지 않는 것인가?"

추기가 대답하였다.

"대왕께서는 소신이 양금에 손만 대고 있을 뿐 켜지 않으니 마음에 들지 않으실 겁니다. 이와 마찬가지로 제나라 같은 거대한 양금을 가지고 계시면서 지난 9년 동안 한 번도 켜지 않은 대왕을 백성들은 못마땅하게 생각하고 있을 겁니다."

위왕이 말하였다. "그대가 양금을 핑계로 나를 깨우치려 하는구나." 위왕은 즉시 주위를 물리고 추기와 독대(獨對)하였다.

추기는 천하의 인재를 찾아 등용하기를 건의하고 또한 재물을 절약하고 생산을 늘려 경제적 성장을 도모함과 동시 군사를 훈련시켜 천하를 다스리는 패자의 위업을 달성하기를 권하였다.

위왕은 한번 믿음을 준 사람은 끝까지 신뢰하고 신하들의 충언을 기꺼이 받아들이는 장점을 갖고 있었다. 추기의 말을 들은 위왕은 그를 재상으로 삼았다. 추기는 키가 8척이 넘고 얼굴이 잘생겨 추기본인도 자신이남들보다 훨씬 더 잘생겼다고 자부하였다.

당시 제나라에는 성북에 사는 서공이라는 사람이 미남으로 유명하였다.

서공의 준수한 용모는 제나라뿐만 아니라 주변 나라까지 소문이 날 정도였다. 추기는 등청하는 아침에 아내에게 서공과 자신, 둘 중 누가 더 잘생겼는지 물어보았다. 아내는 남편인 추기가 훨씬 더 잘생겼다고 하였다. 첩에게도 똑같이 물어보았는데 대답은 역시 추기가 더 잘생겼다는 것이다. 아내와 첩의 말이 가슴에 와 닿지 않은 추기는 다음 날 자신을 찾아온 손님에게도 물어보았는데, 그 손님의 대답 역시 추기가 더 잘생겼다는 것이다.

추기는 이들의 대답을 듣고 많은 생각을 하였다.

추기가 더 잘생겼다는 아내의 대답은 그동안에 쌓인 부부의 정이 있어서일 것이고, 첩의 대답은 자신을 두려워하기 때문일 것이고, 손님이 그렇게 대답한 것은 나에게 부탁할 것이 있기 때문일 것이라고 생각하였다. 추기는 다음 날 등청하여 위왕을 배알한 자리에서 이같은 내용을 얘기하면서, 대왕께서는 신하들이나 백성들이 생각한 바를 그대로 왕께 얘기할 수 있는 여건을 만들어줄 필요가 있다고 말하였다. 제 위왕은 추기의 말을 듣고는 무릎을 치면서 바른 말이라며 추기를 칭찬하였다. 그리고 명을 내렸다.

"조정의 대신이나 지방의 말단 관리 혹은 백성들 누구나 할 것 없이 내 앞에서 과인의 잘못을 지적해주는 사람에게는 큰 상을 내릴 것이다.

혹여 뒤에서라도 나의 잘못을 얘기한다면 작은 상을 내릴 것이다."

그 후 왕에게 충언을 하기 위해 입궐하는 사람들로 궁궐은 북적대었다.

사람들은 이를 두고 문정약시(門庭若市)라고 하였다. 문전성시(門前成市)와 같은 의미이다.

이렇듯이 많은 사람들이 왕의 잘못을 지적하니 나중에는 더 이상 왕의 잘못을 얘기할 것이 없게 되었다. 이렇게 군신 간의 소통이 이루어지고 백성들은 왕을 존경하고 따르며 두려워하지 않았다.

또한 주변의 나라들도 위왕의 훌륭한 모습에 고개를 숙이며 존경의 예를 다하였다고 한다.

기원전 333년 서쪽의 떠오르는 강국인 진(秦)나라가 제나라를 공격하여 들어왔다. 제 위왕은 당시 맹장으로 유명한 장수인 광장(匡章)을 대장군으로 삼아 진나라의 대군에 대적하도록 하였다.

광장은 제나라 군사들을 진나라 군사들처럼 꾸며 진나라 군대에 숨어들게 하고, 제나라 깃발 대신에 진나라 깃발을 들게 하여 적군을 혼란시켰다. 이러한 광장의 계책을 모르는 제나라 조정에서는 전령들의 보고만 믿고, 왕에게 광장이 배신하였다고 말하였다.

조정에서 보낸 전령들은 분명히 제나라 군사들인데 복장도 이상하고 깃발도 진나라의 것으로 들고 있으니 이것은 분명히 대장군 광장의 배신이라고 생각하였다. 계속되는 보고에도 제 위왕은 눈도 깜짝하지 않았다. 광장을 믿고 있었던 것이다.

얼마 후 전황이 보고되었는데 제나라의 대승이었다.

대패한 진나라 왕은 서번지신(西藩之臣)을 자처하며 고개를 숙이고 제나라에 용서를 구하였다. 제나라 조정의 신하들은 그런 상황에서 어찌 광장을 굳건하게 신뢰할 수가 있었냐고 위왕에게 물었다. 위왕이 대답하였다.

"과거 광장의 어머니 계(啟)가 남편인 광장의 아버지에게 큰 죄를 지었는데, 광장의 아버지는 아내를 죽여 마구간에 묻어버리고 말았다.

그 내용을 알고 있는 내가 이번 전쟁에서 이기고 돌아오면 어머니의 장례를 정식으로 다시 치르게 해주겠다고 하였다.

그러자 광장은 어머니의 시신을 옮길 줄 몰라서 지금까지 그대로 둔 것이 아니라, 사실은 아버지께서 돌아가실 때 어머니의 시신에 대해 따로 말씀하신 것이 없었다고 하였다.

그리고 무릇 아버지의 말씀이 없었는데 자식 마음대로 어머니의 시신을 옮기는 것은 돌아가신 아버지를 속이는 것이기에 지금까지 어머니의 시신을 옮기지 못하였다고 하였다. 이렇게 돌아가신 아버지도 속이지 못하는 사람이 어찌 신하 된 사람으로 살아있는 임금을 속일 수 있겠는가?" 제 위왕의 선정과 소통 그리고 손빈, 추기, 광장 등 현명하고 능력 있는 신하들의 보필이 함께 어우러져 제나라를 번성하게 하였으며 선왕 그리고 민왕 시대까지 강대국의 위상을 잃지 않는 튼튼한 기반이 되었다.

진(秦)나라 상앙의 변법, 남문사목(南門徙木), 작법자폐(作法自斃)

춘추시대 진(秦)나라는 대륙의 서쪽에 위치하면서 항상 변방의 나라로 인식되어왔다. 진 목공(穆公) 시대에 진나라는 중원을 위협하며 전성기를 구가(謳歌)하였으나 그 이후에는 한 번도 최강의 세력을 과시한 적이 없었다.

그러나 춘추전국 시대를 통틀어 한 번도 약자의 모습을 보인 적도 없었으며 항상 중원을 위협하는 강국으로서의 면모를 가지고 있었다. 오랜 세월 동안 강한 세력은 구축하고 있었지만 패자(霸者)가 되지 못한 이유는 서쪽에 치우친 지리적인 불리함도 있었지만, 무엇보다도 천하를 재단(裁斷)할 수 있는 유능한 인재의 부족이 제일 컸다. 위 혜왕으로부터 인정을 받지 못하여 진나라로 도망치듯 피신한 상앙(商鞅)이 진나라의 정치에 관여하면서부터 진나라의 역사는 새롭게 시작되었다.

상앙은 기원전 390년 위(衛)나라 공자의 서자(庶子)로 태어났으며, 공손앙(公孫鞅)이라고도 불렸다. 상앙의 상(商)은 훗날 그가 큰 성공을 한 후에 봉지로 받은 땅의 이름을 딴 것이다. 상앙은 형명학(刑名學)에 심취하여 나라를 다스림에 있어서 법치주의를 주장하였다.

그는 위(魏)나라 장군 공숙좌의 밑에서 근무하였는데 후일 공숙좌가 중병으로 위중하자 죽음을 예견한 그는 병문안을 온 위 혜왕에게 상앙을 추천하였다. 그러나 위 혜왕은 상앙의 능력을 알아보지 못하고 그를 중용하지 않았다. 이에 상앙은 위나라를 떠나 진나라로 향하였다. 상앙이 진(秦)나라에 도착했을 때 진나라에서는 20대 초반의 젊은 군주인 효공(孝公)이 개혁을 추진하고 있었다.

당시 진 효공은 초현령(招賢令)을 통해 무엇보다도 먼저 천하의 인재들을 구하고자 하였다.

초현령의 내용은 이러하였다.

과거 진 목공께서는 기산과 옹수에서 덕을 쌓고 힘을 길렀다.

그 후 동쪽의 진(晉)나라를 제압하고 황하를 경계로 삼았으며 또한 서쪽으로는 융족과 적족을 정벌하여 영토를 1천 리나 더 넓혔다. 그러자 천자가 방백(方伯)의 칭호를 내리고 천하 제후들이 경하하였다.

그러나 불행하게도 최근에는 내분이 일어나고 밖의 일들을 원만히 처리하지 못하였다. 그런 틈을 타고 삼진(三晉)이 하서를 빼앗아가는 엄청난 일이 발생하였다.

이는 참을 수 없는 치욕이었으며 그로 인해 헌공께서는 악양으로 천도까지 하였다.

과인의 마음은 항상 부끄럽고 비통하였다.

진(秦)나라를 부강하게 할 수 있는 사람이 있으면 과인을 찾아오기 바란다. 과인이 관직을 내리고 봉지도 내릴 것이다.

상앙 공손앙

상앙은 효공의 측근인 대부 경감(景監)을 만나 효공과 만남을 주선해달라고 부탁하였다. 효공과의 첫 만남에서 상앙은 요순(堯舜)임금의 정치와 도리에 관한 얘기를 막힘없이 얘기하였는데, 효공은 지겨워서 잠이 들고 말았다. 상앙과의 첫 만남에서 실망한 효공은 소개한 경감에게 불평하며 큰 소리로 꾸중을 하였다. 상앙은 다시 한 번 만남을 부탁하였고 경감의 노력으로 닷새 후 효공과 두 번째 만남이 이루어졌다.

두 번째 만남에서도 상앙은 요순 임금뿐만 아니라 주 문왕과 무왕이 펼친 제왕의 도리에 대해서 상세히 설명하였다. 하지만 효공은 이 역시 관심이 없었다.

경감의 부탁으로 효공은 세 번째 상앙과 자리를 하였다. 이번에 상앙은 천하의 패자가 되는 방법에 관해서 얘기하였는데 효공은 상앙의 말에 귀 기울이며 관심을 보였다. 그 이후 만남에서는 며칠 밤을 같이 토론하면서 두 사람은 의기투합(意氣投合)하였다.

효공은 상앙에게 좌서장이란 벼슬을 내렸고 상앙은 그 유명한 변법(變法)을 시행하였다. 변법은 법을 고쳐, 농본(農本)과 법치(法治)를 중심으로 하여 사회 전반의 개혁과 강력한 중앙집권제도 시행을 통해서 부국강병의 나라로 만들고자 하는 것이었다.

상앙은 먼저 모든 백성들을 농사와 베 짜는 일에 전념하고 본업으로 삼는 것을 법으로 규정하였고, 농사를 짓지 않는 게으른 사람들이나 땅이 없는 가난한 사람들은 모두 종으로 삼았다. 특히 장사를 하는 사람들은 무조건 종의 신분으로 다루어 농업을 최우선의 가치에 두었다. 또한 세금과 관련하여 두 명의 아들을 두고도 분가시키지 않으면 세금을 배로 내게 하였으며 곡식과 베 등을 많이 바치면 부역을 면하게 해 주었다. 또한 백성들의 일거수일투족을 감시하기 위해 열 집을 십(什), 다섯 집을 오(伍) 단위로 묶어서 관리하였다. 서로 감시하면서 서로 죄를 적발하고 서로 연대 책임을 지도록 하였다. 현대의 용어로 말하자면 연좌제와 불고지제를 시행한 것이다. 죄지은 자를 고발하지 않으면 허리를 자르는 형에 처하고, 고발한 사람에게는 적의 머리를 베어왔을 때처럼 상금을 주었다. 어찌 보면 현대의 자본주의와 공산주의를 합쳐 놓은 제도이었다.

군대에서도 공이 있는 사람에게는 상을 주고, 비록 귀족이나 왕족의 사람들이라도 공이 없으면 귀족과 왕족의 족보에서 빼버림으로써 군대의 기강을 정립시켰다. 그리고 신분에 따라 옷을 구분하여 입도록 하였으며, 집과 논밭, 첩을 두는 것까지도 신분에 차별을 두었다.

상앙은 개혁을 하기 위해서는 사회 전반에 법을 지키는 문화가 형성되어야 하며 더불어 백성들의 믿음과 호응이 필요하다고 생각하였다. 그는 도성 남문 쪽에 세 길가량 되는 나무 기둥을 세워놓고

이 기둥을 북문으로 옮기는 사람에게 상금으로 금 10냥을 준다고 써 놓았다. 사람들은 믿지를 않고 서로 쳐다보며 숙덕거리기만 하면서 아무도 기둥에 손을 대지 않자 상앙은 상금을 50냥으로 올렸다.

그러자 어떤 사람이 반신반의하면서 나무 기둥을 북문으로 옮겼다. 상앙은 즉시 그 사람에게 50냥을 상금으로 주었다. 백성들은 그때부터 법을 믿기 시작하였다. 남문사목(南門徙木), 사목지신(徙木之信), 이목지신(移木之信)의 성어들이 생긴 연유이다.

즉 약속을 하면 반드시 지킨다는 뜻이다. 남문사목의 소문은 삽시간에 온 나라에 퍼졌고 다음 날 상앙은 새로운 법을 제정 공표하였다. 상앙의 신법이 공표되자 기존 기득권의 사람들과 권력층의 사람들은 격렬하게 반대하였고 신법의 시행은 잘 안 되었다. 특히 조정 신료들의 반발이 극심하였는데 그중에서도 감룡(甘龍)과 두지(杜摯)는 신법의 시행을 두고 격론을 벌였다. 그러나 진 효공은 상앙의 손을 들어주면서 신법의 강력한 시행을 허락하였다.

마침 그때 사형 선고를 받은 왕족을 태자 사(駟)가 숨겨주는 일이 발생하였다. 신법에 따르면 범죄를 저지른 사람을 감추어 주면 그 사람도 똑같은 형벌을 받게 되어 있었다. 그러나 태자를 사형할 수는 없었다. 상앙은 차선책으로 태자의 스승인 공손가를 묵형(墨刑)에 처하고, 태자를 보필하는 공자 건(虔)을 코를 베어버리는 비형(鼻刑)에 처하였다.

이러한 법의 엄격한 적용은 사회 전반의 변화를 가져왔으며, 진나라뿐만 아니라 천하를 놀라게 하였다. 상앙의 변법은 현대의 관점에서도 놀랍고 혁신적인 것이었다.

법 시행 후 몇 년이 지나니 사람들은 길에 떨어진 물건도 함부로 주워가지 않았으며, 도둑은 사라지고 백성들의 곳간에는 곡식들이 가득하였다.

이처럼 사회 기강은 확립되었으며 군대의 군기는 엄격하며 군사들은 전투에 임해 목숨을 아끼지 않았으므로 저절로 강한 군대가 되었다. 주변 나라의 군주들은 모두 진나라를 부러워하였다. 진나라 관료들은 청렴하여졌고 사회는 공평해지고 안정되어 갔다. 주왕실의 현왕(顯王)도 제사용 고기를 효공에게 내려 존중의 뜻을 보였다.

상앙은 벼슬이 높아져 대량조(大良造)가 되었다. 조정과 사회 전반에 걸쳐 개혁을 시도한 상앙은 작은 마을들을 한데 묶어 전국에 31개의 현(縣)을 만들고 각 현에는 현령을 파견하여 중앙 정부의 통제하에 지방을 효과적으로 다스리게 하였다. 이것은 훗날 진시황이 실시한 군현제(郡縣制)의 토대가 되었다. 또한 상앙은 도성인 옹 지역이 진나라의 발전에 어울리지 않는다고 생각하여 함양(咸陽)에 새로운 도시를 만들어 그곳을 진나라의 도성으로 삼았다.

당시 중원에서는 제나라의 손빈(孫臏)이 마릉 전투에서 위(魏)나라 군대를 대파하고 명성을 떨칠 때였는데, 상앙은 위나라가 혼란스러운 이때 정벌할 것을 효공에게 주청하였다.

효공은 상앙을 대장으로 하여 위나라를 공격하도록 하였고 위나라에서는 공자 앙(卬)이 대장이 되어 진나라 군대와 대치하였다.

공자 앙과 상앙은 과거에 친분이 있었던 사이였다.

상앙은 편지를 앙에게 보냈다.

"과거에 우리는 친분이 두터운 사이었지요. 이제 우리 두 사람은 양쪽 나라 군대의 대장이 되어 대치하고 있는 상황입니다. 그러나 과거의 정을 생각하면 도저히 서로 공격을 할 수가 없습니다. 그러니 우리가 만나서 얘기하며 술이나 한잔하면서 평화 조약을 맺으면 위(魏)와 진(秦) 두 나라가 모두 평화롭게 되는 것이니 좋을 듯합니다."

편지를 받은 공자 앙도 상앙의 제의에 동감하였다.

그리고 서로 만나 술잔을 기울이며 환담을 하고 평화 조약을 맺었다. 그러나 이것은 상앙의 비열한 술책이었다.

앙은 미리 잠복해 있던 진나라 군사들에게 잡혀버렸고, 대장이 없는 위나라 군사들은 우왕좌왕하다가 대패를 하였다.

제나라에 이어 진나라에게도 대패한 위나라는 국력을 많이 소진하였으며, 더 이상 전쟁을 계속할 수가 없었다. 위 혜왕은 어쩔 수 없이 하서(河西) 지역을 진에게 바치고 화의를 청하였다. 그리고 도성을 대량(大梁)으로 천도하였다.

상앙은 군사(軍師)는 속임수를 쓰는 것을 부끄럽게 생각하지 않는다고 하면서 자신의 비열한 수법을 정당화하였다.

상앙이 10년이란 오랜 세월 동안 재상으로 있으면서 진(秦)나라의 모든 분야를 개혁하였는데 상앙이 있었기에 훗날 진나라의 천하 통일이 가능하였다고 할 수 있다. 상앙은 두 번에 걸쳐 개혁을 시행하였다. 한 번은 기원전 359년 효공 3년 때에 시행되었고, 두 번째는 9년 뒤인 기원전 350년 즉 효공 12년 때에 시행되었다. 기존 세력들의 반발에도 불구하고 이렇게 두 번에 걸쳐 개혁할 수 있었던 것은 오직 하나 효공의 적극적인 믿음과 뒷받침 덕분이었다.

상앙의 개혁과 엄격한 법 집행은 계속되었고 그와 함께 상앙의 위세는 높아져만 갔다. 당시 진나라에는 조량(趙良)이라는 걸출한 학자가 있었는데 그는 상앙의 신법을 좋아하지 않았다. 그러나 상앙은 조량을 좋아하며 친해지기를 원하였다.

조량은 상앙의 제의를 거절하며 말하였다.

"저는 상앙 재상과 친해지기를 거부합니다. 공자 왈 어진 사람을 주인으로 받드는 자는 성공하고 못난 사람들을 모아놓고 대장 노릇을 하는 사람은 망한다고 하였습니다. 저는 못난 사람이기에 감히 서로 친하게 지내자는 명을 받들 수가 없습니다. 그리고 자신의 능력에 걸맞지 않은 위치에 있는 사람을 두고 지위를 탐내는 사람이라고 하며, 또한 자기가 누릴 명성이 아님에도 불구하고 명성을 누리는 사람을 두고 명성을 탐낸다고 한답니다. 저가 재상과 친해지면 세상 사람들이 저를 두고 지위와 명성을 탐낸다고 할 것인 바 그것이 두렵습니다. 그리하여 저는 재상과 친해지기를 거절합니다. 그리고 재상께서는 신법과 개혁을 통한 성과에 스스로 만족을 하고 계십니다. 그러나 백성들의 원한은 곳곳에 쌓여만 가고 있습니다. 만약에 진나라의 군주가 세상을 떠나버리면 아마도 재상에게 상보다는 벌을 주려는 사람들이 더 많을 것입니다. 망하는 것은 순식간에 다가옵니다. 다시 한 번 자신을 돌아보시길 바랍니다."

상앙은 조량의 말을 무시하였는데 그로부터 5개월 후 효공이 사망하였다. 그리고 그의 아들 사(駟)가 왕으로 즉위하였는데 바로 효혜왕(孝惠王)이다. 지금까지 상앙을 신임하면서 적극적으로 밀어준 효공이 죽자 상앙의 입장은 확 달라져버렸다. 조정의 신료들이 그를 대하는 태도도 달라졌지만, 그 무엇보다 중요한 것은 왕으로 즉위한 효혜왕의 생각이었다. 그리고 효혜왕이 태자 시절의 잘못으로 대신 비형과 묵형을 당한 공자 건(虔)과 태사(太師) 공손가(公孫賈)의 원한이었다. 효혜왕은 태자 시절 자기 일로 인해 주변 사람들이 형을 받은 사실을 잊지 않고 있었다. 효혜왕은 상앙을 원수로 생각하고 있었다. 그리고 건과 공손가는 상앙을 죽이기 위해 수만 가지의 생각도 더 하였다. 드디어 그들은 상앙을 역모의 주범으로 몰아세워 체포하기에 이르렀다.

상앙은 자신을 잡으러 온다는 정보를 듣고 즉시 도망쳤다.

상앙이 함곡관에 이르러 객사에서 하룻밤 머무르려고 하였는데, 객사 주인은 상앙을 알아보지 못하고 여행증을 요구하였다.

그러면서 상앙 재상이 만든 신법에 따르면 여행증이 없는 사람을 재우면 우리가 큰 벌을 받는다고 하면서 여행증이 없는 상앙이 객사에 머무르는 것을 거절하였다. 상앙은 자신이 만든 신법의 폐단(弊端)이 나에게까지 이르렀구나 하면서 탄식하였다.

작법자폐(作法自斃)란 성어가 이때 생겼다. 그 뜻은 자기가 놓은 덫에 자기가 걸리다. 혹은 돌을 들어 자기 발등을 찍다라는 뜻이다.

그는 위나라로 도망갔다. 그러나 위나라에서는 과거 전쟁 때 위나라 공자인 앙에게 비열한 수법을 쓴 사실을 잊지 않고 있었다. 당연히 위나라에서 망명을 허락하지 않았고 상앙이 다른 나라로 망명하려고 하자, 위나라에 들어온 상앙을 잡아 진나라로 돌려보내지 않으면 강국인 진나라의 보복이 있을지 모른다고 하면서 상앙을 진나라로 다시 돌려보냈다. 진나라 땅으로 다시 돌아온 상앙은 자신의 봉지인 상읍으로 숨어 들어갔다. 그는 거기서 자신을 따르는 사람들을 모아 인근의 정나라를 공격해 들어갔다.

소식을 들은 진나라에서 군대를 출병시켜 상앙의 군대를 공격하였다. 결국 상앙은 정나라 땅인 민지에서 잡혀 죽었다.

진나라 효혜왕은 상앙의 시체를 수레에 매달아 사지를 찢어 버리는 거열형(車裂刑)에 처하고 상앙의 가족과 친척들 모두를 죽여 멸족해버렸다.

상앙의 비참한 죽음은, 위나라와 초나라에서 큰 공을 세우고도 비참하게 죽은 오기(吳起)의 죽음과 너무나 흡사하였다.

두 사람은 법과 원칙에 충실하였으나 가장 필요한 덕을 베풀지 못하였다. 그리고 자신의 목표만 향하여 달렸을 뿐 주변 사람들을 포용할 줄 몰랐던 것이었다.

사마천(司馬遷)은 『사기(史記)』에서 상앙을 이렇게 평가하였다.

상군(商君)은 타고난 성품이 메마른 사람이었다.

그러나 상앙의 개혁 정신은 당시 진나라에서는 꼭 필요한 정신이 었고 그의 정신은 훗날 진시황의 천하통일에 큰 기반이 되었다.

소진(蘇秦)의 합종(合從). 소진이 여섯 나라의 합종을 성사하다

귀곡(鬼谷) 선생의 문하생으로 제나라의 손빈(孫臏)과 위나라의 방연(龐涓) 그리고 소진(蘇秦)과 장의(張儀)가 있었다. 진나라의 발전을 주도한 공손앙, 즉 상앙이 죽고 난 후 천하의 세력 판도를 조정한 사람은 소진과 장의였다. 소진과 장의는 친구 사이로 소진은 동주 출신이며, 장의는 위나라 출신이었다.

당시 전국시대의 무수한 학파, 즉 제자백가 중 한 부류인 종횡가(縱橫家)에 속하는 소진과 장의는 철학이나 학문을 하는 사람이라고 하기는 어렵고, 유창한 변설로 책략을 도모하는 책략가(策略家)라 칭할 수 있다.

먼저 세상에 도전장을 낸 사람은 소진이었다. 소진이 천하 형세를 보는 관점은 합종(合從)에 있었다. 합종은 진(秦)나라의 동진과 세력 확장을 막기 위해, 나머지 여섯 나라가 힘을 합쳐야 한다는 논리이다. 장의가 주장한 연횡과는 대치되는 형세 판단이라 할 수 있다.

귀곡 선생의 탁월한 외교술과 언변을 배운 소진은 출세를 하기 위해 여러 나라를 돌아다니며 열 번이나 유세를 하면서 자신의 실력과 능력을 보여주었다. 그러나 어느 나라에서도 그에게 관심을 보여주지 않았다. 담비로 만든 가죽옷과 황금 백 근을 유세 경비로 모두 써 버린 그는 책을 짊어지고 다 떨어진 신을 질질 끌면서 시커먼 얼굴과 초라하고 남루한 모습으로 집으로 돌아왔다.

농사를 짓든지, 아니면 장사를 하여 돈을 벌어 오든지, 이것저것 아무것도 안 하면서 세 치 혀로만 먹고 살려 하는 소진을, 형수를 비롯한 모든 가족이 비웃고 조롱하였다. 심지어 첩까지도 그를 우습게 보았다. 소진의 아내는 대놓고 잔소리를 하였다.

"주나라의 남자들은 장사하여 2할의 이득을 보는 것을 당연한 의무라고 생각합니다. 그런데 당신은 돈을 벌어 가족들을 부양할 생각은 안 하고 입과 혀만 놀려대니 집안이 곤궁해질 수밖에 없지 않겠습니까?"

아내의 지적에 소진은 혼자 중얼거렸다.

"처는 나를 남편으로 생각지 않고 형수는 나를 시동생으로도 여기지 않으며 부모님까지도 나를 아들로 생각지 않으니 이 모든 것이 나의 부족함이다."

소진은 부끄럽고 자존심이 상하였지만, 다시 공부에 매진하기로 하고 그동안 읽은 책들을 다시 한 번 보았지만 별 뾰족한 수가 없었다.

소진은 자책하였다.

"스승에게 머리를 조아리며 오랜 세월 동안 학문을 연마하였음에도 아무런 벼슬도 못하고 영화를 누리지 못한다면 무슨 의미가 있겠는가?"

소진은 그동안 공부한 책들을 멀리하고 상대의 마음을 읽을 수 있다는 『음부(陰符)』라는 책을 집중적으로 공부하였다. 음부는 3백여 글자로 구성되어 있는 주(周)나라 책인데 췌마(揣摩)의 비법이 적혀 있는 비급이었다. 췌마란 독심술을 얘기하는 것이다.

음부의 내용을 파악한 소진은 자신감을 갖고 주 현왕을 찾아갔다.

그러나 주나라 신료들은 이미 소진에 대해서 잘 알고 있었고 더군다나 소진의 학문을 높이 평가하지 않았다.

결국 소진은 주 현왕의 얼굴도 못 보고 주나라를 떠났다.

주나라를 떠난 소진은 진(秦)나라로 향하였다.

당시 진나라는 효공이 사망하고, 효혜왕이 군주로 즉위한 때였다.

진 효혜왕 앞에서 작금의 천하 형세를 얘기하였다.

"진나라의 서쪽 지역에는 파촉과 한중이 있어 지리적으로 유리한 형세이며, 북쪽 방향에 있는 호(胡) 지역에는 맥(貉)-담비를 말함-이 많이 있고, 대(代) 지역에는 말(馬)이 많이 있습니다. 그리고 무산(巫山)과 검중(黔中)의 험난함은 외부 침략을 막아주고 동쪽에 있는 효산과 함곡관(函谷關) 역시 빈틈이 없습니다.

또한 나라의 밭은 비옥해 백성들의 살림살이는 걱정이 없습니다.

거기에다 전차가 만승(萬乘)이고 백만의 용사가 있고 천 리에 달하는 기름진 들판과 쌓아놓은 풍부한 자원에 지세가 훌륭하고 유리하니 진나라는 천하에 으뜸이라 할 수 있는 나라로 천부(天府)라 말할 수 있습니다. 군주께서 또한 현명하시니 사민(士民)들로 하여금 병법과 차기(車騎)의 방법을 알게 하면 주변 제후들을 제압하여 천하를 다스리는 황제의 자리에 오를 수 있다고 생각합니다.

군주께서 관심이 있으시면 저 소진의 계책을 올리겠습니다."

소진의 얘기를 들은 효혜왕은 관심을 보이지 않고 다음에 보자고 하였다. 소진의 평소 지론은 진나라의 위협으로부터 나라를 지키기 위해서는 나머지 여섯 나라가 힘을 합쳐야 한다는 합종이었다. 그러나 효혜왕 앞에서는 진나라가 강력한 국력으로 동쪽으로 진출하여 여섯 나라를 정벌하여야 한다고 주장하였다.

소진의 적극적인 유세에도 불구하고 효혜왕은 더 이상 소진의 얘기를 듣고 싶어하지 않았다.

실망한 소진은 조(趙)나라로 향하였다.

조나라에 도착한 소진은 조나라의 재상이자 실권자인 이태(李兌)를 만나 자신의 정치 철학을 설파하였다.

소진은 이태를 만난 자리에서 이렇게 말하였다.

"동주에서 태어나고 자란 소진이 재상에게 인사드립니다. 저는 양친이 연로하시며 가난하기까지 합니다. 낡은 수레 하나 늙은 말 한 필 그리고 뽕나무로 만든 수레바퀴 하나도 없습니다.

돈이 없어 쑥대로 만든 상자에 발을 넣어 헝겊으로 싸매고 괴나리봇짐에 책을 넣은 채 흙먼지를 뒤집어쓰고 서리와 이슬을 맞으며 하수(河水)를 건너 지금 막 도착하였습니다.

하루에 백릿길을 걸은 후 잠시 쉬곤 하였으나 발은 누에고치처럼 겹겹이 부어올라 있습니다. 그러나 지금 재상을 뵙고 천하의 형세를 논하고자 합니다."

이태는 초라하기 그지없는 소진의 몰골을 보면서, 천하의 일에 관해서는 관심이 없고 단지 나는 귀신 이야기를 듣고 싶을 뿐 사람들에 관련된 이야기는 듣고 싶지 않다고 하였다.

이에 소진은 귀신에 관한 얘기를 하면서 은근히 빗대어 정치 이야기를 덧붙였다. 소진이 이태에게 말한 귀신 이야기는 이러하였다.

"저는 어제 늦은 시간에 도착하였습니다.

저녁이 되어 곽문(郭門)이 닫혀 성 안으로 들어갈 수가 없어 부근의 밭에서 잠을 청하고 있는데 밭 옆에 있는 제법 큰 사당에서 목우(木偶)와 토우(土偶)가 서로 싸우기 시작하였습니다.

목우가 토우에게 말하기를 너는 하늘에서 비가 내리면 빗물에 젖어 형체도 없이 사라질 것이야 하였습니다.

그러자 토우가 즉각 대답하였습니다.

그래도 너보다는 내가 낫다. 나는 본래 흙으로 만들어졌으니 흙으로 돌아가면 그만이지만 목우 너는 비가 많이 오면 불어난 강물에 둥둥 떠내려가서 결국은 동해바다 어느 곳에서 떠다닐 것이다.

목우와 토우가 싸우는 모습을 보고 저는 토우가 이기겠구나 하고 생각하였습니다. 그런데 이태 재상께서는 무령왕을 죽이고 무령왕 주변 사람들을 멸족시켜 버렸습니다.

그로 인해 원한을 가진 사람들이 너무 많아서 이태 재상께서는 계란을 쌓아놓은 것보다 훨씬 더 위험한 상황에 놓여 있습니다.

잘못하면 나무인형처럼 떠돌아다니는 신세가 될지 모릅니다.

―소진이 얘기한 목우와 토우 싸움의 얘기는 훗날 소진의 동생인 소대가 제나라 맹상군에게 다시 한 번 인용한다.―

저의 계책을 들어보시지 않겠습니까?

계책을 들은 후 그대로 시행하시면 살 수도 있고, 듣지 않으면 죽을 수도 있습니다."

소진의 얘기를 다 들은 이태는 내일 다시 보자고 하면서 자리에서 일어났다. 뒤에 숨어서 소진의 얘기를 엿들은 이태의 책사는 이태에게 소진의 계책을 들어줄 것인지 물었다. 이태는 관심이 없으며 듣지 않겠다고 하였다.

이태의 책사는 소진의 언변이 좋아서 들으면 판단에 혼란을 가져올 수 있으니 소진이 말할 때 딴 생각을 하고 건성으로 들으라 하였다.

다음날 소진은 자신의 계략을 종일 열심히 말하였으나 이태의 듣는 태도가 적극적이지 않고 어제와는 사뭇 달랐다.

소진의 계략에 대해 듣기만 할 뿐 아무런 반응이 없는 이태를 이상하게 생각한 소진은 전송 나온 책사에게 연유를 물었다.

책사는 자신이 듣지 말라 하였다고 하면서, 내일 이태 재상께서 여비를 충분히 주실 것이니 그것을 받아 다른 나라로 가 볼 것을 제안하였다.

다음날 책사의 말대로 이태는 넉넉한 돈을 소진에게 주었다.

자신의 능력을 알아주지 않는 이태를 섭섭하게 생각하면서 소진은 그 돈을 여비로 삼아 연(燕)나라로 향하였다.

소진은 연나라에서 일 년 동안 머물면서 유세의 기회를 엿보았다.

기원전 334년, 드디어 소진은 연나라 군주 문후(文侯) 앞에서 천하의 형세와 그에 따라 연나라가 취해야 할 방책을 역설하였다.

소진의 유세 내용의 큰 줄기는 연나라는 조나라와 합종하여 힘을 하나로 하여야 진나라의 침략을 막을 수 있다는 것이었다.

소진은 먼저 연나라의 지정학적인 유리함을 언급하였다.

"연나라의 동쪽 지역에는 요동과 조선이 있고, 북쪽 방향에는 임호(林胡)와 누번(樓煩)이 있으며, 운중과 구원이 서쪽에 있습니다. 그리고 호타(呼沱)와 역수(易水)가 남쪽에 흐르고 있으니 지형적으로 매우 유리합니다.

그리고 사방 이천여 리에 펼쳐진 땅과 수십만의 갑사(甲士), 칠백 승의 전차와 육천 필의 전마(戰馬), 십 년을 지탱할 수 있는 군량미가 비축되어 있습니다.

또한 남쪽 지역에는 갈석(碣石)과 안문(雁門)이 풍부하게 있고 북쪽 지방에는 대추와 밤이 풍부하게 생산되니 백성들이 농사를 짓지 않아도 먹고 살기에 큰 어려움이 없는 천혜의 땅, 바로 천부(天府)의 나라입니다."

소진은 연 문후에게 연나라의 현 상황을 설명한 뒤 천하가 전쟁으로 혼란스러운 이때 연나라가 평화를 유지할 수 있는 이유는 조나라가 남쪽에 있어서 다른 나라의 침략으로부터 방패막이 되어 주기 때문이라고 주장하였다.

그런 연유로 연나라는 조나라와 합종을 통해 상생의 길을 찾아야 한다고 하였다. 또한 소진은 진(秦)나라는 멀리 있고 조(趙)나라는 가까이 있다는 점을 강조하였다. 조나라가 연나라를 공격하려고 한다면 호타와 역수를 건너와 며칠 만에 연나라의 중심부를 침공할 수 있으나 진나라의 경우 연나라를 침공하기 위해서는 수천 리를 달려와야 하는데 가까이 있는 조나라는 신경 쓰지 않고 멀리 떨어져 있는 진나라의 침공만 걱정하여 대비책을 고심하니 이러한 어리석은 계책은 있을 수 없다고 하면서 다시 한 번 조나라와의 합종을 주장하였다. 그리고 실질적으로 연나라의 경우 조나라와 진나라도 위협이 되지만 더 큰 위협은 제나라라고 하였다.

조나라의 경우 연나라를 공격할 경우 서쪽의 진나라가 공격해 들어올 것을 걱정하지 않을 수가 없기 때문에 쉽사리 연나라를 공격할 수가 없으나 대륙의 동쪽 끝에 위치한 제나라의 경우 마음만 먹으면 언제든지 연나라를 공격할 수가 있기 때문이었다. 만약 연나라와 조나라가 힘을 합치면 연나라의 경우 진나라뿐만 아니라 제나라의 침공까지도 제어할 수 있기 때문에 소진이 주장하는 연나라와 조나라의 합종은 타당성이 있어 보였다. 소진의 역동적인 유세에 깊이 감동을 받은 연 문후는 소진을 재상으로 삼고 그의 뜻을 따르기로 하였다.

그 후 소진은 연나라의 사신 자격으로 조나라를 다시 찾아갔다.

소진이 조나라로 향하였다는 소식을 들은 이태는 안평군 조성과 협의하였다. 조성은 소진을 만나는 것을 달가워하지 않았지만 이태는 제나라와 연나라가 힘을 합치면 조나라가 곤경에 빠질 수가 있다 하면서 소진을 만나보고 그의 얘기를 들어보자고 하였다.

이태의 의견에 따라 조성이 소진을 만나자고 하였으나 소진은 자신을 좋아하지 않는 조성이 갑자기 만나자고 하니 의심이 들어 만남을 차일피일 미루던 차에 조성이 갑작스럽게 병으로 죽고 말았다.

조성이 죽자 소진은 조나라 군주인 숙후를 만나 자신의 생각을 피력하기 시작하였다. 소진은 숙후 앞에서 유세하였다.

"안평군으로 인하여 많은 신하들이 군주를 가까이하지 못하고 또한 바른말을 올리지 못하였는데 이제 신하들뿐만 아니라 많은 포의(布衣)의 선비들까지 군주에게 충성을 다하며 모실 수가 있게 되어 참으로 다행입니다.

더불어 저도 군주에게 충성을 바치면서 어리석은 대책을 말씀드릴까 합니다.

천하는 진나라와 제나라의 강력한 세력으로 구분되어 있는데 조나라로서는 진, 제 두 나라 모두를 적으로 상대할 수가 없습니다.

군주가 취할 수 있는 대책으로는 안민무사(安民無事)가 최고인 바 구태여 문제를 만들어 백성들을 힘들게 할 필요가 없다고 생각합니다.

진나라에 의지하면서 제나라를 공격하여도 백성들의 고통은 이루 말할 수가 없고 반대로 제나라에 기대면서 진나라를 공격하여도 마찬가지로 백성들이 편안할 수가 없습니다.

지금 진나라가 조나라를 침공하지 못하는 것은 한나라와 위나라가 조나라의 남쪽 지역을 막아주기 때문입니다.

진나라는 조나라를 공격하고 싶어도 한나라와 위나라가 배후를 공격해 들어올까 겁이 나는 것입니다. 조나라의 입장에서는 한나라와 위나라의 국력이 약해지는 것을 막아야 하며 동시에 힘을 합쳐야 합니다. 천하의 정세를 보았을 때 점차 강대해지는 진나라를 견제하기 위해서는 합종이나 연횡뿐인데 조나라로서는 동쪽에 위치한 나라들과 힘을 합쳐 진나라의 세력에 대응하는 것이 유일한 살길이라 판단됩니다. 즉 동쪽의 나라들과 합종을 하여야 합니다.

연횡은 진나라에게 나라를 가져다 바치는 것으로 목숨을 구걸하는 것과 다름이 없습니다.

결론적으로 한, 위, 조, 초, 제, 연나라가 합종하여 진나라에 대응하는 것이 상책입니다. 그리하면 조나라는 천하의 중심이 될 수 있을 것입니다.

조나라의 경우 동쪽에 있는 나라 중 최고의 조건을 갖췄습니다.

조나라는 영토가 사방 이천 리에 달하고 수십만에 달하는 갑사(甲士), 전차가 천 승, 만 필의 준마(駿馬), 그리고 십 년의 전쟁을 치룰 수 있도록 풍부하게 비축된 식량이 있는 강국입니다.

서쪽에 상산, 황하와 장수가 남쪽에 있으며, 청하(淸河)가 동쪽에 흐르고, 북쪽에는 연나라가 있습니다. 세력이 약한 연나라는 근심 거리가 되지 않으니 이러한 연유들로 진나라가 가장 두려워하는 나라는 조나라일 것입니다. 만약에 여섯 나라가 합종을 한다면 조나라는 많은 것을 얻을 것으로 예상합니다.

연나라는 모전(毛氈)과 갖옷 그리고 개와 말이 많이 나는 땅을 조나라에 바칠 것입니다.

제나라는 소금이 많이 나는 땅을 바칠 것이며, 초나라는 유자와 귤이 많이 생산되는 운몽 땅을 가져올 것입니다.

한과 위나라도 봉지를 가져와서 탕목읍(湯沐邑)—위나라 안희왕의 동생인 신릉군은 어질고 능력이 있으며 무엇보다도 선비를 귀하게 대하였다. 조나라가 위급할 때 신릉군이 자신의 집에 머물러 있던 빈객의 지혜로 문제를 해결해주었다. 이에 조나라 왕이 고마움을 표시하기 위해 땅을 신릉군에게 선물하였는데 신릉군이 겸손하여 땅을 받는 것을 어렵게 생각하자 조나라 왕이 그 땅은 세금도 적게 나오고 그냥 목욕이나 할 정도로 보잘 것 없는 땅이라는 의미로 탕목읍이라 하면서 신릉군에게 선물하였다.—으로 쓰게 할 것입니다.

그리고 진나라는 함곡관 밖으로 나오지를 못할 것입니다.

초나라는 조나라와 서로 국경을 마주하지 않은 터라 서로 전쟁을 할 필요가 없으나 초나라가 약해지면 서로 도움이 필요할 때 도움을 주고받지 못하니 초나라의 세력이 약해지는 것도 바람직하지는 않습니다." 그리고 소진은 동쪽의 나라들이 힘을 합치면 진나라의 영토나 세력을 훨씬 능가하니 방어만 하지 말고 앞으로 나아가라고 주장하였다.

소진의 유세에 감동한 조 숙후는 화려하게 치장한 수레 백승과 황금 천 일, 백옥 백 쌍, 비단 천 필을 주면서 다른 제후들을 만나서 맹약을 주선하도록 하였다. 가족들에게도 멸시를 받았던 초라한 유랑객 소진이 드디어 천하를 자신의 입 하나로 재단(裁斷)하는 명사가 되었다.

소진은 조 숙후로 받은 자금을 가지고 중원의 위(魏)나라를 찾아갔다. 중원에 위치한 위나라는 삼진(三晉) 중 하나로 전국시대 초기에는 막강한 세력을 자랑하였다. 그러나 위나라에서 태어난 훌륭한 인재들을 제대로 활용하지 못하였다. 위나라를 떠난 인재들은 다른 나라, 특히 진나라에서 능력을 발휘하였는데, 그들 대부분은 조국인 위나라를 정벌하여 성과 땅을 빼앗아갔다. 그리고 세력을 확장하고자 하는 진나라와 국경을 마주하고 있는 위나라는 수시로 침공해 들어오는 진나라 군대에 매번 혼쭐이 나고 있었다. 해결 방법은 오직 하나, 땅을 떼어주고 화친을 하는 방법뿐이었다.

이제 소진의 이름은 천하에 알려져 소진을 만나주지 않는 군주는 없었고 오히려 찾아온 소진을 극진히 대접하였다.

위 혜왕을 마주한 소진은 먼저 진나라에 꼼짝 못하는 혜왕을 향해 진나라의 신하가 되려고 하는가?라고 위나라의 처신을 비방하면서 유세를 시작하였다.

"위나라는 남쪽에 홍구(鴻溝)—위나라가 황하와 회하를 연결하는 운하를 만들었는데 이 운하 이름이 홍구이다. 훗날 위나라는 홍구를 이용해서 수공을 펼친 진나라에 멸망한다.—와 진(陳)나라가 있고, 북쪽에 하외(河外)가 있습니다. 그리고 영토는 사방 천 리에 해당하는 아주 넓은 땅은 아니지만, 집과 밭들이 빽빽이 이어져 있어 말과 소들을 함부로 풀어놓을 수 없을 정도로 백성들이 많고 살림살이가 든든합니다. 그리하여 사람들과 수레가 주야로 많이 다니니, 삼군(三軍)—주나라 때의 군사제도로 전쟁 발발 시 천자는 6군, 대영주는 3군, 중영주는 2군, 소영주는 1군을 차출해야 함. 1군의 병력은 1만2500명임—의 무리를 보는 것 같습니다. 이렇게 위나라는 초나라 못지 않은 강국이며 왕께서는 천하의 명군이신데, 어찌하여 연횡을 주장하는 무리들의 말을 귀담아들으면서 진나라를 섬겨 스스로 동번(東藩)이라 칭하며, 황제의 궁을 만들어 바치고, 관대(冠帶)를 받으며, 신하임을 자처하십니까? 과거 월왕 구천은 보병 3천 명으로 오왕 부차를 생포하였고, 주 무왕은 군졸 3천 명과 전차 3백 승으로 목야(牧野)의 대전투에서 은나라 주(紂)왕을 제거하였습니다. 지금의 위나라 군세를 살펴보면 무력(武力) 20만, 창두(蒼頭) 20만, 분격(奮擊) 20만, 잡무병사가 10만, 전차 600승, 전마(戰馬)가 5천 필이나 되는 강국임에 틀림이 없습니다. 그런데도 진나라와의 전쟁에서 승리를 위한 방책을 세우지 않고 매번 땅을 내어주고 화친을 맺는 임시방편으로 무마시켜 왔습니다. 진나라에 굴복하지 않고 당당히 대적할 수 있는 방책은 조나라와 함께하는 것입니다. 그리고 여섯 나라가 합종으로 힘을 합쳐 진나라의 공격을 막는 것입니다."

위 혜왕은 소진의 역동적인 유세에 감동을 받아서 소진을 주군이라 불렀다. 그리고 소진이 주장하는 합종에 따르기로 하였다.

위 혜왕을 만나 유세를 성공적으로 마친 소진은 삼진(三晉) 중 하나인 한(韓)나라로 향하였다. 한나라에서 선혜왕을 배알한 소진은 유세를 하였다.

"한나라는 지형적으로 천혜의 요새를 갖추고 있습니다. 북으로 공(鞏)과 낙(洛)이 있어 견고함이 어느 나라와도 비교할 수 없으며 서쪽으로 의양과 상판의 요새가 있고 동쪽에는 완(宛)과 양(穰) 그리고 유수(洧水)가 있습니다. 그리고 형산(陘山)이 남쪽에 자리 잡고 있는 사방 천 리에 해당하는 영토와 수십만의 갑사(甲士)가 있습니다. 또한 강한 활과 쇠뇌는 모두 한나라에서 생산되니 두려울 것이 없습니다. 무엇보다 백성들은 부지런하고 군주께서는 현명함에도 불구하고 진나라를 섬기려 하는 이유를 모르겠습니다. 진나라에서는 분명히 한나라의 땅을 요구할 것인데, 진의 요구는 무한히 계속되고 한나라의 땅은 유한하니, 언젠가는 진나라는 한나라의 영토 전부를 가지려고 할 것입니다. 닭의 부리가 될지언정 소의 꼬리는 되지 말라—소진의 이 말은 훗날 계구우후(鷄口牛後)란 성어의 연유이다.—는 말이 있는데, 진나라를 따른다는 것은 소의 꼬리가 된다는 것이 아니겠습니까? 군주께서는 조나라와 힘을 함께하고 동시에 여섯 나라가 합종으로 세력을 합쳐 진나라의 공격으로부터 나라를 지키시기 바랍니다."

선혜왕은 소진의 유세를 듣고는 결단코 진나라를 섬기는 일은 없을 것이라고 하면서 소진의 말에 따라 조나라와 합종할 것을 맹세하였다.

소진은 중원의 세력들을 합종으로 재편성한 뒤 동쪽에 위치한 강대국인 제나라로 향하였다. 제나라에 도착한 소진은 제 선왕을 배알하고 유세를 하였다.

유세의 내용은 이러하였다.

"제나라는 태산(泰山)이 남쪽에 자리 잡고 있으며 낭야산이 동쪽에 있습니다. 그리고 황하가 서쪽에서 흐르고 북으로는 발해(渤海)가 있어서 영토의 사면이 난공불락의 요새처럼 되어 있습니다. 거기에다가 사방 이천 리에 달하는 넓은 영토와 수십만의 갑사, 산더미같이 쌓여 있는 곡식 그리고 뛰어난 성능을 가진 전차 등등은 제나라가 천하의 최강국임을 말해주는 것입니다. 게다가 바다의 소금과 물고기 등으로 이룩한 경제력도 천하에 따를 나라가 없습니다. 또한 도성인 임치의 경우 주택만 7만 호에 가까우니 위급한 상황이 발생 시, 가구마다 최소 남자가 3명이라 해도 임치에만 21만 명의 군사들이 있는 것이니 당장의 위급함을 해결할 수 있습니다. 그리고 임치는 모든 백성의 경제력이 풍부하여 북을 치고, 피리를 불며, 비파를 켜고, 거문고를 뜯으며, 즐겁게 생활하며, 또한 닭싸움과 개들의 경주, 공차기와 윷놀이를 같이 즐기는 여유 있는 생활을 하고 있습니다. 이렇듯 백성들의 삶이 풍족하니 임치의 거리는 수레의 바퀴와 행인들의 어깨가 서로 부딪히며, 행인들의 소매를 같이 들면 장막이되고 옷깃을 연결하면 휘장이 될 정도로 번창합니다. 천하 최강국의 조건들을 갖추고 있고, 백성들의 심성은 착하고, 군주의 현명함은 천하가 알아주는데, 어찌하여 제나라와 군주께서는 진나라에 고개를 숙이려고 하십니까?

—『전국책』과 『사기』의 기록들을 살펴보면, 당시 제나라는 진나라에 고개를 숙이지 않았다.—

제나라는 진나라의 공격을 걱정할 필요가 없습니다. 서로 국경을 마주하지 않기에 험난한 수천 리 길을 행군하여 제나라를 공격한다는 것은 매우 어렵고, 또한 제나라를 공격하기 위해서는 위나라와 한나라를 지나쳐야 합니다. 그러면 등 뒤에 적을 두고 앞에 있는 제나라를 공격해야 하는 상황인데 그것은 불가능합니다. 하지만 만약 위나라와 한나라가 진나라에 복속(服屬)된다면 상황은 달라지게 됩니다. 제나라와 진나라는 국경을 접하고 진의 군대가 제나라의 국경을 넘는 데는 그리 많은 시간이 소요되지 않을 것입니다. 그러므로 제나라의 입장에서는 위나라와 한나라가 진나라에 복속되지 않고 강건한 나라로 존재하는 것이 유리한 바, 군주께서는 위나라, 한나라와 서로 힘을 합치고 궁극적으로는 육국이 합종으로 단결하여 진나라의 침략에 대비하는 것만이 상책이라 생각합니다."

소진의 열정적인 유세를 경청한 제 위왕은 소진을 주군이라 부르면서 감사 인사를 하였다. 그리고 소진의 가르침에 따라 합종하겠다고 하였다.

조(趙), 연(燕), 위(魏), 한(韓), 제(齊) 5국의 군주들을 만나 합종의 맹세를 확인한 소진은 전국칠웅(戰國七雄) 중 또 하나의 강국인 남방의 초(楚)나라를 향해 발길을 옮겼다.

초나라에 도착한 소진은 초 회왕(懷王)을 배알하였다. 당시 초나라는 진나라의 침공을 걱정하고 있었는데, 특히 진나라가 파촉(巴蜀)을 침공한 후 장강(長江)을 타고 초나라의 도성까지 공격해오는 것을 두려워하였다. 이러한 초의 상황을 잘 알고 있는 소진은 초 회왕 앞에서 유세하였다.

"초나라는 천하의 강국이며 대왕께서는 천하의 현명한 왕이십니다. 초의 영토는 사방 5천 리에 달하는 방대한 지역으로, 검중(黔中)과 무군(巫郡)이 서쪽에 있으며 하주(夏州)와 해양(海陽)이 동쪽에 있습니다. 또한 동정(洞庭)과 창오(蒼梧)가 남쪽에 있고 북쪽에는 분형(汾陘)과 순양(郇陽)이 천연의 요새로 자리 잡고 있습니다. 그리고 수레가 일천 승(乘), 기마(騎馬)가 일만 필(匹), 10년을 견딜 수 있는 식량이 비축되어 있으니 이러한 것들이야말로 천하의 패자가 될 수 있는 여건들입니다. 초나라에는 이러한 장점들과 현명한 대왕께서 존재하시니 천하의 그 누구도 초나라를 넘볼 수 없다고 생각합니다. 그런데 이러한 초나라가 서쪽의 진나라를 섬기겠다고 하면 그 어떤 제후라도 진나라의 장대(章臺)—진나라의 궁궐— 밑에서 진을 따르지 않을 수 없을 것입니다. 진나라를 위협할 만한 나라는 초나라밖에 없습니다.

초나라가 강성해지면 진나라가 약해지고 초나라가 약해지면 진나라가 강해지니, 이러한 천하의 형세를 보았을 때 초와 진나라는 양립할 수가 없습니다. 오직 하나 여섯 나라가 합종을 하여 진나라를 고립시키는 방법이 상책입니다."

초 회왕이 합종을 하지 않으면 어찌 되냐고 묻자 소진이 대답하였다.

"합종을 하면 천하의 주인은 초나라가 되고 연횡을 하면 진나라가 주인이 됩니다, 대왕께서 합종을 하면 조, 한, 위, 연, 제나라의 미인들이 후궁을 가득 채울 것이고, 더불어 조나라와 대나라의 준마들과 낙타가 대왕의 마구간을 또한 가득 채울 것입니다."

탐욕이 대단한 초 회왕은 소진의 유세에 동의하면서 지금까지의 군주들과는 다르게 자신의 정세 판단과 욕심 그리고 진나라의 침공에 대한 불안한 마음을 직설적으로 얘기하였다. 그러고는 소진을 주군으로 호칭하면서 천하를 하나의 마음으로 통일시켜준 소진의 뜻에 따라 합종을 하기로 약속하였다.

드디어 소진은 여섯 나라의 군주들을 설득해 합종을 성사시켰다.
동주의 가난뱅이가 육국의 재상이 되어 천하에 이름을 각인(刻印)하는 순간이었다. 그리고 그는 조나라로 돌아가는 길에 고향인 낙양에 들르기로 일정을 잡았다. 그 소식을 들은 각국의 군주들은 신하들을 파견하여 소진에게 많은 선물을 하였다. 선물을 가득 실은 수레와 수많은 사람들이 함께하는 소진의 행차는 군주의 행차 못지않게 대단하였다.

한때 소진을 멸시하고 무시하였던 주 현왕도 소진이 온다는 얘기를 듣고 지나가는 길을 청소하게 하고 신하를 파견하여 공로를 치하하며, 노고를 위로하였다고 한다.

소진의 부모와 아내 형수 등 가족들은 집 앞 30리까지 나와서 소진을 맞이하였는데 소진의 아내는 소진을 바로 쳐다보지도 못하고 아무런 말도 못한 채 그냥 듣고만 있었다. 소진의 형수는 엉금엉금 기면서 앞으로 나와 소진에게 네 번 절하고 난 다음 엎드린 채로 음식을 권하였다. 소진이 형수에게 물었다.

"형수님 예전에는 거만하시더니 지금은 왜 이렇게 공손하십니까?"
형수가 엎드린 상태로 기어와서 얼굴을 땅에 대고 지난 일을 사과하면서 말하였다.

"계자(季子)께서 지위가 높아지고 많은 돈을 가지고 있기 때문입니다."

형수의 말을 듣고 소진은 탄식하며 말하였다.

"빈궁할 때는 부모도 자식으로 대하지 않았는데, 부귀해지니 형제와 친척까지도 두려워하는구나. 이러하니 세상을 살아가면서 권세와 지위와 부귀를 어찌 가볍게 볼 수 있다 말인가!"

그리고 현대에도 가슴 깊이 새겨들을 수 있는 한마디를 덧붙였다.
"낙양성 밖에 밭 두 고랑만 갖고 있었던들 내가 어찌 여섯 나라 재상의 인수(印綬)를 허리에 찰 수 있었겠는가?"

당시 유세가들 대부분은 가난한 집안의 출신들이었는데 소진의 출세는 가난한 유세가들에게 희망이 되었고 신분 상승의 꿈을 키울 수 있게 하였다. 소진은 고향에서 천금을 풀어 친척들과 친구들에게 나누어 주었다고 한다. 그리고 가난할 때와 어려울 때 자신을 도와준 사람들에게 보답을 하였는데, 이를테면 소진이 연나라로 유세를 갈 때 경비로 백 전(錢)을 빌려준 사람에게는 백금으로 갚는 식이었다. 소진은 그런 식으로 은혜를 입은 모든 사람에게 그 이상의 보답을 하였다.

그러나 단 한 사람에게만은 아무것도 주지 않았는데, 그는 소진이 길을 떠날 때 데리고 다녔던 하인이었다. 그 하인이 앞에 나와서 나는 왜 아무것도 주지 않으십니까? 하고 물었다.

모든 것을 기억하고 있던 소진이 대답하였다.

"내가 너를 잊은 것이 아니다. 너는 나와 함께 연나라로 들어갈 때 두 번이나 나를 역수에 버리려고 하였지? 나는 그때 사정이 무척 어려웠기 때문에 너를 많이 원망하였다. 그래서 너에 대한 고마움의 표시를 뒤로 미루었다. 당시의 섭섭함은 있지만 내가 너의 도움을 받지 않았다고 할 수 없기에 지금 자네에게도 재물을 나누어 주겠다."

이렇게 고향 사람들에게 선심을 베푼 소진은 의기양양하게 조나라로 돌아갔다. 조나라 숙후는 합종을 성공시키고 돌아온 소진을 반갑게 맞이하면서 소진을 무안군(武安君)으로 봉하였다.

　소진의 유세로 여섯 나라가 합종을 한 후, 합종의 맹약서를 진(秦)나라로 보냈다. 그 후 진나라는 15년 동안 동쪽 땅을 넘보지 못하였다.

　소진은 연나라에서 출사하였으나 조나라에서 큰 인정을 받았고 또한 소진 역시 주로 조나라를 위해 여섯 나라의 합종을 시도하였다.

　그러나 장의가 초나라 회왕을 상대로 벌인 희대의 사기 사건 하나로 제나라와 초나라가 원수가 되면서 합종은 깨어졌다고 볼 수 있다. 더군다나 이미 진나라를 섬기기로 하면서 연횡을 택한 위나라를 감안하면 여섯 나라의 합종은 이미 물 건너간 것이었다.

　그 와중에 제나라가 조나라와 위나라를 침공하였다. 당시 소진은 조나라에 머물고 있었는데 합종이 깨어지는 상황으로 정세가 변하자 소진을 믿고 있던 조나라 왕도 소진을 경원(敬遠)하였다.

　신변에 불안함을 느낀 소진은 그래도 자신을 반겨주리라 생각한 연나라로 떠나기로 하였다. 기원전 317년 소진이 조나라를 떠나자 합종은 와해되고 말았다. 연나라에 도착한 소진은 연나라 왕인 역왕을 배알하였다.

　역왕은 태자 시절에 진(秦) 효혜왕의 딸과 결혼하였으니 진 효혜왕의 사위가 되는 사람이었다. 소진을 만난 역왕은, 먼저 자신의 아버지 문후가 소진에게 자금을 주어 육국의 합종을 이루어낼 수 있도록 조나라로 보내주었고, 문후의 덕분에 소진이 합종을 이루어냈음을 얘기하였다. 그리고 아버지 문후의 서거에 따른 국상의 혼란을 틈타서 제나라 선왕이 조나라를 공격하고 이어서 연나라를 침공하여 열 개의 성을 탈취해간 사실을 지적하였다. 그리고 합종이 깨어져서 소진은 이미 천하의 웃음거리가 되어버렸다고 하였다. 그러면서도 소진에게 연나라를 위하여 빼앗긴 성 열 개를 되찾아올 수 있는지 물었다.

소진은 크게 부끄러워하면서 빼앗긴 성을 다시 찾아오겠다고 약속하였다. 소진은 부담감을 안고 제나라로 향하였다. 제나라에 도착한 소진은 제 선왕을 배알하고 전쟁의 승리를 축하함과 동시에 조의를 표하면서 유세를 하였다.

"사람들이 아무리 배가 고파도 오훼(烏喙)를 먹지는 않습니다. 그 이유는 오훼를 먹으면 잠시 동안 허기를 때울 수는 있어도 곧 죽을 정도로 아프기 때문입니다. 대왕께서 연나라를 공격하여 열 개의 성을 탈취하였으나 그것은 바로 오훼를 먹는 것과 다름이 없습니다. 연나라의 역왕은 바로 진나라의 사위입니다. 대왕께서는 성 열 개를 얻은 대신 천하의 강국인 진나라와 원수가 되는 상황을 만들었습니다. 힘이 약한 연나라가 앞장서고 강한 진나라가 뒤를 엄호하면서 천하의 정예병들과 함께 공격해 들어온다면 제나라는 곤경에 처할 것입니다. 이것이야말로 오훼를 먹은 것과 같습니다."

소진의 말을 들은 제 선왕은 당황하였다. 그리고 어떻게 하면 되는지 조심스럽게 물었다.

소진이 다시 대답하였다.

"화(禍)를 바꾸어 복(福)으로 만들고 실패를 거울삼아 성공을 이루는 것이 성인들의 도리인 것으로 알고 있습니다. 하문하시니 감히 아뢰옵니다. 연나라에 열 개의 성을 돌려주시고 진나라에게는 정중하게 사과의 말을 전하는 것이 좋겠습니다. 진나라의 경우, 제나라가 성을 돌려준 것이 진나라 자신들 때문이라는 것을 알고서는 진정 고마워할 것이며, 연나라는 아무런 이유 없이 빼앗긴 성을 돌려

받으니 역시 진심으로 왕께 고마워할 것입니다."

　제 선왕은 조정 신료들의 극심한 반대에도 불구하고 소진의 말에 따라 빼앗은 성 열 개를 연나라에 돌려주었다. 제나라 신료들은 소진은 나라를 팔아먹고 배반을 일삼는 사람이라고 비방하였다.

　제나라에 가서 빼앗긴 성 열 개를 되찾아오겠다고 한 연나라 역왕과의 약속을 성공리에 지킨 소진은 의기양양하게 연나라로 돌아왔다. 그러나 연나라 조정 신료들과 역왕의 태도는 예상외였다.

　본래 출신이 미약하고 각국에서 유세를 하며 돌아다닌 소진의 경우, 정치적 기반이 약하고 또한 갑작스러운 출세로 주변에 적이 많았다. 연나라 조정에서는 제나라에서 거둔 소진의 성과를 연나라가 아닌 제나라를 위한 것이라 비방하였으며, 역왕 역시 소진을 박대하면서 관사에도 들이지 않았다.

　소진은 역왕이 자신을 멀리하는 것은 분명히 누군가가 자신을 모함하였다고 생각하며 역왕을 만나 자신의 심경을 얘기하였다. 이때 소진은 자신의 정당성과 진취성을 열정적으로 말하였는데, 훗날의 삼국시대 조조도 이 문장을 즐겨 읽어보았다고 한다.

　"소신은 동주의 시골 출신으로 선왕을 알현(謁見)할 그 당시 공을 세운 것이 조금도 없었음에도 선왕께서는 멀리 성 밖까지 나오셔서 저를 환대해주셨고 또한 조정의 높은 관직으로 기회를 주셨습니다.

　현재 소신은 연나라가 제나라에 빼앗긴 열 개의 성을 되찾아드렸는데 오히려 소신을 박대하시니 필히 누군가가 소신을 두고 신의가 없는 자라고 중상모략을 했다고 생각됩니다.

　그러나 소신이 신의가 없다는 것이 바로 대왕의 복이라고 생각합니다. 충성과 신의는 알고 보면 모두가 자기 자신을 위한 것이며 진취, 즉 적극적으로 나서 업적을 이룬다는 것은 타인을 위한 것이라고 합니다. 동주의 시골에 나이 드신 어머니를 남겨두고 먼 연나라까지 소신이 온 이유는 나 자신의 충성과 신의를 도모하고자 한 것이 아니라 남을 위한 진취적인 나의 사고와 행동을 도모하고자 한 것입니다. 만약에 미생(尾生)처럼 신의가 있고, 백이(伯夷)처럼 청렴하며, 또한 중삼(曾參)처럼 효성이 지극한 신하들이 있다고 가정하였을 때 이들 세 사람이 대왕을 보필한다면 대왕께서는 만족하시겠습니까?"

연 역왕은 만족한다고 즉시 대답하였다. 소진은 다시 말을 이어갔다.

"소신이 이런 덕을 갖추고 있었다면 대왕을 모시지 않았을 것입니다. 증삼처럼 효성이 지극한 사람은 단 하룻밤도 자신의 부모를 떠나 밖에서 잘 수가 없는데, 대왕께서는 그런 사람을 제나라 사신으로 보낼 수 있겠습니까? 그리고 백이처럼 청렴한 사람은 주 무왕의 신하가 되길 거부하며 고죽국(孤竹國)의 임금 자리도 마다하고 수양산에서 굶어 죽었습니다. 이런 사람에게 어떻게 제나라까지 천 리 길을 걸어가게 하여 연나라의 왕을 위해 일하게 할 수 있겠습니까? 미생처럼 신의가 두터운 사람은 사랑하는 여자와 다리 밑에서 만나기로 약속을 했다 하여 밀물이 들어와도 떠나지 않은 채, 여자를 기다린다며 다리 기둥을 껴안고 죽었습니다.

이런 사람이 어떻게 제나라로 들어가서 연나라와 진나라의 위엄을 과시하고 큰 공을 세울 수 있겠습니까? 일반적으로 신의를 행하는 것은 자신의 만족을 위한 것이며 타인을 위해서 행하는 것이 아니라 생각합니다. 더불어 이것은 자기 충족을 위한 방편이지 남을 위한 진취 즉 적극적으로 나아가서 공을 이루는 것은 아니라고 봄니다.

삼황(三皇)이 차례로 흥하고, 오패(五覇)가 번갈아가며 일어선 것은 스스로 만족함에서 벗어났기 때문입니다. 군주는 스스로 만족해서는 안 된다고 생각합니다. 만약에 군주가 스스로 만족한다면, 제나라는 영구(營丘) 지역에서 더 이상 확장되지 못하고 그냥 머물러 있을 것이고, 연나라는 초나라의 국경을 넘보지 못하였을 것입니다.

소신의 경우 노모가 주나라에 계시나 노모를 떠나서 대왕을 모시고 있는 것은 자기 충족을 떠나 진취의 길을 모색했기 때문입니다.

대왕과 소신의 추구하는 방향이 서로 달랐음을 이제야 알겠습니다.

대왕께서는 스스로 만족하시는 군주이시고 소신은 앞으로 나아가서 업적을 취하는 사람이니, 소신은 미생, 증삼, 백이가 하지 못한 충성심과 신의를 보였기에 대왕의 노여움을 받는 것입니다. 소신에게 필요한 것은 저의 능력이지 도덕성은 아니지 않습니까?"

소진은 자신의 진취적 성향을 강력하게 어필하였다. 역왕은 소진의 말을 듣고 자신의 좁은 마음을 뉘우치고 소진에게 벼슬을 내리면서 전보다도 더 신뢰하고 정을 보였다. 그리고 당시 소진이 자신의 모친이자 선왕의 부인과 불륜을 저지르고 있는 사실조차 모른 체하여주었다. 그러나 소진은 불륜의 사실이 들통날까 두려워 불안에 떨었다. 마침내 소진은 연나라를 떠나기로 마음먹고 역왕에게 자신의 뜻을 이야기하였다.

"소신이 연나라에 머물러 보았자 별다른 쓸모가 없을 것 같습니다. 만약 소신이 제나라에 가서 그곳에 머무른다면 연나라를 위해 크게 도움이 될 것입니다."

소진의 말을 들은 역왕은 소진이 연나라를 떠나고 싶어한다는 것을 눈치채고, 별다른 말이나 조건 없이 제나라로 가도록 허락하였다.

제나라 선왕은 소진이 제나라로 오겠다고 하자 흔쾌히 허락하며 소진을 반겼다. 선왕은 소진을 객경으로 봉하고 조정의 문제들에 대해 자문을 구하곤 하였다. 그러나 소진이 제나라에 들어간 지 얼마 되지 않아 선왕은 병세가 깊어져 서거하였다.

선왕의 아들인 민왕이 즉위하자, 소진은 선왕의 장례를 성대하게 치르게 하고 또한 궁궐을 높이 쌓게 하는 등, 제나라의 국고를 소진(消盡)하게 하였다. 이는 연나라를 위한 술책이었다.

제나라의 중신 대부분은 소진을 시기하고 싫어하였는데 그들 중 한 사람이 자객을 시켜 소진을 살해하려고 하였다. 소진은 중상을 입고 며칠 동안 고생을 하다가 결국 죽게 되었다. 소진은 죽기 전에 자신의 깊은 상처를 걱정하고 있는 제 민왕에게 부탁하였다.

"소신이 죽으면 거열형(車裂刑)에 처하여 찢어진 시체를 장터에 걸어 놓고는 소진이 연나라를 위해 반역을 하여 시체를 찢어놓은 것이라고 하십시오. 그러면 범인이 나타날 것입니다." 마침내 소진이 죽자 민왕은 소진의 말대로 하였는데, 과연 범인이 나타나서 내가 소진을 죽였다고 하였다. 소진을 살해한 자객은 상을 받을 것으로 생각하였던 것이었다. 민왕은 소진의 원수를 갚아준다는 생각으로 자객을 사형에 처하였다.

소진이 사망한 그때쯤, 연나라에서는 역왕이 서거하고 쾌(噲)왕이 왕위를 이어받았다. 당시 연나라의 많은 사람들이 소진은 연나라를 위해서 제나라의 국고를 텅텅 비워버리는 계책을 쓰다가 살해되었다는 얘기를 하고 다녔다. 이러한 소문을 들은 제 민왕은 배신감에 치를 떨면서 연나라에 대해서 악감정을 품었다.

그 후 소진의 동생인 소대(蘇代)와 소려(蘇厲)가 합종을 주장하면서 유세를 하였으나 이미 합종의 의미는 천하에서 사라지고 있었다. 합종을 주장한 소진의 시대는 저물고 연횡을 주장한 장의의 시대가 무르익어 가고 있었다.

장의(張儀)의 연횡. 육백 리 땅으로 희대의 사기를 치다

장의는 위(魏)나라 출신이다. 앞에서 언급하였듯이 그는 귀곡자를 스승으로 모시고 소진과 함께 공부하였다. 장의도 군주들을 만나 천하의 형세에 대하여 유세하면서 자신과 뜻을 같이할 사람을 찾아 다녔는데, 소진의 경우처럼 초반부터 무시당하고 실패만 거듭하였다.

좀처럼 기회를 잡지 못하고 있다가 우연한 기회에 장의는 초나라 재상과 술자리를 같이했다. 그런데 술자리가 한참 무르익어 갈 즈음에 재상의 환옥(環玉)이 없어지는 일이 발생하였다. 그러자 재상의 문하 사람들이 장의를 가리키며 말하였다.

"장의는 가난한 데다 행실이 좋지 않습니다. 장의가 재상의 옥구슬을 훔친 것이 분명합니다."

그 말을 들은 재상은 장의를 잡아다가 매질을 수백 대나 하였다.

하지만 장의는 끝까지 자신의 결백을 주장하였고, 어쩔 수 없이 재상은 장의를 풀어줄 수밖에 없었다. 초주검이 되어 처참한 몰골로 집에 들어오자 그의 아내가 한심하다는 듯이 쳐다보며 한소리 하였다.

"당신이 책이나 읽고 유세를 하고 다니지 않았다면 어찌 이러한 모욕을 당했겠습니까."

그러나 장의는 아내의 말에 개의치 않고 말하였다.

"내 혀가 아직 남아 있는지 한번 살펴보시오."

아내가 기가 차서 웃으면서 혀는 아직 그대로 남아 있다고 하자, 장의는 그러면 됐다고 하였다. 유세객에게는 다른 무엇보다도 세 치 혀만 있으면 된다는 것이 장의의 생각이었다. 오설상재(吾舌尙在), 아직 내 혀가 성하게 남아 있다. 즉 모든 부분이 망가져도 진짜로 필요하고 중요한 부분이 멀쩡하다면 큰 문제가 되지 않는다는 고사성어의 유래이다. 장의가 이처럼 기회를 잡지 못하고 있을 때쯤, 소진이 보낸 사람이 장의를 찾아왔다. 그리고 거듭된 실패에 지친 장의에게 슬며시 말하였다.

"장의 그대는 소진과 친하지 않습니까? 지금 소진은 조나라에서 높은 자리를 차지하고 있습니다. 그런데 당신은 왜 소진을 찾아가지 않습니까? 소진을 찾아가서 당신이 쓰일 수 있는 자리를 부탁해보시지요."

소진이 이렇게 일부러 장의에게 사람을 보내 자신을 찾아오도록 유도한 데는 이유가 있었다. 소진이 조 숙후로부터 인정을 받아 육국의 합종을 도모할 즈음에, 진(秦)나라가 위(魏)나라를 침공하는 일이 발생하였다. 진 효혜왕은 서수(犀首)를 대장군으로 한 군대를 위나라로 보내 위나라 장군 용가(龍賈)의 군대를 격파하고 조음 땅을 빼앗은 후 여세를 몰아 계속 동쪽으로 진군하였다. 당시 조나라에 있던 소진은, 진나라가 위나라를 정벌한 뒤 조나라를 공격해 들어올까 걱정이 되었다. 고민하던 소진은 계책을 마련하였는데, 그것은 장의를 이용하여 진나라가 조나라를 침공하지 못하도록 하는 것이었다.

소진이 의도한 대로 장의는 동문인 소진을 찾아가서 출세의 기회를 엿보고자 하였다. 장의는 조나라로 들어가 소진에게 만남을 청하였다. 그러나 소진은 아래 사람들에게 명하여 장의를 들이지 못하도록 하였다. 그러고는 아무런 답도 주지 않고 며칠이 지나도록 오도 가도 못하게 하였다. 장의가 지칠 때쯤 소진은 만나주었지만, 푸대접하였다. 그는 장의를 당 아래 앉혀놓고 첩들이나 먹을 음식을 내주었다. 그러고는 아래 사람에게 훈계하듯이 몇 번이나 질책하였다.

"자네처럼 훌륭한 재능을 가지고도 이렇게 스스로를 욕되게 하고 곤궁에 처해져 있으니 내가 힘을 써서 자네 하나쯤 어떻게 부귀하게 만들 수 있겠지만, 내가 생각하기에 그것을 받기에는 자네의 능력이 부족하네."

소진은 장의를 한껏 무시하여 자존심을 건드린 후 그냥 내쫓아버렸다. 출세한 친구를 찾아가서 한 자리를 부탁하려고 했던 장의는, 소진의 박대(薄待)에 자존심이 땅바닥에 떨어지고 너무나 화가 났다. 장의는 소진의 모욕적인 언사와 행동에 원한을 품고 소진을 몰락(沒落)시켜버릴 방책을 찾기 위해 고심하였다. 결국 소진의 모든 부귀영화는 조나라에서 나오는 것이므로 조나라를 정벌해버리면 소진의 모든 것도 함께 망해버리는 것이었다.

조나라를 정벌할 수 있는 나라는 진(秦)나라뿐이라고 생각한 장의는 진나라로 들어갔다. 장의가 분을 삭이지 못한 채 돌아가자, 소진은 급히 믿을 만한 수하 한 사람을 불러 조용히 지시하였다.

"장의는 천하에 둘도 없이 현명한 선비다. 나도 그를 능가할 수 없다. 지금은 내가 운이 좋아서 먼저 등용되었을 뿐이다. 장의가 이제 진나라로 들어가면 진나라의 권력은 그의 손에서 나올 것이다. 지금까지는 가난하여 등용될 기회가 없었는데 여기서의 작은 이익에 만족하여 떠나지 못할 것이 걱정이 되어 내가 무시를 하고 모욕을 주어 그를 화나게 하였다.

당장은 진나라까지 갈 여비도 없을 것이니 너는 내가 주는 돈과 수레를 가지고 몰래 장의를 따라가서 그가 진나라에 도착할 때까지 어려움이 없도록 도와주도록 하여라. 그리고 내가 도와준다는 내색을 절대 하지 말길 바란다."

소진의 지시에 따라 하인은 장의를 따라다니며 그가 진나라에 도착할 때까지 도와주었다. 마침내 진나라에 도착한 장의는 진 효혜왕을 배알하고 유세를 하였다.

"제가 말씀드리는 대책이 틀린다면 저를 죽여도 좋습니다.

작금(昨今)의 천하는 북쪽에 위치한 연나라와 조나라 그리고 남쪽의 위나라가 초나라와 동맹을 맺어 동쪽의 제나라를 강하게 하고 있으며, 중원의 한나라도 같이 연합하여 진나라와 승부를 겨루고자 하고 있습니다. 이러한 상황을 들은 저로서는 정말 이해가 안 되고 웃을 수밖에 없었습니다. 혼란스러운 나라가 안정된 나라를 공격하면 망하고, 사악한 나라가 정도를 걷는 나라를 공격하면 또한 망하며, 이치를 따르지 않는 나라가 이치에 순응하는 나라를 공격하면 그 역시 망하는 법인데 바로 이것이 현재 천하의 형세와 다를 바가 없습니다. 중원과 산동의 여섯 나라는 부고(府庫)와 창고(倉庫)가 비어 있음에도 불구하고, 백성들을 동원하여 천백만 명에 달하는 대군으로 군대를 편성하였습니다. 그러나 이들의 앞에는 적들의 시퍼런 칼이 있고 뒤에는 후퇴하면 죽인다는 도끼가 있으니, 이들 모두는 사생결단으로 싸우지 아니하고 도망갈 궁리만 하고 있습니다. 백성들이 죽음을 무릅쓰고 싸우지 못하는 것은 그들의 잘못이 아니라 높은 지위에 있는 윗사람들이 그렇게 만든 것입니다. 상을 주고 벌을 내리는 것을 구분도 없이 확실하게 하지 않기 때문입니다.

그에 비해 우리 진나라는 상과 벌의 구분을 명확히 하여 실행에 옮기니 백성들은 전쟁이 발발했다는 얘기만 들어도 맨발로 뛰어나가 시퍼런 칼도 무서워하지 않습니다. 그리고 전진하기 위해서는 불구덩이라도 뛰어들 백성들의 수가 매우 많습니다. 죽는 것이 산다는 것보다 못함에도 이렇게 하는 백성들의 태도는 용감하게 적들을 물리치는 것을 귀중한 일이라 생각하기 때문입니다. 이리하여 한 명이 열 명을 이기고, 열 명이 백 명을 물리치며, 백 명이 천 명을, 천명이 만 명을 물리치면, 만 명은 천하를 이길 수 있습니다."

진나라의 신상필벌은 확실하여 백성들은 오히려 전쟁이 일어나기를 기다리는 실정이었다. 적군의 수급(首級)을 두고 진나라 병사끼리 서로 가지려고 다투는 내용이, 고분(古墳)에서 출토된 수호지진묘죽간(睡虎地秦墓竹簡)에 나온다. 진나라는 법률에 따라 적의 수급을 가져오면 상과 작위(爵位)를 주었는데 그 작위를 거래하여 죄를 지은 자는 벌을 면할 수 있었고, 또한 노비의 신분도 면할 수 있게 하였다. 그러므로 진나라 군사들은 전쟁이 나면 적의 수급을 베어 가지기 위해 목숨을 걸고 싸웠다.

장의의 자신만만하고 격정적인 유세와 그 내용에 감동한 진 효혜왕은 장의를 객경으로 임명하고 다른 나라들을 정벌할 수 있는 방안을 수립토록 하였다.

장의가 출사하자 그동안 장의를 도와주던 소진의 부하가 이제 돌아가겠다고 하였다. 장의는 깜짝 놀라 그를 붙잡으며 말하였다.
"그대 덕분에 출사하게 되었고 이제 그대가 나에게 베풀어 준 은혜에 보답하려 하는데 왜 돌아가려 합니까? 나에게 은혜를 갚을 기회를 주십시오."

장의의 말을 들은 소진의 부하는 이렇게 말하였다.

"나는 장군(張君)을 잘 모릅니다. 장군에게 도움을 준 사람은 소군(蘇君)이십니다. 저는 오직 소군의 지시에 따라 행동했을 뿐입니다. 저의 주인 소군은 진나라가 위나라를 침공한 후 조나라까지 공격해 들어올 것을 걱정하였습니다. 능력이 뛰어나신 장군 이외에는 천하에서 진나라의 권력을 잡을 사람이 없다고 저의 주인께서는 생각하신 것 같습니다. 그리하여 고의로 장군을 무시하여 장군께서 화나게 하신 것입니다. 그리고 난 후 저에게 장군의 진나라행을 돌보도록 하셨습니다.

이제 저의 할 일을 다했으니 돌아가겠습니다."

그 말을 들은 후에야 상황을 파악한 장의는 탄식하면서 말하였다.

"오호! 내가 소진의 술수에 놀아났네, 나의 술수 중에도 이런 것이 있지만, 눈치채지 못하였구나. 난 소군처럼 현명하지도 못하고 방금 등용되었는데 어찌 조나라를 공격할 수 있겠소. 돌아가서 소군에게 고맙다는 나의 인사를 전해주시오. 그리고 소군이 활동하는 조나라를 향해 어찌 감히 말(馬)을 몰 수 있으며 그것은 불가능한 일이라 생각하고 있다고 또한 전해주시오."

그러나 장의는 진나라의 재상이 되자 바로 그해에 조나라 땅인 이석과 인을 공격하였다. 그리고 과거 자신을 도둑으로 몰아세워 매질을 한, 초나라의 재상에게 격문을 보냈는데 그 내용은 이러하였다.

과거 내가 당신과 함께 술자리를 한 적이 있는데, 당시 내가 당신의 환옥을 훔치지 않았음에도 당신은 나를 도둑으로 몰아 나에게 매질을 하면서 자백을 강요했습니다.

이제 당신은 당신의 나라를 잘 지켜야 할 것입니다. 지금부터 나는 당신 나라의 성을 훔치려 합니다.

장의는 자신을 해롭게 한 사람에게는 반드시 복수하였다.

장의는 천하의 형세를 논평하면서 연횡(連橫)을 주장하였는데, 이는 전국칠웅 중 최고의 강국인 진나라를 중심으로 나머지 여섯 나라가 개별로 진나라와 동맹을 맺어야 한다는 논리를 말한다. 그리고 소진이 주장하는 합종은 일시적으로 존재하는 허상에 지나지 않는 것이라 주장하였다. 장의는 진나라에서 객경으로 효혜왕을 보필하면서 각 나라를 서로 분열시켜 합종을 깨뜨리는 계책을 수립하였다. 진나라가 천하를 통일하기 위해서는 무엇보다도 합종으로 연결된 육국의 동맹을 분열시켜야 한다고 생각하였기 때문이다.

장의는 먼저 국경을 접하고 있으며 약한 상대인 위나라를 위협하여 진나라와 연횡토록 하기 위해, 위나라를 침공하였다. 그리고 표양 지역을 탈취하였다. 그런데 돌연 장의는 빼앗은 포양 땅을 위나라에 돌려주고 더불어 진나라의 공자를 위나라에 볼모로 보내자고 하였다. 장의의 황당한 주장에 효혜왕뿐만 아니라 모든 신하들이 의아해하였으나 장의는 그렇게 하면 위나라에서는 더 큰 땅을 바치면서 진나라를 섬길 것이라고 하였다. 진 효혜왕은 장의의 말을 믿고 그의 말대로 하도록 하였다. 장의는 포양 땅을 돌려주면서 볼모로 가는 진의 공자 요(繇)와 함께 위나라로 들어갔다. 위나라 양왕을 만난 자리에서 장의는 얘기하였다.

"진 효혜왕께서 위나라를 매우 존중하면서 전쟁에서 이기고도 땅을 되돌려주는 조처를 해주셨는데, 위 왕께서는 모른 체하고 아무런 답례도 하지 않으실 생각이십니까?"

장의의 말을 들은 위 양왕은 상군(上郡)과 소량(少梁) 땅을 바치겠다고 하였다. 그러나 끝내 진나라를 섬기겠다고는 하지 않았다. 하서(河西)에 위치한 소량은 군사적으로 진에게 매우 중요한 땅이었다. 나름 큰 성과를 가지고 진나라로 돌아온 장의에게 효혜왕은 진나라의 재상 자리를 주었다. 장의가 재상의 자리에 오르고 4년이 흐른 뒤, 즉 기원전 325년 진 효혜왕 13년에, 진나라는 제후국의 자리를 버리고, 스스로 독립 국가임을 선포하며, 군주를 왕이라 부르게 하였다. 그 이후 3년 정도 진나라의 세력 확장을 위해 재상으로서 노력하던 장의는 진나라의 재상 자리를 뒤로하고 위나라로 건너가서 위 양왕을 보필하였다. 그리고 위나라의 재상이 되었는데 그때가 기원전 322년이었다.

장의는 위나라 조정에서 근무하면서 양왕을 설득하여 진나라를 섬기게 할 계획이었다. 위나라가 연횡을 하면 천하의 다른 모든 나라들도 위나라를 따라서 진나라를 섬길 것이라 생각하였다. 장의의 다양한 설득에도 위 양왕은 진을 섬기겠다고 말하지 않았다. 장의로부터 중간 보고를 받은 진 효혜왕은 분노하였다. 그리고 당장 군대를 편성하여 위나라를 공격하였다. 허약한 위나라 군대는 전쟁에서 패하였고 위나라는 또다시 곡옥과 평주 땅을 내어주고 난 뒤에야 전쟁을 멈출 수 있었다. 위나라 입장에서는 진나라의 거센 침공을 조금이라도 막기 위해서 장의가 위나라에 있는 것이 유리하였고 당연히 장의를 무시하거나 괄시할 수 없었다.

기원전 319년 위 양왕이 서거하고 그의 아들 애왕이 즉위하였다.

장의는 기회라 생각하고 애왕에게 지금까지 고수한 합종을 깨고 진나라를 섬기는 연횡을 하라고 강력하게 설득하였지만 애왕 역시 장의의 말을 듣지 않았다. 어쩔 수 없다고 판단한 장의는 몰래 진나라에 사람을 보내 위나라를 다시 공격하도록 하였다. 기원전 319년 진나라는 위나라를 공격하였고, 위나라는 또다시 패배하였다. 설상가상으로 다음 해인 기원전 318년 제나라까지 위나라를 침공하여 벌어진 관진의 전투에서도 위나라는 패배하였다.

또다시 위나라를 공격하기 위한 준비를 하고 있던 진나라는 진과 위나라 중간 길목에 있는 한나라를 먼저 공격하였다. 강력한 군세를 자랑하던 진나라 군대는 한나라의 신차군을 공격하여 한나라 군사 8만의 목을 베었다. 이것이 기회다 생각한 장의는 다시 위 애왕을 만나 연횡을 주장하였다.

"위나라의 영토가 사방 천 리에도 못 미치고 군사들도 30만 명이 되지 못하는 상황입니다.

그리고 지형적으로도 전 영토에 요새화할 만한 명산대천도 없이 평평한 들판으로 되어 있으며, 또한 사방이 다른 나라와 국경을 접하고 있어 어떤 나라도 마음만 먹으면 침공하여 도성인 대량(大梁)까지 들어올 수 있습니다. 한나라의 수도인 정(鄭)에서 대량까지 거리가 백 리에 불과하며, 진나라에서 대량까지도 불과 이백 리밖에 안 됩니다. 말을 타고 달려가거나 아니면 도보로 걸어가도 대량까지 힘들지 않고 도착할 수 있습니다. 말 그대로 전쟁터가 되기 쉽습니다. 남쪽의 초나라와 친교를 맺으면 동쪽의 제나라가 공격해 들어오고, 제나라와 가깝게 지내면 북쪽의 조나라가 공격해 들어올 것입니다. 또한 서쪽으로 마주보고 있는 한나라를 멀리하면 한나라도 공격해 들어올 것입니다. 위나라의 지형적 형세가 이러하니, 동서남북으로 접한 국경을 수비하거나 망루(望樓)를 지키는 병사의 수가 이루 헤아릴 수 없습니다. 또한 군량미를 배로 옮기는 데만 10만의 병사로도 모자라는 형편입니다. 그야말로 위나라의 지형적인 형편은 사분오열의 모습이라 할 수 있습니다.

그런데 대왕께서는 소진의 합종만 믿고 나라를 지킬 생각이신데 소신의 생각으로 이는 참으로 현명하지 못한 처사입니다. 한 부모에게서 태어난 형제들 간에도 권력과 재물을 가지고 다투고 분열되는데, 하물며 국가 간의 맹약서 하나 때문에, 동상이몽을 하고 있는 산동의 나라들이 약속을 지킨다고 보십니까? 그리고 사방의 국경이 열려 있는 상황에서 어느 나라가 위나라의 땅을 탐하여 들어올지 누가 알겠습니까? 어느 한 나라만이라도 합종을 깨면 위나라는 전쟁터가 될 것이 확연합니다.

그러나 진나라를 섬기면서 연횡을 하면 모든 문제는 해결됩니다. 천하의 강자인 진나라가 뒤에서 버티고 있는데 과연 어떤 나라가 위나라를 침공할 수 있단 말입니까?"

장의의 말을 듣고 난 애왕은 힘없이 고개를 끄덕이면서 말하였다.
"과인이 저번에 맹약한 합종이 잘못된 것인 줄 몰랐습니다.
지금부터라도 진나라를 섬기면서 약조의 의미로 서하의 바깥쪽 땅을 바치겠습니다."

이렇게 위나라를 집중적으로 공략하여 합종을 깨뜨려버리고 연횡을 하도록 한 장의는 진나라로 돌아가서 다시 진나라의 재상이 되었다. 그러나 3년의 세월이 지난 후 위 애왕은 진나라를 배신하고 다시 합종을 하였다. 위 애왕의 배신에 격분한 장의는 다시 군대를 이끌고 위나라를 침공하였는데 진나라의 협박에 굴복한 애왕은 다시 연횡으로 돌아섰다.

장의는 평소 지론인 원교근공(遠交近攻)을 기본으로 합종을 깨뜨리는 작전을 펼쳤다. 합종을 깨뜨리기 위해서 장의가 제일 먼저 선택한 나라는 앞에서 언급하였듯이 위나라였다. 기원전 324년 장의는 직접 군대를 지휘, 위나라를 공격하여 섬(陝) 지역을 탈취하기도 하였다. 장의는 여기서 멈추지 않고 일단의 계책을 실행하였다. 기원전 322년 장의는 설상(齧桑)에서 제나라와 초나라의 재상들과 회합을 가졌는데 장의는 이 회합을 통해 계략을 추진하였다. 그해 초나라는 합종의 시대임에도 불구하고 장군 소양(昭陽)을 선봉으로 하여 위나라를 침공하였다. 그리고 위나라의 여덟 개 성을 유린(蹂躪)하였다. 합종의 맹약을 나눈 나라에 의해 동맹이 무너지는 순간이었다.

전투는 초나라 장군 소양이 하였지만 사실 전쟁의 배경에는 초나라로 하여금 위나라를 침공하도록 설득한 장의의 노련한 계책이 있었다. 위나라와의 전쟁에서 대승한 초나라 장군 소양은 동쪽의 제나라를 향해 칼날을 세웠다. 제나라로 진격하는 소양에게 진진(陳軫)이 제나라 사신의 자격으로 찾아왔다. 진진은 당시 진나라 사람으로 제나라에 사신으로 가 있었는데 제나라 왕의 부탁으로 소양을 만나러 온 것이다. 진진은 훗날 장의의 세력에 밀려 진나라를 떠나 초나라에서 정치를 한다. 소양을 만난 진진은 전쟁에서 승리했음을 축하하면서, "이렇게 전쟁에서 승리하고 적군의 장수를 죽이면 초나라에서는 어떤 벼슬을 줍니까?"하고 물었다.

소양이 영윤(令尹)의 아래 벼슬을 받을 수 있다고 하자, 진진은 초나라에는 현재 영윤이 있으니 지금의 전쟁을 통해서 아무리 큰 공을 세워도 영윤의 자리를 위협할 수 있을지언정 영윤의 벼슬을 받기는 힘들겠다 하였다. 그리고는 장군께서 꼭 들을 필요가 있는 이야기가 있는데 한번 들어보시겠습니까? 하고 물었다. 소양이 허락하자 진진이 말했다.

"초나라의 제관이 제사를 마친 뒤 수고한 사인(舍人)들에게 술 한 잔을 내렸는데, 모두가 나누어 마시기에는 턱없이 부족하여 상의한 결과 땅에다가 뱀을 가장 먼저 그리는 사람이 술을 마시기로 하였습니다. 재빠르게 뱀을 다 그린 한 사람이 술잔을 입에 대고 나는 뱀의 다리까지 그릴 수 있다고 하면서 뱀의 다리를 추가로 그리던 중, 뱀을 다 그린 또 다른 한 사람이 술잔을 낚아채면서 뱀에게는 다리가 없다 하고는 술을 마셔버렸다고 합니다. 지금 장군께서 충분한 공을 세웠음에도 불구하고 제나라를 공격한다는 것은 뱀의 다리를 그리는 것과 다름이 없습니다."

진진의 말을 들은 소양은 과연 그 말이 이치에 맞는지라, 제나라로 향하던 말머리를 돌렸다고 한다. 이것이 사족(蛇足), 즉 화사첨족(畵蛇添足)의 연유이다. 즉 하지 않아도 되는 쓸데없는 일을 덧붙여 하다가 오히려 일을 망친다는 뜻이다.

위나라를 연횡으로 묶은 후, 진 효혜왕은 동쪽의 강국 제나라를 공격하고자 하였다. 진나라의 침공 소식에 두려움과 위협을 느낀 제나라는 초나라에 사신을 보내 동맹을 맺었다. 그리고 연합하여 진나라의 공격에 대항하고자 하였다. 장의는 두 나라의 동맹을 와해(瓦解)시키기 위해 초나라 회왕을 만나러 갔다. 평소 장의에 대해 호감을 느끼고 있던 회왕은 장의를 반갑게 맞이하면서 말하였다.

"초나라는 대륙의 외진 곳에 있으며 누추한 곳입니다. 장군(張君)께서는 어떤 가르침을 주시기 위해 오셨습니까?"

초 회왕의 정중한 인사를 들은 장의는 고개를 숙이며 감사의 표시를 한 후 이렇게 말하였다.

"저의 주인이신 진나라 효혜왕께서 가장 존경하며 따르고 싶은 군주는 바로 대왕이십니다. 그리고 가장 싫어하는 군주로 제나라 왕을 꼽으시며 소신도 제나라 왕을 가장 미워합니다. 진나라 왕에게 큰 죄를 지은 제나라 왕을, 진나라에서는 용서하지 않고 벌을 주려고 합니다. 다만 대왕의 나라와 제나라가 서로 사이가 좋으니 진나라 왕이나 소신도 제나라 왕을 벌하지 못하고 있습니다. 그리고 제나라 왕도 대왕의 명을 섬기지 않고 있습니다.

만약에 대왕께서 제나라와의 친교를 단절하신다면 소신이 진 혜왕에게 보고하여 진나라 땅 중 육백 리에 해당하는 상(商)과 어(於) 지역을 대왕께 바치도록 하겠습니다. 이런 상황이 되면 제나라는 반드시 세력이 약해질 것이고 그러면 제나라는 대왕의 명을 섬길 것입니다. 결과적으로 동쪽의 제나라는 약해지고 서쪽의 진나라에게는 덕을 베푸는 것과 더불어 상과 어 땅을 거저 얻는 것이니 대왕의 결심 한 번으로 세 개의 이득을 얻을 수 있습니다."

장의의 말을 들은 초 회왕은 크게 기뻐하며 그렇게 하겠다고 하였다. 상과 어 지역의 육백 리 땅을 얻는다면 무엇보다도 한중 지역을 안정화할 수 있었다. 초 회왕은 이러한 사실을 조정 신료들에게 공표하였다. 신료들은 모두들 축하하면서 회왕의 명석한 판단을 칭송하였다.

그러나 당시 초나라에서 근무하고 있던 책사 진진(陳軫)은 반대하면서 말하였다. 진진은 본래 진나라에서 효혜왕을 모셨으나 장의에게 밀려 초나라로 왔으니 장의를 좋아할 수 없었다.

"진나라가 대왕과 초나라를 중하게 여긴다고 하는 이유는 다름이 아니라 제나라와 초나라가 우방이기 때문입니다. 장의의 말을 듣고 현재 진나라의 상과 어 땅을 취하지도 않은 상태에서 먼저 제나라와의 동맹을 끊으면 초나라는 고립 될 것입니다.

제나라와의 친교가 단절되면 덕을 보는 것은 진나라뿐이며 고립된 초나라를 진나라가 중하게 여기지도 않을 것입니다. 대왕께서는 먼저 상과 어 땅을 주면 제나라와 절교를 하겠다고 하십시오. 아마 대왕께서 그렇게 요구하면 진나라는 들어주지 않을 것입니다. 상과 어 땅을 받고 난 후에 제나라와 절교를 하여도 문제가 없을 것입니다. 만약에 제나라와 먼저 절교를 하고 난 후에, 진나라에게 약속대로 땅을 달라고 하면 필시 장의에게 사기를 당할 것입니다. 그렇게 되면 대왕께서는 장의를 원망하게 되고 진나라와 관계에 우환(憂患)이 있을 것이며, 또한 제나라와는 이미 단교한 상태이니 진나라와 제나라의 군대가 초나라를 향해 쳐들어올 것입니다."

회왕이 해결 방안을 묻자 진진은 다시 말하였다.

"대왕께서는 비밀리에 제나라와 동맹을 견고히 한 후에 겉으로만 절교한 것처럼 하고 장의가 진나라로 귀국할 때 사신을 같이 보내, 진정으로 우리에게 약속한 땅을 주는지 확인한 후에 제나라와 단교를 하는 것이 최상의 방책입니다."

초 회왕은 진진의 말을 귀담아 듣지 않고 오히려 진진을 나무라며 말하였다.

"과인이 결정한 대로 하는 것이 좋겠소. 그대는 이제 입을 닫고 내가 어떻게 하는지 지켜보시오."

그 후 회왕은 제나라에 사신을 보내 합종의 약속을 깨어버리고, 장의가 진나라로 귀국할 때 초나라 장수 한 명을 사신 자격으로 딸려보냈다. 회왕이 제나라에 단교의 뜻을 전하는 사신을 보내면서, 먼저 간 사신이 귀국하기도 전에 또 다른 사신을 보냈을 정도로 강한 단교의 의지를 보였다. 이는 제나라를 무시하는 처사이기도 하지만 땅을 가지겠다는 욕심을 감추지 못하였던 것이다.

진나라에 도착한 장의는 고의로 수레의 끈을 놓친 척하면서 굴러떨어졌다. 그러고는 부상을 핑계로 석 달 동안이나 조정에도 출석지 않고 두문불출(杜門不出)하였다. 그리고 몰래 제나라에 사신을 보내 진나라와 제나라가 연합하여 초나라를 공략하자고 하였다. 그렇지 않아도 초나라의 무례하고 신의 없는 처사에 분노해 있던 제나라에서는, 장의가 제안한 초나라 공략에 동의를 하였다. 초 회왕은 약속받은 땅을 받아야 하는데 정작 장의는 모습을 보이지 않으니 애간장이 탔다. 안타깝게도 회왕은 장의가 오해하고 있다고 생각하였다.

"장의는 우리 초나라가 제나라와 단교를 확실하게 하지 않았다고 생각하는 모양이다."

그러고는 송나라 군사들을 이용하여 제나라를 공격하기도 하고 다시 제나라에 사신을 보내 단교의 의지를 보여주려고도 하였다. 진나라와 제나라가 서로 친교를 맺고 초나라와 제나라가 단교를 한 것이 확인되자, 그때야 조정으로 나온 장의는 오랫동안 장의를 기다리고 있던 초나라 사신을 만나주었다. 그리고 초나라의 사신 앞에 지도를 펼쳐 놓고서 말하였다.

"신에게 봉읍이 육 리가 있는데 그것을 초나라 왕께 바치고자 합니다. 이곳에서 저곳까지가 육 리입니다."

초나라 사신은 깜짝 놀라면서 대답하였다.

"소신은 우리가 받을 땅이 육백 리라고 알고 있는데 육 리라고 하니 무슨 말씀인지요?"

장의는 사신의 말을 듣고는 정색하면서 말하였다.

"소신 장의는 보잘것없는 사람입니다. 저 같은 사람이 무슨 권한으로 육백 리에 달하는 땅을 줄 수 있다는 말입니까?"

초나라 사신은 더 이상 어떻게 해볼 방법이 없어 초나라로 돌아가 상황을 보고하였다. 초 회왕은 크게 화를 내면서 당장 진나라를 공격하고자 하였다. 이때에도 진진이 나서서 진나라 공격을 만류하였다.

"진나라를 벌하기 위해 군사들더러 공격하도록 하는 것은 상책이 아닙니다. 이것은 위험한 결정입니다. 오히려 진나라에 초나라의 땅을 일부 떼어주고 진나라와 동맹을 맺어 제나라를 공격하도록 하십시오. 이러면 진나라에 잃은 것을 제나라에게서 되찾는 것이니 초나라 입장에서는 손해 볼 것이 없습니다. 우리 초나라는 이미 제나라와 절교를 하였고 거기에다가 사기를 행한 진나라를 원망한다면 이는 진과 제나라의 친교를 더욱 공고히 하는 데 도움만 주는 것이며 당연히 우리 초나라에 크게 해가 되는 것입니다."

그러나 분노한 초 회왕은 진진의 말을 듣지 않고 기원전 312년 진나라와 전면전을 벌였다. 초나라 장수 굴개(屈匄)는 회왕의 명을 받고 진나라를 공격하였으나 진나라의 장군 저리자(樗里子)가 이끄는 진나라 대군에게 단양의 전투에서 대패하였다. 그 전쟁에서 초나라는 8만의 군사를 잃고 장군 굴개는 포로가 되었으며 장수 70여 명이 포로로 잡혀갔다. 그리고 진나라는 육백 리에 달하는 단양과 한중의 땅을 빼앗고는 그곳에 한중 군(漢中 郡)을 설치하였다.

초 회왕은 군사들을 더욱 많이 동원하여 다시 한 번 진나라를 공격하여 들어갔다. 그러나 남전(藍田) 전투에서 또다시 패하였다. 오히려 초나라가 고전하는 것을 보고 한나라와 위나라가 초나라의 등(鄧) 지역을 공격하였다. 협공을 당한 초나라는 더 이상 버틸 수가 없어 군대를 뒤로 물리고, 진나라에게 두 개의 성을 바치며 강화조약을 맺었다.

여기서 보면 당시 진나라와 초나라의 전쟁이 진나라의 일방적인 승리로 끝난 것처럼 보이나, 사실 이들 두 나라의 전쟁은 막상막하였다. 다만 위나라와 한나라가 진나라 편에 서서 지원한 것이 승패의 결정적 원인이었다. 남전만 하더라도 그것의 위치가 바로 진나라 관중의 지척(咫尺)에 있었다. 그것은 초가 진의 관중으로 쳐들어갈 수도 있는 전황(戰況)이었음을 보여주는 것이었다. 일단 진나라와 초나라의 전면전은 끝이 나고 양국은 강화 조약을 맺었다.

진나라는 초나라의 검중(黔中) 지역과 진나라 땅인 상과 어 지역을 서로 맞바꾸자고 제의하였다. 초나라 입장에서 이미 촉(促) 지역은 진나라에 빼앗겼고 검중 지역마저 진나라로 넘어가면 초나라 수도인 영(郢)을 방어하는 데 어려움이 많았다. 도저히 받아들일 수 없는 제안이었다. 그런데도 초 회왕은 땅을 교환하자는 진나라의 제안에 예상외의 답을 주었다.

"장의만 초나라로 보내주면 땅을 교환할 필요 없이 그냥 진나라에 바치겠습니다."

회왕의 답을 받은 진 혜왕은 고민에 빠졌다. 당장 장의를 보내주고 검중 땅을 받고 싶지만, 장의가 초나라에 가면 처형당할 것이 분명한데 그러한 상황에서 차마 장의에게 초나라로 가라고는 할 수가 없었다. 그때 장의가 효혜왕에게 스스로 초나라로 가겠다고 하면서 말하였다.

"소신이 진나라의 사신 자격으로 진나라의 부절(符節)을 가지고 초나라를 방문하는데, 감히 어떻게 소신을 죽이겠습니까? 만에 하나 소신이 죽는다 해도 검중 땅을 얻을 수만 있다면 죽음이 두렵지 않습니다. 그리고 덧붙여 초 회왕과 부인인 정수(鄭袖)가 총애하는 신하인 근상(靳尙)과 소신은 친한 사이입니다. 대왕께서는 걱정하지 마시기 바랍니다."

당시 초나라의 신하들은 친제(親齊)파와 친진(親秦)파로 나누어져 있었는데, 대표적인 친제파는 굴원과 진진이었고 친진파의 대표적인 신하는 근상이었다. 장의가 초나라에 도착하자 회왕은 장의를 옥(獄)에 가두어 죽이려고 하였다. 그러자 장의의 예상과 계획대로 친진파인 근상과 정수 부인이 장의를 구명하기 위해 발 벗고 나섰다. 먼저 근상이 정수 부인을 찾아가서 말하였다.

"진나라 왕이 장의를 매우 총애하고 있으니 장의를 구하기 위해서 온갖 노력을 다할 것입니다. 상용의 여섯 성을 우리 대왕께 바치고 또한 진나라의 미인과 가무에 능한 궁녀들을 함께 대왕께 바칠 것입니다. 그러면 대왕께서는 진나라 여자들만 총애할 것이고 그러면 부인께서는 대왕으로부터 관심을 받지 못할 것입니다. 방법은 오직 하나 그런 일이 발생하기 전에 장의를 풀어주는 것입니다."

근상의 말을 들은 정수는 밤낮없이 회왕을 설득하고 다그쳤는데 정수가 회왕에게 하는 말의 주된 내용은 이러하였다. 장의를 죽이면 진나라 혜왕의 분노를 사고 그는 군대를 다시 일으켜 초나라를 침공할 것인데 그러면 자신은 아이들과 함께 남쪽으로 피신해야 한다는 것이었다. 회왕은 부인 정수의 말을 듣고는 장의를 풀어주었다. 사실 전쟁에서 패한 초나라 입장에서 사신의 자격으로 온 장의를 죽일 수는 없었을 것이다. 감옥에 가두어놓은 장의를 이러지도 못하고 저러지도 못하고 있는 상황에서, 정수의 끈질긴 설득은 회왕으로 하여금 석방이라는 선택을 할 수 있도록 구실(口實)을 준 것이었다. 풀려난 장의는 진나라로 돌아가려고 준비를 하고 있던 차, 경쟁자이자 동문인 소진이 제나라에서 자객에 의해 살해되었다는 소식을 접했다. 장의는 이 기회를 놓치지 않기 위해 묶어 놓은 짐 보따리를 다시 풀었다. 그리고 초 회왕을 설득하기 시작하였다. 소진의 합종을 쉽게 그리고 완전히 와해(瓦解)시킬 수 있는 절호의 기회라고 생각하였기 때문이었다. 소진은 이제 이 세상 사람이 아니었다. 초 회왕 앞에서 장의는 유세를 시작하였다.

"지금의 진나라 땅은 천하의 절반에 해당합니다. 영토의 사방이 산과 강으로 둘러싸여 있어 하나의 견고한 요새(要塞)처럼 되어 있습니다. 그리고 진나라의 병력은 네 나라의 공격을 동시에 막아 낼 수 있을 정도로 막강한데, 호랑이처럼 날쌘 용사가 백만 명, 전차가 천 승, 말(馬) 만 필이 있습니다. 그리고 군량미는 산처럼 쌓여 있습니다.

또한 군령이 확실하여 군사들이 전투를 할 때 두려움이 없고 죽기를 각오합니다. 엄하고 현명한 군주와 용감하고 지혜로운 장수들이 있어 싸우지도 않고 험준한 상산(常山)을 휩쓸고 천하의 허리를 꺾어 버릴 수 있으니 늦게 복종할수록 먼저 멸망할 것입니다. 그런데도 합종을 하고자 하는 군주들이 진나라를 적대시하고 있습니다. 그것은 바로 양떼를 몰아서 호랑이를 공격하는 것과 다르지 않습니다. 호랑이와 양이 맞설 수 없다는 것은 누구나 알고 있는 일입니다. 지금 대왕께서는 사나운 호랑이와는 적이 되고, 약한 양과 같은 편이 되고자 하니 이것은 아주 잘못된 판단이라 생각합니다."

초 회왕 앞에서 펼쳐진 장의의 유세는 계속되었다.

"진나라의 서쪽에 위치한 파촉의 강을 통한 공격은 열흘 만에 초나라 수도 영(郢)을 함락할 수 있으며, 진나라와 초나라가 전면전을 벌인 저번 전쟁 때 초나라가 곤경에 처하자 위나라와 한나라가 합종의 맹약을 나눈 나라임에도 불구하고 초나라를 공격해 오지 않았습니까. 이렇듯 합종이란 의미가 없는 것입니다. 이제 진나라가 한나라와 위나라를 공격할 때 초나라는 송(宋)나라를 침공하십시오, 그러면 몇 달 내로 송나라를 정복할 수 있을 것입니다. 그리고 난 후 대왕께서 동쪽으로 진군해 들어가시면 사수(泗水) 위쪽의 열두 개의 제후국들이 대왕께 무릎을 꿇을 것입니다."

초 회왕은 장의의 유세를 듣고는 감복하면서 다음과 같이 말하였다.

"초나라는 편벽(偏僻)한 곳에 위치한 누추(陋醜)한 나라이며 동해에 의탁하여 살고 있습니다. 군주인 과인의 나이가 어려 한 나라의 장구한 계획을 수립하기에는 경험도 부족하고 또한 배우지를 못하였습니다. 다행히도 상객께서 오시어 현명한 방법을 가르쳐주시니 과인은 삼가 받들어 따르겠습니다."

— 이 회왕의 말은 기록에 있는 것이나 의문점이 많다. 즉 당시 회왕의 나이가 많음에도 불구하고 스스로 어리다고 말한 것으로 되어 있으며, 천하의 남쪽에 위치해 있음에도 외진 곳, 즉 편벽한 곳이라 하였고, 동해와는 아무런 상관이 없음에도 동해에 의탁한다고 한

사실이다. 같은 내용이 장의가 제나라에서 유세를 할 때도 나오는데, 모든 내용을 감안해볼 때, 아마도 초 회왕이 말한 것으로 기록된 말은 잘못 기록된 듯하다. —

이제 초 회왕이 진나라와 친교를 맺으려고 하자, 친제파인 굴원(屈原)이 반대를 하였다. 굴원은 '장의에게 한번 속았는데 또 속으려고 하십니까?' 하였다. 하지만 장의의 말에 감복한 회왕은 이미 장의와 약속한 사항이니 더 이상 거론하지 말라 하면서 진나라와 동맹을 맺었다.

말 몇 마디로 초나라를 굴복시킨 장의는 나머지 한(韓), 제(齊), 조(趙), 연(燕)나라를 설득하기 위해 출발하였다. 한나라에 도착한 장의는 한나라 왕 앞에서 유세하였다. 먼저 한나라의 궁핍한 경제 상태와 척박한 지형 그리고 형편없는 군사력을 지적하면서 진나라의 강력한 힘을 얘기하였다.

"한나라의 영토는 대부분 산으로 되어 있어 백성들이 주로 산악지대에서 생활하며 오곡(五穀) 중 콩과 보리만으로 연명하고 있습니다. 흉년이 들면 백성들은 조강(糟糠)마저도 배불리 먹지 못하는 실정이며 땅이 사방 9백리가 되지 못하니 두 해 먹을 식량도 나오지 않습니다. 또한 한나라의 군사는 잡무를 맡은 병사들까지 합하여 30만 명이 채 되지 못하고, 국경의 망루와 요새를 지키는 군사들을 제외하면 20만 명도 되지 않습니다.

그런 반면에 진나라 군대의 위력은 엄청납니다. 갑옷을 입은 병사가 백만 명이 넘고 전차는 천승(千乘)이며 말이 만 필(匹)이나 됩니다. 호랑이같이 용맹한 수많은 군사들은 투구도 쓰지 않고 뺨이 뚫려도

극(戟)을 휘두르며 공격을 계속합니다. 그리고 진나라의 군마는 앞발을 들고 뒷발로 한번 차고 나가면 한 걸음의 길이가 세 길이 넘는 놈들이 수두룩합니다. 산동의 군사들은 전투를 할 때 갑옷과 투구를 쓰고 하지만 진나라의 군사들은 맨몸으로 적을 공격하여 왼손으로 적군의 수급(首級)을 취하고 오른손으로 포로를 잡습니다. 그리고 산동의 군사들에 비해 진나라의 군사들은 맹분(猛奮)이나 오획(烏獲)처럼 힘이 장사이니 그들이 약한 나라를 정벌하는 것은 천근의 무게를 새알 위에 올려놓는 것과 같습니다.

천하 열국(列國) 중에서 진나라와 국경을 접하고 있으며 군사력이 약한 한나라의 경우 계속 합종을 하게 되면 나라가 망할 수도 있습니다. 진나라를 섬기며 연횡을 하는 것이 사직(社稷)을 보존하는 유일한 길입니다."

장의는 진나라를 섬기지 않으면 진나라가 한나라의 영토를 어떤 경로로 침공할 것인지에 대해서도 말하면서 한나라 왕을 압박하였다. "대왕께서 진나라를 섬기지 않으면 진나라의 군사들은 의양(宜陽)에 머물면서 상지(上地)로 가는 길을 막을 것입니다. 동쪽의 성고(成皐)와 의양을 빼앗으면 상림원(上林苑)과 홍명궁(鴻名宮)은 한나라의 것이 아닙니다. 즉 성고와 상지를 빼앗아버리면 한나라의 영토는 둘로 나누어집니다. 누구보다도 먼저 진나라를 섬기면 더욱 편해질 것이며 그렇지 않으면 위태로워질 것입니다. 저의 군주이신 진나라 왕께서 저를 사신으로 명하여 대왕께 서신을 전하라 하시면서 대왕의 결정에 따라 그다음의 일을 마무리하라고 하셨습니다."

그리고 장의는 한나라더러 초나라를 공격하라고 부추기며 한나라

왕을 설득하였다.

장의의 말을 경청한 한나라 왕이 대답하였다.

"귀한 손님이 오셔서 주신 가르침에 감사드리며, 진나라의 군현이 되고자 합니다. 제궁을 지어 춘추에 제사를 올리고 스스로를 동번(東藩)이라 칭하며 의양 땅을 바치겠습니다."

장의는 조(趙)나라로 향하였다. 소진의 합종이 처음 시작된 나라가 바로 조나라였다. 조나라에서 장의가 한 유세의 중점 내용은 진나라를 섬기지 않으면 이미 합종을 하지 않기로 한 나라들과 힘을 합쳐 조나라를 공격하겠다는 것이었다. 장의는 조 무령왕 앞에서 유세를 하였다.

"대왕께서 과거에 대군을 이끌고 진나라를 격파하였는데 그 이후 15년 동안 진나라 군대는 감히 함곡관 밖으로 나오지를 못하였습니다. 조나라의 위세가 천하를 떨게 하니 진나라 군대는 겁에 질려서 바짝 엎드려 갑옷을 수선(修繕)하고, 무기의 날을 세우며, 말을 돌보고, 전차를 정비하면서 조용히 지냈습니다. 그리고 군사 훈련를 하고, 농사를 지으며, 군량미의 비축에만 신경 쓰고, 국경만 지켰을 뿐 다른 어떠한 것도 도모(圖謀)할 생각을 하지 못하였습니다. 이는 바로 대왕께서 크게 벌을 주셨고 항상 감시를 하셨기 때문입니다. 작금(昨今)의 진나라는 대왕 덕분에 서쪽으로는 파촉(巴蜀)과 한중(漢中)을 합병하였고, 동쪽으로는 동주와 서주를 진나라의 영토로 거두고 그곳의 구정(九鼎)을 진나라로 옮겼습니다. 그리고 황하의 나루터인 백마진(白馬津)을 잘 지키고 있습니다. 진나라가 비록 멀고 외진 곳에 있지만 원망과 분노를 삼키며 살아온 지가 오래되었습니다. 저의 군주께서는 비록 보잘것없는 병기를 가지고 있는 군대이나 현재 민지(澠池)에 주둔을 시켜놓았습니다. 그중 일군은 이미 성고에 진을 치고 있습니다. 그리고 주 무왕께서 은나라 주왕에게 한 것처럼 천하를 바로 세우고자 하십니다. 이에 갑자일(甲子日)에 한단성 아래에서 양국의 일전을 기대하고 계십니다. 그리고 이와 관련하여 대왕의 의견을 듣고 싶어 하십니다."

장의의 말은 선전포고(宣戰布告)이며 협박이었다. 그리고 그는 진나라 왕을 주 무왕에, 조나라 왕을 은나라 폭군 주왕에게 비교하였다. 결국은 과거의 전쟁에서 패한 것에 대해 복수를 하겠다는 것이며, 전쟁이 겁나면 항복하고 진나라를 섬기라는 말이었다.

무령왕은 기가 차고 황당하였지만 어찌할 방도가 없었다. 그야말로 속수무책(束手無策)이었다. 장의의 유세는 소진의 합종을 폄훼(貶毀)하면서 계속되었다.

"조나라가 합종의 길을 선택한 것은 소진의 계책을 믿었기 때문이겠지요. 소진은 화려한 말로 제후들을 현혹해 제후들이 무엇이 옳은지 그른지 판단을 하지 못하게 하였습니다. 최근에는 제나라를 어려운 상황으로 몰고 가려다가 실패하고, 암살당한 후 거열형(車裂刑)에 처해졌습니다. 이처럼 각각 다른 나라를 하나로 묶는 합종은 불가한 것입니다. 지금의 천하는, 진나라와 초나라가 형제의 나라가 되었으며 한나라와 위나라는 스스로 동번(東藩)이라고 하면서 진나라를 섬기고 있습니다. 그리고 제나라는 어염(魚鹽)이 나는 땅을 바쳤습니다. 이제 조나라는 힘을 같이하자고 맹약한 주변의 무리를 잃고 혼자 남은 처지가 되었으니 그 위태함이 아주 크다고 할 수 있습니다.

지금 진나라 군대 중 일군은 오도를 막고 성고에 주둔하고 있으며, 제나라 군대를 출정시켜 한단의 동쪽에 주둔하라고 명하였고, 한나라와 위나라의 군대는 하외에 머물러 있으라고 명하였습니다.

네 나라가 조나라를 같이 공격한 후 조나라 땅을 네 등분 하자고 약속하였습니다. 상황이 이러하니 대왕께서는 소신의 생각을 귀담아들어주시기를 바랍니다. 소신은 조나라를 공격할 군대의 출정을 멈추도록 저의 군주께 요청드릴 터이니 대왕께서는 진나라와 함께하겠다는 의지를 보이시길 바랍니다."

조 무령왕은 주변의 모든 나라가 진나라에 무릎을 꿇은 상황에서 더 이상 버틸 수가 없었다. 그리고 진나라의 공격을 감당해낼 자신도 없었다. 조 무령왕은 장의에게 말하였다.

"선왕 시절에는 봉양군이 권력을 독점하고 횡포를 부리며 조정의 일들을 마음대로 결정하였습니다. 당시 과인은 궁 안에서 스승과 함께 학문에 전념하였기에 당시의 국사에는 관여할 수가 없었습니다. 선왕께서 운명하시고 난 후, 제사를 모신 지가 오래되지 않았습니다. 즉 과인이 정사를 돌본 지가 얼마 되지 않았는데 평소에도 진나라를 섬기지 않는 것이 과연 조나라에 득이 되는 것인가? 하고 의구심을 가졌습니다. 그런데 장의 선생의 말을 듣고 난 후 마음을 정하였습니다. 땅을 떼어 진나라에 바치고 앞으로 진나라를 섬기고자 합니다."

조나라 왕은 수레 300대를 이끌고 민지의 회합에 참석하여 진나라에 입조하고, 하간(河間) 땅을 바쳤다.

조 무령왕을 설득시킨 장의는 말머리를 연(燕)나라로 돌렸다. 연나라에 도착한 장의는 연나라 왕을 배알하고 연횡을 위한 유세를 하였다.

"대왕께서 친하다고 생각하는 나라로서 조나라만 한 나라가 없을 것입니다. 그러나 과거 조나라 왕은 그의 누이동생을 대(代)나라 왕과 결혼시킨 후 대나라를 병합하려고 계책을 꾸몄습니다. 조나라 왕은 험난한 요새인 구주에서 대나라 왕과 함께 회의를 하자고 하였습니다. 그리고는 사람을 내리쳐 죽일 수 있을 만큼 자루가 긴 금두(金斗), 즉 국자를 만들라고 기술자에게 지시하였습니다. 주연(酒宴)이 시작되었을 때 조나라 왕은 몰래 요리사에게 명하였습니다.

'모두가 술에 취했을 때 뜨거운 국물을 주는 척하고 금두로 대나라 왕을 죽여라.'

요리사는 국자로 국물을 나누어주는 척하다가 대나라 왕의 머리를 내려쳤는데 대나라 왕은 머리의 골수(骨髓)가 땅에 흘러내릴 정도로 충격을 받고 그 자리에서 죽었습니다. 소식을 들은 조나라 왕의 누이동생이자 대나라 왕의 부인은 뾰족한 비녀로 자신의 급소를 찔러 자결하였습니다.

그런 연유로 지금도 그곳에는 마계산(摩笄山)이 있습니다. 이러한 사실을 모르는 사람이 천하에 없습니다. 이처럼 조나라 왕은 포악하여 형제, 친척 간에도 능히 악한 짓을 할 수 있는 사람이란 것을 대왕께서도 익히 알고 계시리라 생각합니다. 그런데도 포악한 조나라 왕과 친하게 지낼 수 있다고 생각하십니까? 조나라는 예전에 연나라를 공격하여 두 번이나 도성을 포위하여 대왕을 위협하였습니다. 그때 대왕께선 할 수 없이 10개의 성을 내어주고도 용서를 구하였습니다.

지금 조나라는 민지의 회합에 참석하여 진나라 왕에게 입조하고 하간 땅을 바치고 진나라를 섬기겠다고 약조하였습니다.

대왕께서 만약에 진나라를 섬기지 않으신다면 진나라는 군사들을 출정시켜 운중(雲中)과 구원(九原)을 공략토록 할 것입니다. 그리고 조나라 군사를 풀어 연나라를 공격하도록 하면 역수(易水)와 장성(長城)은 대왕의 땅이 아닐 것입니다.

현재의 조나라는 진나라의 군현(郡縣)과 같아서 임의로 다른 나라를 공격할 수 없습니다. 이런 상황에서 대왕께서 진나라를 섬기겠다고 하신다면 진나라는 기뻐할 것이며, 조나라도 망동(妄動)을 부리지 못할 것입니다. 또한 서쪽의 강대국인 진나라의 도움이 있기 때문에 남쪽의 제나라와 초나라에 대한 걱정도 없어집니다. 여러 가지 상황을 고려하여 대왕께서는 깊이 생각해보시기 바랍니다."

장의의 유세가 끝나자 연왕이 대답하였다.

"과인이 벽루(僻壘)한 만이(蠻夷)의 땅에 살아와서, 비록 대범한 남자로 태어났지만 하는 짓이 어린아이 같고 말을 함에도 정도를 구하지 못하고 계획을 하여도 제대로 결단하지 못하는 바 지금 다행히 상객께서 와서 가르쳐 주시니 사직을 받들어 서쪽의 진나라를 섬기겠습니다. 더불어 상산(常山) 외곽의 5개 성을 바치겠습니다."

연나라 왕을 설득하는 데 성공한 장의는 힘차게 제(齊)나라를 향해 출발하였다. 합종의 맹약은 이제 제나라가 어떤 태도를 취할 것인가에 따라 와해의 여부가 달려 있었다.

제나라에 도착한 장의는 제 민왕(湣王)을 배알하고 그 자리에서 유세를 하였다.

"천하에서 최고로 강한 나라는 제나라입니다. 대신과 부형들이 많이 있고 경제적인 측면에서도 제나라를 따라갈 나라가 없습니다. 많은 책사들이 대왕을 위해 계책을 말해왔겠지만 이것 모두가 일시의 유리함을 위한 것이지, 만세의 이익을 말한 자는 없을 것입니다. 합종을 추종하는 많은 사람들이 대왕 앞에서 분명히 이렇게 말하였을 겁니다.

제나라의 지형을 살펴보면 서쪽에는 강한 조나라가 있고, 남쪽으로는 한나라와 위나라가 있으며, 동쪽으로는 동해 바다가 있어 감히 누구도 넘볼 수 없는 형세이다. 그리고 영토는 넓고 인구도 많으며 강한 군대와 용감한 병사들이 있으니 진나라와 같은 적이 백 개나 있어도 제나라를 어찌할 수가 없을 것이다라고 하였을 겁니다. 대왕께서는 그들의 이야기를 잘 들어주시지만 내용의 지극한 실체는 살피지 못하셨습니다. 무릇 합종을 주장하는 사람들이 붕당(朋黨)을 이루어 한 무리가 되면 합종으로 못할 것이 없을 것입니다.

소신이 기억하기로는 제나라와 노나라가 싸웠는데 노나라가 세 번 모두 이겼습니다. 근데 노나라는 위태해지고, 그 후에 나라가 망하고 말았습니다. 싸움에 이겼다는 명목은 얻었지만 나라는 망하고 말았는데 그 이유는 제나라는 크고 노나라는 작기 때문입니다. 지금 진나라에 대한 조나라의 입장은 마치 제나라에 대한 노나라의 입장과 같습니다. 진나라와 조나라가 벌인 하장(河漳) 전투에서 조나라는 두 번 모두 진나라를 이겼습니다. 또한 번오(番吾)에서 싸울 때도 조나라가 두 번 모두 이겼습니다. 그러나 그렇게 네 번을 싸운 뒤 전투에선 비록 조나라가 이겼지만 조나라는 마침내 수십만의 군사를 잃고 지금은 도읍지인 한단(邯鄲)만 겨우 남겨놓은 채 모두를 빼앗겨버렸습니다. 고작 진나라를 전투에서 이겼다는 명목만 있을 뿐 정작 나라는 분쇄(粉碎)되고 말았습니다.

이것은 무슨 이유겠습니까? 진나라는 강하고 조나라는 약했기 때문입니다. 지금 진나라와 초나라는 서로 인척 관계를 맺어 형제지국이 되었습니다. 그리고 한나라는 의양을 바쳤고 위나라는 하외를 바쳤으며 조나라는 민지에 가서 입조한 후 하간을 바치며 진나라를 섬기기로 하였습니다.

이러한 상황에서도 대왕께서 진을 섬기지 않으시겠다면 진나라는 한나라와 위나라를 이용하여 제나라 남쪽을 공격할 것입니다. 그리고 조나라로 하여금 하관(河關)을 건너 단관(搏關)으로 향하게 할 것이니, 그러면 임치(臨淄)와 즉묵(卽墨)은 대왕의 소유가 아닐 것입니다. 하루아침에 공격을 당한 후 그때서야 진나라를 섬기겠다고 한다면 이미 늦고 맙니다. 그러니 대왕께서는 깊이 헤아려 결정하시기 바랍니다."

제 민왕이 장의의 말을 듣고는 대답하였다.

"제나라는 외진 곳에 있고 또한 동해 바닷가에 한곳으로 치우쳐 있어서 지금까지 사직을 오랫동안 보전할 이로운 책략을 들어보지 못하였는데 지금 대객께서 다행히 이렇게 가르쳐주시니 사직을 다 받들어 진나라를 섬기겠습니다."

그리고 어염(魚鹽)의 산지 삼백 리를 진나라에 바쳤다.

이리하여 소진이 계획하고 완성한 합종은 완전히 와해되고 장의의 연횡이 천하를 정리하였다.

장의는 여섯 나라의 연횡에 성공한 뒤, 의기양양(意氣揚揚)하게 진나라로 귀국하였다. 장의가 함양에 도착하기 전에 장의를 등용해주고,

믿고 총애하였던 진 혜왕이 서거하고 그의 아들인 무왕이 즉위하였다. 장의에게는 큰 정치적 변화였다. 불행하게도 무왕은 태자 시절부터 장의를 좋아하지 않았는데 이러한 사실을 알고 있던 조정의 신료들이 무왕이 즉위하자 앞다투어 장의를 헐뜯기 시작하였다. 무왕과 장의의 사이가 좋지 않다는 소문은 진나라 내부에서만 아니라 국외까지 퍼졌다. 그러자 진나라와 연횡을 하기로 장의와 약속한 나라들이 연횡을 하지 않고 합종을 하였다. 장의에 대한 진나라 조정의 비난은 날이 갈수록 거세졌다. 장의는 겁이 났으며 살아남기 위해서는 진나라를 빠져나가야만 하였다.

장의는 진 무왕에게 말하였다.

"제나라 왕이 소신을 매우 미워하고 있다고 합니다. 소신이 진나라에 계속 머물러 있으면 제나라가 공격해 들어올 것입니다.

저를 위나라로 보내주시면 제나라가 위나라를 공격할 것입니다. 그때를 놓치지 말고 대왕께서는 한나라를 정벌한 후 계속 진군하여 주나라를 공격하십시오. 그러면 대항할 힘이 없는 주나라는 두려움에 천자의 제기(祭器)를 내어줄 것입니다. 대왕께서는 천자를 끼고 천하의 지도와 장부 그리고 호적을 점검하여 제후들을 지휘할 수 있으니 이것이 바로 천자의 길입니다."

진 무왕이 장의의 말을 듣고 보니 일리가 있는 말이라 병거 30승과 함께 장의를 위나라로 보냈다. 그러자 정말 제나라 군대가 위나라로 공격해 들어왔다. 졸지(猝地)에 전쟁을 치르게 된 위 애왕은 두려워하면서 장의에게 해결 방법을 물었다.

장의는 전쟁을 그만두게 할 계책이 있다고 하면서 애왕을 안심시켰다. 장의는 부하인 풍희를 초나라 사신으로 꾸며 제나라에 보냈다. 그리고 장의가 진나라를 떠나올 때 진 무왕에게 말한 계책을 그대로 제나라 왕에게 전달하도록 하였다. 풍희를 통해 장의의 계책을 전해들은 제나라 왕은 제나라가 위나라를 공격하는 것은 진 무왕에게 천자의 자리를 주는 것이라 판단하고 위나라 공격을 멈추었다. 장의는 그 후 위나라에서 일 년 정도 머물다가 사망하였다.

소진과 장의가 전국칠웅을 주유(周遊)하면서 유세를 하는 열정적인 모습을 지금까지 보았다. 이렇게 불세출의 유세가인 소진과 장의는 천하를 재단(裁斷)하면서 한 시대를 풍미(風靡)하였다. 소진은 불행하게도 살해되었으나 장의는 부귀와 함께 천수를 다하였다.

소진과 장의처럼 종횡가의 유세가들은 형세 판단이 빠르고 달변(達辯)이며 임기응변이나 잔꾀에 능한 사람들인 반면 학문적 깊이와 대의에는 부족함이 많은 한마디로 도(道)와는 거리가 먼 사람들이었다.

사마천은 소진과 장의를 두고 이렇게 평가하였다.

이들 두 사람은 진정 위험한 사람들이다.

장의가 위나라에서 죽은 후에도, 진(秦)나라의 전체주의(全體主義)에 따른 국가 운영은 과거 상앙(商鞅)이 추진해놓은 그대로 시행되고 있었다. 장의가 연횡을 하기 위해 진(秦)나라를 떠난 후 저리자(樗里子)와 감무(甘茂), 그리고 장군 위염(魏冉)과 백기(白起)가 대내외적으로 진나라의 위세를 드높였다.

진(秦)나라의 저리자. 힘은 임비, 지혜는 저리자

저리자는 진(秦) 효혜왕(惠王)의 동생인데 효혜왕과는 어머니가 달랐다. 즉 이복동생이었다. 저리자의 어머니는 한(韓)나라 사람이었다. 저리자의 이름은 질(疾)이었으나 사람들은 주로 꾀주머니란 의미의 지낭(智囊)이라고 불렀다. 언변이 뛰어나고 지혜가 많은 사람이었기 때문이다.

효혜왕 8년에 저리자는 우경(右更)에 임명되어 장수가 되었다. 그리고 장의의 계책에 따라서 위나라의 곡옥(曲沃)을 공격하여 성을 탈취하고 성 안의 모든 위나라 백성들을 내쫓은 다음 진나라 영토에 편입했다. 효혜왕 25년에는 조나라를 침공하여 조나라 장수 장표(莊豹)를 생포하고 인(藺)나라를 정벌하였다. 다음 해엔 위장(魏章)을 도와 초나라를 공격하여 초나라 장수 굴개(屈丐)와 초나라 군사 팔만 명을 패퇴시키고 한중(漢中)을 취하였다. 진나라는 큰 공을 세운 저리자를 엄군(嚴君)으로 봉하였다.

진 효혜왕이 서거하고 그의 아들 무왕(武王)이 즉위하였다. 그 당시는 장의가 연횡을 성공하고 막 귀국한 시점이었는데 무왕은 큰 공을 세운 장의와 많은 전쟁에서 공을 세운 장수 위장을 무시하고 저리자와 감무(甘茂)를 좌·우 승상으로 봉하였다. 그러고는 감무에게 한나라를 공격하도록 하였는데 감무는 의양을 함락시켰다. 저리자는 전차 백 대를 이끌고 주나라로 들어갔는데 진나라의 강성함에 두려움을 느낀 주나라 왕은 군사들을 보내 저리자를 성의를 다하여 맞이하였다. 주나라 왕이 진나라에 너무나 꼼짝 못 하고 저자세로 일관하자 소문을 들은 초나라 왕이 주나라 왕의 처신이 지나치게 비굴하다고 비꼬며 나무랐다.

　진 무왕은 무척 힘이 세었는데 주나라 낙양에 들어가 구정(九鼎)을 들면서 맹열(孟說)과 힘을 겨루다가 정강이뼈가 부러져 고생하다가 그 후유증으로 사망하였다. 무왕이 죽자 저리자는 무왕의 이복동생을 왕으로 세웠는데 그가 바로 소왕(昭王)이다. 소왕의 어머니 선태후(宣太后)는 초나라 여자였는데 소왕 당시 선태후 일가의 권력은 대단하였다. 더불어 저리자의 정치적인 힘도 막강해져서 진나라 정치 전반을 주도하였다. 그 후 저리자는 소왕을 7년 동안 보필하면서 나랏일을 보다가 소왕 7년에 죽었다. 진 소왕은 위수(渭水)의 남쪽에 있는 궁궐인 장대 동쪽에 저리자를 장사 지내주었다.

　평소 저리자는 "100년 뒤에 천자의 궁궐이 나의 무덤 주변에 들어설 것이다."고 말하였는데, 과연 훗날 한(漢) 고조(高祖)가 황궁을 지었을 때 장락궁(長樂宮)이 저리자의 무덤 동쪽에, 미앙궁(未央宮)이 무덤의 서쪽에, 병기 창고가 무덤 바로 앞에 위치하였다.

　훗날 진나라 사람들은 지혜가 많았던 저리자를 비유하여 말하였다. "힘은 임비(任鄙)가 최고이며 지혜는 저리자가 최고이다."

진(秦)나라의 감무(甘茂). 식양(息壤)이 아직 저기 있습니다

　또한 사람의 승상인 감무(甘茂)는 저리자와 함께 진나라 국정을 주도하였는데 그는 하채(下蔡) 출신으로 사거(史擧)를 스승으로 모시고 여러 분야의 학문을 공부하였다. 그리고 저리자의 추천으로 진 혜왕을 보필하였다. 효혜왕은 감무를 보자마자 총애하였다. 감무는 장군이 된 후 촉(蜀)나라 군주인 휘(輝)와 재상 진장(陳壯)이 반란을 일으키자 출정하여 촉나라를 정벌하였다. 그리고 장의가 진나라를 떠난 후 좌승상이 되어 우승상 저리자와 함께 진나라를 이끌어갔다.

진 무왕이 재위 3년 때 감무에게 말하였다.

"과인이 삼천(三川)까지 수레를 타고 지나갈 수 있는 길을 얻을 수만 있다면, 그때 주 황실을 구경하고자 하오. 그러면 죽어도 여한이 없겠소."

감무가 대답하였다. "먼저 위나라를 찾아가서 한나라의 토벌을 위한 맹약을 한 후 한나라를 공략토록 하겠습니다. 상수(向壽) 장군도 같이 출정할 수 있도록 청합니다."

상수는 무왕 다음 왕인 소왕과 어린 시절을 같이 보낸 이로 소왕의 어머니인 선태후의 일가였다. 위나라에 도착한 감무는 상수를 불러 지시하였다.

"그대는 먼저 귀국하여 대왕께 보고하여라. 위나라와는 서로 맹약을 하였으나, 한나라를 공격하는 것은 고려하여 달라고 청하여라."

상수는 귀국하여 진 무왕께 그대로 보고하였다. 빈손으로 돌아오는 감무를 맞이하기 위해 무왕은 식양(息壤)까지 나가서 마중을 하였다. 그리고 감무에게 한나라를 공격하여서는 안 된다고 한 이유를 물었다. 감무가 대답하였다. "한나라의 의양(宜陽)은 말로만 현이지 사실은 군의 규모로 큰 고을인데 인근의 상당(上黨)과 남양(南陽)에 오랫동안 비축된 재물과 군량미가 엄청납니다. 따라서 우리 군사들이 함곡이나 오곡의 수많은 험준한 천 리 길을 행군하여 의양을 정벌하기가 쉽지는 않습니다. 그리고 그것보다 더 어려운 사항이 있습니다."

감무는 말을 계속하였다. "효자 증삼(曾參)이 비읍(費邑)에 살고 있을 때, 증삼과 이름이 같은 노나라 사람이 살인하였습니다. 한 사람이 증삼의 모친에게 뛰어와서 증삼이 사람을 죽였다고 말해주었습니다. 그때 베를 짜고 있던 증삼의 어머니는 미동도 하지 않았습니다. 두 번째 사람이 와서 증삼이 사람을 죽였다고 하였으나 역시 꿈쩍도 하지 않았습니다. 세 번째 사람이 뛰어 들어와서 말하기를 증삼이 사람을 죽였다고 하자 증삼의 모친은 베틀을 팽개쳐버리고 담을 넘어 도망갔다고 합니다. 증삼의 어진 성품과 그의 모친의 믿음이 있었지만 세 사람의 의심은 어머니의 믿음마저도 허물어버렸습니다. 지금 소신의 성품으로는 어진 증삼을 따라가지 못하고 대왕께서 소신을 믿어주심이 증삼의 모친만큼 되지 못한다고 생각합니다.

더군다나 소신을 의심하고 음해하는 사람이 세 사람만은 아닐 것이니 소신은 대왕께서 증삼의 모친처럼 베틀을 던져버리지 않으실까 걱정이 됩니다."

그리고 감무는 큰 공을 세우고도 의심을 받은 장의(張儀)와 악양(樂羊)의 예를 들면서 의양 공격이 힘들 때를 걱정하였다.

무왕은 감무를 의심하고 음해하는 말을 듣지 않을 것을 맹세하고 의양을 공격하도록 하였다. 그 후 감무는 한나라의 의양을 공격하였으나 다섯 달이 지나도록 함락시키지 못하였다. 그러자 역시 예상대로 진나라의 조정에서는 감무를 비방하는 목소리가 커지고, 저리자도 불만을 토하였다. 무왕은 조정 신료들의 불만이 심해지자 감무에게 지시하여 군대를 철수하라 하였으나, 감무는 "식양(息壤)이 아직 저기 있습니다."라고 식양에서 무왕이 한 맹세를 환기하면서 의양 공격의 의지를 굽히지 않았다. 식양에서 감무에게 약속한 것을 기억하고 있던 무왕은 감무를 믿고 군사를 더 일으켜 지원하였고 마침내 감무는 6만에 달하는 한나라 군사를 죽이고 의양을 탈취하였다.

그러나 한나라와의 관계를 염두에 둔 감무는 상수와 공손석의 반대에도 불구하고 무왕을 설득하여 정복한 의양을 한나라에 다시 돌려주었다. 그 후 진 무왕이 낙양에서 서거하고 이복동생이 왕위에 올랐다. 바로 소왕(昭王)이다. 소왕이 왕위에 오르자 결국에는 의양을 돌려준 것이 화근이 되어 진나라 조정에서는 감무를 비방(誹謗)하고 탄핵(彈劾)하기 시작하였다.

목숨이 위험하다고 생각한 감무는 몸을 피해 제나라로 도망갔다.

제나라로 도망가던 감무는 제나라 사신 자격으로 진나라를 방문하려는 소대(蘇代)를 만났다. 소대는 소진의 동생으로 소진이 죽은 후에도 각 나라를 다니며 유세가의 역할을 하고 있었다. 소대를 만난 감무가 말하였다.

"저는 진나라에서 죄를 지어 처벌될까 두려워 도망쳐 나왔습니다만 의지할 곳이 없습니다."

그리고 진나라 소왕을 만나면 자신을 다시 중용할 수 있도록 말하여 달라고 부탁하였다. 그리고 다시 말하였다.

"제가 들은 얘기가 있습니다. 부유한 여자와 가난한 여자가 함께 베를 짜고 있는데 가난한 여자가 자신은 초를 살 돈이 없다고 하면서 부유한 여자의 촛불에 남은 불빛이 충분하니 자신에게 나누어 달라고 하였답니다. 그리고 촛불의 밝음에 해를 끼치지 않으면서 자신의 이익도 얻겠다고 하였답니다. 지금 저는 대단히 곤궁(困窮)합니다. 아내와 자식들이 모두 진나라에 남아 있습니다. 제발 소대 당신의 밝음으로 그들을 구해주시기 바랍니다." 감무는 간절히 부탁하였다.

소대의 노력과 부탁으로 진나라 소왕은 감무를 다시 불러 상경(上卿)으로 임명하였으나 오히려 감무가 이를 거부하고 진나라로 돌아가지 않았다. 소대는 감무가 진나라로 돌아가고 싶어하지 않는다는 것을 알고는 감무를 제나라 민왕에게 추천하였다. 제 민왕은 감무를 반기면서 그를 환대하였다. 감무는 제나라에서 상경의 벼슬을 받았다.

감무가 제나라 조정에서 벼슬을 하고 있다는 소식을 들은 진나라에서는 감무를 진나라로 돌려보내 주길 요청하였다. 상황이 이상하게 되어서 진나라와 제나라 양국이 서로 감무를 데리고 있겠다고 하였다. 그러한 와중(渦中)에 제나라에서 감무를 초나라에 사신으로 보냈다.

감무가 초나라에 사신으로 도착하자 초나라 회왕은 진나라의 요청에 따라, 감무를 진나라에 보내려고 하였다. 당시 진나라와 초나라는 혼인을 통한 동맹으로 밀월 관계를 지내고 있을 때였다. 하지만 범현이 나서 감무를 진나라에 보내는 것을 반대하였다. 감무같이 뛰어난 인재를 진나라에 보내는 것은 초나라에 절대적으로 불리한 일이라 주장하였다. 제나라뿐만 아니라 진나라에도 가지 못한 감무는 위나라로 가서 그곳에서 사망하였다.

감무가 사망하고 약 50년 세월이 지난 후, 신동이 한 명 태어났는데 바로 감무의 손자 감라(甘羅)이다. 감라는 진나라에서 태어났다.

진시황이 천하를 통일하기 위해 정복 전쟁을 할 때 진나라의 재상은 여불위(呂不韋)였다. 감라는 12세의 어린 나이에 여불위를 섬겼다. 당시 진나라가 연나라와 힘을 합쳐 조나라의 하간(河間)을 협공하기로 하였다. 사전 작업으로 연나라의 태자가 볼모로 진나라에 오고 진나라 대부인 장당을 연나라 재상으로 보내기로 하였다.

그러나 장당은 조나라와의 악연(惡緣)을 얘기하면서 연나라로 가길 거부하였다. 연나라로 가기 위해서는 조나라를 거쳐야 하기 때문이었다. 여불위는 기분이 좋지 않았으나 어쩔 수 없는 상황이라 고민만 하고 있었다.

그때 감라가 여불위를 찾아와서 자신이 장당을 설득하여 연나라로 가도록 하겠다고 하였다. 그러자 여불위는 그만두라고 하면서 자신이 얘기해도 말을 안 듣는데 어린 네가 무슨 재주로 그를 설득할 수 있냐고 하였다.

감라가 다시 청하였다. "향탁은 일곱 살 때 공자의 스승이 되었습니다. 어찌 저를 시험해보시지도 않고 안 된다고만 하십니까?" 이에 여불위는 웃으면서 한번 해보라고 승낙하였다.

감라가 장당을 만나서 물었다. "그대와 백기 장군 중 누가 더 공을 많이 세웠습니까?"

장당이 대답하였다. "백기 장군은 전쟁에 나가서 한 번도 패한 적이 없는 분인데 어찌 나를 그분에게 비유하는가?"

감라는 또 물었다

"소왕 때의 재상 응후와 지금의 문신후(여불위)와 두 사람 중 누구의 권력이 크다고 생각하십니까?"

장당은 "응후의 힘은 문신후에 미치지 못하지."라고 하였다.

그러자 감라가 말하였다. "공이 많았던 백기(白起) 장군도 지금의 문신후보다 권세가 약했던 응후가 조나라를 공격하라고 했을 때 명을 받들지 않고 함양을 떠났다가 십 리도 못 가서 자결할 것을 명받았습니다. 이제 문신후가 그대를 보고 연나라 재상이 되라고 하였는데 명을 받들지 않으니, 과연 그대의 목숨은 어디쯤에서 떨어질지 모르겠습니다."

장당은 감라의 말을 듣고 당장 준비하여 연나라로 떠나겠다고 하였다. 그 후 감라는 여불위에게 자신을 조나라 사신으로 보내주기를 청하였고, 여불위의 말을 들은 진시황은 감라를 사신으로 조나라로 보냈다.

조나라 양왕은 성문 밖까지 감라를 마중하기 위해 나왔다. 감라가 조 양왕에게 말하였다.

"지금 연나라의 태자가 진나라로 들어오고 진나라의 대부가 연나라의 재상이 되기 위해 연나라로 들어갑니다. 이유를 잘 아시겠지요."

조 양왕이 안다고 얘기하자 감라는 다시 말하였다.

"그것은 진나라와 연나라가 연합하여 조나라를 공격하여 하간 땅을 취하자는 것입니다. 이런 상황을 아시면서 대왕께서는 가만히 계십니까? 먼저 하간을 떼어서 진나라에 선물하면 연나라도 걱정할 필요가 없고 전쟁도 할 이유도 없어지니 모든 것이 해결됩니다."

조 양왕은 감라의 말에 감탄하면서 감라의 말에 따르겠다고 하였다. 진나라는 전쟁도 하지 않고 하간을 취하였고 연나라 태자는 진나라에 볼모로 가지 않아도 되고 장당 역시 연나라로 갈 필요가 없어졌다. 오히려 상황이 바뀌어 조나라가 연나라를 공격하여 연나라의 30개 성을 빼앗은 후, 그중 11개의 성을 진나라에 선물하였다.

이 모든 것이 감무의 손자인 천재소년 감라의 공이었다. 감라는 후일 할아버지 감무가 가졌던 봉토와 상경의 벼슬 등 모두를 되찾았다.

진(秦)나라의 위염(魏冉), 왕보다 더 많은 권력과 재물을 가지다

한때 진(秦)나라에는 위세(威勢)가 하늘을 찌를 듯 높은 사람이 있었으니, 진 소왕(昭王) 때의 양후 위염(魏冄)이다. 위염은 진 소왕의 모친인 선태후의 동생인데 그 둘의 아버지가 서로 달랐다.

선태후는 초나라 사람으로 진나라에 시집왔는데 당시 선태후를 중심으로 초나라 출신의 외척 세력이 진나라 조정을 휘어잡을 정도로 크게 형성되어 있었다. 선태후는 후궁으로 있을 당시 미팔자(羋八子)로 불리었다. 후궁의 위계에도 그 순서가 있었으니, 즉 후궁의 작록(爵祿) 순서는 이러하였다. 왕후(王后), 부인(夫人), 미인(美人), 양인(良人), 팔자(八子), 칠자(七子), 장사(長使), 소사(少使)였다. 선태후의 후궁 시절 위계는 팔자였으니 높지도 낮지도 않은 중간이었다.

외척 세력 중에서도 진나라 조정에 강력한 영향력을 발휘한 사람은 위염이었다. 당시 진나라에는 사람들이 삼귀(三貴)라고 부르는 세 명이 있었는데 그들은 선태후, 위염과 미융(羋戎)이었다. 미융 역시 선태후의 동생으로 위염과는 달리 선태후와 아버지가 같았다.

그는 젊은 시절 초나라에서 죄를 지어 동주에 도망가 있다가 선태후가 진나라에서 권력을 잡자 진나라로 들어와 화양군에 봉해지고 승상의 자리에까지 올랐다. 또한 사귀(四貴)라고 불리는 이들이 있었는데 위염, 미융과 함께 선태후의 아들이자 소왕의 동생인 영리(令悝)와 영불(嬴巿)이었다. 이들 네 명은 당시 소왕 시절 진나라 정계와 군대를 장악하여 왕실보다 더 부유한 생활을 하고, 무소불위(無所不爲)의 권력을 휘둘렀다. 진 소왕도 그들을 함부로 대하지 못하였는데 뒤에는 선태후가 있었기 때문이다. 그 중 특히 위염은 권력의 선두에 서서 외척들의 세력을 끌고 나갔다.

진 소왕은 진시황의 증조부가 된다. 당시 천하의 패권은 진(秦)나라와 제(齊)나라가 양분하고 있어서 진나라 소왕을 서제(西帝), 제나라 민왕을 동제(東帝)라고 하였다.

위염은 소왕 때 일어난 계군(季君)의 난을 평정하면서 권력의 정상에 가까워졌다. 계군의 난이란 효혜왕의 뒤를 이어 왕위에 오른 무왕이 서거하자, 선태후의 아들인 직(稷)과 무왕의 어머니 혜문후가 추천한 공자 장(壯)이 왕위를 놓고 싸우는 과정에서 일어난 사건으로 세력 다툼에서 패배한 공자 장이 일으킨 반란을 말하는 것이다. 공자 장은 계군이라고도 불리었다. 당시 당사자 중 한 명인 공자 직은 연나라에 인질로 가 있어 왕위 쟁탈전에서 불리한 상황이었다. 선태후와 미융은 형세의 불리함을 알고 낙담하였으나 위염은 쉽게 포기하지 않고 계책을 세웠다. 위염은 당시 조정의 실력자이며 지혜가 많은 승상 저리자를 설득했다. 지낭(智囊), 즉 지혜 주머니라고 불린 저리자는 충분히 전세를 역전시킬 수 있는 실력자이었다. 위염은 사신을 연나라에 보내 공자 직을 귀국 조치하도록 한 후 바로 저리자를 찾아갔다. 위염이 파악한 바로는 저리자는 혜문후와 관계가 썩 좋지 않았으며 그로 인해 공자 장, 즉 계군을 옹호하지 않을 것이었다. 저리자를 만난 위염은 애둘러 얘기하지 않고 직설적으로 말하였다.

　"승상께서는 선왕 효공의 아드님이자 또한 선왕이신 효혜왕의 동생이 되십니다. 왕위를 직접 이어받으신다 해도 그 누구도 반대 의견을 제기하지 못할 것입니다. 승상께서 후계자임을 천하에 선포하고 진나라 도성으로 들어온다면 우리는 모두 승상을 위해 길을 비켜 드릴 것입니다."

　저리자가 빙긋이 웃으면서 대답하였다. 저리자는 이미 위염이 왜 찾아왔으며 그리고 지금 그가 하는 말의 뜻을 잘 알고 있었다.

　"만일 당신이 하는 말대로 한다면 나는 왕위를 찬탈하는 것이 되오. 그런 말은 함부로 하는 것이 아니오."

　위염은 저리자의 말을 듣고 정중하게 대답하였다.

"다음 왕위를 이어갈 사람을 정하는 것이 하늘의 뜻이라면 모든 공자가 서로 싸우다 죽고 마지막까지 살아남는 공자가 결정될 때까지 기다려야겠지요. 그러나 과거 천하를 제패한 제나라 환공이 서거한 뒤 수 명의 공자가 난립하였기 때문에 제나라는 패자의 자리를 내놓고 국력이 쇠잔(衰殘)하며 백성들은 고통에 시달려야 했습니다. 우리 진나라도 과거의 제나라와 상황이 다르지 않습니다. 승상께서 현재의 어려운 상황을 타개하지 않으시면 진나라는 어렵게 얻은 의양뿐만 아니라 하서 땅도 내어주어야 할 것입니다. 빠른 시일 내 타당한 결정을 내려주셔야 할 것입니다."

위염은 말을 계속하면서 단 한 번도 공자 직에 대해서는 말하지 않았다. 위염의 말을 들은 저리자는 위염이 상당히 현명한 사람이라는 것을 알았고 마음이 움직였다. 저리자는 심사숙고(深思熟考)한 후 위염을 바라보면서 대답하였다.

"당신의 말에 동감하오. 병력을 주겠으니 지금의 혼란을 진정시켜주기 바라오. 전쟁 종결의 명에 따르지 않는 그 누구도 용서하지 말고 처벌하시오."

위염은 군사를 몰고 도성으로 진격하였다. 그때가 10월이었으니 진나라의 경우 새해 정월이었다. 진나라는 10월이 첫 달이었다. 위염의 군사를 본 혜문후와 공자 장은 길게 싸워보지도 못하고 피신하였다. 그해 봄에 도성을 함락한 위염이 공자 직을 왕위에 올리니 그가 바로 소양왕, 즉 소왕이다. 그리고 소양왕의 어머니 미팔자는 선태후가 되었다. 위염의 권세는 그때부터 승승장구(乘勝長驅)하며 진나라를 휘어잡았다.

당시 소왕의 나이가 어려서 선태후가 섭정하였고 저리자와 위염이 국정을 주도하였다. 세월이 지나 소양왕 7년, 기원전 300년에 저리자가 죽은 후 위염이 승상의 자리를 이어받았다. 승상이 된 위염은 장군 백기와 함께 이궐(伊闕) 전투에서 한나라와 위나라의 연합군 24만 명을 몰살(沒殺)하고 60개의 성을 탈취하였다. 이 전쟁의 승리로 위염은 양후(穰侯)에 봉해졌다.

그 후 수많은 전쟁을 치른 위염은, 소왕 32년에 진나라 최고의 벼슬인 상국(相國)의 자리에 올랐다. 위염의 욕심은 대단히 커서 초나라를 공격하여 영초 지역을 탈취한 후 자신의 심복인 백기(白起)더러 그곳을 다스리게 하였다. 결국 영초 지역은 위염의 영지나 다름없었다.

상국의 자리에 오른 후에도 위염은 수차례 위나라, 한나라, 조나라, 즉 삼진(三晉)과 제나라를 공격하여 땅을 빼앗은 후 그 땅을 자신의 봉토로 삼았다. 위염의 재산과 권력은 군주인 소왕 못지않게 대단해져 갔다. 위염은 자신의 막강한 힘을 과시하며 제후들을 자기 아랫사람처럼 다루었다. 위염의 이러한 횡포와 욕심을 보다 못한 위나라 사람인 범저(范雎)가 진 소왕을 만나서 위염과 선태후 그리고 선태후의 아들인 영리와 영불 등 초나라 출신 외척들의 정권 농단과 권력 남용 그리고 호화스러운 생활 등등을 고하였다.

당시 범저는 위나라 권력자인 중재부 수고(須賈)의 위협으로부터 도망쳐 진나라로 숨어들어온 상황이었다. 도망자 신분이라 이름도 장록(張祿)으로 바꾸었다. 범저의 말을 들은 소왕은 위염을 파직(罷職)하고 외척들 전부를 함곡관 밖 자신들의 봉지로 쫓아냈다. 위염이 함곡관 밖으로 나갈 때 그의 이삿짐은 수천 대의 수레가 움직여야 할 정도로 엄청났다. 욕심이 지나쳐 말로가 좋지 않았던 위염이었지만 그가 일으킨 전쟁과 정복으로 진나라는 제나라를 제치고 천하

맹주의 자리에 오를 수 있었다. 그리고 이는 천하통일의 기반이 되었다. 함곡관을 나간 위염은 더 이상 권력의 중심으로 들어오지 못하고 자신의 봉지에서 죽었다.

진(秦)나라의 백기(白起). 자신의 능력을 과신하다가 죽음을 맞이하다.

위염이 전쟁에서 연전연승할 수 있었던 것은 당대 최고의 장수인 백기(白起)가 있었기 때문이다. 무안군(武安君) 백기는 지금의 섬서성에 있는 미(郿) 출신이다. 그는 진 소왕 13년에 한나라 신성(新城)을 공격한 것을 필두로 이궐 전투에서 한나라와 위나라 24만 대군을 격파하고 육십 개의 성을 함락하였으며, 황하를 건너 한나라의 안읍(安邑)에서 건하(乾河)에 이르는 땅을 정복하였다. 그 후 위나라를 공격하여 61개에 달하는 성을 함락하였으며, 그리고 조나라를 공격하여 광랑성을 함락하였고, 초나라를 공격하여 5개의 성을 함락 후 초나라 수도인 영(郢)을 점령하였다. 그리고 영을 남군(南郡)으로 삼았다.

그 후에도 수많은 전쟁을 백기는 승리로 장식하였는데 당시 진나라의 강력한 위세는 이러한 백기의 무위로부터 시작되었다. 소왕 45년 백기는 한나라의 야왕 지역을 공격하였는데 백기의 강력한 공격에 야왕 지역은 순식간에 점령됐고 그 결과 한나라 수도인 정(鄭)과 상당(上黨) 지역을 연결하는 길이 끊어지고 말았다. 상당은 고립무원(孤立無援)이 되어 한나라 조정과 연락도 할 수 없는 지경이 되어버렸다. 상당의 태수인 풍정(馮亭)은 현재 처한 상황을 설명하고 해결 방안을 백성들과 협의하였다. 먼저 풍정이 백성들 앞에서 얘기하였다.

"이제부터는 한나라가 우리를 보호해줄 수가 없을 것 같다. 진나라가 막강한 군세로 우리를 넘보고 있으니 우리는 조나라에 위탁할 수밖에 없다. 조나라가 우리를 받아준다면 진나라가 분노하여 필히 조나라를 공격할 것인데 그러면 한나라가 조나라 편을 들어 함께 진나라를 공격할 것이다. 두 나라가 힘을 합쳐 싸우면 충분히 승산이 있다고 생각한다."

풍정은 조나라에 사신을 보내 상당을 조나라에 바치겠다고 하였다. 조나라 조정에서는 풍정의 제안을 두고 의견이 분분하였다. 평원군은 공짜로 굴러 들어온 땅이니 무조건 접수하자고 하였다. 그러나 평양군은 만약에 우리 조나라가 풍정의 제안을 받아들여서 상당 지역을 취한다면 진나라의 공격을 받아 오히려 곤욕을 치를 수가 있으니 풍정의 제안을 거절하자고 하였다. 그러나 당시 조나라 왕인 효성왕은 평원군의 주장을 받아들여 상당을 접수하고 풍정을 화양군으로 봉하였다. 풍정의 예상대로 진나라는 상당 지역이 조나라의 수중에 들어가자, 왕흘(王齕)을 장군으로 하여 상당을 공격하도록 하였다. 상당의 많은 백성들은 조나라로 피신하였다. 조나라에서는 장군 염파(廉頗)를 상당으로 출정시켰다. 염파는 백전노장이었다. 염파 장군은 막강한 진나라의 공격을 맞대응하여서는 승산이 없다고 판단하여 장평(長平)에 누대를 쌓고 방어전에 돌입하였다.

진나라 장군 왕흘은 수차례 공격을 하였다. 하지만 서쪽의 누벽 공략에 성공하였을 뿐 더 이상의 진전은 없었다. 수차례의 전투가 벌어졌지만 염파는 누벽 밖으로 나오지를 않고 수비만 하였다. 염파의 미지근한 전투에 화가 난 조나라 왕은 염파를 나무라며 빨리 공격을 하여 적을 궤멸(潰滅)하기를 원하였다. 그런 와중에 조나라 왕은 이상한 소문을 들었다. 진나라에서는 염파 대신에 장군 조괄이 전쟁에 나올까 두려워한다는 소문이었다. 이러한 소문은 진나라 재상 범저가 퍼뜨린 것으로 염파 대신에 만만한 조괄을 상대하려는 계책이었다. 그렇지 않아도 염파의 수비 전략이 마음에 들지 않았던 조나라 왕은 염파를 불러들이고, 조괄을 장평으로 보냈다.

조괄의 아버지는 조나라의 명장 조사(趙奢)이다. 조사는 평원군에 의해 추천된 사람으로 과거 조사는 세금을 징수(徵收)하는 직무에 종사한 하급 관리자이었다. 평원군의 집에서 세금을 내지 않고 있다는 얘기를 들은 조사는 평원군 집의 장부와 출납 책임자들을 조사한 후 그중 아홉 명을 불러다가 죄를 물은 후 처형하였다. 소식을 전해 들은 평원군은 조사를 불러다가 처형하려고 하였는데 조사는 눈 한 번 깜짝이지 않고 소신을 이야기하였다.

"평원군께서는 조나라에서 아끼는 귀하신 분입니다. 공자께서 솔선수범하여 법을 지키고 의무를 다하셔야 하는데 그렇지 않다면 기강이 무너져 나라가 약해지고 나라가 약해지면 조나라가 망합니다. 나라가 망한 후에 공자 한 분만이 부귀영화를 누릴 수 있다고 생각하십니까?"

조사의 말을 들은 평원군은 깊이 반성하며 조사를 왕에게 천거하였다. 후세 사람들은 권력에 맹종하지 않고 법대로 일을 처리한 조사의 경우를 두고 봉공수법(奉公守法)이라 하였다. 즉 나라를 위해 법을 지킨다는 뜻이다.

조사는 평소 자신의 아들인 조괄을 장수로서 높이 평가하지 않았다. 아들의 능력을 인정하지 않는 남편에게 조괄의 어머니가 이유를 물었다. 조사가 대답하였다. "병법은 제법 알지만, 전쟁은 입으로 하는 것이 아니오. 전쟁은 목숨을 걸고 하는 것인데 만약 괄이가 조나라 군사를 이끌고 전쟁에 나선다면 필히 대패를 할 것이오."

조괄이 전쟁의 책임자가 되었다는 얘기를 들은 조괄의 어머니는 남편 조사의 말이 생각났다. 그래서 조괄이 전쟁에 나가면 나라가 망할 수 있다고 생각하여 효성왕에게 편지를 올렸다.

"저의 아들 조괄을 장군으로 삼아 출정토록 한 명령을 거두어주십시오. 아들 조괄의 능력은 남편인 조사와는 많은 차이가 나고 사람 됨됨이도 많이 다르답니다.

남편은 친구가 수백 명이 되고 음식을 나누어 먹는 친한 친구가 수십 명이 있습니다. 또한 왕께서 하사하신 상금은 군사들에게 모두 나누어주고 출정 시에 집안일에는 관심을 두지 않습니다. 그러나 저의 아들인 조괄은 장군에 임명되자마자 행동과 말이 거만해졌으며 모든 상금은 혼자서 가지면서 땅을 사들였습니다. 이러한 나의 아들에게 중한 임무를 맡기시면 안 되니, 왕께서는 명을 거두어주시기 바랍니다."

조 효성왕은 이미 결정된 사항이라 변경할 수 없다고 하면서 예정대로 조괄을 상장군으로 삼고 군사 20만 명을 주어 출정하도록 명하였다. 조괄이 상장군이 되어 진나라와의 전쟁에 출정한다는 소문을 듣고 정계에서 은퇴한 인상여(藺相如)가 급히 조정에 들어와 효성왕에게 진언하였다.

"조괄의 말만 믿고 그를 상장군으로 삼으면 안 됩니다. 이는 거문고 줄을 고정해놓고 연주하는 것과 다름이 없습니다. 조괄은 그의 아버지 조사가 정리해 놓은 병서를 그대로 얘기하는 것에 불과합니다. 그는 임기응변(臨機應變)의 전술이나 용병의 이치를 모르는 사람입니다."

이때 교주고슬(膠柱鼓瑟)이란 성어가 생겼다. 비파나 거문고의 기러

기발을 아교로 고정해놓으면 곡조를 변화시킬 수 없다. 즉 고지식하고 융통성 없는 사람을 빗대어 말할 때 흔히 쓰는 말이다.

조 효성왕은 인상여의 충고에도 불구하고 이미 결정된 사항이라 바꿀 수 없다고 하였다. 이는 장평 대전의 대패와 조나라의 멸망을 부르는 잘못된 결정이었다.

조괄이 전쟁을 맡았다는 얘기를 들은 진나라에서는 백기를 상장군으로 삼아 장평으로 급파하였다. 장평에 도착한 백기는 맞서 싸우는 조괄을 유인하기 위해 거짓으로 패한 척하면서 도망가다가 미리 숨겨둔 복병으로 조나라 군대의 허리를 공격토록 하여 군량미 보급로를 차단해버렸다. 조나라 군사들은 46일간 아무것도 먹지 못하고 동료들을 죽여 인육을 먹으면서 목숨을 지탱(支撐)하였다. 참다못한 조괄이 정예병 5천 명을 이끌고 정면 돌파를 시도하였다. 그러나 장평 대전에서 조괄은 화살에 맞아 전사하고 45만에 달하는 조나라 군사들은 포로가 되었다. 여기서 지상담병(紙上談兵)이란 성어가 생겼다. 즉 이론에만 치우쳐 현실 상황에 전혀 맞지 않는 결정이나 계책을 말한다.

장평에서 대승을 거둔 백기는 과거 상당을 공격하였을 때 백성과 군사들을 포로로 잡아두었는데, 모두 진나라 백성이 되는 것을 원하지 않고 조나라로 도망가버린 사실을 기억해냈다. 그는 결국 포로가 된 조나라 군사들을 믿지 못하고 그들을 모두 갱도에 파묻어 생매장시켜 버렸다. 45만 명의 포로 중 살아남은 자는 어린아이 240명뿐이었다.

— 최근에 중국 고고학계에서는 장평대전에서 생매장된 유골들을 발굴하였다고 학계에 보고하였다. 진위 여부는 확실치 않으나 전체 유골의 수가 40여 만에 달하고 대부분의 유골이 활이나 칼을 맞고 살해된 흔적이 있다고 한다. —

이 비보에 조나라 전체가 초상집이 되어버렸다. 도성인 한단에서는 슬픔에 울부짖는 통곡의 소리가 그칠 줄 몰랐다. 조 효성왕은 조괄의 모친을 위로하며 비단과 곡식을 보냈다. 하지만 조괄의 모친은 울지 않았다. "나는 내 아들이 상장군이 되어 전쟁에 나갈 때 살아 돌아오리라고 전혀 생각하지 않았다."

대패한 조나라에서는 진나라 군대가 상당을 지나 조나라로 향해 공격해 들어올까 걱정이 이만저만이 아니었다. 조나라에서는 소대를 사신으로 보내 진나라 승상인 범저(范雎)를 만나보도록 하였다. 소대는 소진의 동생이다. 범저를 만난 소대는 말하였다.

"진나라가 계속 진군하여 조나라의 도성까지 함락하고 결국에는 조나라가 망해버린다면 모든 공로는 무안군 백기 장군에게 돌아갈 것인데 그러면 승상께서는 백기 장군 휘하(麾下)로 들어가야 할 것이며, 또한 망한 조나라의 북쪽 땅은 한나라와 위나라가 나누어 가질 것인 바 그러면 진나라와 승상에게 득이 될 것이 없습니다.

승상께서는 이만 전쟁을 멈추게 하시면 조나라에서는 땅을 진나라에 바칠 것입니다."

범저는 소대의 말에 일리가 있다 생각해서 진 소왕에게 보고한 후 전쟁을 멈추게 하였다. 약속대로 조나라는 여섯 개의 성을 진나라에 바치고 또한 한(韓)나라의 원옹 지역도 바쳤다.

백기는 범저가 전쟁을 멈추게 한 이유가 자신의 공이 커지는 것을 시기(猜忌)하여 그런 것이라는 것을 눈치챘다. 백기로서는 당연히 기분이 나빴다. 그로부터 8개월이 지난 후 또다시 조나라와 전쟁을 하게 되자 백기는 병이 들었다는 핑계로 전쟁에 출정하지 않았다. 대신 출정한 왕릉(王陵) 장군은 조나라에게 고전을 하였다. 다급해진 진 소왕은 백기에게 출정을 명하였지만 백기는 병을 핑계 대고 출정을 거부하였다. 그는 지난번 전쟁 때 자신의 의견을 무시하고 전쟁을 멈췄다는 것에 아직까지 기분이 상한 상태였다. 소왕은 할 수 없이 왕릉 대신에 왕흘을 출정시켰으나 조나라는 평원군을 초나라에 보내 구원을 요청하였고 초나라에서는 춘신군이 수십만 명의 구원병을 보내왔다.

왕흘은 패하였고 이 소식을 들은 백기는 자신의 말을 듣지 않은 결과라며 비웃었다. 범저와 소왕에 대한 배신감은 백기에게 모든 의욕을 잃게 했다. 진 소왕은 출정의 명을 따르지 않는 백기를 병졸로 강등시키고 음밀(陰密)이라는 험지로 이주하라는 명을 내렸다. 그러나 백기는 병을 핑계로 움직이지 않았다.

그 후 약 3개월이 지난 후 이번에는 반대로 조나라가 초나라, 위나라와 연합하여 진나라를 공격해 들어왔다. 백기가 없는 진나라는 패전을 거듭하였고 패전의 소식을 들은 백기는 또다시 탄식하였다.

"보아라! 나의 의견을 듣지 않더니 결국 이렇게 패전을 하는구나. 향후 이 일을 어찌할꼬!"

이 말을 전해 들은 진 소왕은 분노하여 백기를 유배시켰다. 진 조정의 대신들은 소왕에게 다시 아뢰었다.

"백기 장군은 유배의 왕명을 받을 때 진심으로 뉘우치며 복종하는 모습이 아니었으며 오히려 대왕을 원망하였다고 합니다."

대신들의 말을 들은 소왕은 즉시 사자를 보내 백기에게 칼을 전해 주며 자결을 명하였다. 유배지로 떠나는 백기가 두우(杜郵) 땅에 도착할 즈음에 사자가 칼을 들고 와서 왕명을 전하였다. 왕명은 자결하라는 것이었다. 백기는 자결하면서 스스로 물었다.

"내가 무슨 큰 죄를 지었기에 하늘은 나를 이렇게 만들었다는 말인가? 아니다. 나는 죽는 것이 맞다. 장평의 전투에서 항복한 조나라 군사 45만 명을 속여서 생매장한 것만으로도 죽어 마땅하다."

평생 패배를 모르던 장군 백기는 소왕 50년 11월에 유배 길에서 자결하였다. 백기 장군의 죽음을 안타까워한 백성들은 백기의 혼을 달래기 위해 진나라 전역에서 스스로 제사를 지냈다.

초(楚)나라의 굴원(屈原), 이소(離騷)로 말하다

굴원의 이름은 평(平)이고 자는 영균(靈均)인데 사람들은 그를 정칙(正則)이라고도 불렀다. 굴원은 초나라의 귀족 출신으로 격동의 시대인 전국시대를 풍미한 뛰어난 정치가이며 외교관이었다. 굴(屈) 땅을 봉지로 받은 후부터 굴씨가 되었다.

그는 초나라 회왕(懷王)을 보필하면서 약화되어가는 초나라를 살리기 위해 최선을 다하였다. 당시 초나라 조정은 친진파(親秦派)와 친제파(親齊派)의 갈등과 대립이 격심(激甚)하였는데, 친진파는 주로 초나라 왕족들로 구성되었으며 친제파는 굴원을 중심으로 한 일부 조정 신료들로 구성되어 있었다. 이와 같은 조정 신료들의 갈등에 초나라는 외교적으로도 일관된 모습을 보이지 못하고 갈팡질팡하였다. 600리 땅을 준다는 진나라의 장의에게 속아 제나라와의 합종도 무산되고,

오히려 한중(漢中)까지 빼앗기는 수모를 당하기도 하였다. 굴원은 그때 장의의 말에 속으면 안 된다고 회왕을 설득하였다. 한중을 빼앗긴 그때의 전쟁에서 대패를 한 초 회왕은 굴원을 제나라에 보내서 두 나라 간의 수교를 시도하기도 하였다.

기원전 299년 진나라 소왕은 양국 간의 혼인을 통해서 친교를 다지자면서 초 회왕을 진나라 영토인 무관(武關)으로 초청하였다. 그때에도 굴원은 진나라는 믿을 수가 없고 저번에도 수차례 속았는데 또 속을 수는 없다고 하면서 무관으로 가서는 안 된다고 하였다.

그러나 회왕은 친진파인 자신의 아들인 자란(子蘭)의 의견에 따라 무관으로 갔다. 회왕은 그곳에서 진나라 군대에 포로로 잡혔는데 진나라는 회왕에게 석방의 조건으로 무(巫)와 검중(黔中) 지역을 달라고 하였다. 초 회왕의 성격은 단순하고 외골수여서 절대로 줄 수 없다고 버티었다.

당시 초나라 태자는 제나라에 볼모로 가 있었고 회왕은 진나라에 억류되어 있는 초유의 국정 공백이 발생하였다. 이에 초나라 조정에서는 제나라에 부탁하여 태자를 불러와서 왕위를 잇게 하였는데 그가 바로 경양왕이다. 이러자 진나라에 억류된 회왕은 우스운 꼴이 되었다. 이제는 왕이 아닌 것이다. 어렵게 진나라를 도망친 회왕은 조나라로 갔으나 조나라에서도 받아주지 않았다. 회왕은 다시 위나라로 도망가다가 추격해온 진나라 군사에게 잡혀서 다시 진나라로 돌아갔다. 회왕은 그 후 초나라로 돌아가지 못하고 가슴을 치며 괴로워하다가 3년 후 사망하였다.

그 후 초와 진 두 나라는 수차례 전쟁을 하였는데 승리는 항상 진나라의 것이었다.

초나라는 이제 국력이 쇠잔(衰殘)하였고 진나라의 속국처럼 되어버려서 진나라와 10여 년 동안 외관상 동맹의 관계를 유지하였는데 이에 친제파의 대표적 인물인 굴원은 조정에서 거의 힘을 쓰지 못하였다. 굴원은 회왕을 사지로 몰아세운 자란을 용서할 수가 없었다. 자란 역시 굴원이 자신을 미워한다는 것을 알고 친진파의 대표인 근상을 시켜 굴원을 모함하도록 하였다.

결국 세력에서 밀린 굴원은 유배를 떠났는데 유배지에서 그는 미친 사람처럼 행색을 하고 행동하였다. 그의 안색은 초췌(憔悴)하고 몸은 마른 나무처럼 말랐으며 머리는 풀어헤치고 상수(湘水) 주위를 행음(行吟), 즉 혼자서 중얼거리며 걸어다녔다. 그때 굴원이 읊은 시 한 편이다.

긴 한숨으로 눈물을 닦으며 인생의 다사다난함에 슬퍼한다
나는 수과(修姱)하며 스스로를 자제하였지만
건(謇)―직언하는 모습―하여 아침에 수(誶)―진언을 함―했다가 저녁에 파직되었다네
이미 나를 바꾸는데 혜양―향초로 만든 허리띠―을 탓하고, 그리고 지(芷)―향초―를 뜯었다고 하는구나
이 역시 나의 마음이 좋아지는 것이니 아홉 번 죽어도 이를 후회하지 않을 것이다

이는 굴원의 명작 『이소(離騷)』의 한 구절이다. 『이소』는 모두 2500자로 구성된 장편의 서사시이다. 남방 문학의 대표작으로 북방 문학을 대표하는 『시경(詩經)』과 견주어 손색이 없는 작품으로 인정받는다. 삼국시대 위나라의 철학자 왕필(王弼)은 『이소』의 작품성을 격찬하면서 『시경』처럼 『이소경(離騷經)』으로 부르자고 주장하였다.

굴원의 모습을 본 어부가 물었다.

"당신은 삼려대부 굴원이 아니십니까? 근데 어찌하여 이런 모습으로 강 주변을 다니시는지요?"

굴원이 눈물을 흘리면서 대답하였다.

"온 세상이 혼탁(混濁)하나 나 홀로 맑고, 모든 사람이 취해 있으나 나 혼자 깨어 있소. 이런 까닭으로 쫓겨나서 이 지경이 되었답니다."

굴원은 융통성 없이 바른말만 하였기에 현재의 모습이 되었다는 것을 잘 알고 있었다.

기원전 278년 경양왕 27년에 진나라 백기가 군대를 몰고 와서 초나라를 정벌하였는데 도성인 영을 함락하고 선왕의 무덤인 이릉(夷陵)을 불태워 훼손하였다. 또한 다음해 무와 검중이 진나라에 의해 점령되었다.

굴원은 이러한 소식을 듣고는 굴욕감과 함께 실망하여 애영(哀郢)과 회사(懷沙)의 시를 지은 후, 음력 5월 5일 멱라수(汨羅水)에 몸을 던졌다. 그때 그의 나이 62세였다.

후대에 그는 청렬공(淸烈公)이란 시호를 받았다. 굴원은 정치가이면서도 시인이었다. 후대 위대한 시인인 이백(李白)과 두보(杜甫)도 굴원의 영향을 다방면에서 받았다. 그의 무덤과 그를 기리는 사당(祠堂)은 멱라수 가에 있으며 굴원이 죽은 기원전 278년 음력 5월 5일은 단오절(端午節)이라고 하며 굴원의 제삿날이 됐다. 매년 이날이 되면 강남 사람들은 뱃머리에 용의 모습을 조각한 용선(龍船)을 타고 경주를 하는 경도회(競渡會)를 성대하게 벌이며 갈댓잎으로 싼 송편을 멱라수에 던져 물고기에게 밥을 준다. 물속에 있는 굴원이 물고기들에게 뜯어 먹히지 않도록 하기 위한 것이라고 한다. 굴원의 충언을 듣지 않은 초나라는 굴원이 죽고 난 후 얼마 지나지 않아 멸망하였다.

연(燕)나라의 악의(樂毅). 제나라를 초토화했으나 공을 인정 못 받다

악의는 위나라 문후 시대의 장군인 악양(樂羊)의 후손이다. 당시 악양은 위 문후의 명을 받고 중산국을 정벌하고자 하였는데 하필이면 악양의 아들 악서가 중산국에서 벼슬을 하고 있었다.

중산국 왕은 악서를 죽여 그 고기를 악양에게 보냈는데 악양은 얼굴 한번 찌푸리지 않고 아들의 고기를 먹었다. 그러고는 중산국으로 진군하여 중산국을 멸망시켰다. 위 문후는 악양에게 중산 땅을 봉지로 내렸고 그 후 악양의 후손들은 그곳에서 살았다. 독하고, 모진 성격의 선조 악양과는 달리 악의는 성품이 어질고 온화하였으며 또한 병법에 능하고 현명하여 현자로 세상에 알려졌다. 악의는 본래 조나라 무령왕을 보필하였으나 사구(沙丘)의 난으로 조 무령왕이 서거하자 위나라로 들어가 때를 기다렸다.

그 무렵 이웃한 연나라에서는 자지(子之)의 난이 일어나 나라 전체가 혼란스러워졌는데, 태자 평(平)이 장군 시피(市被)와 힘을 합쳐 혼란스러운 정세를 수습하고자 하였으나 통제가 되지 않을 정도로 혼란스러웠다. 그런 혼란한 틈을 타서 제나라가 침공하였다.

제나라 장수 광장(匡章)의 공격에 연나라는 초토화가 되었고 전횡을 휘두르던 자지는 능지처참(陵遲處斬)되었다. 그리고 연나라 왕 쾌(噲)는 자결하였다. 기원전 312년 제나라의 속국이 되는 조건으로 연나라의 태자 평이 왕위에 오르니 그가 연 소왕(昭王)이다. 그의 정식 명칭은 연 소양왕(燕 昭襄王)이다. 왕위에 오른 연 소왕은 절치부심(切齒腐心) 제나라에 대한 복수를 생각하였다.

먼저 부국강병을 하기 위해서는 훌륭한 인재가 필요하였기에 천하에 인재를 찾는다는 소문을 내었다. 그리고 소왕은 백성들과 고생을 같이하면서 국가 재건에 온 힘을 다했다. 그때 제일 먼저 만난 사람이 곽외(郭隗)였다.

곽외 역시 나라를 재건하고 강한 나라가 되기 위해서는 무엇보다도 인재의 필요성을 중하게 여기는 사람이었다. 곽외가 소왕을 찾아와서 말하였다.

"어느 나라 임금이 일천 금으로 천리마(千里馬)를 사고자 하였습니다. 그러나 몇 년이 지나도 천리마를 살 수 없었습니다. 그때 한 신하가 천리마를 사오겠다고 하자 임금은 기뻐하며 흔쾌히 천금을 주었습니다. 말을 사러 떠난 지 석 달이 지난 후 그 신하는 천리마의 뼈를 임금께 가져왔습니다. 임금은 어이도 없고 화가 나서 연유를 물었습니다.

신하가 대답하기를 '죽은 말의 뼈를 오백 금을 주고 샀다는 소문이 천하에 퍼질 것입니다.

이제 조금만 기다리시면 곧 살아있는 천리마가 연이어 올 것입니다.'라고 하였습니다. 과연 그 신하의 예상대로 임금은 일 년도 지나지 않아 세 필의 천리마를 갖게 되었습니다. 대왕께서도 천하의 인재를 구하려 하신다면 저부터 관직에 등용하십시오. 그러면 저보다 훨씬 뛰어난 인재들이 대왕의 주위로 모일 것입니다."

연 소왕은 곽외의 말에 따라 곽외를 등용하고 그를 예우하기 위해 황금대(黃金臺)라는 궁전을 지어 곽외를 머물게 하였다.

선시어외(先始於隗)라는 성어가 생긴 연유이다. 곽외(郭隗)로부터 먼저 시작하라는 뜻으로 즉 무슨 일을 하고자 할 때 가까이 있는 사람이나 말한 사람부터 먼저 시작하라는 뜻이다.

또한 천금매골(千金買骨)이란 성어도 이 이야기에서 유래되었다. 죽은 말의 뼈도 오백 금에 산다. 즉 큰 것을 얻기 위해 사소한 것도 귀중하게 여긴다, 혹은 공을 들여 인재를 물색함을 뜻한다.

그 이후 소대, 극신, 추연, 악의 등의 천하 인재들이 연나라를 찾아왔다. 소대(蘇代)는 합종으로 유명한 소진의 동생이며 추연(鄒衍)은 음양오행설을 제창한 사람이며 극신(劇辛)은 훌륭한 정치가로서 훗날 연나라의 국정을 돌보았다.

악의의 능력과 인품을 알아본 연 소왕은 악의를 후히 대접하며 아경(亞卿)의 벼슬을 제수하였다. 그리고 28년 동안 복수를 위해 힘을 키운다.

연나라를 초토화하고 속국으로 만든 제나라는 더욱 강성해져만 갔다. 당시 제나라 민왕(湣王)은 강대한 제국을 꿈꾸며 영토 확장에 주력하였다. 당시의 천하는 서쪽의 진나라와 동쪽의 제나라로 세력이 구분되어 있었다. 제 민왕은 먼저 남쪽의 초나라를 공략하였다. 초나라에서는 재상 당말(唐昧)이 출정하여, 제나라를 상대하였지만 중구(重丘) 전투에서 초나라는 패퇴하였다. 또한 제나라는 관진(觀津) 전투에서 한, 위, 조나라 즉 삼진(三晉) 연합군을 물리친 후, 이들 삼진의 군대와 연합군을 조성하여 진나라를 공격하였다. 전국에 기세를 떨친 제 민왕은 송나라를 정벌하고 중산국을 조나라와 함께 침공하여 멸망시키는 등 영토를 사방 천 리가 넘게 확장하였다.

    연 소왕의 입장에서는 복수를 해야 하는데 제나라의 국력이 날로 강성해지니 어찌할 방도가 없었다. 고민하던 연 소왕은 악의에게 제나라를 공략할 방법을 물었다. 악의가 대답하였다.

    "제나라는 과거 환공이 천하를 제패한 경험도 있고 영토도 넓으며 백성들의 숫자도 많습니다. 그러므로 연나라 단독으로 제나라를 제압하기에는 현실적으로 어려움이 있습니다. 현재 제나라의 침략으로 고통을 받고 있는 진, 위, 한, 조나라와 힘을 합쳐야만 제나라를 공략할 수 있습니다."

    악의의 말을 들은 연 소왕은 제나라를 공격하기로 결심하고, 악의를 조나라로 보내 조 혜문왕에게 자신의 의지를 전하고 양국 간에 맹약을 맺도록 하였다. 그리고 또한 위나라에도 사신을 보내서 맹약을 맺도록 조치하였다. 악의로부터 맹약을 맺었다는 보고를 받은 연 소왕은 드디어 복수의 칼을 들고 제나라를 침공하였다.

    악의는 다섯 나라 군대의 상장군(上將軍)이 되어 제나라를 상대로 전투를 하였다. 제수(濟水) 전투에서 악의가 이끄는 연합군은 제나라 군대를 대파하고 승기를 잡았다. 일단 전쟁에서 승리한 연합군들은 각자 자기 나라로 돌아갔으나 악의가 직접 이끄는 연나라 군대는 진격을 계속하였다.

    연전연승한 악의는 드디어 제나라 도성인 임치(臨菑)에 이르렀다. 그때 제 민왕은 임치에 머무르지 않고 도망가서 거(莒)에 주둔하며 반격을 준비하고 있었다. 그리고 초나라에 사신을 보내 지원을 요청하였다.

    초나라 경양왕은 장군 요치(淖齒)를 출정시켜 제 민왕을 지원하도록 하였다. 그러나 무조건 지원하지 말고 상황에 맞게 판단하라고 명하였다. 결국 제나라는 초나라 장군 요치의 지원으로 거성(莒城)이 함락되는 것은 피할 수가 있었다. 그러나 무력해지고 혼이 나가버린 제나라 민왕은 요치에게 재상의 지위와 함께 모든 권한을 위임해버렸다. 요치는 재상이 되자 바로 민왕을 잡아 그의 힘줄을 뽑은 후에 그 힘줄로 민왕을 대들보에 매달아 죽여 버렸다. 그리고 제나라를 자신이 직접 다스리겠다고 마음 먹고 악의에게 사신을 보내 제의하였다.

"제나라를 완전히 정벌하는 데 협력할 터이니 제나라를 나누어 다스리지 않겠소?" 당연히 악의는 요치의 제안에 동의하지 않았다.

얼마 후 민왕의 처참한 죽음을 알아챈 신하 왕손가(王孫賈)는 백성들에게 호소하였다.

"나와 함께 요치를 주살(誅殺)할 의사가 있는 사람은 오른쪽 어깨를 드러내라."

왕손가는 그의 말에 따른 400여 명에 이르는 거성의 백성들을 데리고 가서 요치를 처형하였다. 그리고 장수를 잃은 초나라 군대는 그 즉시 초나라로 돌아갔다. 태자 법장(法章)이 간신히 목숨을 부지하며 거(莒)에 숨어 있다가 후에 즉위하니 그가 제 양왕이다.

악의는 제나라 도성인 임치를 정복하고 제나라의 보물과 제기(祭器)들을 모두 탈취하여 연 소왕에게 보냈다. 연 소왕은 악의를 위해 제수까지 나와 연회를 베풀고 악의를 창국군(昌國君)에 봉하였다. 그리고 악의에게 제나라 모든 성을 공격하여 함락하라고 명하였다. 악의는 제나라를 공격한 지 5년 만에 제나라 칠십여 곳의 성을 함락하였다. 그리고 함락한 성들을 연나라의 군과 현으로 복속시켜버렸다.

이렇게 악의가 제나라를 정복하는 데 5년이라는 세월이 걸린 이유는, 악의는 함락한 성들의 백성들을 함부로 대하지 않고 그들의 풍속을 존중하면서 제나라 사람들로부터 마음의 항복을 받으려고 하였기 때문이었다. 전단이 장수로 있는 즉묵 성을 포위하여 서로 대치할 때도 즉묵 성의 백성들은 성 밖을 자유롭게 내왕할 수 있도록 하여 주었다. 함락되지 않은 성인 거(莒)와 즉묵(卽墨)만이 항복하지 않고 버티고 있었다.

이때 연 소왕이 갑자기 서거하고 태자가 즉위하였는데 그가 바로 연 혜왕(惠王)이다. 즉위한 연 혜왕은 태자 시절부터 악의를 좋아하지 않았다. 이는 수세에 몰려 방안을 찾던 제나라 장수 전단(田單)에게는 좋은 정보였다. 전단은 사람들을 시켜 소문을 퍼뜨렸다.

소문의 내용은 이러하였다.

"제나라에서 악의가 함락하지 못한 성은 단 두 곳뿐인데 악의가 이곳 두 개의 성을 빨리 함락하지 않는 이유는 새로 즉위한 연나라 왕과 관계가 좋지 않아서이다,

악의는 제나라에서 전쟁을 빨리 끝내지 않고 시간을 끌다가 훗날 제나라 왕이 되고자 한다. 제나라에서는 혹여나 연나라에서 악의 대신에 다른 장수를 보내지 않을까 걱정을 하고 있다."

연 혜왕은 가뜩이나 악의를 믿지 못하고 싫어하는데 이러한 소문까지 시중에 돌자, 악의를 연나라로 불러들이고 대신 기겁(騎劫)을 장군으로 삼아 파견하였다. 이 사실을 들은 병사들은 왕의 처사를 이해하지 못하였다. 더불어 연나라 백성들도 국가의 존망이 걸린 문제를 소문만 믿고 감정에 휘말려 성급하게 결정한 연 혜왕을 비난하였다. 모든 백성들이 알고 있는 문제점을 혜왕만이 혼자 모르고 있었

던 것이었다.

명령에 따라 연나라로 돌아가던 악의는 연나라로 돌아가면 새로이 왕이 된 혜왕이 자신을 죽일 것이라 생각하고 조나라로 망명하였다. 조나라 혜문왕은 명장 악의를 환대하면서 그를 관진(觀津)에 봉하고 망제군(望諸君)이라 부르며 받들어 모셨다. 이후 악의는 조나라에서 사망하였다. 훗날 한고조(漢高祖) 유방은 조나라 땅을 지날 때마다 악의의 후손들을 찾아가서 격려하며 봉지를 내렸다. 그만큼 유방은 악의를 존경하며 추앙(推仰)하였던 것이었다.

그 후 부임한 기겁은 즉묵 전투에서 제나라 전단에게 대패를 하였는데 그 내막은 이러하다.

제나라 장군 전단은 또 소문을 내었다.

"내가 두려워하는 것은 오직 하나뿐인데 그것은 연나라 군대에 포로로 잡혀 있는 우리 제나라 군사들이 코가 베인 채 제일 앞에 세워져 우리와 마주 보고 싸우게 되는 것이다."

소문을 전해 들은 연나라 군사들은 제나라 포로들의 코를 베어 대열의 맨 앞에 도열시켰다. 그 모습을 본 제나라 군사들은 극도로 분노하면서 싸우다 죽을지언정 결코 포로로 잡히지는 않겠다고 하였다.

군사들의 사기가 오른 것을 확인한 전단은 다시 한 번 계책을 수립하였다.

"포악한 연나라 군사들이 우리 조상님들의 묘를 파헤쳐 함부로 훼손할까 두렵다. 그것은 생각만 하여도 끔찍하다."

이 얘기를 들은 연나라 군사들은 능묘를 파헤치고 유해를 불태웠다. 선조의 유해가 불태워지는 광경을 본 제나라 군사들과 백성들은 눈물을 흘리면서 분노하였다. 모두 고함치면서 무기를 달라고 하였고 성문을 열고 나가서 연나라 군사들은 궤멸(潰滅)하자고 하였다. 군사들과 백성들의 분노가 하늘 끝까지 오른 것을 확인한 전단은 기습 공격을 하기로 결정하였다. 한밤중에 즉묵 성안에 있는 천여 마리의 소들을 징발(徵發)하여 붉은색의 옷을 입히고 그 위에 용무늬를 그려 놓았다. 그리고 소의 뿔에 칼을 달고 소의 꼬리에 기름을 적신 갈대를 묶어 매달고 불울 붙인 뒤, 깜깜한 밤에 적진으로 내모는 '화우지계(火牛之計)'로 기겁의 군대를 공격하였다.

한밤중에 갑자기 뛰어든 불붙은 소들은 연나라 군사들이 보기에 괴물이었다. 즉묵 성안의 노인들과 어린아이들은 징을 치면서 소들을 흥분시키며 독려하였다. 1,000여 마리의 소들이 연나라 진영을 헤집고 다닐 때 제나라 군사 5천 명이 소들을 따라 기습 공격을 감행하였다. 이에 연나라 대군은 궤멸하고 대장군 기겁은 도망가다가 잡혀 살해되었다. 제나라 장수 전단은 여세를 몰아 탈취당한 제나라 전역의 성들을 모두 수복하였다. 거의 망한 제나라가 전단의 계책과 연 혜왕의 잘못된 판단으로 회생하였다. 전단은 태자 법장을 급히 모셔와 보위에 오르게 하니 그가 바로 제 양왕이다. 전쟁을 승리로 이끌면서 거의 망해간 제나라를 구한 전단은 재상의 자리에 오르며 안평군(安平君)에 제수되었다. 전단에 대한 제나라 백성들의 칭송은 하늘을 찌를 듯하였다.

새로이 제나라 왕위에 오른 양왕은 전단을 시샘하면서도 두려워하였다. 그리고 전단을 중하게 쓰지 않았다. 양왕의 배포와 그릇이 전단과 함께하기에는 너무나 작았던 것이다. 훗날 전단은 제나라를 떠났으며 조나라 혜문왕을 보필하며 조나라 재상으로 국정을 돌보았다.

그리고 제나라 전단에게 패하여 탈취한 모든 것을 다시 빼앗긴 연혜왕은 그때야 잘못을 인정하고 조나라에 망명한 악의에게 편지를 보내 사과하였다. 그 후 악의는 조나라와 연나라를 오고가며 살았는데 연나라와 조나라 모두 악의를 객경으로 삼아 대접하였고 악의는 조나라에서 숨을 거두었다.

조(趙) 재상 인상여(藺相如)의 완벽(完璧)

인상여(藺相如)는 조(趙)나라 재상인데 그의 인품과 행동에 빈틈이 없어 '완벽(完璧)'이라는 말이 인상여의 고사에서 나올 정도였다. 그는 본래 조나라 환관의 수장이었던 무현(繆賢)의 집사 출신이었다.

당시 '화씨지벽(和氏之璧)'이란 옥구슬이 있었는데 천하의 보물이었다. 훗날 진시황제가 천하 통일을 한 다음 그의 옥새를 화씨벽으로 만들었다.

초나라 사람인 변화(卞和)가 형산(荊山)에서 희귀한 옥돌을 발견하여 그 옥돌을 초나라 여(厲)왕에게 바쳤는데 여왕은 옥공들에게 그 옥돌의 진가를 알아보라고 명하였다. 옥공들이 감정을 한 결과 그 옥돌은 그냥 보잘것없는 돌이라는 평가가 나왔다. 여왕은 화가 나서 변화의 왼쪽 발뒤꿈치를 자르는 월형(刖刑)에 처하였다.

그 후 여왕이 서거하고 무왕이 즉위하였는데 변화는 자신의 안목이 틀리지 않았음을 증명하고자 옥돌을 무왕에게 다시 바쳤다.

무왕 역시 옥공들에게 옥돌의 가치를 알아보라고 하였는데 이번에도 평범한 돌이라는 결과가 나왔다. 화가 난 무왕은 변화의 오른쪽 발뒤꿈치마저 잘라버렸다.

무왕이 서거하고 다음 왕으로 문왕이 즉위하였다. 변화는 문제의 옥돌을 껴안고 형산의 골짜기에서 매일 저녁 눈물로 지새웠다. 변화는 자신의 안목을 알아주는 사람이 없다는 사실이 너무 슬펐다.

문왕이 이 소문을 듣고 변화를 불러 옥돌을 가져오게 한 후 옥공들에게 옥돌을 다듬어 보라고 명하였다. 다듬어진 옥돌은 천하에서 볼 수 없는 귀한 옥이 되었다. 초 문왕은 이 보물을 화씨지벽이라 부르게 하였다. 그리고 변화에게 큰 상금을 하사하였다.

화씨지벽이란 귀중한 보물이라는 뜻도 있지만 죽음을 무릅쓰고 자기 뜻을 관철(貫徹)시킨다는 의미로도 사용된다. 혹은 단점이 전혀 없는 일이나 계획을 말하기도 한다.

춘추전국시대의 네 가지 보물로는 주(周)나라의 지액(砥砨), 송(宋)나라의 결록(結綠), 양(梁)나라의 현려(縣藜), 초(楚)나라의 화씨벽(和氏璧)인데 전부가 옥이며 처음 발견되었을 때 모두 하찮은 돌 취급받았다.

당시 진나라와 조나라는 자주 충돌을 하였는데 막강한 진나라의 공격에도 조나라의 맹장인 대장군 염파(廉頗)가 꿈적도 하지 않고 조나라를 지켜왔지만, 형세는 항상 불안하고 불리하였다.

이미 위나라와 한나라는 진나라의 침공에 대적하기에는 역부족이었으며, 삼진(三晉) 중에서 그나마 조나라만이 대적할 수 있었는데 그것은 조 무령왕의 개혁과 부국강병 정책으로 국력이 신장하였기 때문이었다. 이후 혜문왕 시대에 와서 재상 인상여와 장군 염파의 활약 덕분에 조나라의 사직을 지킬 수 있었다.

기원전 283년에 진 소왕은 조나라에 천하의 보물인 화씨벽이 있다는 것을 알고, 진나라 성 15개와 맞바꾸자고 조나라 혜문왕에게 제안하였다. 조나라에서는 진퇴양난(進退兩難)이었다.

진나라의 제안을 거절하면 제안을 거절하였다고 공격해올 것이고 제안을 받아들이자니 화씨벽만 빼앗기고, 대신 받기로 한 15개의 성을 받지 못할 수도 있기 때문이었다. 격론을 벌였으나 묘수가 나지 않았다. 결국 사신을 보내 소왕의 의중을 알아보기로 하였다.

그때 인상여가 자신이 사신으로 가서 임무를 다하고 오겠다고 하였다. 진나라 소왕은 조나라에서 사신이 화씨벽을 가지고 왔다는 보고를 받고는 급히 별궁으로 나가서 사신, 즉 인상여를 접견하였다.

인상여는 화씨벽을 공손하게 바쳤다. 귀하고 신기한 보물을 본 소왕은 만면에 웃음을 띠고 화씨벽을 이리저리 보았다. 동석한 대신들도 신기한 듯 화씨벽을 쳐다보았다. 나중에는 왕비와 후궁 그리고 내시들까지 나와서 구경을 하면서 천하의 보물을 얻은 소왕에게 축하의 말을 하였다.

숙소로 돌아온 인상여가 반나절이나 기다렸으나 소왕으로부터 성을 주겠다는 통보가 없었다. 속았다는 생각을 한 인상여는 꾀를 내었다. 다시 소왕을 배알한 인상여가 말하였다.

"화씨벽은 천하에 둘도 없는 보물입니다. 그런데 화씨벽에는 잘 보이지 않은 곳에 흠집이 한군데 있습니다. 제가 그곳을 말씀드리겠습니다."

소왕은 화씨벽을 가져오라고 한 후 화씨벽을 인상여에게 넘겨주었다. 화씨벽을 넘겨받은 인상여는 몇 걸음 뒤로 물러난 후, 궁궐의 기둥에 기대어 선 채로 노한 얼굴에 큰 소리로 말하였다.

"애초 약속은 조나라에서 화씨벽을 주면 진나라에서는 성 15개를 넘겨주겠다는 것이었습니다. 조나라 대신들은 모두 진나라 대왕의 약속을 믿을 수 없다고 하였으나 오직 소신만이 대왕의 약속을 믿었습니다. 백성들도 서로 약속을 지키면서 신용을 중히 여기는데 하물며 천하의 강대국인 진나라 대왕이 약속을 지키지 않을 리가 없다고 하면서 모든 대신들의 반대에도 불구하고 이렇게 화씨벽을 가져왔습니다. 조나라에서는 성심성의를 다해서 천하의 보물을 대왕께 가져왔는데 대왕께서는 별궁에서 사신인 저를 접견하시고 또한 오만(傲慢)한 자세로 사신인 저를 대하시는 것을 보니, 대왕께서는 약속을 지킬 의도가 전혀 없다고 생각됩니다.

대왕께서는 어찌하시겠습니까? 약속을 이행하시겠습니까?

혹여 여기서 화씨벽을 빼앗으려고 하신다면 소신은 저의 머리와 함께 화씨벽을 기둥에 던져 박살 내 버리겠습니다."

인상여가 화씨벽을 기둥에 던져버릴 듯이 하자 진 소왕은 당황하여 인상여를 달래었다.

그리고 신하들에게 지도를 가져오게 하여 15개의 성을 짚으며 약속을 지킬 듯이 하였다. 소왕의 그러한 행동에 인상여는 속지 않았다. 인상여는 소왕에게 다시 말하였다.

"천하의 보물인 화씨벽을 가져올 때 조나라에서는 닷새에 걸쳐 목욕재계(沐浴齋戒)하고 더불어 경건한 마음으로 의식을 거행하였습니다. 이제 화씨벽을 눈으로 확인하였으니 대왕께서도 닷새 동안 목욕재계를 하신 후, 성대한 의식을 치루면서 화씨벽을 넘겨받으시기 바랍니다."

이미 화씨벽과 그것을 가져온 사신이 진나라 안에 있는지라 의심 없이 소왕은 인상여의 제의를 받아들였다.

인상여는 숙소인 광성전(廣成殿)으로 돌아와서 급히 자신을 따라 같이 온 시종을 불렀다. 그리고 그를 진나라 백성으로 변장시킨 뒤에 화씨벽을 품에 숨겨 조나라로 몰래 도망가도록 하였다. 완벽(完璧)이라는 말이 생긴 연유이다.

닷새 후 진 소왕은 구빈대례(九賓大禮)의 예를 갖추어 조나라 사신인 인상여를 접견하였다. 그리고 화씨벽을 받기 위한 화려한 의식을 준비하였다. 진 소왕을 배알한 자리에서 인상여는 말하였다.

"진나라는 과거 목공 시대부터 지금까지 군주의 자리가 스무 번이 넘게 바뀌었지만 어느 누구도 자신이 한 말에 대해서 책임을 지지 않았습니다. 소신 역시 그 사실을 잘 알기에 화씨벽을 조나라로 다시 돌려보냈습니다."

진 소왕은 대노하며 큰 소리로 말하였다.

"오늘 나는 네가 말 한대로 성대하게 의식을 갖추어 화씨벽을 받고자 준비하였는데 화씨벽을 돌려보냈다니 무슨 말이냐!"

인상여가 소왕의 말에 대답하였다.

"대왕께서는 고정하시고 소신의 말을 들어주시기 바랍니다.

천하의 제후들은 진나라는 강한 나라이고 조나라는 약한 나라임을 잘 알고 있습니다. 약한 나라가 강한 나라를 억누르고 기만(欺瞞)하는 경우가 없습니다. 그렇게 했을 경우 후환이 두렵기 때문입니다. 대왕께서 진정 화씨벽을 갖고 싶으시다면 먼저 15개의 성을 조나라에 건네주십시오. 그러면 조나라에서는 당장 화씨벽을 가져다드릴 것입니다. 조나라는 약속을 지킬 수밖에 없습니다. 약한 나라이기 때문입니다.

그리고 만약 대왕께서 저를 죽이시겠다면 솥에 넣어 삶아 죽이는 탕확(湯鑊)의 형벌로 처해주시기 바랍니다. 그러면 천하에 대왕의 탐욕이 드러날 것이며 약속을 지키지 않는 사람이라고 소문이 날 것입니다. 대왕께서는 신료들과 심사숙고(深思熟考)해주시기 바랍니다."

인상여의 말에 진 소왕과 대신들은 할 말이 없었다. 어쩔 수 없이 사신의 격에 맞게 융숭한 대접을 한 후 인상여를 조나라로 돌려보냈다. 진 소왕은 도량(度量)이 넓은 사람이었다. 물론 15개의 성과 화씨벽을 맞바꾸자는 얘기도 하지 않았다. 이렇게 인상여는 화씨벽을 온전한 상태로 조나라로 다시 가져왔는데 이를 두고 완벽귀조(完璧歸趙)라 하였다. 즉 물건을 조금도 손상하지 않고 본래의 모습 그대로 주인에게 돌려준다는 뜻의 고사성어이다.

조 혜문왕은 화씨벽 문제를 깔끔하게 처리한 인상여를 상대부로 승진시켜 그의 공로를 치하하였다. 그 후 진 소왕은 조나라를 침공하여 2만여 명의 조나라 군사를 살육하였다. 그리고 진 소왕은 조나라와 협상을 하자면서 민지(澠池)에서 조 혜문왕과 만나자고 하였다.

수세에 몰린 조 혜문왕의 입장에서는 민지에서 진 소왕을 만나는 것이 두려웠다. 그러나 진 소왕의 요청을 거절할 수 있는 처지도 못되었다. 어쩔 수 없는 상황임을 알고 있는 대신들도 아무 말도 못 하였다. 그때 염파 장군과 인상여가 민지로 가서 진 소왕을 만나 보시라고 권하였다.

인상여가 혜문왕을 수행하기로 하였다. 국경까지 전송(餞送) 나온 장군 염파가 전송 인사를 하며 말하였다.

"대왕께서는 안전하게 잘 다녀오시기를 바랍니다. 민지에서 진나라 왕을 만나시고 다시 귀국하실 때까지 어림잡아 30일 정도 소요될 것으로 예상합니다. 혹여 30일이 지날 때까지 대왕께서 귀국하시지 않으시면 태자를 왕위에 모시겠습니다. 그래서 조나라의 국통을 이어나감과 동시에 진나라가 의도하는 바를 말살(抹殺)하도록 하겠습니다.

대왕께서는 허락하여주시기 바랍니다."

혜문왕은 염파의 의견대로 시행하도록 허락하였다. 그리고 정예병을 데리고 국경 주변에서 대기토록 명하였다.

민지에서 만난 두 나라 왕은 담소(談笑)하며 연회 자리를 가졌다.

분위기가 무르익자 진 소왕이 말하였다.

"과인은 혜문왕께서 음악을 즐기신다는 얘기를 들었습니다. 비파를 한번 연주해 주시지 않겠습니까?" 조 혜문왕이 거절할 수가 없어 마지못해 비파를 연주하자 배석해 있던 사관이 신속하게 기록하였다. "진나라 왕이 조나라 왕과 술을 마시다가 조나라 왕에게 비파를 연주하게 하였다."

이 기록은 진왕의 명령에 따라 조왕이 연주를 하였다는 내용이었다. 이러한 상황을 옆에서 보고 있던 인상여가 앞으로 나가서 한마디 하였다. "저의 왕께서도 진나라 왕께서 음악에 조예(造詣)가 깊다고 알고 계십니다. 분위기를 더욱 돋우기 위해 이번에는 진나라 왕께서도 연주해주시기 바랍니다."

인상여는 말을 마치자마자 앞에 있는 질그릇을 들고 진 소왕 앞으로 바짝 다가서며 청하였다. 진왕은 노여운 기색을 띠며 아무 말도 하지 않았다. 인상여가 다시 말하였다.

"대왕과 저는 다섯 걸음도 안 되는 지척(咫尺) 간에 있습니다. 오늘 저는 대왕의 목숨과 저의 목숨을 바꿀 수도 있습니다."

인상여의 말에 진왕은 어쩔 수 없다는 듯이 한 차례 질그릇을 툭

쳤다. 그러자 인상여는 조나라 사관에게 진나라 왕이 조나라 왕을 위해서 질그릇을 치면서 분위기를 돋웠다고 기록하게 하였다.

그러자 배석한 진나라 대신이 조나라 성 15개를 진나라에 바치라고 무례한 요구를 하였다.

그 말을 들은 인상여는 그러면 진나라는 도성인 함양을 조나라에 바치라고 반박하였다. 그날 연회에서 진 소왕은 더 이상 조 혜문왕을 무시하거나 깔보는 행동을 할 수 없었다.

무사히 조 혜문왕을 보필(輔弼)하고 조나라로 돌아온 인상여는 민지에서의 용감하고 슬기롭게 행동을 한 공을 인정받아 상경(上卿)의 벼슬에 올랐다. 숱한 전쟁에서 조나라를 지킨 염파 장군보다 높은 벼슬이었다. 염파 장군은 자존심도 상하고 기분도 나빠서 불평하였다.

"나는 수많은 전쟁에서 목숨을 내놓고 싸웠다. 그리고 큰 공을 세웠다고 생각한다. 그런데 인상여는 말 몇 마디하고 저렇게 높은 벼슬에 오르다니 이것이 합당한 처사인가?

더군다나 인상여는 출신이 천하지 않는가! 나는 창피하여 그의 밑에서 일을 할 수가 없다. 인상여가 나를 만나 윗사람 행세를 한다면 그를 용서하지 않을 것이다."

염파의 말을 들은 인상여는 염파를 피해 다니며 가능하면 마주치지 않으려고 조회에도 나가지 않았다. 그리고 길을 가다가도 멀리서 염파의 모습이 보이면 수레를 돌려 피해버렸다.

인상여의 식객들과 주변 사람들이 꼬집어 불만을 표시하였다.

"우리는 재상의 어진 성품과 의기를 우러러보기 때문에 가족들과도 헤어져 살면서도 재상을 모셔 왔습니다. 그런데 염파 장군보다

윗사람인 재상께서 이렇듯 염파 장군을 두려워하며 피해 다니시는 것은 일반 사람들이 그리하여도 부끄러운 일인데 하물며 재상인 당신께서 그리하신다는 것은 너무나 창피하고 남들 보기에 부끄러운 일입니다. 그리하여 저희는 곁을 떠나고자 합니다."

인상여가 대답하였다.

"당신들이 생각하기에 진나라 왕과 염파 장군 중 누가 더 두려운 존재인가?"

식객들이 대답하였다.

"당연히 진나라 왕이 더 두려운 존재이지요."

인상여가 다시 말하였다.

"나는 그러한 진나라 왕 앞에서 그의 잘못한 행동과 말을 나무라며 또한 그의 신하들을 혼내주었다. 비록 내가 부족한 사람이나 어찌 염파 장군을 두려워하여 피해 다니겠는가?

작금의 상황은 강력한 진나라가 호시탐탐(虎視眈眈) 우리 조나라를 노리고 있는데, 그나마 염파 장군과 내가 버티고 있기 때문에 진나라가 함부로 공격해 오지 못하는 것이다. 결론적으로 염파 장군과 내가 서로 다투면 진나라만 좋아지는 것이다.

내가 염파 장군을 피하는 것은 우리 조나라의 안전과 위신이 최우선이고 사사로운 감정은 뒤로 두자는 것이다."

인상여가 한 말을 나중에 전해 들은 염파 장군은 웃옷을 벗은 채 가시나무로 만든 회초리를 등에 지고서 인상여의 집 앞에서 엎드려 잘못을 빌었다.

"비천한 염파는 재상께서 이토록 관대하신 분인 줄 몰랐습니다."

염파와 인상여는 그날 밤늦도록 허심탄회(虛心坦懷)하게 속마음을 터놓았고 모든 오해를 풀었다. 염파는 평생 인상여를 존경하며 따랐

으며 인상여 역시 염파를 진정한 친구로 생각하였다. 후세 사람들
은 이러한 모습들을 보고 문경지교(刎頸之交)와 부형청죄(負荊請罪)라
말하였다.

생사를 같이할 수 있는 소중한 사이 혹은 대신 목이 잘린다 하여
도 후회하지 않을 사이를 뜻하는 문경지교(刎頸之交)라는 성어가 생긴
연유이다. 또한 염파가 자신의 잘못을 인정하며 가시나무 회초리를
들고 가서 벌해 달라고 요청한 것을 두고 부형청죄(負荊請罪)라 하였다.
즉 자신의 잘못을 인정하면서 처벌해줄 것을 자청한다는 뜻이다.

전국시대 초나라의 춘신군(황헐), 제나라 맹상군(전문), 조나라 평원
군(조승), 위나라의 신릉군(무기). 이들 네 사람을 후세 사람들은 '전국
시대 사공자'라고 불렀다. 이들은 거의 동시대를 살면서 탁월한 국가
경영과 훌륭한 인품으로 각자 조국의 발전에 기여한 사람들이었다.

초(楚)나라 춘신군(春信君). 태자를 구한 후, 죽음 앞에서 당당하다

초나라 대신 춘신군(春信君)의 이름은 헐(歇)이며 성은 황(黃) 씨이다.

사공자 중에 춘신군만 왕족 출신이 아니고 나머지 세 사람은 왕
족 출신이었다. 춘신군은 초나라 회왕의 아들인 경양왕(頃襄王) 시절
에 주로 활동하였다.

당시 초나라는 진나라에 의해 제압당한 상태에 있었다. 초나라 충
신 굴원이 자결한 그해에 초 경양왕이 동쪽에 있던 군사들을 규합
(糾合)한 후 진나라를 공격하여 열다섯 개의 읍을 수복하였다. 그러
나 이미 국운이 많이 기울어진 상태라 진나라와 전쟁을 계속할 여

력은 없었다. 결국 경양왕은 태자 웅원(熊元)을 진나라에 볼모로 보내고 진나라와 화친을 하였다. 그때 볼모로 가는 태자를 수행한 사람이 춘신군이었다.

태자가 볼모로 진나라에 가 있던 중 경양왕의 병세가 악화되었다. 소식을 들은 춘신군은 자신의 목숨을 걸고 몰래 태자 웅원을 진나라에서 탈출시켜 초나라에 돌아가게 하였다. 경양왕이 즉위 36년, 즉 서기 263년에 서거하고 태자 웅원이 즉위하니 그가 바로 초 고열왕(考烈王)이다.

진나라에 혼자 남은 춘신군은 초나라 태자가 도망간 사실을 알고 불같이 화를 내는 진 소왕 앞에서 자신을 죽이라고 당당히 말하였다. 그때 진나라 재상 범저(范雎)가 진 소왕에게 진언하였다. 범저는 볼모로 잡혀 있던 초나라 태자와 각별한 사이였다.

"춘신군이 초나라로 돌아가면 그는 필시 초나라 국정을 맡는 최고 책임자가 될 것입니다. 용서하시고 그냥 초나라로 돌아가게 하면 춘신군도 대왕의 은혜를 잊지 않을 것입니다. 그때 초나라와 화친하는 것이 좋을 듯합니다."

응후(범저의 작위)의 말 한마디로 춘신군은 목숨을 건져 초나라로 돌아올 수 있었다. 목숨을 구걸하지 않는 그의 두둑한 배짱이 태자도 살리고 자신의 목숨도 살렸다. 초나라로 돌아온 춘신군은 재상이 되어 고열왕을 모시면서 국정을 돌보았다. 그는 강동 땅을 분봉(分封) 받고 춘신군이라는 봉호(封號)도 받았다. 초나라에서 재상으로 20여 년 동안 있으면서 초나라를 위해 큰 업적도 남겼지만, 개인적으로도 부귀영화를 누렸다.

그의 탁월한 국정 운영으로 쇠퇴해 있던 초나라는 점차 국력을 회복하기 시작하였다. 진나라의 공격을 받아 고전하던 조나라의 평원군이 구원을 요청하자 춘신군이 직접 구원병을 이끌고 출정할 정도로 자신감도 생겼다.

당시 진나라의 공세에 천하가 합종하여 대응을 하였는데 연합군의 대장군으로 춘신군이 추천한 초나라 임무군(臨武君)이 임명되었다. 그런데 임무군은 과거 진나라와의 전투에서 번번이 패전한 경험이 있었다. 그러한 사실을 알고 있던 조나라 대부인 위가(魏加)는 걱정이 되어 춘신군을 찾아왔다. 춘신군과 독대한 위가는 재미있는 이야기를 들려주겠다고 하였다.

"갱영(更贏)이란 사람이 위나라 왕과 담소를 나누고 있을 때 기러기한 마리가 허공을 가로지르며 날아들었습니다. 그 모습을 본 갱영이활의 시위만 튕겨서 기러기를 잡아보겠다고 하였습니다. 화살도 없이 시위만으로 기러기를 잡겠다는 갱영을 향해 위나라 왕은 자신을 놀린다고 하면서 화를 내었습니다. 하지만 갱영은 빈 활의 시위를 튕겼습니다. 그러자 그때 날아가던 기러기가 땅에 떨어졌습니다. 귀신이 곡할 노릇이었습니다.

위나라 왕은 궁술의 대가인 양유기도 당신을 따라갈 수가 없겠소! 하며 감탄을 하였습니다. 갱영이 대답하였습니다.

'폐하! 사실은 저의 궁술이 뛰어나서 기러기가 땅에 떨어진 것이아니고 기러기가 상처를 입었기 때문입니다. 기러기가 허공을 낮게 날면서 울음소리도 처량했습니다. 그리고 멀리 날아가지 않고 주변을 맴돌았습니다. 소신이 활을 튕기자 기러기는 자신을 향해 화살이 날아오는 것으로 지레 겁을 먹고 떨어진 것입니다.'

갱영의 말을 들은 위나라 왕은 고개를 끄덕이며 웃었다고 합니다."

위가는 이야기를 마친 후 계속 말하였다.

"연합군의 대장군으로 임명된 초나라 장군 임무군은 그동안 수차례 진나라와의 전쟁에서 연이어 패하였습니다. 임무군은 활시위 소리에 놀라 땅에 떨어진 기러기의 마음과 같을 것입니다. 진나라 군대만 보아도 벌벌 떨 것입니다. 춘신군께서는 전쟁의 승리를 위하여 임무군을 교체하여주시기 바랍니다."

위가의 말이 너무나 타당한지라 춘신군은 즉시 임무군을 교체하였다. 경궁지조(驚弓之鳥)의 성어가 생긴 연유이다. 즉 화살에 놀란 새가 구부러진 나무만 보아도 놀란다. 혹은 한번 놀란 사람이 조그만 일에도 겁을 내어 위축된다는 뜻이다.

그 이후 더욱 국력을 축척한 춘신군은 북벌을 감행하여 노나라를 정벌하였다. 노나라의 조정은 거(莒) 지역으로 도망가서 명맥만 유지하다가 기원전 249년에 완전히 역사에서 사라졌다. 노나라가 망한 그해 서주(西周)도 진(秦)나라에 의해 멸망하였고 동주(東周)는 그보다 앞선 기원전 255년에 역시 진나라에 의해 망하였다. 주(周)나라 보물이자 천자의 권위를 나타내는 구정(九鼎)은 진나라로 옮겨졌다.

당시 초나라 고열왕에게는 후사가 없어서 초나라 조정은 이 문제로 심각한 상황이었다. 그때 춘신군의 식객 중에 이원(李園)이란 사람이 자신의 여동생을 춘신군에게 인사를 시켰다. 이름이 이언언이라고 하는 이원의 여동생은 미모가 천하절색이었다.

이에 춘신군은 이원의 여동생을 자신의 첩으로 삼았다. 그리고 얼마 되지 않아서 임신을 하였다. 이언언은 춘신군에게 자신이 임신하였다는 얘기를 하면서 한 가지 제안을 하였다.

"초나라 왕에게는 현재 왕위를 이어갈 아들이 없습니다. 왕이 죽으면 그 형제 중 누군가가 다음 왕의 자리에 오르겠지요. 그 형제들도 각자 친한 사람이 있을 것이고 또한 당신도 살아오면서 왕족들에게 예의를 다하지 못한 점도 있었을 것입니다. 당신에게 재앙이 오지 말라는 법도 없습니다. 그러한 측면에서 저를 초나라 왕에게 천거해주지 않으시겠습니까?

하늘의 도움으로 현재 배 속에 있는 아이가 남자아이라면 초나라를 물려받는 왕이 될 것입니다. 이 아이는 당신의 아이입니다.”

춘신군은 그녀가 하는 말을 듣고는 과연 일리가 있는지라 이언언을 고열왕에게 천거하였다. 춘신군이 추천한 이언언을 맞아들인 고열왕은 그녀를 총애하였고 이언언은 곧 사내아이를 출산하였다. 하지만 그 아이는 춘신군의 아이였다. 그리고 이원도 조정에 중용되어 국정에 참여하였다.

그러나 이원의 입장에서 이러한 비밀을 알고 있는 춘신군이 신경 쓰였고 가능하면 춘신군을 제거하고 자신이 조정의 일인자가 되고 싶었다. 춘신군 역시 엄청난 일이 벌어졌기 때문에 불안하였다.

그때 조나라의 현인인 순자(荀子)가 초나라를 찾아와서 춘신군에게 많은 가르침을 주었다. 순자는 춘신군의 천거로 난릉(蘭陵) 지역의 현령(縣令)으로 잠시 봉직하기도 하였다. 순자의 가르침으로 춘신군이 어느 정도 마음의 안정을 찾고 있을 때 그의 식객 중 주영(朱英)이라는 사람이 이원을 조심하라는 경고를 하였다. 주영은 당시 초나라 수도를 진성에서 수춘(壽春)으로 옮기는 작업을 하고 있었다. 본래 초나라 수도인 영(郢)은 진나라에게 빼앗긴 상태였다.

“세상에는 예상외로 찾아오는 복도 있지만 화도 있으니 조심하십시오.”

춘신군은 평소 이원을 대단치 않은 사람으로 여겼기 때문에 주영의 충고를 무시하였다.

"이원은 약하고 여린 사람이다. 나 역시 그를 잘 대해주고 있다."

춘신군은 자신이 이원을 잘 대해주고 있으니 이원 역시 자신에게 해를 끼치지 않을 것으로 생각하였다. 주영은 자신의 말을 귀담아 들어주지 않자 혹여 있을지 모르는 후환이 두려워 춘신군 곁을 떠나버렸다. 주영이 떠난 지 17일이 지난 후 고열왕이 병사하였다.

이원은 자객을 매복시켜 조문하러 궁궐로 들어오는 춘신군을 죽이고, 춘신군의 가족들까지 전부 몰살하였는데 이때가 기원전 238년이다.

춘신군이 죽은 후, 실제적으로는 춘신군의 아들인 태자가 왕위에 오르니 그가 유왕(幽王)이다. 유왕 즉위 후 초나라의 국력은 급격히 내리막길로 향하였는데 유왕 재위 15년 만에 초나라는 멸망하였다.

사마천은 『사기』를 통해 춘신군을 평하였다.

당연히 결단을 내려야 할 때 내리지 못하면 도리어 화를 당한다. 처음에 춘신군이 진나라 소왕을 설득하고, 목숨을 던져 초나라 태자를 본국으로 돌려보낸 것은 밝은 지혜가 있었기 때문이며 훗날 이원에게 죽임을 당한 것은 늙고 심신이 쇠약했기 때문이다.

제(齊)나라 맹상군(孟嘗君). 계명구도(鷄鳴狗盜)와 교토삼굴(狡兎三窟)

제나라 공자인 맹상군(孟嘗君)은 제 위왕(威王)의 손자 뻘이다. 그의 성은 전(田) 씨이고 이름은 문(文)이다. 맹상군의 아버지 정곽군 전영(田嬰)은 제 위왕 때 명장 추기, 전기 등과 함께 제나라의 번영을 이끌어 왔다. 그 후 위왕이 서거하고 선왕이 보위에 올랐는데 그때부터 전영은 11년 동안 재상의 자리에서 국정을 돌보았다. 그는 부인 외에도 수십 명의 첩을 두어서 아들만 400여 명이 되었다. 수많은 아들 중 한 명이 전문 맹상군이었다. 그의 어머니는 방희라는 첩이었다.

전문은 음력 5월 5일에 태어났는데 이날은 양기(陽氣)가 최고로 충만한 날이었다. 전영은 양기가 센 아이는 나중에 자라면 부모에게 해를 끼친다고 생각하여 첩 방희에게 아이를 버리라고 하였다. 그러나 방희는 몰래 아이를 키웠다. 전문이 어느 정도 자라자 방희는 전문을 아버지인 전영에게 인사를 시켰다. 전영은 아들 전문을 보고는 방희에게 불같이 화를 내면서 '아이를 버리라고 하였는데 감히 나의 명을 어긴 이유가 무엇이냐'라고 하였다. 이때 전문이 아버지 전영에게 인사를 올리면서 자신을 버리라고 한 이유를 물었다. 전영이 '양기가 센 아이는 키가 지게문 정도로 자라면 부모에게 나쁜 일이 생기기 때문이다.'라고 대답하였다. 전문은 아버지에게 말하였다.

"사람의 운명은 하늘이 주는 것입니까? 지게문이 주는 것입니까?

만약 하늘이 운명을 결정한다면 아무런 문제가 없고 지게문이 결정한다면 지게문을 높이면 또한 아무런 문제가 없는 것 아니겠습니까?"

전문의 말을 들은 전영은 할 말이 없었다. 그 이후 전문의 현명한 질문과 대답에 전영은 점차 전문을 귀하게 생각하고 중용하였다. 전영의 집에 찾아오는 많은 손님과 식객들을 전문에게 맞이하고 접대하도록 하였는데, 전문은 그 일을 훌륭하게 처리하였고 빈객(賓客)들은 전문을 이구동성(異口同聲)으로 칭송하였다. 그리고 빈객들의 수가 늘어남에 따라 전문의 명성은 천하에 알려졌다. 많은 사람들이 전문을 후계자로 결정하라고 전영에게 말하였다. 전영 역시 자식들 중 전문의 능력이 최고로 뛰어났다고 생각하여 전문을 후계자로 삼고 군(君)의 지위를 주었다. 그가 바로 맹상군이다.

맹상군

맹상군은 후일 아버지의 지위를 이어받아 설(薛) 지역을 하사받고 설군(薛君)이 된 후, 천하의 능력과 재주 있는 사람들을 받아들여 그들을 후하게 대접하면서 함께 의견을 나누었다. 그때 맹상군의 식객은 3천 명이 넘었다. 특히 맹상군은 식객들을 대할 때 신분과 학식에 차별을 두지 않고 모두를 공평하게 대접하였다. 그리고 그들과 함께 같은 공간에서 같은 반찬으로 식사하였다.

그런데 어느 날 한 식객이 자신의 밥과 맹상군의 밥이 다르다고 하면서 화를 내었다. 이에 맹상군은 자신의 밥그릇을 보여 주자 불평하던 식객은 밥을 비교해보니 같다는 것을 알고는 부끄러움에 자결하였다. 이러한 소문이 알려지자 천하의 재능 있는 선비들이 더욱 맹상군을 찾아왔다.

진나라 소왕도 맹상군의 명성을 들었다. 진 소왕은 맹상군을 본인의 곁에 두고 싶어서 먼저 자신의 동생인 경양군(涇陽君)을 볼모로 보내놓고 맹상군을 초대하기로 하였다.

맹상군이 진나라로 떠나려고 하자 그의 식객들 모두 나서서 반대하였다. 당시 소진의 동생 소대(蘇代)도 맹상군의 식객이었는데 그 역시 절대로 가면 안 된다고 만류하였다. 그러면서 목우(木偶)와 토우(土偶)가 서로 싸우는 이야기를 맹상군에게 들려주었다. 이 이야기는 그의 형인 소진이 조나라의 재상 이태(李兌)를 만났을 때 한 이야기이다.

소대는 맹상군에게 말하였다.

"진나라에 들어갔다가 만약에 돌아오지 못한다면 토우의 비웃음을 면하기 어려울 것입니다."

소대의 충고를 받아들인 맹상군은 진나라로 들어가지 않았다.

그 후 제 민왕 25년에 진나라 소왕은 정식으로 맹상군을 진나라에 보내 달라고 요청하였다. 거듭된 진 소왕의 요청에 더 이상 거부를 하지 못하고 제 민왕은 맹상군을 진나라에 가도록 명하였다. 소왕은 맹상군을 보자 그의 넉넉하고 훌륭한 인품에 반해 맹상군을 진나라의 재상으로 삼고자 하였다. 그때 진 소왕의 측근이 소왕에게 진언하였다.

"맹상군이 능력이 뛰어난 사람임에는 틀림이 없으나 그는 제나라 왕족으로 진나라의 재상이 되어서 조정의 일을 처리할 때 진나라의 입장이 아니라 조국인 제나라 입장에서 일을 처리할 것입니다. 그것은 진나라에 손해가 되는 일입니다." 측근의 말에 일리가 있는지라 소왕은 맹상군같이 능력 있는 사람을 곁에 두지 못할 바에야 죽이는 것이 현명한 처사라고 생각하고 맹상군을 감옥에 가두어버렸다.

목숨이 경각에 달린 맹상군은 진 소왕의 후궁인 총희(寵姬)에게 연락을 취하여 자신이 풀려나갈 수 있도록 힘을 써 달라고 부탁하였다. 후궁 총희는 조건을 걸었다. 석방의 대가로 맹상군이 가지고 있는 호백구(狐白裘)를 달라고 하였다.

호백구란 세상에 단 한 벌밖에 없는 옷으로 여우의 겨드랑이 흰털만으로 만든 가죽옷이다. 옷 한 벌 만드는 데 천 마리의 여우가 필요하니 그 값은 천금이나 될 정도였다. 그런데 천하에 단 한 벌밖에 없는 호백구를 맹상군은 진 소왕을 만날 때 선물을 해버린 상태였다. 맹상군은 없는 호백구를 구할 방법이 없었다. 그를 따라온 수많은 식객들과 의논하였으나 누구 한 사람 방안을 내놓지 못하였다.

그때 제일 말석에 앉아 있던 식객이 자기가 호백구를 구해 오겠다고 하였다. 그는 개소리 흉내를 내면서 도둑질을 잘하는 사람이었다. 그 식객은 저녁이 되자 몰래 진나라 궁궐에 숨어들어 가서 호백구를 훔쳐나왔다. 맹상군은 호백구를 총희에게 전달하였고 총희는 진 소왕에게 맹상군을 풀어주기를 간곡히 부탁하였다. 결국 진 소왕은 애첩의 말을 듣고는 맹상군을 풀어주었다. 풀려난 맹상군과 그 일행들은 뒤도 돌아보지 않고 제나라를 향해 말을 달렸다.

해가 진 밤중에 진나라를 빠져 나갈 수 있는 국경 지대의 함곡관에 도착하였다. 미리 준비한 통행증을 가지고 함곡관을 빠져나가려고 하였으나 함곡관의 성문은 열리지 않았다. 진나라의 법에 따르면 함곡관의 성문은 닭이 울어야 열도록 되어 있었다. 한편 맹상군을 풀어준 것을 뒤늦게 후회한 소왕은 맹상군을 다시 잡아오라고 명하였다. 근데 맹상군이 이미 도망간 것을 알게 된 소왕은 군사들을 보내 잡아오도록 하였다. 이러한 급박한 상황에서 맹상군의 식객 중 한 사람이 자기가 성문을 열겠다고 하였다. 이 사람은 다른 재주는 없으나 닭 울음소리 하나만은 기가 차게 똑같이 할 수 있었다. 그 사람이 닭 울음소리를 내자 성 안의 모든 닭들이 같이 울었다. 이에 성문이 열리고 맹상군 일행은 무사히 진나라를 빠져나갈 수 있었다. 이 모든 것이 평소 맹상군이 사람 차별을 하지 않고 누구에게나 공평하고 진심으로 대한 결과라고 할 수 있다.

계명구도(鷄鳴狗盜)라는 성어가 이때 생겨났다.

이렇듯 맹상군의 식객에는 별의별 사람들이 다 모여 있었고 조금의 재주만 있어도 맹상군은 환대하였다. 당시 얼마나 다양한 사람들이 설(薛) 지역의 맹상군 집에 있었는지 사마천의 얘기를 들어보면 짐작이 간다. 사마천이 『사기(史記)』를 적을 때와 맹상군의 시대와는 약 190년의 차이가 있다. 사마천은 설 지역을 방문하였을 때의 분위기를 『사기』에 적었다.

내가 어느 날 설(薛) 지역을 지나가고 있었는데 공자나 맹자의 고향인 노나라나 추나라와는 달리 설 지역의 분위기는 많이 문란하였다. 설읍의 노인에게 그 연유를 물어보니 맹상군 시절에 어진 사람들도 많이 살았지만 간악한 사람들도 여기에 많이 몰려들어 살았기 때문이라고 하였다. 그 얘기를 듣고 보니 당시의 맹상군 식객들의 상황을 짐작할 수 있었다.

우여곡절(迂餘曲折) 끝에 함곡관을 빠져나온 맹상군은 제나라로 가던 중 조나라를 경유했다. 맹상군이 탈출하였다는 소식을 들은 조나라 왕과 조나라의 실권자 평원군이 마중 나와 맹상군 일행을 성대히 맞이하여 주었다. 조나라 백성들도 맹상군을 보기 위해 거리로 나와 맹상군 일행을 구경하였다. 어느 고을을 지나는데 고을 사람들이 맹상군의 모습을 보고는 비웃으며 한마디씩 하였다.

"맹상군이 대단한 장부인 줄 알았는데 소문과는 달리 직접 보니 난쟁이처럼 조그마한 것이 보잘것없이 생겼네."

이 말을 들은 맹상군은 불같이 화를 내면서 부하들을 시켜 고을 전체를 초토화해 버렸다. 맹상군의 또 다른 잔인한 모습을 볼 수 있는 장면이다.

진나라를 탈출하여 제나라로 돌아온 맹상군은 제 민왕의 명에 따라 제나라 재상이 되었다. 진나라에게 원한을 갖고 있던 맹상군은 한나라와 위나라 군대와 연합하여 진나라를 공격하기로 하였는데 군량미가 문제였다. 맹상군은 진나라와 가까이 있는 서주(西周)로부터 군량미를 빌려 문제를 해결하기로 하였다. 당시 주왕실은 서주와 동주로 나누어져 있었는데 본래 주왕실의 천자인 고왕이 자신의 동생인 게(揭)에게 하남 이남의 땅을 주고 공(公)의 칭호를 내렸을 때부터 주왕실은 둘로 나누어졌다. 지금 맹상군이 군량미 문제를 해결하려고 하는 곳은 낙양을 기반으로 하는 서주였다.

이에 식객으로 와 있던 소대가 반대하였다. 한나라, 위나라와 연합하여 진나라를 공격하는 것은 비록 진나라의 세력은 약화되는 장점이 있지만 대신에 한나라와 위나라의 힘이 강대해지기 때문에 결코 제나라 입장에서 득이 될 것이 없다라는 것이 소대의 논리였다. 맹상군은 소대의 의견에 동의하면서 복수를 하기 위한 진나라 공격을 취소하였다.

전쟁을 하고 안하고의 결정을 맹상군이 할 수 있을 정도로 제나라 조정에서 맹상군의 위세는 대단하였다. 오히려 제 민왕보다도 권력이 더 강하였다. 민왕은 이에 대해서 항상 불편한 마음을 가지고 있었고 또한 눈치 빠른 일부의 신하들은 민왕의 불쾌하고 편치 않은 마음을 헤아리고 있었다. 그들 중 한 사람이 맹상군을 반역죄로 민왕에게 고(吿)하였다. 그렇지 않아도 맹상군의 위세에 불안해하던 민왕은 맹상군을 반역죄로 다스리려고 하였다. 또다시 목숨이 경각에 달린 맹상군은 도망쳐서 자신의 봉읍인 설로 내려가 몸을 숨겼다.

맹상군이 설읍에 내려오자 그의 많은 식객들은 뿔뿔이 흩어져 버렸다. 그러나 풍훤(馮諼)이란 사람은 맹상군을 떠나지 않고 어려움을 같이 헤쳐 나갔다. 풍훤은 본래 아주 가난한 사람으로 처음 맹상군을 찾아왔을 때 "무엇을 나에게 가르쳐 주실 수 있습니까?"라는 맹상군의 질문에 다음과 같이 대답하였다.

"맹상군께서 인재를 아끼신다는 소문을 듣고 가난한 한 몸을 위탁하러 왔습니다."

맹상군은 그를 3등 숙소에 머물게 하였다. 열흘이 지난 후 숙소 관리인에게 그의 동향을 물었다. 관리인이 대답하였다.

"그 손님은 매우 가난하여 칼 한 자루만 갖고 있을 뿐입니다. 그것도 칼자루에 새끼줄을 감은 보잘 것 없는 검입니다. 최근에는 손으로 칼을 두드리면서 '내 밥상에는 고기가 없구나, 장검(長劍)아 이제 돌아갈까나' 하는 노래를 부르고 있습니다."

관리인의 말을 들은 맹상군은 풍훤을 1등 숙소로 옮기게 하고 수레 한 대를 보내주었다. 그래도 풍훤은 만족하지 못하고 살 집이 없다면서 노래를 부르고 무위도식(無爲徒食)하면서 일 년이란 세월을 그렇게 보냈다. 그 당시에 풍훤은 보잘것없는 식객에 불과하였다.

설읍의 백성들은 맹상군이 내려오자 대대적으로 환영하였다. 남녀노소 할 것 없이 모든 백성이 맹상군을 맞이하기 위해 백 리 밖에까지 미리 나와 기다리고 있었다. 백성들이 맹상군을 열렬히 환영하는 데는 과거의 한 사건으로 인한 사연이 있었다.

과거 맹상군은 설읍에서 나오는 수입으로 많은 식객들을 관리해 왔는데 그 수입이라는 것이 사실은 맹상군이 설읍의 백성들을 상대로 사채업을 하였던 것이다. 그런데 설읍의 백성들의 사정이 어려운 관계로 원금과 이자를 잘 내지 않아서 맹상군은 식객들을 잘 부양할 수가 없었다. 맹상군은 식객들 중 장부에 익숙한 사람을 찾았다. 그때 풍훤이 자신이 장부에 익숙하다 하며 나섰다. 맹상군은 풍훤을 설에 내려보내며 빚을 거두어 오라고 하였다. 풍훤은 설로 떠나기 전에 맹상군에게 인사를 하면서 물었다.

"밀린 원금과 이자를 다 받으면 무엇을 사올까요?" 그러자 맹상군은 우리 집에 없는 것이 무엇인가 보고 집에 없는 것을 사오라고 하였다. 설에 도착한 풍훤은 빚을 갚지 않은 모든 백성들을 한곳에 모이게 한 다음 빚을 갚으라고 하였다. 그러고는 당장 그 자리에서 빚을 갚는 백성들에게 받은 돈으로 술과 고기를 사서 모인 백성들에게 먹였다. 그리고 도저히 빚을 갚을 수 없는 처지인 백성들에게는 차용증(借用證)을 받은 후 그들이 보는 앞에서 차용증을 불살라 버렸다. 백성들은 영문을 모르고 어리둥절하였다. 그때 풍훤은 백성들을 향해 말하였다.

"이 모든 것이 맹상군의 말씀에 따라 행한 것이다. 맹상군께서 여러 백성들에게 돈을 빌려준 이유는 백성들이 그 돈을 밑천으로 하여 생업을 꾸려나갈 수 있도록 함이다. 이자를 청구한 것은 식객들을 관리할 돈이 필요했기 때문이다.

여유가 있는 백성들은 다시 빚을 갚을 수 있는 날짜를 약속하고 가난하여 도저히 갚을 능력이 안 되는 백성들의 차용증서는 조금 전에 본 것처럼 불태워버렸다. 모두 걱정 말고 오늘 준비한 음식들을 마음껏 먹으면서 맹상군의 인자하심에 감사하자."

풍훤의 말을 들은 백성들은 환호하면서 맹상군의 배려에 감사하였다. 풍훤은 빈손으로 제나라로 돌아갔다. 풍훤을 맞이한 맹상군은 밀린 빚을 모두 받아왔는지 물었다. 풍훤이 모두 받아왔다고 하자 그럼 그 돈으로 무엇을 사 왔냐고 다시 물었다. 풍훤은 이렇게 대답하였다.

"집에 없는 것을 사오라 하신 말씀에 따라 출발 전에 대감의 집을 면밀히 둘러보았는데 집안에는 금은보화와 성색견마(聲色犬馬) 등 없는 것이 없었습니다(聲:가무를 뜻함. 色:여자를 뜻함. 犬:사냥개를 뜻함. 馬:승마를 뜻함. 즉 부자들의 생활상을 비꼬아 말할 때 쓰는 말임).

다만 소신이 보기에 은혜(恩惠)와 의(義)라는 것이 없어 돈 주고 사기도 힘든 은혜와 의를 사 왔습니다." 맹상군이 의아해하면서 물었다. "은혜와 의를 사오다니 그것이 무슨 말이오?"

풍훤이 대답하였다.

"대감께서는 지금 갖고 있는 것이 설(薛) 땅밖에 없는데도 불구하고 설읍의 백성들을 포용하지 않으시고 오히려 그들로부터 이득을 취하려 하십니다.

그래서 소신은 그들의 밀린 빚을 모두 면제해주었습니다. 그리고 대감의 명이라고 백성들에게 말하였습니다. 설읍의 모든 백성들이 대감을 칭송하며 기뻐하였습니다. 바로 이것이 은혜(恩惠)와 의(義)를 사온 것이 아니겠습니까?"

맹상군은 달리 할 말이 없었다.

그 후 설읍에서 모든 백성들로부터 지극한 환영을 받은 맹상군은 곁에 있는 풍훤에게 웃으면서 한마디 하였다.

"오늘에야 그대가 나에게 사준 은혜와 의를 보게 되었습니다."

맹상군의 감사 인사에 풍훤이 대답하였다.

"영리한 토끼는 도망갈 구멍을 세 개나 파 놓는다고 합니다. 이렇게 설읍 백성들의 민심을 얻은 것은 한 개의 굴을 뚫은 것에 불과합니다. 아직 고침무우(高枕無憂: 베개를 높이 베고 편안하여 근심이 없음)를 즐길 여유가 없습니다. 대감을 위해 소신이 나머지 두 개의 굴을 뚫어 놓겠습니다."

풍훤은 위나라의 혜왕(惠王)을 찾아갔다. 당시 위나라는 제나라와 격렬한 세력 다툼을 하는 상황이었다. 풍훤은 위 혜왕에게 맹상군을 천거하면서 맹상군에게 위나라의 조정을 맡기면, 위나라는 제나라를 제압할 수 있을 뿐만 아니라 부국강병이 실현되어 천하의 강국이 될 수 있다고 주장하였다.

위 혜왕은 맹상군의 명성은 이미 익히 알고 있던 바, 풍훤의 말을 듣고 맹상군에게 사람을 보내 정중히 초청하였다. 하지만 세 번에 걸친 위 혜왕의 부름에도 맹상군은 응(應)하지 않았다. 풍훤이 위 혜왕의 요청에 응하지 말 것을 이미 맹상군에게 말해놓았기 때문이다. 이러한 소문을 들은 제 민왕은 자신의 잘못을 뉘우치고 급히 맹상군에게 사람을 보내 궁궐로 들어오라 하였다. 그리고 맹상군을 다시 재상의 자리에 앉혔다. 맹상군이 제나라 재상으로 다시 임명되자 풍훤은 맹상군과 함께 제나라로 들어갔다.

그리고 제나라 민왕을 설득하여 제나라 종묘를 설(薛) 땅에 세우게 하였다. 그 결과 제나라 조정의 그 누구도 맹상군의 봉읍인 설 지역을 함부로 하지 못하였다. 풍원이 기획한 세 번째의 굴이었다.

이를 두고 사람들은 교토삼굴(狡兔三窟)이라 하였다. 즉 영리한 토끼는 나중의 위급한 상황을 대비하여 도망갈 구멍을 세 개 파놓는다는 뜻이다. 풍훤은 훗날 맹상군이 죽은 후 위나라로 들어가서 신릉군을 보필하였다.

풍훤의 지략에 의해 맹상군은 다시 제나라 재상이 되었다.

그 후 기원전 286년 제 민왕은 숙원이던 송나라 정벌에 성공하였다. 송나라를 복속시킨 민왕의 기세는 하늘을 찌를 듯하였다. 그리고 과거처럼 맹상군을 의심하면서 홀대하였다. 또다시 신변의 위협을 느낀 맹상군은 몸을 피해 위나라로 도망갔다. 위 소왕(昭王)은 맹상군을 재상으로 삼았다. 위나라 재상이 된 맹상군은 진(秦), 조(趙), 연(燕)나라와 연합하여 제나라를 공격하였다. 연나라 장군 악의와 맹상군이 주축이 된 연합군에 대패한 제 민왕은 거(莒) 땅으로 도망갔다.

그러나 그는 결국 그곳에서 자신을 구하러 온 초나라 장군 요치에게 비참하게 생을 마감하였다.

제 민왕이 죽은 후 양왕(襄王)이 즉위하였는데 제나라의 국력이 예전 같지 않음을 알고 있는 양왕은 맹상군에게 예의를 지키며 낮은 자세를 취하였고 주변 다른 나라에도 겸손한 자세로 화친을 도모하였다. 그때부터 맹상군은 더 이상 제나라를 공격하지 않고 천하를 관망하였다. 후일 맹상군, 즉 전문이 죽고 난 후 제 양왕은 그에게 맹상군(孟嘗君)이란 시호를 내렸다.

그런데 그가 죽자 그의 후계를 두고 자식들 간의 싸움이 치열하였는데 그런 혼란한 틈을 보고 제나라와 위나라가 함께 설 지역을 공격하여 멸망시켜버렸고 맹상군의 후손들은 멸족을 당하였다. 결국 맹상군은 어리석은 자식들과 제가(齊家)를 하지 못한 자신의 부족함 때문에 가문의 후사(後嗣)를 이어가지 못하게 되었다.

조(趙)나라 평원군(平原君). 모수자천(毛遂自薦)과 낭중지추(囊中之錐)

조(趙)나라 공자 평원군 조승(趙勝)은 조나라 6대 무령왕(武靈王)의 아들이자 혜문왕(惠文王)의 이복형이다. 평원군은 혜문왕과 효성왕 2대에 걸쳐 세 번이나 재상의 자리에 올랐을 정도로 인품과 능력이 출중하여 조나라 백성들의 존경을 한몸에 받았다. 당시 조나라 사람들이 즐겨 부르던 노래 중에 제나라에 맹상군이 있다면 우리 조나라에는 평원군이 있다라는 가사가 있을 정도로 조나라 백성들은 평원군을 자랑스럽게 생각하였다. 평원군의 아버지인 무령왕은 후궁 맹요(孟姚)에게 빠져 맹요가 낳은 하(何)를 태자로 삼았다. 맹요는 오광(吳廣)의 딸로 본래 이름은 왜영이었다. 왜영은 스스로 순(舜)임금의 자손이라 자처하며 이름을 맹요로 바꾸었다.

조 무령왕은 평소 꿈에 거문고를 타는 아리따운 여자를 보았다고 자주 이야기를 하였다. 그러고는 꿈속에 나온 여자를 언젠가는 만날 수 있을 것이라고 얘기하였다. 무령왕의 얘기를 들은 오광이 자신의 딸인 맹요를 무령왕에게 보여주자 무령왕은 꿈속의 여자가 바로 이 여자다라고 하면서 극진히 총애하였다. 무령왕은 몇 년 동안을 맹요가 있는 궁에서 머물렀다고 한다. 이후 맹요가 혜후(惠后)에 봉해지고 아들을 낳으니 그 이름이 하(何)이고 훗날의 혜문왕이다.

무령왕은 맏아들 공자 장(章)을 폐위하고 하를 태자로 책봉하였다. 큰 잘못이 없는 태자 장을 폐위하고 후궁 맹요가 낳은 갓난아기를 은근슬쩍 태자로 책봉하기 위해서 무령왕은 극단적인 조치를 취하여 백성들과 조정 신료들의 관심사를 다른 곳으로 돌리기로 작정하였다. 그래서 무령왕은 조정 신료들은 물론이고 전 백성들에게 호복(胡服) 착용을 명하였다. 조정 신료들의 극렬한 반대에도 불구하고 호복 착용은 실시되었고 그러한 와중에 큰 분란 없이 태자의 자리는 후궁 소생인 하의 차지가 되었다. 호복 착용은 실제적으로는 무령왕의 개혁 정신을 보여주는 것이며, 호복 착용으로 인해 백성들의 생활 전반이 편해졌고 말을 타고 달리기, 활쏘기 등등 군사적으로도 활용도가 높아 조나라의 부국강병을 이끄는 조치가 되었다. 전국시대 최초로 기마병을 육성하고 전투에 활용한 첫 번째 나라가 바로 조(趙)나라였다.

그때가 기원전 295년경 무령왕 시대로 조나라는 인접한 누번(樓煩) 민족으로부터 기마 전술을 배웠다. 그렇게 창설된 기마 부대와 호복 착용으로 군사 대국이 된 조나라는 세력이 약화되어 가는 제나라를 대신하여 진나라에 대항하며 천하를 호령(號令)하는 위치에까지 이르렀다.

무령왕은 사랑하는 혜후 맹요가 이른 나이에 죽자 왕위를 어린 태자 하에게 물려주고 주부(主父)라는 직위를 신설하여 섭정(攝政)을 하였다. 그 후 무령왕은 조나라를 둘로 나누어 한 곳은 태자인 하(何), 즉 혜문왕에게 주고 다른 한 곳은 정실 소생인 공자 장에게 주기로 마음먹고 자식 중 제일 똑똑한 조승을 불러 의견을 물었다. 조승은 진(晉)나라가 분열된 이유와 정나라가 형제간의 분쟁으로 형이 동생을 죽인 정 장공(鄭 莊公) 사건을 얘기하면서 불가함을 말하였다. 그후 왕권을 두고 벌어진 내분 과정에서 무령왕과 공자 장은 숙부인 이태와 성(成)에게 비참한 죽음을 맞이한다.

그 후 권력을 모두 가지게 된 혜문왕은 조승의 도움에 감사하며 평원 땅을 하사하면서 평원군(平原君)에 봉하였다. 그때부터 조승은 평원군으로 불렸다.

평원군의 집은 사시사철 수천 명의 식객들로 북적거렸는데 평원군으로 봉해진 뒤에는 식객들의 숫자가 더욱 늘어갔다. 천하 사람들은 평원군을 제나라 맹상군에 비교하여 말하였다. 사람을 좋아하고 인재를 아끼는 평원군의 마음에 천하 인재들은 수시로 찾아들었다. 수많은 식객들 중에 절름발이 한명이 있었는데 절뚝거리며 걸어가고 있는 모습을 보고 평원군의 애첩인 설애가 깔깔대며 비웃었다.

자존심이 상하고 화가 난 식객은 평원군을 찾아가서 자신을 보고 비웃은 애첩을 죽여달라고 하였다. 평원군은 아무 생각 없이 그렇게 하겠다고 하였다. 그러고는 한번 비웃었다고 사람을 죽여 달라고 하다니 미친놈 아닌가? 속으로 생각하였다.

당연히 평원군은 약속을 잊어버리고 애첩 설애를 죽이지 않았다.

그런 일이 있고 난 후 평원군의 집 식객들이 눈에 띄게 줄어들기 시작하였다. 평원군은 의아해하면서 떠나려는 한 식객에게 이유를 물었다. 그 식객은 이렇게 대답하였다. "평원군께서는 자신이 한 약속마저도 지키지 못하는 분입니다. 그런 분을 어떻게 믿고 나를 맡길 수 있겠습니까?"

평원군은 그때야 절름발이 식객과 자신이 한 약속이 생각났다. 평원군은 떠나려는 식객들을 잡고 자신의 잘못을 인정하면서 애첩 설애를 처형하였다. 그러자 떠났던 식객들이 다시 모여들었다.

이 사건을 전해 들은 진나라에서는 평원군을 진나라 재상으로 모시려고 하였으나 조정 신료들의 평이 맹상군이 더욱 훌륭하다고 하여 맹상군을 초청하기로 하였던 것으로 전해진다. 전국 사공자 중에서도 귀공자로 평가받은 평원군은 현명한 사람이나 역사적으로는 그다지 능력 있는 사람으로 평가를 받지 못하였다. 평원군의 잘못된 판단으로 장평 대전이 일어났고 장평 대전에서의 큰 패배는 조나라가 망하는 지름길이 되어버렸다. 평원군은 위나라 공자인 신릉군과 처남 매부 사이로 신릉군의 누이가 평원군의 아내였다.

조나라 효성왕 7년 때, 진나라 소왕의 군대가 조나라를 침범하여 수도인 한단(邯鄲)을 포위하여 3년 동안 공격을 하였다. 한단이 함락될 위기의 순간에 평원군이 나서서 위나라의 신릉군과 초나라 춘신군의 군대를 지원받아 진나라 군대를 격파하고 한단의 포위를 풀고 조나라를 구한 일이 있었다. 위 신릉군은 위나라 왕의 허락도 없이 왕명을 사칭하면서까지 평원군을 도우러 출정하였다.

신릉군은 위나라 장수 진비(晉鄙)의 휘하 군대를 이끌고 한단으로 향하였다. 이때 평원군이 초나라에 구원을 요청하기 위해 같이 갈 사람 20명을 선발하였는데 20명 중 19명은 결정되었는데 한 명이 부족하여 고민하던 중, 식객 중 모수(毛遂)라는 사람이 스스로를 추천하며 따라나서길 원했다(모수자천: 毛遂自薦).

"평원군께서 초나라와 합종을 하여 현재의 위급한 상황을 타개하고자 하시는데 예정된 인원보다 한 명이 부족한 바 소신을 데려가주시길 부탁드립니다."

모수를 처음 본 평원군은 선발하기를 주저하면서 말하였다.

"어진 선비가 세상에 존재한다는 것은 주머니 속에 송곳을 넣어둔 것과 같은 것으로 금방 송곳의 끝이 드러나기 마련인데……(낭중지추: 囊中之錐). 모수 당신이 식객으로 삼 년 동안이나 우리 집에 있었다면서 어찌하여 단 한 번도 나의 눈에 띄지를 않았는지 모르겠으며 나를 포함하여 주변 사람들 누구도 모수 선생을 칭송하는 소리를 들은 적도 없고 하여 선생의 재능을 의심하지 않을 수가 없습니다. 그리하여 모수 선생은 동행하기가 힘들겠습니다."

모수가 머리를 조아리며 대답하였다.

"평원군께서 나를 주머니에 일찍 넣어두었더라면 벌써 주머니를 뚫고 나왔을 뿐만 아니라 아마 지금쯤은 송곳의 자루까지 튀어나왔을 겁니다."

결국 모수도 동행하기로 하고 출발하였다.

초나라에 도착한 평원군 일행은 초나라와 조나라의 합종을 위해서 연일 회의를 하였으나 서로의 이해득실(利害得失)이 달라 좀처럼 합의점을 찾지 못하고 있었다. 이때 모수가 칼을 들고서 단(壇) 위에 올라가서 평원군을 보고 한마디 하였다.

"합종의 의미와 이해는 두 마디 말, 즉 이로운 것인지, 해로운 것인지로 충분한데 지금까지 결정하지 못한 것은 무슨 이유입니까?"

초나라 왕이 큰소리로 꾸짖었다.

"너는 무엇 하는 사람이기에 내가 너의 주인과 함께 얘기를 하고 있는데 감히 단 위에까지 올라와서 무례하게 구느냐? 이 사람은 누구요?"

평원군이 대답하였다. "저의 가신(家臣)입니다." 모수는 들고 있는 칼을 어루만지면서 초나라 왕 앞으로 걸어가며 말하였다.

"대왕께서 소신을 나무랄 수 있는 것이 여기에 초나라 군사들이 많이 있다고 생각하셨기 때문이겠지요. 그러나 그것은 큰 착각입니다. 지금 열 걸음 안에는 초나라 사람이 없습니다. 대왕과 소신밖에 없습니다. 즉 대왕의 목숨은 소신의 손에 달려 있습니다. 우리 주군이 앞에 계시는데 저를 꾸짖는 것은 무슨 도리입니까?

은나라의 탕왕은 70여 리의 땅만으로도 천하의 주인이 되었고, 주나라 문왕은 백여 리의 땅만으로 천하를 호령하며 제후들을 복종시켰습니다. 그것은 자신의 위엄으로 세력을 펼친 것이지 많은 병사들로 이루어진 것이 아닙니다.

지금 초나라의 영토는 사방 5천 리에 달하고 삼지창을 들고 있는 병사가 백만입니다. 이러한 초나라의 강대함을 잘 이용하면 천하에서 초나라를 대적할 나라는 없을 것입니다. 하찮은 필부(匹夫)에 불과한 백기는 고작 수만의 병사들을 이끌고 와서 초나라와 한 번의 전투에서 언(鄢) 지역과 영(郢) 지역을 탈취하였고 두 번째 전투에서 이릉을 불지르고 세 번째 전투에서 대왕의 선조를 크게 욕보였습니다. 이러한 일들은 영원히 잊지 못할 치욕이자 원한으로 저의 조나라에서조차 치욕으로 받아들이고 있습니다. 그런데 대왕께서는 이러한 원한을 되돌려줄 생각도 안 하십니다. 두 나라의 합종은 조나라를 위한 것이 아니라 초나라를 위한 것입니다."

모수의 논리적인 열변에 초나라왕은 승복을 하고 합종을 맹세하였다.

모수는 단(壇) 위에서 큰소리로 말하였다.

"닭과 개 그리고 말의 피를 갖고 오시오."

모수는 피가 들어 있는 그릇을 구리로 만든 쟁반에 받쳐들고 초나라 왕에게 올렸다. 그리고 평원군에게도 올리고는 합종의 약속으로 피를 마시게 하였다. 그리고 자신도 피를 마셨다.

모수는 피를 마신 후 돌아서서 19명의 수행원들에게도 피를 마시게 하였다.

그리고 19명을 보고 말하였다.

"여기 19명은 보잘것없는 사람들입니다. 자신의 능력이 아닌 다른 사람의 힘으로 일을 성사시키는 사람들입니다."

평원군은 말하였다. "이제는 선비의 재능과 사람됨을 함부로 아는 체하지 않겠습니다."

그러고는 모수를 상객(上客)으로 삼았다.

모수자천(毛遂自薦), 낭중지추(囊中之錐)란 성어가 생겨난 연유이다.

평원군이 조나라에 돌아가서 초나라와 위나라의 구원병을 애타게 기다리며 한단을 수비하고 있는데, 진나라의 공격은 날로 거세져 한단의 함락은 시간 문제였다. 그때 관청 소속의 여관을 관리하는 자의 아들이 평원군을 찾아왔다. 그의 이름은 이동이었다. 그가 평원군에게 말하였다.

"백성들은 먹을 것도 없고 땔감도 없습니다. 그래서 서로의 자식을 바꾸어 먹고 있으며 시체의 뼈로 땔감을 하는 극도로 어려운 상황인데 조정의 신료들과 평원군은 호사스러운 생활을 하고 있습니다. 첩들이 백여 명에 달하고 노비들까지 비단옷과 쌀밥 고기로 호의호식(好衣好食)하고 있는 실정입니다. 이러한 상황에서 백성들과 군사들이 목숨을 바쳐 전투에 임하겠습니까? 첩들과 노비들 즉 집안의 모든 식솔들을 군사들과 함께 생활하도록 하며 집안의 곳간을 열어 백성들과 군사들에게 나누어 주면 백성들과 군사들의 사기가 크게 오를 것입니다."

정신이 번쩍 든 평원군은 이동의 말에 따라 첩들을 포함하여 전 식솔들에게 무장을 하도록 하니 삼천 명에 달하는 결사대가 결성되었다. 백성들과 군사들은 평원군의 솔선수범(率先垂範)에 감동을 하였고 또한 배가 부르자 사기가 충천하여 이후 벌어진 전투에서 진나라 군사들을 한단 삼십 리 밖으로 쫓아낼 수 있었다. 하지만 결사대를 이끈 이동은 전사하였고 평원군은 이동의 아버지를 이후로 봉해 보답하였다.

그 이후 도착한 초나라와 위나라의 구원병에 힘입어 평원군은 진나라 군사들을 물리치고 조나라를 구하였다. 평원군은 조 효성왕 15년에 사망하였다.

위(魏)나라 신릉군(信陵君). 절부구조(竊符求趙)

신릉군은 위나라 소왕(昭王)의 막내아들이자 안리왕(安釐王)인 어(圉)의 이복동생이다. 그리고 이름은 무기(無忌)이다. 어가 위나라 왕이 된 시점의 위나라 재상은 맹상군이었다. 신릉군은 성품이 겸손하며 의리가 있는 사람으로 명성이 자자하였다. 또한 사람을 차별하지 않고 천하의 인재들을 귀하게 여겨 그의 집에는 항상 3,000명이 넘는 식객들로 북적거렸다.

어느 날 신릉군과 안리왕이 함께 바둑을 두고 있을 때 신하가 급히 들어와서 보고하였다.

"북쪽 국경에서 봉화가 올랐는데 아마도 조나라 군대가 국경을 넘어와서 공격해 들어오는 것 같습니다."

당황하면서 바둑을 접으려고 하는 안리왕을 보고 신릉군이 한마디 하였다.

"조나라 왕이 사냥을 하러 나온 것이지 우리나라를 침략하는 것이 아닙니다." 그리고 바둑을 계속 두라고 하였다.

신릉군의 말을 듣고도 마음이 놓이지 않은 안리왕은 신하들에게 좀 더 확실하게 알아보라고 지시하였다. 잠시 후 신하들이 보고하는데 과연 신릉군의 말처럼 조나라 왕이 사냥하러 나온 것을 군사들이 잘못 파악하고 보고한 것이었다.

안리왕은 어떻게 신릉군이 알았는지 궁금하여 물어보았다.

그러자 신릉군이 대답하였다.

"저의 부하 중에 매일 조나라 왕의 근황을 알려주는 사람이 있습니다."

신릉군의 정보력에 놀란 안리왕은 그때부터 신릉군의 능력을 두려워하며 신릉군에 대한 경계를 늦추지 않았다.

많은 식객 중에 후영(侯嬴)이란 나이가 많은 사람이 있었는데 그는 본래 대량성 성문을 지키는 보잘것없는 문지기였다. 그의 인품과 덕망이 훌륭하다는 소문을 들은 신릉군이 그를 가까이 두고자 예의를 갖추어 그를 찾아갔다. 그러나 후영은 신릉군이 보낸 선물도 받지 않고 세상에 나오기를 스스로 거부하였다. 하지만 결국 신릉군의 끈질기고 지극한 요청에 마침내 후영은 신릉군의 집으로 왔다.

신릉군과 함께 마차를 타고 신릉군의 집으로 가는 도중에 후영은 마차를 잠시 세우고 시장에서 푸줏간을 하는 지인과 만나 오랫동안 이야기를 하였다. 마차에서 기다리고 있던 신릉군은 얼굴 한번 찡그리지 않고 태연하게 기다렸다.

시장에 나온 많은 사람들이 그 광경을 보고 있었다.

마침내 신릉군의 집에 도착하여 많은 식객들과 함께 술자리를 하였는데, 후영은 그 자리에서 신릉군에게 말하였다.

"오늘 저는 공자님을 위하여 할 일을 다하였습니다. 공자께서는 손수 수레를 몰고 와서 보잘것없는 문지기에 불과한 저를 태우러 오셨습니다. 시장 한가운데서 저는 친구를 핑계 삼아 일부러 공자님을 오랫동안 기다리게 하였습니다.

그래도 공자께서는 기분 나쁜 표정 없이 저를 기다려 주었습니다. 시장에 있던 많은 사람들은 그 모습을 보고서는 공자님을 기다리게 한 저를 소인배라 욕하고, 하찮은 저를 조용히 기다려 주신 공자를 대인배라고 칭송하였습니다."

이 말을 들은 신릉군은 후영을 상객으로 대접하였다.

당시 천하는 진나라의 세력 확장으로 모든 나라가 불안에 떨고 있었다. 진나라는 조나라와의 장평 대전에서 대승한 후 그 기세를 몰아 조나라 수도인 한단을 공격하여 들어갔다. 진나라 군사에 의해 한단이 포위된 조나라는 국운이 위태하였다. 이에 조나라 평원군이 위나라에 지원병 요청을 하였다. 초나라에서도 지원병이 출정할 것이라는 소문을 들은 위 안리왕은 지원병을 출정시켰다. 위나라 군대의 대장은 진비(晉鄙) 장군이었다. 위나라가 출정한다는 정보를 들은 진나라에서는 위나라에 사신을 보내, 만약 조나라를 구원하기 위해 군대를 출정시킬 경우 조나라를 멸망시킨 후 반드시 위나라를 공격할 것이라며 위협하였다. 진나라의 협박에 겁이 난 안리왕은 진군하는 진비 장군에게 전령을 보내 진군을 멈추도록 하였다. 진비가 이끄는 위나라 군대는 업성(鄴城)에 머물면서 그냥 대치만 하고 있었다.

조나라는 위기에 몰렸고 애가 탄 조 효성왕과 평원군은 다시 한 번 신릉군에게 지원을 요청하였다. 신릉군은 안리왕에게 수차례 진 언하였지만 안리왕은 꿈적도 하지 않았다. 신릉군은 할 수 없이 식 객들에게 말하였다.

"대왕께서는 조나라를 구원하는데 주저하고 계시니 내가 한단으 로 가서 죽음을 무릅쓰고 싸울 수밖에 없는 것 같다."

식객들은 함성을 지르며 신릉군을 따르겠다고 하였다.

그때 후영이 나서서 조용히 말하였다.

"이렇게 전투에 나가신다면 범의 입에 고기를 던져주는 것과 같습 니다. 위(魏)나라의 병부(兵符)가 대왕의 침실에 있는 것으로 알고 있 습니다. 그렇다면 병부를 몰래 갖고 나올 수 있는 사람은 후궁 여희 (如姬)밖에 없습니다. 과거 여희의 부친이 억울하게 피살되었을 때 공 자께서 여희를 도와 원수를 갚도록 도와주셨습니다. 여희는 지금까 지도 공자께 감사한 마음을 가지고 있을 것입니다. 여희더러 병부를 몰래 가져오도록 하십시오.

그리고 그 병부를 가지고 진비의 진영으로 가서 진비에게 한단으 로 공격해 들어가도록 명령하십시오. 그렇지 않고 지금 공자께서 하 고자 하는 방법은 헛된 죽음을 가져올 뿐입니다."

후영의 말을 들은 신릉군은 여희에게 사람을 보내 병부에 관한 얘 기를 하면서 도움을 요청하였다. 평소 신릉군을 존경하며, 과거의 고마움을 잊지 않고 있던 여희는 두말없이 신릉군의 요청에 응(應)하 였다. 그날 밤 여희는 무사히 병부를 훔쳐서 신릉군에게 전달하였 다. 후영이 또다시 말하였다.

"장수가 전장에 있을 때는 상황에 따라 왕의 지시도 거부할 수가 있습니다. 만약 병부를 보여주었음에도 진비가 공격을 거부한다면 어떻게 하시겠습니까? 저의 친구 중에 주해(朱亥)라고 하는 사람이 있는데 힘으로 천하에 그를 대적할 사람이 없습니다. 공자께서는 그를 데리고 가십시오. 그리고 진비 장군이 말을 듣지 않으면 주해를 시켜 진비를 없애버리십시오."

신릉군이 병부를 가지고 진비 장군이 진을 치고 있는 업성에 도착하여 병부를 보여주면서 지휘권을 내어놓아라 하였다. 예상대로 진비는 병부를 만지작거리며 대답을 하지 않았다. 그때 신릉군의 옆에 있던 주해가 소매 속에 감추고 있던 40근의 철퇴를 꺼내어 들었다.

그리고 "어명을 거역하고 반역을 하려고 하는가?" 하면서 번개같이 진비의 머리를 내리쳤다. 진비 장군을 죽인 후 신릉군은 위나라 정예병 8만 명을 이끌고 진나라 군대를 공격하였다.

예상치 못한 위나라의 공격과 동시에 성문을 열고 나온 조나라 평원군의 공격에 진나라 군대는 한단을 뒤로 하고 물러났다. 여기에서 절부구조(竊符救趙)라는 성어가 생겨났다. 즉 병부를 훔쳐 조나라를 구하다라는 뜻으로 큰 목적을 달성하기 위해서는 절차나 정리(情理) 등을 무시한다라는 의미이다.

조나라를 구해준 신릉군은 위나라 왕명을 거역하고 빙자한 죄목으로 위나라로 돌아가지 못하고 조나라에 10년 동안 머물러 있어야 하였다. 조나라에서는 구국의 은인인 신릉군을 극진히 대접하였다.

조 효성왕은 신릉군에게 절을 하면서 감사의 말을 하였다.

"옛날부터 지혜로운 사람들이 많이 있었지만 아직까지 공자만 한 사람은 없었습니다."

조 효성왕과 평원군은 신릉군에게 4개의 읍을 하사하여 조나라에 있을 동안 제후로 살 수 있도록 조치하는 봉작(封爵)을 추진하였다.

그러나 신릉군의 식객들은 봉작의 소식을 듣고는 자신들은 상을 받자고 신릉군을 도와 전투에 임한 것이 아니고 신릉군 역시 의(義)를 위해 군사를 일으킨 것인데 만약 봉작을 받게 된다면 우리 모두 한낱 용병에 불과한 것이 된다고 하면서 반대를 하였다. 신릉군도 식객들의 말이 맞는지라 봉작을 정중히 거절하였다.

신릉군은 평소 사람을 대함에 차별을 두지 않고 귀천을 따지지 않았는데 마침 조나라에 모공(毛公)과 설공(薛公)이라는 처사가 숨어 지낸다는 것을 듣고는 그들을 만나고자 백방으로 알아보았다. 당시 모공은 도박꾼들 사이에 숨어 지냈고 설공은 술도가에 숨어 지내고 있었다. 신릉군을 만나지 않으려는 두 사람을 우여곡절 끝에 만난 신릉군은 이들과 담소(談笑)를 하면서 즐거운 시간을 보냈다.

신릉군의 이러한 행태를 들은 평원군은 자신의 아내에게 말하였다.

"부인의 동생인 신릉군을 나는 평소에 존경하며 천하에 누구와도 비교할 수 없는 현인이라 생각하고 있었는데 도박장과 술도가 같은 곳에서 생활하는 시정잡배(市井雜輩)들과 어울려 지낸다는 소문을 들었습니다. 무척 부끄러운 일입니다. 도대체 신릉군은 정신이 있는 사람인지 모르겠습니다."

평원군의 부인이 신릉군에게 그 말을 그대로 전달하였다. 누이의 말을 들은 신릉군은 그 자리에서 작별을 고하면서 말하였다.

"나는 평원군을 지혜가 있는 사람이라고 생각했습니다. 그런 연유로 나는 위나라 왕의 명령을 거부하면서까지 조나라를 구하기 위해 최선을 다하였습니다. 지금 알고 보니 평원군의 사람을 사귀는 방법이 겉모습만 호탕하게 보일 뿐, 진정한 선비를 사귀려 하는 마음은 없는 것 같습니다.

과거 내가 위나라 대량에 살 때부터 이들 두 사람에 관한 얘기를 많이 들어온지라 조나라에 있을 때 한번 만나보고 싶었습니다. 오히려 그들 두 사람이 나를 싫어하면 어찌하나 걱정을 하였습니다.

그들과 사귀고 만나서 담소하는 것이 남들 보기에 부끄럽다고 생각하는 평원군의 생각과 사람 보는 안목이 부족한 것 같습니다."

부인으로부터 신릉군의 말을 전해 들은 평원군은 자신의 잘못을 인정하며 관(冠)을 벗고 신릉군을 찾아가 용서를 구하면서 조나라를 떠나지 말 것을 부탁하였다. 이러한 얘기를 전해 들은 평원군의 식객 중 대부분은 신릉군을 찾아가 몸을 의탁하였고, 천하의 선비들도 신릉군을 찾아 모여들었다.

세월아 흘러 진나라에서는 장양왕(莊襄王)이 즉위하고 여불위(呂不韋)가 승상이 되자 바로 위나라를 침공하였다. 막강한 진나라 군대의 위세에 두려움을 느낀 위 안리왕은 조나라에 있는 신릉군에게 귀국을 명하는 편지를 보냈다. "지난날 아우는 위급함에 처한 조나라를 그냥 두고만 볼 수가 없어 위나라의 병부까지 훔쳐 조나라를 구해주지 않았는가? 그런데 지금은 조국인 위나라가 진나라의 공격에 위급한 상황에 부닥쳐 있다네. 과인은 아우가 빨리 돌아와서 주변국들과 힘을 합쳐 위험에 빠진 조국을 구해주었으면 하네."

오랜 세월 동안 안리왕에게 섭섭하였던 신릉군은 위나라로 돌아갈 마음이 전혀 없었으며 매일 같이 찾아오는 위나라 사신들조차도 만나기 싫었다. 그리하여 신릉군은 문 앞에 공고문을 써 붙여 놓았다.

"위나라에서 사신이 왔다고 나에게 전달하는 사람은 누구라도 용서하지 않겠다."

이 공고문을 본 사람들은 어느 누구도 신릉군에게 사신이 왔다고 보고하지 않았는데 그때 모공과 설공이 신릉군을 찾아와서 뵙기를 청하였다. 그리고 말하였다.

"공자께서 천하의 제후들과 선비들로부터 존경을 받고 조나라로부터 극진한 대접을 받을 수 있는 것은 조국인 위나라가 있기 때문입니다. 지금 위나라가 위급한 상황인데 만약 진나라에 의해 위나라가 망해버린다면 진나라 군사들은 위나라 선왕들의 종묘를 없애버릴 것입니다.

그러면 나중에 죽어서 어찌 선왕들을 뵐 수 있으며 또한 살아서도 남의 나라인 조나라에서 어찌 편히 살아갈 수 있다는 말입니까?"

신릉군은 모공과 설공에게 큰절하면서 말하였다.
"두 분 선생들의 가르침이 없었더라면 천하에 얼굴을 들 수 없는 죄인이 될 뻔하였습니다."

주저하던 신릉군은 위태로운 조국을 위해 귀국하였다.

안리왕은 위급할 때 돌아와 준 신릉군을 반갑게 대하면서 그에게 상장군(上將軍)의 벼슬을 내렸다. 상장군이 된 신릉군은 다섯 나라와 합종을 꾀해 진나라 군대와 상대하였다. 그리고 황하 유역의 하외(河外) 전투에서 진나라 몽오(蒙鷔) 장군의 부대를 대파하고 진나라 중원 진출의 입구인 함곡관까지 여세를 몰아 들어갔다.

신릉군의 위엄은 천하에 떨쳤다. 신릉군이 대량(大梁)으로 돌아오자 안리왕은 30리 밖에까지 나와서 신릉군을 맞이하였다.

천하 제후들은 신릉군에게 사람을 보내 병법을 배우도록 하였으며, 신릉군은 병법을 정리하여 『위공자 병법(魏公子兵法)』이라는 병서를 저술하였다.

한편 수세에 몰린 진나라 장양왕은 계책을 쓰기로 하였다. 과거 신릉군에 의해 살해되었던 진비 장군의 추종 세력들을 이용하여 위나라 내부와 주변 국가들 사이에 이간질을 해 신릉군을 어렵게 만들기로 하였다. 즉 위나라의 실제적인 권력자는 안리왕이 아니라 신릉군이며 조만간 신릉군이 안리왕을 내몰고 왕위에 등극할 것이라는 소문이 천하에 퍼지도록 하였다.

이러한 소문을 들은 안리왕은 처음에는 귀담아듣지 않았으나, 가는 곳마다, 그리고 만나는 사람마다 이러한 이야기를 하니 점차 신릉군의 존재를 무시할 수가 없고 혹여 신릉군이 반역할까 두려웠다. 그래서 상장군을 다른 사람으로 바꾸어 버렸다. 진나라의 계책이 성공한 것이다.

자신을 믿지 못하는 안리왕에게 실망한 신릉군은 병을 핑계로 봉지로 내려간 후 매일 같이 술을 마시며 방탕한 생활을 하였다. 결국 봉지로 내려간 지 4년 만인 기원전 243년에 신릉군은 화병과 술병으로 죽었다.

같은 해 안리왕도 서거하였다.

신릉군이 죽었다는 소문을 확인한 진나라에서는 군대를 출정했다. 순식간에 위나라의 성 20여 개를 함락한 진나라 군대는 그곳에 동군(東郡)을 설치하였다. 기원전 225년엔 위나라 왕인 가(假)를 생포하고 수도인 대량(大梁)—지금의 하남성—을 점령함으로써 위(魏)나라

는 완전히 멸망하고 역사에서 사라졌다. 신릉군을 존경한 후세의
영웅이 한 명 있었으니 그는 바로 한(漢)나라를 세운 고조(高祖) 유방
(劉邦)이었다.

유방은 대량을 지날 때마다 신릉군을 추모(追慕)하며 제사를 지냈
다고 한다. 고조 12년에는 신릉군의 묘(墓)를 지키기 위해 다섯 채의
묘지기 집을 지었으며, 매년 계절이 바뀔 때마다 제사를 지내도록
하였다.

2. 천하통일을 향해 가는 진(秦)나라

범저(范雎)의 원교근공(遠交近攻)

범저는 위(魏)나라 사람으로 자(字)는 숙(叔)이다. 주로 범숙이라 불리었다. 그는 워낙 집안이 가난하여 세상에 나가서 큰일을 하고 싶어도 가진 돈이 없어 아무것도 할 수가 없었다. 어쩔 수 없이 범저는 위나라 중대부인 수고(須賈)의 밑에서 일을 하였다. 당시 위나라 소왕(昭王)은 수고를 제나라에 사신으로 보내어 양국 간의 제휴(提攜)를 도모토록 하였다. 그때 범저는 수고를 수행하며 제나라로 들어갔다. 몇 달이 지났지만, 수고는 이렇다 할 외교적 성과를 얻어내지 못하고 있었는데 그때 제나라 양왕(襄王)은 수고를 수행하는 범저라는 사람이 재주가 많고 언변이 뛰어나다는 얘기를 듣고 인재를 아끼는 마음에 범저에게 황금 열 근과 술 그리고 고기를 보냈다. 그러나 범저는 제 양왕의 선물을 정중히 거절하며 받지를 않았다. 이러한 사실을 안 수고는 분명히 범저가 위나라의 기밀 사항을 제나라에 제보하고 그 대가로 제나라 왕으로부터 선물을 받았다고 생각하였다. 그러나 제 양왕의 선물인 바 무조건 거절할 수 없는 입장이라 선물 중 황금은 돌려주고 술과 고기만 받도록 지시하였다.

사신의 일을 마친 뒤 위나라로 돌아온 수고는 범저가 의심스러웠다. 그래서 위나라 재상인 위제(魏齊)에게 제나라에서 있었던 일을 보고하였다. 크게 노한 위제는 범저를 잡아들여 문초(問招)하였다. 엄청나게 매질을 당한 범저는 갈비뼈가 부러지고 치아가 모두 빠지고 말았다. 겨우 숨이 붙어 있던 범저는 죽은 체하고 있었는데 문초를 하던 사람들은 범저가 죽은 줄 알고 그를 대나무 발에 둘둘 말아 변소에다 버렸다.

사람들이 수시로 와서 범저의 몸 위에 대소변을 보았다. 온몸이 엉망이 된 범저는 자신을 지키고 있던 병사에게 넌지시 얘기하였다.

"만약에 당신이 나를 여기서 구해준다면, 반드시 그대에게 후하게 사례를 하겠소."

범저의 말을 들은 병사는 곧장 위제에게 가서 보고하였다.

"대나무 발에 말려서 변소에 둔 시체를 밖에 버리겠습니다."

술에 취한 위제는 별생각 없이 그렇게 하라고 하였다. 범저는 무사히 죽음에서 탈출하였다.

범저가 무사히 도망쳤다는 얘기를 들은 위나라 사람인 정안평(鄭安平)은 긴급히 범저를 찾아와서 함께 숨어들었다. 나중 범저가 도망간 사실을 알게 된 위제는 범저를 찾았으나 더 이상 그를 볼 수가 없었다. 도망가서 숨어 살던 범저는 이름을 장록(張祿)으로 바꾸었다. 그 후 진나라 소왕은 신하 왕계(王稽)를 사신으로 명하여 위나라에 보냈는데, 진나라에서 사신이 온다는 소식을 들은 정안평은 몰래 병사로 위장하고 궁으로 들어가서 기회를 엿보고 있다가 자연스럽게 사신 왕계의 시중을 들었다.

왕계와 독대할 수 있는 여건을 만들기 위해 노력하던 정안평에게 마침내 기회가 왔다. 어느 날 왕계가 정안평에게 물었다.

"현재 위나라의 인재 중에서 저와 함께 진나라로 들어가서 유세를 할 만한 인물이 있습니까?"

왕계의 물음에 정안평은 조용히 대답하였다.

"장록(張祿) 선생이라는 현인이 저의 마을에 살고 계시는데 원수(怨

讎)가 그분을 찾고 있어 그분은 낮에 함부로 다닐 수가 없습니다."

왕계가 말하였다.

"오늘 저녁에 당신과 함께 나에게 오시오."

그날 저녁 범저는 정안평과 함께 왕계를 만났다. 그리고 얘기를 나눈 지 얼마 되지 않아서 이미 범저의 재능과 성품을 알아본 왕계가 말하였다.

"선생께서는 제가 임무를 마치고 진나라로 돌아갈 때 저와 함께 가시지요. 저가 떠나는 날 삼정(三亭) 남쪽에서 저를 기다려주십시오."

며칠 후 위나라를 떠나는 왕계는 삼정 남쪽 지역에서 범저를 만나 수레에 함께 태워 진나라로 향하였다. 진나라 호관(湖關) 땅에 이르렀을 때 대단한 규모의 수레와 기마병들이 왔다.

범저가 왕계에게 물었다. "저기 오는 분은 누구십니까?"

왕계가 대답하였다.

"진나라 재상 양후입니다. 양후는 성함이 위염인데 진 소왕의 외삼촌입니다. 아마도 지금은 동쪽에 있는 현과 읍들을 순시(巡視)하는 것 같습니다."

왕계의 말을 듣자마자 범저가 갑자기 수레 안에 숨기를 요청하였다. "제가 알기로는 양후는 진나라의 국정을 전횡하고 있으면서 다른 제후국에서 활동하는 유세가들이 진나라로 들어오는 것을 싫어한다고 들었습니다. 저 역시 혼이 나서 쫓겨날지 모르니 수레 안으로 피신하겠습니다."

범저가 예상했던 대로 양후가 다가와서 말하였다.

"관동(關東) 지역에는 별일이 없었습니까? 사신은 위나라에서 유세가 따위를 데리고 오진 않았겠지요? 유세가 따위는 국익에 도움이 되지 않습니다. 오히려 조정과 백성들에게 혼란만 부추길 뿐입니다."

양후는 그 말만 하고 지나갔다.

범저는 한숨을 쉬면서 말하였다.

"양후는 지모(智謀)가 있는 사람이라고 알고 있었는데 치밀한 성격은 아닌 모양입니다. 당연히 수레 안을 뒤져보아야 하는데 그렇게 하지를 않는군요. 아마도 양후는 지금쯤 수레 안을 뒤져보지 못한 것을 후회하며 병사들을 다시 보낼 것입니다."

범저는 수레에서 내려 잠시 다른 곳으로 몸을 피신하였다.

범저가 말한 대로 왕계 일행이 십여 리쯤 갔을 때 양후가 보낸 기마병들이 와서 수레 안을 수색하였다. 그러나 이미 범저는 몸을 피한 후였다.

우여곡절(迂餘曲折) 끝에 왕계와 함께 진나라 도성인 함양에 도착한 범저는 왕계의 주선(周旋)으로 진 소왕을 배알할 수 있었다.

왕계는 진 소왕을 뵌 자리에서 위나라에 사신으로 가서 했던 일들을 보고한 후에 조용히 범저를 소개하였다.

"천하의 유세가인 장록 선생을 대왕께 소개드리겠습니다.

그가 말하기를 진나라의 위태함은 계란을 쌓아놓은 것 같다고 하면서 자신의 의견을 들어보고 따르면 위태함이 없어질 것이라 합니다. 글로서는 의견을 다할 수 없다고 하여 제가 귀국할 때 수레에 함께 태워 들어왔습니다."

왕계의 소개에도 불구하고 진 소왕은 범저를 눈여겨보지 않고 그냥 일반 손님을 대하듯 평범한 식사와 거처만 마련해주었다.

범저는 일 년이 넘도록 그런 상태로 진 소왕의 분부만 기다리고 있었다.

당시의 진나라 조정의 임금은 소양왕, 즉 소왕(昭王)이었으나 실제적인 정국의 실세는 소왕의 어머니이자 혜문왕의 왕비인 선태후와 그의 동생들인 양후와 화양군(華陽君), 그리고 소왕의 동생들인 경양군(涇陽君)과 고릉군(高陵君)이었다.

재상 자리는 양후가 차지하고 조정의 각 요직을 선태후의 일가가 독식하고 있었다. 그들의 봉지와 권세는 임금인 소왕을 능가할 정도였다.

그리고 당시의 국제 형세는 진나라가 천하를 호령할 때였다. 초나라의 회왕은 진나라의 포로로 잡혀 있다가 진나라에서 사망했고 제나라 민왕을 제압하여 제나라가 동제(東帝)의 자리를 스스로 놓게 만들었을 때이며, 장군 백기를 앞세워 양후가 천하를 공략하는 시점이었다. 어쩌면 이때부터 진나라의 천하통일은 시작되었다고 볼 수 있다.

당시 양후는 동쪽 제나라의 강(剛)과 수(壽) 지역을 침공하여 자신의 봉지인 도읍(陶邑)을 더욱 넓히려고 욕심을 내었다. 이러한 사실을 듣고는 더 이상 참지 못한 범저가 진 소왕에게 상소를 올렸다.

소신이 알기로는 영명한 군주가 다스리는 나라에서는 공을 세운 자에게 반드시 상을 내리며 능력이 뛰어난 사람에게는 필히 관직을 주어 나라의 일을 하도록 하였습니다. 공이 크고 많은 사람에게는 더 많은 봉록(俸祿)과 더 높은 직위를 주었습니다.

결국 재능과 능력이 없는 사람은 관직에 오르지 못하고, 재능과 능력이 있는 사람들은 그것을 감출 수가 없었습니다.

대왕께서 판단하시기에 소신의 말이 옳다고 생각되시면 그대로 실행하십시오. 만약 그렇지 않다고 생각하신다면 소신은 더 이상 대왕의 곁에 머무를 필요가 없습니다. 용렬(庸劣)한 군주는 총애하는 신하에게만 상을 주고, 미워하는 신하에게는 벌을 준다고 하며, 반대로 영명한 군주는 반드시 공이 있는 신하에게 상을 주고, 죄를 지은 신하에게는 벌을 준다고 합니다.

천하에 네 가지 보물이 있는데 주나라의 지액(砥砨), 송나라의 결록(結綠), 양나라의 현려(縣藜), 초나라의 화박(和樸)을 말합니다. 본래 이 보옥들은 흙속에 묻혀 진가를 천하의 장인(匠人)들도 알지 못하고, 버려진 것들이었는데 나중에 이들 모두가 천하제일의 보물이 되었습니다. 똑같이 성왕(聖王)들이 알아주지 않은 사람들이라고 나라를 부강하게 하는 데 필요 없는 사람이라고 할 수 있겠습니까? 명의는 환자의 생과 사를 알 수 있고 현명한 군주는 일의 성패를 알 수 있습니다. 이익이 되겠다고 생각되면 즉시 행하시고 해가 된다고 생각되면 즉시 버리시면 되고 의심스러우면 조금 더 시험해 보시면 됩니다.

이러한 이치는 비록 순임금과 우임금이 다시 태어나 돌아온다 하여도 변하지 않을 것입니다. 마음에 간직한 지극한 말들은 글로서 모두 표현하기가 어렵고 천박(淺薄)한 말들은 대왕께서 들을 만한 가치가 없습니다. 돌이켜 생각해보건대 대왕께서 지금까지 소신을 찾지 않으신 것은 소신이 어리석어 대왕의 마음을 읽지 못하였기 때문입니까? 아니면 지위가 낮은 사람이 소신을 추천하였기 때문에 소신의 말을 들어볼 필요가 없다고 생각하신 것입니까?

만약에 둘 다가 아니면 대왕께서 구경을 하러 다니시는 시간 중 조금만 틈을 내어 소신이 찾아뵐 수 있는 영광을 베풀어주시기 바랍니다. 그리고 소신이 올린 이 글에서 한마디라도 쓸데없는 것이 있다고 생각되시면 소신을 무거운 형벌로 다스려주시기 바랍니다.

진 소왕은 범저의 상소문을 읽고 "이제야 인재를 찾았구나!" 하면서 범저를 당장 이궁(離宮)으로 모셔오라 명하였다. 그리고 범저를 추천해준 왕계에게 미안한 마음을 전하였다. 오랫동안 기다려온 진 소왕과의 만남이 이루어지는 순간이었다. 범저는 궁궐의 길을 잘 모르는 것처럼 후궁들이 다니는 영항(永巷)으로 들어갔다. 마침 소왕도 이궁으로 가는 길이었다.

환관이 범저를 보고는 큰소리로 외쳤다. "대왕께서 납시오."

그러자 범저가 더욱 큰소리로 환관에게 말하였다.

"진나라에 왕이 있다니! 그게 무슨 말이요? 진나라에는 태후와 양후만이 있는 것이 아니요?"

범저와 환관이 싸우는 모습을 보고 소왕이 다가와서 연유를 묻고는 범저를 궁중으로 불러들여 사과하면서 말하였다.

"벌써 만나보고 선생의 말을 들어봐야 하는데 그동안 의거의 문제도 있었고 또한 아침저녁으로 태후의 지시를 받아야 했기 때문에 시간이 만만치가 않았소이다. 지금은 의거의 문제도 해결되었기에 선생의 가르침을 받을 수가 있습니다.

그동안 선생을 찾지 못하였음을 참으로 미안하게 생각하고 있소이다. 가르침을 부탁합니다." 범저는 가르침을 부탁하는 소왕의 부탁에 확실하게 대답을 하지 않고 주저하였다.

진 소왕은 무릎을 꿇고 다시 한 번 가르침을 부탁하였다. 세 번에 걸쳐 애매한 태도를 취하던 범저는 말하였다.

"옛날 태공망이 주 문왕을 만났을 때 태공망은 위수(渭水)에서 고기를 잡던 어부에 불과하였습니다. 문왕은 태공망과 함께 얘기를 한번 나눈 후에는 그를 태사(太師)로 삼고 함께 수레를 타고 돌아왔습니다. 태공망의 능력을 한번 나눈 대화로 알았기 때문입니다. 결국 문왕은 태공망과 함께 천하를 다스릴 수 있었습니다. 처음부터 문왕이 태공망을 가까이하지 않았더라면 아마도 문왕과 무왕의 천하 제패는 어려웠을 겁니다. 소신은 외지인입니다. 그러니 대왕과의 관계는 소원할 수밖에 없습니다. 소신이 말씀드려야 하는 모든 것들은 대왕의 잘못된 점들인데, 소신의 마음은 충정으로 가득하나 대왕의 마음을 모르니 어떻게 말씀을 드려야 할지 모르겠습니다.

대왕께서 세 번이나 하문하셨는데 소신이 대답하지 못한 이유입니다. 결코 두려워서가 아닙니다. 소신은 오늘 대왕께 말씀드리고 내일 죽더라도 후회하지 않겠습니다."

범저는 주위에 자신의 말을 듣고 있는 사람이 많다는 것을 눈치채고 진나라 내부의 문제점은 이야기하지 않고 천하의 정세와 진나라의 주변 여건과 국력에 대해서만 말하였다.

그리고 소왕 앞으로 좀 더 가까이 다가가서 조용히 말하였다.

"양후가 한나라와 위나라를 넘어 제나라의 강수 지역을 공격하려고 하는 것은 좋지 않은 계책입니다. 적은 병력으로 제나라를 정벌할 수가 없고, 많은 군사를 동원하면 그것은 진나라에 도움이 되지 않습니다. 그리고 한나라와 위나라의 병력으로 제나라를 공격한다거나 혹은 다른 나라를 넘어가서 제나라를 공격한다는 것은 도리에 맞지 않습니다. 과거 제나라 민왕은 초나라를 공략하였는데 한 치의 땅도 빼앗지 못했습니다. 초나라를 공격한다는 것은 바로 가까이 있는 한나라와 위나라의 힘을 키워 주는 결과입니다. 결국은 연합군에 의해 제나라는 크게 치욕을 당했습니다. 제나라 대신들이 제 민왕에게 책임을 묻자 제 민왕은 모든 계책은 맹상군이 수립하였다고 하였습니다. 맹상군은 도망갈 수밖에 없었습니다.

대왕께서는 멀리 있는 나라와는 우호 관계를 맺고 가까이 있는 나라를 공략하도록 하시길 바랍니다. 즉 원교근공(遠交近攻)의 정책입니다. 이렇게 하여야만 전쟁으로 얻은 한 치의 땅도 대왕의 온전한 영토가 되는 것입니다."

소왕이 다시 말하였다.

"과인은 위나라와 협력을 하며 친하게 지내고 싶은데 위나라는 너무나 변덕(變德)이 심하여 어찌하여야 하는지 모르겠소."

범저가 대답하였다.

"대왕께서는 넉넉하게 선물도 주시고 겸손하고 섬기는 마음으로 위나라를 대해주십시오. 그래도 안 되면 땅을 떼어주시고, 역시 그래도 안 되면 병사들을 일으켜 정벌하시기 바랍니다."

진 소왕과 범저는 날이 갈수록 많은 대화를 나누며 서로의 마음을 알아갔다. 범저는 기회를 엿보다가 어느 날 마음속에 감추어 놓았던 말을 소왕에게 하였다.

"소신이 산동(山東)에서 생활할 때 제나라에는 맹상군이 있다는 말만 들었을 뿐 제나라 왕이 있다는 얘기를 듣지 못하였습니다. 그리고 진나라에는 태후와 양후 그리고 고릉군, 화양군, 경양군이 있다는 얘기는 들었지만, 진나라 왕에 대해서는 들어 본 적이 없었습니다.

무릇 왕이란 국사를 소신대로 결정하며 백성들에게 상과 벌을 줄수 있는 권한을 가지며, 사람을 살리고 죽이는 것을 결정할 수 있는 힘을 가진 자를 말합니다. 그런데 지금의 진나라에서는 태후가 마음먹은 대로 모든 것을 결정하고 양후는 다른 나라에 사신으로 갔다 와서도 왕께 상황을 보고도 하지 않으며 화양군과 경양군은 마음대로 백성들에게 형벌을 내리며 심지어 죽이기까지 합니다. 고릉군의 경우 제멋대로 관직에 사람을 앉힙니다. 이들은 모든 것을 마음대로 행하면서 왕의 허락을 받지 않고 있습니다. 이들처럼 막강한 권력을 휘두르는 사람들이 존재하고 왕은 그 밑에서 국사를 돌본다면 왕이 없는 것이나 다름없습니다.

그러한 상황에서 어떻게 왕의 위엄이 있을 수 있으며 누가 왕의 명령에 진심으로 복종하겠습니까? 양후는 왕의 권한을 침범해서 멋대로 사신을 보내 제후들을 자신의 부하처럼 다루고, 마음대로 봉지를 내리고 또한 국가의 대사인 전쟁마저도 왕의 허락 없이 실행합니다.

전쟁으로 얻은 땅은 자신의 봉지인 도(陶) 땅으로 편입시켜 양후의 봉지는 크기를 짐작할 수 없을 정도입니다. 전해져 내려오는 시 한 구절이 생각납니다.

'나무에 열매가 너무 많이 열리면 가지가 부러지고, 가지가 부러지면 나무 기둥이 위태하다.'

같은 이치로 도성이 지나치게 크면 나라가 위태하고, 신하가 지나치게 존귀하면 군주의 위치가 낮아집니다. 조나라 이태는 국정을 장악하자 무령왕을 사구(沙丘)에 가두어 백일 만에 굶어 죽게 하였으며, 초나라 요치는 제나라 정권을 맡자 민왕의 힘줄을 뽑아 종묘의 대들보에 매달아 죽였습니다. 작금의 진나라의 경우 태후와 양후가 조정의 권한을 모두 잡고서 무소불위(無所不爲)의 세력을 떨치고 있습니다. 거기에다가 고릉군, 화양군, 경양군이 합세하여 전횡을 일삼고 있습니다. 이들이 요치나 이태와 다를 바가 어디 있겠습니까?

지금 진나라에서는 조정의 대신 그리고 지방의 관료 심지어 내시들까지 모두가 양후의 사람으로 채워져 있습니다. 대왕의 신하는 없다고 보시면 됩니다. 과연 만대 후까지도 대왕의 자손이 진나라를 다스릴 수 있을까? 걱정됩니다."

범저의 말이 끝나자 진 소왕은 두려워하면서 범저의 말에 동조하였다. 진 소왕은 즉시 태후를 폐출(廢黜)하고 양후와 고릉군, 화양군, 경양군들을 모두 함곡관 밖으로 퇴출하였다. 양후의 이삿짐을 실은 수레가 천 대가 넘었고 그가 가진 금은보화는 왕의 것을 능가하였다.

진 소왕은 범저를 재상으로 임명하고 응(應) 땅을 봉지로 하사하였는데 범저는 그때부터 응후(應侯)로 불렸다. 그때가 진 소왕(昭王) 41년 때의 일이다.

재상이 된 범저는 자신을 모함하고 죽음의 문턱까지 이르게 한 위나라를 정벌하기로 하였다. 당시 범저는 이름을 장록으로 바꾸었기 때문에 위나라에서는 진나라 재상이 범저라고는 전혀 예상하지 못하였다. 진나라가 위나라를 공격할 것이라는 정보를 입수한 위나라에서는 수고(須賈)를 사신으로 보내 진나라와 협상토록 하였다.

수고가 사신으로 왔다는 얘기를 들은 범저는 신분을 감추고 남루한 옷차림으로 수고의 숙소로 찾아갔다. 수고는 갑자기 찾아온 범저를 보고 깜짝 놀랐다. 그리고 안부를 물으며 어떻게 지내는지 물었다. 범저는 자신은 남의 집에서 품팔이하고 있다고 거짓으로 말하였다. 수고는 미안하기도 하고 불쌍하여 범저와 함께 식사하며 자신이 가져온 두꺼운 명주로 만든 솜옷 한 벌을 범저에게 주었다. 그리고 범저에게 물었다.

"진나라 재상인 장록이란 분이 어떤 분인지 혹시 자네는 알고 있는가? 진나라 왕의 신임을 받고 있어 나라의 모든 일을 그분이 결정하신다고 들었다네. 내가 진나라에 와서 해야 할 일의 성패도 그분의 마음에 달렸지. 혹시 장록 재상과 잘 아는 분을 알고 있는가?"

범저가 대답하였다.

"모시고 있는 저의 주인이 장록 재상을 잘 알고 있습니다. 주인에게 부탁하여 재상을 만나게 해드리지요."

수고가 다시 말하였다.

"내 말이 병이 들고 수레가 고장이 나서 쉽게 이동할 수가 없네. 네 마리의 말이 끄는 큰 수레가 있으면 참 좋을 터인데……."

범저는 속으로 웃으면서 말하였다.

"제가 주인에게 부탁하여 말과 수레를 빌려 이곳으로 오겠습니다."

범저는 돌아가서 네 마리의 말과 수레를 준비하여 수고의 숙소로 다시 왔다. 그리고 범저는 수고를 수레에 태워 직접 말을 몰고 진 재상의 청사(廳舍), 즉 자신의 집으로 향하였다.

청사에 다다르자 모든 사람이 길을 비키며 범저에게 공손하게 머리를 숙이는 모습을 보고 수고는 이상하다고 생각하였다. 청사 문 앞에서 범저는 재상에게 얘기를 하고 오겠다고 하면서 수고에게 잠시 기다리라고 하였다. 하지만 한참을 기다려도 범저는 나오지를 않았다. 수고는 문 앞에 서 있는 문지기에게 물었다. "범저라는 사람이 청사 안에 들어가서 나오지를 않는데. 무슨 이유가 있는가?"

문지기는 범저라는 사람은 모른다고 하였다.

수고가 다시 물었다.

"조금 전 나하고 수레를 같이 타고 왔다가 혼자 청사 안으로 들어간 사람 말이오."

문지기는 고개를 갸우뚱하며 "그분은 우리나라 재상이신 장록 대감이십니다." 하였다.

그때야 수고는 전후 상황을 알아채고는 상의를 벗고 무릎을 꿇은

체 머리를 조아리면서 용서를 빌었다.

"소신은 대감께서 이렇게 고귀하고 큰 인물이 되신 줄 몰랐습니다. 소신은 앞으로 천하의 일에 조금이라도 관여를 하지 않고 글도 읽지 않겠습니다. 소신을 가마솥에 삶아 죽여도 할 말이 없습니다. 스스로 오랑캐의 땅으로 들어가 한평생 숨어 살고자 하오니 재상께서 허락해주시기 바랍니다. 소신을 죽이든 살리든 그것은 재상의 마음입니다."

범저가 큰 소리로 나무라면서 말하였다.

"너의 죄가 몇 가지인 줄 알고 있는가?"

수고가 대답하였다.

"머리털을 모두 뽑아 헤아려도 부족할 만큼 저의 죄가 많은 것으로 알고 있습니다."

"네가 지은 죄는 모두 세 가지이다.

첫 번째 네가 지은 죄를 말하자면 옛날 신포서는 초나라를 위해 오나라 군대를 격파하였다. 초나라 왕이 신포서에게 높은 벼슬과 봉지를 하사하였다. 그러나 신포서는 받지를 않았다. 그 이유는 신포서 선조들의 묘가 초나라에 있었기에 싸운 것이지, 초나라로부터 상을 받기 위해 싸운 것이 아니었기 때문이었다. 나의 선조들 묘(墓)가 지금 위나라에 있다. 그런데 너는 나를 제나라 간첩이라고 위제에게 허위로 고발하였다. 이것이 너의 첫 번째 죄이다.

두 번째 너의 죄는 위제가 나를 죽도록 매질한 다음 변소에 처박아두었는데 그때 너는 말리지 않은 것이다.

세 번째 너의 죄는 너는 술에 취해 변소에 버려진 나의 몸에 오줌을 눈 것이다. 차마 사람으로서 어떻게 그런 행동을 할 수 있는가? 그러나 나는 너를 죽이지는 않겠다. 왜냐하면, 오늘 너는 나에게 비단으로 만든 솜옷을 건네주며, 아직까지 옛정이 남아 있음을 보여주었기 때문이다."

범저는 진 소왕에게 전후 사정을 보고한 후 수고를 그냥 위나라로 돌려보내 주길 간청하였다. 수고가 위나라에 돌아가기 전에 작별인사를 하러 범저를 찾자, 범저는 각국의 사신들을 초청하여 큰 연회를 베풀었다. 범저는 그 자리에서 수고를 단 아래에 꿇어 앉히고 수고의 앞에 콩과 볏단을 놓은 후, 수고가 말처럼 그것을 먹도록 하였다. 그리고 호통을 쳤다.

"너는 위나라로 돌아가서 위나라 왕에게 전하라! 빨리 위제의 목을 가져오지 않으면 내가 위나라를 정벌하러 가겠다고!"

수고가 위나라로 돌아가 위제를 만나서 그간의 이야기를 전해주었다. 위제는 크게 두려워하며 조나라로 도망가서 평원군의 식객으로 숨어들었다. 진나라 소왕이 범저의 복수를 해주고 싶은 마음에 조나라 평원군에게 친교를 맺자는 편지를 보냈다. 편지의 내용은 이러하였다.

"과인은 평소 평원군의 의기를 익히 들어 알고 있소이다. 그대와 함께 격의(隔意) 없는 우정을 나누고 싶으니 한 열흘 정도 과인과 함께 술을 마시며 즐거운 시간을 가지길 바라오."

평원군은 진나라의 기세에 눌려 할 수 없이 진나라 소왕의 제안에 응(應)하였다. 며칠 동안 함께 술을 마신 진 소왕이 평원군에게 협박성 제안을 하였다.

"주 문왕은 여상을 태공으로 삼아 모셨고, 제 환공은 관중을 중부(仲父)로 모셨지요. 과인은 범저를 숙부(叔父)로 모시고 있는데 범저의 원수가 그대의 집에 숨어 살고 있으니 그의 머리를 베어 이곳으로 가져오게 하시오. 만약 그렇지 않으면 평원군 당신은 함곡관 밖으로 나갈 수 없을 것이요."

평원군은 진 소왕의 제안을 거절하며 당당히 말하였다.

"귀(貴)할 때 서로 친교를 맺는 것은 천(賤)하게 되었을 때를 생각해서겠지요. 그리고 부유할 때 서로 친하게 지내는 것은 가난해졌을 때를 생각해서 대비하는 것이겠지요. 위제는 소신의 친구입니다. 위제가 저의 집에 있다 해도 대왕의 제안에 응할 수 없지만, 그는 현재 저의 집에 없습니다."

평원군의 말을 들은 후, 진 소왕은 조나라 왕에게 편지를 보냈다.

이 편지의 내용도 협박이었다.

"귀국의 평원군이 현재 진나라에 와 있습니다. 진나라 재상 범저의 원수인 위제가 평원군의 집에 숨어 살고 있습니다. 대왕께서는 지금 군사를 풀어 평원군의 집을 수색하여 위제를 잡아 그의 머리를 이곳 진나라로 보내주시기 바랍니다. 만약에 이것이 이행되지 않는다면 군대를 출정시켜 조나라를 정벌토록 하겠습니다. 당연히 평원군도 함곡관을 벗어날 수 없을 겁니다."

진나라 왕의 협박에 다급해진 조나라 왕은 평원군의 집으로 군사를 급파하였다.

위험에 처한 위제는 한밤중에 어둠을 틈타 긴급히 도주(逃走)하였다. 무사히 도망친 위제는 당시 조나라 재상이었던 우경(虞卿)을 찾아가서 도움을 구하였다. 우경은 위제를 체포하라는 왕명이 내려진 이상, 자신의 힘으로 위제를 보호해줄 수 없었다. 고민하던 우경은 자신이 가진 모든 것을 포기하고 의리를 지키기로 하였다. 우경은 조나라 재상의 자리를 내어놓고 위제와 함께 조나라를 빠져나왔다. 그리고 그들은 일단 위나라 신릉군을 찾아가서 몸을 의탁하였다. 그러나 신릉군 역시 막강한 진나라의 눈치를 보지 않을 수 없었다. 신릉군은 결정하지 못하고 주저하다가 후영에게 우경에 관해서 물어보았다. 후영이 대답하였다

"남들이 나를 알아주는 것도 어려운 일이지만 내가 남을 평가한다는 것은 더 어렵군요.

우경이 삿갓을 쓰고 짚신을 신은 차림으로 조나라 왕을 만나 얘기를 나눈 후, 조나라 왕은 그에게 한 쌍의 백옥과 많은 황금을 하사하였습니다.

그리고 두 번째 만났을 때 조나라 왕은 그에게 상경(上卿)의 벼슬을 하사하였으며, 세 번째 만남 후에는 그를 조나라 재상으로 삼았습니다. 그리고 일만 호에 달하는 영지를 또한 하사하였습니다.

갑자기 출세한 우경에게 많은 사람이 모여들었고 우경과 친하게 지내고자 하였습니다. 그렇게 크게 출세를 한 우경에게 곤경에 처한 위제가 도움을 청하자, 우경은 재상의 직과 영지뿐만 아니라 자신이 가진 모든 것을 내려놓고 위제의 어려움을 같이하고자 하였습니다.

그런 우경이 신릉군에게 도움을 청하려고 찾아왔는데 나에게 우경이 어떤 사람이냐? 하시니 할 말이 없습니다."

신릉군은 후영의 말을 듣고는 스스로 부끄러워 주저하였던 자신을 나무라면서, 수레를 가지고 우경과 위제를 마중하러 나갔다.

그러나 그사이 위제는 신릉군이 결정하지 못하고 주저하고 있다는 얘기를 듣고는 탄식하며 자결하여 버렸다. 이에 조나라 왕은 위제의 머리를 잘라 진나라에 보냈다. 그제야 진나라왕은 평원군을 돌려보내 주었다. 우경은 위제가 죽자 조나라에도 돌아갈 수 없고

하여 그 길로 완전히 정치에서 물러났다. 그리고 학문을 연마하며
집필에 집중하였다.

그는 춘추(春秋)를 기본으로 하여 국가의 득실을 논한 내용으로 여
덟 권의 책으로 만들었는데, 그것이 바로『우씨춘추(虞氏春秋)』이다.

한편 범저를 소왕에게 추천한 왕계는 어느 날 범저를 만난 자리에
서 하소연하듯 말하였다.

"세상에는 미리 알 수 없는 일이 세 가지가 있으며 또한 도저히 어
쩔 수가 없는 일도 세 가지가 있습니다.

미리 알 수 없는 세 가지 일이란 첫째가 임금의 예기치 않은 죽음
이고, 둘째는 범저 재상의 갑작스러운 죽음이며, 세 번째는 소신의
갑작스러운 죽음입니다. 이 세 가지 죽음 모두 미리 알 수가 없는 일
입니다.

임금이 서거하신 후 우리가 안타까워해 보았자 어쩔 수가 없는 일
이고, 재상께서 갑자기 죽은 후 내가 아무리 마음 아파해 본들 소용
이 없으며, 역시 소신이 죽고 난 후 재상께서 아무리 안타까워해본
들 어찌할 도리가 없는 것이지요."

왕계의 말은 내가 당신을 추천하여 당신은 재상까지 되었는데 어
찌하여 당신은 나를 모른 체하고 나에게 보답을 하지 않는 것인가라
는 뜻이었다.

범저는 그 길로 소왕을 뵙고 청하였다.

"왕계의 충성이 없었더라면 소신은 결코 함곡관 안으로 들어올 수
없었습니다. 소신은 재상이 되어 대왕을 지척(咫尺)에서 모시고 있는
데, 왕계의 관직은 그때와 변함이 없습니다."

범저의 말을 들은 소왕은, 왕계를 승진시켜 하동 태수로 임명하고 또한 범저가 주청(奏請)한 정안평을 장군에 임명하였다. 범저는 신세를 진 사람에게는 꼭 갚음을 하였고 자신을 해한 사람에게는 필히 복수를 하였다.

　진 소왕 48년 진나라와 조나라는 장평(長平)에서 생사를 건 전쟁을 하고 있었다. 당시 범저는 진나라의 막강한 공격을 무산(霧散)시키며 장평 대전의 분위기를 조나라 쪽으로 이끌고 가던 조나라 명장 염파를 자신의 계략으로 해임하고 무능한 조괄을 조나라 장군으로 임명하게 하여 전쟁을 대승으로 이끌었다. 장평 대전을 승리로 이끈 범저는 장군 백기와 의견 차이로 사이가 나빠졌다. 계속하여 조나라를 공격하자는 백기의 의견을 무시하고 전쟁을 멈추었던 것이다. 그 후 다시 벌어진 조나라와의 전쟁에서 백기 장군이 고의로 출정하지 않자 그의 무례함과 괘씸죄를 물어 자결하게 하였다.

　그 후 다시 벌어진 조나라와의 전쟁에 범저는 자신이 장군으로 천거한 정안평을 출정시켰다. 그러나 정안평은 전투에서 조나라 군대에 포위당하자 2만 명의 군사들을 데리고 조나라에 투항하여버렸다. 진나라 법에서는 죄를 지은 사람이 받을 형벌과 똑같이 그를 천거한 사람도 받게 되어 있었다.

　범저가 받을 형벌은 삼족(三族)을 멸하는 중벌이었다. 범저는 소왕 앞에 나아가 벌을 청하였다. 그러나 소왕은 오히려 범저를 위로하면서 전국에 엄명을 내렸다.

　"앞으로 정안평이 투항한 사실에 대하여 거론하는 자에게는 정안평과 똑같은 벌을 내리겠다."

이렇게 소왕은 범저를 지켜 주자고 하였으나 2년 후 왕계가 마음대로 다른 제후들과 내통하다가 적발되어 사형에 처했다. 왕계 역시 범저의 추천으로 승진한 사람이었다.

진 소왕이 탄식하며 실망하자, 범저가 자신에게 벌을 내릴 것을 청하며 말하였다.

"군주께서 근심하도록 하는 것은 신하의 수치(羞恥)입니다. 그리고 군주께서 수치를 당하면 신하는 당연히 죽어야 합니다. 지금 대왕께서는 근심을 하고 계시니, 소신의 죄를 물어주시길 바랍니다."

소왕이 말하였다.

"과인이 알기로 초나라의 군사들의 칼날은 예리하나 배우들의 재주는 없다고 하오. 칼날이 예리하면 병사들이 용감하다는 의미이고 배우들이 재주가 없다는 것은 군주의 사고방식이 건전하다는 것으로 알고 있소. 그러한 초나라가 이제 두렵기만 하오.

그에 반해 우리나라의 경우 맹장 백기는 이미 죽었으며 정안평 같은 자는 조국을 배반하고 적에게 투항해버렸고 내부에서는 다른 나라와 내통하여 국익에 폐를 끼치는 자들도 생기고 있소. 용감한 장군도 없고 훌륭한 관리도 없으니 참으로 걱정이오."

소왕의 말은 범저를 빗대어 나무라는 말이었다.

이렇듯 소왕과 범저의 사이가 불편한 관계일 때, 연(燕)나라 사람인 채택(蔡澤)이 조나라와 한나라 그리고 위나라에서 인정을 받지 못하고 떠돌다가 진나라에 들어왔다.

당대의 관상가(觀相家)인 당거(唐擧)가 채택의 모습을 보고 한마디 말한 것이 전해지고 있다. 채택은 하는 일마다 풀리지 않자 고심 끝에 당거를 찾아가서 관상을 보아 달라고 하였다.

"선생께서 조나라 이태 재상의 모습을 보고 백일 안에 나라의 권력을 잡으리라 예측했다는데 그것이 사실인지요?"

당거가 사실이라고 말하자 채택은 자신의 관상을 보아달라고 부탁하였다. 당거가 채택의 관상을 보며 말하였다.

"선생의 관상을 보니 이마는 툭 튀어나와 있으며 코는 심하게 납작하여 눈썹까지 거꾸로 올라와 있고 목은 짧아서 어깨에 붙어 있습니다. 그리고 두 무릎은 굽어 있군요. 이는 성인(聖人)의 모습으로 본래 성인의 관상은 보지 않는다는데 바로 선생을 두고 하는 말인 것 같습니다."

채택은 속으로 웃으면서 말하였다.

"나의 부귀는 스스로 알아 할 터이니 내가 몇 살까지 살 것인지만 말해 주시오!"

당거가 말하였다. "선생의 수명은 43년 남았소이다."

당거(唐擧)는 양나라 사람으로 전국시대의 유명한 관상가였다. 당거는 관상이나 골상뿐만 아니라 얼굴의 기색(氣色)을 보고 운명을 판단하는 새로운 관상의 경지를 개척한 사람이었다.

당거의 말을 들은 채택은 기분 좋게 떠나며 말하였다.

"좋은 음식을 먹으며 날쌘 말을 타고 다니며 높은 관직에 올라 43년 동안 부귀영화를 누리면 만족할 만한 인생이 아닌가!"

진나라에 도착한 채택은 사람을 시켜 시중에 소문을 내도록 하였다. 그리고 범저가 그 소문을 듣고 화를 내기를 기대하였다. 소문의 내용은 이러하였다.

'채택이라는 사람이 있는데 그는 연나라 출신으로 지모가 뛰어나고 말을 잘하기로는 천하에 유명한 사람이다. 만약에 진 소왕이 채택을 만나 얘기를 해보면 소왕은 범저를 내치고 범저의 자리에 채택을 등용할 것이다.'

소문을 들은 범저는 화를 내며 당장 채택이라는 사람을 잡아오라고 하였다.

"삼황오제의 역사와 백가의 학설을 꿰뚫고 있으며 언변이 좋다고 하는 어떠한 사람도 나에게 이기지를 못하였는데 누가 나의 자리를 빼앗아갈 수 있다는 말인가?"

불려온 채택이 범저를 대하는 태도는 거만(倨慢)하고 안하무인(眼下無人)이었다. 노여움을 감추고 범저가 물었다.

"그대가 나 대신에 진나라의 재상을 하겠다고 큰소리친 사람인가? 무엄하게도 어떻게 그런 말을 할 수 있다는 말인가?"

채택이 답답하다는 표정을 지으며 말하였다.

"재상께서는 어찌하여 그렇게 눈치가 없습니까? 사계절이 순환하는 이치와 같이 공을 이룬 자는 때가 되면 떠나야 하는 법이오. 육체가 건강하여 손발이 잘 움직이고 눈과 귀가 총명하여 성인과 같은 지혜를 갖고 싶은 것은 사람이면 누구나 원하는 바가 아니겠소. 또한 인을 기본으로 의와 도를 지켜 행하고 덕을 베풀어 천하 사람들로부터 존경받고 사랑받는 군자가 되는 것이 지혜로운 사람이 지향하는 삶의 목표가 아니겠습니까?"

범저는 채택이 한 말이 틀린 말이 아니라서 수긍(首肯)을 하였다.

채택이 계속 말을 이어갔다.

"또한 부귀영화를 누리면서, 세상의 모든 것들을 이치에 맞게 그리고 적재적소(適材適所)에 배치하며 천하에 이름을 날린 후, 하늘의 뜻에 따라 수명을 다하면 천하 사람들은 그 업적을 칭송하고 후세에 전하는 것입니다. 이러한 사람들을 두고 명성과 실제가 서로 부합한다고 볼 수 있지요. 또한 그의 덕망이 천하 곳곳에 이르고 후세의 칭송이 그치지 않으니 이러한 것을 두고 영원한 삶이라고 할 수 있으며 바로 성인들이 말하는 길상선사(吉祥善事), 즉 더할 수 없이 기쁘고 좋은 일이 아니겠습니까?"

범저가 고개를 끄덕이자 채택은 진나라 상앙, 초나라의 장군 오기, 그리고 월나라의 대부인 문종의 삶에 대한 범저의 의견을 물었다. 범저가 대답하였다.

"그들의 삶은 영광되고 의와 충성이 있는 훌륭한 삶이었지요.

상앙의 경우 오직 한마음으로 진나라 효공을 모시면서 충성을 다하였고 사적인 일에 자신을 연루(連累)하지 않았으며 강력한 법 시행으로 나라의 질서를 바로잡았지요. 다만 상앙은 자신의 속마음을 감추지 못하여 억울하게 누명을 덮어쓴 것뿐이라고 생각하오. 상앙이 옛 친구인 위나라 공자 앙을 속여 전쟁에서 승리하고 천 리에 해당하는 땅을 취한 것도 결국에는 진나라를 위한 것이지요.

명장 오기는 초나라 도왕을 섬기면서 초나라를 천하의 강국으로 만들었고, 자신의 군주를 천하의 패자로 만들 수 있다면 어떠한 화를 당할 처지에 있더라도 의를 배신하고 행동을 바꾸지 않았소.

월나라 문종은 군주가 위험에 처하거나 곤욕을 당해도 절대로 군주를 배신하거나 곁을 떠나지 않았소. 이들의 충성심과 의리는 타의 모범이라고 할 수 있겠지요.

욕되게 삶을 지탱하는 것보다 죽음을 택하여 대신 영광을 얻는다면 그것이 훨씬 좋다고 생각하오. 육신을 죽여 대신 명성을 얻는 것이 선비의 도리인 바, 의가 있고 없고가 문제이지 죽는 것이 무슨 문제가 되겠소."

범저와 채택의 대화는 계속 이어졌다. 채택이 마지막으로 한마디 하였다.

"범저 재상께서 이룬 업적은 하늘을 찌를 듯하나 물러날 때 물러나지 못하면 재상의 운명은 출처진퇴(出處進退)의 이치를 몰랐던 상앙, 오기, 문종과 다를 바가 없을 것입니다. 무릇 물을 거울로 하는 사람은 자신의 얼굴을 알고, 사람을 거울로 삼는 자는 자신의 운명을 안다고 했습니다.

『서경(書經)』을 보면 성공한 곳에서는 오래 머물면 안 된다라는 말씀이 있고, 『주역(周易)』에서는 항룡(亢龍), 즉 끝까지 올라간 용은 뉘우칠 날이 있다라고 하였습니다. 재상께서는 이제 자리에서 물러나고 그 자리를 어진 사람에게 물려준 뒤에 냇가 바위 밑에서 살며 자연을 벗 삼는 것이 좋다고 생각합니다. 그렇게 하시면 백이처럼 청렴한 모습으로 후세에 기억될 것이며 오랫동안 응후로 불리면서 자손만대 부귀영화(富貴榮華)를 누릴 것입니다." 채택의 말을 다 들은 범저는 깊이 생각하였다. 그리고 말하였다.

"좋은 말씀 잘 들었습니다. 욕심을 버리지 않으면 욕심 부린 모든 것을 잃게 되고, 만족할 줄 모르면 가진 모든 것을 잃게 된다고 생각하오. 그대의 말에 따르겠소."

며칠 후 범저는 등청하여 진 소왕께 아뢰었다.

"소신의 손님 중에 채택이라는 사람이 있습니다. 그는 산동 지방 사람인데 천하 정세 판단과 이치에 밝아서 국사를 맡기기에 부족함이 없습니다. 소신이 만난 사람 중에 아직 그만한 사람이 없었습니다. 소신의 능력도 그에게 미치지 못합니다."

이들 두 사람의 대화와 범저의 현명한 처사를 두고 후세의 사마천은 이렇게 평하였다.

소매가 긴 옷을 입은 사람이 춤을 잘 추고, 돈이 많은 자는 장사를 잘한다.

장수선무(長袖善舞)라는 성어의 유래이다. 소매가 길면 춤을 추는 것이 수월하고, 재물이 넉넉하면 일을 시작하기도 쉽고 성공할 확률도 높다. 즉 어떤 일을 할 때 조건이 좋은 사람이 유리하다는 뜻이다.

채택을 만나본 소왕은 채택의 능력을 알아보고는 몹시 기뻐하며 채택을 고문으로 임명하였다. 범저는 그 후 병을 핑계 삼아 사직을 청하였고 소왕은 처음에는 허락하지 않았으나 결국에는 범저의 사직을 허락하였다. 그 후 채택은 진 나라 재상의 자리에까지 올랐다. 채택은 재상이 된 후 주왕실을 진나라에 병합하였다. 채택의 위상이 높아지자 그를 모함하는 세력이 생겨났고 채택은 미련 없이 재상의 자리를 내놓았다. 그 후 강성군에 봉해진 채택은 10년 이상 진나라에 살면서 소왕, 효문왕, 장양왕, 그리고 진시황까지 섬기며 부귀와 영광을 누렸다.

원교근공을 기반으로 진나라의 국가 정책을 수립한 범저는 술가(術家)의 계보를 잇는 사람이었다. 그리고 그의 국가운영 전략은 후일 진시황이 천하통일을 이룩하는 기본 정책이 되었다. 술가의 고수인 범저는 천하에 이름을 날린 후 채택의 충고를 겸허히 받아들여 은퇴하고 현실 정치와 권력에서 발을 뺀다. 범저는 국가 경영뿐만 아니라 자신의 인생 경영도 훌륭하게 하였다.

여불위(呂不韋), 천하를 사고 여씨춘추(呂氏春秋)를 편찬하다

전국시대에는 각 나라를 다니면서 장사를 하는 상인들이 많았다. 요즈음의 무역업이다. 제나라에 가서 소금과 생선을 구매하여 진나라에 가서 비싸게 파는 형태이다. 전국시대 말기에는 장사로 큰돈을 벌어 대부호가 된 사람들이 있었는데 그중에서도 위(魏)나라 복양 출신 거상인 여불위가 대표적인 인물이었다.

여불위가 어느 날 사업 때문에 조나라의 수도인 한단에 들렀는데, 그곳에서 우연히 인질로 와 있는 진나라 공자 자초(子楚)를 만났다.

자초는 진나라 소왕의 둘째 아들인 안국군(安國君)의 아들이었다.

계산이 빠르고 수완이 뛰어난 여불위는 자초를 보자마자 큰 기회라고 생각하였다.

"이것이야말로 대단한 기화(奇貨)이구나. 미래를 보고 사둘 만한 가치가 충분하다."

기화란 우연히 얻은 진귀한 보물을 말한다. 이는 기화가거(奇貨可居)란 성어가 생긴 연유이다. 즉 우연히 얻은 진기한 보물은 반드시 차지해야 한다는 뜻이다. 또 지금은 별로 가치가 없는 것처럼 보이지만 시간이 지나면 그 본래의 높은 가치가 나타나는 것을 말한다.

전국시대 각 나라에서는 상대국과의 맹약을 지키고 상호 침략을 방지하기 위해서 인질을 보내고 받았다. 세력이 약한 나라에서 강대국으로 인질을 보낼 때에는 태자와 같은 비중 있는 인물을 보내고, 강한 나라에서 약소국에 인질을 보낼 때에는 서자나 왕족 등 비중이 떨어지는 사람을 보냈다.

전국시대 최강국인 진나라에서 조나라로 보내진 인질은 자초인데,

자초는 왕위 계승의 순서로 보았을 때 거의 가망이 없는 서열이었다. 만약에 진나라가 조나라를 공격하면 조나라는 인질인 자초를 죽일 것인데 자초의 죽음 따위는 신경 쓰지 않을 정도로 미미한 존재였다. 그러나 세상일이란 것이 알 수 없는 것이 진 소왕 40년에 진나라 태자가 갑자기 죽자 자초의 아버지인 안국군이 진 소왕 42년에 태자가 되었다.

이에 따라 자초의 왕위 계승의 서열은 한 발짝 앞으로 나아갔다. 당시 안국군의 아들들은 20여 명에 달하였다. 자초는 진나라 국내에 있지도 않고 더군다나 자초의 어머니 하희(夏姬)는 남편인 안국군으로부터 사랑을 받지 못하는 상황이었다.

따라서 겉으로 보기에 자초가 향후 태자가 되는 것은 거의 불가능에 가까웠다. 당시 각국을 돌아다니면서 장사를 한 여불위는 보고 들은 것도 많지만, 특히 전국시대의 최강인 진나라의 내부 사정에도 자세히 알고 있었다.

사실 태자(안국군)는 본처인 화양부인(華陽夫人)을 특별히 사랑하고 있었는데 불행하게도 화양부인에게는 아들이 없었다. 그러나 안국군 다음의 후계자를 정하는 데에서는, 화양부인의 의사가 결정적으로 작용할 것이란 것을 주변 모두가 알고 있었다.

여불위의 정보력은 훌륭하였다. 화양부인에 대해서 면밀하게 조사를 한 여불위는 화양부인에게 가장 영향력을 끼칠 수 있는 사람은 화양부인의 언니라는 것을 파악하였다. 그래서 여불위는 화양부인과 그의 언니에 대해 좀 더 확실하게 조사를 하였다. 그리고 화양부인 자매에게 접근, 공략할 방법까지 수립하였다. 그 후 여불위는 자초를 만나서 이야기하였다.

"소신이 공자의 문호(門戶)를 크게 만들어 드리겠습니다." 여기서 문호를 크게 만든다는 것은 부자가 된다는 뜻이다.

여불위의 말을 들은 자초가 웃으면서 말하였다.

"나보다 먼저 당신의 문호를 크게 만들도록 하세요. 그러면 나의 문호도 당연히 크게 될 것이 아니요?"

여불위가 대답하였다.

"공자께서 잘 모르고 계십니다. 소신의 문호는 공자의 문호가 커지고 난 후에 커질 것입니다. 공자께서는 현재 인질로 타국에 볼모로 잡혀 있는 데다가 금전적으로도 어려움에 처해 있으니 수레를 타고 다니는 것도 힘들 뿐만 아니라 여러 계층의 사람들과 교분을 쌓는 것도 어려울 것입니다. 소신이 비록 큰 부자는 아니나 천금을 가지고 진나라로 가서 안국군과 화양부인을 극진히 섬겨 공자께서 진나라의 후계자가 될 수 있도록 하겠습니다."

여불위의 말을 들은 자초는 고개를 숙이며 말하였다.

"그대가 계획한 대로 진행된다면 나는 약속하건대 진나라를 그대와 함께 가지도록 하겠소."

여불위는 진나라로 출발하기 전에 자초를 만나 5백 금을 주면서 이 돈으로 수레도 사고 각계각층의 사람들과 교분을 맺도록 하였다.

진나라에 도착한 여불위는 화양부인의 언니를 먼저 만났다. 그리고 미리 준비해간 진귀한 물건들과 보석들을 화양부인의 언니에게 모두 주면서 환심을 산 뒤에 말하였다.

"조나라에 인질로 가 있는 자초 공자는 제후의 빈객들과 사이가 아주 좋으며 그들로부터 총명하다는 칭찬을 많이 듣고 있다고 합니다. 또한 성품이 어질고 지혜가 풍부하며 빈객들이 천하에 두루 퍼져 있을 정도로 많은 사람들과 교분을 맺고 있다고 합니다.

더군다나 자초는 화양부인을 마음속 깊이 존경하고 있으며 아버지와 화양부인을 생각할 때마다 눈물이 난다고 말하곤 합니다."

여불위의 말을 들은 화양부인의 언니는 자초의 효심에 감동하면서 기뻐하였다. 여불위는 기회를 놓치지 않고 화양부인의 언니를 설득하였다. 그리고 지금부터 하는 자신의 말을 화양부인에게 전해주도록 부탁하였다.

"여자가 나이가 들고 매력이 없어지면 남편의 사랑을 지속적으로 받기가 힘들다고 합니다. 더군다나 화양부인께서는 안타깝게도 아들이 없으니 지금 받고 있는 남편의 사랑을 언제까지 받을 수 있을지 걱정이 됩니다.

태자에게는 아들이 많으니 더 늦기 전에 화양부인께서는 공자 중에서 효심이 깊고 총명한 분을 선택하여 그를 양자로 삼은 후 후계자로 정함이 마땅하다고 생각합니다. 그렇게 하여야만 태자에게 만약의 불행한 일이 생기더라도 양자가 왕위에 즉위할 수 있으므로 화양부인께서도 권세와 영화를 오랫동안 누릴 수 있습니다.

이러한 것을 두고 만세의 이익을 얻는다고 할 수 있습니다. 젊을때 자신의 기반을 튼튼하게 해 두어야 합니다. 나이 들어 아름다움과 남편의 사랑이 사라진 뒤에는 이미 늦은 것입니다.

그리고 자초 공자는 현명한 사람입니다. 형제들과의 순서나 생모의 서열을 감안(勘案)할 때 자신이 후계자가 되리라고는 전혀 생각지도 못하고 오직 화양부인만을 따르고 생각하고 있습니다.

부인께서는 지체(遲滯)하지 마시고 자초를 양자로 들이시어 후계자로 정해 놓으시면, 일생을 걱정 없이 효도를 받으며 부귀영화를 누리실 겁니다."

화양부인의 언니는 여불위가 말한 내용을 화양부인에게 그대로 전달하였다. 얘기를 들은 화양부인은 그 말들이 과연 맞는지라 며칠을 고민하다가 자초를 양자로 들이기로 하였다. 그리고 태자를 만난 자리에서 조나라에 인질로 가 있는 자초가 얼마나 총명하고 효심이 깊은지, 그리고 얼마나 많은 빈객들과 교분을 쌓고 있는지 얘기를 하면서 눈물을 흘렸다.

"소첩은 다행스럽게도 태자마마의 사랑을 받고 있습니다만 안타깝게도 아들이 없습니다. 조나라에 인질로 가 있는 자초를 양자로 들이는 것을 허락해주시고 자초를 후계자로 삼아 소첩의 미래를 의지하고 싶습니다."

애절하게 말하는 화양부인의 말을 들은 태자는 자초를 후계자로 삼기로 약속하였다.

그리고 자초에게 후한 예물과 넉넉한 생활비를 여불위를 통해 보내주었다. 이로써 자초는 여유 있게 생활을 하면서 빈객들과의 교분도 더욱 활성화하였다. 화양부인은 여불위를 만난 자리에서 자초의 뒷일을 부탁하였다.

자초(子楚)의 본래 이름은 이인(異人)이었는데, 초(楚)나라 출신인 화양부인이 이인을 양자로 들인 후, 초나라의 자식이라는 의미로 자초라는 이름을 지어주었다. 화양부인은 초나라에서 진나라로 시집온 사람이었다. 여불위의 작전은 대성공이었다.

당시 조나라의 수도인 한단은 천하에 알려진 색향(色鄕)이었는데 여불위는 한단에서도 천하일색으로 소문난 여자를 첩으로 두고 살았다. 이름이 조희인 그녀는 여불위의 아이를 임신하고 있었다.

어느 날 여불위가 자초를 집으로 초대하여 식사하면서 술잔을 기울이고 있는데, 술자리에서 여불위의 첩인 조희를 본 자초는 한눈에 반해버렸다. 자초는 여불위에게 술을 따라 올리며 조희를 자신에게 달라고 요청하였다.

여불위는 자신의 여자를 요구하는 자초의 무례한 행동에 화가 났으나 다시 한 번 곰곰이 생각해보니 미래의 큰 이득을 염두에 두고 자신의 전 재산을 투자하는 상황에서 여자 한 명쯤이야 문제 될 것이 없었다. 여불위는 자초에게 조희를 보내기로 결정하였다.

조희는 임신한 사실을 자초에게 얘기하지 않았으며 혼인 후 달이 차서 아들을 낳고 이름을 정(政)이라고 하였다. 당연히 자초는 태어난 아이가 자신의 아이인 줄 알았으며 아이의 엄마인 조희를 정부인으로 삼았다. 자초의 아들 정은 그의 증조부인 진 소왕 48년, 즉 기원전 259년에 태어난 걸로 기록되어 전해진다. 바로 중국 역사상 처음으로 천하를 통일한 시황제(始皇帝)의 탄생이다.

그의 조부인 안국군은 효문왕(孝文王)이 되고 아버지인 자초는 장양왕(莊襄王)이 된다. 시황제의 출생 관련 비밀이 사실이라면 진나라 왕의 성씨가 영 씨(嬴氏)에서 여 씨(呂氏)로 바뀌는 상황이었다. 자초의 아들인 정이 2살이 되던 해인 기원전 257년, 즉 진 소왕 50년에 진나라는 장군 왕흘(王齕)을 대장으로 삼아 조나라를 침공하여 수도인 한단을 포위하였다. 조나라에는 진나라의 암묵적(暗黙的)인 후계자로 지목된 자초가 그때까지 인질로 잡혀 있었다. 위기에 빠진 조나라에서는 인질인 자초를 죽이고자 하였다. 여불위와 자초는 황금 6백 근을 뇌물로 주고 무사히 한단을 빠져나올 수 있었다. 여불위가 이러한 위험한 사태에 대비하여 만반의 준비를 미리 해놓았기 때문에 자초의 탈출은 물론 자초의 처자식에 대해서도 조나라 조정에서 함부로 하지 못하였다.

사마천의 『사기』에는 이렇게 기록되어 있다. 자초의 처와 아들은 조나라에서 어떠한 조치도 하지 못하였는데 그 이유가 자초의 부인이 조나라 고관대작의 딸이기 때문이라는 것이다. 사마천은 당초 자초의 부인을 춤과 노래를 잘하는 여불위의 첩이라고 하였다. 앞뒤가 맞지 않는 말이다. 조나라 고관대작의 딸이 일개 장사꾼인 여불위의 첩이 될 수가 없기 때문이다.

위기에 빠진 조나라를 구하기 위해 초나라의 춘신군과 위나라의 신릉군이 군사를 이끌고 출정하였고, 조나라 이목 장군의 반격으로 진나라가 군사를 물리면서 사태는 진정(鎭靜)되었다.

한단의 전투 이후 6년의 세월이 지난 기원전 251년 어느 날 진 소왕이 서거하고 태자인 안국군이 왕위에 올랐다. 그가 바로 효문왕(孝文王)이다. 진 소왕이 50년 동안이나 왕위에 있었기 때문에 그의 아들 효문왕은 매우 늙은 나이에 왕좌에 올랐다.

효문왕은 즉위하자 조나라에 인질로 가 있는 자초를 태자로 삼았으며 조나라에서는 자초와 그의 부인과 아들 정에게 예의를 다하여 진나라로 보내주었다. 당시에는 왕이 죽으면 태자가 바로 왕이 되지 못하고 일 년간의 추도(追悼) 기간, 즉 복상기간(服喪期間)이 경과한 후에야 즉위식을 거행하고 실질적 왕권을 행사하였다. 불행하게도 효문왕은 즉위식을 거행한 지 3일 만에 서거하였고 다음 왕위에 자초가 오르니 바로 장양왕(莊襄王)이었다. 보잘것없던 왕족이자 인질이었던 자초가 전국시대 최고의 강국인 진나라 왕이 되는 기적이 연출되는 순간이었다. 위나라 출신의 상인과 볼모로 잡혀 있던 왕족의 합작품인 것이다.

화양부인은 화양태후가 되고 생모인 하희는 하태후가 되었다. 여불위의 예상은 맞아떨어졌고 작전은 훌륭하게 성공하였다. 장양왕은 즉위하자 최고의 공로자인 여불위를 승상으로 명하고 하남과 낙양의 10만 호를 식읍으로 내려주며 문신후(文信侯)로 봉하였다. 여불위의 행운과 영광은 계속되었는데 다름이 아니라 장양왕 역시 즉위 3년 만에 서거하고 말았기 때문이다. 이제 진나라 왕의 자리는 여불후의 아들인 정이 물려받았다. 또한 과거 자신의 첩이었던 왕비는 이제 태후의 자리에 올랐다.

태자 정이 13살의 어린 나이에 왕위에 오르니 그때가 기원전 246년, 진시황 원년이다. 여불위는 상방(相邦)의 자리에 오르고 중보(仲父)라고 불렸다. 중보란 본래 숙부(叔父)라는 뜻이나, 여불위의 경우에는 오히려 아버지와 같이 받들어 모셔야 할 사람이란 의미가 더 적당할 것 같다. 역사에서 처음으로 중보란 단어가 쓰인 때는 춘추시대 첫 번째 패자인 제나라 환공이 재상인 관중(管仲)을 존경하는 마음에서 중보라고 불렀을 때였다. 이제 여불위의 권세는 진나라의 그 누구도 함부로 하지 못할 정도로 막강하였다. 여불위가 섭정(攝政)하면서 진나라의 정치를 좌지우지할 때, 천하에는 전국시대 사공자(四公子)로 알려진 제(齊) 맹상군, 초(楚) 춘신군, 위(魏) 신릉군, 조(趙) 평원군이 경쟁하듯 천하 인재들을 가까이 두고 있었다.

최강 대국인 진나라의 실질적 최고 권력자인 여불위의 입장에서는 이들 네 명의 공자에게 뒤처진다는 것은 자존심의 문제였다. 그리하여 자신도 천하의 인재를 모으기 시작하였는데 당시 여불위의 식객도 무려 3천 명에 달하였다. 이들 식객 중에는 훗날 진나라의 재상이 된 이사(李斯), 장군 몽오, 장군 왕기 등이 있었다.

어느 날 여불위는 식객들을 전부 모은 후 천지 만물과 고금의 모든 일을 정리하여 이른바 백과사전을 만들자고 제의하였다. 그때부터 모든 식객들은 자신이 보고들은 사항들을 저술하여 그 내용을 집대성하였는데, 이렇게 만들어진 책을 두고 사람들은 『여씨춘추(呂氏春秋)』라고 하였다. 여씨춘추는 3부로 나누어지는데 「십이기(十二紀)」, 「팔람(八覽)」, 「육론(六論)」이다. 또한 여씨춘추는 총 20만여 개의 글자로 구성되어 있다.

여씨춘추는 유실된 일부분만 빼고 대부분 지금까지도 전해지고 있는데, 여불위 사후의 일들까지 기록된 걸로 보면 후세 사람들이 책의 내용을 조금씩 첨삭(添削)한 걸로 보인다. 여불위는 자신의 뜻에 따라 편찬(編纂)한 『여씨춘추』에 대해 대단한 자부심을 가지고 있었다.

책이 완성되자 여불위는 함양의 성문에 책을 진열하고 그 위에 천금을 놓은 후, 누구라도 이 책의 내용에서 단 한 글자라도 고치거나 빼거나 더 보탤 수 있는 사람에게 천금을 가져가도록 허락하겠다고 큰소리를 쳤다. 훗날 사람들이 흠잡을 데 없는 훌륭한 문장을 보고 일자천금(一字千金)이라고 하였다.

한편 진시황은 아직 어리고, 태후의 자리에 있는 조희는 한창때여서 여불위와 남들의 눈을 피해 불륜 관계를 가지기 시작하였다. 과거 자신의 첩이었던 조희, 즉 지금의 조태후와의 불륜은 여불위로서는 자연스러운 것이었다. 진시황의 생모이자 여불위의 첩이었던 조태후는 남자 없이는 살 수 없을 정도로 음란한 여자였다. 그러나 여불위의 입장에서는 주변의 시선도 문제지만 점차 커가는 시황제 때문에 불안해지기 시작하였다. 더군다나 자신은 나이가 들어 하루하루 늙어 가는데 음탕한 조태후의 욕구는 끝이 없었다. 그는 자신을 놓아주지 않는 조태후를 달랠 방법을 찾다가 묘안을 생각해냈다.

이후 여불위는 암암리에 음경(陰莖)이 큰 남자를 찾았다. 마침 노애라는 이름을 가진 사람을 찾은 여불위는 그를 일단 자신의 집 사인(舍人)으로 데리고 왔다. 그 후 여불위는 연회를 벌일 때마다 노애의 남근에 오동나무로 만든 수레바퀴를 매달고 다니도록 하였다. 그리고는 이러한 얘기가 조태후의 귀에 들어가서 그녀가 호기심을 가지도록 유도하였다. 누구보다 남자를 좋아하는 조태후는 노애의 소문를 듣고는 호기심에 그냥 있지를 못하였다.

여불위를 만난 조태후는 노애에 관해 얘기를 하면서, 노애를 태후궁에서 일하게 하면 안 되겠느냐고 하였다. 여불위는 쾌재(快哉)를 부르면서 노애를 궁형에 처한 환관으로 위장시켜 태후궁으로 보내주었다. 노애의 수염은 모두 뽑혔다. 조태후는 그때부터 여불위를 찾지 않고 노애와 정을 통하기 시작하였다. 노애와 사랑에 빠진 조태후는 임신까지 했다. 이에 임신한 사실이 들통날까 두려웠던 조태후는 거짓으로 점을 치고, 점쟁이더러 액땜을 하기 위해 거처를 옮겨야 한다고 거짓말을 하도록 시켰다. 그리고 그 말을 구실로 함양을 떠나 옛날 수도인 옹(雍)으로 거처를 옮겨버렸다.

조태후를 따라간 노애는 그곳에서 실질적인 관리를 하면서 축재(蓄財)를 하였는데 하인이 수천 명에 달하였고 벼슬을 얻기 위해 그를 찾아온 사람이 천 명이 넘을 정도였다. 노애는 옹 땅에서 조태후와 아들 둘을 낳아 비밀리에 키웠다.

하지만 기원전 238년, 즉 진시황 9년에 이들의 추잡한 행동은 만천하에 드러나고 말았다. 진시황에게 밀고된 내용은 이러하였다.

"태후를 모시고 있는 노애는 궁형에 처한 환관이 아니며 태후와 정을 통하여 두 사람 간에는 아들 두 명이 있는데 이들은 아무도 모르게 키워지고 있습니다. 그리고 대왕께서 서거하시면 이들을 후계자로 삼자고 태후와 노애가 모의하고 있습니다."

이러한 사실을 들은 진시황은 크게 화를 내면서 사건의 전말을 조사하도록 명하였다. 노애를 잡아들여 심문한 결과 모든 것을 알게 된 진시황은 노애의 삼족을 멸하고 태후와의 사이에 태어난 두 명의 아들 모두를 참형에 처하였다. 그리고 노애의 사인들 모두의 가산을 몰수하고 촉(蜀) 땅으로 쫓아버렸다.

문제는 여불위와 모친인 태후의 처벌 수위였는데 진시황은 우선 태후를 유폐(幽閉)시키기로 결정하였다. 그러나 여불위는 어떻게 해야 할지 결정하기 쉽지 않았다. 당시 21살의 패기 넘친 진시황으로서는 나이는 들었지만, 권력을 가진 신하인 여불위가 부담되고 귀찮은 존재일 수밖에 없었다.

태후와 노애의 사건에 깊숙이 개입된 여불위를 제거할 명분은 충분하였다. 당초 진시황은 여불위를 이번 기회에 완전히 없애버리려고 하였다. 그러나 3천 명이 넘는 식객들의 격렬한 변호와 선왕에 바친 여불위의 공로를 인정하지 않을 수 없는 상황에서 참형을 감행(敢行)할 수가 없었다.

노애의 사건이 발생한 지 일 년의 시간이 흐른 뒤 기원전 237년, 즉 진시황 10년에 진시황은 여불위를 상방의 자리에서 해임하고 그의 봉지인 하남, 낙양으로 떠나가라고 명하였다. 그리고 진시황은 제나라 사람인 무초의 의견에 따라 조태후를 함양으로 오게 하였다.

그 후 일 년의 세월이 지났으나 여불위의 위세는 여전하였다.
식객들은 여전히 여불위의 집에서 머무르고 있으며 여불위를 만나기 위해 빈객들과 제후들의 사자들이 집 앞에 줄을 서고 있었다.

진시황은 여불위가 혹여 모반을 일으킬까 염려가 되어, 전지(傳旨)를 내려 여불위로 하여금 촉 땅으로 옮겨 살도록 명하였다.

"그대가 진나라에 무슨 공을 세웠기에 그대를 하남의 제후로 봉하고 식읍으로 10만 호를 주었단 말인가? 그대가 진나라와 어떠한 친족 관계에 있기에 중보(仲父)라고 칭한다는 말인가? 그대는 그대의 가속들과 함께 촉 땅으로 가서 살아라."

여불위는 자신의 현재 처지를 생각해 보았다. 진시황은 조금씩 여불위 자신을 조여 오면서 자신의 지위와 위세를 약화하고 있는데 향후에는 자신을 참형(斬刑)에 처할 것이 분명하였다.

결국 기원전 235년(진시황 12년)에 여불위는 음독 자결하였다.

그로부터 7년 후 조태후가 죽자 장양왕의 묘에 합장하고 시호를 제태후(帝太后)라 하였다. 훗날 한 무제는 현재의 운남 성 지역을 정벌하면서 여불위가 추방된 후 촉 지역에 계속 살아온 여씨 일족들을 운남 지역으로 이주시켰다. 그리고 한국에서는 현재도 함양, 성주, 성산 여씨는 여불위를 자신들의 선조로 생각하고 있다고 한다.

3. 천하통일을 이룩한 진시황제

진나라의 전국통일

기원전 3세기 말에 접어들면서 약 250여 년 이상 계속되어온 전쟁으로 천하는 피폐(疲弊)해지고, 세력 다툼을 벌여 온 전국칠웅의 명암이 엇갈렸다. 강대해진 진나라가 나머지 6개국을 차례차례로 정복해갔기 때문이다.

전시 상황하에 백성들은 기아(飢餓)와 고통(苦痛)에서 벗어나지 못했고 그에 비례하여 통치 계층의 부패와 비리 그리고 무능은 날이 갈수록 심해져 갔다. 세상이 확 바뀌었으면 하고 바라는 것이 천하 백성들의 마음이었다. 그러한 민심에 호응(呼應)하듯 진시황의 천하통일에 대한 야망은 더욱 깊어져만 갔다.

기원전 230년~221년, 즉 약 10년 사이에 진나라는 나머지 6국을 멸망시켜버렸다.

제일 처음 멸망한 왕조는 한나라였다. 진나라와 국경을 마주 접하고 단 한 번도 천하를 호령해보지 못하고 항상 약소국으로 존재해왔던 한나라는 기원전 230년(진시황 17년) 진나라 장군 내사승(內史勝)이 이끄는 대군에게 수도인 신정(新鄭)을 함락당하였다. 한나라 마지막 왕인 한안(韓安)은 항복을 선언하고 투항하였다.

한나라는 진나라가 공격해오자 한비(韓非)를 사신으로 보내 화친을 도모하고자 하였다. 한나라에서는 한비를 하찮은 선비로 보고 등용하지 않았다. 그러나 진시황이 한비가 저술(著述)한 책을 읽고 감동을 받았다는 소문을 듣고 급히 한비를 불러 진나라에 보냈다.

평소 한비를 흠모(欽慕)해온 진시황은 한비를 자신의 곁에 두고자 하였으나 과거 순자(荀子)의 산하(傘下)에서 동문수학한 재상 이사가 한비의 능력을 익히 알고 있는 바, 한비로 인해 자신의 자리가 위험해질 수 있다고 생각하고 한비를 모함하였다. 이사는 중신인 요가(姚賈)와 공모하여 진시황에게 고하였다.

"한비는 한(韓)나라 사람입니다. 만약 대왕께서 그를 등용하신다면 한비는 한나라를 위해 일을 하지, 진나라를 위하지는 않을 것입니다. 만약 등용하지 않은 채 한비를 진나라에 오랫동안 두신다면 스스로 후환을 키우는 것입니다. 법에 따라 죽이는 것이 상책이라 판단됩니다."

이에 진시황은 일단 한비를 옥에 가두었으나, 한비의 재능을 아깝게 생각하여 한비를 사면(赦免)해주고자 하였다. 그러나 이미 한비는 죽어버린 상황이었다. 감옥에 갇힌 한비를 이사가 독약으로 살해해버리고 자살로 위장(僞裝)했다.

한비는 『한비자(韓非子)』를 쓴 전국시대 법가(法家)를 대표하는 사상가이자 정치가였는데 그는 심하게 말을 더듬었다고 전해지고 있다.

그로부터 2년 후 기원전 228년 진나라의 명장 왕전(王翦)은 대군을 이끌고 당시 유일하게 진나라에 대항하였던 조(趙)나라를 공격하였다. 조나라에는 명장 이목(李牧) 장군이 있었으나 진나라의 계교(計巧)에 의해 간첩의 누명을 쓰자 자살하고 말았다. 이목 장군이 죽은 후 조나라의 조정에는 이제 나라를 구할만한 인재가 없는 상태였다.

왕전이 단숨에 조나라 수도인 한단을 점령하자 조나라 마지막 왕인 유류왕(幽謬王) 조천(趙遷)은 투항하였다. 실질적으로 조나라는 이때 멸망한 것이나 다름이 없었다. 조천의 형인 조가(趙嘉)는 북쪽의 대군(代郡)에서 잔여 병력을 집결시켜 스스로 대왕(代王)으로 칭하며 저항하다가 훗날 연(燕)나라를 멸망시키고 회군하는 진나라 왕분의 군대에 의해 기원전 222년 패망하였다. 조가의 저항으로 조나라의 패망은 기록상으로 5년 정도 뒤로 미루어졌다.

기원전 225년(진시황 22년) 위(魏)나라를 공격한 진나라 장군 왕분(王賁)은 황하의 제방을 터뜨리는 수공으로 위나라 수도 대량을 함락하였다. 위나라 왕 위가(魏假)는 포로가 되었다가 곧 처형되었고 위나라는 멸망하였다. 왕분은 왕전 장군의 아들이다.

한(韓), 조(趙), 위(魏)나라를 사실상 멸망시킨 진시황은 말머리를 연(燕)나라로 향하였다. 당시 연나라는 왕 희희(姬喜)를 대신하여 태자 희단(姬丹)이 연나라 조정을 주도하고 있었다.

과거 희단은 조나라에 인질로 가 있었는데 그때 역시 조나라에 인질로 와 있던 진나라 자초의 아들인 정, 즉 지금의 진시황과 어린 시절을 함께하였다. 그리고 세월이 지나 정이 진나라 왕이 되었을 때 희단은 진나라에 인질로 갔다. 희단은 어린 시절 친하게 지낸 친구가 왕이 되어 있으니 자신을 반갑게 대해줄 줄 알았다. 그러나 진시황은 희단을 냉정하게 대하였다. 희단은 배신감에 앙심(怏心)을 품고 진나라를 도망쳐 나왔다. 그리고 그 후부터 복수를 하기 위해 고심하였다.

그때 진나라 장군 번오기(樊於期)가 진나라에서 죄를 짓고 도망쳐서 연나라에 망명하고자 하였다. 이에 희단이 망명을 허락하며 연나라에 머무르게 하자 태부(太傅)인 국무(鞠武)가 진언하였다.

"진나라 왕은 성격이 포악하며 지금 연나라를 호시탐탐(虎視眈眈) 노리고 있습니다. 상황이 이러한데 진나라에서 도망쳐 나온 번 장군을 우리 연나라가 보호해주고 있다는 것을 알면 어떤 사태가 벌어지겠습니까? 빠른 시일 내 번 장군을 흉노(匈奴) 땅으로 보내시어 진나라에서 쓸데없는 구실을 만들지 않도록 하셔야 합니다.

그리고 진나라의 공격에 대비하여 제, 조, 위나라 등과 합종하여야 하며, 북쪽 흉노의 선우(單于)와도 친교를 맺도록 하십시오."

그러나 희단은 그렇게 하기에는 너무나 많은 시간이 소요된다고 하면서 국무에게 다른 좋은 계책을 가르쳐 달라고 하였다. 국무는 희단에게 전광선생(田光先生)을 소개하였다.

전광을 만난 희단은 몸을 낮추어 예의를 지키면서 말하였다.

"연나라와 진나라는 양립할 수가 없습니다. 선생께서는 이점을 참고하시어 가르침을 주시기 바랍니다."

전광이 말하였다.

"군마는 하루에 천 리를 달릴 수 있으나 나이가 들면 노둔(老鈍)한 말보다 못하다고 하는데 소신은 이제 늙은 말과 다름이 없습니다. 그러나 어찌 나랏일을 그냥 보고만 있겠습니까. 소신이 잘 아는 사람 중에 형가(荊軻)라는 인물이 있는데 쓸 만합니다."

희단이 요청하였다.

"선생께서 저에게 형가를 소개해 줄 수 있습니까?"

전광이 그렇게 하겠다고 대답하자 희단은 오늘 우리 두 사람이 나눈 대화는 연나라의 안위와 관련된 중대한 일이니 비밀로 해주기를 부탁하였다.

전광은 바로 형가를 만나서 말하였다.

"오늘 태자를 만나서 그대를 추천하였으니 빠른 시일 내 태자를 만나 뵙기를 바라오. 그리고 덕이 있는 사람은 일을 행함에 있어 타인으로부터 의심을 받지 않도록 한다고 합니다. 태자께서는 오늘 우리가 얘기한 것은 나라의 중대한 일이니 비밀을 지키자고 말씀하셨습니다. 태자의 이러한 말씀은 저를 의심한다는 뜻입니다. 다른 사람으로부터 의심을 받는다는 것은 대장부가 취할 것이 아닙니다."

전광은 말을 마치고는 스스로 목을 찔러 자결하였다.

형가는 위(衛)나라 출신으로 그의 선조는 제(齊)나라 사람이었다.

평소 무술과 독서를 좋아하였는데 자신의 능력을 펼쳐 보고자 위나라 원군을 찾아가서 유세하였으나 원군이 그를 탐탁하게 생각하지 않았다. 이후 형가는 유차(楡次)에서 갑섭이란 사람과 검술에 관한 얘기를 나누다가 서로 의견이 맞지 않아 시비가 붙었는데 갑섭이 눈을 부라리며 위협(威脅)하자 형가는 아무 말 없이 자리를 피했다. 그리고 한단에서 노구천(魯句踐)이란 사람과 장기를 두다가 장기 규칙 문제로 다툼이 벌어졌는데 노구천이 화를 내자 그때도 형가는 아무 말 없이 그 자리를 떠났다. 형가의 사고방식은 이런 사소한 일들로 시비를 가리는 것은 결코 가치가 있는 일이 아니라는 것이었다. 한마디로 사소한 일에 신경 쓰지 않겠다는 뜻이었다.

연나라에서는 개백정과 고점리(高漸離)라는 사람들과 친하게 지냈는데, 고점리는 축(筑)이라는 악기를 잘 다루었다. 형가는 서로 뜻이 맞으면 상대의 신분과 계급을 따지지 않고 호형호제(呼兄呼弟)하였다. 그리고 고점리가 축을 타고 있으면 형가는 남의 시선을 아랑곳하지 않고 옆에서 노래를 부르며 흥겹고 호탕하게 즐겼는데, 이러한 모습을 비유하여 방약무인(傍若無人)이란 고사성어가 생겼다. 그러면서도 형가는 자신이 가는 곳마다 그곳의 선비, 호걸들과 친분을 맺으며 사상적, 학문적 발전을 도모하였다. 연나라에서의 전광선생도 서로가 알아보고 인정한 관계였다.

형가는 태자를 찾아갔다. 그리고 전광의 죽음을 알려주었다. 태자는 전광의 죽음을 애도하면서 자신은 전광을 의심한 것이 아니고 나라의 큰일을 성공시키기 위해 조심(操心)하자는 뜻으로 한 말인데 하면서 안타까워하였다. 그리고 태자는 형가에게 조용하고 엄숙히 말하였다.

"전광 선생이 저 희단의 불초함을 알지 못하고 형가 선생을 소개해 주시어 우리 두 사람이 이렇게 만날 수 있게 되었으니 이것은 하늘이 아직 연나라를 버리시지 않은 것이구나!라는 생각이 듭니다.

작금의 연나라는 힘이 약하여 국력을 모두 집중하여도 진나라를 이길 수가 없습니다. 그리고 이미 천하의 제후들이 진나라에 굴복하여 합종의 의미도 없습니다.

현재의 급박한 상황을 타개하기 위해서는 천하의 용사를 자객으로 보내 진나라 왕을 협박하여 각국의 빼앗긴 땅을 돌려주고 더 이상 침략 전쟁을 하지 않을 것을 약속받든지 아니면 진나라 왕을 죽이는 것이 제일 현명한 방법이라고 생각합니다. 그러나 목숨을 바칠 만한 의기를 가진 용사를 구하기가 어렵습니다."

형가는 이렇게 중대한 나라의 일을 수행할 능력이 없다고 하면서 사양(辭讓)하였다. 그러나 거듭된 태자의 간청에 형가는 마침내 수락하였다. 이에 태자는 형가에게 상경의 벼슬을 내리고 극진히 모셨다. 최고의 숙소에서 머무르게 하면서 매일 끼니때마다 산해진미(山海珍味)로 식사하게 하였으며 미녀들더러 시중 들게 하였다. 그러나 제법 오랜 시간이 지났음에도 불구하고 형가는 거사를 행하기 위해 떠날 생각을 하지 않고 계속 머무르고 있었다.

답답해진 태자가 형가를 찾아가서 한마디 하였다.

"진나라 군대가 연나라를 공격하기 위해 역수(易水)를 건너오게 되면 형가 선생을 계속 모시고 싶어도 그리할 수가 없습니다."

형가가 태자의 말을 듣고 기다렸다는 듯이 한마디 하였다.

"태자의 말씀 잘 알아듣겠습니다. 그러나 현재로써는 진나라에 들어가도 진나라 왕을 만날 수도 없고 더군다나 가까이 접근할 수가 없습니다. 사실 접근을 못 하면 아무 소용이 없습니다.

그런데 지금 진나라 왕은 도망친 번 장군을 찾기 위해 혈안이 되어 있습니다. 현상금까지 걸어놓은 상태입니다.

번 장군의 머리와 연나라 독항(督亢) 지역의 지도를 가지고 가면 진나라 왕은 소신을 만나줄 것이라 생각합니다. 그러면 목표를 달성할 수 있고 태자마마의 원한도 풀 수 있으리라 봅니다."

태자는 형가의 말을 듣고는 고개를 끄덕이며 수긍하였다. 그러나 장군 번오기의 수급(首級)을 가져간다는 것에 대하여는 사람의 도리로는 그럴 수는 없다고 반대하였다. 형가는 태자의 반대 의견을 충분히 이해하면서도 직접 번오기를 만났다.

"번 장군께서 진나라를 도망쳐온 이후 장군의 부모와 처자식 그리고 모든 친척들은 처형되었습니다. 그리고 장군의 목에 현상금으로 천근의 황금과 만 호의 고을을 내걸었습니다. 앞으로 어떻게 하실 계획이신지요?"

번오기는 탄식하면서 말하였다.

"저의 가슴이 터질 듯 힘이 듭니다. 그러나 아무리 생각해도 묘책이 없습니다."

형가가 한참을 생각하다가 말하였다.

"지금 당장 연나라에 대해 은혜를 갚고 진나라에 복수(復讎)를 할수 있는 방법이 있다면 장군께서는 어떻게 하시겠습니까?"

번오기는 놀라면서 그 방법이 무엇인지 물었다.

"장군의 머리를 바치겠다고 하면 진나라 왕은 분명히 소신을 만나줄 것입니다. 그때 소신이 왼손으로 진나라 왕의 소매를 잡고 끌어당기면서 오른손으로 감추어 가지고 간 단검으로 진나라 왕의 가슴을 찌릅니다. 그러면 장군은 원수를 갚을 수 있고 동시에 장군을 받아주고 보살펴 준 연나라에 보답할 수 있을 것입니다. 장군의 의향은 어떻습니까?"

번오기는 소매를 걷어붙이면서 당당하게 말하였다.

"이것이야말로 저가 기다리던 묘책입니다. 당신의 뜻을 잘 알겠습니다."

번오기는 바로 목을 찔러 자결하였다. 번오기의 죽음을 전해 들은 태자는 몹시 슬퍼하였으나 어찌할 방도가 없었다. 번오기의 머리는 함(函)에 넣어져 봉해졌다.

태자는 천하 명검이자 예리하기로 소문난 조나라 서부인(徐夫人)의 비수(匕首)를 백금을 주고 구입하였다. 그리고 칼날에 독약을 묻힌 후비단으로 만든 지도의 맨 끝에 감쪽같이 끼워 넣었다. 독약의 성능을 시험도 해보았는데 실오라기만큼의 상처에도 살아남는 자가 없었다. 또한 태자는 진무양(秦舞陽)을 부사로 삼아 형가를 보좌하도록 조치하였다. 진무양은 13살의 어린 나이일 때 살인을 한 것으로 천하에 소문이 난 사람이었다. 사람들이 감히 그를 똑바로 쳐다보지 못할 정도로 매서운 얼굴이었다. 이제 모든 준비는 끝났는데도 형가는 출발하지 않고 있었다. 그는 같이 가기로 한 믿을 만한 사람을 기다리고 있었다.

태자는 형가의 마음이 변한 것인가? 하고 걱정이 되어 왜 출발을 하지 않는지 물어보았다. 태자의 말을 듣고 형가는 크게 화를 내면서 말하였다.

"이번 일은 국운을 가르는 매우 중대한 것입니다. 나와 함께 가기로 되어 있는 진무양이 아무리 용감한 사람이라고 하나 일개 더벅머리 아이에 불과합니다. 내가 즉시 출발을 하지 않고 머무르고 있는 것은 내가 믿는 사람이 오기를 기다리고 있기 때문입니다. 이제 태자께서 재촉을 하시니 당장 출발하지요."

태자와 이 일을 알고 있는 소수의 빈객들은 형가를 전송하기 위해 나왔다. 근데 그들은 모두 흰옷을 입고 흰 갓을 쓴 상복(喪服) 차림이었다. 사실 일을 성공하든 실패하든 형가는 살아 돌아올 수 있는 가능성이 만에 하나도 없는 것이기 때문에 모두 상복을 입은 것이다. 마침내 국경인 역수에 도착하니 형가가 기다리던 친구 고점리가 먼저 도착해 있었다.

고점리가 축(筑)을 치니 형가가 그에 맞추어 노래를 불렀다. 형가를 전송하기 위해 나온 모든 사람이 눈물을 흘리며 슬퍼하였다. 형가가 부른 노래는 이러하였다.

바람 소리 쓸쓸하고
역수 물은 차갑구나

장사 한번 가면

다시 오지 못하리

　노래를 마친 형가는 마차를 타고 떠났는데 단 한 번도 뒤를 돌아 보지 않았다.

　기원전 227년 마침내 진나라 수도인 함양에 도착한 형가는 천금 을 주고 귀한 물건을 구한 후 진나라 왕이 총애하는 대신을 찾아가 서 선물로 주고 진나라 왕을 알현(謁見)하고 싶다고 하였다. 그리고 번오기의 목도 가져왔다고 하였다.

　보고를 받은 진나라 왕은 크게 기뻐하며 연나라 사신, 즉 형가를 함양궁으로 들라 하였다. 형가는 번오기의 목이 들어 있는 함을 들 고 진무양은 독항의 지도를 넣은 상자를 들고 진나라 왕 앞으로 나 아가는데 섬돌 앞에서 갑자기 진무양이 벌벌 떨면서 안색이 창백(蒼 白)해졌다. 진나라 대신들이 이상하다고 수군거리자 형가가 나서 말 하였다.

　"북쪽 땅 오랑캐 나라의 미천한 사람이 한 번도 천자를 뵌 적이 없 는지라 두려운 마음에 떨고 있습니다. 대왕께서는 미천한 사람을 용 서해주시고 사신의 임무를 다할 수 있도록 해주시길 바랍니다."

　진나라 왕이 웃으면서 형가에게 지도를 갖고 오라 하였다. 형가가 섬돌을 지나 지도가 들어 있는 상자를 진나라 왕에게 바쳤다. 진나 라 왕이 두루마기로 된 지도를 펼치는 순간순간을 형가는 놓치지 않고 쳐다보고 있었다.

　마침내 두루마기가 다 펼쳐지자 비수가 드러났다.

　형가가 잽싸게 왼손으로 진나라 왕의 소매를 끌어당기면서 오른 손으로 비수를 잡고 진나라 왕을 찌르려고 하는 순간 깜짝 놀란 진나라 왕이 확 일어서는 바람에 진나라 왕의 소매가 찢어지고 말았다. 진나라 왕은 몸을 피하였다. 형가는 달아나는 진나라 왕을 쫓아가고 진나라 왕은 기둥 사이로 도망 다녔다. 많은 대신들은 창졸(倉卒)간에 일어난 일이고 모두 칼을 지니고 있지 않은 상황이라 어찌할 줄 몰라 했다. 진나라 법에 당상(堂上)에서는 모든 신하가 어떠한 무기도 소지하지 못하게 되어 있었기 때문이다.

워낙 황급한 상황이라서 당하의 무사들을 부를 겨를이 없었다.

모든 신하들이 손을 휘저으며 형가를 쫓아다녔다. 그때 어의(御醫) 하무저가 급한 마음에 들고 있던 약 자루를 형가에게 던졌으나 별 소용이 없었다. 진나라 왕은 당황(唐惶)하여 기둥 사이로 도망만 다닐 뿐 자신이 칼을 들고 있는지도 몰랐다. 신하들이 진나라 왕을 보고 소리 질렀다. "대왕께서는 칼을 등에 짊어지십시오."

그때야 진나라 왕은 칼을 등 뒤로 돌려 칼을 빼서 자신을 쫓아오는 형가를 향해 휘둘렀다. 왼쪽 다리에 칼을 맞은 형가는 털썩 주저앉으면서도 진나라 왕을 겨누어 비수를 던졌다. 불행하게도 비수는 구리로 만든 기둥에 맞고 그냥 떨어지고 말았다. 진나라 왕은 또다시 형가를 향해 칼을 내리쳤다. 진나라 왕의 칼을 형가는 손으로 막았지만 유혈이 낭자하였다.

형가는 이제 틀렸구나 생각하면서 기둥에 기대어 몸을 세운 후 미소(微笑)를 머금은 채 진나라 왕을 큰소리로 꾸짖었다.

"본래는 너를 협박(脅迫)하여 더 이상 침략 전쟁을 하지 못하도록 할 생각이었다. 그리고 전쟁으로 빼앗은 모든 땅을 본래의 제후들에게 돌려주도록 할 계획이었는데, 그러나 불행하게도 실패하였으니 이것도 하늘의 뜻인 것 같구나."

이때에 당하의 무사들이 올라와서 형가를 죽였다.

형가가 죽은 후 형가의 친구 고점리는 이름을 바꾸고 숨어 지냈다. 그러나 축을 타는 그의 뛰어난 솜씨는 감출 수가 없었다. 그에 대한 소문은 진나라 왕 즉 진시황의 귀에까지 들어갔다.

진시황은 고점리가 형가와 가깝게 지낸 사람이라는 것을 잘 알고 있었다. 그런데도 고점리가 연주(演奏)하는 축 소리를 듣고 싶었다. 진시황의 부름을 받은 고점리는 진시황을 죽일 좋은 기회라고 생각하였다.

고심 끝에 고점리는 축 안에 납덩이를 넣어가서 연주 중에 기회를 봐서 납덩이를 던져 진시황을 해치고자 계획하였다. 마침내 진시황 앞에서 연주를 시작한 고점리는 음악에 도취(陶醉)되어 눈을 지그시 감고 있는 진시황을 향해 납덩이가 들은 축을 힘껏 던졌다.

그러나 불행히도 축은 엉뚱한 곳으로 날아가버렸고 고점리의 시도(試圖)는 물거품이 되었다. 그 이후 진시황은 자신이 멸망시킨 나라의 백성들은 절대로 자신 가까이 오게 하지 않았다.

이렇게 형가의 계획은 수포(水泡)로 돌아가고 진시황은 자객을 보낸 연나라를 향해 대군을 출정시켰다. 기원전 226년 진나라 대군이 연나라 수도인 계성(薊城)을 함락하자, 연나라 왕 희희(姬喜)와 태자 희단은 요동의 양평(襄平) 지역으로 도망갔다. 진나라 장군 이신(李信)은 수천 명의 군사를 이끌고 계속 추격하여 요동의 연수에서 연나라 태자 희단을 사로잡았다. 일단 진나라 군대는 회군하였다.

그 이후 진나라는 먼저 초나라를 정벌한 후, 기원전 222년 진나라 장군 왕분은 연나라 왕 희희가 도망가 있는 양평을 공격하여 희희를 사로잡고 연나라를 멸망시켰다. 주나라 소공석(召公奭)이 시조인 연나라는 8백여 년의 긴 역사에 종지부(終止符)를 찍었다.

연나라에 일 년 앞서 멸망한 초나라는 천하통일을 목표로 하는 진시황의 입장에서 반드시 넘어야 할 큰 산이었다.

춘추시대부터 오랜 세월 동안 넓은 영토와 강력한 군사력으로 항상 강대국의 면모를 보여준 초나라는 결코 쉽지 않은 상대였기 때문이다. 진시황은 초나라를 공격하기로 마음먹은 후, 장군들을 모아놓고 회의를 하였다.

"내가 초나라를 공격하고자 하는데 얼마의 병력이면 가능하다고 생각하시오?"

당시 진나라의 명장이며 용맹하기로 소문이 난 젊은 장군 이신이 대답하였다.

"20만 명이면 충분하다고 생각합니다."

이신 장군은 훗날 흉노를 무너뜨린 한(漢)나라 명장 이광(李廣)의 조부였다. 진시황은 백전노장인 왕전의 생각은 어떠한지 또한 물었는데 왕전은 최소한 60만 명은 있어야 승산이 있다고 하였다.

진시황은 두 장군의 의견을 듣고는 말하였다.

"왕 장군도 이제는 늙은 모양이오. 무엇을 그리 두려워하시오. 이신 장군의 기개가 대단하오."

이신과 몽압(蒙恬) 장군은 이십만의 대군을 이끌고 초나라를 공격하였다. 초반전의 전투에서는 진나라가 승리하였으나 교만하고 방심한 진나라 군대의 허점을 노린 초나라 군대의 대공세에 진나라 군대는 대패를 하고 물러났다. 패전의 보고를 받은 진시황은 곧바로 왕전을 찾아가서 사과(謝過)를 하였다.

"장군의 의견을 무시하고 군대를 출정시킨 탓에 초나라에 패하고 말았소. 비록 병이 들어 힘들겠지만, 과인을 위하여 출정해주지 않겠소?"

왕전은 여러 번 출정을 고사하였으나 결국에는 60만의 대군을 차출해주겠다는 약속을 받고 출정을 결정하였다. 왕전의 출정을 격려하기 위해 진시황은 패상까지 나와서 전송하였다.

전송 나온 진시황에게 왕전은 여러 번에 걸쳐 전택(田宅)과 원지(園池)를 달라고 요청하였다. 진시황은 전쟁에 나가는 장수가 재물을 탐하는 것이 마음에 들지 않아서 한마디 하였다.

"장군은 어찌하여 가난을 걱정하시오. 쓸데없는 말 하지 말고 어서 출정하시오."

왕전이 또 말하였다.

"대왕을 모시면서 많은 공을 세웠지만 봉후의 자리를 주시지 않았습니다. 아직까지 대왕께서 소신을 능력을 믿고 계시는 듯하니, 때를 놓치지 않고 얻을 것은 얻어서 자손들을 위한 유산으로 남기고자 합니다."

왕전의 말을 들은 진시황은 그냥 웃고 말았다. 왕전은 군대가 초나라 국경에 도달할 때까지 다섯 번이나 사람을 보내 전택을 하사해주기를 요청하였다.

부하들이 말하였다. "장군께서 전택을 달라고 요청하시는 것이 너무 과하십니다."

부하들의 말에 왕전이 대답하였다.

"그렇지 않다. 지금 왕의 성격은 난폭하고 사람을 믿지 않는데 지금 우리가 이끌고 가는 대군은 진나라 정예병 전부이다. 왕이 걱정도 되고 또한 나를 의심할 수도 있을 것이다.

내가 많은 전택을 요구하고 후손의 생활을 걱정하는 모습을 보여야만 내가 다른 의도를 가지지 않았다는 것을 믿을 것이다. 그렇지 않으면 진시황은 나를 의심할 것이다."

왕전의 60만 대군이 출정했다는 소문을 들은 초나라에서는 비상이 걸렸다. 전국에 동원령을 내리고 장군 항연(項燕)을 대장으로 삼아 결전의 준비를 하였다.

왕전의 대군은 평여(平興)에 진을 치고 꿈쩍도 하지 않고 대치(對峙)만 하였다. 초나라 군대가 싸움을 걸어와도 응전(應戰)을 하지 않았다. 이것은 왕전의 작전이었다. 수차례 싸움을 걸어도 진나라 군대가 대응하지 않자, 왕전의 예상대로 초나라 장군 항연은 군사를 이끌고 동쪽으로 향하였다. 전투를 하지도 않았는데 초나라 군사들은 전쟁에 패해 도망가는 이상한 형국이 되 버렸다.

기회를 놓치지 않고 공격을 시작한 진나라 군대는 초나라 군대를 격파하고 근수의 남쪽 지역 기(蘄)라는 곳에서 항연을 죽였다. 항연이 죽자 초나라 군대는 지리멸렬(支離滅裂)되었고 진나라 대군은 초나라 각 지역을 정벌하였다. 그리고 기원전 223년(진시황 24년) 초나라 마지막 왕 미부추(羋負芻)가 포로가 되었다. 마침내 춘추와 전국시대를 망라(網羅)하며 기나긴 역사를 자랑하는 초(楚)나라는 역사의 뒤안길로 사라졌다.

진나라와의 전투에서 전사한 초나라의 마지막 대장군 항연은 훗날 진나라를 멸망시킨 항우(項羽)의 조부이다.

훗날 항우는 거록(鉅鹿) 땅에서 벌어진 전투에서 왕전의 손자인 왕리(王離)를 생포하여 조부 항연의 한을 풀어주었다. 역사는 이렇게 돌고 돌아 냉정하게 우리에게 다가온다.

진나라 천하통일의 마지막 관문은 대륙의 동쪽에 있는 여상(呂尙) 강태공의 나라 제(齊)나라였다. 제나라는 군사력, 경제력 등등 모든 면에서 전통적인 강대국이었다. 진나라 재상 범저가 추진했던 원교근공(遠交近攻) 정책으로, 진나라와 제나라는 50년 이상 밀월 관계를 유지해왔다. 그래서 진나라가 다른 나라를 침략하여도 제나라는 관심도 가지지 않았다.

　　합종을 하자고 제의가 들어와도 제나라는 거부하면서 진나라 편을 들었다. 게다가 제나라 왕인 전건(田建)은 당시로는 파격적으로 진나라를 방문하였다.

　　그때가 기원전 237년으로 대륙의 동쪽 끝에서 출발하여 서쪽 끝까지 가는 머나먼 길로, 다른 제후국들을 지나쳐 가야 하는 험난한 여정이었다. 진나라 왕은 극진하게 제나라 왕을 대접하였다. 진나라의 수도 함양에서는 성대한 환영 잔치가 벌어졌고 진나라 대신들과 각국에서 온 사절들은 제나라 왕의 발밑에 엎드려 존경의 예를 표하였다. 그리고 진나라 왕과 제나라 왕이 형제의 관계를 맺으니 자연스럽게 두 나라는 형제의 나라가 되었다. 진나라에서도 많은 사절들을 제나라로 보내어 외교 관계를 돈독히 하였고, 제나라 주요 대신들에게도 많은 재물을 뇌물로 보내곤 하였다.

　　천하의 세력은 완전히 진나라에 기울어져 있었다. 삼진(三晉)과 초(楚), 연(燕) 5개국이 이미 역사의 뒤안길로 사라지고 없었다. 홀로 남은 제나라는 진나라에게 사방을 포위당한 있는 형국이었다.

　　기원전 221년(진시황 26년) 연나라와 조나라를 연달아 멸망시킨 진나라 왕분의 대군은 여세(餘勢)를 몰아 창끝을 제나라로 향하였다. 허망(虛妄)할 정도로 아무런 저항도 받지 않고, 왕분의 군대는 제나라 수도 임치(臨淄)를 함락하였다. 동쪽의 강대국인 제나라는 제대로 저항 한번 못해보고 허무하게 멸망하였다.

제나라를 점령한 진나라 왕은 30년 넘게 진나라로부터 뇌물을 받아먹은 제나라 재상 후승(後勝)을 처형하고, 형제의 관계를 맺으며 우의를 다져온 제나라 왕 전건은 공(共) 지역으로 추방하였다.

제나라 왕으로 45년 동안 온갖 부귀영화(富貴榮華)를 누린 전건은 태행산 숲속에 집을 짓고 살아야 했다. 따라온 궁인들은 모두 도망가 버리고 태자인 어린 아들만 남아 있었다. 자신을 관리하는 지방의 관리가 먹을 것과 입을 것을 제때 가져다주지 않으면 추위와 배고픔에 떨어야만 하였다. 이후 전건은 병이 들어 죽고 어린 아들은 행방불명이 되었다. 제나라 유민들은 이러한 소문을 듣고 전건의 죽음을 애도(哀悼)하였다.

> 귓가를 가득 울리는 소나무의 파도 소리
> 눈앞에 펼쳐진 거대한 잣나무 숲
> 배고플 때 먹을 수 없고
> 목마를 때 마실 수 없으니
> 어느 누가 전건을 이 지경으로 만들었나.
> 혹시 저 사람들
> 그를 둘러싸고 있던 객경 대신들이 아닌가.

마침내 춘추전국시대의 종말을 고하고 중국 역사상 처음으로 진(秦)나라에 의해 천하가 통일되었다. 천하 통일을 이룩한 진나라 왕은 진시황(秦始皇)이다. 다음은 전국 7웅 중 6개국의 멸망 순서와 연도이다.

1. 한(韓)나라 기원전 230년 멸망
2. 위(魏)나라 기원전 225년 멸망
3. 초(楚)나라 기원전 223년 멸망
4. 연(燕)나라 기원전 222년 멸망
5. 조(趙)나라 기원전 222년 멸망
6. 제(齊)나라 기원전 221년 멸망

진시황제

진나라 31대 왕이자 통일 진나라의 첫 번째 황제인 영정(嬴政)은 천하 통일의 대업을 이룩한 후, 500여 년 동안 지속된 전쟁으로 무너진 질서와 황폐해진 경제와 민심을 살리기 위해 강력한 조치를 시행하였다. 먼저 자신의 권위와 통치의 강력함을 구현하기 위하여 자신의 호칭 문제부터 거론하였다.

"이제 군웅이 할거(割據)하던 시대는 끝이 나고 천하통일이 이루어졌소. 이러한 대업 성취의 결과를 후대에 길이 전하기 위해 그에 걸맞은 군주의 새로운 호칭이 필요하다고 생각하오."

신하들은 이구동성(異口同聲)으로 말하였다.

"폐하께서 이룩하신 천하통일의 위업만으로도 그 덕은 삼황(三皇)보다도 훌륭하고 그 공적은 오제(五帝)보다도 뛰어납니다."

대신들은 숙고(熟考) 끝에 최고 통치자의 호칭을 삼황오제(三皇五帝)에서 글을 따와 황제(皇帝)라고 하기로 하였다. 이는 성왕(聖王)인 삼황오제의 덕을 진나라 왕 한 사람이 모두 가졌다는 의미이다. 또한 황제 앞에 시(始)를 붙여 첫 번째 황제라는 의미로 시황제(始皇帝)라고 부르기로 하였다. 그리고 다음 황제는 1세 황제, 2세 황제로 차례로 부르게 하여 진 왕조가 영원히 계속되는 왕조임을 나타내었다.

그리고 진시황은 자신의 위세를 과시하기 위해 보통 자신을 스스로 일컫는 짐(朕)이라는 단어와 옥새(玉璽)라는 용어를 황제에 한하여 사용할 수 있다고 정하였다. 또한 시호(諡號) 제도를 폐지하고 황제의 명령을 조서(詔書)로 부르게 하였다.

주나라 때부터 시행되어온 시호는 지위가 높은 사람이 죽고 난 후, 후손들이 그 사람이 살아있을 때 행적들을 연상시킬만한 호칭을 부여하는 제도이다.

예를 들면 은나라를 무력으로 멸망시키고 주나라를 세운 희발을 무왕(武王)이라 하고, 12대 희궁열은 유왕(幽王)이라고 불렀는데 이는 어리석고 못난 왕이라는 뜻이다. 시호 제도의 폐지로 진시황제 이후 황제들은 그냥 1세 황제, 2세 황제로 불렀다.

진시황은 이사(李斯)에게 지시하여 천하 최고의 옥인 화씨벽(和氏璧)에 '수명우천(受命于天) 기수영창(旣壽永昌)' 여덟 글자를 새겨 넣은 옥새를 만들게 하였다. 즉 하늘의 뜻에 따라 황제가 되었으며 영원히 번영한다라는 뜻이다.

진시황제

일단 황제 자신과 관련된 사항들을 해결한 시황제는 내치에 들어 갔는데 새로운 통일 국가의 통치 방법에 대하여 대신들과 논의하였다. 승상인 왕관(王綰)은 연나라, 제나라, 초나라의 영역은 넓고 거리가 멀어 황제의 위엄이 미치기가 어려우니 먼 곳에는 왕자들을 파견하여 다스리도록 하자고 하였다.

그러나 이사는 춘추전국 시대를 예로 들면서, 천하가 오랫동안 전쟁에 휘말린 것은 주나라 무왕이 은나라를 멸망시킨 후 자신의 자식들과 일족, 공신들에게 영토를 나누어 다스리도록 한 것이 가장 큰 이유라고 하였다. 처음에는 서로 협조하고 교분을 쌓으면서 평화를 지켰으나 후대로 내려가면서 서로 알아보지 못하고 각자의 이익만 챙기는 원수 같은 사이가 되어 전쟁만 되풀이하였던 것이니, 이러한 제도는 통일 진나라에 적합하지 않다고 주장하였다. 시황제는 두 사람의 의견을 듣고 심사숙고(深思熟考) 끝에 이사의 의견을 받아들여 군현제(郡縣制)를 시행하기로 하였다.

주나라 때부터 시행되어온 봉건제도를 과감히 버린 실험적 개혁이었다. 즉 전국을 41개의 군(郡)으로 나누고(처음에는 36개 군) 각각의 군 밑에는 현(縣), 현 밑에는 향(鄕)을 두었다. 그리고 군과 현의 관리를 중앙 조정에서 임명하는 제도이었다. 중앙 조정에는 구경(九卿)을 두어 전국의 군과 현을 관장하도록 하였고 구경의 위로 삼공(三公)을 두었다. 삼공은 승상(丞相), 태위(太尉), 어사대부(御史大夫)를 말하는데 이들은 황제의 곁에서 황제를 보필하며 국정을 논하였다. 군(郡)에는 수(守), 위(尉), 감(監)을 두었다. 수는 행정 업무를 맡았으며 위는 지역의 군대를 총괄하였다. 그리고 감은 행정과 군부에 대한 감찰(監察)을 책임졌다. 제후와는 달리 이들 관리들은 세습(世襲)이 되지 않고 그들에 관한 통제와 인사의 권한을 중앙정부가 가지고 있었으므로 과거의 제후처럼 할거할 수가 없는 제도였다.

진시황이 채택한 군현제는 그 이후 청나라에 이르기까지 약 2000

년 동안 중국의 모든 왕조에서 적용하였다.

통일 진나라의 영토는 굉장히 넓었다. 그리고 오랜 세월 동안 수많은 나라로 분할되어 각각 다스려졌다. 당연히 지역마다 관습과 생활 전반의 기준이 서로 달랐다.

진시황제는 백성들의 삶에 관한 것들을 먼저 통일했다. 문자와 그리고 화폐, 법률, 각종 제도, 수레바퀴의 폭(幅), 도량형(度量衡) 등등을 통일하는 조치를 단행하였다. 과히 혁명적이었다. 이때 통일된 모든 것들이 현대의 중국에까지 큰 변화 없이 내려오고 있다. '도량형의 도(度)는 길이를 측정하는 자, 양(量)은 부피를 측정하는 되, 형(衡)은 무게를 측정하는 저울을 말한다.' 그리고 도로망을 혁신적으로 개선하였는데 수도인 함양을 중심으로 하여 방사선 형태로 도로를 구축하였다. 동쪽으로 산동과 하북, 남쪽으로 호남과 강소(江蘇), 그리고 북쪽으로 내몽골 자치구의 음산(陰山)까지 서로 연결되는 장대한 도로였다. 도로의 너비는 50보(步) 그리고 도로 양쪽에 10m 간격으로 소나무를 심어 일률적인 모습으로 만들었다. 또한 황제만 다닐 수 있는 도로를 별도로 만들었는데, 이를 치도(馳道)라 하였다. 이는 황제 전용 고속도로라고 할 수 있다.

당시의 토목 기술로 이렇게 거대한 도로를 개설한다는 것은 불가능에 가까운데, 진시황은 한 발짝 더 나아가 총연장 331㎞에 달하는 대운하(大運河)를 건설하였다. 기원전 214년 사록(史祿)에 의해 건설된 운하는 상계운하(湘桂運河) 혹은 진착거(秦鑿渠)라 불렸다. 이 운하는 호남 지역에 있는 상수(湘水)와 광서의 계(桂) 지역에 있는 이강(漓江)를 연결하는 수로로, 배가 산을 넘어 강에 닿을 수 있도록 계단식과 갑문식으로 설계되었다. 배가 진나라 수도인 함양에서 출발하면

막힘없이 대륙 남쪽의 바다 입구인 번우(番禺)에 도달할 수 있었다. 번우는 지금의 광동성 광주(廣州)이다. 이 운하는 당(唐)나라 때부터는 영거(靈渠)라 불렸는데 현재도 그렇게 부른다. 그리고 왕조가 바뀌어도 이 운하는 계속적으로 개발, 발전되었으며 현재도 그 모습을 간직하고 있다.

그리고 중국 남쪽 지역을 반으로 가르는 대유령(大庾嶺)에 길을 만들어 장강(長江)과 주강(珠江) 유역을 서로 만나게 개통하였다.

운하와 도로를 건설한 당초의 목적은 민중지(閩中地)와 육량지(陸梁地)를 정복, 개발하기 위해서였다. 민중지는 현재의 복건성과 절강성 남부 지역을 말하며, 육량지는 광동성과 광서성 남부 지역을 말한다. 진시황은 이들 지역을 개척함과 동시에 점령해 들어갔는데 50만 명의 군사와 인부를 투입하였으나 식량과 자재의 공급 경로가 원활하지 않았다. 진시황은 이러한 문제점을 보고받고 도로와 운하 공사를 지시하였다.

비슷한 시기에 북쪽 지역에서는 당시의 건축 기법으로는 불가사의(不可思議)한 공사인 만리장성(萬里長城)을 쌓기 시작하였다. 흉노 등 오랑캐의 남침을 막고자 시작한 역사(役事)였다. 흉노와 경계를 접하는 하투(河套) 지역은 함양에서 400㎞ 정도로 가까운 곳이다. 날쌘 기병이면 하루에 도달할 수 있는 거리이었다. 진시황으로서는 굉장히 신경 쓰이고 불안했다. 진시황의 명령을 받은 몽염(蒙恬) 장군은 황하를 지나서 음산 산맥까지 공격하여 흉노를 격파하였다. 그리고 흉노의 남침을 사전에 봉쇄하기 위하여 장성을 쌓기 시작하였다. 이때의 공사는 기존에 건설되어 있던 약 2000㎞에 해당하는 연나라 장성, 진나라 장성, 조나라 장성을 연결하는 공사였다.

단기간에 대륙 전체에서 벌어진 도로, 운하, 장성의 대공사는 백성들을 피폐하게 하였으며 그에 따라 민심은 불평불만으로 요동(搖動)을 쳤다. 당시의 인구가 약 3,000만 명 정도로 추정되는데 이 정도의 노동력을 가지고 동시다발로 엄청난 토목공사를 할 수 있었다는 것은 믿을 수가 없을 정도로 대단한 일이었다. 하지만 부작용이 없을 수 없어 통일 진나라 각 지역에서 반란의 기미(機微)가 보이기 시작하였다. 그래도 단기간에 걸친 진나라의 개혁들은 그 이후 모든 왕조의 통치 수단이 되었고 백성들 생활의 기준이 되었다. 실로 놀라운 변화였고, 개혁이었다. 진시황을 중심으로 재상 이사 그리고 대신들은 넘치는 정력과 열정으로, 중국의 모든 왕조가 오랜 세월 동안 이룩한 것들을 합친 것보다도 더욱 찬란(燦爛)하고 위대한 업적을 이루어내었다. 최초의 천하통일, 최초의 중앙집권 국가, 최초의 법제와 율령의 제정, 최초의 공문서 규격화 등 위대한 업적을 이룩한 진시황을 두고, 명나라의 학자 이탁오(李卓吾)는 '천고일제(千古一帝)'라 하며 칭송하였다. 천고일제란 진시황제만이 유일무이(唯一無二)한 영원한 황제라는 뜻이다. 현재의 중국이 바로 진시황(秦始皇)의 통일 진(秦)나라이다.

분서갱유(焚書坑儒)

기원전 213년(시황제 34년) 천하통일을 이룩한 진시황제는 함양의 궁궐에서 성대한 축하 잔치를 벌였다. 모두 서로의 노고를 격려(激勵)하면서 술잔을 기울이며 흥겨운 시간을 즐겼다. 복야(僕射)인 주청신(周青臣)이 황제 앞에 나아가 술잔을 올리며 황제의 위대한 공덕을 칭송

하였다. 주청신의 말이 끝나자 제나라 출신으로 박사인 순우월(淳于
越)이 황제 앞으로 나와서 의견을 말하였다. "소신이 배워 알고 있기
로는 예전 은나라와 주나라가 천여 년의 세월 동안 사직(社稷)을 지키
면서 번영을 이룬 것은 왕자들이나 공신들을 제후로 봉하고 그들을
황실의 방패로 삼았기 때문입니다. 그런데 황제께서는 천하를 제패
하였음에도 불구하고 우리 진나라의 왕자들은 그냥 권한이 없는 왕
족으로만 있을 뿐입니다. 장래에 무슨 일이 있을 경우 누가 진 제국
을 보전할 수 있겠습니까? 옛것을 교훈으로 따르지 않고 잘된 일이
없습니다. 그런데 주청신 등은 폐하의 비위(脾胃)만 맞추려고 할 뿐
폐하의 잘못된 부분에 대해서는 함구하고 있으니 정말 불충한 신하
들입니다." 축배를 드는 즐거운 날에 정치적 의견을 말하는 박사 순
우월의 말에 기분이 상한 진시황은 이사(李斯)에게 의견을 물었다.

이사는 순우월의 의견을 반박하였다.
"옛날에는 천하가 흩어져 있었는데 이를 통일할 수 있는 자가 없
었기 때문에 제후들을 봉할 수밖에 없었고 더불어 제후들의 난립
은 당연하다 할 수 있습니다. 그 시절에도 옛날의 것들을 이상으로
생각하고 현재를 비판하면서 저마다 자기의 생각만이 옳다고 하면
서 황당무계(荒唐無稽)한 주장들을 하였습니다. 그리고 위정자를 무
조건 비난하였습니다. 그러나 오늘날 폐하께서는 천하를 통일하셨
고 모든 사물의 기준을 정하였으며 황제라는 유일한 자리에 앉아
계십니다. 그런데도 아직까지 자기 생각만이 옳다는 사람이 여전히
많이 있습니다. 그들은 폐하께서 정해주신 법을 비난하고 조서를 내
려도 듣지 않고, 오히려 백성들을 상대로 불만과 자신들의 생각만을
마음대로 떠들고 다닙니다. 그들은 폐하의 명에 이의를 제기함으로

써 그것을 기회로 하여 자신들을 드러내고 명예를 얻고자 합니다. 그들은 무리를 지어 다니며 백성들을 현혹(眩惑)하고 있으니 이들을 그냥 두게 되면 머지않은 장래에는 폐하의 권위를 넘보자 할 것입니다. 당장 조처를 해야 한다고 생각합니다. 먼저 학술 서적, 백가의 저서, 시집과 글씨 책을 가지고 있는 사람들에게서 이들을 거두어들여 모두 불태워 없애야 합니다. 없애야 할 책 중에서 진나라의 역사서, 의서(醫書)와 복서(卜筮) 책, 그리고 농서(農書)는 제외하여야 합니다. 그리고 학문을 하고자 하는 사람은 관리들을 스승으로 삼아 공부하도록 해야 합니다. 이것이 소신의 생각입니다."

진시황제는 이사의 의견에 따라 천하의 책들을 수거하여 불태워 없앴고, 이를 비판하는 선비들 460여 명을 구덩이에 묻어 죽였다. 역사상 군주가 저지른 첫 번째 우민정책(愚民政策)이다. 갱유(坑儒)의 발생 원인은 진시황의 불로장생(不老長生)에 대한 미신에 기인한다. 진시황이 천하를 통일하였지만 자기 죽음만큼은 어찌할 수가 없었다. 그때부터 진시황은 도교의 방술(方術)에 심취하였으며, 불로장생의 약을 구하기 위해 백방으로 노력하였다. 당시 방술로 유명한 도사는 선문고(羨門高), 정백교(正伯僑), 서복(徐福) 그리고 이들의 제자인 노생(盧生)과 후생(候生)이었다. 진시황은 도사 서복에게 동남동녀(童男童女) 3천 명과 많은 보물을 주어 불로장생의 약을 구해오라고 하였다. 그들은 동해에 신선이 산다고 하는 섬으로 갔으나 불로초(不老草)를 찾지 못하였다. 그냥 돌아가면 죽을 것이 확실한지라 그들은 일본으로 도망가서 살았다고 전해진다.

또한 진시황은 후생과 노생에게 영약(靈藥)을 구해오라 하였다. 당시 진시황은 약의 효험이 없으면 구해온 사람을 예외 없이 처형하였다. 이들 두 사람은 후환이 걱정되어 도망을 갔다. 그리고 도망을 다니면서 사람들에게 진시황의 포악한 성격과 우둔함을 소문내고 다녔다. 함양의 많은 사람들이 소문을 믿고서는 그들 역시 소문을 내고 다녔다. 이러한 사실을 알게 된 진시황은 불같이 화를 내면서, 소문의 진상을 조사하였다. 조사 결과 황제를 비방한 사람은 대부분 유생(儒生)들이었으며 소문의 내용은 유생들을 하찮게 여기고 법에만 의존하는 진시황의 성품이 잔혹하다는 것들이었다. 진시황은 자신을 비방했다고 의심되는 유생들을 구덩이에 파묻어 죽였다. 갱(坑)은 구덩이, 유(儒)는 유생들을 뜻하는데 그때가 기원전 212년(진시황 35년)이다.

당시 조정에는 박사(博士)라고 하는 황제의 자문 관료들이 있었다. 그들은 유가(儒家), 묵가(墨家), 법가(法家), 도가(道家)의 학자들이 주류를 이루었다. 묵가는 겸애(兼愛)가 사상의 기본인데 너무나 이상적이라 군주의 강력한 카리스마가 필요한 전국시대부터 국가의 통치철학으로는 적용되지 않았다. 그리고 도가 역시 혼란한 전국시대에 군주가 채택하기에는 적당한 이념이 아니었고, 힘을 발휘할 수 있는 도가 자체의 실체적인 조직도 없었다. 자연히 공자(孔子), 맹자(孟子)의 철학을 따르는 유가와 관중(管仲)과 한비(韓非)의 철학을 따르는 법가만이 살아남아 통치철학이란 현실적인 관점에서 서로 경쟁을 하였다.

진시황의 경우 국가 통치의 수단으로 법가의 이론을 채택하였으며, 당연히 진나라의 정치 사회 전반은 엄중하고 매서운 법 시행으로 경직(硬直)되어 있었다. 그러나 진시황 당시의 도가는 이론의 구성을 다양화하여 노자(老子)와 장자(莊子)의 철학을 앞에 내세우고 음양가(陰陽家)의 이론을 같이 하였다. 그리고 황금을 만들 수 있다는 연

금술과 복용하면 불로장생 할 수 있다는 선단(仙丹), 그리고 신선이 될 수 있다는 등 노장(老莊)의 사상과는 전혀 상관없는 말들로 백성들을 현혹하고 있었으며 진시황 역시 이들의 말을 듣고는 자신의 주변에 두었다.

당시 공자와 맹자의 학설을 따르는 유가를 대유(大儒)라 하였고 노자와 장자의 학설을 따르는 도가를 소유(小儒)라고 부르기도 하였다. 구덩이에 묻혀 죽은 사람들은 장생불사의 선단을 만들고 신선이 되고자 하였던 도사들이었으며 그러한 도사를 소유로 잘못 인식하여 진시황이 유생들을 죽였다고 기록하는 오류(誤謬)를 범했다는 설도 있다. 진시황제가 저지른 분서갱유에 대한 역사가들의 평은 다양하나, 잔혹하고 어리석은 결정임을 부정할 수가 없을 것이다.

여산릉(驪山陵)과 아방궁(阿房宮)

진시황은 즉위할 때부터 자신의 능묘(陵墓)를 준비하였다. 그는 기원전 247년 섬서성 여산(驪山) 기슭, 즉 서안에서 35㎞ 정도 떨어진 임동현에 못자리를 잡았다. 이것이 여산릉, 즉 진시황릉이다. 전국에서 동원된 70만여 명에 달하는 인부들은 진시황이 죽을 때까지 지하도시를 방불케 하는 능묘를 만드는 대공사에 매달렸다. 능묘의 전체적인 설계는 진나라의 수도인 함양의 형태를 반영하였다. 여산릉의 높이는 116m, 사방의 너비는 각 600m, 전체 터의 길이는 사방 2.5㎞ 달하는 거대한 규모이다. 아직 전체를 발굴하지 않은 상태인데 현재까지 발굴된 곳은 주분(主墳)이 아니고 딸린 묘인 배총(陪塚)으로 배총의 위치는 여산릉에서 동북 방향 약 1㎞ 되는 지점이다. 병마용 갱(兵馬俑 坑)이라고도 불리는 이곳에서 순장 대신에 묻은 것으로 보이는 흙으로 빚은 도용(陶俑) 6천여 점이 발견되었는데 이들 도용은 전차를 끄는 군마와 완전히 무장한 군사, 그리고 근위병의 모습을 하고 있다. 이들 병사의 모습은 실제 사람보다 조금 크며 표정은 각각 다르게 만들어졌다.

진시황릉 병마용 갱

병마용 갱에서 출토된 활

능묘의 주분은 그 크기를 짐작할 수 없을 정도로 거대한데 아직 발굴하지 않고 있다.

역사의 기록에 의하면 3차례에 걸쳐 수층(水層)을 제거했을 정도로 땅속 깊숙한 곳에 묘실(墓室)을 마련하였으며, 관(棺)은 동(銅)으로 만들었다고 한다. 능묘 안에는 궁전(宮殿), 누각(樓閣), 회랑(廻廊) 등과 함께 많은 보물이 있으며 그리고 능묘의 천정에는 진주로 일월성신(日月星辰)을 새겨 넣었다고 전해지고 있다. 또한 수은으로 채워진 하천과 호수가 있고 실내에는 문무백관들의 자리가 마련되어 있으며 경유(鯨油)로 내부를 밝힐 수 있게 되어 있다고 한다. 또한 도굴(盜掘)을 방지하기 위해 묘실 주변에 활을 설치해 놓고 만약 누군가가 침입하면 화살이 자동으로 발사되게 하여 놓았다고 한다. 이 거대한 진시황릉은 장장 36년 동안 공사를 하였는데 진시황 사망 후 다음 해에 완성되었다고 전해진다.

여산릉 공사가 한창 진행될 때 진시황은 황제의 위상에 걸맞는 새로운 궁궐을 상림원(上林苑)에 짓기로 하였다. 그는 오랫동안 진나라 왕조의 수도였던 함양의 궁궐은 너무 협소하다고 생각하였다. 그래서 기원전 212년에 지은 궁궐이 바로 그 유명한 아방궁(阿房宮)이다. 아방궁이란 이름은 궁궐을 짓기로 결정할 때 임시로 정한 것이었는데 진나라가 멸망할 때까지 아방궁은 완공되지 못하였다.

아방궁을 지으면서 제일 먼저 시작한 것이 전전(前殿) 공사였다. 전전의 규모만 하더라도 동서의 길이가 오백 보(步)―약 650m―, 남북의 길이가 오십 장(丈)―약 150m―, 그리고 전각 270여 개, 1,720여 개의 방으로 구성되어 있었다. 그리고 이층에는 일만 명이 앉을 수 있고, 아래층에는 5장(丈)―약 15m―높이의 깃발을 세울 수 있는 크기였다. 아방궁은 기원전 207년 초패왕(楚覇王) 항우(項羽)가 진나라를 멸망시킬 때 불타 없어졌는데, 그때 불길이 3개월 동안 꺼지지 않았다고 한다.

1촌(寸)= 약 3cm, 1척(尺)= 약 30cm, 1장(丈)= 약 3m이다.

아방궁 공사에 동원된 백성들의 숫자가 70만 명이 넘고 동시에 시행된 만리장성 공사, 운하 공사, 도로 공사, 여산릉 공사 등등 단기간에 300만 명이 넘는 인원이 무상으로 강제 동원되었으니 백성들의 고충은 이루 말로 다 할 수 없었을 것이다. 춘추전국시대의 전쟁으로 인해 오랜 세월 동안 시달려온 백성들은 천하통일을 한 진시황에 의해 평화가 올 것으로 기대하였으나 오히려 더 큰 고통과 시련에 직면했다. 지배 계층에 대한 백성들의 반발은 깊어져만 갔고, 결국 진시황제가 죽은 후 다음 해인 기원 전 209년 전국 곳곳에서 백성들은 봉기(蜂起)하였다.

만리장성(萬里長城)

진시황이 만리장성 전부를 쌓았다고 대부분 알고 있으나 사실 장성은 전국시대부터 부분별로 축조되어 존재해왔다. 제나라의 경우 낭야산(琅琊山)에서 태산(泰山) 방향으로 장성을 쌓아 산동 반도를 휘감도록 하였으며 조나라, 연나라, 진나라는 북쪽 흉노의 침입을 막기 위해서 나라별로 북쪽 국경을 중심으로 쌓았다. 그리고 초나라는 여수(汝水)에서 한수(漢水)까지 쌓았다.

천하를 통일한 진시황은 북쪽 흉노의 세력을 견제해야겠다는 생각을 하였다. 견제의 첫 번째 방법은 장성을 보강하고 연결해 흉노가 쉽게 남침을 못 하게 하는 것이었다. 도사인 노생의 한마디도 장성 축조의 핑곗거리가 되었다.

"도참설(圖讖說)에서 말하기를 만약 진나라가 패망한다면 패망의 가장 큰 이유는 호(胡)라고 하였습니다."

노생이 말한 호(胡)는 2세 황제 호해(胡亥)를 가리키는 것인데, 진시황은 오랑캐인 흉노를 뜻한다고 생각하였다. 결론적으로 진나라는 호해로 인해 멸망하였으니 노생의 말은 맞았다.

만리장성

진시황은 장군 몽염에게 30만의 군사를 주어 북쪽의 오랑캐를 밀어내고 장성을 축조하도록 명하였다. 몽염은 장성 중간마다 높고 험난한 지형을 이용하여 관새(關塞), 즉 관문과 요새를 만들면서, 임조(臨兆)에서부터 시작하여 요동(遼東)에 이르기까지 일만여 리에 달하는 대공사를 시작하였다. 그러니 실제로 당시의 장성은 동쪽의 요양(遼陽)에서 서쪽 지방인 감숙성(甘肅省)의 민현(岷縣)까지 연결되어 있었으며, 위치도 현재의 장성보다 훨씬 북쪽에 자리 잡고 있었다. 험준한 산에서 노숙하면서 어려운 공사를 해야 하는 병사들과 인부들의 고통은 이루 말로 표현할 수가 없었다. 공사의 책임자인 몽염 장군도 10년의 세월 동안 상군(上郡)에서 꼼짝하지 못하고 공사를 지휘 감독하여야 하였다.

훗날 명(明)나라 때 몽골의 침입을 막기 위해 대대적인 증축과 개축을 하여 현재의 모습을 갖추었는데 총연장 2,700㎞, 지선까지 합치면 5,000~6,000㎞에 달하는 장대한 성벽이다.

만리장성은 오랜 세월을 통해 수많은 왕조가 각각의 필요로 신축 증축 개축을 하였기 때문에 모두가 같은 구조도 아니고 벽돌의 재료도 같지 않았다. 장성의 구조를 보면 일부 구간은 이층으로 되어 있는 곳도 있고, 높이가 6m~9m, 폭은 아래쪽이 평균적으로 9m, 위쪽이 4.5m이며, 100m 간격을 두고 망루를 설치하여 그곳에 군대를 주둔시켰다. 재료를 보면 햇볕에 말린 벽돌과 그것을 불에 구운 전(塼), 그리고 돌인데 이들을 쌓은 후 찹쌀로 접착(接着)시켜 견고하게 하였다 한다. 그리고 벽돌을 험준한 공사 현장까지 옮기는 데 산양(山羊)을 이용하였다고 한다. 이렇듯 오랜 세월에 걸쳐 많은 왕조가 백성들을 혹사하면서 건축한 만리장성은 실제로 방어를 위한 성벽으로는 그렇게 효율적이 아니었다. 더군다나 만리장성 넘어 북쪽까지 영토를 확보한 만주족(滿洲族)의 청(淸)나라, 몽고족(蒙古族)의 원(元)나라 그리고 북방 정벌을 열심히 하였던 당(唐)나라 때는 오히려 방어용 성벽인 만리장성이 거추장스럽고 군사적으로 존재의 가치가 없었다.

통일 진(秦)나라의 재상 이사(李斯)

이사(李斯)는 초나라 상채(上蔡) 출신으로 태어난 해는 확실치 않고 기원전 208년에 죽었다. 그는 진시황이 6국을 멸하고 천하통일을 이루는 데 일등공신이었으며 통일 진 제국의 통치 기반을 튼튼하게 조성하여 진시황이 위대한 업적을 이루게 하였다.

그는 젊었을 때 초나라에서 문서를 관리하는 하급 관리였는데, 이사는 당시 자신의 위치에 결코 만족하지 않고 좀 더 발전적인 인생을 꿈꾸었다. 어느 날 이사는 관청의 변소(便所)에서 인분을 먹고 있는 쥐를 보았다. 그런데 그 쥐는 사람이나 개가 근처에 오는 기척만 나도 겁(怯)을 먹고 놀라면서 급히 도망을 갔다. 식량 창고에 들어가도 쥐가 많이 있었는데 창고의 쥐들은 깨끗한 곳에서 곡식(穀食)들을 마음껏 먹으면서도 사람들이나 개들의 기척에 놀라 도망가지 않고 여유 있게 곡식을 계속 먹고 있었다. 이사는 각각 다른 장소에서의 쥐들의 모습을 보고 곰곰이 생각하였다. '사람이나 쥐나 서로 마찬가지로다. 결국 어떤 상황에 자신을 두느냐에 따라 사람의 가치가 결정되는 것이구나.'

출세해야겠다는 생각을 한 이사는 말단 관리직을 버리고 초나라를 떠났다. 그리고 제나라로 가서 순경(荀卿)의 문하에 들어가 정치와 치국에 관한 학문을 연구하였다. 순경은 바로 순자(荀子)를 말한다. 당시 유학의 대가로 명성이 자자하였던 순자는 공자, 맹자와는 다르게 나라를 다스리는 현실적인 문제를 연구하였으며 그의 기본 사상은 유가(儒家)보다 법가(法家)에 가까웠다. 사상적인 측면에서는 신생 국가인 진 제국에 적합하고 필요한 것이었다. 이사는 출세 지향적인 자신의 모습을 이렇게 표현하였다.

비천(卑賤)한 것보다도 더 부끄러운 것은 없으며, 곤궁(困窮)한 것보다 더 슬픈 것은 없다.

출세해야 한다는 확실한 목표를 가진 이사는 학업에 정진하였으며 후일 순자의 수제자 가운데 한 명이 되었다. 마침내 학업을 마친 이사는 자신의 진로에 대하여 고심하였다. 문제는 어느 나라로 가야만 자신의 능력을 펼치고 꿈을 실현할 수 있는가였다. 이사는 천하의 형세를 나름대로 진단해보았다. 초나라 왕은 쓸모없는 사람이다. 그의 밑에서는 나의 목적을 이룰 수가 없다. 그렇다고 나머지 세력이 약한 나라에 가보았자 공명을 얻을 기회가 많지 않을 것이다. 진나라의 강력한 국력과 진나라 왕 정(政)의 국정 운영 능력을 보았을 때 그는 향후 진나라가 천하를 다스릴 것으로 예상했다.

이사는 진나라로 가서 자신의 능력을 펼치고자 결정하였다. 그리고 이사는 스승을 찾아가서 작별 인사를 하였다. 그러자 순자가 어디로 가서 무슨 일을 할 것인지 물었다. 이사는 자신이 생각하고 있는 바를 말하였다.

"어떠한 일을 하려면 항상 기회를 잘 포착(捕捉)해야 하는 어려움에 봉착(逢着)합니다. 지금의 천하는 서로가 다투면서 세력을 확장하려고 하는 때인데, 지금이 유세가로서 능력을 발휘하여 공명을 세울 수 있는 절호의 기회가 아니겠습니까? 감히 천하의 형세를 살펴보건대 진나라의 세력이 가장 강하고 의지도 커서 천하를 무력으로 제압하여 군림하려는 기세입니다. 바로 지금이 능력을 발휘할 때입니다. 더군다나 저같이 관직이 없는 사람으로서는 더욱 좋은 기회라고 생각합니다. 아무것도 가지지 않은 사람이 발전을 도모하지 않는다면 금수(禽獸)와 다를 바가 없지 않겠습니까? 가난함에 언제나 만족하면서 세상에 나가지 않고 살아간다는 것은 인간의 본성에도 맞지 않는다고 생각합니다. 그런 이유로 저는 진나라로 가서 진나라 왕을 설득할 생각입니다."

이사가 진나라에 도착한 시점은 장양왕이 죽은 후였다. 일단 이사는 당시 진나라 최고의 권세가인 문신후 여불위의 식객으로 들어갔다. 여불위는 이사의 재능이 뛰어남을 알고 진왕에게 천거하였다. 드디어 이사는 시종이 되어 진나라 왕에게 자신의 의견을 말할 수 있는 최소한의 위치에 올랐다.

어느 날 이사가 진왕에게 아뢰었다.

"큰일을 도모할 때에는 상대방의 허점을 파악한 후 사정없이 공격해 들어가야 합니다. 소신은 눈치가 빠르지 못하여 좋은 기회들을 대부분 놓치곤 하였습니다. 과거 선왕이신 목공(穆公)께서 패자이면서도 동쪽의 여러 나라를 병합하지 못하였던 것은 지금과는 천하의 형세가 달랐기 때문입니다. 즉 당시에는 많은 제후가 존재하였고 또한 주왕실의 위세도 만만치 않았으며 더불어 다섯 패자 모두가 주왕실을 존중하고 보호해주었습니다.

그 후 주왕실은 쇠퇴했고 선왕 효공(孝公) 대에 와서는 중원의 여러 제후들이 서로 다툼을 한 결과 여섯 나라만이 존재할 수 있었습니다. 효공 이후 6대에 걸쳐 진나라는 이들 여섯 나라를 실질적으로 다스리면서 군림해왔습니다. 이들 육국은 제후라기보다 이제는 진나라의 가신이나 다름이 없습니다. 현재의 진나라는 최강의 국력을 가지고 있고 대왕께서 현명하시고 용감하시니, 천하를 통일할 수 있는 모든 조건을 갖추었다고 할 수 있습니다. 바로 지금이 천하를 통일할 기회입니다. 머뭇거리면 제후들은 다시 합종을 하여 대항할 것입니다. 그러면 또다시 천하통일의 대업은 요원해집니다."

이사의 말을 들은 진시황은 동감하면서 이사의 말에 따라 여섯 나라에 사람을 보내 각국의 중신들을 회유(懷柔)하기 시작하였다. 돈을 좋아하는 사람에게는 금은보화를 뇌물로 주고 진나라에 협력하도록 하였으며 협력을 거부하는 사람들은 몰래 자객을 보내 죽였다. 여섯 나라의 많은 중신이 진나라 편에 섰다. 이사는 진시황의 고문으로 승격하였다.

이렇게 이사가 제안한 정책이 받아들여지고 나름 진시황이 이사를 인정하고 있을 때, 정국(鄭國)이라는 한나라 출신 치수 전문가가 진나라의 관개용수(灌漑用水)를 만드는 공사를 하였다. 사실 정국은 한나라의 첩자였다. 그리고 이 공사는 한나라가 진나라의 국력을 소모하도록 시도한 계략이었다. 그런데 그 계략이 탄로가 나고 사실을 파악한 진나라 조정은 발칵 뒤집혔다. 대신들은 진왕에게 일제히 고하였다. "다른 나라에서 들어와 진나라 관직에 임명된 객경들은 대부분 첩자로 간주해도 무리가 없습니다. 이들 객경을 모두 추방하여야만 합니다."

이사가 쓴 진시황
공적비인 역산각석비

진왕은 조정 신료들의 말에 일리가 있는지라, 축객령(逐客令)을 내렸다. 추방의 대상자에 이사는 당연히 포함되어 있었다. 이사는 황당하였다. 이제야 출세를 할 수 있는 길에 들어섰는데 모든 것이 무산(霧散)되는 순간이었다. 이사는 문책을 받을 것을 각오하고 진왕에게 편지(片紙)로 진언을 하였다. 객경을 추방해서는 안 된다고 적은 편지의 내용은 이러하였다. 이사가 적은 편지는 천하의 명문장으로 간축객서(諫逐客書)라 한다.

과거 선왕 목공께서는 천하의 유능한 인재를 구하실 때, 서융에서는 유여(由余) 그리고 동쪽의 초나라에서는 백리해(白里奚)를 모셔 왔으며 송나라에서 건숙(蹇叔), 진(晉)나라에서는 공손지(公孫支)와 비표(丕豹)를 모셔와 국정을 돌보도록 하였습니다. 목공께서는 이들 다섯 명 객경의 능력을 이용하여 천하의 20여 개국을 아우르고 패자의 자리에 올랐습니다. 진나라는 그때부터 강대해졌습니다.

또한 어진 정치를 표방하신 효공(孝公)께서는 위나라 출신 상앙을 기용하여 신법을 시행토록 하였습니다. 그리하여 나라는 부강하게 되고 초나라와 위나라를 공격하여 영토를 천 리나 확장하였습니다. 혜문왕(惠文王)께서는 역시 위나라 사람인 장의가 주장한 연횡 계책을 받아들여 육국의 합종을 깨뜨리고 각 나라가 진나라에 복종하도록 압박하였습니다. 한나라의 삼천 땅을 점령하였고 서쪽 지방인 파촉 땅을 병합하였습니다. 그리고 위나라의 상군(上郡)과 초나라의 영(郢)과 언(鄢)을 정벌하였으며 한중을 빼앗아버렸습니다.

또한 소왕(昭王)께서는 위나라 출신인 범저를 기용하여 왕족인 양후와 화양군을 물리치고 그들의 권한을 빼앗아 왕권을 강화하였습니다. 그리고 제후들의 영지를 빼앗고 주나라를 멸망시키는 등 진나라의 발전에 많은 기여를 하였습니다.

역대 대왕들의 크고 많은 업적들은 대부분 객경들을 기용하여 그들의 능력을 발휘할 수 있도록 하였기 때문입니다. 과연 객경들이 진나라에 무슨 잘못을 저질렀단 말입니까?

선대 네 분의 대왕들께서 그 당시에 축객령을 명하셨다면 지금의 진나라는 강국의 명성을 얻지 못했을 것입니다. 그리고 대왕께서 가지고 계신 진주 같은 보배는 진나라에서는 생산되지 않습니다. 미녀와 준마 그리고 많은 재물도 동쪽의 여러 나라에서 가지고 온 것입니다. 이런 것들은 다른 나라에서 가져다 쓰면서 어찌하여 훌륭한 능력을 가진 객경들은 내치시려고 하십니까? 대왕께서는 이런 것들만 중요시하고 객경들은 무시하시는 것 같습니다. 이것은 결과적으로 다른 나라의 세력만 키우는 것이고, 진나라의 천하통일에 걸림돌이 될 것입니다. 태산일지라도 한 줌의 흙도 가볍게 여기지 않기에 그 높이를 보전할 수가 있고, 황하나 바다는 아무리 작은 시냇물이라도 받아들였기 때문에 그 모습을 유지할 수 있는 것입니다. 사람도 마찬가지입니다. 어떠한 조건의 사람일지라도 무조건 내치지 않으신다면 훌륭한 정치를 펼칠 수가 있다고 생각합니다. 진나라 사람이 아니라는 이유로 무조건 내치신다면 이는 적에게 군사를 빌려주고 도적에게 식량을 주는 것과 다름이 없습니다.

이사의 간축객서를 읽은 진왕은 시비를 가려서, 사전에 예상되는 분란을 막기 위해 확실한 결정을 내렸다. 그리고 이사의 의견에 따라 축객령을 취소하였다. 그리고 객경 제도를 오히려 확대하여 천하의 인재들을 불러들였다. 왕기(王齮), 왕전(王翦), 왕분(王賁), 왕리(王離), 이신(李信), 모초(茅焦), 몽염(蒙恬), 위료(尉繚) 등이 다른 나라에서 진나라에 온 객경들이다.

그 후 이사는 진시황을 보필하여 천하통일의 대업을 이루었다. 그리고 천하를 품에 안은 진 제국의 원활한 통치와 관리를 위하여 군현제의 실시와 각종 제도의 제정과 통일을 기획하고 실행하였다. 그리고 분서갱유를 건의하고 실행하는 큰 오류를 범하였지만, 기본적으로 이사는 재능이 뛰어나고 지략이 출중(出衆)하였다.

그러나 출세 지향적이고 미성숙한 인격의 소유자인 이사는 순자 문하의 동문인 한비(韓非)를 시기하고 모함하여 살해하였다. 그리고 지나친 욕심 때문에 간신 조고(趙高)의 유혹을 이겨내지 못하고 진시황제의 유언장을 날조(捏造)하여 막내아들인 호해(胡亥)를 2세 황제로 옹립하는 잘못을 저질렀는데 결국 조고의 농단에 놀아나다가 자신과 가족 모두가 처형당하는 비운을 맞게 되었다. 역사가들의 평은 서로 다를지 모르지만, 진나라가 천하를 통일하고 그리고 통일 정권의 기반을 튼튼히 다지는 데 이사가 자신의 모든 것을 바쳐 열정적으로 국정에 임하였다는 것은 부정할 수가 없다.

환관(宦官) 조고(趙高). 진나라를 멸망으로 몰아가다

조고는 본래 조(趙)나라 왕족의 먼 일가이었는데 조나라에서 가족이 죄를 지어 벌을 받고 진나라로 망명을 하였다. 그의 모친은 처형되고 조고와 형제들 모두 거세(去勢)를 당하고 환관이 되었다. 미천한 신분이었지만 진시황은 조고가 법률에 정통하고 성실하다는 소문을 듣고 중거부령으로 등용하였다. 그리고 호해(胡亥)에게 소송과 재판의 절차에 관해 가르치라고 명하였다. 조고는 등용 후 호해에게 형법을 가르쳤다.

한번은 조고가 중죄를 범하고 재판을 받게 되었는데 진시황은 몽의에게 명하여 법에 따라 처리하도록 하였다. 몽의는 조고를 사형에 처하도록 하고 그의 관직을 박탈(剝奪)하였다. 그러나 조고의 성실한 자세를 높이 산 진시황은 조고를 용서하고 그의 관직을 돌려주었다. 조고는 자신을 혹독하게 심문하고 또한 사형을 판결한 몽의에게 깊은 원한을 갖게 되었다. 몽의는 장군 몽염의 동생이다.

기원전 210년(진시황 37년)에 진시황은 황제 등극 후 다섯 번째로 순수(巡狩)를 하였다. 막내아들인 호해와 환관 조고 그리고 승상 이사를 대동(帶同)하였다. 진시황 일행은 남방의 여러 군과 현을 둘러보고 회계산(會稽山)에 올라가 대우(大禹)—하우씨—에게 제사를 올린 다음 바닷길을 따라 북쪽으로 발길을 돌렸다.

당시 진시황에게는 20여 명의 아들이 있었는데 장남인 부소(傅昭)가 가장 능력이 뛰어났다. 그러나 부소는 진시황이 하고자 하는 일에 자주 잘못되었음을 건의하였다. 그로 인해 부소는 진시황의 노여움을 사서 북쪽 땅 변방인 상군(上郡)으로 쫓겨나서 북쪽 수비 군대를 감독하고 있었다. 상군에서는 몽염 장군이 만리장성 축조와 북쪽 수비군의 지휘를 총괄하고 있었다. 진시황은 유독 막내아들인 호해를 총애하였고 순수에도 호해만 데리고 갔다. 진시황은 사구(沙丘) 땅에 이르렀을 때 중병으로 움직일 수 없게 되었다. 죽음을 예감한 진시황은 장남인 부소를 다음 왕으로 정하기 위해 부소에게 편지를 쓰게 하였다. 조고가 진시황이 말하는 대로 적었다.

군사들은 몽염 장군에게 맡기고 즉시 함양으로 돌아와서 짐(朕)의 영구(靈柩)를 맞이하고 장례를 거행하도록 하라.

　봉인된 조서를 부소에게 보내기도 전에 진시황은 서거하였다. 황제의 조서 즉 유언장은 옥새(玉璽)와 함께 조고의 손에 들어갔다. 당시 행부새령사(行符璽令事)인 조고가 항상 황제의 옥새를 들고 다녔다. 조고는 진시황의 죽음을 비밀에 부치고는 먼저 호해를 만나 말하였다.
　"대왕께서 승하(昇遐)하셨습니다. 장남인 부소 왕자에게 편지만 썼을 뿐 어느 왕자를 황제로 정할 것인지에 대해서는 아무런 말씀 없었습니다. 특별한 일이 없으면 부소 왕자가 황제가 될 것입니다. 그렇게 되면 왕자님께서는 한 치의 땅도 가지지 못할 것입니다. 그렇게 되어도 상관없겠습니까?"
　호해가 대답하였다.
　"어진 군주는 신하를 알아보고, 또한 어진 아버지는 아들을 알아본다고 하지 않소. 부왕께서 승하하실 때까지 후사(後嗣)에 대해 아무런 말씀이 없었다 하였는데 내가 다른 할 말이 무엇 있겠소."
　조고가 말하였다.
　"그렇지 않습니다. 천하의 권력을 얻을 수 있는 절호의 기회입니다. 권력의 행방은 왕자님과 소신 조고, 그리고 승상 이사만이 결정할 수 있습니다. 황제가 되었을 때와 안 되었을 때, 그 차이는 엄청나게 큽니다."
　호해가 다시 대답하였다.
　"부왕의 조칙을 무시하고 형을 대신하여 재능이 부족한 동생이 황제의 자리에 오른다면, 불의와 분에 넘치는 처사로 천하가 이를 알면 복종하지 않을 것이요. 머지않아서 목숨은 위태롭게 될 것이고 진나라의 사직(社稷)도 끝이 날것이요."

조고가 대답하였다.

"그러면 은나라 탕왕과 주나라 무왕의 경우를 생각해보십시오. 그들은 왕을 죽였지만, 천하 사람들은 그들을 비난하지 않고 오히려 칭송하였습니다. 큰일을 도모하려고 할 때에는 작은 일에 구애(拘礙)받지 않아야 하며, 작은 일에 속박(束縛)되어 큰일을 망치면 반드시 화를 당할 것입니다. 어려운 일에 결단을 내려 과감히 실행하면 귀신도 피해갑니다. 결단을 내리시길 바랍니다."

호해는 한숨을 내쉬면서 말하였다.

"아직 부왕의 승하 사실이 공포되지도 않았고 장례도 치르지 않은 상태에서 승상과 의논한다는 것이 도리에 맞지 않소."

조고가 다그쳤다.

"촌각(寸刻)을 다투는 일입니다. 승상과의 의논이 없이는 성사되기 어렵습니다. 왕자님을 대신하여 소신이 승상과 협의하겠습니다."

조고는 바로 이사를 만나 얘기하였다.

"대왕께서 승하하시기 전에 부소 왕자에게 편지로 명하시기를, 자신의 유해를 맞이할 수 있도록 함양으로 돌아오라고 하셨습니다. 제가 생각하기에 부소 왕자를 후계자로 정하신 듯합니다. 그런데 그 편지가 아직 발송되지 않았고 호해 왕자께서 옥새와 함께 편지를 갖고 계십니다. 황제께서 승하하신 줄은 아무도 모르고 있습니다. 결론적으로 승상과 제가 어떤 결정을 하는가에 따라 누가 황제가 될 것인지를 결정할 수 있습니다. 승상께서는 어찌 생각하시는지요?"

이사가 말하였다.

"지금 무슨 소리를 하시는지요?"

조고가 다시 말하였다.

"승상께서 생각하시기에 자신과 몽염 장군 중에 누가 더 강자입니까? 능력과 그동안의 공적, 안목과 인망 그리고 장남인 부소 왕자의 신임 등에 대해서 말씀해보시지요."

"나는 몽염 장군을 이길 수 없소, 근데 그것이 무슨 문제요."

조고가 대답하였다.

"저는 비천한 출신입니다. 처음 맡은 업무가 문서를 기록하는 것이었습니다. 20여 년 동안 그 일을 해오면서 깨달은 것은 승상이나 공신이나 일단 파면당하면 녹봉(祿俸)이 자손까지 내려간 경우가 없다는 사실입니다. 결국은 전부 처형되고 집안은 망해버린다는 것이지요.

승상께서는 왕자들의 능력에 대해서 잘 알고 계실 것입니다. 부소 왕자는 무예가 뛰어나고 호탕한 성격에 신하들을 존중하고 신뢰하면서 조정을 잘 이끌어 갈 분이시지요. 부소 왕자기 황제의 자리에 오른다면 짐작건대 몽염 장군을 승상의 자리에 앉히겠지요. 그럴 경우 승상께서는 인수(印綬)를 빼앗기지 않은 채 고향으로 돌아갈 수 있으리라 생각하십니까? 반면 호해 왕자의 경우 겸허한 성품으로 재물보다는 인재를 아끼시는 분이지요. 호해 왕자가 어린 시절부터 저는 그에게 법률을 가르쳤습니다만, 잘못된 행동이나 말을 한 번도 하지 않았습니다. 비록 아랫사람일지라도 공이 있으면 존경의 예를 갖추어 대합니다. 황제가 되기에 손색이 없는 분이시지요. 승상께서는 한번 고민해주시기 바랍니다."

이사가 질색을 하며 얘기하였다.

"나는 폐하의 조칙만을 받들어 시행할 뿐이오. 내가 결정할 일이 아니오. 그런 엄청난 얘기를 나에게 하지 마시오."

조고가 말하였다.

"세상을 바꾸는 것은 결국 사람이 어떻게 하는가에 달려 있습니다. 태평천하도 난세도 결국은 사람들이 만드는 것입니다. 태평성세를 이루어내는 자가 천하 백성의 존경을 받는 것입니다."

옛 성인들의 고사를 인용하면서 조고의 끈질긴 회유는 계속되었다. 조고의 마지막 회유의 말이다.

"겉과 속이 다르지 않다면 의혹이 생기지 않겠지요. 저의 생각에 동참해주시면 승상께서는 봉후의 지위와 함께 자손만대에 이르기까지 제후의 자리를 보전할 것입니다. 그러나 만약에 거부하시면 자손들에까지 그 화가 미칠 것입니다. 무릇 현명한 사람은 화를 복으로 바꾸어버립니다. 승상께서는 복과 화 둘 중 하나를 선택하십시오."

결국 이사는 조고와 뜻을 같이하기로 하였다. 그리고 하늘을 우러러보며 탄식하였다. "난세에 태어나서 이런 치욕을 당하는구나. 도대체 나는 어찌해야 한단 말인가!"

승상 이사의 회유에 성공한 조고는 바로 호해에게 달려갔다. 그리고 승상도 뜻을 같이하기로 하였다고 전했다.

호해, 조고, 이사 세 사람은 공모하여, 진시황이 조칙을 내린 것으로 조작하고, 일단 승상의 명의로 호해를 태자에 봉함을 공포하였다. 그리고 상군에 있는 부소와 몽염에게 황제의 조서를 허위로 꾸며 보냈다.

짐은 천하를 순수하면서 곳곳의 명산 제신들에게 장수를 기원하는 제사를 지내고 있다. 그런데 왕자 부소는 몽염과 함께 수십만의 군사들을 데리고 10여 년 동안 상군에 머물면서 티끌만 한 공도 세우지 못하고 허송세월을 보내고 있구나. 더군다나 걸핏하면 짐이

하는 일에 시비를 따지면서 짐을 비방해왔다.

또한 태자로 책봉되지 못하고 함양으로 부르지 않은 것을 두고 짐을 매우 원망한다는 소문을 들었다. 이런 것들을 볼 때 너는 불효 막심한 자식이다. 이에 짐이 하사하는 칼로 자결하기를 명한다. 그리고 몽염 역시 부소를 보필하는 데 부족함이 많고 음모를 꾸미고 있다는 것을 짐은 알고 있다. 몽염 또한 불충한 신하이다. 몽염도 자결하기를 명한다. 상군의 병사들에 대한 지휘권은 장군 왕이에게 위임하도록 한다.

조서를 읽은 부소는 큰 소리로 울면서 그 자리에서 자결을 시도하였다.

이때 몽염이 만류하면서 말하였다. "폐하께서는 지금 도성에 계시지 않고 천하를 순수하고 계십니다. 폐하께서는 소신에게 30만의 대군을 맡기셨고 왕자께서는 저를 포함하여 상군의 모든 것을 감독하고 계십니다. 결코 하찮은 직책이 아닙니다. 조서와 조서를 가지고 온 사자가 가짜일 수도 있습니다. 성급하게 판단하시어 자결하시면 안 됩니다. 먼저 폐하에게 용서를 구해보시고 그 후에 자결을 결정하셔도 늦지 않습니다."

부소가 대답하였다.

"아버지가 아들에게 자결을 명하셨는데 아들이 소명을 청한다는 것은 당치 않습니다."

부소는 자결하고 말았다. 그러나 몽염은 무언가 의심스러운 생각이 들어 자결을 거부하였다. 사자는 몽염을 양주의 감옥에 가두었다. 사자로부터 자세한 보고를 받은 호해, 조고, 이사 세 사람은 안도의 한숨을 쉬면서 급히 함양으로 돌아갔다.

함양에 도착한 후 그때야 진시황제의 죽음을 천하에 공포하였다. 그리고 호해가 진 나라 2세 황제로 등극하였다. 그의 나이 스물한 살이었다. 조고는 진나라의 모든 권력을 손안에 넣었다. 그의 버슬은 궁전의 문호를 관장하는 낭중령(郎中令)으로 2세 황제의 총애를 받았다.

어느 날 호해는 은밀히 조고를 불렀다.

"조정의 대신들이 짐을 하찮게 여기는 것 같소. 관리들 역시 짐의 말에 잘 따르지 않는 것 같고, 또한 짐의 형제들도 호시탐탐 나의 자리를 엿보는 것 같은데 어찌 좋은 방법이 없겠소?"

조고가 엎드린 채 대답하였다.

"평소 소신도 그렇게 생각하고 있었습니다. 조정의 대신들은 누구나 할 것 없이 명문가 출신이며 대대로 공을 쌓아온 사람들입니다. 그에 비해 소신은 비천한 사람입니다. 그런 제가 폐하의 부름을 받고 신료들의 위에 있으면서 조정의 일을 도맡아 하고 있습니다. 대신들의 입장에서 볼 때 이것은 매우 기분 나쁜 일입니다. 그들은 마음속으로는 복종하지 않습니다. 폐하께서 각 지방을 순수하실 때 군현의 관리 중에 죄가 있는 자들은 예외 없이 엄단하시기 바랍니다. 그렇게 하여야만 폐하의 권위가 살아나고 또한 폐하의 뜻에 따르지 않는 자들을 처단할 수가 있습니다. 천하는 폐하의 것이며 황제가 모든 것을 할 수 있는 세상입니다. 예부터 명군은 새로운 사람을 등용하고, 미천한 사람을 발탁하고 빈자에게 부를 주고, 숨어 있는 현자를 찾아내는 것에 전력을 기울입니다. 이때 군신 간은 굳게 뭉치게 되고 나라는 안정되는 것입니다."

2세 황제 호해의 만행과 폭정은 이때부터 시작되었다. 호해의 마음에 들지 않는 대신들이나 왕족들은 온갖 죄명으로 죽어 나갔다.

심지어 왕자들까지 역모나 누명을 덮어쓰고 처형되었다. 두 지역에 나가 있던 여섯 명의 왕자는 이미 처형을 당했고, 함양궁에 머물고 있던 왕자 장려와 다른 두 명의 왕자는 잡혔으나 마땅한 죄명이 없었다.

장려 역시 강력하게 무죄를 주장하며 저항하였다. 그러나 사형을 집행하라는 명령을 받은 사자는, 자신은 명령에 따를 뿐이라며 사형을 집행하려고 하였다. 장려는 하늘을 보며 외쳤다.

"천명이란 것이 이런 것인가. 나는 아무런 죄를 짓지 않았다."

장려와 두 왕자는 눈물을 흘리면서 자결하였다.

이 소식을 들은 조정 신료들은 복지부동을 하면서 자신의 보신에 급급하였다.

호해는 진시황제가 시행하였던 각종 사업을 이어나갔다. 먼저 진시황의 서거로 잠시 중단되었던 아방궁 공사부터 재개하였다. 그리고 오랑캐를 정벌하기 위해서 전국에 동원령을 내려 장정 5만 명을 징집하였다. 그리고 그들을 함양 주변에 상주시키면서 전투훈련을 시켰다. 당연히 말(馬) 등 군사적으로 필요한 가축들이 징발되었으며, 더불어 사료용으로 콩과 조 등이 수탈되었다. 백성들은 전쟁 물자의 공급, 수송 등 모든 것을 책임지면서 한 푼의 보상도 받지 못하였다. 함양 인근 3백 리 주변에 사는 백성들은 노동과 식량난으로 생활이 심각한 수준이 되었다. 그러나 조정의 수탈은 점점 심해지고 법령의 시행은 더욱 강화되었다. 민심은 동요하기 시작하였고 마침내 농민들의 반란이 일어났다.

기원전 209년, 900여 명의 농민이 징용되어 지금의 북경 부근인 북쪽 변방 어양(漁陽)으로 가는 도중에 대택향(大澤鄉)에서 큰비가 내려 기일 안에 어양 땅에 도착할 수가 없었다.

당시 엄격한 진나라 법에 따르면 사형을 당할 판이었다. 이때 농민들 가운데 호송하는 관리를 보좌하며 일행들을 함께 보살피는 둔장(屯長)인 진승(陳勝)과 오광(吳廣)이 '싸우다가 죽으나 늦게 가서 죽으나 죽기는 마찬가지다.' 하면서 같이 가던 농민들과 함께 호송 관리를 죽이고 난을 일으켰다.

진승이 큰 소리로 말하였다.

"우리는 모두 기한을 지킬 수가 없소. 어양에 가도 참형에 처할 것이고 다행히 참형을 면한다고 하더라도 변방의 부역에 종사하게 될 것이오. 부역에 종사했다가 무사히 고향 땅으로 돌아간 사람은 지금까지 본 적이 없소. 어차피 죽을 바에야 보람 있는 일 한번 해봅시다. 왕후장상의 씨가 따로 있겠소. 우리도 한번 해봅시다."

농민들은 큰소리로 호응하였다.

그들은 단숨에 대택향을 점령하고 주변의 군과 현 그리고 진성(陳城)까지 손쉽게 점령하였다. 진승은 스스로 초왕(楚王)을 자처하면서 나라 이름을 장초(張楚)라 정하였다. 진승의 반란군은 급속히 세력을 확장해나갔다. 진승과 오광의 세력이 강해지자 육국의 귀족들이 함께하였으나 나중에 진승이 나라를 세우자 육국의 귀족들도 각자 왕으로 자처하며 세력을 규합하기 시작하였다.

그리고 날이 갈수록 세력이 커진 반란군은 서쪽 함양을 목표로 진군하기 시작하였다. 궁중의 빈객을 접대하기 위해 동쪽 지방으로 파견 나갔던 알자(謁者)가 돌아와서 반란의 실상을 보고하였다. 그러나 호해 황제는 이 말을 믿지 않고 유언비어를 퍼뜨린다며 옥에 가두고 말았다. 얼마 있지 않아서 전선에서 사자가 도착하여 전황을 보고하였다. 사자는 말을 잘못하였다가 목숨을 잃을까 봐 거짓 보고를 하였다.

"한낱 좀도둑에 불과합니다. 군(郡)의 수, 위가 출정하여 잡고 있으니 아마도 지금쯤은 모두 소탕되었을 겁니다. 심려하지 않으셔도 됩니다."

그러나 상황은 보고 내용과는 완전히 상이하였다. 전담이 제(齊) 지역에서 왕을 자처하고 있었으며, 위(魏) 지역에서는 위구, 조(趙) 지역에서는 무신이 군사를 일으켰다. 그리고 회계군에서는 항량이 봉기하였다.

호해 황제 2년, 진승의 부하 주장이 이끄는 10만 대군이 함곡관을 넘어 함양으로 진군하였다. 당황한 호해는 대신들을 모아놓고 대책을 물었다. 그때 소부인 장한이 대답하였다.

"반란군은 이미 함양 근방까지 쳐들어왔습니다. 반란군은 10만에 달하는 대군이며 사기도 충천합니다. 현재로서는 함양에서 군사들을 동원하기가 불가능합니다. 마침 여산에서 능 공사에 동원된 죄수들이 있습니다. 이들에게 사면령을 내리시고 대신 반란군과 싸우게 함이 타당하다고 사료됩니다."

별다른 방법을 찾을 수 없는 상황인지라 호해 황제는 장한의 의견을 따르기로 하였다. 그리고 장한을 대장으로 하여 반란군을 격퇴하라고 명하였다. 장한은 반란군을 무찌르고 도망가는 주장을 조양에서 죽였다. 뒤늦게 상황이 만만치 않다는 것을 파악한 호해는 장군 사마흔과 장군 동예를 출정시켜 반란군을 무찌르게 하였다. 진승은 성보에서 전사하였고 항량은 정도에서 대패를 하였으며 위구는 임제에서 전사하였다.

반란군을 어느 정도 제압한 후 조고는 호해 황제에게 건의하였다.

"선제의 위엄 앞에서 그 누구도 함부로 법을 어기지도 못하였고 쓸데없는 말도 못하였습니다. 조정의 신료들과 함께 얼굴을 맞대면서 정사를 돌보시는 것이 과연 타당한 방법인지 의심이 됩니다. 향후 폐하께서는 신료들에게 목소리도 들려주지 마시고 모습도 드러내지 않으시면 모두가 겁을 내며 폐하의 위엄 앞에 머리를 조아릴 것입니다." 그때부터 신료들은 황제를 볼 수가 없었으며 모든 조서와 명령은 조고의 입을 통해서만 시행되었다. 호해는 주색에 빠져 정사는 조고에게 일임한 상태였다. 승상 이사가 조고를 만난 자리에서 황제를 알현하고자 하였다.

조고가 대답하였다.

"아직까지 반란군의 잔당이 설치고 있는데 황제께서는 아방궁 공사를 재개하는 등 백성들을 가혹하게 동원하고 있습니다. 진언을 드리고 싶어도 미천한 신분이라 말도 못하고 있습니다. 이럴 때 승상께서 한 말씀 해주시면 좋겠습니다."

이사가 대답하였다.

"벌써부터 나도 그런 생각을 하고 있었지만, 폐하께서 조정에 나오시지 않으니 뵐 수가 없었습니다."

조고는 황제에게 승상의 뜻을 말해놓겠다고 하였다. 어느 날 호해는 궁녀들과 함께 술판을 벌이고 있었다. 그때 조고는 이사에게 지금 황제를 뵈올 수 있다고 전하였다. 황제를 뵌 자리에서 이사는 충심을 다해 나라의 문제들을 얘기하였다.

조고의 계략으로 이 같은 일이 자주 발생하였다. 호해 황제는 기분이 나빴다. 자신이 술을 마시면서 한참 기분 좋을 때마다 나타나서 잔소리하는 이사가 반갑지 않았다.

조고가 말하였다.

"승상은 과거 사구에서 폐하의 옹립 문제로 함께 자리하였습니다. 폐하께서는 지금 황제가 되었으나 승상은 그때나 지금이나 지위에 변동이 없습니다. 그것이 불만이 되어 폐하를 성가시게 하는 것 같습니다. 아마도 땅을 하사받아 왕이 되고자 하는 것이 아닌지 모르겠습니다. 의심 가는 것이 한둘이 아닙니다. 승상의 장남 이유가 삼천의 태수로 있습니다. 초나라 진승이 이끄는 반란군이 삼천을 지날 때 이유는 대항하지 않고 성안에만 있었습니다. 진승의 고향이 승상의 고향과 바로 이웃을 하고 있습니다. 그 때문에 진승을 봐주었다는 소문이 있습니다. 조정에서는 승상의 권세가 폐하를 능가합니다."

조고의 말을 들은 호해는 즉시 이사 주변을 조사하라고 명하였다. 조고의 계략에 이사가 어려운 처지에 빠지게 되었다.

얼마 후 우승상 풍거질, 좌승상 이사 그리고 장군 풍겁이 호해 황제를 알현하고 고하였다. "아직까지 반란군의 잔당이 관동지역에서 혼란을 일으키고 있습니다. 조정에서 토벌군을 보내 어느 정도 진압을 하고 있지만, 완전히 굴복시키지는 못하고 있습니다. 민심이 많이 동요되고 있습니다. 백성들의 노역이 정도를 넘고 있습니다. 세금마저 백성들을 힘들게 하고 있습니다. 폐하께선 지시를 내리시어 아방궁 공사를 잠시 멈추게 해주시기 바랍니다."

호해는 이 말을 듣고 격노하며 황제의 권위와 선제 시황제의 업적과 유지(遺志) 그리고 성인들의 말씀을 인용하였다. 그리고 이들을 꾸짖었다. "짐이 등극한 지 이제 2년밖에 지나지 않았는데 도적들은 끊임없이 창궐하였다. 그러나 경들은 아직까지 그들을 제압하지 못하고 있으며 더군다나 선제께서 추진하시다가 중단된 사업마저 그만두라고 하는 것이 말이 된다고 생각하시오. 경들의 잘못은 첫째

선제에 대한 망은(忘恩)이고, 둘째는 짐에 대한 불충(不忠)이오."

세 사람은 그 자리에서 잡혀 옥에 감금되었다. 풍거질과 풍겁은 일국의 재상과 장군으로서 이러한 수치를 참을 수 없다고 하며 자결하였다. 이사는 사지가 묶인 채 오형에 처하게 되었다. 이사는 지난 날을 회상하면서 상소문을 황제에게 올렸다. 그러나 그 상소문은 조고의 손에서 찢어져버렸다. 조고는 자신의 식객들을 어사, 알지, 시중 등으로 등용하여 그들이 이사를 심문하게 하였다. 이사가 죄를 인정하지 않자 그들은 혹독한 고문으로 이사를 심문하였다.

그 후 호해 황제가 직접 이사의 죄를 심문하는 자리에서 이미 이사는 그동안의 모진 고문에 지쳐 모든 희망을 버리고 체념하였다. 그리고는 묻는 대로 죄를 인정하였다. 호해 황제 2년, 이사는 둘째 아들과 함께 함양의 장터인 형장으로 끌려갔다. 이사는 둘째 아들을 쳐다보면서 허탈하게 말하였다.

"상채에 살 적에 어린 너와 함께 사냥개를 데리고 동문의 교외에서 토끼사냥을 하곤 했지. 이젠 그것도 다시 할 수 없는 추억이 되었구나."

삼천 태수인 이사의 장남 이유는 조고가 보낸 조사관이 도착했을 때 이미 반란군 항량에 의해 죽었다. 이사는 허리를 자르는 요참형에 처했고 가족들은 모두 처형되었다.

이사를 제거한 조고는 국정을 농단하면서 전횡을 휘둘렀다. 그의 위세가 얼마나 대단하였는지 어느 날 조고는 사슴 한 마리를 호해 황제에게 바치면서 "폐하 좋은 말이 한 마리 있어 바치옵니다." 하였다. 그러자 황제가 말하였다. "승상이 짐을 놀리는 것 아니오. 사슴을 가리켜 말이라고 하다니." 그러자 조고는 모인 대신들에게 물었다. "이게 말이지 어찌 사슴이오." 그러자 일부 대신들은 조고의 말에 따라 사슴을 가리켜 말이라고 하였지만, 일부 대신들은 보이는 사실대로 사슴이라고 하였다. 그 후 사슴이라고 한 대신들은 모두 처형되었다. 이것이 지록위마(指鹿爲馬)라는 말이 생긴 연유이다.

한편 반란군의 위세는 날이 갈수록 대단해졌다. 진나라 정예부대 대장 장한은 항복하였고 관동은 이미 반란군의 수중에 떨어졌다. 이 상황에 대해서 누군가는 책임을 져야 했다. 조고는 모든 대신들이 자신을 규탄하며 처형을 해야 한다고 주장할까 봐 겁이 났다.

조고는 병을 핑계로 조정에 나가지 않았다. 그리고 자신의 사위인 함양령 염악(閻樂)과 모의하여 호해 황제를 죽일 계획을 세웠다.

반란군으로 인해 나라가 위중한 이때 호해 황제는 종묘의 조상을 위한 재계를 한다면서 상림(上林)에 들어가서 재계는 하지 않고 날마다 사냥을 하였다. 그러다가 상림에 들어온 사람을 활로 쏘아 죽이는 사건이 발생하였다. 조고는 이 소식을 듣고는 염악에게 지시하여 정식으로 탄핵하도록 하였다. "누군지는 모르나 상림에 사람의 시체가 옮겨져 와 있습니다." 조고가 호해 황제에게 말하였다. "천자가 무고한 사람을 이유 없이 죽였으니 귀신이 재앙을 내릴 것입니다. 폐하께서는 궁전에서 멀리 떨어진 곳으로 피신하여 재앙을 물리칠 수 있는 기도를 올리도록 하십시오."

호해 황제는 망이궁(望夷宮)으로 갔다. 그곳에서 제를 올린 지 3일 만에 조고는 황제를 호위하는 군사들에게 소복을 입도록 하고 무기를 잡고 궁궐을 향해 서 있도록 하였다. 그런 후 조고는 황제를 만나 산동의 반란군이 공격해 들어온다고 하였다. 겁에 질린 호해는 망루에 올라가서 밖을 내다보았다. 과연 소복 차림을 한 무장 군인

이 궁을 향해 서 있는 모습이 보였다. 호해는 덜컥 겁이 났다. 이때 염악이 칼을 들고 들어와서 호해를 겁박하였다. "아무 이유 없이 사람을 죽인 오만하고 방자한 황제는 천벌을 받아 마땅하다. 천하 사람들 모두가 황제를 버렸으니 여기서 당장 자결하라." 황제는 미련이 남아 승상을 한번 만나고 싶다고 하였으나 염악은 이 모든 것이 승상의 명령이라고 하면서 자결을 강요하였다. 호해 황제는 이제는 어쩔 수가 없음을 알고 자결하였다.

호해 황제가 죽자 조고는 옥새를 옆에 차고 궁으로 갔다. 그러나 조정 신료들 누구 하나도 그를 추종하지 않았다. 조고가 황제의 욕심을 버리지 못하고 옥좌에 오르자 궁궐이 무너질 듯 세 번이나 요동쳤다. 하늘이 인정해주지 않는다고 생각한 조고는 왕족 중의 한 사람을 황제로 옹립(擁立)하고자 하였다. 그는 비운의 왕자 부소의 아들 자영(子嬰)을 염두에 두었다. 조고는 대신들을 모아놓고 말하였다.

"지금의 진나라는 천하의 주인 자리를 위협받고 있습니다. 진나라에 의해 멸망되었던 육국이 각각 군사를 일으켜 오히려 진나라를 압박하고 있습니다. 2세 황제가 서거하신 지금 우리는 공자 자영을 군주로 모시되 황제가 아닌 왕으로 부르는 것이 타당하다고 생각합니다."

말을 마친 조고는 자영에게 목욕재계(沐浴齋戒)한 후 종묘에 가서 조상의 영전에 옥새를 바치는 의식을 행하도록 하였다. 자영은 두 아들과 대책을 의논하였다. 조고가 호해 황제를 죽이고 난 후 군신들이 자신을 해칠 것이 두려워 자영을 옹립하였다는 것을 잘 알고 있었다. 자영은 조고가 살아있는 한 자신이 왕이 되어도 호해 황제의 처지와 다를 바가 없다는 생각이 들었다. 조고를 죽이는 것이 제일 현명한 방법이었다. 종묘사직(宗廟社稷)을 보전하고 더불어 자신을 살리는 길은 조고를 먼저 죽이는 것이었다. 자영은 두 아들과 한담(韓談)에게 조고가 오면 죽이라고 명하였다. 목욕재계를 마친 자영은 병을 핑계 대고 종묘에 나가지 않았다. 먼저 참석해 있던 대신들이 조고를 쳐다보면서 의아해하였다.

조고는 내관을 보내 참석을 종용하였으나 자영은 꿈쩍도 하지 않았다. 할 수 없이 조고가 자영이 있는 곳으로 왔다. 자영은 조고와 마주 앉았다. 조고가 말하였다. "병이 있어 몸이 불편하시다는 얘기는 들었습니다. 그러나 종묘에서의 의식은 매우 중요한 것이니 참석해주시기 바랍니다." 그때 한담이 단검을 쥐고 나타나서 조고의 심장을 찔렀다. 피를 흘리며 죽어가는 조고를 보고 자영이 한마디 하였다. "내 죄를 알렷다." 자영은 조고의 삼족을 멸하고 조고의 머리를 함양 저잣거리에 효수(梟首)하였다.

당시 함양을 향해 진군하던 유방은 남양을 평정하고 무관(武關)으로 진격하고 있었다. 유방이 단숨에 공략하려고 하자 장량이 말리면서 진언하였다. "무관의 군대는 진나라의 정예병으로 무척 강합니다. 일부 군사들을 산 위에 배치를 하고 깃발을 많이 세워 많은 군사가 주둔하고 있는 것처럼 위장한 뒤에 역이기(酈食其)와 육가(陸賈)로 하여금 진나라 장수를 만나 협상토록 함이 좋을 것이라 생각합니다." 유방은 화친하자는 진나라 장수의 제안을 거부하고 무관을 공략한 후 함양을 향해 진군하였다. 함양에 도착한 유방은 말 위에 앉아 위수 넘어 함양의 성벽을 바라보았다. 과거 인부로 동원되어 노역을 하였던 그곳에 10만 대군의 장수로 다시 오게 된 것이다. 함양의 군사와 대신들은 유방의 군대를 보고 싸울 엄두도 내지 못하고 그냥 주저

앉아 버렸다. 흰 수레가 유방의 진지를 향해 오고 있었다. 진나라 왕 자영이 항복하러 오는 수레였다. 자영이 진나라 왕이 된 지 46일 만이었다.

진나라 왕 자영은 흰말이 끄는 흰 수레를 타고 실로 짠 끈을 목에 걸고, 황제의 옥새(玉璽)와 부(符) 그리고 절(節)을 넣은 상자(箱子)를 들고 지도(軹道) 옆에서 항복하였다. 진나라는 시황제가 통일을 이룬지 15년 만인 기원전 206년, 다음 왕조인 한 고조(漢 高祖) 유방에 의해 멸망하였다.

제4장

제자백가 諸子百家

춘추전국시대 활동한 여러 학파와 학자들을 총칭한다. 제자는 여러 학자들을 말하고 백가는 여러 학파를 말한다. 유가(儒家), 도가(道家), 법가(法家), 묵가(墨家), 명가(名家), 음양가(陰陽家), 종횡가(縱橫家), 잡가(雜家), 농가(農家), 병가(兵家) 등의 학파가 있었다.

중국 사상의 황금시대라고 불린 당시 춘추전국시대는 친족과 일부 공신들이 최상위 지배 계층을 이룬 주나라 봉건제도와 주공이 확립한 주례의 기본 정신이 무너져가는 혼란의 시기였다. 비록 주나라를 존중하였지만, 천하는 분열되어 곳곳의 주인이 달랐다. 천하의 맹주를 두고, 수백 년에 걸친 전쟁은 정치적 사회적 혼란을 가져왔고, 위정자와 백성들은 유능한 인재와 혼란을 잠재울 수 있는 사상을 필요로 하게 되었다.

1. 유가의 공자, 맹자, 순자

유가는 공자와 맹자의 사상을 따르는 학파를 말한다. 유(儒)라는 말은 공자가 태어나기 전부터 존재했다. 흔히 유자(儒者)라고 불렸다.

유자는 제례의 절차나 법도에 밝은 사람들로서 자신을 귀한 사람들로 여기면서, 시류에 휩쓸리지 않고 함부로 행동하지 않았다. 그러나 일반 백성들이나 제후, 관료들로부터 존경받는 계층은 아니었다. 공자가 천하에 자신의 철학을 널리 알리고 인정받으면서 유가는 학문으로서 인정받게 되었다.

공자(孔子). 내가 하기 싫은 것을 남에게 시키지 말라

노나라 애공(哀公)이 공자에게 유(儒)가 지향하는 것이 무엇인지 물었을 때 공자가 대답한 말속에서 유의 본질을 알 수 있다.

공자가 말하였다.

"유자는 옛날 성인들이 행하신 도리를 논하는 자리에 불러 주기를 기다리며, 열심히 학문을 연마하며, 충성과 신의의 마음을 가지고 등용되기를 기다리며, 또한 자기 생각을 실천에 옮겨 벼슬을 할 수 있기를 기다립니다. 그리고 유자는 어려운 처지에 놓이거나 가난하다고 해서 자기 뜻을 굽히거나 나약(懦弱)해지지 않으며 반대로 부귀하다고 해서 경거망동(輕擧妄動)하거나 군주를 기만하거나 권력과 권세 있는 사람의 위세에 눌려 그릇된 행동을 하지 않는 미덕

을 가진 사람들입니다. 이런 이유로 유(儒)라고 합니다." 이때 공자
가 말한 유자와 후세 공자의 학설을 두고 말한 유가와는 그 의미가
서로 다르다.

공자의 선조들은 송(宋)나라의 귀족 출신이었는데 송나라의 정변
으로 노(魯)나라로 망명하였다. 기원전 551년에 노나라 창평향(昌平鄕)
추읍(陬邑)에서 태어나 기원전 479년에 사망한 공자의 이름은 구(丘)
이며 자는 중니(仲尼)이다. 공자의 머리 중앙 부분이 움푹 패 언덕처
럼 생겨 이름을 구(丘)라고 하였다. 공자의 아버지 공흘(孔紇)이 64세
때 만난 안징재(顔徵在)라는 여자와 혼인도 하지 않은 상태에서 낳은
자식이 공자였다. 즉 공자는 사생아였다.
공자의 출생과 어린 시절 이야기는 다음과 같다.

공자

공자가 태어나기 전 기린(麒麟)이 나타나
서 입에서 옥서(玉書)를 토해내었는데 그 옥
서에는 '수정(水精)의 아이가 멸망한 주(周)
나라를 이어받아 소왕(素王)이 된다.'라고
적혀 있었다. 여기서 옥서는 신선이 전하
는 글, 수정은 물의 혼령, 소왕은 정식 왕
은 아니나 왕의 덕목을 갖춘 훌륭한 사람
을 말한다. 기린은 이틀을 머물다가 사라
졌는데, 11개월 후 공자가 태어났다. 공자
가 태어난 날 저녁 두 마리의 용이 지붕 위를 맴돌고 있었으며 다섯
명의 노인이 마당으로 내려와 공자의 탄생을 축하하였다. 그리고 하
늘에서는 음악 소리와 함께 경축의 말이 울려퍼졌다. '하늘이 감응

하여 성스러운 아이가 태어났도다.'

태어난 공자에게는 보통 사람과 다른 특이한 점이 49곳이나 있었다. 그중에서도 제작정세(製作定世), 즉 제도를 정비하여 천하를 다스린다는 예언적 문구가 공자의 가슴에 새겨져 있었는데 결론적으로 공자는 후세 사람들로부터 성인으로 추앙받으며 그의 정신과 철학이 세상을 다스리게 되었다.

몰락한 집안의 사생아로 태어난 공자의 어린 시절은 매우 가난하였고 비천하였다. 더욱이 공자는 세 살 때 아버지를 여의고 일곱 살 때 어머니마저 돌아가시고 말았으니 그의 어린 시절은 미루어 짐작할 수 있을 정도로 힘들고 비참하였을 것이다. 공자의 어린 시절에 대한 기록은 그리 많이 전해지지 않고 있다. 다만 그는 여타 아이들처럼 놀지 않고 항상 조두(俎豆)—나무로 만든 제사용 그릇—를 진열해놓고 제사를 지내는 놀이를 즐겼다고 전해지고 있다. 공자 자신도 자신의 어린 시절이 어렵고 비천하였다고 말하였다.

힘들게 어린 시절을 보낸 공자는 당시 노나라의 귀족이었던 계씨의 식객이 되어 가축들과 창고를 관리하는 일을 하였다. 그러나 그는 내심 항상 주나라 주공 단을 자신의 이상으로 생각하며 그의 학문과 철학을 따르려고 노력하고 있었다.

어른이 된 공자는 키가 9척 6촌, 즉 요즘으로 말하자면 2미터 20센티가 되는 장신이었다. 그래서 사람들은 그를 장인(長人)이라 불렀다 한다. 공자는 19세 때 결혼하여 아들을 두었는데 그가 공리(孔鯉)이다. 공자는 30세 무렵에 주나라로 학문을 배우로 갔다. 주나라에서 그는 노자(老子)에게 학문을 물었는데 그때의 노자를 두고 도가(道家)의 노담(老聃)인지, 노(老)선생이라는 의미인지 후학들의 의견은 분분하다. 하여간 당시의 공자는 이미 많은 제자들을 거느리고 있는 한 학파의 수장(首長)이었다.

공자는 젊은 시절부터 육예(六藝) 즉 예(禮), 악(樂), 사(射), 서(書), 수(數), 어(御)를 연마하여 문무에 일가견을 갖춘 유능한 인재이었다. 그의 재능은 그의 나이 서른이 넘어 빛을 발휘하였는데 제자들을 양성하면서 자신의 사상을 난세를 극복할 정치 철학으로 정립하였다.

그 후 35세가 된 공자는 제나라에 들어가서 제 경공을 앞에 두고 자신의 정치 철학을 설파(說破)하였다. 당시 제나라 재상인 안영은 유가의 단점들을 얘기하면서 유가를 제나라의 통치 철학으로 적용하기가 어렵다고 하였다. 안영은 유가의 잘못된 점을 일일이 나열하였는데 다음과 같다. 골계(滑稽), 즉 주장하는 말이 많음, 교만불손(驕慢不遜), 즉 교만하여 군주의 말을 듣지 않음, 후장구장(厚葬久葬), 즉 가산을 탕진할 정도로 장례를 후하게 치르는 허례허식 등의 문제점을 말하였다. 제나라 경공 역시 공자를 귀하게 여기지 않고 그를 홀대하였다.

제나라를 떠나 노나라로 다시 돌아간 공자는 그 후 위(衛)나라, 진(陳)나라, 조(曹)나라, 송(宋)나라, 진(晉)나라 등 여러 나라에서 자신의 통치 철학을 얘기하였으나 어느 나라에서도 환영을 받지 못하였다.

천하를 주유하면서 각국의 군주들과 재상들에게 자신의 철학을 주장한 공자의 가르침을 훗날 공자의 제자들이 한 권의 책으로 정리하였는데 이것이 바로『논어(論語)』이다. 논어는 그 후 중국 모든 왕조에 걸쳐 국정운영의 기조가 되기도 하였지만, 중국 민중들 삶의 도덕적 기준이 되기도 하였다. 공자 당시에는 그의 정치 철학이 각 군주로부터 환영을 받지 못하였는데, 당시의 난세에 공자의 사상은 즉시 활용할 수 있는 정치적 수단이 되기에는 적합하지 않았다.

공자 사상의 기본은 인(仁)과 예(禮)이다. 그리고 도덕적 사상의 기본을 효(孝)라고 하였다. 공자는 '극기복예위인(克己復禮爲仁)', 즉 자신을 극복하면서 예를 거듭하는 것이 인(仁)이라고 하였다. 이 말이 당시 공자가 천하를 주유하면서 각 나라의 군주들에게 강조한 정치철학이었다. 그리고 '기소불욕물시어인(己所不欲勿施於人)', 즉 내가 하기 싫은 것을 남에게 시키지 말라 하였다. 이 말은 인간관계에 있어서 공자가 바란 도덕적 철학이었다.

제나라 경공이 공자를 만난 자리에서 정치란 무엇인가? 물었다. 공자가 대답하기를 "나라를 다스림에서 가장 중요한 것은 정명(正名)과 절재(節財)입니다. 그리고 군군(君君), 신신(臣臣), 부부(父父), 자자(子子). 즉 군주는 군주다워야 하고 신하는 신하다워야 합니다. 또한 아버지는 아버지다워야 하고 자식은 자식다워야 하는 것입니다."라고 말했다.

위(衛)나라 영공(靈公)이 군사에 대해 질문을 하자 공자가 대답하였다. "조두(俎豆)에 대해서는 들은 바가 있습니다만 군사에 대해서는 배운 바가 없습니다."

또한 어느 날 위 영공 앞에서 공자가 열변을 토하고 있는데 영공은 아무런 관심을 두지 않고 날아가는 기러기를 물끄러미 쳐다보고 있었다. 그 모습을 본 공자는 더 이상 위(衛)나라에 머물러 있을 이유가 없다고 생각하고 위나라를 떠날 준비를 하였다.

당시 약육강식(弱肉强食)의 처절한 전쟁이 난무하는 상황에서 공자의 이런 추상적인 주장은 군주들의 마음을 사로잡지 못하였다. 군주의 강력한 권위와 힘을 발휘할 수 있는 법가 사상을 국정의 기조로 삼은 진(秦)나라를 두고 공자는 치국의 도리를 잃어버렸다고 하면서 진나라는 멸망하리라 예측하였다.

공자에 대한 군주들의 푸대접은 춘추시대 어느 나라 할 것 없이 마찬가지였다. 공자의 조국 노나라의 경우 당시 정권의 실세는 세 집안이었는데 이를 삼환(三桓)이라 하였다. 경(卿)으로 추앙받던 세 집안은 계손(季孫), 숙손(叔孫), 맹손(孟孫)이었다. 어느 날 노나라에서 군주가 주관하여 하늘에 제사를 지냈다. 행사를 마친 후 제사 고기를 참석한 모든 사람에게 나누어 주는 것이 관례(慣例)인데 삼환은 유독 공자에게만 고기를 나누어주지 않았다. 주례(周禮)를 중요시하는 당시의 사회적 관점에서 삼환의 처사는 매우 심각한 것이었다. 이러한 사실을 볼 때 조국인 노나라에서까지 공자를 홀대하였다는 것을 알 수 있을 것이다.

당시 충격으로 노나라를 떠난 공자는 위(衛)나라로 향하였다. 사실상 공자의 정치적 생명은 끝난 것이나 다름없었다. 과거 진(晉)나라, 제(齊)나라, 채(蔡)나라, 진(陳)나라, 송(宋)나라 등 수많은 나라를 방문하여서 자신의 정치 철학과 주례를 설파하였으나 모두 실패한 공자는 그의 나이 63세가 되던 해인, 기원전 484년 천하를 주유한 지 13년 만에 조국 노나라로 다시 돌아왔다.

노나라에 돌아온 공자는 더 이상 정치에는 관심을 두지 않고 후학 양성과 집필에만 모든 정력을 쏟았다. 『주역』 같은 경우 공자는 죽간을 엮은 가죽 끈이 세 번 끊어질 정도로 책을 읽었는데 이러한 공자의 학문적 열성을 두고 위편삼절(韋編三絶)이라는 성어가 생겨났다. 즉 학문에 대한 열의를 말하거나 학문적 성취를 위해 피나는 노력을 해야 한다는 뜻이다. 공자의 학문에 대한 열의는 공자 자신이 한 말에서도 알 수가 있다.

나는 발분(發憤)하여 식사하는 것도 잊어버리고 또한 공부하는 즐거움으로 걱정마저 잊어버린 채 세월이 흘러가 몸이 늙어가는 것도 모르고 있다.

공자는 73세에 죽었다. 그리고 그는 노나라의 사수(泗水) 부근에 묻혔는데 제자들은 상복을 입고 3년 동안 의식을 치렀다. 3년 상이 끝난 후 슬픔을 간직한 채 모든 제자가 헤어졌으나 제자 자공(子貢)은 무덤 옆에 움막을 짓고 3년 동안 더 상복을 입고 공자의 무덤을 지켰다. 그 후 많은 제자가 공자의 무덤 가까이 이사를 와서 살았는데 그들의 수가 백 명이 넘었다. 사람들은 그곳을 공리(孔里)라고 하였다.

공자 묘

후학을 가르치면서 공자는 먼저 기존의 고전을 자신의 사상적 관점에서 다시 편찬(編纂)하였다. 오경(五經)이라고 불리는 『역경(易經)』, 『시경(詩經)』, 『서경(書經)』, 『춘추(春秋)』, 『예경(禮經)』을 공자가 편찬하였다. 이들 오경은 그때부터 현대까지 중국의 학술 및 사상 등 모든 분야에서 근간이 되어왔다. 참고로 사서(四書)는 『논어(論語)』, 『맹자(孟子)』, 『대학(大學)』, 『중용(中庸)』을 말하며 삼경(三經)은 『시경』, 『서경』, 『역경』을 말한다.

『역경』은 형이상학적인 내용으로 삼황오제 시대의 복희씨가 창안하였으며 주(周) 문왕과 그의 아들 주공에 의해 학문적 깊이를 더 했다고 볼 수 있다. 공자는 이들의 사상을 집대성하여 『역경』을 완성하였다고 할 수 있다. 공자가 평생을 두고 존경하였던 주공이 연구한 『역경』을 공자는 함부로 손을 댈 수가 없었다. 공자는 『역경』의 심오함에 감탄하면서 학문적 경외심(敬畏心)을 갖고 연구하였으며 자신의 나이가 너무 많아 『역경』을 더 이상 깊이 연구할 수가 없음을 안타까워하였다.

『시경』은 기원전 12세기 귀족들과 평민들의 작품을 한데 묶은 중국 최초의 시가집(詩歌集)이다. 『시경』에 실린 작품들은 전쟁, 사랑, 우정 등등 모든 인간사와 동물, 별, 나무, 새 등의 삼라만상 이야기로 이루어져 있다. 공자는 『시경』 전부를 읽어본 뒤에 자신의 기준으로 괜찮다고 생각된 300여 작품만 남기고 모두 없애버렸다. 공자는 남은 300여 편의 작품에 대한 평을 이렇게 하였다. "이들 시 300편을 한마디로 평하라고 한다면 사악한 생각이 없다는 것이다."

공자에 의해 사라진 작품들을 생각하면 안타까운 마음 금할 수가 없으며 이는 역사 문화적으로 큰 손실이었다. 『시경』에 나오는 시 한 편이다. 『시경』의 「국풍(國風)」편 관저(關雎)에 기록되어 있다.

관관저구(關關雎鳩) 꽥꽥거리며 우는 물새는
재하지주(在河之洲) 강가 모래섬에 앉아 있네
요조숙녀(窈窕淑女) 정숙하고 품위 있는 여자는
군자호구(君子好逑) 군자의 좋은 짝이로구나
참차행채(參差荇菜) 들쭉날쭉한 마름 풀들을
좌우유지(左右流之) 이리저리 찾는구나
요조숙녀(窈窕淑女) 정숙하고 품위 있는 숙녀를
오매구지(寤寐求之) 자나 깨나 구하는구나
구지불득(求之不得) 구해도 구할 수가 없으니
오매사복(寤寐思服) 자나 깨나 생각만 하는구나
유재유재(悠哉悠哉) 생각하고 생각하면서
전전반측(輾轉反側) 이리 뒤척 저리 뒤척 하고 있네

여기에 나오는 군자는 주 문왕을 말하며 숙녀는 문왕의 아내인 태사(太姒)를 가리킨다. 공자는 이 시의 아름다움을 극찬하면서 이렇게 평하였다.

즐거워하는 마음이나 지나침이 없고 슬퍼하는 마음 역시 몸을 해칠 정도로 지나치지 않다.

『춘추』는 춘추시대의 역사책이다. 주(周) 왕조에 복속된 제후국들은 각자 자기 나라의 역사기록이 있었는데, 진(晉)나라의 역사책은 『진승(晉乘)』이라 하였으며 초나라의 역사책은 『도올(檮杌)』이었다. 『춘추(春秋)』는 노나라의 역사책이다.

『서경』은 중국 최초의 정치 관련 문헌집이다. 사람들은 『상서(尚書)』라고도 부른다. 황제(黃帝) 왕조, 하(夏), 은(殷), 주(周) 왕조에 이르기까지의 각 왕조에서 시행한 포고문과 선언문을 담고 있다.

『예경』은 주(周) 왕조의 예절과 의식에 관한 내용이다. 『예경』은 공자가 주장한 교육의 하나로 귀족과 평민 그리고 노예들이 각자 자신의 신분을 망각하지 말고 처신을 바로 하라는 것이다. 귀족은 귀족답게, 평민은 평민답게, 노예는 노예답게 분수에 맞게 살아야 한다는 규범이고, 그것을 예절로 보았다. 훗날 『예경』은 좀 더 내용이 첨가되어 「예기(禮記)」, 「주관(周官)」, 「의례(儀禮)」로 나누어졌다.

맹자(孟子). 사람의 본성은 착하다

맹자의 이름은 가(軻)이며 자는 자여(子輿)이다. 기원전 372년 무렵 노(魯)나라에서 태어났으며 그 후 추(鄒)나라로 이사 와서 추나라 사람이 되었다. 공자의 어린 시절처럼 맹자는 그의 나이 세 살 때 아버지를 여의고 편모 밑에서 생활하였다. 그러나 그는 어린 시절 공자와는 다르게 공부도 열심히 하지 않고 조숙하지도 않은 그냥 동네 말썽꾸러기였다. 맹자의 어머니는 아들의 장래에 대해 많은 고민을 하였으며 아들의 교육을 위해 최선의 방책을 찾아 실행하였다. 어머니의 교육에 대한 열의로 맹자는 그 후 공자의 손자인 자사(子思)의 문하에서 정통 유학을 공부할 수 있었다. 이러하듯 맹자의 어린 시절을 얘기하자면 유명한 '맹모삼천(孟母三遷)'과 '맹모단기(孟母斷機)'의 고사를 들지 않을 수 없다.

맹모삼천은 맹자의 어머니가 맹자의 교육을 위해 이사를 세 번 하였다는 고사이다. 첫 번째 묘지 근처에 살고 있을 때 맹자는 주변에 보고 듣는 것이라고는 장례식뿐이라 맨날 장례식 놀이만 하고 놀았다. 두 번째 시장에서 살 때는 맹자는 장사하는 것을 흉내 내며 놀았다. 세 번째 학교 근방으로 이사를 갔는데 맹자가 그때부터 공부를 열심히 하였다는 이야기이다. 즉 주변의 환경이 아이들의 교육에 지대한 영향을 미친다는 것과 어머니의 열성적인 교육열이 자식의 미래에 또한 많은 영향을 끼친다는 것을 말해주는 것이다.

그리고 맹자가 학업을 중도에 포기하고 집으로 돌아오자 맹자의 어머니가 베틀에서 짜고 있던 천을 잘라버리며 학업도 이와 마찬가지로 중도에 그만두면 아니함만 못하다고 하면서 맹자를 일깨웠다고 하는데 이것이 맹모단기의 고사이다.

이렇듯 어머니의 지극한 교육열과 맹자의 열성 그리고 우수함으로 유가의 주류가 된 맹자 사상의 기본이 되는 것으로 인간의 본성을 구분 설명한 사단(四端)을 말할 수 있다. 측은지심(惻隱之心), 즉 가엾고 불쌍히 여기는 마음으로 인(仁)이며, 수오지심(羞惡之心), 즉 자신의 올바르지 못함을 부끄러워하며 타인의 착하지 못함을 안타까워하는 의(義)이며, 사양지심(辭讓之心), 즉 겸손하며 사양할 줄 아는 마음으로 예(禮)이며, 시비지심(是非之心), 즉 올바른 것과 나쁜 것을 판단하고 구별하는 마음으로 지(智)이다. 이러한 사단의 사상은 맹자가 주장한 성선설(性善說)의 기본이 되었다.

맹자 역시 공자와 마찬가지로 자신의 철학을 천하 국가들의 통치에 적용하고자 각 나라를 돌아다니며 주장을 펼쳤다. 맹자는 나이

사십 세 즈음에 처음으로 관직에 진출하였다. 당시 추나라 목공(穆公)에 의해 출사(出仕)하였지만 추나라의 혼란한 정치 상황에서 자기 뜻을 펼칠 수가 없음을 인지하고 추나라를 떠나 천하를 주유(周遊)하기 시작하였다. 맹자의 주유 행렬은 거창하였는데 수백 명의 제자와 수십 승(乘)의 수레가 맹자와 함께하였다. 당시 맹자의 기개 또한 보통이 넘었는데 어떤 나라를 방문하여도 결코 맹자 먼저 제후를 찾아가지 않았다. 맹자는 제후가 자신을 찾아 가르침을 청할 때만 응하였다.

맹자 일행이 제일 먼저 방문한 나라는 제(齊)나라였다. 제 선왕(宣王)을 만난 맹자는 넓은 영토와 수많은 백성들을 보고 인정(仁政)만 베풀면 천하의 강국으로 성장할 수 있다고 생각하였다. 그러나 맹자가 만난 선왕은 주변 국가들을 정벌하여 영토를 넓히고자 하는 생각뿐이었다. 맹자가 추구하는 어진 정치와 왕도정치와는 서로 맞지 않는 것이었다. 맹자는 크게 실망하였으나 제 선왕에게 맹자 자신이 주장하는 인정의 의미를 설명하였다. 나라를 다스림에서 맹자가 중요시한 것은 백성들이 굶지 않고 편히 생활할 수 있게 해주는 것이었다.

국가는 백성들이 부모님을 모시면서 처자식들을 부양할 수 있도록 해주어야 하며 또한 풍년이 들면 풍족하게 생활하고 비록 흉년이 들어도 굶어 죽는 백성이 없도록 해주어야 한다는 것이다. 그래야 가족들이 서로 헤어지지 않고 함께 살아갈 수 있는 것이다.

이러한 점들을 달성하기 위해서는 국가는 먹고 살 수 있는 일들을 일으켜야 하는데, 뽕나무를 심어 누에를 치면 50세가 넘는 노인들도 모두 비단옷을 입을 수 있으며, 닭과 돼지를 잘 키워 새끼를 낳도록 하면 70세가 넘는 노인들도 고기를 먹을 수가 있다.

농사를 짓는 사람들에게 세금을 적게 받도록 하고 누구나 나라의 공원(公園)에서 사냥할 수 있도록 하며 관리들이 대대로 녹봉을 받을 수 있게 한다면 과부나 홀아비 등 모든 외로운 사람들까지 생업에 종사하면서 즐겁게 살아갈 수 있을 것이니 바로 이것이 인정(仁政)이다.

제 선왕이 맹자의 의견을 듣고 맹자를 존경하며 맹자를 공경(公卿)으로 모시고자 하였으나 맹자의 가르침에 따라 정사(政事)를 볼 생각은 없었다. 선왕의 생각을 알아챈 맹자는 미련 없이 제나라를 떠났다. 이때 맹자의 나이 50여 세이었다.

그 후 송(宋)나라 군주가 어진 정치를 하고자 한다는 소문을 듣고 맹자는 급히 송나라로 향하였다. 그러나 막상 송나라에 도착하여 실상을 살펴본바 송나라 군주의 주위에는 소인들만 맴돌고 있었다. 맹자는 송나라의 한 충신을 만나 탄식(歎息)하며 말하였다. "만약에 송나라 군주의 주위에 군자들만 있다면 군주가 나쁜 일을 하려고 하여도 할 수가 없을 것이며, 소인들이 군주의 주위에 있다면 군주는 좋은 일을 하려고 하여도 할 수가 없을 것입니다."

송나라를 떠난 맹자는 그 후 등(滕)나라에서 문공(文公)과 함께 어진 정치의 실현을 시도하고 있었다. 과거 맹자가 송나라로 향할 때 문공을 만났는데 그때는 문공이 등나라 세자의 신분이었을 때였다. 당시 맹자와 문공은 의견이 일치되었고 의기가 투합(投合)했는데, 문공이 군주의 자리에 오르자 등나라의 발전과 어진 정치의 실현을 위해 맹자를 정중히 초청하였던 것이었다. 맹자는 등나라의 영토가 매우 협소(狹小)하다는 것을 감안하여 먼저 국토를 공전(公田)과 사전(私田)으로 구분하는 토지 개혁부터 시행하였다. 맹자는 좁은 영토를 가지고 세력이 약한 등나라의 발전과 자신의 정치적 소신의 달성을 위해 온갖 노력을 다하였으나 약소국의 한계를 이겨내지 못하였다.

그때 양(梁)나라 혜왕(惠王)이 어진 선비를 찾고 있다는 소문을 듣고 맹자는 자신의 정치 철학의 실현을 대국인 양나라에서 이루어보고자 양나라로 향하였다. 이때 맹자의 나이가 60여 세였다. 양나라는 도성이 대량이라 양나라로 불렸지만 사실 전국칠웅 중 하나인 위(魏)나라였다. 혜왕은 맹자를 만나자마자 질문을 하였다. "천 리 길을 마다치 않고 나이 드신 선생께서 이렇게 방문하여 주셨는데 선생께서는 과인에게 무슨 이득이 되는 것을 주시고자 합니까?" 맹자는 혜왕의 마음에는 오직 부국강병(富國强兵)의 생각만이 있음을 간파하고 혜왕의 질문에 대답하였다. "군주께서는 어찌하여 인의(仁義)를 말씀하시지 않고 이(利)를 먼저 거론하십니까?"

당시 약육강식(弱肉强食)의 천하에서 혜왕은 오직 부국강병만이 관심사이었으니 어진 정치를 주장하는 맹자의 사상이 귀에 들어올 리가 없었다. 결국 혜왕은 맹자의 사상이 현실과는 너무나 동떨어진 것으로 판단하고 맹자를 받아들이지 않았다. 맹자 역시 혜왕의 생각이 자신의 의견과는 너무나 다르다는 것을 알고 추나라로 돌아오고 말았다. 그 후 맹자는 노나라에 들어가서 다시 한 번 자신의 정치적 이상을 실현하고자 하였으나 맹자의 사상을 배격하는 노나라 소인배들에게 저지를 당하였다. 그때 맹자의 나이가 70여 세에 이르렀으며 이미 그의 건강은 천하를 다닐 수 있을 만한 상태가 아니었다. 맹자는 추나라로 다시 돌아가서 제자들과 함께 학문을 연구하면서 『맹자(孟子)』 칠편(七篇)을 집필하였다. 그의 나이 84세에 운명하였다.

맹자의 묘 입구 아성문

맹자가 활동하던 시기는 전국시대 후반기로 진나라에 의한 천하 통일의 움직임이 서서히 태동하던 시기였다. 그리고 묵자(墨子)와 양주(楊朱) 등의 사상가가 힘을 펼치고 있을 때이었다. 당시의 상황을 두고 맹자가 말하였다.

양주와 묵자의 언론이 천하에 가득하다. 천하 사람들의 말이 양주에 돌아가지 않으면 곧 묵자에게로 돌아간다.
양주와 묵자의 도가 종식되지 않는다면 공자의 도는 이제 드러나지 않는다.

또한 맹자는 이에 멈추지 않고 양주와 묵자를 격하게 비판하였다.

양주는 자신 하나만을 위하는 것이니 인군(人君)이 없는 자이다. 그리고 묵자는 겸애(兼愛)를 주장하니 부모가 없는 자이다. 부모도 없고 인군도 없는 자들은 새나 짐승에 불과하다.

즉 당시의 천하는 공자의 철학과 묵자의 철학 그리고 양주의 철학만이 지배하고 있었다. 춘추시대에는 유가만이 홀로이 천하의 이치(理致)를 논하고 있었는데 그 후 전국시대 초기에 유가를 비판하면서 묵가가 천하 도리를 주장하며 일어났고, 그리고 허무(虛無)와 자연의 도를 얘기하면서 도가가 사회 전반에 걸쳐 사상의 영역을 넓히고 있었다. 그 이후 법가, 병가, 종횡가 등등 수많은 학파가 형성되었다. 당시 얼마나 많은 주장이 난무하였는지 사회적 혼란으로까지 이어졌다. 타은(它嚚) 같은 사람은 짐승들처럼 아무런 의식 없이 욕정을 채우라고 하였으며, 신도(愼到) 같은 사람은 감각이나 움직임 등을 없애버리고 돌처럼 생활하기를 권하기도 하였다. 당시의 전국시대는 이러한 엉터리 주장을 하는 사람들이 난립하였다. 그 와중에 유가마저 힘을 쓰지 못하고 조용히 움츠리고 있었는데 이때 힘들어하던 유가를 부흥시키며 유가의 명맥을 지켜낸 사람이 아성(亞聖)이라 불리는 맹자이었다. 평생 맹자가 하고자 추구하였던 것은 공자를 계승하면서 천하에 유가의 사상을 고양(高揚)시키는 일과 국가 통치의 이념에 인정(仁政)을 실천토록 하여 유가의 이상(理想)을 실현하는 것이었다. 맹자를 이야기하면서 맹자가 주장한 성선설(性善說)에 대해서 알아보지 않을 수가 없다.

앞서 얘기한 맹자의 사상인 사단(四端)을 기본으로 하여 맹자는 사람의 본성은 선(善)하다고 주장하였다. 맹자가 얘기한 성선설의 예, 즉 측은지심의 구체적인 사례를 들어보자.

어떤 사람이 길을 걸어가다가 아무것도 모르는 어린아이가 갑자기 우물 속으로 들어가는 것을 보았을 때, 이 모습을 본 어떠한 사람도 깜짝 놀라면서 불쌍하고 애처로운 마음이 일어날 것이다. 이런 마음은 온전히 천성에서 나오는 것이다.

이런 마음이 그 어린아이의 부모와 친분을 맺자는 것이 결코 아니며 주변 친구들에게 칭찬을 듣기 위해서도 아니다. 또한 어린아이가 우물에 빠졌는데도 구해주지 않았다는 비난의 소리를 듣기 싫어서도 아니다.

맹자의 성선설에 대립하며 순자(荀子)는 성악설(性惡說)을 주장하였다.

순자(荀子). 사람이 하늘을 지배하고 다스려야 한다

맹자가 천하를 주유하면서 자신의 사상을 설파(說破)한 지 100여 년을 전후하여 공자와 맹자를 잇는 또 한 사람의 걸출한 유학자가 나타났는데 그가 바로 순자(荀子)이다. 순자의 이름은 황(況)이고 자는 경(卿)으로, 대부분 사람은 순자를 순경(荀卿)이라고 불렀다.

순자는 전국시대의 조(趙)나라 사람으로 나이 50세가 되어서야 제(齊)나라에 공부를 하러 간 것으로 『사기(史記)』에 기록되어 있다. 그는 제나라에서 학문을 연마하면서 세 차례의 제주(祭酒)를 지낸 사실이 있다. 제주라는 것은 국가의 큰 행사에서 덕망이 높은 사람이 참석자들을 대표하여 술을 올려 하늘에 제사를 지내는 것을 말하는데 흔히 좨주라고도 한다. 이러한 사실을 두고 미루어 짐작해볼 때 순자는 제나라에서 제법 높은 지위에 있었다고 본다. 그러나 순자는 그 후 모함을 받아 제나라를 떠나 진(秦)나라로 들어가게 되었다.

당시의 진나라 재상인 범저(范雎)가 순자를 만난 자리에서 질문을 하였다. "선생께서는 진나라에 와서 무엇을 보고 느꼈습니까?"

순자가 대답하였다.

"진나라의 경우 국경을 지키는 견고한 요새가 있으며 풍부한 농산물과 자원이 있는 천혜의 땅입니다. 또한 백성들은 순박하며 즐거운 삶을 살고 있습니다. 그러나 아쉽게도 유가의 도리를 따르는 사람이 없으니까 비록 강대국의 면모를 갖추었음에도 아직까지 대왕으로서의 위업을 달성하지 못하고 있는 것으로 판단됩니다."

범저는 순자의 이야기를 듣고 고개를 돌렸다. 범저가 누구인가? 당시 범저는 법가(法家)의 도리를 기본으로 하여 진나라를 강성대국으로 발전시켜가는 중이었다. 당연히 범저의 귀에는 순자의 논리는 허황하고 비현실적인 것으로만 들렸다. 순자는 진나라를 떠날 수밖에 없었다.

진나라를 나온 순자는 조(趙)나라로 발길을 돌렸다. 당시 조나라의 군주는 효성왕이었는데, 순자는 조나라 임무군(臨武君)과 함께 효성왕 앞에서 병법을 토론하였다. 병사를 부림에서 임무군은 오직 형세만을 중요시하였는데 즉 전투에 앞서 지형을 살피고 하늘의 때를 보며 적진의 상황을 파악하여야 한다고 주장하였다. 그러나 순자는 군사들의 마음이 하나로 통일되면 사기(士氣)가 왕성해지는데 이것을 인자(仁者)의 용병이라 하면서 제일 중요시하였다. 효성왕에겐 순자의 주장이 현실성이 없는 공허한 소리로 들렸다. 결론적으로 효성왕은 순자의 주장을 채택하지 않았으며 순자는 조나라를 떠났다.

조나라를 떠난 순자는 남쪽의 초(楚)나라로 들어갔다. 당시 초나라의 재상은 전국시대 사공자(四公子)의 한사람인 춘신군(春申君)이었다. 순자는 일찍이 춘신군과는 교제를 하였고 두 사람은 서로를 익히 잘 알고 있었다. 춘신군은 찾아온 순자에게 현령(縣令)의 벼슬을 주며 난릉(蘭陵) 지역을 맡아 다스리도록 하였다. 순자의 입장에서는 비록 사방 100여 리에 불과한 조그마한 지역이지만 현실 정치에 처음으로 참여하게 되었으며 그것은 이론과 더불어 실무를 경험할 좋은 기회가 되었다. 그러나 초나라의 한 대신이 순자의 현령 임명이 매우 부당하다고 하면서 춘신군에게 직접 나서서 고하였다.

"옛날 탕(湯) 임금은 사방 70리에 불과한 작은 영토를 다스리면서도 천하의 임금 대접을 받았습니다. 또한 문왕 역시 사방 100리에 해당하는 땅만으로 임금의 소리를 들었습니다. 순자도 어진 사람임이 분명한데 승상께서는 순자에게 100리나 되는 지역을 다스릴 수 있도록 조치하였습니다. 앞으로 우리 초나라는 순자로부터 어떤 위협을 받을지 걱정이 됩니다."

이러한 소문을 들은 순자는 자신이 참소(讒訴)당하는 줄 알고서 그 즉시 현령의 직위를 그만두고 조나라로 돌아오고 말았다. 소식을 들은 춘신군은 급히 순자에게 사람을 보내 돌아오도록 부탁하였다. 그러나 화가 덜 풀린 순자는 초나라 조정의 부패한 상황을 지적하면서 춘신군의 청을 거절하였다. 그리고 춘신군에게 편지 한 통을 보냈다.

　　저기 보배로운 주옥(珠玉)이여 참으로 아름답기도 하구나
　　아! 그러나 목에 거는 방법을 모르는도다
　　곁에 있는 천하일색 미녀는 쳐다보지 않고서
　　엉뚱하게 추녀요부(醜女妖婦)의 치마 밑을 들추는 것인가
　　앞을 보지 못하는 눈은 당연히 밝혀주어야 하며
　　잘 들리지 않는 귀는 항상 뚫어 주어야 하고

위태함은 안정되게 해 주어야 하고

흉한 것은 길하게 해 주어야 한다

아! 하늘이시여

당신은 어찌하여 이런 것마저 분명하게 못 하십니까!

이 편지의 내용은 춘신군의 짧은 안목을 비웃는 것이었다. 편지를 받아본 춘신군은 매우 화가 났으나 순자가 당대의 학자인지라 어찌할 도리가 없었다. 결국 춘신군은 순자에게 다시 사죄하며 초나라로 돌아와 주기를 부탁하였다. 순자 역시 거듭 거절하는 것은 예(禮)가 아니라고 판단하여 난릉 땅으로 들어가서 현령의 직무를 다시 하였다. 그 후 초나라 정변에 의해 춘신군이 자객에게 살해당하자 순자는 현령의 직위를 내려놓았다.

당시 순자는 머리가 허연 늙은이가 되어 있었다. 더 이상 정치권에 머물고 싶지도 않았고 세상에서도 순자를 찾지도 않았다. 순자는 자신이 다스렸던 난릉에 정착하기로 하였다. 순자는 난릉에서 세상의 소리도 듣지 않고 조용하게 자신의 사상을 재정립하면서 비평을 통해 수만 자의 저서를 집필하였다. 순자는 그렇게 난릉에서 운명하였다.

순자의 제자들은 공자나 맹자처럼 많지 않았다. 혼란한 시대에 순자 역시 다른 학파들로부터 많은 비판을 받았지만 그 비판의 강도가 공자처럼 강렬하지는 않았다. 비록 소수이지만 순자의 제자들은 다른 학파의 비판에 대하여 강력하게 스승인 순자를 비호(庇護)하였다. "순자와 공자는 결코 같을 수가 없다. 그들 두 사람이 있었던 시대가 다르지 않는가!" 순자의 제자로 천하에 이름을 날린 두 사람이 있는데 바로 한비(韓非)와 이사(李斯)이다. 이사는 진시황제를 보필하며 천하통일의 위업을 달성하는 데 일등 공신이었으며, 한비는 법가(法家)의 사상을 완성한 정치가이자 학자였다.

순자의 사상을 이야기하자면 먼저 귀신과 미신을 부정하며 하늘(天)과 인간사(人間事)는 아무런 관계가 없다는 제천론(制天論)을 들 수 있다. 이러한 제천론은 고대 중국의 어떠한 학자도 주장하지 못하였던 사상이었다. 공자와 맹자는 귀신의 존재를 믿지 않았으나 천명(天命)을 말하였으며, 노자와 장자는 천명을 이야기하지 않았으나 하늘(天)과 인간을 함께 인식하는 천인합일(天人合一)의 이치를 주장하였다. 그리고 묵자는 비명론(非命論)에서 하늘의 존재를 인정하지 않았지만, 귀신의 힘에 대해서는 말하였다. 이러하듯 각 학파의 사상은 각각 다르나 모두가 하늘, 즉 천(天)이 인간사를 다스리고 결정한다고 생각하였다. 그러나 순자는 하늘은 그냥 자연적인 것으로 보고 인간들의 길흉(吉凶)과는 아무런 관계가 없다고 주장하였다. 오히려 순자는 인간이 하늘(天)을 다스리고 지배하여야 한다는 인정승천(人定勝天)의 논리를 주장하였는데 순자의 논리를 예를 들어 알아보자. 즉 하늘은 농작물이 잘 자라도록 임의로 비를 내려주지는 않는다. 인간은 농작물이 잘 자라도록 충분한 물을 대줄 수 있는 수단을 취하여야 한다. 바로 이것이 제천(制天)이며 동시에 사람의 힘으로 이루는 인위(人爲)이다.

순자의 사상 중에 인간의 본성은 악하다는 성악설(性惡說)이 있다. 순자는 성악설을 통하여 인위의 필요성과 중요성을 강조하려고 하였다. 당시 순자는 자신이 주장한 성악설로 인해 유자들뿐만 아니라 타 학파로부터 많은 비난과 오해를 받았었는데 그중에서도 '인간의 본성이 선(善)한 것은 인위적인 것이다.'라고 한 구절이 제일 많이 비난을 받은 것이다. 사실 순자가 주장한 성악설은 인간을 맹수나 악마의 관점에서 본 것이 아니었다. 순자는 인간의 마음속에 있는 4개의 요소를 설명하였는데 그것은 성(性). 정(情). 여(慮). 위(僞)이다. 성(性)은 생(生)의 자연적이며 본질적인 것이며, 정(情)은 성(性)의 표현인 희노애락(喜怒哀樂)과 좋고 나쁨 등을 말한다. 여(慮)는 정이 생긴 후 마음속에서 선택한 것이고, 위(僞)는 깊이 생각한 후에 인간의 의지로 실천하는 것이다. 순자는 인간의 성(性) 속에서 욕(欲)을 발견하였는데 이 욕(欲)은 동물들의 본능보다 더 빠르고 앞서 취하고자 하는 것이다. 순자는 욕(欲)에서 성악설의 논리를 찾았으며 인간의 본성이 그러하기 때문에 욕을 다스릴 수 있는 예(禮)의 필요성을 강조하였다.

맹자가 주장한 인간의 본성은 착함(善)이기 때문에 그 본성을 위하여 덕(德)을 세우고자 하였으며, 순자는 인간의 본성을 악(惡)이라고 보았기에 올바른 인간사(人間事)를 위하여 예(禮)를 세워야 한다고 주장하였다.

2. 도가의 노자, 장자

도가는 유가와 함께 중국 사상의 주류를 이루었으며 현재까지도 백성들의 삶 속에 크게 남아 있다. 도가는 일반적으로 노자와 장자의 철학을 말하는데 큰 뜻으로 말하자면 노자, 장자 그리고 열자(列子)와 양주(楊朱) 등이 주장하는 선진도가(先秦道家)와 왕필(王弼)과 곽상(郭象) 등의 현학파(玄學派), 그리고 명리학파(名理學派) 사상도 포함한다.

그리고 노자를 교조(敎祖)로 하는 다신(多神) 종교인 도교(道敎)와는 구별한다. 도가(道家)와 도교(道敎)는 같은 말이 아니다. 도가는 노장 사상을 연구하여 인간의 욕심과 타락에서 벗어나 자연의 순리를 거역하지 않고, 참된 삶을 영위하고자 하는 철학사상이다. 도가에서는 이를 무위자연사상(無爲自然思想)이라 한다.

도교는 노장사상뿐만 아니라 주역, 불교사상, 점성술, 의학, 음양오행, 민간신앙 등의 많은 이론과 사상에 따라 심신을 수양하고 불로장생을 추구하고 또한 기도와 절 그리고 예를 통해 복을 빌고 자신의 이익을 구하는 종교적 개념이다. 도교는 수련도교(修練道敎)와 기복도교(祈福道敎)로 크게 구분한다.

도가의 철학적 이론의 기본은 노자의 무위자연(無爲自然)과 무욕(無慾), 허무(虛無)를 통한 자연대도(自然大道)에 순응하는 사상, 그리고 장자의 절대 자유와 절대 평등의 사상이다. 도가 철학은 주장하였다. "유가든 묵가든 사람을 묶어 꼼짝 못 하게 하지 말라!"

노자(老子). 부드럽고 약한 것이 굳세고 강한 것을 다스린다

노자는 초(楚)나라 사람으로 주(周)나라 장서실(藏書室)의 사관(史官)으로 근무한 평범한 관리였다. 그의 성은 이(李) 씨며 이름은 이(耳), 그리고 자(字)는 백양(伯陽), 시호(諡號)는 담(聃)이다. 노자의 고향은 고현(苦縣)의 여향(厲鄉) 곡인리(曲仁里)로 지금의 하남성 녹읍이다. 그는 언제나 늙은 소를 타고 다니며 자신의 사상을 얘기하였다고 한다. 그리고 그의 귀가 길게 늘어져 있으며 귓바퀴가 없어 담(聃)이라고 불리었다.

노자에 대한 기록은 거의 없으며 그나마 전해져 오는 기록마저 상이(相異)하다. 사마천의 사기에서는 노자를 초나라 사람으로 말하였으나 유향(劉向)의 열선전(列仙傳)에서는 노자를 진(陳)나라 사람으로 기록하였다. 노자의 성이 이(李) 씨인 것은 노자의 어머니가 이(李) 씨였는데 노자는 어머니의 성을 따라 이(李) 씨가 되었다는 설이 다수설이다. 비슷한 시기에 노래자(老萊子)라는 학자가 있었는데 그 역시 초(楚)나라 사람으로 도가의 사상을 주장하였으며 총 15편 정도의 책도 저술하였다. 많은 학자들은 노래자를 노자라고 추측하기도 한다. 그리고 노자가 태어나면서 오얏나무(李樹)를 가리켰기 때문에 이씨가 되었다는 것과 노자의 어머니가 임신한 지 81년 만에 오얏나무 아래를 거닐다가 왼쪽 겨드랑이로 노자를 낳았다는 것 등은 도교의 신비주의에 의한 것으로 「현묘내편(玄妙內篇)」에 기록되어 전해진다.

또한 성이 이(李) 씨인데 왜 노자(老子)라고 불렀는지는 여러 가지 주장이 있는데 그중에서도 동한(東漢)의 철학자 정현(鄭玄)의 주장에 따르면 노자가 장수하였기에 노자라고 하였다 한다. 즉 노자는 160

세 혹은 200세 이상 살았다고 전해지며 언제 죽었는지는 알지 못한다. 『사기』의 기록에 의하면 노자의 마지막 모습은 이러하다.

주나라가 쇠퇴해가는 모습을 보고는 관직을 버리고 서쪽의 관문 밖으로 나간 후 노자를 본 사람은 아무도 없다.

여기서 서쪽 관문은 진(秦)나라의 함곡관(函谷關)을 두고 말하는 듯하며 당시 관문의 관령(關令)인 윤희(尹喜)가 노자의 학문이 대단함을 알고 글로서 노자의 지혜를 세상에 남겨주기를 부탁하였다. 이에 노자는 5000여 자의 글로서 자신의 사상을 정리해 상편과 하편의 두 권 책으로 남기고 떠났는데 그것이 『도덕경』이다.

기타 여러 가지 설이 있으나 노자에 관한 모든 것은 추측일 뿐 확실한 것은 없다. 다만 노자가 공자보다 나이가 많았으며 두 현인(賢人)이 서로 만나 대화를 하였다는 기록은 존재한다. 아마도 공자는 최소한 세 번에 걸쳐 노자를 만났을 것이라 추측된다. 첫 번째 만남은 사마천의 『사기』에 따르면 다음과 같다.

공자가 주(周)나라를 방문하였는데 그때 공자가 노자에게 주례(周禮)에 관하여 문의하였다.

두 번째 만남은 노자가 관직을 그만두고 고향으로 내려가 있을 시점이었는데 그때 공자는 자신이 저술한 책을 주(周)왕실에 소장시키고 싶어 노자에게 부탁을 하러 노자의 고향인 고현으로 찾아갔다. 그리고 『장자(莊子)』의 「천운(天運)」 편에는 이렇게 기록되어있다.

당시 공자의 나이가 51세였는데 그때까지도 도를 깨우치지 못하였다. 그래서 공자는 남쪽 지방의 패(沛) 땅으로 가서 노자를 만나 가르침을 부탁하였다. 그때 노자가 공자에게 물었다.

"그대가 나를 찾아왔군! 나는 그대가 북방의 현자인 것으로 알고 있는데 과연 그대는 도를 깨우쳤는가?"

노자의 좌상

공자가 대답하였다. "아직 도를 깨우치지 못하고 있습니다."
이것이 두 사람의 세 번째 만남이었다.

공자는 노자에게 도(道)에 관한 가르침을 받았으며 예(禮)에 대해서도 많은 것을 전수받았다. 그리고 훈계도 들었는데 노자와 공자가 처음 만났을 때 노자가 말한 훈계의 한 구절이다.

그대가 지금 찾고자 하는 예(禮)라는 것을 만든 옛 성인들도 지금은 육신과 뼈가 썩고 문드러져서 그 형체를 찾을 수가 없고 오직 그분들의 말씀만이 남아 있을 뿐이다.
군자가 때를 만나면 수레를 타고 다니는 귀한 신분이 된다. 그러나 때를 만나지 못하면 물러나서 일개 야인이 되어 숨어 지내야 한다. 장사를 잘하는 사람은 좋은 물건은 깊숙하게 감추어 둔 채 겉으로는 아무것도 없는 것처럼 보이게 하며, 군자는 덕을 쌓아 내면으로는 충실하지만, 남들 보기에는 아무것도 모르는 것처럼 행동한다. 그러하니 그대는 교만함과 지나친 욕심 그리고 산만한 생각과 잘난 체하는 마음 등 모두를 버려라. 그것들은 그대에게 백해무익(百害無益) 즉 아무런 득이 되지 않는다. 내가 그대에게 들려주고자 하는 말은 이것뿐이다.

심장약허(深藏若虛), 즉 똑똑한 상인은 좋은 물건을 밖에 내놓지 않는다. 자신의 조그마한 장점을 교만하게 자랑하지 말고 겸손하고 겸허하라는 뜻이다.

노자를 만난 후 돌아온 공자가 제자들에게 말하였다. "새는 날아다니고 물고기는 헤엄을 치며 짐승은 달린다는 것을 나는 잘 알고 있다. 그러니 달리는 것은 그물을 쳐서 잡으면 되고, 헤엄치는 것은 낚싯대를 사용해 잡으면 되고, 날아다니는 것은 화살을 사용해 떨어뜨리면 된다. 그러나 용은 바람과 구름을 타고 구만 리 장천(長天)으로 날아오른다고 하니 나로서는 용의 실체를 알 길이 없다. 나는 오늘 노자를 만났는데 그는 마치 용과 같아서 전혀 실체를 알 수 없는 사람이었다."

노자의 철학을 얘기하는 책인 『노자』(『도덕경』)는 무위자연(無爲自然)을 주장하는 경전(經典)이다. 『도덕경』의 정확한 이름은 『도덕양편』이다. 『도덕경』은 노자가 지은 책으로 전체 5천여 글자로 구성되어 있는데 동한(東漢) 후기에 노자를 교조(敎祖)로 하는 도교(道敎)가 생겼을 때 도교의 경전이 바로 『도덕경』이다. 현존하는 『도덕경』의 판본 가운데 가장 오래된 것은 1973년 중국 호남성(湖南省) 장사(長沙)에 있는 고분인 마왕퇴(馬王堆) 3호에서 발굴된 백서(帛書) 즉 비단에 그 내용이 적혀 있는 『도덕경』이다. 그 내용의 주요 일부분을 살펴보고 노자의 사상에 가까이 가보도록 하자.

부드럽고 약한 것이 굳세고 강한 것을 이긴다(유약승강강:柔弱勝剛强).

상선약수(上善若水), 즉 최고의 선(善)은 흐르는 물과 같다.
물은 천지 만물에 이득을 주면서도 앞서려고 다투지를 않고 모든 사람이 있기를 꺼리는 낮은 곳에 머무는 것을 마다치 않는다.
물은 빈 곳에 다다르면 채워질 때까지 기다려서 흘러가고 언덕이 있으면 역시 넘을 수 있을 때까지 기다렸다가 넘어간다. 평지에서는 천천히 흘러가고 비탈진 곳에서는 빠르게 흘러간다. 물이 넘치도록 많으면 성난 노도(怒濤)가 되어 전부를 삼켜버리기도 한다. 그리하여 물은 도(道)에 가깝다.

사람은 태어날 때는 부드럽고 약하지만, 죽을 때는 단단하게 굳어진다.
또한 천지의 초목도 부드럽게 자라서 딱딱하게 말라서 죽는다.
그러므로 단단하고 강한 것은 죽음의 집단이고
부드럽고 연약한 것은 살아있음의 집단이다.
더불어 군사가 강하기만 하다고 승리할 수가 없고
나무 역시 강하기만 하면 베어져 없어진다.
강하고 큰 것은 낮은 곳에 자리 잡아 있고

부드럽고 연약한 것은 높은 곳에 처한다. _『노자』, 제76장

천하에서 가장 부드러운 것이
천하에서 가장 견고한 것을 지배한다. _『노자』, 제43장

천하에 물보다도 더 약하고 부드러운 것이 없다.
그렇지만 견고하고 강한 것을 상대하는데
물을 능가하는 것은 존재하지 않는다. _『노자』, 제78장

고요함이 움직임을 다스린다(정승동:靜勝動).

만물이 서로 아울러 일어나고 있지만
결국에는 모든 것이 근원으로 돌아가게 되어 있다.
근원으로 돌아가는 것을 정(靜), 즉 고요함이라 하며
고요함을 바로 본성이라고 한다.
본성으로 돌아가는 것을 변하지 않는 도(道)라고 한다.
_『노자』, 제16장

크나큰 이룸은 부족한 듯 하지만 아무리 써도 없어지지 않고
크나큰 채움은 빈 것 같아서 아무리 채워도 모두를 채울 수 없으며
크나큰 곧음은 굽은 듯이 보이고 크나큰 기교는 유치한 듯 보이며
크나큰 말씀은 더듬는 듯하다.
고요한 것이 성급한 기운을 다스리고
차가운 것이 뜨거운 것을 이긴다.
맑고 고요한 것이 천하의 바른 도이다. _『노자』, 제45장

천지만물은 도(道)에서 생겨난다.

노자는 도(道)란 바로 무(無)라고 정의하면서 무를 드러나지 않은 채 작용하는 것, 즉 묘(妙)라고 하였으며 반대의 개념인 유(有)는 요(徼)라고 하였다. 형태가 없는 것이 바로 도이며 무이다. 이것은 천지에서 가장 약한 물질이지만 동시에 천지를 다스릴 수 있는 가장 강력한 존재이기도하다. 무(無)라고 하는 물질은 소리도 나지 않으며 형체도 없으며 또한 움직임의 자취도 없는 본래부터 없는 물질이다. 즉 구체적으로 유(有) 즉 있다는 것의 반대이며 부정의 존재이다. 그것은 존재하지만 존재하지 않는 물질이라 무(無) 이외에는 이름을 정할 수가 없다.

혼돈 상태에서도 이루어지는 것은 어떠한 것이 있는가.
천지만물보다도 먼저 생겨났다.
그것은 어떠한 소리도 없어 들을 수가 없으며
아무런 형체가 없어 볼 수도 없다.
홀로 독립하여 서 있으면서 항상 변하지 않으며
위태롭지 않고 두루두루 걸림 없이 운행하니
천지만물의 어머니라고 할 수 있다.
나는 그것의 이름을 알지 못하겠으니
굳이 글자를 갖다 붙여 도(道)라고 부르며
억지로 이름을 지으니 그냥 크다고 할 뿐이다.
_ 『노자』, 제25장

보려고 하여도 보이지 않는 것을 이(夷)라고 하고

들으려고 하여도 들리지 않는 것을 희(希)라고 하며

잡으려고 하여도 잡히지 않는 것을 미(微)라고 한다.

이들의 존재는 끝까지 파악해볼 수가 없는데

본래 이들은 서로 엉겨져 하나로 되어 있었기 때문이다.

위쪽에 있다고 해서 밝지도 않으며

아래쪽에 있다고 하여 어두운 것도 아니다.

무한한 줄과 같이 이어져 있으니 그것의 이름을 정할 수가 없다.

그것은 무(無)의 상태로 되돌아간 것이다

그리하여 그것은 모양이 없는 모양이며

생김이 없는 생김이라고 말한다.

이것이 바로 황홀(恍惚)이다.

마주하여도 그 앞을 볼 수가 없고

따라가도 그것의 뒤를 볼 수가 없다.

_『노자』, 제14장

상반되면서도 상성을 한다(상반상성:相反相成)

노자는 서로 반대되고 대립하는 것들은 사실은 서로가 의존하고 존재하게 만드는 조건이 된다고 주장하였다. 불거(不居) 즉 고정된 생각에 얽매이지 말고 변(變)하고 통(通)하여라. 이것이 바로 마음속에 아무것도 걸리지 않는 '마음의 자유'이다. 이러한 마음의 자유 곧 무위(無爲)를 버리지 말라 함이 바로 불거(不去)이다. 또한 노자가 말하였다. "화(禍)라고 하는 것은 복(福)이 의지하고 있는 바이며, 복(福)이라고 하는 것은 화(禍)가 숨겨져 있는 바다이다." 즉 화(禍)에는 복(福)의 인자(因子)가 내재하여 있으며, 복(福) 역시 화(禍)의 인자를 함유하고 있다는 뜻이다.

> 화(禍) 속에는 복이 들어 있고
> 복(福) 속에는 화가 들어 있는데
> 누가 그것의 근원을 알 수가 있겠는가?
> 정해져 있는 것은 없는바
> 올바른 것은 다시 틀리고 바르지 않는 것이 되며
> 좋은 것은 다시 나쁜 것으로 된다. _ 『노자』, 제58장

> 천하 모든 사람이 아름다운 것을 아름답다고 인식하는 것은
> 추한 것이 존재하기 때문이다.
> 착한 것을 착하다고 하는 이유는
> 착하지 않은 것이 존재하기 때문이다.
> 그러므로 유(有)한 것과 무(無)한 것은 서로를 존재하게 해주고
> 어렵다는 것과 쉽다는 것도 서로를 만들어 준다.
> 긴 것과 짧은 것도 서로를 이루어 주며
> 높은 것과 낮은 것도 서로를 함께한다.
> 자음과 모음이 서로 조화를 이루며
> 앞과 뒤도 서로가 따른다 _ 『노자』, 제2장

> 어려운 문제는 쉬운 데서 해결해야 하고
> 큰일을 할 때는 사소한 것부터 처리하여야 한다.
> 세상에서 어렵다는 일은 필히 쉬운 것에서부터 일어나며
> 세상의 큰일도 반드시 작은 것에서부터 시작된다.
> _ 『노자, 제63장』

아무것도 행하지 않으면서 다스린다(무위이치:無爲而治).

성인이 말씀하시기를
내가 아무것도 하지 않고 있으니
백성들이 저절로 감화되고
내가 고요하게 있기를 좋아하니
백성들이 저절로 올바르게 되었다.
내가 일들을 억지로 하지 않으니
백성들은 저절로 부유하게 되었고
내가 무리한 욕심을 취하지 않으니
백성들은 스스로 검소하게 되었다.
내가 무정하니
백성들이 저절로 깨끗해졌다. _『노자』, 제57장

백성들을 다스리기가 힘든 이유는
백성들의 지혜가 깊고 많기 때문이다.
그리하여 지혜로 나라를 다스린다는 것은
나라를 망하게 하는 길이다.
지혜만 가지고 나라를 다스리지 않는다는 것은
나라의 복이라고 할 수 있다.
이 두 가지를 안다는 것이 천하의 본보기이다.
이 본보기를 능히 안다는 것을 일러 신비한 덕이라 한다.
신비한 덕은 멀고 깊어서
천지 만물과 함께 되돌아온다.
이런 후에 마침내 크나큰 순리에 도달하게 된다. _『노자』, 제65장

중국철학에서의 노자 사상은 당시 봉건사회의 통치철학이었던 유학에 반대하고 비판을 하면서 민중의 생활 속에서 꾸준히 발전되고 계승되어왔다. 공맹의 철학과 노자의 철학은 서로가 학문적 영향을 끼쳤으나 근본적으로 사상의 출발점과 추구하는 방향이 서로 달랐다. 도가는 자연과 천지 만물의 오묘한 이치를 깨닫는 것이 주 관심사이었기에 자연과 우주에 관한 철학적인 체계는 정립할 수 있었으나 그에 비해 인간사와 인성에 관한 철학적인 연구 검토는 부족하였다. 유가는 품성과 관계 등 인간에 관한 연구는 충실하여 많은 연구 결과를 내어놓았지만 자연과 우주에 관한 철학적 사고(思考)는 풍부하지 못하였다.

노자의 도가 사상이 비록 뚜렷하게 뛰어나고 유력한 학파 즉 현학(顯學)의 범주에는 들어가지 않지만, 현학인 유가와 묵가보다 중국의 철학과 백성들의 삶 속에 더욱 많은 영향력을 끼친 학문이라고 할 수 있다. 『대영백과전서』(1959년 판)에는 '중국인의 생활과 문화는 어느 측면에서 볼 때 노자의 사상 즉 도덕경의 영향을 벗어 난 적이 없다.'라고 적혀 있다. 실질적인 관점에서 보면 한(漢)나라 시대부터 청나라 말기까지 2000년 동안 중국의 통치 철학은 외면적으로는 공자를 숭상하며 공자의 가르침을 따른 것처럼 보이지만 속내로는 노자를 그 중심으로 하는 황로(黃老) 사상이 내면에 이어져 오고 있었다.

- 죽림칠현(竹林七賢) : 조조가 세운 위(魏)나라와 사마담이 세운 진(晉)나라의 교체기에 사마 씨 일파들의 국정 전횡과 농단에 분노하여 부패한 정치권에서 나와 노자의 무위자연(無爲自然) 사상에 심취하며 죽림에 모여 거문고를 뜯고 술을 마시면서 청담(淸談)으

로 세월을 보낸 일곱 명의 선비를 말한다. 완적(阮籍), 혜강(嵆康), 유령(劉伶), 왕융(王戎), 향수(向秀), 산도(山濤), 완함(阮咸) 등이 그들이다. 이들은 현실 정치를 부정하면서 항거하였는데 이들이 취한 행동과 생각에서 노자의 사상을 엿볼 수 있다.

장자(莊子). 내가 나비인가? 나비가 나인가?

장자의 생애에 대해 후세에 알려진 것은 거의 없다고 본다. 장자의 이름은 주(周)이며 자는 자휴(子休)이다. 그는 송(宋)나라 몽현(蒙縣) 사람으로 칠원성(漆園城)의 하급 관리로 근무하였는데 당시 장자의 형편은 하루 세끼를 걱정할 정도로 사정이 여의치 않았다. 어느 날 장자는 치수(治水)를 맡고 있는 관리를 찾아가서 쌀을 조금만 빌려달라고 하였다. 그러자 그 관리가 매정하게 장자를 대하면서 말하였다.

"걱정 마시오. 내가 수확기에 전세(田稅)를 받으면 그 자리에서 삼백 냥을 빌려주겠소."

장자가 쌀을 빌리고자 함은 지금 당장의 끼니가 없기 때문이었는데 얼토당토않은 그의 말에 기분이 상한 장자는 불쾌한 어조로 말하였다.

"내가 어제 이곳으로 오고 있는데 누군가가 나의 이름을 큰 소리로 부르기에 사방을 둘러보았더니 사람은 물론 사람의 그림자도 보이지 않고 수레바퀴에 움푹 파인 시궁창에서 붕어 한 마리가 나를 부르고 있는 것이었소. 그래서 나는 그 붕어에게 왜 불렀는지를 물어보았소. 붕어가 말하기를 '나는 본래 동해의 파신(波臣)이었는데 어쩌다 보니 사정이 이렇게 되었습니다. 나에게 한 말의 물을 주어 나의 목숨을 살려주시길 바랍니다.' 하였소. 그래서 나는 그 붕어에게 말하였소. '걱정하지 마시오. 내가 남쪽으로 가서 오나라와 월나라의 군주를 만나게 되면 장강의 물을 끌어다가 당신을 환영하도록 청하겠소.' 그러자 붕어가 크게 화를 내면서 말하였소. '내가 한번 잘못을 저질러 현재와 같은 곤경에 처해 있지만 당신이 물 한 말만 주면 거뜬히 살 수가 있는 것이요. 그런데도 당신은 그런 말로 나를 희롱하니 일찌감치 마른고기를 파는 가게에 가서 나를 찾으시오."

장자는 이러한 비유를 통하여 사람이 급한 경우에 처했을 때 옆에서 조금만 도와주면 될 것을 도와주지는 못할망정 말장난을 하면서 상대를 희롱하는 짓에 대하여 준엄한 꾸지람을 하였다.

한번은 초나라 왕이 장자에 대한 소문을 듣고 그의 재주를 높이 평가하여 초나라로 초빙하여 국사를 같이 논하고자 하였다. 초나라 왕은 두 사람의 대부를 장자에게 보내 장자를 모셔 오도록 하였다.

대부들은 낚시를 하고 있는 장자를 만나 초나라 왕의 의사를 전하였다. "초나라 국왕께서 나라의 일들을 선생과 함께 처리하기를 원하십니다." 초나라 대부들의 이야기를 모두 듣고 난 후 장자가 말하였다. "내가 알기로 초나라에는 신령한 거북이가 한 마리 있다고 하던데 그 거북이는 죽은 지가 삼천 년이나 되었다고 하지요. 초나라 왕께서는 죽은 거북이를 비단으로 싼 채로 태묘(太廟) 속에 잘 보관하였다가 그것으로 가끔 길흉의 점을 본다고 들었습니다. 그럼 두 분 대부들께 물어보겠습니다. 신귀(神龜)가 진정 신령하다면 죽어서 껍질만 남은 채 사람들로부터 존중을 받겠습니까? 아니면 살아서 진흙 속에서 꼬리를 흔들며 기어 다니겠습니까?" 대부들이 대답하였다. "신령한 거북이라면 당연히 살아서 진흙 속에서 꼬리를 치면서 기어 다니기를 원하겠지요." 이처럼 장자는 자연과 하나가 되는 절대 자유를 추구하면서 평생 단 한 번도 관직에 나가지 않았다. 이것이 바로 초나라 왕의 초빙에 대한 장자의 대답이었다.

어느 날 위(魏)나라 혜왕이 장자를 불러 일상의 얘기를 나누고자 하였는데 혜왕의 부름에 나타난 장자의 옷차림이 가관(可觀)이었다. 장자는 누더기 삼베옷에 짚신을 신고서 혜왕 앞에 나타난 것이었다. 장자의 모습을 보고 혜왕이 한마디 하였다. "장주! 그대는 항상 그런 옷차림으로 굴러다니시오?"

장자가 대답하였다. "사람들이 도덕을 말하면서도 실천하지 않는 것이 바로 굴러다니는 것이 아니겠습니까? 옷이 낡아 헤지고 신발이 떨어졌다고 해서 굴러다닌다고 할 수는 없겠지요. 이것은 소신이 불행한 시대에 태어나서 성군현상(聖君賢相) ―덕이 있고 어진 임금이나 사람―을 만나지 못하여 그런 것이니 어찌 다른 방도가 있겠습니까." 장자는 자신의 옷차림을 두고 함부로 대하는 혜왕을 그의 면전에서 멋지게 조롱하였다.

그리고 송(宋)나라의 조상(曹商)이라는 사람이 송나라 왕의 명을 받아 진(秦)나라에 사신으로 다녀왔는데 출발할 때에는 서너 승(乘)의 수레를 끌고 갔으나, 진나라 왕의 환심(歡心)을 얻어 돌아올 때에는 백여 승의 수레를 몰고 왔다. 장자를 만난 조상은 허풍을 떨며 자랑하였다. "가난하고 누추한 집에서 살며 잘 먹지도 못하여 누렇게 변한 얼굴로 짚신이나 만드는 재주가 나에게는 없는 모양이요. 내가 가진 재주라고는 오직 하나! 한마디 말로 만 승의 군주를 기쁘게 하여 백 승의 수레를 끌고 오는 재주뿐인 것 같소."

조상의 허풍을 들은 장자가 비웃는 말투로 대답하였다.

"어느 날 진(秦)나라 왕이 병이 나서 의원을 불렀는데, 의원에게 말하기를 자신의 몸에 난 고름으로 가득 찬 종기를 터뜨려주면 일승(一乘)의 수레를 하사하고 만약에 입으로 빨아서 종기의 고름을 빼내어주면 오승(五乘)의 수레를 하사하겠다고 하였소. 즉 고름을 빼내는 방법이 추하고 비루할수록 수레를 많이 얻을 수가 있다는 것이지요. 아마 당신도 진나라 왕의 종기를 치료해 주고 왔나 봅니다. 그렇지 않고서야 어찌 당신이 그렇게 많은 수레를 얻어 올 수가 있다는 말이요. 이제 그만 빨리 돌아가시오."

노(魯)나라 군주가 장자를 만난 자리에서 말하였다. "우리 노나라에는 수많은 유생이 있소이다. 그러하니 아마도 선생에게 도리를 배우고자 하는 사람은 별로 없을 것이오." 장자가 대답하였다. "아닙니다. 소신이 생각하기에 노나라에는 유생들이 너무 없습니다.

노나라 군주가 장자의 말을 듣고는 고개를 갸우뚱하며 말하였다.

"선생의 말을 이해할 수가 없구려. 우리 노나라에는 유복(儒服)을 입은 선비들이 곳곳에 있는데 유생들이 없다고 합니까?" 노나라 군주의 말이 끝나기 무섭게 장자가 말을 이어받았다. "참된 유생이라면 둥근 모자를 쓰고서도 능히 하늘의 때를 알고, 모가 난 신발을 신고서도 능히 땅의 형세를 알며 옥패(玉佩)를 차고서도 일을 귀신처럼 결단한다고 합니다. 도(道)가 있는 군자라고 하여 꼭 유복을 입고 다녀야 하는 것은 아니지 않습니까? 화려한 의복을 입었다고 하여 반드시 학문이 있다고 할 수는 없겠지요. 군주께서 소신의 말을 믿지 못하시겠다면, 유가의 학문을 깊이 있게 알지 못하면서 유복을 입고 다니는 사람은 사형에 처하겠다는 명을 내려 보시기 바랍니다.

그 후 과연 몇 명이 유복을 입고 다니는지 확인해 보시기 바랍니다."
노나라 군주가 명령을 내린 지 5일이 지나자 노나라에서 유복을 입고 다니는 사람이 없어졌고 단 한 사람만이 유복을 입고 궁문 앞에 서 있는 것을 볼 수가 있었다. 장자가 웃으면서 말하였다. "노나라에 진정한 유생은 단 한 사람뿐인데 이것을 보시고도 유생이 많다고 하실 수 있습니까?" 장자는 이것으로 거짓된 유생들과 군자들을 마음껏 비웃었다.

장자가 큰 소리로 말하였다.
"천하 모든 것이 취하였으나 나 홀로 깨어 있노라."

장자의 아내가 죽었다. 소식을 들은 장자의 친구인 혜시(惠施)가 빈소(殯所)에 조문을 왔을 때 장자는 땅바닥에 앉아서 두 발을 뻗고는 물동이를 두드리며 노래를 부르고 있었다.

혜시가 장자의 이런 이상한 모습을 보고 물었다. "자네와 부인은 일생을 같이 살면서 자식도 두지 않았나. 그리고 그 자식은 이미 어른이 되었지. 그러한 부인이 죽었는데 소리 내어 울지도 않고 오히려 물통을 두드리며 노래를 부르고 있으니 자네의 처사가 너무나 지나치네."

혜시의 꾸중에 장자가 대답하였다.

"자네가 말하는 것처럼 그렇지는 않네. 당연히 처가 죽었을 때 무척이나 슬펐다네. 그러나 곰곰이 생각해보니 처는 본래 삶과 형체도 없었으며 그리고 그림자조차도 없었지 아니한가? 그런데 갑자기 형체가 생겨났고 생명이 생긴 것이라네. 이제 처가 죽었으니 이것은 춘하추동이 수시로 변하는 것과 다름이 없지 않겠는가? 아마도 처는 지금 한 칸의 거실 안에서 단잠을 자고 있겠지. 내가 처음에는 소리 내어 울다가 가만히 생각해보니 스스로 가소롭기 짝이 없었다네. 그래서 울지 않는 것이네."

장자의 이런 모습은 비관과 낙관을 한 번에 융화시킨 달관주의(達觀主義)라고 할 수 있다.

장자는 자신의 죽음을 앞두고 장례 절차를 의논하는 제자들에게 말하였다. "나는 천지를 관(棺)으로 삼고 해와 달(日月)을 벗으로 삼으며 성진(星辰)을 보석으로 삼는다. 그리고 만물을 일상용품으로 삼으니 모든 장례 용구와 물품은 갖추어진 것이다. 여기에 무엇을 더 좋게 한다고 의논을 하고 있는가?"

장자의 말을 들은 제자들이 대답하였다.

"관이 없으면 까마귀와 독수리 떼들이 스승님을 해칠까 봐 많이 걱정됩니다."

장자가 빙긋이 웃으면서 대답하였다.

"노천(露天)에 버리는 것은 까마귀나 독수리 떼가 뜯어 먹을 수 있도록 해주는 것이며, 땅에 묻는 것은 개미나 땅강아지들이 먹을 수 있도록 해주는 것인데 이 둘의 다른 점이 무엇이란 말인가? 구태여 한쪽은 후대하고 다른 쪽은 박대할 필요가 없지 않는가! 이러한 것은 마치 이쪽에서 식량을 빼앗아 다른 한쪽에 그 식량을 보내 주는 것과 다를 바가 없지 않는가!" 이 대화에서 장자의 달관과 비범의 경지를 엿볼 수 있다.

장자의 사상은 장자가 저술한 걸작 『남화경』(南華經)을 통해 엿볼 수 있다. 노자의 『도덕경』이 깊은 사색을 요구하는 철학서인 반면 장자의 『남화경』은 철학과 문학을 함께 얘기한 작품이다. 남화경은 모두 우화(寓話) 형식으로 구성되어 있다. 노자가 『도덕경』을 통해 당시의 정치와 사회문제에 관심을 표하며 무위자연(無爲自然)을 주장하였으나 장자는 『남화경』을 통해 개인의 안심입명(安心立命)에 몰입하며 속세를 떠난 초탈(超脫)하고 유유자적(悠悠自適)한 절대 자유와 절대 평등을 주장하였다. 그리고 천지의 만물은 도가 밖으로 나타난 것으로 인식하며, 도는 만물을 생성한다고 말하였다. 즉 만물은 도(道)에서 생겨나고 다시 도(道)로 돌아간다는 뜻이다. 『남화경』의 일부 흥미 있는 글들을 검토하면서 장자의 사상을 음미해 보도록 하자.

내가 나비인가? 나비가 나인가?(호접몽:蝴蝶夢)

어느 날 장자는 자신이 나비가 된 꿈을 꾸었다. 그는 꿈속에서 아무런 근심 없이 여기저기 꽃을 날아다니며 노니는 나비가 된 자신을 보았다. 그는 이런 것이 너무나 즐거워 자신이 장자임을 잊어버렸다. 잠시 후 문득 잠에서 깨어난 그는 자신이 장자임을 알고 크게 놀랐다.
장자가 나비가 된 꿈을 꾸었는가? 나비가 장자가 된 꿈을 꾸었는가? 알 수가 없다. 장자와 나비는 본래 서로 구별이 되는 것인데 지금은 장자와 나비가 함께 섞여 있어 누가 나비이고 장자인지 알 수가 없게 되었다. 이것이 바로 변화이다.

곤(鯤)이 붕(鵬)이 되어 날아가다.

북쪽 바다에 곤(鯤)이라는 커다란 물고기가 있었다. 그 물고기의 크기는 수천 리가 되는데 너무나 커서 그 크기를 짐작할 수가 없다. 그 물고기는 나중에 한 마리 새로 변하였는데 그 새의 이름은 붕(鵬)이다. 붕의 등은 매우 넓어 수천 리가 되었는데 얼마나 넓은지 가히 짐작할 수가 없다. 붕이 한번 날면 구만 리 창공까지 솟구치는데 붕의 날개는 하늘에 드리운 구름과 같다. 붕은 출렁이는 파도와 큰바람을 일으키며 남쪽 바다로 곧장 날아간다. 그곳은 하늘만큼 큰 못(天池)이다.

이 모습을 본 땅 위의 조그마한 참새 두 마리가 비웃으며 말하였다. "나는 날고 싶으면 난다. 혹여 날아서 나무에 앉지 못할지라도 기껏해야 땅에 떨어질 뿐이다. 어찌하여 구만리 하늘로 솟구쳐 올라갔다가 다시 남쪽으로 날아갈 필요가 있다는 말인가!"

장자가 첨언하였다.

조그마한 두 마리 참새가 어찌 붕의 큰 뜻을 어찌 알 수가 있단 말인가! 아주 어리석은 사람은 아주 지혜로운 사람의 의도를 모르고 수명이 짧은 것은 수명이 긴 것의 내력을 알 수 없다. 태어날 때부터 한계가 있는 것들에게 어떻게 알 수 있게 한다는 말인가! 아침에 돋아났다가 저녁에 사그라지는 버섯은 새벽과 한밤중의 경치를 볼 수 없고 봄에 태어나 여름에 죽는 매미는 이른 봄과 늦가을의 풍경을 알지 못하는 것과 같은 이치이다. 붕은 장자 자신을 빗대어 말한 것으로 소요(逍遙)하며 초인적인 기백을 지닌 장자의 높은 뜻을, 무지하고 어리석은 참새 같은 사람들이 어찌 헤아릴 수 있는가!

무위자연(無爲自然)이란 바로 이것을 두고 말한다.

맹손 씨는 자신이 태어난 까닭을 알지 못하며 왜 죽는지 이유도 모른다. 삶을 취할 줄도 모르며 죽음을 취할 줄도 알지 못한다. 그 어떤 것이 되었던 변화에 맡겨 두고 알 수 없는 변화를 기다리고 있을 뿐이다. 방금 변화하였는데 변화 하기 전을 어찌 알 수가 있으며, 아직 변화하지 않았는데 변화한 후의 것을 어찌 알 수가 있겠는가! 안회(顏回) 자네하고 나(공자)하고 우리 둘만이 꿈속에서 깨어나지 못하고 있다네.

맹손 씨가 모친상을 당해 공자의 제자인 안회가 조문을 갔는데 맹손 씨는 자신의 어머니가 돌아가신 대해 전혀 개의치 않고 있었다. 맹손씨의 이런 모습을 본 안회는 도저히 이해가 되지 않아서 공자에게 맹손씨의 처신에 대해 물었다. 그때 공자가 안회에게 대답해 준 내용이 위의 글이다. 여기서 우리는 장자의 사상을 알 수가 있다.

생(生)과 사(死)를 모르는데 어찌 생을 기뻐하고 죽음을 슬퍼할 수가 있는가? 생사는 큰 변화이고 변화의 주체는 도(道)이므로 인간은 변화를 주도적으로 관리할 필요가 없다. 바로 이것이 무위자연의 정신이다.

도둑질에도 도(道)가 있는가?

옛날 용봉(龍逢)은 머리를 잘렸으며 비간(比干)은 심장이 도려내어졌다. 그리고 장홍(萇弘)은 창자를 찢겼고 자서(子胥)는 썩어 죽었다. 이들 네 사람은 현자라고 불리는데도 불구하고 살육을 면하지 못하였다. 이런 이유로 도척의 부하가 도척에게 물었다. "도적질하는데도 도(道)가 있습니까?" 도척이 대답하였다. "천지 어디에도 도가 없는 곳이 없다. 방안에 숨겨둔 것을 짐작으로만 찾아내는 것을 성(聖)이라고 하며, 도둑질 할 때 먼저 들어가는 것을 두고 용(勇)이라고 하고, 도둑질을 한 다음 맨 뒤에 나오는 것을 의(義)라고 한다. 그리고 훔쳐도 되는 것인지? 훔치면 안 되는 것인지를 아는 것을 지(知)라고 하며, 훔친 물건을 공평하게 나누는 것을 인(仁)이라 한다. 이 다섯 개 사항을 갖추지 않은 채 큰 도둑이 된 자는 아직은 세상에 없는 것으로 안다. 왕도를 표하면서 나라를 훔친 제후들과 그 제후들의 재물을 훔친 도척 중 과연 누가 더 큰 도적인가? 장자는 사람이 만든 왕도를 표방(標榜)하면서 나라와 현자의 생명을 빼앗아간 제후들을 질타(叱咤)하였다.

꼭두각시로 살아서 그 무슨 의미가 있겠는가!

자신을 살펴보지 않고 남의 시선을 의식하며, 스스로 만족하지 않고 남이 만족하는 것을 보고 부러워하는 사람은 남의 만족을 따라하면서 만족하는 사람이다. 그리고 남의 만족을 따라하여 만족하는 사람은 남이 즐거워하는 것도 흉내 내어 즐거워한다. 자신의 즐거움은 즐거워하지 않으면서 남의 즐거움을 흉내 내어 즐거워한다면 비록 도척과 백이일지라도 자연을 어기는 짓이라는 관점에서 모두가 같다. 나는 도덕 앞에서 부끄럽다. 이러한 연유로 위로는 인의(仁義)를 감히 행하려 하지를 않으며, 아래로는 도리에 어긋난 것을 함부로 행하지 않는다.-

행복에 대한 장자의 주장이다.

자견(自見) 즉 남을 보지 말고, 자득(自得), 즉 자신을 살피면서 스스로 만족하자. 그리고 자적(自適), 즉 덕을 쌓으며 즐기자.

노래를 부르고 싶을 때 부르지 않고(가이비가:歌而非歌)
울고 싶을 때 울지 않으며(곡이비곡:哭而非哭)
즐기고 싶을 때 즐기지 않는다면(낙이비락:樂而非樂)
모든 것을 바르게 이루었다고 할 수 있겠는가!(시과류호:是果類乎)

장자의 사상을 멋지게 표현한 구절이라고 할 수 있다.

3. 묵가의 묵자

춘추전국시대 노나라의 사상가인 묵자(墨子)의 사상과 그의 철학을 정리한 학파를 말한다. 묵자는 의식이나 예절 등 형식에 치우친 유교를 어리석고 낭비적인 것으로 폄하(貶下)하면서 모든 것을 사랑하는 마음 즉 겸애(兼愛)를 주장하였다. 겸애는 자신의 모든 것을 사랑하듯이 타인의 모든 것도 사랑할 줄 알아야 한다는 것이다. 보편적이며 차별 없는 사랑을 주장한 것이다. 겸애의 또 다른 의미는 비공(非攻)이다. 비공은 사람들 간의 관계, 가정에서의 여러 관계, 국가들 간의 관계에서 서로 공격을 하지 말고 평화를 유지하며 사랑하자는 것이다.

공자의 가르침인 인(仁)이 자신의 나라, 부모형제 등 가족을 사랑하라고 한 것과는 비교되는 부분이며, 당시 정치 사회적으로 주류인 유가의 사상에 정면으로 반박하였다. 유가와 묵가는 모두 현학(顯學)으로 불렸는데, 두 학파의 현학 경쟁은 춘추전국 시대 백가쟁명(百家爭鳴)의 발단이 되었다. 훗날 묵가는 맹자(孟子)로부터 맹렬한 비판을 받으며 사상적 논쟁을 벌이게 된다.

묵자(墨子). 모든 것을 사랑하는 겸애(兼愛)가 최고의 선(善)이다

묵자는 묵가의 창시자로 전국시대 송나라 사람이었다. 그러나 노나라에서 주로 생활하였기 때문에 사람들은 묵자를 노나라 사람으로 생각한다. 아마도 공자가 세상을 떠난 지 10여 년이 지난 후 출생하여 맹자가 태어나기 10여 년 전에 사망한 것으로 추정된다. 대략 기원전 479년에서 기원전 381년에 해당한다. 여러 상황을 볼 때 묵자는 결코 귀족 출신이 아니었으며 오히려 빈민층 출신으로 수공예(手工藝) 관련한 기술자가 아니었나 하고 추측된다. 그는 당시 목수들이 주로 사용하던 먹줄에 대해 다양한 지식과 사용법을 알고 있었으며 더불어 손으로 많은 물건을 만들었다고 한다. 그의 기술이 얼마나 뛰어났던지 사람들은 그가 만든 물건을 보고는 당시 최고의 공장(工匠)인 공수반(公輸般)보다도 더 훌륭한 솜씨를 가졌다고 칭찬하였다고 한다.

한번은 묵자가 목연(木鳶), 즉 나무로 솔개를 만들었는데 그 솔개는 하늘을 날 수 있도록 설계, 제작되었다. 그러나 묵자는 목연을 별것 아니라고 하면서 역시 자신이 만든 목차(木車) 즉 나무로 만든 수레보다 훨씬 못한 작품이라고 하였다. 묵자가 만든 목차는 많은 화물을 싣고서 멀리까지 운행이 가능할 뿐만 아니라 오랫동안 움직일 수 있는 굉장히 실용적인 작품이었던 것이었다. 묵자의 솜씨를 충분히 가늠할 수 있는 두 작품이었다.

묵자

　당대 최고의 장인(匠人)이자 무기 제작자이었던 공수반과 묵자와의 일화가 전해져 내려온다. 초나라가 송나라를 정벌하기 위해서 공수반더러 신무기를 만들도록 하였다. 공수반은 높은 성벽을 공격할 수 있는 구름사다리를 제작하기 시작하였는데 이러한 소문을 들은 묵자는 노나라를 출발하여 밤낮없이 열흘 동안 쉬지 않고 걸어서 초나라로 향하였다. 제자들이 쉬어 가자고 하였으나 묵자는 쉬기를 거부하면서 강행군하였다.

　초나라에 도착한 묵자는 즉시 공수반을 찾아갔다. 그리고 다짜고짜 말하였다. "북방에 살고 있는 어떤 사람이 나를 해치려고 하는데 나를 도와 그를 제거하여 주시오. 그러면 황금 10냥을 당신에게 주겠소."

　묵자의 말을 들은 공수반이 정색을 하면서 대답하였다. "나는 의기(義氣)를 중요시하지 결코 보수를 받으며 직업적으로 흉한 일을 하는 사람이 아니오."

　공수반의 말이 끝나기 무섭게 묵자가 큰 소리로 말하였다. "나의 말을 똑똑히 들으시오! 당신이 초나라의 명을 받아 구름사다리를 만들어 송(宋)나라를 공격하고자 함을 나는 알고 있소. 도대체 송나라가 무슨 잘못을 하였단 말이오. 당신은 의기(義氣)를 중요시하며 함부로 사람을 죽이지 않는다고 말하였는데 어찌하여 초나라를 도와 많은 무고한 사람들을 죽이려고 하시오. 결코 나는 방관하지 않을 것이오."

공수반은 묵자의 말을 듣고 묵자를 깊이 존경하게 되었다. 공수반이 머리를 조아리며 말하였다. "송나라의 공격을 취소하기에는 너무 늦었습니다. 저는 이미 송나라를 공격할 계획을 초나라 왕에게 보고하였습니다."

묵자는 공수반과 함께 초나라 왕을 배알하러 갔다. 그리고 초나라 왕 앞에서 말하였다. "대왕께서 송나라를 공격할 계획을 갖고 계신 것으로 알고 있습니다. 그런데 대왕께서는 과연 송나라를 정벌하실 수 있겠습니까? 만약 송나라 정벌에 실패하신다면 대왕께서는 부끄러운 이름을 남기실 것입니다."

초나라 왕이 대답하였다. "만약에 한 번의 공격으로 두 가지를 잃게 된다면 무엇 때문에 송나라를 공격하겠소."

묵자가 대답하였다. "송구한 말이지만 소신의 생각으로는 초나라가 송나라를 정벌할 수 없다고 봅니다."

초나라 왕이 자신 있는 웃음을 지으며 말하였다. "공수반의 기술은 당대 최고라고 할 수 있소. 이미 공수반은 이번 전쟁의 승리를 위해 신무기를 만들어 놓았소."

초나라 왕의 말을 듣고 난 후 묵자가 정중하게 말하였다. "그럼 지금 여기서 공수반이 만든 신무기로 공격을 하고 소신은 방어를 해보겠습니다."

묵자는 혁대를 풀어 사방으로 둘러 성벽을 만들고 방어의 진을 구축하였다. 그리고 공수반은 신무기를 사용하여 9차례나 공격하였으나 모두 묵자에게 패하고 말았다. 공수반의 신무기는 더 이상 위력을 발휘하지 못하였고 묵자의 방어 기술은 아직 여유가 충분하였다. 고개를 숙이며 의기소침해있던 공수반이 갑자기 미소를 지으며 말하였다. "나는 당신을 이기는 방법을 알고 있지만 말하지 않겠소."

묵자도 웃으면서 말하였다. "나도 당신이 어떻게 대적할 것인지를 알고 있지만 말하지 않겠소. 영문을 모르고 있던 초나라 왕이 묵자에게 지금 두 사람이 하는 대화 내용이 무엇인지? 물었다. 묵자가 대답하였다. "공수 선생이 소신을 이길 수 있다고 하는 말의 내용은 오직 하나 소신을 살해하는 방법밖에 없다는 것입니다. 나를 살해하면 송나라는 도저히 초나라의 공격을 막아낼 수가 없을 것입니다. 그런데 사실은 소신이 금활리(禽滑釐)를 포함하여 300여 명을 송나라에 보내 초나라의 공격에 대비하도록 하였습니다. 그들은 소신이 제작한 방어용 무기들을 가지고 송나라 성벽 위에서 초나라 군대를 기다리고 있을 겁니다. 이러한 상황에서 소신 한 명의 목숨을 빼앗아 본들 무슨 소용이 있겠습니까!"

초나라 왕에겐 더 이상 할 말도 없고 또 다른 방도도 없었다.

"좋소! 그러면 나는 송나라를 정벌하지 않겠소."

결국 초나라 왕은 송나라 공격을 포기하였다. 이러한 고사에서 묵자의 평화를 사랑하는 열정과 기지 그리고 그의 철학을 엿볼 수 있으며 묵자를 믿고 따르는 300여 명 추종자들의 의리와 단결력은 공자의 추종자들과는 의미를 달리하였다.

묵자의 제자 중에 복황이라는 사람이 있었는데 그의 아들이 사람을 죽이는 사건이 발생하였다. 그때 진(秦) 혜왕이 복황을 불러 말하였다. "그대는 나이도 많은데 자식이라고는 아들 한 명뿐이잖소. 내가 관리에게 명하여 아들의 살인죄를 감형토록 해 주겠소."

복황은 혜왕의 배려에 감사하면서 말하였다. "묵자의 법에 따르면 살인을 한 자는 죽음으로 그 죄를 갚고, 사람을 상하게 한 사람은 형벌을 받습니다. 이러한 법은 사람을 살상(殺傷)하는 것을 미리 막고자 함이니 바로 천하의 도리입니다. 대왕의 배려를 소신이 받아들인다면 소신의 아들은 목숨만은 보존할 수 있겠지요. 그러나 소신은 묵자(墨者)이기에 묵자의 법에 따를 수밖에 없습니다. 소신의 아들은 법에 따라 사형에 처해주시길 바랍니다."

묵자는 이와 같이 엄격하고 흐트러짐 없는 조직력으로 천하를 주유하면서 평화와 무한한 사랑을 주장하였다. 그리고 또 어느 날 묵자는 제자들과 함께 초나라 도성인 영(郢)을 방문하였는데 그때가 초나라 혜왕 50년이었다. 초 혜왕을 배알한 자리에서 묵자는 그가 저술(著述)한 책을 바쳤다. 혜왕은 그 책을 한번 읽어본 뒤 묵자를 크게 칭찬하며 말하였다. "정말 좋은 책이구나. 비록 천하를 다스릴 수는 없으나 현인으로 받들고자 한다." 혜왕의 이 말은 묵자의 사상을 초나라 정책으로 삼기 힘들다는 뜻이었다.

혜왕의 뜻을 알아차린 묵자가 대답하였다. "소신은 현인을 등용하는 도리를 들은 적이 있습니다. 혹여 어떤 사람이 등용된 후에 자신의 정치 철학이 국정에 적용되지 않는다면 그 사람은 결국 아무런 일도 하지 않고 녹봉만 받는 처지가 되는 것입니다. 이는 헛되이 명성만으로 자리만 유지하는 모습이니 도리가 아닌 것으로 알고 있습니다. 이미 소신의 책이 대왕의 국정운영에 보탬이 되지 않는 것으로 생각하오니 소신이 그냥 돌아갈 수 있도록 허락해주시기를 간청합니다."

묵자의 말을 들은 혜왕은 민망한 생각이 들었다. 혜왕은 몰래 신하 목하(穆賀)를 불러, 묵자를 왕의 고문으로 위촉하되 개혁에 관한 얘기는 하지 않는 조건을 걸도록 지시하였다. 사실 혜왕은 묵자의 정치적 사상이 자신의 국정 철학과 맞지도 않았지만, 또한 묵자가 천인(賤人) 출신이며 묵자와 함께 움직이는 묵자 추종자들 모두가 평민이고 노동자 출신인 비천한 신분이 마음에 들지 않았던 것이었다. 이를 알아챈 묵자는 크게 화를 내면서 초나라를 떠났다.

그때 초나라 집정대부 노양문군(魯陽文君)이 급히 조정에 들어와서 혜왕에게 말하였다. "묵자는 북방의 현인입니다. 대왕께서 예를 다하여 그를 대하지 않은 관계로 찾아온 인재를 그냥 돌려보내게 되었습니다." 혜왕은 그때야 크게 후회하며 사람을 보내 묵자를 다시 불러오게 하였다. 그리고 묵자에게 5백 리에 달하는 봉토를 하사하였다. 그러나 묵자는 봉토에 탐을 내는 것이 아니라 정치적 포부를 펼칠 수 있는가가 중요한지라 일언지하에 거부하였다.

또 어느 날 묵자는 위(衛)나라를 주유하기 위해 준비를 하면서 수레에 많은 책을 실어 가져갈 수 있도록 제자들에게 말하였다. 그때 제자들이 묵자에게 물었다. "스승님께서는 과거에 공상과(公尙過)에게 말씀하시기를 기술자가 되기 위해서는 무게를 잴 수 있는 저울과 곡선을 그을 수 있는 자와 직선을 그을 수 있는 먹줄만 있으면 된다고 하셨습니다. 그런데 스승님께서는 지금 저희에게 많은 서적을 수레에 실으라고 하시니 저 많은 서적을 무엇에 쓰시려고 하십니까?"

묵자가 제자들의 질문에 대답하였다. "먼 옛날 주공께서는 매일 새벽에 백 편의 책을 읽으셨으며 저녁에는 매번 70여 명의 학자를 불러 학문을 논하였기에 그토록 학식이 깊고도 넓을 수가 있었다. 그리하였기에 천자를 훌륭하게 보필하여 그의 공적이 멸하지 않고 오늘날까지 이르도록 할 수 있었다. 비록 현재의 내가 나라를 다스리는 공직에 있지 않고 농사를 짓지 않는 상황에 부닥쳐있지만 그렇다고 해서 어찌 책을 읽지 않을 수가 있겠는가?"

묵자 역시 공자처럼 천하를 주유하면서 자신의 정치 철학을 통해 세상을 구하고자 하였는데 묵자의 열정이 얼마나 대단하였는지를 당시 세간에 떠돌던 말에서도 알 수가 있다. "공자가 앉은 자리가 따뜻해질 겨를이 없고 묵자의 연돌이 검게 그을릴 겨를이 없다."

묵자 역시 공자처럼 어린 시절 가난하였으며, 또한 출신이 비천(卑賤)하였다. 묵자는 먹을 만큼만 먹고 입는 것도 몸에 걸쳐 흉하지 않을 정도의 옷만 입었다. 한마디로 절약과 검소함이 몸에 밴 생활이었다. 그에 비해 공자는 정갈한 음식과 얇게 썬 고기를 좋아하였다.

유가 사상이 생활의 기준이 되었던 노나라에서 오랫동안 산 묵자는, 처음에는 공자의 제자들과 함께 유가의 학문을 공부하였으나 훗날 유가의 이론을 비판하면서 자신의 학문을 주체적으로 주장하였다. 묵자가 주장한 내용은 겸애(兼愛), 비공(非攻), 상현(尙賢), 상동(尙同), 비락(非樂), 비명(非命), 존천(尊天), 명귀(明鬼), 절용(節用), 절장(節葬) 등으로 구분할 수 있다. 유가의 차등적인 사랑을 비판하면서 보편적 사랑을 주장 하였으며, 유가의 천명론(天命論)에 반대하면서 운명을 개척하고 운명에 현혹(眩惑)되지 말라는 비명론(非命論)을 주장하였다. 하늘을 대신하여 인간에게 상과 벌을 내리는 귀신을 인정하는 명귀론(明鬼論)은 귀신을 섬기지 않는 유가와는 서로가 달랐다. 그리고 절장론(節葬論)을 통해 제사의 허례허식(虛禮虛飾)을 비판하면서 유가의 후장(厚葬)을 반대하였다. 묵자는 더불어 주장하기를 사람을 등용할 때 오직 그 사람의 인품과 능력만을 기준으로 해야 한다고 하였다. 즉 상현론(尙賢論)이다.

비공론(非攻論)을 통해 묵자는 평화와 반전(反戰)을 주장하였다. 이것은 유가의 주장과 같은 것이었다. 이러한 묵자의 무한 사랑과 평등사상 그리고 지나친 절약과 검소한 생활의 강조 등은 현실적인 측면에서, 지배계층뿐만 아니라 피지배계층에서도 흡수하기 어려웠다.

유가와 묵가는 육경(六經), 즉 『시경』, 『서경』, 『역경』, 『춘추』, 『예기』, 『주례』를 같이 경전(經典)으로 삼았으며 노나라에서 일어난 학문이라는 동질성을 갖고 있었다. 그리고 철학자이자 과학자였던 묵자의 가르침에 따라, 묵가는 의학, 수학, 논리학, 물리학 등으로 학문의 깊이와 외양을 넓혀갔지만, 결론적으로 묵가는 유가의 거대한 세력 속으로 흡수되고 말았다. 통일 진나라가 멸망한 후, 한(漢)대에는 그 어디에서도 묵가에 대한 기록을 찾아볼 수 없었다.

4. 법가(法家)의 관중, 상앙, 신불해, 신도, 한비

법가의 기본적인 사상은 인간은 본래 이기적이며 앞날을 예측할 수 없는 한계를 가진 존재로 인식하였다. 아무리 덕으로 나라를 다스려도 백성들을 바람직한 방향으로 이끌어 갈 수가 없으며, 법에 의한 강력한 통제와 권위에 의한 복종만이 사회의 질서를 유지하고 안정을 꾀할 수 있다고 하였다. 대표적인 법가 사상의 국정운영 도입은 법가의 원류라고 할 수 있는 한비와 진나라의 상앙과 통일 진나라의 재상 이사(李斯) 그리고 제나라의 관중을 들 수 있다.

묵가는 결국 유가에 흡수되어 존재가 사라졌지만, 법가는 유가와 함께 칼날의 양면처럼 명맥을 같이 유지해왔다. 중국의 역대 군주들은 국정 기조로 유가를 부르짖으면서 실제적, 현실적으로는 법가의 사상을 실행하였다. 애민(愛民)으로 포장하고 실제로는 강력한 법 시행을 통해 나라를 다스렸다.

법가의 창시자는 이회(李悝)이다. 이회는 위(魏)나라 문후를 보필하던 재상으로, 중국 최초의 법전인 『법경』을 편찬하였으며 법치를 강력히 주장하면서 위나라에서 변법(變法)을 시행하였다. 이회가 편찬한 『법경』은 위나라에서는 제대로 시행되지 못하고, 위나라에서 진(秦)나라로 망명한 상앙에 의해 진나라에서 큰 효과를 내었는데, 천하통일의 기반이 상앙의 변법을 통해 조성되었기 때문이었다. 이회 이후 법가는 3개의 학파(學派)로 나누어졌다.

먼저 제나라 신도(愼到)가 주장한 세치(勢治), 즉 막강한 군주의 세력으로 신하와 백성들을 복종시켜서 다스리는 것으로 군주의 무위통치(武威統治)를 말한다. 그리고 한(韓)나라 재상 신불해(申不害)가 역설한 술치(術治)를 말한다. 술치는 신하의 실적에 대해 심사기준을 명확히 하고 심사결과에 따라 상벌을 확실하게 하며 그에 따른 관리의 선발과 감독, 통제, 상벌의 집행 권한을 군주가 갖는 것을 말한다.

마지막으로 진(秦)나라 상앙(商鞅)의 법치(法治), 즉 강력한 법의 시행과 그에 따른 상벌의 엄격한 집행으로 효율적인 통치를 하는 것을 말한다.

이들 법치와 술치 그리고 세치의 장단점을 간파한 한비가 법가를 종합적으로 정리하여 집대성한 저서가 『한비자(韓非子)』이다.

한비(韓非). 눈으로만 밝게 보고자 한다면 그 사람이 보는 것은 적다

한비는 한(韓)나라 사람으로 순자의 제자인데 순자와는 조금 다른 사상을 주장하였다. 순자가 예(禮)로서 인성 속의 욕(慾)을 다스려야 한다고 주장한데 반하여, 한비는 인성에는 이기적인 감정이 있다는 것을 알고 강력한 법(法)의 시행으로 감정을 억제해야 한다고 주장하였다. 순자가 말한 예와 한비가 말한 법은 평등과 질서를 주장한다는 의미에서 서로 다르지 않다고 볼 수 있다. 다만 순자가 말한 예는 도덕적 규범이고 한비가 말한 법은 사회적 규범이다. 한비가 주장하는 법을 효과적으로 시행하기 위해서는 반드시 상(賞)과 벌(罰)이 따라야 하는데, 당시에는 상벌의 결정 권한을 당연히 군주가 갖고 있었다. 그리고 한비는 군주의 권한을 정당화 하기 위해서는 신하들의 권리와 의무에 관한 한계를 분명히 해야 한다고 하였다. 현재의 업무분장 혹은 전결(專決)이라고 할 수 있을 것이다.

한비는 예를 들어 업무의 한계에 대해 말하였다.

한(韓)나라 소왕이 만취하여 잠이 들었다. 그때 소왕의 의관을 전담하는 신하가 지나가다가 잠이 든 소왕을 보고 혹여 감기에 걸릴까 걱정이 되어 의복을 가져와서 소왕의 몸에 덮어주었다. 잠에서 깬 소왕은 자신의 몸에 의복을 덮어준 사람이 의관을 전담하는 신하임을 알고 크게 화를 내었다. 그 신하가 한 처사(處事)는 그가 할 일이 아니며 그의 직분을 넘어선 것이기 때문이었다. 그 신하는 당연히 벌을 받았다.

한비가 주장하는 모든 사상의 기본은, 앞서 얘기한 것처럼 바로 인간이 가진 본성 속의 이기적인 감정에 있다.

한비는 인간의 이기적 감정을 이렇게 예를 들었다.

어떤 부부가 자식을 낳았는데 만약 태어난 아이가 아들이라면 서로 축하를 하면서 기뻐하지만, 딸을 낳았을 경우에는 즐거운 마음도 없을 뿐만 아니라 그 아이를 물에 빠뜨려 죽이고자 하는 경우도 있다. 같은 자식임에도 이렇게 서로 다른 대우를 한다는 것은 결국 부모의 이기적인 감정에 있다. 즉 부모는 향후 자신들이 받을 편리함과 타산(打算)을 고려해서 아들을 선호하는 것이다. 자신들의 친자식들임에도 이렇게 타산적이 되는데 하물며 친자식이 아닌 사람들과의 관계에 있어서는 더 말할 것이 없다.

『한비자』는 한비와 그의 제자들이 지은 책으로 총 55편 20책에 10

여 만자로 구성되어 있다. 이는 기원전 2세기 말 한비가 죽은 지 한참 후 전한(前漢) 때 정리된 것으로 추정된다.

내용을 구분해 보면 다음과 같다.

사람의 인성을 기준으로 하여 군주의 통치술을 이야기한 「현학(顯學)」, 「오두(五蠹)」, 「고분(孤憤)」. 그리고 한비를 추종하는 학자들의 강학과 토론으로 구성된 「문변(問辨)」, 「문전(問田)」, 「정법(定法)」, 「난세(難勢)」.

또한 도가(道家)의 영향을 받은 한비 추종 학자들의 주장을 기술한 「해로(解老)」, 「유로(喩老)」, 「주도(主道)」, 「양각(揚搉)」.

그리고 전국시대 말기부터 한대(漢代)까지 활동한 한비의 후학들이 주장한 내용을 정리한 「유도(有度)」, 「심도(心度)」, 「제분(制分)」, 「팔간(八姦)」, 「이병(二柄)」.

그리고 한비와 다른 학파의 이론인 「초견진(初見秦)」, 「존한(存韓)」.

마지막으로 한비 학파가 전한 설화집인 「설림(說林)」, 「십과(十過)」, 「내외저설(內外儲說)」 등이다.

그중 「고분(孤憤)」과 「오두(五蠹)」를 읽은 진시황이 한비의 사상에 감탄하면서 한비를 만날 수 있으면 죽어도 여한이 없겠다고 하였다. 그리고 온갖 방법을 동원하여 진나라에 오게 하였으나, 결국은 동문인 이사의 시기심 때문에 한비는 허망하게 죽게 되었다. 그러나 진시황의 천하통일을 하기까지에는 한비의 법가 사상이 기반이 되었다.

한비의 오두는 다섯 마리의 해충(害蟲)을 말한다. 즉 나라를 좀먹는 다섯 마리의 해충과 같은 부류의 사람을 뜻한다.

첫째. 옛 성현들을 칭송하면서 인의(仁義)를 근거로 말을 꾸며내는 학자.

둘째. 온갖 미사여구로 군주를 혼란스럽게 하고 외세의 힘을 이용하여 자신의 영달(榮達)을 꾀하려는 유세가.

셋째. 자신의 재산을 이용하여 실권자에게 접근한 뒤, 실제 국가에 공을 세운 사람들의 공적을 묵살해버리는 측근.

넷째. 의(義)를 표방(標榜)하면서 집단을 만든 후, 명성을 얻기 위해 국법을 어기는 협객.

다섯째. 보잘것없는 그릇을 만들어 판 이익으로 사치품을 사 모은 뒤 폭리를 취하고, 농민들이 고생해서 이익을 얻는 것과 달리 쉽게 그리고 단숨에 큰 이익을 취하는 상인을 말한다.

그리고 한비는 나라가 망하는 열 가지의 징조(徵兆)를 말하였다.

1. 음모와 계략이 난무하고 법을 소홀히 하며 어지러운 내부의 정치에 관심을 두지 않고 외부의 세력에만 의지하려고 한다.
2. 대신들이 사리사욕만 채우고 상인들은 재산을 나라 밖에 감추어두며 선비들이 논쟁만 즐겨 하고 있다.
3. 군주가 누각이나 연못을 좋아하고 대형 토목공사를 일으켜 나라의 돈을 탕진하고 있다.
4. 군주의 결점과 잘못을 말하는 신하를 지위의 높고 낮음에 따라 차별하여 대하고, 여러 사람의 의견을 비교하여 판단하지 않고 듣기에 좋은 말만 하는 사람의 의견만 듣는다.
5. 군주가 고집이 세 간언은 귀담아듣지 않고 자신이 좋아하는 것만 하면서 제멋대로 하고 있다.
6. 군주가 다른 나라와의 동맹 관계만 믿고 이웃 나라를 가볍게 생각하고 있다.

7. 내부의 인재를 중용하지 않고 다른 나라에서 들어온 사람을 등용하여 오랫동안 낮은 직급에서 참으며 봉직(奉職)해온 사람의 위에 임명하고 있다.

8. 군주가 뉘우치는 것을 모르고 나라가 어려워도 자신의 능력은 뛰어나다고 생각하며 내부의 상황도 모르고 적국을 경계하지 않으며 간신배들이 강성해져서 백성들을 착취하는데도 그들을 처벌하지 못하고 있다.

9. 힘이 있는 사람이 추천하는 자는 등용이 되고 나라에 공을 세운 사람은 쫓겨나가게 되어 공을 세운 것이 무시가 되고 힘이 있는 사람과 잘 아는 자만 관직에 나가고 있다.

10. 국고(國庫)는 텅 비어 있는데 세도가의 창고는 가득하고 백성들은 가난한데 장사를 하는 사람들은 많은 이득을 보아 세력을 얻어 권력을 잡아가고 있다.

관중(管仲), 상앙(商鞅), 신불해(申不害), 신도(愼到)

제(齊)나라의 관중(管仲)은 소금과 해산물 산업의 성장을 통한 나라의 경제발전을 기획하였으며, 존왕양이의 기치를 내세우며 강병의 정책을 동시에 도모하였다. 관중의 정책으로 제나라 환공은 춘추시대 초대 패자(霸者)의 자리에 오르게 되었다.

진(秦)나라의 상앙(商鞅)은 관중의 법 개념을 실천한 사람으로 그가 가장 중요시한 것은 준법(遵法)정신이었다. 상앙은 엄격한 법의 제정과 실행을 통하여 약 10년 동안 진나라를 다스렸는데 지나치게 엄하고 혹독한 법의 시행으로 많은 문제점을 안고 있었지만, 훗날 진시황의 천하통일에 밑바탕이 되었음은 누구도 부인할 수 없다.

한(韓)나라의 신불해(申不害)는 정(鄭)나라 사람이나 한나라 소후(昭侯)를 15년 동안 보필하면서 주변 강대국들 사이에서 한나라를 군건히 지켜낸 명재상이었다. 그는 술치를 기본으로 국가 정책을 수립, 시행하였으며 그의 저서인 『신자(申子)』를 통해 군주의 역할을 말하였다.

군주는 근본만을 다루며 신하는 그 밑의 하급 업무를 취급한다. 군주는 요점만 다스리며 신하는 세세한 업무를 한다. 군주는 칼자루를 잡듯이 일의 큰 줄기만 보고 판단하며 신하는 일상의 업무를 취급한다.

제(齊)나라의 신도(愼到)는 조(趙)나라 사람이나 제나라에서 선왕(宣王)을 보필하였다. 그는 세치, 즉 세력을 통한 왕권의 강화와 통치를 주장하였으며 그의 사상은 도가(道家)의 영향도 일부 받은 것으로 보인다.
『한비자』에는 세치를 설명한 구절이 기록되어 있다.

용은 구름을 타고 있으면 훌륭하지만 구름을 잃어버리면 지렁이와 다름없다.

신도의 저서로는 『신자(愼子)』 12편이 있었으나 송나라 때 일부가 소실되고 현재는 5편이 남아 있다.

한비는 말하였다.

눈에만 의지해서 밝게 보고자 한다면 그 사람이 보는 것은 적다.(대목이위명(待目以爲明) 소견자소의(所見者少矣))

즉 보이는 것이 전부가 아니다. 전체적인 큰 맥을 보아라.

5. 명가(名家)의 공손룡, 등석, 혜시

명가의 철학적 사상은 논리이다. 즉 사물의 본질과 존재에 대한 규명을 논리적으로 설명하고자 하는 사상이다. 명가를 한편 형명가(形名家)라 하기도 한다. 모든 것에 대해 논리적으로 접근하는 명가의 특성상 당연히 상대를 설득할 수 있는 논리의 전개가 필요하였다. 동시에 말을 잘할 수 있는 기술적인 측면에 관한 연구도 하였다. 그러나 그들에게 유가나 묵가, 도가처럼 가(家)로 칭하며 대우해주기에는 그들의 숫자도 적었고 그들을 대표하는 사람을 중심으로 한 세력도 구축되어 있지 않았다. 그들은 웅변가처럼 대중들의 시선을 받으며 명성을 얻고 싶은 사람들이었는데 부채를 들거나 담요를 몸에 두른 채 손에 든 술잔을 빙글빙글 돌리면서 무슨 말인지 중얼거리며 다니는 이상한 행동을 하기도 하였다. 그러나 명가의 학자들을 통해 고대 중국의 논리학이 발전하였음은 부정할 수가 없다.

명가를 대표하는 철학자로 공손룡(公孫龍)과 혜시(惠施) 그리고 등석(鄧析)을 들 수 있다.

공손룡(公孫龍). 흰말(白馬)은 말(馬)이 아니다

공손룡은 조(趙)나라 사람으로 성이 공손이고 이름은 용이며, 자는 자병(子秉)이다. 그의 저서로는 『공손룡자(公孫龍子)』 14권이 있었으나 일부가 소실되고 현재는 「백마편(白馬篇)」, 「적부편(跡府篇)」, 「견백편

(堅白篇)」, 「지물편(指物篇)」, 「명실편(名實篇)」, 「통변편(通變篇)」 등 여섯 편만 남아 전해진다. 한때 그는 전국시대 사공자 중의 한 명인 평원군(平原君)의 식객으로 지냈는데 그의 말솜씨가 워낙 좋아서 평원군은 그를 특별히 대우하였다.

그러던 어느 날 음양가의 대표적 학자로 유명한 추연(鄒衍)이 평원군을 찾아왔다. 평원군은 추연에게 공손룡의 사람됨을 물었는데 추연은 한순간의 주저함도 없이 공손룡을 비판하였다. "공손룡 같은 사람은 결코 예(禮)를 갖추어 받들어 돌보아줄 가치가 없는 사람입니다. 변론의 수준을 판단할 때에는 반드시 몇 개의 기준을 정해 놓아야 합니다. 먼저 말을 할 때 사용하는 명사의 의의(意義)를 정확하게 알고 있어야 하며, 둘째 세상 만물의 같고 다른 점을 확실하게 구분하여 혼란에 빠지지 말아야 하고, 세 번째 진리를 이야기하여 사람들이 들었을 때 미혹(迷惑)되지 않아야 합니다. 변론에서 이기는 사람은 진리에 대하여 잘 파악하고 있는 것이고 비록 변론에서 패한 사람일지라도 진리의 목적은 추구해야만 하는 것입니다. 그렇지 않다면 단순히 입과 혀만 예리하게 움직여 현허(玄虛) 즉 욕심이 없고 그윽한 것을 희롱하고 사실을 왜곡하는 것인지라 도리어 이것은 진리를 천명하는데 해(害)를 끼칠 뿐입니다."

추연의 얘기를 듣고 난 후 평원군은 공손룡을 대함에서 예(禮)를 갖추지 않았다.

한편 공손룡은 위(魏)나라 공자인 모(牟)와 아주 친하게 지내는 사이였다. 두 사람의 친분이 보통이 아니라는 것을 알고 있는 한 사람이 공자 모에게 말하였다. "공손룡, 그 사람은 친구도 없고 스승도 없이 천하 곳곳을 떠돌아다니면서 이상하고 솔깃한 이론으로 사람들을 미혹시키는 것을 좋아하는 사람이지요."

공자 모는 자신의 성향이 공손룡과 비슷하고 또한 만나면 쉽게 의기투합(意氣投合)이 되는지라 이런 말을 들었음에도 공손룡을 멀리하지 않고 더욱 가까이하였다. 이러한 사실이 천하에 소문이 났으며 그에 따라 공손룡의 명성 또한 널리 알려졌다.

공손룡이 말한 변론의 기본은 이견백(離堅白), 즉 같음 속에서 다름을 구하는 것이었다. 그중 가장 널리 알려진 것은 백마비마론(白馬非馬論)과 견백론(堅白論)이다. 공손룡은 그의 저서인 『공손룡자』의 「백마편」을 통해 백마비마(白馬非馬) 즉 백마는 말(馬)이 아니라고 하였다. 말(馬)이라는 명칭을 붙인 것은 그것의 형체를 보고 정한 것이며, 흰색은 그것이 가진 색깔에 의해 명칭이 정해진 것이다.

즉 말(馬)은 말의 형체를 가리키는 것이고 백(白)은 말의 색깔을 가리키는 것이기 때문에 백(白)과 말(馬) 각각의 개념을 합쳤을 때는 그것을 두고 말(馬)이라고 할 수 없다. 어떤 사람이 한 마리의 말(馬)을 원해서 말 한 마리를 가져다 달라고 하였다. 그때 당신은 마구간에서 검은 말이든 누런 말이든 아무 색의 말이라도 한 마리만 가져다주면 되지만, 만약 그 사람이 미리 지정하여 백마 한 마리를 가져다 달라면 검은색이나 누런색의 말이 아닌 흰색의 말을 가져다주어야 한다. 이러한 논리로 보면 백마는 말(馬)이 아니다.

또한 견백론을 통하여 백마비마론과 같은 논리를 주장하였다. 단단하고 하얀 돌을 두고 그냥 손으로만 만져보았을 때는 돌이 하얀 색깔임 인식하지 못하며, 그 돌을 눈으로만 보았을 때는 돌의 단단함을 인식하지 못한다. 그러므로 사람들은 단단한 돌과 하얀 돌만을 각각 인식할 뿐이지 단단하고 하얀 돌은 인식하지 못한다는 것이다.

그리고 공손룡은 지물론을 통해 사물과 그것을 지시(指示)하는 개념을 구분하였다. 즉 인간이 인식하는 것은 사물 자체가 아니고 그 사물을 지시하는 개념을 통해서 형성된다고 하였다. "만물은 지(指)가 아닌 것이 없다(물모비지: 物莫非指)."

등석(鄧析), 양쪽 모두가 만족하는 풀이를 한다

등석의 신상에 대해서 알려진 것이 거의 없다. 등석은 정(鄭)나라 사람으로 청년인 공자와 동시대에 정나라에서 관리로 활동하였던 사람인데, 명가의 학자로 알려져 있으나 오히려 법가의 학설을 추종하며 연구하였다. 정나라에서 관리로 있으면서 주변의 사람들을 선동하여 걸핏하면 송사(訟事)를 일으켜 국정을 어지럽게 하였으며 당시 정나라의 재상이었던 자산(子産)의 정책에 대하여 시비를 걸고 비난을 하였다. 등석이 자산의 정책에 대하여 일일이 시비를 묻자 자산이 국가 정책을 수립하고 시행하는 데 어려움을 겪을 정도이었다.

『여씨춘추(呂氏春秋)』의 기록에 의하면, '등석은 백성 중에 죄를 지어 감옥에 갇혀 있는 사람들을 만나 송사에 관한 모든 것을 가르쳐주고 또한 처리해주고는 중죄에는 의복 한 벌 그리고 가벼운 죄에 대해서는 바지저고리를 받았다. 정나라의 많은 백성들은 등석에게 의복과 바지적리를 가져다주고 송사에 관한 것을 부탁하는 사람이 수없이 많았다. 이로 인해 맞는 것을 틀렸다 하고 틀린 것을 맞다 하게되니 시비를 따지는 것에 기준이 없게 되어버렸다. 옳고 옳지 않은 것이 날마다 바뀌었다. 당연히 정나라의 법 기강은 크게 혼란스러워졌고 백성들의 여론은 악화되었다. 이러한 문제에 대해 고민하던 자산은 등석을 처형하고 그의 죄상을 천하에 알리니 그때야 민심은 순종하게 되고 법은 바르게 시행되었다.

'세상에는 많은 사람들이 나라를 다스리고자 하면서 등석과 같은 사람을 처형하지 않는다면 이것은 다스리고자 하지만 사실은 더욱 어지럽게 하는 것이다.'

등석의 처신이 이러하니 여러 학자의 평가는 그리 좋지 않은 편인데 순자가 그를 평가한 말을 보자.

선왕의 뜻을 본받지 아니하고 예의를 지키지 않으며 괴이한 변설에 대하여 서로 논하기를 즐기며 이상한 말을 지껄이곤 한다. 또한 사려(思慮)가 깊은 것처럼 보이나 세상에 도움이 되지 않고 유창하게 말은 잘하지만 별로 쓸모가 없으며 열심히 일은 하는 것처럼 보이나 업적을 찾아볼 수가 없다. 스스로 기강을 똑바로 세워 일을 바르게 처리할 수 없으면서도 그것에 적당한 핑계를 대고 그럴듯하게 조리 있는 말로 어리석은 백성들을 기만하고 미혹시키는 자들이 있으니 바로 혜시와 등석이다.

등석의 말솜씨를 한번 보자! 어느 날 유수(洧水)에 큰 홍수가 났는데 정나라의 부잣집 노인이 물에 빠져 죽었다. 다행히 어떤 사람이 노인의 시체를 건져 올렸는데 그 사람은 죽은 노인의 집이 큰 부자인 것을 알고 시체를 인도하는 대신에 많은 돈을 요구하였다. 부잣집에서는 집안사람들이 모두 모여 의논을 하였으나 별다른 해결 방안을 찾을 수가 없었다. 고민하던 부잣집 사람들은 등석을 찾아와서 해결 방안을 물었다.

등석이 방안을 제시해주었다. "당신들이 급하게 서두를 필요가 전혀 없습니다. 시체를 건진 사람은 그 시체를 절대로 다른 사람에게는 팔 수가 없을 것이기 때문입니다. 이 세상에서 누가 다른 사람의 시체를 사려고 하겠습니까? 그러니 시간이 지날수록 그 사람은 당신들에게 시체를 팔 수가 없을까 봐 전전긍긍하게 될 것입니다."

등석의 말이 옳다고 생각한 부잣집에서는 그 후 시체를 건진 사람을 만나지도 않고 시체를 두고 흥정을 하려고 할 때마다 거절하면서 돌려보내곤 하였다. 상황이 이상하게 변해가자 시체를 건진 사람이 오히려 마음이 급해졌다. 그리고 집에다가 썩어가는 시체를 보관하자니 보통 머리 아픈 일이 아니었다. 당황한 그 사람은 등석을 찾아와서 어찌하면 좋을지 방법을 물었다.

그러지 등석은 태연하게 그 방법을 말해 주었다. "당신은 결코 급하게 서두를 필요가 없습니다. 왜냐하면 부잣집에서는 그 시체를 다른 곳에서는 절대로 살 수가 없기 때문입니다. 그 시체가 다른 곳에 있을 수가 없지 않습니까! 그러니 때가 되면 부잣집에서 당연히 당신을 다시 찾아올 것입니다. 더군다나 시체가 자꾸 썩어 갈수록 부잣집에서는 마음이 더욱 급해질 것입니다."

이 변론(辯論)이 유명한 등석의 양가지사(兩可之辭)이다. 등석이 남긴 저서는 『등석자(鄧析子)』로 주로 법가의 사상을 담고 있으며 「무후(無厚)」와 「전사(轉辭)」 2편으로 구성되어 있다.

등석의 죽음에 대해서 앞에서 언급한 바와 같이 자산이 죽였다는 말도 있으며, 또한 자산이 죽은 지 약 20여 년이 지난 후 정(鄭)나라 재상 사전(駟顓)에 의해 처형되었다는 말도 있다. 등석이 지은 죽형(竹刑) 즉 죽간에 쓴 형법이 등석이 죽은 후에 정나라 형법으로 활용되었다.

혜시(惠施). 천지만물 모든 것을 두루 사랑한다

혜시는 송(宋)나라 출신으로 양(梁)나라 혜왕(惠王)과 양왕(襄王)을 보필하면서 재상의 자리에 있었던 사람이다. 그리고 앞에서 언급하였듯이 장자의 가장 친한 친구이다. 혜시와 장자는 세상을 보는 서로의 관념이 달라서 일치된 의견을 볼 수가 없었지만, 그들은 서로의 말에 시비(是非)를 밝히면서 오랜 세월 동안 대화를 해왔다. 장자보다 혜시가 먼저 죽었는데 장자가 그의 무덤 앞을 지나가면서 혜시와 나눈 대화를 생각하면서 탄식하였다. "이 사람이 죽은 후부터 나는 변론의 대수(對手)를 잃어버렸도다!"

혜시와 장자가 나눈 대화 중 일부이다.

혜시가 장자에게 말하였다. "사람에게 본래 정(情)이 없는 것인가?"

장자가 그렇다고 하자 혜시가 다시 말하였다. "사람에게 정이 없다면 어찌 무정(無情)한 것을 사람이라고 할 수 있다는 말인가?"

장자가 대답하였다. "도(道)가 사람에게 모습을 주었으며 하늘이 형체를 주었는데 어찌 사람이라고 하지 않을 수가 있다는 말인가!"

어느 날 혜시와 장자는 호수(濠水)의 돌다리를 함께 거닐다가 장자가 말을 하였다. "여보게! 저기 물속에서 노니는 물고기 떼들을 한번 보시게. 얼마나 즐겁게 노는 모습인가!"

장자의 말에 혜시가 물었다. "자네는 물고기가 아닌데 어찌 물고기들이 즐거워한다는 것을 안다는 말인가?"

장자가 반문하였다. "그러면 자네는 내가 아닌데 내가 물고기의 즐거움을 모르는 줄 어떻게 아는가?"

혜시가 대답하였다. "나는 자네가 아니므로 당연히 자네를 모르네. 그러니 자네도 물고기가 아니므로 물고기의 즐거움을 모를 것이 아닌가!"

장자가 다시 말하였다.

"우리의 대화는 처음에 말한 것으로 돌아가서 다시 시작하는 것이 좋겠네. 자네가 처음 얘기한 것이 내가 물고기의 즐거움을 어떻게 아는지였네. 이 대목에서 분명한 것은 자네 역시 이미 물고기의 즐거움을 알고 있었기에 나에게 어떻게 물고기의 즐거움을 알 수 있는지를 물은 것일세. 자네에게 말하는데 나는 이곳 돌다리 위에서 깨달은 것이네."

혜시는 장자와 관점을 달리하였다. 즉 그는 서로 다른 것들의 경계(經界)를 분명히 하면서 물아(物我)의 관계를 구분하였다.

당시 제나라와 양나라는 우호조약을 맺은 동맹국이었는데, 제나라 위왕(威王)이 일방적으로 동맹 관계를 파기하여 버렸다. 이에 화가 난 양나라 혜왕은 군대를 출정시켜 제나라를 정벌하고자 하였다.

전쟁 준비를 한다는 정보를 들은 혜시는 급히 대진인(戴晉人)을 찾아가 숙의(熟議)를 하였다. 그 후 대진인은 혜왕을 만나 이야기를 나누었다. "대왕께서는 달팽이라는 조그만 동물을 아십니까?"

혜왕이 알고 있다고 대답하자 대진인이 다시 말하였다.

"달팽이의 왼쪽 뿔에는 촉 씨(觸氏)의 나라가 있으며 오른쪽 뿔에는 만 씨(蠻氏)의 나라가 있습니다. 그런데 조그마한 이들 두 나라는 서로 영토를 빼앗기 위해 매일 같이 전쟁을 하는 바람에 다치고 죽은 사람이 수만 명에 다다르고 있습니다. 한번 전쟁을 시작했다 하면 20여 일간을 싸우다가 군대를 물리곤 한답니다.

혜왕이 웃으면서 그 이야기는 사실이 아닌 우화(寓話)가 아닌가 하였다. 대진인이 다시 말하였다. "소신이 방금 이야기한 우화가 사실임을 증명해 보이겠습니다. 대왕께서는 사방과 상하의 끝이 있다고 생각하십니까?"

혜왕이 대답하였다. "끝이 없겠지요."

대진인이 다시 말하였다. "그렇다면 대왕께서 우주의 끝이 없다고 생각하신다면 지금 우리가 살고 있는 이 나라들을 우주와 비교해보십시오. 정말 아무것도 아닌 것입니다."

대진인이 계속하여 말을 하였다. "이렇게 아무것도 아닌 나라 중에 위(魏)라는 나라가 있었는데 진(秦)나라의 공격에 쫓겨 도성을 대량으로 옮긴 후 나라 이름을 양(梁)이라 하였습니다. 그 양나라에는 대왕 한 분이 계시는데 그 대왕은 달팽이의 오른쪽 뿔에 있는 만씨와 의견이 맞지 않아서 지금 군사를 일으켜 전쟁을 하려고 합니다."

대진인의 말을 들은 혜왕은 전쟁 준비를 그만두게 하고 제나라 공격을 포기하였다.

대진인이 이야기한 우화는 혜시가 사전에 말해준 것인데 당시 혜시는 제나라와 초나라 등과 연합하여 진(秦)나라의 세력 확장을 막아야 한다고 주장하였다. 당시 위나라의 재상으로 있던 장의의 연횡론(連橫論)과는 정면으로 배치되는 것이었다. 후일 장의는 4개의 죄목으로 혜시를 추방하였는데 혜시는 초(楚)나라로 가서 생활하다가 고향으로 돌아가 생을 마감한 것으로 전해진다.

혜시의 변론 능력은 명가의 학자들 중 최고로 인정받았는데 아쉽게도 그의 저서는 모두 소실(消失)되고 전해지지 않는다. 다만『장자』의 「천하」편에 혜시가 주장한 역물십사(歷物十事)가 기록되어 전해지고 있는데, 역물(歷物)이란 사물을 관찰한다는 뜻이다. 역물십사에서 혜시의 넓은 사상을 조금이나마 엿볼 수가 있다.

혜시의 십사(十事)에 대하여 간단히 알아보자.

1. 지극히 큰 것은 밖(外)이 없으며, 지극히 작은 것은 안(內)이 없다.

2. 두터움이 없는 것은 너무 얇아 쌓을 수가 없지만, 그것의 크기는 천 리가 된다.

3. 하늘은 땅과 같이 낮으며 산은 호수(澤)와 같이 평평하다.

4. 남방(南方)은 끝이 없으면서도 끝이 존재한다.

5. 나는 천하의 중앙이 연(燕)나라의 북쪽과 월(越)나라의 남쪽인 것을 안다.

6. 오늘 월나라에 가서 옛날에 돌아온다.

7. 방금 해가 중천에 떴는데 방금 기울어지고 만물은 방금 태어나 방금 죽는다.

8. 큰 줄거리는 같지만 작은 부분이 다름을 소동이(小同異)라고 하며 만물이 완전히 같고 완전히 다름을 대동이(大同異)라고 한다.

9. 서로 연결된 고리(環)도 풀 수가 있다.

10. 만물을 범애(汎愛)하면 천지는 하나(一體)가 된다.

혜시의 사상에는 명가의 학자들이 주로 행하고 말하는 비상식적인 논리와 궤변(詭辯)과는 달리, 철학적인 고민과 심각함이 깃들어 있었다. 다만 명가의 주류(主流)가 공손룡과 그의 일파들이 된 다음에는 거짓과 궤변으로 흘러갔다.

당시에는 공손룡과 혜시, 등석뿐만 아니라 수많은 변론가가 활동하면서 그들의 이론은 학문적이거나 논리적이지 못하고 대부분 궤변으로 흘러갔다. 명가는 고대 그리스의 소피스트(Sophist) 학파의 사상과 비슷한 점이 많았다. 시간과 공간의 개념을 무시하고 인식의 상대성만을 말한 명가의 주장들을 몇 구절 알아보자.

첫째, 날아가는 새의 그림자는 움직여본 적이 없다. 즉 우리가 눈으로 보기에는 날개의 그림자가 움직이지만, 시간의 단위로 보면 움직이지 않는다는 것이다.

둘째, 한 자가 되는 나무토막을 매일 반(半)으로 자른다면 만세(萬世) 동안 잘라도 완전히 자르지 못한다. 즉 나무토막을 아무리 오랫동안 그리고 작게 잘라도 마지막에 잘린 절반은 있기 마련이다.

그리스 소피스트 학자들도 이와 유사한 애기를 하였다.

"늦게 출발한 헤라클레스는 먼저 출발한 거북이를 영원히 따라잡지 못한다."

셋째, 노란 말(馬)과 검은 소(牛)는 셋이다. 즉 말하고 소가 두 개의 사물이며 노랑과 검정이란 색이 하나이다.

혜시의 철학을 한 구절로 말한다면 '천하 만물 모든 것을 두루 사랑한다. 범애만물(汎愛萬物)'로 귀결된다.

6. 음양가(陰陽家)의 추연, 추석, 장창

음양가는 세상 만물과 현상을 음(陰)과 양(陽)으로 구분하고 또한 음양의 변화로 설명하고자 하는 학문이다. 음양가의 이론은 오행(五行) 이론과 결합하여 동양의 많은 사상들에 영향을 주었다. 음양 사상은 성리학(性理學)뿐만 아니라, 길흉화복(吉凶禍福)을 점치는 사주명리(四柱命理)와 풍수지리(風水地理)의 기본 이론이 되었으며 백성들의 생활 깊숙이 존재했다. 음양가의 학자로는 제(齊)나라의 추연(鄒衍)과 추석(鄒奭), 장창(張蒼) 등이 대표적 인물이다.

추연(鄒衍)

추연은 제(齊)나라 사람이며 직하(稷下)라는 곳에서 살았다. 평소 사람들과 천문(天文)에 관하여 함께 토론하는 것을 좋아하여 담천연(談天衍)이라는 별명으로 많이 불렸다. 당시 추연은 연(燕)나라, 위(魏)나라, 조(趙)나라 등으로 다니면서 자신의 학설을 주장하였는데 특히 연나라 소왕(昭王)은 그에게 석궁까지 지어주면서 그를 존경하며 스승으로 모셨다.

추연이 주장한 학설은 음양오행설(陰陽五行說)인데 세상의 사물과 현상은 음양(陰陽)과 목(木), 화(火), 토(土), 금(金), 수(水) 즉 오행의 작용에 의해 발생하고 결정된다고 믿는 것이었다. 이는 훗날 오행상생설(五行相生說)로 발전하였고 중국의 전통적 사상의 기반이 되었다.

연나라 소왕의 존경을 받으며 연나라에서 벼슬을 하고 있던 추연은 소왕의 아들 혜왕(惠王)에 의해 감옥에 갇혔다. 혜왕은 추연을 모함하여 고한 거짓 참소(讒訴)를 믿고 추연을 믿지 않았다. 억울하게 감옥에 갇힌 추연이 하늘을 우러러보며 통곡을 하였는데 그때가 5월의 여름이었음에도 서리가 내렸다고 한다.

추연이 주장한 주요 사상으로는 오덕종시설(五德終始說)과 적현신주설(赤縣神洲說)이 있다. 오덕종시설은 왕조(王朝)의 흥망은 그 왕조에 부여된 오행(五行)의 덕(德)이 가지는 운행논리에 따라서 결정된다는 것이다. 황제(黃帝)의 왕조를 토덕(土德), 하(夏) 왕조를 목덕(木德), 은(殷) 왕조를 금덕(金德), 주(周) 왕조를 화덕(火德)에 배치한 후 마지막으로 진(秦)나라를 수덕(水德)의 왕조라고 하면서 수(水)가 화(火)를 극(剋)한다는 논리에 의거 진나라의 천하통일을 예견하였지만 사실 당시의 천하는 이미 진나라의 세력에 장악되어 있는 상황이었다. 추현은 진나라가 마지막 왕조라고 하면서 진나라 왕조의 절대성과 영속성을 주장하였다. 그러나 예상과는 달리 진나라 왕조는 15년이란 짧은 시간에 망하였고 대신 천하의 주인으로 한(漢) 왕조가 들어서는 모습을 추연은 보게 된다.

적현신주설은 우주 전체가 81개의 주(州)로 구성되어 있는데 그중 중국이 9개의 주를 가지고 있다는 주장이다. 이 주장은 유교 경전인 서경(書經)의 내용에 일부 근거한 것이나 너무나 허황한 내용이라 곧 사라졌다.

추현의 음양오행설은 한대(漢代)에 와서 더욱 발전되어 중국뿐만 아니라 동양의 철학과 사상 그리고 백성들 풍습의 근본이 되었다.

7. 종횡가의 귀곡자, 소진, 장의

종횡가는 춘추전국시대 천하가 전쟁으로 혼란스러울 때 열국을 돌아다니면서 자신만의 독특한 유세로 계책을 제시하고 도모하는 책략가를 말한다.

귀곡자(鬼谷子)

종횡가의 시조는 귀곡자(鬼谷子)이다. 종횡가를 대표하는 소진과 장의에 대해서는 앞에서 언급하였기에 그들의 스승인 귀곡자에 대해서 알아보도록 하자. 귀곡자에 대해서는 전해져 내려오는 자료가 거의 없다시피 하며 그에 대한 모든 정보는 확실하지 않고 다르게 전해져온다. 더군다나 그가 실존 인물인지에 대해서도 주장을 할 수가 없을 정도인데 다만 호남성 장사(長沙)의 고분(古墳) 마왕퇴에서 발견된 전국종횡가서(戰國縱橫家書)의 기록을 보면 소진과 장의가 귀곡자의 제자로 되어 있는 것으로 그의 실존을 짐작할 뿐이다.

후세의 일부 사람들은 여러 기록과 정황을 감안하여, 기원전 4세기 전국시대 때 활동한 왕후(王詡)를 두고 귀곡자라고도 말하는데, 이것 역시 역사적 자료에 의해 실증(實證)이 된 것은 아니다. 귀곡이란 지명에 대해서도 여러 주장이 있으나 일반적으로 얘기하는 귀곡이란 하남성(河南省)의 운몽산(雲夢山) 귀곡동(鬼谷洞)을 말한다. 운몽산에는 귀곡자를 연상시키는 여러 지명이 있는데 귀곡동 이외에도 방연동(龐涓洞), 귀곡정(鬼谷井)과 귀곡자가 제자들의 담력을 시험하기 위해 제자들에게 그대로 뛰어내리게 하였다는 사신대(舍身臺) 등이 있으며, 또한 귀곡자의 사당과 손빈의 사당, 그리고 손빈이 죽은 곳으로 전해지는 절벽 등이 있다. 귀곡자의 대표적인 제자로는 합종론의 소진과 연횡론의 장의가 있으며, 병가(兵家)의 손빈과 방연도 귀곡자의 제자이었다고 한다.

귀곡자에 대한 후대(後代)의 평가는 각양각색인데 당나라의 유종원(劉宗元)은 귀곡자를 매우 낮추어 평가하면서 말하였다.

귀곡자가 하는 말들은 매우 기괴(奇怪)하며 도리에 맞지 않아 사람들을 혼란스럽게 하고 원칙을 잃어버리게 한다.

명나라의 송렴(宋濂)은 귀곡자를 하찮은 존재로 깎아내렸다.

귀곡자가 주장하는 췌마술(揣摩術)과 패합술(捭闔術) 등은 모두가 소인배들이 사용하는 쥐새끼 같은 잔꾀로서 집에서 쓰면 집안이 망하고 나라에 쓰면 나라가 망하며 천하에 쓰면 천하가 망한다.

한편 동진(東晉) 시대 곽박(郭璞)은 귀곡자를 은사(隱士)로 생각하며 신비한 존재로 인식하였다.

푸른 계곡이 천여 길인데 그 속에 은자(隱者) 한 사람, 대들보와 기둥 사이로 구름 피어오르고 창과 문 사이로 바람이 불어온다. 이 사람이 누구인가 물어보니 귀곡자라 하는구나. 뛰어난 혼적으로 영양을 기원하고, 강에 다다르면 귀를 씻으려고 하였지.

귀곡자가 주장하는 설득의 방법에서 그 핵심을 얘기하자면, 상대방이 생각하고 바라는 마음을 정확하게 파악하는 것이며, 그러기 위해서는 상대방이 속으로 생각하고 있는 것을 겉으로 드러낼 수 있도록 하는 기술이 필요한데, 귀곡자는 이를 췌마(揣摩)의 기법, 즉 측심췌정(測深揣情)이라 하였다.

8. 농가(農家)의 허행

전국시대 잦은 전쟁으로 농사를 지을 수 있는 사람이 자꾸만 줄어들자 농업을 활성화하기 위해 농업의 장점을 설명하면서 농사를 지을 것을 권장하는 사람들의 주장을 농가(農家)라고 하였다.

허행(許行), 농업은 최고의 선(善)이며, 평등한 사회를 추구한다

농가의 대표적인 인물은 초(楚)나라 사람인 허행(許行)이었다. 허행은 수십 명의 제자와 함께 등나라 문공을 배알하고 등나라 백성이 되기를 원하였는데, 문공이 허락하면서 그들에게 집을 주었다. 그들은 모두 베옷을 입은 채 돗자리를 만들고 짚신을 삼아 가며 생계를 유지하였다. 허행은 신농(神農)을 따르며 군신병경론(君臣并耕論)과 시가동일론(市價同一論)을 주장하였다. 군신병경론은 군주도 신하들과 함께 스스로 농사를 지어가면서 나라를 다스려야 한다는 것으로 허행의 만민평등 사상을 보여주는 것이다. 시가동일론은 시장 가격이 모두 동일하여야 물건을 속지 않고 살 수 있는 진실 되고 좋은 세상이 된다는 것을 말한다.

송(宋)나라 사람으로 허행의 제자가 된 진상(陳相)이 맹자를 만나 군신병경론에 대한 얘기를 나누었다.

"등나라의 군주는 훌륭한 사람이지만 진실로 도를 알지는 못한 것 같습니다. 현자라 함은 백성들과 함께 농사를 지어 스스로 밥을 해

먹어 가면서 국정을 돌보는 법인데, 지금의 등나라에서는 곡물 창고와 재물 창고를 별도로 두고 관리하는 바 이러한 것은 백성들을 힘들게 하는 대신 자신들의 배만 부르게 하는 일이니 어찌 현자의 처신이라고 할 수 있겠습니까!"

맹자가 대답하였다.

"굳이 농사를 지어가면서 국정을 돌보아야 한다는 말입니까? 조정의 일을 하는 사람은 그들대로 할 일이 따로 있으며 백성들 역시 각자 할 일이 따로 있습니다. 또한 모든 사람에게는 장인(匠人)이 만든 각종의 물품들이 필요한데 그 모든 것들을 각자가 만들어 사용한다면 세상의 모든 사람은 그 일로 인해 지치게 될 것입니다. 어떤 사람은 정신적으로 일을 하고 어떤 사람은 육체적으로 일을 합니다. 통치하는 사람은 정신적으로 일을 하는 사람이고 백성들은 육체적으로 일을 하는 사람들입니다. 또한 백성들은 부양하는 사람이고 통치하는 사람들은 부양을 받는 사람이니 이러한 것은 세상의 보편적인 법칙입니다."

사회적 신분에 따른 차별을 기본으로 한 맹자의 사상은 비판을 받아야 할 부분이 있으며 그에 비해 신분의 고하를 막론하고 모두가 평등해야 한다는 농가의 정신은 존중받아야 하는 것이나 국가 운영의 전체적인 면을 감안할 때 농가의 주장 역시 무리한 부분이 없지 않다고 할 수 있다. 농가(農家)는 농업을 최고의 선(善)으로 주장하면서 사회적 신분에 따라 차별을 하지 않는 평등한 사회를 추구하였다.

9. 병가의 손무, 손빈, 오기

병가의 사상을 말하자면 전쟁이라는 현실을 인식하면서 어떻게 하면 효율(效率)적으로 전투를 치를 수가 있으며 더 나아가 전쟁에서 승리할 수 있는가의 방법을 체계적이고 세부적으로 연구, 검토하는 학문이라고 할 수 있다.

한(漢)나라의 유흠(劉歆)이 『칠략(七略)』에서 병가를 제자백가의 한 파(派)로 분류하였으나, 일부의 학자들은 병가의 사상이 과연 학문적으로 어떠한 의미가 있는지 의심하면서 병가를 학문의 한 부류로 보기에는 지나친 면이 있다고 주장하였다.

병가의 대표적 인물로 손무(孫武), 오기(吳起), 손빈(孫臏)을 들 수 있다.

손무(孫武)

손무는 춘추시대 제(齊)나라 낙안(樂安) 사람으로 자는 장경(長卿)이다. 손무의 선조는 본래 진(陳)나라 왕족인 진완(陳完)이었는데 진나라의 내란으로 제(齊)나라로 망명하여 성(姓)을 전(田) 씨로 바꾸었다. 그후 손무의 조부인 전서(田書)가 거(莒)나라와의 전쟁에서 큰 공을 세우자 제나라 경공이 낙안 지역을 봉지로 하사하면서 손(孫)이란 성씨도 내렸다.

손무 집안의 성씨(姓氏)는 진(陳), 전(田)을 거쳐 그때부터 손(孫)이 되었다. 사람들은 손무를 병성(兵聖) 혹은 무성(武聖)으로 추앙하였으며 또한 그를 높이 불러 손자(孫子)라고 하였다. 기원전 532년 제나라의 실세들이었던 전 씨(田氏), 고 씨(高氏), 포 씨(鮑氏), 난 씨(欒氏) 네 집안의 세력 다툼으로 인해 손무의 집안은 오(吳)나라로 망명을 가야 하였다. 그 후 손무는 대부분의 젊은 시절을 오나라에서 보내면서 천하의 역작인 『손자병법(孫子兵法)』을 저술하였다. 그리고 오자서의 추천으로 오나라왕 합려(闔閭)의 군사(軍師)가 되어 당시 강대국인 초(楚)나라와의 다섯 번에 걸친 전쟁에서 모두 승리를 한다. 손무에 대한 그 후의 기록은 자세히 전해지지 않는다. 다만 손무의 무덤이 오현에 있고 그의 후손들이 부춘(富春)에 자리를 잡고 살았다고 하며, 훗날 또 한 사람의 뛰어난 병법가인 손빈(孫臏)과 삼국시대 오(吳)나라의 왕 손견(孫堅)이 손무의 후손이라고 전해지고 있다.

손자병법

『손자병법』은 춘추시대 오나라에서 거주하던 손무가 저술한 병법서로서 손무는 이 책을 오나라 왕 합려에게 바쳐 자신의 능력을 시험받았다. 우리가 흔히 알고 있는 말 '지피지기(知彼知己) 백전불태(百戰

不殆), 즉 상대를 알고 나를 알면 백번을 싸워도 위태롭지 않다.' 라는 유명한 문구는 『손자병법』의 「모공편(謀功篇)」에 적혀 있다. 『손자병법』은 본래 총 82편에 달하였으나 삼국시대 위(魏)나라의 조조(曹操)가 내용의 핵심만을 간추리고 주해(註解)한 『위무주손자(魏武註孫子)』13편만이 전해져 내려오고 있다.

13편의 책 내용 구성을 보면 1. 계(計), 2. 작전(作戰), 3. 모공(謀攻), 4. 군형(軍形), 5. 병세(兵勢), 6. 허실(虛實), 7. 군쟁(軍爭), 8. 구변(九變), 9. 행군(行軍), 10. 지형(地形), 11. 구지(九地), 12. 화공(火攻), 13. 용간(用間) 등으로 되어 있다.

13편의 내용에 어디에도 전쟁을 옹호하거니 부추기는 문구는 없다. 오히려 손무는 싸우지 않고 이기는 것이 최상책이라 하였다.

손무는 말하였다. '지가이여전(知可以與戰) 불가이여전자승(不可以與戰者勝) 즉 싸워야 할지 싸우지 말아야 할지를 아는 자가 승리한다.'

오기(吳起)

오기는 전국시대 초기의 위(衛)나라 사람으로 기원전 440년에 태어나서 기원전 381년에 사망하였는데 그는 조국인 위나라와 노나라에서 그의 뜻을 펴지 못하고, 당시의 최강국인 위(魏)나라와 초나라에서 무장(武將)으로서 큰 업적을 남겼다. 오기는 자신이 치른 모든 전투에서 한 번도 패한 적이 없었는데 그의 76전 무패(64승 12무)의 기록은 전무후무한 전적으로 남아 있다.

그에 관한 이야기는 앞의 오기 편에서 거론하였기에 생략하고 그가 저술한『오자병법(吳子兵法)』에 대하여 알아보자. 다만 추가로 한마디만 하자면 그는 의리와 믿음을 특히 중요시하였는데, 어느 날 오기는 자신의 집에서 저녁 식사를 같이하기로 약속하였다. 그런데 그 친구에게 피치 못할 사정이 생겨 약속을 지키지 못하게 되었다. 그러나 오기는 식탁에 앉아 밤이 새도록 친구를 기다렸으며 마침내 다음 날 친구가 도착하자 반갑게 맞이하며 같이 식사를 하였다고 한다. 그는 친구가 꼭 온다고 믿었기 때문이다.

『오자병법(吳子兵法)』은 오기가 위(魏)나라에서 문후(文侯)와 무후(武侯)를 보필하면서 서하 지역을 관장(管掌)하고 있었는데 그때 자신의 실제 전투 경험을 바탕으로 48편의 병법서를 저술한 것이다. 후세 사람들은 이것을 『오자병법』이라 하였는데 오랜 세월이 흐르는 동안 대부분 소실되고 지금은 6편만 남아 전해져 오고 있다.

『오자병법』의 주요 내용을 간략하게 정리해 보면 다음과 같다.
1. '강력한 군대란 군사의 숫자가 많고 적음에 있는 것이 아니고 어떻게 군사들을 훈련해서 전투력이 강한 부대로 육성하였는가를 말한다.' 실제 오기는 정예군 5만 명을 데리고 진나라 50만 대군을 물리친 적이 있다.
2. '엄격하게 군사를 다스리며 분명한 신상필벌을 시행한다.' 오기는 상을 주어야 할 군사가 아무리 많아도 모두에게 반드시 상을 주었으며, 아무리 큰 공을 세워도 군기를 흩트리고 명령에 따르지 않으면 필히 벌을 내렸다.
3. '군사들을 제 몸처럼 아끼며 대신 자신에게는 엄격하여야 한다.' 오기는 엄격한 자기 관리를 통하여 군사들에게 모범이 되었으며

군사의 몸에 난 종기를 자신의 입으로 빨아 고름을 빼낼 정도로 부하들을 아끼고 존중하였다. 이에 군사들은 전투에 기꺼이 임하고 죽음도 마다치 않았다.

사마천이 『사기』에 적은 오기의 모습이다.

오기는 장군이 되자 가장 계급이 낮은 군사들과 같이 식사를 하고 그들과 같은 옷을 입었다. 그리고 잠을 잘 때는 자리를 깔지 않고 맨바닥에서 잤으며 행군을 할 때는 말이나 수레를 타지 않고 또한 자신이 먹을 식량을 자신이 직접 들고 다니는 등 군사들과 함께 고생을 나누었다.

4. '상황이 변하는 때를 이용하여 적극적으로 적을 굴복시켜 승리한다.' 오기는 전쟁의 승리를 위해서 상대의 동향을 세밀하게 파악하여야 하며 작전은 상황에 따라 그때마다 적절하게 수립하고 운용해야 한다고 하였다.

5. '내부로는 문(文)를 연마하고 외부로는 무(武)를 준비하여야 한다.' 오기는 정치가 군대에 결정적인 영향을 준다고 하면서 동시에 둘의 상생을 주장하였다. 오기는 말하였다. '필사즉생(必死卽生) 필생즉사(必生卽死) 즉 살고자 하는 자는 죽을 것이요, 죽고자 하는 자는 살 것이다.'

손빈(孫臏)

　손빈은 제나라 사람으로 손무의 5대 후손으로 알려져 있다. 그는 귀곡자 문하에서 동문수학한 방연에 의해 배신을 당하고 무릎 아래가 잘리는 빈형(臏刑)에 처해 앉은뱅이가 되었다. 이후 사람들은 손빈(孫臏)을 손빈(孫臏)이라고 불렀다. 그 후 손빈은 제(齊)나라로 도망가서 제나라 장군 전기(田忌)의 집에서 식객으로 있으면서 재기와 복수의 칼을 갈았다. 손빈이 제시한 삼사법으로 손빈의 능력을 알아본 전기 장군의 추천으로 손빈은 제나라 군사(軍師)에 임명되었다.

　손빈에 관한 제반 사항 역시 앞에서 거론하였기에 추가로 말하지 않고 손빈의 병법서인 『손빈병법(孫臏兵法)』에 대해서 알아보자. 『손빈병법』은 손빈이 활동하던 그 시절에 이미 주변에 알려져 있었는데, 특히 제나라 위왕(威王)이 손빈의 병법에 관심을 보이고 또한 마릉 전투에서 위(魏)나라 군대를 섬멸하고 위나라 장군인 방연을 죽인 후부터는 손빈의 명성과 그의 병법서는 천하에 이름을 날리게 되었다. 『손빈병법』은 당초에는 4권의 그림과 함께 89편에 달하는 책이었으나 모두가 전해지지 않고 사라져 버렸다.

　그 이후 세월이 흘러 1972년에 산동성의 은작산에 있는 한대(漢代) 고분에서 죽간(竹簡)에 적혀 있는 『손빈병법』이 발굴되었지만 일만 일천여 글자에 해당하는 30편만 확인이 가능하였다. 『손빈병법』은 상권 15편과 하권 15편으로 구성되어 있는데 이 중 9편은 편명을 알 수가 없다. 다만 『손빈병법』이 발견됨으로써 그동안 『손자병법』의 저자가 손무인지, 손빈인지 논란이 있었는데 『손자병법』은 손무, 『손빈병법』은 손빈이 저술한 것으로 확인되었다.

『손빈병법』의 내용을 보면 어떤 측면에서는 손무의 병법을 능가할 정도로 더욱 깊이가 있게 연구되었다. 손빈의 병법 사상 중에는 남다르게 주장하는 부분이 있는데 그것은 귀세(貴勢)와 지도(知道) 그리고 용법(用法)이다. 귀세는 전쟁의 판세와 형세에 관한 것으로 가장 중요한 것은 전쟁을 치룰 수 있는 물자(物資)와 백성들의 지지(支持)라고 하였다. 지도는 전쟁의 규칙과 원칙을 이해하는 것을 말한다. 용법은 상대를 제압하며 승리를 쟁취하는 전술의 확실한 운용을 말한다.

또한 손빈은 자신의 병법 사상을 통해, 전쟁에서 승리할 수 있는 조건들을 다섯 가지로 분류하여 주장하였다.

1. 전쟁에 출정한 장수가 전권을 가지고 작전을 수행하면 승리할 수 있지만, 장수의 결정에 군주가 간섭하고 견제하면 장수는 승리하지 못한다.
2. 전쟁의 규칙을 알고서 전투를 하면, 이길 수 있지만 그렇지 못하면 패한다.
3. 백성들의 마음과 지지를 얻으면 승리하고 그렇지 못하면 패한다.
4. 장수들이 마음을 합치면 승리하고 그렇지 못하면 패한다.
5. 상대의 동향과 주변 지형을 잘 파악하면 승리할 수 있지만 그렇지 못하면 패한다.

그리고 그가 주장한 삼사법(三駟法)은 제나라 전기(田忌) 장군에게 마차 경기를 할 때 한판은 지더라도, 나머지 두 판을 이겨 최종적으로는 승리하는 방법을 제시한 것으로, 궁극적인 승리를 위해서는 작고 사소한 것은 과감히 버릴 줄 알아야 한다는 논리이다.

이 삼사법은 현대 군사학에서도 운용되고 인정을 받을 정도이다.

손빈은 말하였다.

전쟁에서 이기고 지는 것은 백성들의 마음과 지지(支持) 여부에 있
다고 단언한다.

10. 잡가(雜家)의 여불위, 유안

춘추전국시대 모든 학설을 종합하여 만들어진 학파를 지칭한다.

잡가의 대표적 학자로 여불위(呂不韋)와 유안(劉安)을 들 수 있는데, 여불위는 3,000명에 달하는 자신의 식객들이 말하는 다양한 주장들을 집대성하여 『여씨춘추(呂氏春秋)』를 만들었다.

그의 식객들이 말하고 수집해온 자료들에는 유가, 도가, 법가 등 제자백가의 사상뿐만 아니라 중국 각 지역의 음식에 대한 정보도 있었는데, 음식 정보 중에는 중국의 4대 요리에 대한 설명도 포함되어 있었다.

한(漢) 고조 유방의 손자인 회남왕(淮南王) 유안은 자신의 식객들에게 중국 각 지역의 다양한 자료들을 수집하여 가져오도록 명하여 제자백가의 사상들을 집대성한 『회남자(淮南子)』를 편찬하였다.

전한(前漢)시대에 만들어진 『회남자』는 제자백가의 모든 사상들을 해석하고 정리한 제자백가의 마지막 학파(學派)인 잡가의 대표작이었다.

| 감사의 글 |

이제 이야기하려고 한 모든 것을 마무리하고자 합니다.

삼성그룹 김순택 부회장님, 삼성전기 이명일 사장님, 마이폰 박승진 회장님, 동운아나텍 김동철 대표님, 에이디테크놀리지 김준석 대표님, 영덕전자 김동호 대표님! 많은 시간 함께해주시고, 도움을 주신 점 잊지 않겠습니다. 감사합니다. 그리고 이 책을 읽어주신 모든 분들께 또한 감사드리며, 여몽정(呂蒙正)의 글 한 편 올립니다.

파요부(破窯賦)

여몽정(呂蒙正)

天 有 不 測 風 雲
천 유 불 측 풍 운

하늘에는 변화를 예측하기 어려운 바람과 구름이 있고,

人 有 旦 夕 禍 福
인 유 단 석 화 복

사람의 화와 복은 아침, 저녁으로 달라 예측이 어렵다

蜈 蚣 百 足 行 不 及 蛇
오 공 백 족 행 불 급 사

지네는 다리가 백 개나 되지만 뱀보다 느리고,

家 鷄 翼 大 飛 不 及 鳥
가 계 익 대 비 불 급 조

닭은 날개가 크나 새보다 높게 날지 못한다

馬 有 千 里 之 程
마 유 천 리 지 정

말은 천리를 달릴 수 있으나,

非 人 不 能 自 往
비 인 불 능 자 주

사람이 없으면 스스로 가지 못하며

人 有 凌 雲 之 志
인 유 능 인 지 지

사람에게 비록 구름 같은 높은 뜻이 있다 하여도,

非 運 不 能 騰 達
비 운 불 능 등 달

운이 따르지 않으면 그 뜻을 이루지 못한다

文 章 蓋 世 孔 子 尙 困 於 東 邦
문 장 개 세 공 자 상 인 어 동 방

학문으로 천하를 뒤덮은 공자는 동방의 나라에서 곤욕을 당하였으며,

武 略 超 群 太 公 垂 釣 於 渭 水
무 략 초 군 태 공 수 조 어 위 수

무략이 뛰어난 강태공도 위수에서
곧은 바늘로 물고기를 잡으며 세월을 보냈다

盜 跖 年 長 不 是 善 良 之 輩
도 척 년 장 불 시 선 량 지 배

도척은 장수하였으나 선량한 사람이 아니었으며

顏 回 命 短 非 凶 惡 之 徒
안 회 단 명 비 흉 악 지 도

안회는 단명하였으나 흉악한 사람이 아니었다

堯 舜 至 聖 却 生 不 肖 之 子
요 순 지 성 각 생 불 초 지 자

요, 순 임금이 비록 성인이었으나, 불초한 자식을 두었으며

瞽 叟 頑 呆 反　 生 大 聖 之 兒
고 수 완 매 반　 생 대 성 지 아

고수는 완고하고 어리석었지만 성인을 낳았다

張 良 原 是 布 衣　 蕭 何 稱 謂 縣 吏
장 량 원 시 포 의　 소 하 칭 위 현 리

장량은 원래 베옷을 입던 평민이었고,
소하는 작은 현의 말단 관리에 불과하였다

晏 子 身 無 五 尺　 封 爲 齊 國 首 相
안 자 신 무 오 척　 봉 위 제 국 수 상

안자는 오 척이 안 되는 단신이었으나 제나라의 재상으로 봉하여졌고

孔 明 居 臥 草 廬　 能 作 蜀 漢 軍 師
공 명 거 와 초 려　 능 작 촉 한 군 사

제갈공명은 초가집에 은거하였으나 촉한의 뛰어난 군사가 되었다

韓信無縛鷄之力　封爲漢朝大將
한 신 무 박 계 지 력　봉 위 한 조 대 장

한신은 닭 잡을 힘도 없었으나 한나라의 대장군이 되었고

馮唐有安邦之志　到老半官無封
풍 당 유 안 방 지 지　지 노 반 관 무 봉

풍당은 나라를 평안하게 할 의지가 있었으나 늙도록
미관말직도 얻지를 못하였다

李廣有射虎之威　終身不第
이 광 유 사 호 지　종 신 불 제

이광은 활을 쏘아 호랑이를 잡을 만한 위엄이 있었으나
평생 동안 급제를 하지 못하였고

楚王雖雄　難免烏江自刎
초 왕 수 웅　난 면 오 강 자 문

초왕 항우는 비록 영웅이나 오강에서 자결하였으며

漢王雖弱却　有河山萬里
한 왕 수 약 각　유 하 산 만 리

한왕 유방은 비록 힘은 약하였으나 큰 나라를 세웠다

滿腹經綸白髮不第　才疏學淺少年登科
만 복 경 륜 백 발 불 제　재 소 학 천 소 년 등 과

경륜이 좋아도 백발이 되도록 급제를 못하는 사람이 있는 반면
재능이 뛰어나지 못하고 학문이 깊지 못하여도
젊은 나이에 등과를 하는 사람이 있다

有先富而後貧　有先貧而後富
유 선 부 이 후 빈　유 선 빈 이 후 부

처음에는 부유하다 나중에 가난해지는가 하면

처음에는 가난하다가도 나중에는 부자가 되기도 한다

蛟 龍 未 遇　潛 身 於 魚 蝦 之 間
교 룡 미 우　잠 신 어 어 하 지 간

교룡이 때를 얻지 못하면 물고기나 새우들과 어울리게 되고

君 子 失 時　拱 手 於 小 人 之 下
군 자 실 시　공 수 어 소 인 지 하

군자도 때를 얻지 못하면 소인에게 머리 숙이며 살아야 한다

天 不 得 時 日 月 無 光　地 不 得 時 草 木 不 長
천 부 득 시 일 월 무 광　지 부 득 시 초 목 부 장

하늘도 때가 아니면 해와 달의 빛이 흐리며,
땅도 때가 아니면 초목이 자라지 않는다

水 不 得 時 風 浪 不 平　人 不 得 時 利 運 不 通
수 불 득 시 풍 랑 불 평　인 부 득 시 이 운 불 통

물도 때가 되지 않으면 풍랑이 잠잠해지지 않고
사람도 때가 아니면 좋은 운이 통하지 않는다

昔 時 也　余 在 洛 陽　日 投 僧 院　夜 宿 寒 窯
차 시 야　여 재 낙 양　일 투 승 원　야 숙 한 요

내가 어린 시절 낙양에 있을 때 낮에는 절밥을 얻어먹고
밤에는 차가운 도자기 가마에서 잠을 자곤 하였다

布 衣 不 能 遮 其 體　淡 粥 不 能 充 其 飢
포 의 불 능 서 기 체　담 죽 불 능 충 기 아

옷은 작아서 몸을 다 가릴 수 없었고 멀건 죽으로는
배고픔을 면할 수 없었다

上人憎　下人壓　皆言余之賤也
상 인 증　하 인 압　계 언 여 지 천 야

윗사람들은 나를 싫어하였고 아래 사람들은 나를 억누르려고 하였다
모두들 나를 보고 말하기를 천하다고 하였다

余曰，　非賤也　乃時也運也命也
여 일，　비 천 야　내 시 야 운 야 명 야

내가 말하기를 이것은 천한 것이 아니고,
나에게 주어진 때와 운과 명이 그러한 것뿐이다

余及第登科　官至極品　位列三公
여 급 제 등 과　관 지 극 품　위 열 삼 공

그 후 내가 과거에 급제하여 벼슬이 매우 높아져서
삼공의 반열에 올랐는데

有撻百僚之杖　有斬嗇吝之劍
유 달 백 관 지 장　유 참 색 인 지 검

만조백관을 통솔하고 생사여탈 징벌의 권한을 가지게 되었다

出則壯士　執鞭　入則佳人捧秧
출 측 장 사　집 혁　입 측 가 인 봉 앙

밖으로 나갈 때는 채찍을 들고 있는 군사들이 호위하고
집으로 들어오면 미인이 시중을 들며

思衣則有綾羅錦緞　思食則有山珍海味
사 의 측 유 능 라 금 단　사 식 측 유 산 진 해 미

옷을 입고자 하면 능라금단이 대령되고,
음식을 먹고자 하면 산해진미가 준비되었다

上 人 寵　下 人 擁　人 皆 仰 慕　言 余 之 貴 也
상 인 총　하 인 치　인 개 앙 모　언 여 지 귀 야

윗사람은 나를 총애하였고 아래 사람은 나를 받들었다
모든 사람들이 나를 우러러 흠모하면서 말하기를
내가 귀하다고 하였다

余 曰,　非 貴 也　乃 時 也 運 也 命 也
여 왈,　비 귀 야,　내 시 야 운 야 명 야

그때 내가 말하기를 내가 귀한 것이 아니고
단지 때와 운과 명이 나를 이렇게 만든 것이라고 하였다

蓋 人 生 在 世
개 인 생 재 세

대개 세상을 살아가는 동안에

富 貴 不 可 捧　貧 賤 不 可 欺
부 귀 불 가 봉　빈 천 불 가 기

부귀를 받들어서도 빈천을 업신여겨서도 아니 된다

此 乃 天 地 循 環　終 而 復 始 者 也
차 내 천 지 순 환　종 이 복 시 자 야

이는 천지의 기운이 순환하여 마치면
다시 시작하는 이치와 같은 것이다